に言い換え語の例

　例：かんよう〔

(3) 誤用や重言、差別的その他の理由により、見出し語を使わない場合も、→の後に言い換え語の例を示した。

　例：×**お求めやすい**　→**お求めになりやすい**

　　　外人　→**外国人**

(4) 登録商標（特定商品名）には㉒を付し、続いて商標権者を〔　〕内に添え、→の後に一般名の例を示した。

　例：**セロテープ**㉒〔ニチバン〕→**セロハンテープ**

(5) 外来語などで、その語形を使わず、見出しの形に統一することを示す場合には、（←　）で表した。

　例：**アイデア**［idea］（←アイディア）

(6) 外来語には、言い換えや説明の語句として使えるものを列挙した。

　例：**サマリー**［summary］　要約。要旨。総括。概要。

3　略号・記号

アク　アクセント。

　　　①平板型。例：キリ（霧）　アオイ（葵）

　　　②起伏型。例：ツエ（杖）　アオイ（青い）　キモ（肝）

　　　　　　　　　　ジュ—-ヨニン（14 人）

　　　※ - は、アクセントの単位の区切りを示す。

　　　※「『時』を表す言葉のアクセント」「鼻濁音（ガ・ギ・グ・ゲ・ゴ）」「複合語のアクセント」は各コラムを参照。

言い換え　別の言葉への置き換え。※「**2　言い換え**」参照。

意味　意味に注意。

ポイント　表記の使い分けの注意点。

読み　読み（**アンチック体**）に注意。

世論調査　文化庁「国語に関する世論調査」の調査語句。

類語　意味が紛らわしく、区別に注意。

㉒　『学術用語集』での表記。例：㉒**超伝導**

㊤　重言。例：㊤「満天の星空」

㉒　登録商標。例：**あせ知らず**㉒〔紀陽除虫菊〕

マスコミ用語担当者がつくった

使える！
用字用語辞典

CONTEMPORARY
JAPANESE STYLE

前田安正

関根健一

時田　昌

小林　肇

豊田順子

編著

三省堂

装丁　大嶋フクヲ
校閲　朝日新聞メディアプロダクション

わかりやすく伝える表記のために

2010年に改定された常用漢字表の前書きには、「法令、公用文書、新聞、雑誌、放送など、一般の社会生活において、現代の国語を書き表す場合の漢字使用の目安を示すものである」と記されている。

新聞・通信・放送などの報道機関は、多くの人に情報を伝える公的役割を担っている。そのため、記事の書き方の工夫のみならず、読者にとって理解しやすい漢字使用や表記も心掛けなくてはならない。多くの記者が各自の好みや主観で難しい漢字を使用したり、表記にばらつきが出たりすると読者に混乱を招く。

漢字使用は常用漢字表を基本にしている。「からい」は「辛い」と書けるが、「つらい」を「辛い」とは書けない。常用漢字表に「つら（い）」という訓が示されていないからだ。また、「百合」を「ユリ」と表記するのは、常用漢字表に示された範囲で表記できない動植物名はカタカナにする、という決まりを設けているからだ。

漢字や表記のルールだけでは解決しない「言葉」にも日々悩まされる。在日米軍の駐留経費負担（思いやり予算）の増加について、「5倍増」とあるのは「5倍に増えるのか」「増えた分が5倍なのか」。普段、何げなく使っている言葉が、突如としてあいまいになる。正確に伝えるために、どう言葉を解釈し表現すべきなのか。このような判断に迷う事例などについて、各社の用語担当者が話し合う場がある。それが、日本新聞協会（報道各社の業界団体）に設置された新聞用語懇談会だ。

本書の執筆は、新聞用語懇談会関東地区幹事会で長らく委員を経験している5人が担当した。各社を横断して一般向けの用語辞典の類いをつくるのは、初の試みだ。社論が異なる報道機関だが、「わかりやすく伝える」という認識は一致している。表記のルールも、各社に共通する部分が多い。

本書はそれを基本としたため、語釈を中心とした国語辞書や表現辞典の類いとは枠組みが異なる。文章を書いたり直したりするときに判断に悩むであろう事例を中心に、新聞や放送の表記ルールを可能な限り示したものだ。執筆・編集・校閲を担う方々に、実践の場で対応できる用字・用語辞典を目指した。また、放送や朗読ボランティアに従事する方々の利便も考え、必要と思われる語にはアクセント記号を付し、口語での表現にも注意を払った。注意すべき固有名詞や登録商標なども取り上げた。「数字の表記」や「5W1H」など、役に立つコラムも掲載した。

　本編は横組みにして五十音順に並べ、凡例を本書の見返し部分に載せた。付録に載せた常用漢字、表外漢字、簡体字の一覧は縦組みとして、ページの逆方向から示した。

　言葉の変化は早い。本書の執筆を始めて約5年。社会状況は変化し続けた。「豚コレラ」と称されていた豚やイノシシの伝染病は、2019年11月に「クラシカル・スワイン・フィーバー」の略称である「CSF」にすると農林水産省が発表した。その後、2020年2月5日に施行された改正家畜伝染病予防法で「CSF」の和名は「豚コレラ」から「豚熱」に改められた。ほどなく新型コロナ感染症が新たな脅威として世界を混乱に陥れ、「3密」などの言葉を生み出した。

　本書は校了ギリギリまでこうした動きを追ったが、残念ながら追いきれない部分もあったかと思う。身近に起こる言葉の変化を感じながらお使いいただければと思う。

　さまざまな角度から、これまでの用字・用語集にはない「使える！」ものを用意したつもりだ。文章表記の悩みに少しでも応えられれば、これにまさる喜びはない。

　2020年初夏　編著者を代表して

　　　　　　　　　　　　　　　　前田安正

あ・ア

アーカイブ[archive] 記録。保存記録。記録保存。資料館。

アーキテクチャー[architecture]（←アーキテクチャ） 建築。構造。構成。

アーケード[arcade] 屋根のある商店街。

アース 商〔アース製薬〕 →殺虫剤

アーチ[arch] ①弓形のもの。②〔野球〕本塁打。＊ライナーなど弧を描かない打球はアーチとは言わない。

アーティスティックスイミング[artistic swimming] シンクロナイズドスイミングから改称。略 AS

アーティスト[artist]（←アーチスト）

アーティフィシャル[artificial] 人工的。人為的。

アートネイチャー 商〔アートネイチャー〕 →かつら

アートフラワー 使用可。＊登録商標は「深雪アートフラワー」〔深雪スタジオ〕など。一般名称は「造花」。

アーバン[urban] 都会的。上品な。

アーモンドチョコレート 使用可。＊登録商標は「グリコアーモンドチョコレート」〔江崎グリコ〕など。

アール〔仏 are〕 一辺が 10 メートルの正方形に相当する面積。100 平方メートル。a。

あい

　アイ 〔植物〕

　藍[藍]〔一般〕「藍色／藍染め」

あい

　相〔接頭語〕相対・相関関係。「相＝異なる・対する・半ばする・乗り」

　合い 合致。程度。互いに同じ動作をする。「合いの手／意味合い」

　会い 人と人とがあう。「会いに行く」

　あい[間] あいだ。「谷あい」

あいあいがさ 相合い傘[相々傘]

あいいれない 相いれない[相容れない]

あいうち 相打ち[相討ち・相撃ち]「相打ちになる」

アイエイチアイ IHI 日本企業。＊2007 年に「石川島播磨

重工業」から社名変更。

あいおい　地名（群馬県）。

　相生　桐生市の地名。

　相老　東武・わたらせ渓谷鉄道駅名。

アイカーン（カール）[Carl Icahn]　投資家。（米 1936〜）

あいかぎ　合鍵[合鍵]　「合鍵で開ける」

あいかた

　相方　相手役。漫才の一方。

　合方　歌舞伎・能などのはやし。はやし方。

あいがも　アイガモ・合いガモ[合鴨・間鴨]　野生のマガモとアヒルの雑種。

あいかわらず　相変わらず

あいかん

　哀歓　悲しみと喜び。「哀歓を共にする／人生の哀歓」

　哀感　もの悲しい感じ。「哀感が漂う／哀感を込めて歌う」

あいがん　愛玩[愛玩・愛翫]　「愛玩動物」

　「愛玩する」→**愛用する、かわいがる**

あいぎ　合着[間着]　春や秋に着る衣服。合服。＊「合着」には上着と下着の間に着る衣服の意味も。

あいきどう　合気道

あいきゃく　相客　「相客は顔見知りだった」

あいきょう　愛嬌[愛嬌・愛敬]　言い換え **愛らしさ、人なつこさ、かわいらしさ**　自然に備わった好ましい顔立ちや性行。「愛嬌を振りまく」　☞ **愛想**

あいくち　合口[合い口]　「合口が=いい・悪い」

あいくるしい　愛くるしい　「子供の愛くるしい笑顔」　愛苦しい

アイコス[IQOS]　商〔フィリップモリスプロダクツ S.A.〕→**加熱式たばこ**

あいことば　合言葉　「合言葉は山と川」

あいごま　合駒[合駒・間駒]　〔将棋〕「合駒に歩を打つ」

アイコン[icon]　コンピューター画面でファイルの内容などを示した絵や記号。

アイコンタクト[eye contact]　視線による意思疎通・確認。

あいさつ　あいさつ・挨拶[挨拶]　「時候のあいさつ」

あいざわ　姓。

　相沢　相沢英之（政治家。1919〜2019）、相沢忠洋（考古学者。1926〜1989）

　会沢　会沢正志斎（水戸藩儒者。1782〜1863）、会沢翼（野球選手。1988〜）

　愛沢　愛沢寧堅（政治家。1849〜1929）

　藍沢　藍沢弥八（実業家。1880〜1969）

　鮎沢　鮎沢伊太夫（幕末の志士。1824〜1868）

　逢沢　逢沢りな（俳優・ファッションモデル。1991〜）　＊逢沢一郎（政治家。1954〜）は「あいさわ」。

アイシャドー［eye shadow］

あいしょう　**相性**［合性］「相性が悪い」　アク　アイショー

あいしょう　**愛称**　「愛称で呼び合う」　アク　アイショー

アイシング［icing］　①冷却（療法）。②粉砂糖を卵白などでこねたもの。糖衣。

あいず　**合図**［相図］「出発の合図」

アイスクリーム、アイスミルク、ラクトアイス　類語

　アイスクリーム［ice cream］　乳固形分 15.0%以上、うち乳脂肪分 8.0%以上。

　アイスミルク［和製 ice milk］　乳固形分 10.0%以上、うち乳脂肪分 3.0%以上。

　ラクトアイス［和製 lacto ice］　乳固形分 3.0%以上。

アイスノン　商〔白元アース〕→冷却枕、保冷剤

あいすまぬ　相済まぬ

アイスランド［Iceland］　北大西洋にある共和国。首都はレイキャビク。

アイスリーディング［ice reading］　（カーリングで）氷の状態を読む力。

あいせき

　哀惜　人の死などを悲しみ惜しむ。「哀惜の念/亡友を哀惜する」

　愛惜　名残惜しく思う。大切にする。「愛惜の品/青春を愛惜する」

あいせき　**相席**［合い席］「相席させてください」

あいそ・あいそう　**愛想**　人に良い印象を与える応対や顔付

き。「愛想がいい」

×「愛想を振りまく」→**愛嬌を振りまく** ☞愛嬌

アイソトープ[isotope] 同位元素。

あいたい **相対** 当事者が差し向かいで行うこと。「相対で話をつける」 ☞そうたい（相対）

あいたくちがふさがらない **開いた口がふさがらない** あきれて物が言えない。

×「見事な活躍に、開いた口がふさがらない」 *素晴らしい活躍に接して驚くという場合には使わない。

あいちゃく・あいじゃく **愛着** 読み

あいちゃく 〔一般〕慣れ親しみ、離れがたいこと。

あいじゃく 〔仏教。古語〕欲望にとらわれること。

あいつぐ **相次ぐ** 「悲報が相次ぐ」

あいづち **相づち**[相槌・合いづち]

×「相づちを入れる」→**相づちを打つ**

アイデア[idea]（←アイディア）

アイテム[item] 項目。事項。品目。道具。武器。

アイデンティティー[identity] 同一性。独自性。自己認識。

アイドリング[idling] 機械や自動車のエンジンを、負荷をかけずに動かすこと。

アイドリングストップ[和製 idling stop] 停車時にエンジンを停止すること。

あいなかばする **相半ばする** 「功罪・愛憎=相半ばする」

あいにく[生憎・合憎] 「あいにくなことに/おあいにくさま」

アイヌ 主に北海道に居住している先住民族。

重「アイヌ人」→**アイヌ民族、アイヌ** *「アイヌ」は、アイヌ語で「人間」の意味。

アイヌ犬 →北海道犬

あいのて **合いの手** 物事や話の間に挟む動作や言葉。

×「合いの手を打つ」→**合いの手を入れる** *もともと歌と歌の間に三味線などの楽器で演奏を入れたり、歌などの間に手拍子や囃子詞を入れたりすること。

あいのり **相乗り**[合い乗り] 「相乗り番組/タクシーの相乗り」

あいびき[逢引・媾曳] 相愛の二人、特に男女が人目をし

のんで会うことの古風な言い方。

あいびき　合いびき［合挽・相挽］「牛豚肉の合いびき」

あいびょう　愛猫　あいねこ

iPhone（アイフォーン）⑱〔アップル〕→**スマートフォン**

あいふく　合服［間服］　春や秋に着る衣服。主に洋服に言う。

あいべや　相部屋［相㊟部屋・合い㊟部屋］「寮の相部屋」

aibo（アイボ）⑱〔ソニー〕→**犬型ロボット**　＊名称は artifi-
　cial intelligence robot の略で「相棒」にちなむ。1999〜
　2006 年は「AIBO」、18 年発売の新型は「aibo」に。

あいぼう　相棒［合い棒］「相棒をこしらえる」

iPod（アイポッド）⑱〔アップル〕→**携帯音楽プレーヤー、携
　帯デジタルプレーヤー**

あいま　合間［合い間］　時間的な隙間。
　×「雲の合間」→**雲の切れ間、雲間**

あいまい　曖昧・あいまい［曖昧］「曖昧模糊／責任をあい
　まいにする」　愛味

あいまって　相まって［相俟って］　互いに働きかけあって。
　一緒になって。相待って

i モード、i-mode（アイモード）⑱〔NTT ドコモ〕→**携帯電話
　インターネット接続サービス**　＊ 2026 年 3 月にサービス
　終了予定。

あいよく　愛欲［愛慾］「愛欲に溺れる」

あいよつ　相四つ　〔相撲〕「相四つに組む」

アイルランド［Ireland］　ヨーロッパの共和国。首都はダブリ
　ン。

あいろ［隘路］→**狭（く険し）い道、難関、難点、障害、困難**

アイロニー［irony］　皮肉。風刺。反語。当てこすり。

アインシュタイン（アルバート）［Albert Einstein］　ドイツ出
　身の理論物理学者。相対性理論を発表。（米 1879〜
　1955）

あう

　会う［逢う］　人と人とが顔を合わせる。「客・死に目=に会
　う／人に会いに行く」

　合う　合致。調和。互いに同じ動作をする。「意見・気・

計算・目と目=が合う/好み・間=に合う/割に合わない/服に合ったアクセサリー」

遭う［遇う］　遭遇。思わぬこと、好ましくない出来事に出くわす。「交通事故・台風・反対=に遭う」

ポイント　「駅でばったり友人とあった」といった場合、「思わぬことに出くわす」の視点から「遭」も使えるが、「人と人とが顔を合わせる」意として、「会」を当てるのが一般的。

アウェー［away］（←アウェイ、アウエー）　相手の本拠地。敵地。「ホームアンドアウェー」

アウシュビッツ［独 Auschwitz］　ナチス政権下にポーランドに置かれた強制収容所。＊所在地はオシフィエンチム。

アウティング［outing］　①外出すること。②試合などに出ること。③秘密を暴露すること。

アウトサイダー［outsider］　〔↔インサイダー〕部外者。

アウトソーシング［outsourcing］　外部委託。業務委託。外注。外部調達。

アウトソール［out sole］　靴底。

アウトドア［outdoor］　野外。屋外。「アウトドアスポーツ」

アウトプット［output］　出力。情報の取り出し。

アウトライン［outline］　輪郭。大すじ。概要。あらまし。

アウトルック［outlook］　外観。景色。展望。見通し。

アウトレット［outlet］　在庫品などの安売り店。「アウトレットモール」

アウトロー［outlaw］　無法者。無頼漢。

アウフヘーベン［独 Aufheben］　〔哲学〕止揚。対立する二つの概念を統合し、高い次元のものをつくり出すこと。

あうん［阿吽］　吐く息と吸う息。息の出入り。「あうんの呼吸」＊向田邦子の小説は『あ・うん』。

アウン・サン・スー・チー、アウンサンスーチー［Aung San Suu Kyi］　ミャンマー（ビルマ）民主化運動指導者。国家顧問。（1945〜）　＊ミャンマーでは、いわゆる姓がなく、名のみ。日本では読みやすさに配慮して音節ごとに「・」を入れる表記と、現地表記に倣い「・」を入れず一つながりとする表記がある。

あえぐ［喘ぐ］　「高熱・貧困=にあえぐ」

あえて〔敢えて〕「あえて忠告する」

あえない〔敢えない〕「あえない最期」

あえる〔和える〕「あえ物/ごまあえ」

あおい　青い〔蒼い・碧い〕「蒼」はくすんだ青、「碧」は緑がかった青。一般的には「青」で表記する。 アク アオイ（ア
オカッタ、アオク-ナル）

あおい〔葵〕 アク アオイ

　アオイ〔植物〕「フタバアオイ」

　葵〔歴史。固有名詞〕「葵の御紋/葵祭」

あおいきといき　青息吐息　苦しいときにつくため息。青色
吐息。

あおぐ

　仰ぐ　上を向く。敬う。請う。「教え・裁可=を仰ぐ/師と仰
ぐ/会長に仰ぐ（就いてもらう）」

　あおぐ〔扇ぐ・煽ぐ〕 風を送る。「うちわ・扇子=であおぐ」

あおたがい　青田買い　稲の実りを見越して買い上げを予
約すること。企業などが学生に早々と内定の約束をするこ
との例えに使われる。「企業が学生を青田買いする」

あおたがり　青田刈り　稲が熟さないうちに刈り取ってしまう
こと。＊「青刈り」とも。
　×「企業による学生の青田刈り」→企業による学生の青
田買い

あおと　地名（東京都）。

　青戸　葛飾区の地名。

　青砥　京成駅名。

あおなにしお　青菜に塩　元気をなくしてしょげている様子。
＊夏バテなど単なる体調不良には使わない。

あおにさい　青二才　若くて経験に乏しいこと。青二歳

**あおはあいよりいでてあいよりあおし　青は藍より出でて藍よ
り青し**〔青は藍より出でて藍より青し〕 弟子が先生より優
れていること。＊藍はタデ科の一年草で、青色の染料が抽
出される。その青が原料の藍よりもずっと青いという意味か
ら。『荀子』の「勧学」に出てくる一節に由来する。類出藍
の誉れ　藍は青より出でて藍より青し　藍は藍より出でて
青より青し

アオハタ ☞アヲハタ

あおみ・おうめ 地名(東京都)。

　あおみ　青海 江東区臨海部の町名。東京臨海新交通臨海線駅名。

　おうめ　青梅 多摩地域北西部の市名。JR青梅線駅名。

あおむけ[仰向け] 「あおむけに倒れる」

あおやまそうぎしょ　青山葬儀所 東京都港区にある都の葬儀施設。青山葬儀場

あおる

　[呷る] 一気に飲む。「酒・毒=をあおる(『仰ぐ』とも)」

　[煽る] 勢いを強める。風がものを揺り動かす。「民衆をあおる/強風にあおられる/不況のあおりを食う」

あかあか

　赤々 真っ赤なさま。「赤々と=燃える炎・火の手が上がる」

　明々 きわめて明るいさま。「街灯が明々と道を照らす」

あかい　赤い[紅い] アク アカイ(アカカッタ、アカクナル)

アカウンタビリティー[accountability] 説明責任。説明義務。

アカウント[account] コンピューターのネットワークを利用する権利。勘定書。口座。顧客。

あかぎれ[皹] 赤切れ

あがく[足掻く] 言い換え じたばたする、もがく

あかごのてをひねるよう　赤子の手をひねるよう いとも簡単。×赤子をひねるよう

あかし　証し[証] 「身の証しを立てる」

アカシア[acacia](←アカシヤ) 〔植物〕

あかしかいきょうおおはし　明石海峡大橋 本州四国連絡橋(本四架橋)の神戸―鳴門ルート(神戸市垂水区から徳島県鳴門市に至る89.0キロ)に架かる橋の一つ。ほかに大鳴門橋、撫養橋がある。

あかす

　明かす あきらかにする。「真意・種・本心・身の上=を明かす/鼻を明かす(出し抜いてアッと言わせる)/夜を明かす(朝まで過ごす)」

　飽かす ふんだんに使う。「金に飽かして買い集める/暇

に飽かして読書にふける（『飽かせて』とも。『まかせて』『まかして』とするのは誤用）」

証す［証す］ 証明する。「身の潔白を証す」

アカデミー［academy］ 学問・学芸の中心となる団体・機関の総称。

アカデミーしょう　アカデミー賞［Academy Awards］ 米の著名な映画賞。

アカデミックハラスメント［和製 academic harassment］ 学内での地位を利用した嫌がらせ。㊙アカハラ

あがなう

［購う］ 買う。「書物をあがなう」 ＊古い言い方。

［贖う］ つぐなう。「罪をあがなう」

あかね［茜］

アカネ〔植物〕「セイヨウアカネ」

あかね〔一般〕「あかね=色・雲」

アカペラ［伊 a cappella］ 無伴奏の合唱・独唱。

あかみ

赤み［赤味］ 赤い程度、様子。「赤みが増す／赤みを帯びる」

赤身 肉の赤い部分。肉の色の赤い魚。「マグロの赤身」

あがめる［崇める］ 「神仏をあがめる／あがめ奉る」

あからさま 「あからさまに批判する」 明からさま

あからむ

明らむ 明るくなる。「次第に東の空が明らんでくる」

赤らむ 赤くなる。「頬が赤らむ／夕日で西の空が赤らむ」

あかり　明かり［灯り］ 「窓の明かり／雪明かり」

アガリクス［agaricus］〔キノコ〕 アガリスク

あがる・あげる

上がる・上げる 段階・位置が高くなる。与える。声・音を出す。終わる。「学校に上がる／歓声・雨=が上がる／顔・線香=を上げる／フライを上げる〔野球〕」

揚がる・揚げる 空中に浮かぶ。場所を移す。油で調理する。「国旗が揚がる（掲揚）／アドバルーン・船荷・天ぷら=を揚げる／フライを揚げる〔調理〕／一旗揚げる」

挙がる・挙げる はっきりと示す。結果を出す。執り行う。

9

こぞって行う。捕らえる。「質問の手が挙がる/名前・条件=を挙げる(列挙)/勝ち星・得点=を挙げる/式を挙げる(挙式)/容疑者を挙げる(検挙)」

ポイント 「花火があがる(花火をあげる)」は、空中に浮かぶ(浮かばせる)意からは「揚」が、空高く上がっていく意からは「上」が当てられる。「書いてあげる」「読んであげる」など補助動詞は仮名書きにする。

あかるみ　明るみ　明るいところ。表立ったところ。おおやけ。×「明るみになる」→明るみに出る、明らかになる　＊「明るみ」は形容詞「明るい」に、場所・部分を表す接尾語「み」がついたもの。「深みにはまる」「茂み」などの「み」も同様。

あきかん　空き缶　「空き缶の回収」

あきさけ　秋サケ［秋鮭］　秋に取れるサケ。アク アキサケ ＊春から初夏にかけて取れる「トキシラズ(時知らず)」「トキザケ(時鮭)」に対して言う。シャケはサケの転。

あきす　空き巣　「空き巣に入られる」

あきたいぬ　秋田犬　秋田犬保存会の呼称。放「あきたいぬ(秋田犬)」の読みは「秋田県」との混同を避けるため。アク アキタイヌ、アキタイヌ

あきたけん　秋田県　アク アキタケン

あきたりない・あきたらない　飽き足りない・飽き足らない［慊りない・慊らない］　十分に満足できない。「いまの生活に飽き足りない思いがある」

あきち・くうち　類語

　あきち　空き地　「近所の空き地で遊ぶ」

　くうち　空地　〔都市計画〕公園・広場など。〔建築基準法〕建物に占有されていない土地。「公開・有効=空地」

あきのひはつるべおとし　秋の日はつるべ落とし［秋の日は釣瓶落とし］　意味

　○日の暮れるのが早い。＊「つるべ」は縄や竿の先に付けて井戸水をくみ上げるときに使う桶。それが真っすぐ落ちるのになぞらえたもの。

　×月日の経つのが早い。

あきば　姓。

　　秋葉　秋葉忠利（広島市長。1942〜）、秋葉賢也（政治家。1962〜）

　　秋庭　秋庭太郎（昭和期の演劇史研究家。1907〜1985）、秋庭俊（作家。1956〜）

　　秋場　秋場悠里（声優。1995〜）、秋場大輔（心理学者。1967〜）

あきばこ　空き箱　「空き箱の再利用」

あきはばら　秋葉原　地名（東京都）。「台東区秋葉原（行政区画）/秋葉原駅（所在地は千代田区）」　＊地域名としての「秋葉原」は千代田区（外神田、神田佐久間町など）と台東区（秋葉原）の両区にわたる一帯を指す。

あきもと　姓。

　　秋元　秋元康（作詞家・プロデューサー。1958〜）、秋元才加（俳優・タレント。1988〜）

　　秋本　秋本治（漫画家。『こちら葛飾区亀有公園前派出所』作者。1952〜）、秋本奈緒美（歌手・俳優。1963〜）

あきや　空き家　「空き家対策」

あきよし・しゅうほう　地名（山口県）。

　　あきよし　秋吉　「秋吉台（台地名。国定公園名）」

　　あきよし　秋芳　「秋芳洞（鍾乳洞の名称。『しゅうほうどう』とも）」

　　しゅうほう　秋芳　「秋芳町（美祢市の地名）」

あきら　人名。

　　旭　小林旭（俳優・歌手。1938〜）

　　明　黒沢明（映画監督。1910〜1988）

　　昭　吉村昭（作家。1927〜2006）

　　昶　岩崎昶（映画評論家。1903〜1981）

　　晃　三善晃（作曲家・桐朋学園大学長。1933〜2013）

　　彬　中尾彬（俳優。1942〜）

　　章　左藤章（政治家。1951〜）

　　彰　池上彰（ジャーナリスト。1950〜）

　　聡［聰］　寺尾聡（俳優・歌手。1947〜）

あきらめる　諦める［諦める］　「進学を諦める」

アキレスけん　アキレスけん・アキレス腱［アキレス腱］　「日本経済のアキレスけん（弱点の例え）」

あきれる［呆れる］「聞いてあきれる/あきれ果てる」

あきんど［商人］「商人」の古風な言い方。

あく［灰汁］「あく抜き」 アク アク

あく・あける

 空く・空ける　からになる。「席・手・間=が空く/がら空き/家・時間・中身=を空ける」

 明く・明ける　あかるくなる。中身が分かるようになる。期間が終わる。片が付く。「目が明く(目が見えるようになる)/らちが明かない/休暇・年・年季・喪・夜=が明ける/明け渡った空/明け暮れ/秘密を打ち明ける/連休明け」

 開く・開ける　ひらく。「穴・口・戸=が開く/蓋・店=を開ける/目を開ける(まぶたをひらく)/蓋の開け方/開け放つ/開けっ広げ」

 あく・あける　「舞台に=穴があく・穴をあける(人が抜ける)/水をあける(引き離す)」

アクアラング　商〔日本アクアラング〕→(**簡易**)**潜水具、スキューバ**

あくがつよい　**あくが強い**［灰汁が強い］　人の性格・言動などにどぎつさが感じられる。「あくの強い男」　悪が強い

あくがぬける　**あくが抜ける**［灰汁が抜ける］　性質が嫌みなく洗練されるさま。これまでより良くなる場合に使い、マイナス評価ではない。悪が抜ける

あくぎょう・あっこう　**悪行**　不品行。「悪行の限りを尽くす」　あくこう　悪業

あくごう　**悪業**　〔仏教〕前世での悪事。「悪業の報い」

あくじき　**悪食**　〔仏教〕　あくしょく

あくじせんりをはしる　**悪事千里を走る**　悪い行いや評判は、瞬く間に世間に知れ渡る。類悪事千里を行く

 ×「悪事千里を走るように被害者が増えていった」　＊被害にあった人が増えるという意味では使わない。

アクシデント［accident］　事故。

あくしゅ　**悪手**　〔囲碁・将棋〕　アク アクシュ

あくしゅ　**握手**　アク アクシュ

アクション［action］　行動。動き。動作。

アクションプログラム［action program］　行動計画。実行

計画。実行手順。

アクセス［access］ 接続〔コンピューター関係〕。交通手段。交通の便。参入〔市場の場合〕。

アクセラレーション［acceleration］ 加速。

アクセラレーター［accelerator］ ①加速器。加速装置。促進剤。②起業を目指す人や創業間もないスタートアップ企業を支援する企業や組織。

アクセル［accelerator］ 加速ペダル。「アクセルを踏む（促進させる）」

アクセント［accent］ ①抑揚。②調子。語調。③強調。

あくたい　悪態 悪口。憎まれ口。「悪態をつく（ひどい悪口を言う）」 悪体

アクチュアリー［actuary］ 保険数理人。保険計理人。

アクチュエーター［actuator］ 制御装置。

アクティビスト［activist］ 活動家。物言う株主。

アクティブ［active］ 積極的。活動的。行動的。

アクティブラーニング［active learning］ 能動的な学習。

あくどい 度を越していてたちが悪い。「あくどい商法」 悪どい　＊語源は「あく（灰汁）」＋「どい」（接尾語）で「あくが強い」の意、「あ」（接頭語）＋「くどい」で「しつこい」の意など諸説ある。

あくば　悪罵［悪罵］ 言い換え 毒づく、ののしる、悪口を言う

あくび［欠伸］ 「あくびをかみ殺す」

あくひょう　悪評
　×「悪評さくさく」→**悪評高い、非難ごうごう** ＊さくさく（嘖々）は「好評さくさく」など口々に褒めそやす表現。

あくまで［飽く迄］ どこまでも。どんなことがあっても。 アク アクマデ、アクマデ

アクラ［Accra］ ガーナの首都。

あぐら［胡座・胡坐］ 「あぐらをかく」

あくらつ　悪辣［悪辣］ 言い換え 悪質、あくどい、ひどい

アグリーメント［agreement］ 合意。契約。協定。一致。

あくりょう・あくれい　悪霊 読み
　あくりょう　〔一般〕「悪霊を鎮める／悪霊に取り憑かれる」
　あくれい　〔キリスト教〕「悪霊憑依」 ＊『悪霊』（ドストエフ

スキーの小説邦題)は『新約聖書』ルカ伝およびプーシキンの詩からとられているが、小説は「あくりょう」に定着。

アグレッシブ［aggressive］ 攻撃的。挑戦的。積極的。

アグレマン［仏 agrément］〔外交〕同意。承認。

アクロバット［acrobat］ 曲芸。「アクロバットダンス」

アクロマイシン 商〔サンファーマ〕→抗生物質

あげあしとり 揚げ足取り［挙げ足取り］

あげおろし

　　上げ下ろし 「箸・布団=の上げ下ろし」

　　揚げ降ろし 「積み荷の揚げ降ろし」

あげく 揚げ句［挙げ句］ 物事の終わり。結果。「揚げ句の果てに/さんざん迷った揚げ句」 ＊本来は連歌・俳諧用語で、発句に対する最後の七・七の句の意。

　　×「彼は化学の分野で大きな発見をした揚げ句、ノーベル賞まで受賞した」 ＊いい結果には使わない。

あけすけ［明け透け］ 「あけすけに批判する」

あけち 地名（岐阜県）。

　　明智 恵那市の地名（旧明智町）。明知鉄道駅名。可児市の名鉄駅名。

　　明知 鉄道名。

あけっぱなし 開けっ放し［明けっ放し］ 「開けっ放しの窓」

あけっぴろげ 開けっ広げ［明けっ広げ］ 「開けっ広げな人」

あけぼの［曙］ 夜がほのぼの明けるころ。黎明期の比喩。＊曙（大相撲・元横綱）は 1992 年大関昇進時に点付き（曙）に改める。

あげまく 揚げ幕 〔能・歌舞伎〕「花道の揚げ幕」

あける ☞あく・あける

あげる 上げる 〔謙譲語〕贈る。与える。本来、贈る側（主語）を低め、贈る先を高める謙譲語。近年は「花に水を上げる」「犬に餌を上げる」といった使い方が増えている。謙譲の意味合いが薄れ、美化語（美しく、上品に表す言い方）に変化しているとも言えるが、規範的には誤り。敬意の高い表現ではないので、贈る先をさらに高める場合は「差し上げる」を使う。＊「あげる」と仮名書きにしてもよい。「～

してあげる」のような補助動詞は仮名書きが原則。

あげる　☞ あがる・あげる

あけわたし　明け渡し　「明け渡し期日」

あけわたす　明け渡す　「城を明け渡す」

アゲンスト［against］（←アゲインスト）　逆風。

あご　地名（三重県）。

　　阿児　志摩市の地名。「阿児町」

　　英虞　志摩半島南部の湾名。「英虞湾」

あご　顎［顎・頤］

アコースティック［acoustic］　〔↔エレクトリック〕「アコース
　　ティックギター」

アコーディオン［accordion］

アコーディオンカーテン　使用可。＊登録商標は「立川ア
　　コーデオンカーテン」〔立川ブラインド工業〕。

あこがれる　憧れる［憧れる・憬れる］

あさ［麻］

　　アサ　〔植物〕「アサ科アサ属」

　　麻　〔加工品など〕「麻=織り・織物」

アサイン［assign］　割り当てる。割り振る。指名する。

あさがや　地名（東京都）。

　　阿佐谷　杉並区の地名。「阿佐谷=北・南」

　　阿佐ヶ谷　JR、地下鉄駅名。区立学校名。「南阿佐ヶ谷
　　駅/阿佐ヶ谷中学校」

あさぎ

　　浅黄　薄い黄色。「浅黄染め」　＊チョウのアサギマダラは
　　「浅黄斑」。

　　あさぎ［浅葱・浅黄］　青みを帯びた薄い緑色。「あさぎ裏」
　　＊「葱」はネギ。

あざける　あざける・嘲る［嘲る］　「人をあざける」

あさって［明後日］

あさはか　浅はか［浅墓］　「浅はかな考えだった」

アサヒグループホールディングス　日本企業。アサヒビール
　　の持ち株会社。㊂アサヒ

アサヒホールディングス　日本企業。㊂アサヒ HD

あさまがたけ・あさまやま　山名（三重県）。

あさまがたけ　朝熊ヶ岳　正式名称。

あさまやま　朝熊山　通称。

あさみ　姓。

浅見　浅見光彦（内田康夫の推理小説の主人公）

麻見　麻見和史（推理作家。1965〜）

麻実　麻実れい（俳優。1950〜）

朝海　朝海ひかる（俳優。1972〜）

あさる［漁る］　「買い・読み=あさる」

アザレア［azalea］（←アザレヤ）〔植物〕

あざわらう　あざ笑う［嘲笑う］　「陰であざ笑う」

あさんさんみゃく　阿讃山脈　☞さぬきさんみゃく・あさんさん
みゃく

あし　アク アシ

足　主に足首から先の部分。歩く、走るなど足に関係の
ある動作に見立てたもの。「足が速い（俊足）/足が早
い（売れ行き、鮮度）/足がつく（足取りが分かる。悪事
が見つかる）/足が出る（出費が予算を超える）」

脚　主に太ももから下の部分。物を支える部分。「伸びや
かな脚/机・橋=の脚/差し脚・末脚（競馬）」

ポイント「足」は「脚」との対比では「足首から先」を言うが、
「足を組む」「足を伸ばす」「手足が長い」など「太ももか
ら下」を指す言い方もある。

あし　アシ［蘆・葦・芦］〔植物〕「風にそよぐアシ」　アク ア
シ　☞あしげ

あしあと　足跡　「ウサギの足跡」

アジェンダ［agenda］　計画。課題。検討課題。行動計画。

あしがかり　足掛かり

あしかけ　アク アシカケ

足掛け　足場など。「足掛け金具」

足かけ［足掛け］　期間。起算の年月日を含む。「○年目」
「○年越し」「○年がかり」と同じ。「足かけ3年で完成
（暦年で3年にわたること）」

アシガバート［Ashgabat］　トルクメニスタンの首都。

あしくせ　足癖

あしげ　あし毛・芦毛［葦毛］　馬の毛色。年齢につれ白毛

がまじるもの。

あじけない　味気ない　△あじきない

あしげにする　足蹴にする［足蹴にする］　足で蹴る。ひど
い仕打ちをする。足蹴りにする

あじさい　アジサイ［紫陽花］〔植物〕　アク　アジサイ、アジ
サイ

アシスト［assist］　手助けすること。

あしずりみさき　足摺岬　地名（高知県）。＊1965年に「足
摺崎」を改称。

あした　明日　読み　☞あす・あした・みょうにち

あしだい　足代

アジテーション［agitation］　扇動。略アジ

あしでまとい　足手まとい［足手纏い］

あしどめ　足止め　「足止めを食う」

あしとり

　足取り　〔相撲〕決まり手の一つ。

　脚取り　〔柔道〕組まずにいきなり相手の脚を取る禁止技。

あしどり　足取り　「足取りを追う」

あしなみ　足並み　「足並みが乱れる」

あしならし　足慣らし

味の素商〔味の素〕→うま味調味料

あしばや　足早　「足早に立ち去る」

あしぶみ　足踏み　「足踏み状態」

味ぽん商〔Mizkan Holdings〕→ポン酢、酢じょうゆ

あしまめ　足まめ［足忠実］　「足まめに通う」　足豆

あじもそっけもない　味もそっけもない［味も素っ気も無い］
無味乾燥で趣がない。つまらない。

　×「この店の料理は薄味で、味もそっけもない」　＊食べ物
の味には言わない。

あじわう　味わう　味あう　味合う

あじわわせる　味わわせる　うまみや味を感じ取らせる。体
験させる。＊「味わう」に使役の助動詞「せる」がついたも
の。味あわせる

あしをあらう　足を洗う　悪い仲間から離れる。好ましくない
生活をやめる。

×「芸能界から足を洗う決意をした」→**芸能界から身を引く決意をした、芸能界を離れる決意をした** ＊単なる離職や転身を指す場合には不適切。

あじをしめる　味を占める　一度経験したことのうまみや面白みが忘れられず、次も同様の期待を持つ。「いい気になって」「調子に乗って」という意味合いがある。

×「前回の試験で好成績を修めた彼は、味を占めてますます勉強に励むようになった」 ＊真摯な態度でさらに励む場合には使わない。

あしをすくう　足をすくう［足を掬う］　相手のすきを突いて失敗させる。＊「すくう」は「横に払う」という意味。△足元をすくう

あす・あした・みょうにち　[読み]

あす　明日［�付明日］　改まった言い方。㈹ニュースや天気予報で使う。

あした［明日］　くだけた言い方。話し言葉。＊「朝」は「あさ」の雅語的表現。

みょうにち　明日　「あす」のより改まった言い方。

あすか　地名（奈良県）。

飛鳥　明日香村を中心とした古文化地域。近鉄駅名。

明日香　村名。

あずかる

預かる　保管。保留。管理。「現金・勝負・留守=を預かる/預かり金（預金）/一時預かり（預託）」

あずかる［与る］　関与。受ける。「あずかって力がある/あずかり知らぬ（関知しない）/お招き・恩恵・相談・分け前=にあずかる」

あずき・しょうず　[読み]

あずき　小豆［付小豆］　〔一般〕

しょうず　小豆　〔商品市場〕「小豆相場/十勝小豆」

あずけいれ

預け入れ　〔一般〕「預け入れ=開始・手続き・方法」

預入　〔経済関係複合語〕「預入=額・期間・期日・金」

アスタナ［Astana］　→ヌルスルタン

アスタリスク［asterisk］（←アステリスク）　注をつけるときに

使う「＊」印。

アスピリン 〔元商標〕 ＊一般名称は「解熱鎮痛剤」。

アスベスト［蘭 asbest］ 石綿。

あずま（あづま） 姓。
　東 東祥三（政治家。1951～）、東幹久（俳優。1969～）
　吾妻 吾妻徳穂（舞踊家。1909～1998）、吾妻ひでお（漫
　　画家。1950～2019）
　我妻 我妻碧宇（日本画家。1904～1970）

あずまや　あずまや・あずま屋［東屋・四阿］ 庭園などに設
　けた四方の柱と屋根だけの休息所。屋根を四方へふき下
　ろした建物。＊源氏物語第50巻の巻名は「東屋」。

アスマラ［Asmara］ エリトリアの首都。

アスリート［athlete］ 競技者。運動選手。

アスレジャー［athleisure］ 〔ファッション〕スポーツウエアな
　どを街着に取り入れる着こなし。＊運動（アスレチック）と
　余暇（レジャー）を組み合わせた造語。

アスレチック［athletic］ 運動。陸上（競技）。「フィールド
　アスレチック」

アスンシオン［Asunción］ パラグアイの首都。

あぜ［畔・畦］ 「あぜ道」

あせ知らず ⓒ〔紀陽除虫菊〕 →**ベビーパウダー、汗止めパ
　ウダー、天花粉**

アセスメント［assessment］ 影響評価。事前評価。環境
　影響調査。評価。査定。

アセットマネジメント［asset management］ 資産運用。

あせも［汗疹］ 「あせもができる」

あせる［褪せる］ 「色あせる」

あぜん［啞然］ 言い換え **あきれる、あっけにとられる、言葉
　につまる**

アセンブリー［assembly］ （最終的な）組み立て。

あそうわん 地名（長崎県）。
　浅茅湾 標準地名。
　浅海湾 旧称。別称。

アソシエーション［association］ 協会。連合。

アダージョ［伊 adagio］（←アダジオ） 〔音楽〕

あたい

価　金額で表現した数量。値段の古風な言い方。「価を=尋ねる・取らせる」

値　文字や式が表す数値。ねうち。抽象的表現に。「Xの値を求める/千金の値/一見・称賛・注目=に値する」

あだうち　あだ討ち［仇討ち］言い換え　報復、仕返し、敵討ち

あたたかい・あたたかだ

温かい・温かだ　冷たくない。愛情や思いやりが感じられる。「温かい=スープ・心・人柄・もてなし/体・懐=が温かい/温かな=家庭・人情」

暖かい・暖かだ　寒くない。主に気象・気温について使う。「暖かい=気候・空気・室内・セーター・日の色・冬/日ごとに暖かくなる/暖かな日差し」

あたたまる・あたためる

温まる・温める　冷たさをやわらげる。冷たいものを加熱して適温にする。抽象的表現にも。「席の温まるいとまもない/心温まる話/鳥が卵を温める/スープ・手足・ベンチ・旧交=を温める/長年温めていたテーマ」

暖まる・暖める　温度が上がる。主に気象・気温について使う。「空気が暖まる/室内を暖める」

あだち　姓。地名。

足立　足立正（昭和期の実業家。1883〜1973）、足立倫行（ノンフィクション作家。1948〜）、東京都足立区、埼玉県北足立郡

足達　足達勇輔（サッカー指導者・解説者。1961〜）

安達　安達泰盛（鎌倉時代の武将。1231〜1285）、安達祐実（俳優。1981〜）、福島県安達郡

安立　安立権斎（江戸後期〜明治時代の和算家・測量家。1821〜1903）　＊大阪市住之江区安立

阿達　阿達雅志（政治家・弁護士。1959〜）

あだち　あだち充（漫画家、本名・安達充。1951〜）

アダチ　アダチ竜光（昭和時代の奇術師、本名・中川一。1896〜1982）

アタック［attack］　攻撃。挑戦。

アタッシェケース［仏 attaché case］　アタッシュケース

アタッチメント［attachment］　付属物。

あだな　あだ名［仇名・徒名・渾名・綽名］

あたまごなし　頭ごなし　初めから相手の言い分を聞かず、一方的に押さえつけるような態度。

　×「頭ごなしの交渉」→頭越しの交渉　＊「頭越し」は当事者の立場を無視して働きかけること。

×頭の先から爪の先まで　→頭の先から足の先まで、頭からつま先まで　全部。

重頭をうなだれる　→うなだれる　＊「うなだれる」は心配事や恥ずかしさなどのため首を前にたれること。

×頭をかしげる　→首をかしげる、首をひねる　不審に思う様子。

あたらしい　新しい　新らしい　＊語幹が「し」で終わる形容詞は「し」から送る（内閣告示『送り仮名の付け方』）。

あたり

　辺り　近辺。付近。「辺り=一面・構わず／辺りを払う」

　あたり　おおよその見当を示す接尾語的用法。「このあたりで妥協しよう／来週あたりがピークだ」

あたり　当たり　「当たりが=強い・柔らかい／当たりを=出す・つける・とる／当たり=狂言・くじ・障り・散らす・外れ／１人当たり３万円」

あたりどし　当たり年　意味

　○収穫や利益の多い年。転じて、縁起のよい年。

　×自然災害の多発した年。「地震・台風=の当たり年」→地震・台風=の多い年

あたる

　当たる　接触。的中。配分。相当。「こたつ・辞書・日・命日=に当たる／映画・風・罰・予報=が当たる／ひげを当たる」

　あたる［中る］　中毒。体に障る。「食べ物・毒・水=にあたる／暑気・食・湯=あたり」

アダルト［adult］　大人。成人。

あつい

　厚い　〔↔薄〕厚みがある。心遣いが深く、こまやか（厚情）。「厚い布団／分厚い本／厚=切り・化粧／手厚いもてなし／信頼が厚い／友情に厚い」　アク　アツイ（アツカッタ、

21

アツクナル）

あつい［篤い］ 病気が重い。重篤。気持ちが深い。「あ
つい病/あつく礼を言う/信仰心があつい」 アク アツイ
＊気持ちが深い意では「厚い」も用いる。「厚く礼を言う
/信仰心が厚い」

暑い 〔↔寒〕 不快になるくらい気温が高い。「暑い＝土地・
夏/部屋の中が暑い/暑がり/暑苦しい」 アク アツイ
（アツカッタ、アツク-ナル）

熱い 〔↔冷〕 温度が非常に高く感じられる。「熱い＝湯・
思い・声援・闘い/お熱い仲」 アク アツイ（アツカッタ、
アツ-クナル）

あっかん 圧巻 ある流れや全体の中で最も優れている部
分。「中でもとりわけ」「格別」など比較対象のある場合に
使う。「圧巻の戦闘シーン」 圧観
×「高層階からの眺めは圧巻だった」→**高層階からの眺
めは壮観だった**

あつぎ 地名（神奈川県）。

厚木駅 JR・小田急駅名（海老名市）。

本厚木駅 小田急駅名（厚木市）。

厚木基地 在日米海軍と海上自衛隊が共同使用する航
空基地の通称（綾瀬市・大和市）。

あっけにとられる［呆気に取られる］ 意外なことに驚きあき
れる。
×「あっけにとらせる」→**あきれさせる** ＊「あっけにとる」
という言い方はなく、その使役形もない。

あっこうぞうごん 悪口雑言 悪口憎言

あっせい

圧制 無理に抑えつけること。「政治的圧制」

圧政 権力で抑えつける政治。「圧政に苦しむ国民」

あっせん［斡旋］ 言い換え 世話、取り持ち、仲介、仲立ち
「あっせん＝収賄罪・利得処罰法」

あっとう 圧倒 「体力で敵を圧倒する」 圧到

アットホーム［at home］ 家庭的。くつろいだ。

アットマーク［at mark］ メールアドレスでユーザー名とドメ
イン名を区切る記号「＠」。

アップグレード[upgrade] 質や機能を高めること。「ソフトウエアのアップグレード」

アップツーデート、アップトゥーデート[up-to-date] 最新の。流行の。

アップデート[update] 最新にすること。「プログラムのアップデート」

アップリケ[仏 appliqué](←アプリケ)

アップル[Apple Inc.] 米企業（電子機器）。＊2007年に「アップルコンピュータ」から社名変更。

あつみ　厚み[厚味]

あつれき[軋轢][言い換え]**いざこざ、もめごと、不和、摩擦**「あつれきが＝生じる・深まる」

あて

　当て「当てが外れる/当てにする/当てもなく/肩当て」

　宛て[宛て]「人宛てに送る/本社宛て」

アディショナルタイム[additional time]

　　サッカーの試合で、選手の交代や負傷、負傷者の搬出などに費やされ、前後半や延長のそれぞれの最後に補われる時間のこと。「空費された時間」「追加時間」とも。

　　従来は和製英語とされる「ロスタイム」（loss of time の of の省略）が使われていた。『JFA・Jリーグ　サッカー用語集』（日本サッカー協会〈JFA〉）では、国際サッカー連盟の呼称に合わせ「アディショナルタイム」としている。この用語集はJFA、Jリーグ、Jクラブをはじめ、各サッカー連盟、リーグ、47都道府県協会などで共有されている。

アディスアベバ[Addis Abeba] エチオピアの首都。

あてがう[宛行う]「あてがいぶち」

あてさき　宛先[宛先]

あてじ　当て字[宛て字] 日本語を漢字で書く場合に漢字の音・訓をその字の意味に関係なく当てる使い方。借り字。

あてど[当て所・当て処] 目当て。行き先。「あてど（も）なく」

あてな　宛名[宛名]

あてにげ・ひきにげ[類語]

　当て逃げ物損事故を申告せずに逃走。

　ひき逃げ[轢き逃げ] 人身事故を申告せずに逃走。

23

アテネ［Athens］　ギリシャの首都。1896、2004 年に夏季五輪開催。

アデランス 商〔アデランス〕→**かつら**

あてる

充てる　ある目的や用途に振り向ける。充当。「教材・建築費・後任・抵当・保安要員=に充てる」

当てる　接触。的中。配分。相当。「風・日光・一等賞・答え=を当てる/額・胸=に手を当てる/割り当てる/当てはめる/当て身」

宛てる［宛てる］　手紙などの届け先。「母に宛てた手紙」

アテンド［attend］　①世話。応対。②同行。

あと

後　〔↔先・前〕順序や時間などが遅い。次に続く（後続）。「後が=絶える・ない/後を=追う・絶たない（後続）・頼む・つける・引く/後になり先になり/後の祭り/後=追い・押し・片付け・腐れ・始末・払い・回し・戻り」

重「後で後悔する」→**後悔する**

跡　何かが行われたり存在したりしたあと（行跡）。通り過ぎた場所に残されたあと。家督などを継ぐ（相続）。「車輪・苦心・努力・犯行=の跡/容疑者の跡を追う（痕跡を追う）/跡を絶つ（消息）/立つ鳥跡を濁さず/跡形もない/跡取り/跡目相続」

ポイント「後が絶える」は後続がない、「跡を絶つ」は痕跡がないの意。「あと=片付け・始末」は、事後処理の意で「後」、行われた場所に注目して「跡」と使い分けられるが、一般的には「後」。☞**あとつぎ**

痕［痕］　傷のように生々しく残ったあと。主に人体。「手術・弾・血・注射・やけど=の痕/傷痕/爪痕」

あと　「あと=1 人・2 時間・少し」

あと○日　「あと」は完全に残っている部分を指す。例えば、9 月 11 日に催しがある場合、「開催まであと 10 日」は 9 月 1 日時点を表す。＊「○日先」も同様に完全に残っている部分を表す。

アト［atto］　100 京分の 1 。

あとあし

後脚 動物の脚。「後脚で立つ」

後足 〔比喩〕「後足で砂をかける」

あとあじ　後味 「後味が悪い」

あとがま　後釜[後釜] 「後釜に座る」

あとつぎ

　後継ぎ 前任者を継ぐ。後継者。後任。「社長・農家=の後継ぎ」

　跡継ぎ 名跡・跡目・家督を相続する者。跡取り。「家元・旧家=の跡継ぎ」

アドバイザー[adviser] 助言者。忠告者。

アドバルーン[和製 ad balloon] 広告気球。
　×「(世間の反響を見る意味で)アドバルーンを揚げる」→ **観測気球を揚げる**

アドバンテージ[advantage] 優位。利点。

アドフラウド[ad fraud] (デジタル)広告詐欺。

アドベンチャー[adventure] 冒険。

アドベンチャーワールド商〔アワーズ〕→**動物公園** ＊アワーズはアドベンチャーワールド(和歌山県白浜町)の運営会社。

アドボカシー[advocacy] 権利擁護。政策提言。

アドミッション[admission] 許可。「アドミッションオフィス」

アトランタ[Atlanta] 米国の都市。1996 年夏季五輪開催。

アトランダム[at random](←アットランダム) 無作為。任意の。手当たり次第。

アドレス[address] 住所。「メールアドレス」

アドレナリン[独 Adrenalin] 副腎髄質ホルモン。「アドレナリンが出る(興奮する)」

あな　穴[孔] 「穴蔵」

アナーキー[anarchy] 無政府状態。無秩序。

アナウンサー[announcer] 放送員。略アナ

アナキスト[anarchist](←アナーキスト) 無政府主義者。

アナクロニズム[anachronism] 時代錯誤。略アナクロ

あなた[貴方・貴男・貴女]

アナフィラキシー[独 Anaphylaxie] 強いアレルギー反応。「アナフィラキシーショック」

アナリスト［analyst］　分析家。分析専門家。

アナログ［analog］　〔↔デジタル〕

アニバーサリー［anniversary］　記念日。

アニメーション［animation］　⊛アニメ

あねがさき　地名（千葉県）。

　姉ヶ崎　JR駅名。

　姉崎　市原市の地名。小・中学校名など。

あねさんかぶり・ねえさんかぶり　**姉さんかぶり**［姉さん被り］

アバウト［about］　およそ。おおまか。いいかげん。「アバウトな人」

あばく　**暴く**［発く］　「秘密を暴く」

アパマン　**APAMAN**　日本企業。＊2018年に「アパマンショップホールディングス」から社名変更。

アバルア［Avarua］　クック諸島の首都。

アパルトヘイト［apartheid］　人種隔離。

アパレル［apparel］　衣服。衣料品。

アバンギャルド［仏 avant-garde］　前衛（的）。前衛芸術。

アピア［Apia］　サモアの首都。

アピール［appeal］　主張。訴え。呼びかけ。魅力。

アビガン　⊛〔富士フイルム富山化学〕　→**ファビピラビル**　＊抗インフルエンザウイルス薬。

あびこ　姓。

　吾孫子　吾孫子豊（昭和時代の官僚。国鉄副総裁。1908〜1970）

　我孫子　我孫子武丸（小説家。1962〜）

　安孫子　安孫子素雄（漫画家、ペンネーム・藤子不二雄Ⓐ。1934〜）

　安彦　安彦考真（サッカー選手。1978〜）

あびこ　地名。

　我孫子　我孫子市（千葉県）、我孫子駅（JR）

　あびこ　あびこ駅（地下鉄、大阪市）

アビジャン［Abidjan］　コートジボワールの最大都市。＊首都はヤムスクロ。

あぶ［虻］

　アブ　〔動物〕「アブに刺される」

あぶ 〔一般〕「あぶはち取らず」

アフィリエイト[affiliate]（←アフィリエート） 提携。成果報酬型広告。

アフガニスタン[Afghanistan] 中央アジアの国。首都はカブール。㊂アフガン

あぶく[泡] 「あぶく銭」

アブジャ[Abuja] ナイジェリアの首都。

アフターケア[aftercare]

アフターサービス[after service]

アフタヌーン[afternoon]（←アフターヌーン）

アブダビ[Abu Dhabi] ①アラブ首長国連邦を構成する首長国。②アラブ首長国連邦の首都。

あぶなげ 危なげ[危な気] 「危なげない」

アブノーマル[abnormal] 異常。変質的。

あぶら

　油 常温で液体状のもの。主に植物・鉱物性。「水と油/油を流したような水面/油=揚げ・いため・染みる/油絵/ゴマ油」 ＊慣用表現は「油」を使うことが多い。「油が切れる（元気がなくなる）/油を売る（仕事を怠ける）/油を絞る（厳しく叱る）/火に油を注ぐ（あおりたてる）」

　脂[膏] 常温で固体状のもの。主に動物性。肉のあぶら。「脂が乗る/脂足/脂汗/脂ぎった顔/脂性/肉の脂身」 ＊「膏」は、一般的に「脂」で表記する。

アプリケーション[application] 応用ソフト。㊂アプリ

あぶる[焙る・炙る] 「のりをあぶる」

あふれる[溢れる] 「涙があふれる」

アプローチ[approach] 接近。迫ること。

あべ 姓。

　安倍 安倍晴明（平安時代の陰陽家。?〜1005）、安倍能成（哲学者。1883〜1966）、安倍晋三（政治家・首相。1954〜）、安倍なつみ（歌手・俳優。1981〜）

　安部 安部譲二（小説家。1937〜2019）

　阿倍 阿倍仲麻呂（奈良時代の学者。698〜770）

　阿部 阿部一族（森鴎外作）、阿部定（猟奇事件の犯人。1905〜?）、阿部慎之助（野球選手。1979〜）

あべかわもち　安倍川餅

アベック［仏 avec（一緒に）］　「アベック゠ホームラン・優勝」
　　＊ふたり連れの意味では「カップル」が一般的。

アベニュー［avenue］　大通り。並木道。街路。

あべの　地名（大阪府）。

　　阿倍野　大阪市の区名。同区の地名（阿倍野筋、阿倍
　　　野元町）。阪堺電軌・地下鉄駅名。府立高校名。

　　阿部野　神社名。近鉄駅名（大阪阿部野橋）。

　　あべの　「あべのハルカス（大阪市阿倍野区の高層ビ
　　　ル）」

アペリティフ［仏 apéritif］　食前酒。

アベレージ［average］　平均。標準。打率。

あへん　アヘン［阿片］　「アヘン戦争」　＊日本の法律名は
　　「あへん法」。

アポイントメント［appointment］　面会の約束。予約。㊂
　　アポイント、アポ

アボカド［avocado］　〔樹木・果実〕　アボガ̸ド

アポストロフィー［apostrophe］　英語で省略などを表す符
　　号「'」。

アボリジニ［Aborigine］　オーストラリアの先住民族の総称。
　　＊アボリジニは、英語では「土着・原生の動植物」という意
　　味も含み、差別的な響きがあるとして、「**アボリジナル（ピー
　　プル）**」「**オーストラリア先住民**」と表現される場合もある。

あま　雨　読み　☞あめ・あま

あま　アク　ア̄マ

　　海女［㊙海女］　〔女性〕

　　海士・海̀士［㊙海士］　〔男性〕　＊「海士町（あまちょう）」
　　　（島根県隠岐郡）。「海士」は海上自衛隊の階級。

あま・あまべ・かいふ　海部　読み

　　あま　愛知県の郡名。

　　あまべ　大分県の旧郡名（北海部郡、南海部郡）。「海部
　　　古墳資料館（大分市）」

　　かいふ　徳島県の郡名。

あまあし　雨脚［雨足］　雨が通り過ぎていくさまや、降り注ぐ
　　雨が筋のように見えること。「雨脚が速い/激しい雨脚」

×「雨脚が途絶える」→雨がやむ

あまい　甘い　[アク]アマ̄イ、ア̄マイ（ア̄マカッタ、ア̄マクナ̄ル）

あまがせ　地名（大分県）。

　　天瀬　日田郡にあった町名（天瀬町）。

　　天ヶ瀬　JR 久大線駅名。温泉名。

あまくさごきょう　天草五橋　熊本県宇城市―上天草市を結ぶ五つの橋の総称。天門橋＝1 号橋、大矢野橋＝2 号橋、中の橋＝3 号橋、前島橋＝4 号橋、松島橋＝5 号橋。

あまくだり　天下り［天降り］　「役人の天下り」

あまごい　雨乞い［雨乞い・雨請い］　「雨乞いをする」

あまざけ　甘酒　あま̶さけ

アマゾン・ドット・コム［Amazon.com, Inc.］　米企業（インターネット通販）。

アマチュア［amateur］　〔↔プロフェッショナル〕　[略]アマ

あまどい　雨どい［雨樋］　「雨どいの修理」

あまねく［遍く・普く］　[言い換え]**すみずみまで、広く**　「あまねく知れわたる」

あまのいわと

　　天岩戸　宮崎県高千穂町にある神社・温泉名。

　　天の岩戸　神話などの表記。

あまのがわ　天の川［天の河］

あまのじゃく［天の邪鬼］　わざと他の人の言動にさからう人。つむじまがり。へそまがり。

あまのはしだて　地名（京都府）。

　　天橋立　標準地名。鉄道駅名。

　　天の橋立・天ノ橋立　地図や観光パンフレットなどに見られる表記。

あまみ　甘み［甘味］　「甘みが足りない」　＊味覚を表すときは「甘味」も。「甘味、塩味、酸味、苦味、うま味が基本の味」

あまみぐんとう　奄美群島　＊地図や海図で「奄美諸島・奄美群島」の呼び名が混在していたものを 2010 年に統一。

あまもよう　雨模様　☞**あめもよう・あまもよう**

あまり

　　余り　残り。余分。「余りが出る/余り物/字余り/100 円

あ

余り」

あまり 度を超している。それほど。「あまりにひどい/あまりの多さに/あまり好きではない/悲しみのあまり」

あまる 余る［剰る］ 「時間が余る/身に余る」

あまるべ 地名（兵庫県）。

餘部 JR山陰線駅名。

余部 鉄橋名。＊余部はJR姫新線駅名。

あみ

編み 「編み上げ靴/編み＝方・針・目・物」

網 「網棚/網目/かすみ網/投網」

あみだ［阿弥陀］

阿弥陀 仏。仏像。「阿弥陀如来像」

あみだ 「あみだくじ/あみだにかぶる（後ろに傾け、顔が見えるようにかぶる）」

アミューズメント［amusement］ 娯楽。楽しみ。遊技。「アミューズメントセンター」

アムステルダム［Amsterdam］ オランダの首都。1928年夏季五輪開催。

アムネスティ［Amnesty International］ 国際人権団体。

あめ・あま 雨 読み

あめ〜 「雨上がり/雨あられ/雨男/雨女/雨風/雨がち/雨台風/雨露」

あま〜 「雨脚/雨音/雨傘/雨がっぱ/雨具/雨靴/雨雲/雨乞い/雨ざらし/雨空/雨垂れ/雨粒/雨戸/雨水（二十四節気の読みは、うすい）/雨漏り/雨宿り」

アメーバ［独 Amöbe］（←アミーバ）

アメシスト［amethyst］ 紫水晶。アメジスト

アメニティー［amenity］ 快適性。快適な環境。快適さ。「アメニティーグッズ」

あめもよう・あまもよう 雨模様 世論調査

○雨が降りそうな様子。＊2003年度38.0%/10年度43.3%

△小雨が降ったりやんだりしている様子。＊本来は「雨催い」。「催い」は「催す（そうなる兆しがみえる）」の意で、雨が降りそうな様子を指す。「雨が降り出しそうな曇り

30

空」「小雨が降ったりやんだりしている」など、誤解が生じないよう具体的に述べるほうがよい。2003年度45.2%/10年度47.5%

△**アメラグ** →アメリカンフットボール

アメラジアン［Amerasian］ 「アメリカ」＋「アジア」の造語。アメリカ人とアジア人の間に生まれた子供たちのこと。多くは混血児と呼ばれ差別の対象になった。日本では特に沖縄に駐留する在日米軍基地に勤めるアメリカ人と地元女性の間に生まれた子供たちのことを指して使われている。「**アメリカ人とアジア人の両親を持つ（アメラジアンの）子供たち**」などと具体的な説明を加えたい。

アメリカン・エキスプレス［American Express Company］米企業（金融サービス）。⊛アメックス

アメリカンフットボール［American football］ ⊛アメフト、アメフット

あめをしゃぶらせる［飴をしゃぶらせる］ うまいことを言って人をだます。大きな利益を得るために小さな利益を与える。⊛あめを＝食わす・なめさせる

アモルファス［amorphous］ 非晶質。

あや［綾・文・彩］ 「あや織り／あやとり／言葉のあや」

あやしい

　怪しい 疑わしい。普通でない。はっきりしない。「怪しい人影／彼の日本語は怪しい／約束が守られるか怪しい／挙動・空模様＝が怪しい」

　妖しい［妖しい］ なまめかしい（妖艶）。神秘的な感じがする。「妖しい魅力／妖しく輝く瞳」

あやまち　過ち 過失。「過ちを＝犯す・償う／酒の上・若気＝の過ち」 ×誤ち

あやまつ　過つ 「身を過つ（古風な表現）」 ×誤つ

あやまって

　過って 過失。道義的なあやまち。「過ってけがをさせる」

　誤って 誤認。錯誤。「誤って＝傷を付ける・転落した」

あやまり　誤り［謬り］ 「誤りを見つける」

あやまる

　誤る 間違う。「運転・人選・使い方＝を誤る／言い・書き・

あ

見=誤る/誤りを正す」

謝る　わびる。「非礼を謝る/謝りに行く/平謝り」

アラー［アラビア Allāh］(←アッラー)

あらい　アクアライ (アラカッタ、アラクナル)

荒い　勢いが激しい。乱れている。「金遣い・気・呼吸・言葉遣い・波=が荒い/荒海/荒稼ぎ/荒行/荒くれ/荒事/荒仕事/荒立てる/荒茶/荒縄/荒武者/荒物/荒療治/手荒い」

粗い　〔↔精・密〕大ざっぱ。粗雑。「網目・きめ・仕事・守備・木目=が粗い/粗=織り・削り・ごなし・塗り・びき・彫り/粗板/粗がんな/粗塩/粗筋」

あらい　姓。

荒井　荒井正吾 (奈良県知事。1945～)、荒井由実 (松任谷由実の旧姓)、荒井愛花 (モデル。1992～)

新井　新井白石 (江戸中期の朱子学者。1657～1725)、新井素子 (小説家。1960～)、新井貴浩 (野球選手。1977～)、新井良太 (野球選手。1983～)

新居　新居昭乃 (シンガー・ソングライター。1959～)

アライアンス［alliance］　提携。同盟。

あらがう［抗う］　「過酷な運命にあらがう」

あらかじめ［予め］　前もって。

　⑪「あらかじめ予告する」→**予告する**

アラカルト［仏 à la carte］　一品料理。お好み料理。

あらさがし　あら探し［粗捜し］　「人のあら探しをする」

あらし　嵐［嵐］　「砂嵐」

あらて・しんて　新手　読み

　あらて　新しい軍勢。新しい手段や方法。「新手を繰り出す/新手の詐欺」

　しんて　〔囲碁・将棋〕新しい手順。「新手を=考える・繰り出す」　しんしゅ

あらぼん　新盆　☞コラム「お盆」

あらまき　新巻き［荒巻き］　「新巻きザケ(『サケ』とも)」

あららげる　荒らげる　×荒げる　×あらげる　＊「荒らげる」が本来。

あらりえき　粗利益　×そりえき

32

あられ［霰］　〔気象〕空から降ってくる氷の粒で直径５ミリ未満のもの。「雨あられ／あられもち」　☞ひょう

あらわざ

　荒技　スポーツなどでの思い切った技。

　荒業　力のいる仕事。

あらわす・あらわれる

　表す・表れる　〔表示。表明〕表面に出る。心の中にあることを言葉・表情などで示す。「意思・敬意・効果・喜び＝を表す／名は体を表す／影響・効果・症状・兆候・副作用＝が表れる／顔色・結果・態度＝に表れる」

　現す・現れる［顕す・顕れる］　〔出現〕隠れていたものが出てくる。「正体・馬脚・頭角＝を現す／皮膚に湿疹が現れる／救世主・太陽・目撃者＝が現れる」

　著す　本などを書いて世に出す。「書物を著す」

　ポイント　1959年『送りがなのつけ方』では、「表わす・表われる」「現わす・現われる」「著わす」と「わ」を入れる形とした。「表（ひょう）して」と紛らわしいためで、「現」「著」もそれにそろえた。73年『送り仮名の付け方』では、「活用語尾を送る」を原則とした。「わ」を入れる形も許容としたが、新聞・放送や教科書では用いない。

あり　☞ある

　有り・あり　〔↔無〕「有り＝余る・合わせ・金・様」

　在り・あり　存在。所在。「在りか／在り方／在りし日」

アリ（ムハマド）［Muhammad Ali］　ボクサー。（米 1942～2016）

アリア［伊 aria］　独唱歌曲。詠唱。

アリーナ［arena］　室内競技場。「アリーナ席（競技場部分に特設した観客席）」

ありうる・ありえる［有り得る］　〔↔ありえない〕

ありがたい［有り難い］

　ありがたい　感謝にたえない。「応援してもらいありがたい」　＊よいことや物に恵まれることはめったに無い（有り難い）の意から転じた。

　有り難い　めったにない。「有り難い出来事」

ありがとう［有り難う］

ありた・ありだ　有田　[読み]　地名。

　　ありた　佐賀県有田町、有田焼

　　ありだ　和歌山県有田市、有田みかん（ブランド名）

アリナミン 商〔武田薬品工業〕→**(活性)ビタミン剤**

アリバイ［alibi］　不在証明。

アリペイ　支付宝　中国の電子決済サービス。

ある　☞あり

　　［在る］　存在。所在。「西にある建物」

　　［有る］　〔↔無〕所有。「親戚・貯金=がある」

　　・［或る］　〔連体詞〕「ある=時・日・人」　＊『或る男』（武者小
　　　路実篤作）。『ある男』（平野啓一郎作）。「或る列車」（JR
　　　九州の観光列車の名称）。

あるいは［或いは］　「東京あるいは大阪で開催」

アルコール中毒・アル中　→**アルコール依存症**　日本精神神
　　経学会では、2014 年 5 月、「アルコール依存症」を「アル
　　コール使用障害」に名称変更している。＊「イッキ飲み」な
　　どにより一過性の意識障害を起こすのは、**急性アルコー
　　ル中毒**。この場合も「急性アル中」などとはしない。

アルゴリズム［algorithm］　問題を解くための手順。計算手
　　法。計算手順。演算手順。

あるじ［主］　「一国一城のあるじ」

アルジェ［Alger］　アルジェリアの首都。

アルチザン［仏 artisan］　職人。工芸家。職人的芸術家。

アルツハイマー［独 Alzheimer］　「アルツハイマー型認知
　　症」

アルバム［album］　①写真帳。②複数の曲を収めたレコー
　　ド・CD。

アルピニスト［alpinist］　登山家。

アルファ［A・α］（←アルファー）　「プラスアルファ/アルファ
　　波」

アルファベット［Alphabet Inc.］　米企業（グーグルの持ち株
　　会社）。＊ 2015 年設立。

アルファ米 商〔尾西食品〕→**アルファ化米、即席米**

アルベールビル［仏 Albertville］　フランス東部のアルプス
　　の麓にある町。1992 年冬季五輪開催。

アルマトイ［Almaty］　カザフスタンの最大都市。＊首都はヌルスルタン。

アルミニウム［aluminium］

アルミホイール［aluminum wheel］　〔自動車部品〕

アルミホイル［aluminum foil］　〔台所用品〕

あれしょう　荒れ性　「荒れ性の肌」

あれち　荒れ地　「荒れ地を開拓する」

あれはだ　荒れ肌　「荒れ肌の手入れ」

アレパチ⑱〔タイヨーエレック〕→**アレンジボール遊技機**

アロフィ［Alofi］　ニウエ（南太平洋の島国）の首都。

アロマセラピー、アロマテラピー［aromatherapy; 仏 aromathérapie］　芳香療法。略アロマ

アロンアルフア、アロンアルファ⑱〔東亜合成〕→**瞬間接着剤**

あわ

アワ［粟］　〔植物〕「アワとヒエ」

あわ［粟］　〔比喩など〕「ぬれ手であわ／あわ立つ」

泡　あぶく。「水の泡／泡立つ」

アワード［award］　賞。賞品。

あわせる

合わせる　一つにする。一致させる。合計する。「数・力・調子・つじつま＝を合わせる／体に合わせる／合わせる顔がない／合わせて一本／合わせ＝鏡・目・技／顔・手・巡り＝合わせ」

併せる　並べる。両立させる。「併せて健康を祈る／清濁併せのむ／両者を併せ考える／併せ持つ」

会わせる　対面させる。「家族に会わせる」

あわだつ

泡立つ　泡ができる。「泡立つ波／よく泡立つせっけん」

あわ立つ［粟立つ］　寒さや恐ろしさで毛穴が縮まり鳥肌のようになる。「肌があわ立つ／恐怖で全身があわ立つ」

あわもり　泡盛　米を原料とした沖縄産の蒸留酒。

あわや　危うく。マイナスの意味合いで使う。「あわや大事故になるところだった」

　　×「あわや世界新記録を達成」→**もう少しで世界新記録**

　　　を達成

あわゆき

　　淡雪　うっすらと積もった雪。「春の淡雪」

　　泡雪　泡のように消えやすい雪。「泡雪豆腐」

あわれむ　**哀れむ**［憐れむ］　「人の死を哀れむ」

あわをくう　**泡を食う**　驚きあわてる。×粟を食う

あわをふかせる　**泡を吹かせる**　圞一泡吹かせる

　　×粟を吹かせる　＊「泡」は口の端に噴き出た唾の玉。

アヲハタ　日本企業。＊1989年に「青旗缶詰」から社名変

　　更。キユーピーの子会社。

あんいつ　**安逸**［安佚］　「安逸な生活」

アンインストール［uninstall］　〔↔インストール〕コンピュー

　　ターに組み入れたソフトウエアを削除すること。

あんえい　**暗影**［暗翳］　「一抹の暗影が差す」

アンカー［anchor］　①錨。②リレーの最終走者（泳者）。

　　③まとめ役。ニュースキャスター。

アンカラ［Ankara］　トルコの首都。☞イスタンブール

あんぎゃ　**行脚**　歩き回ること。「諸国行脚」　＊元は仏教

　　用語。×ぎょうきゃく

あんきょ　**暗渠**［暗渠］　言い換え 地下排水溝、地下(通)水路

アングラ　☞アンダーグラウンド

圍**アンケート調査**　→**アンケート**　＊原語 enquête（フランス

　　語）は「調査」の意味。

あんごうしさん　**暗号資産**　2019年の資金決済法、金融商

　　品取引法の改正で「仮想通貨」の呼称が「暗号資産」に変

　　更。「暗号資産(仮想通貨)」などと表記する。

アンコンシャスバイアス［unconscious bias］　無意識の偏

　　見。無意識の思い込み。

あんざい　姓。

　　安斎　安斎隆（セブン銀行社長・会長。1941～）

　　安西　安西幸輝（サッカー選手。1995～）

アンサホン　商〔パイオニア〕→**留守番電話**

あんしょう

　　暗唱［暗誦・諳誦］　そらんじる。「詩・せりふ゠を暗唱する」

　　暗証　証明するのに用いる暗号。「キャッシュカードの暗

証番号」

あんしんりつめい　安心立命［安神立命・安身立命］　信仰により心を安らかに保ち何事にも心を乱されないこと。＊仏教では「あんじんりゅうめい」「あんじんりゅうみょう」とも。

あんずるよりうむがやすし　案ずるより産むがやすし［案ずるより産むが易し］　事前に心配するほど難しくはない。取り越し苦労をすることはない。案ずるより産むが~~安~~し　＊「やす（易）し」の「易」は「難しくない」という意味で、出産は考えているよりやすいということ。

アンセム［anthem］　イギリス国教会で用いられる礼拝用合唱曲。

あんそくび　安息日　＊キリスト教では、「あんそくにち」「あんそくじつ」とも。

アンダーウエア、アンダーウェア［underwear］　下着。肌着。

アンダーグラウンド［underground］　①非合法。地下。②地下経済。③前衛芸術。小劇場運動。㊂アングラ

アンタイドローン［untied loan］　使途制限のない融資。

アンタナナリボ［Antananarivo］　マダガスカルの首都。

あんたん　暗たん［暗澹］　言い換え **暗い、絶望的**　「暗たんたる気持ち」

アンチ［anti］　反対派。反。「アンチ巨人」

アンチエイジング［anti-aging］　抗加齢。

アンチテーゼ［独 Antithese］　〔↔テーゼ〕反対（敵対的、否定的）命題。

アンチョビー［anchovy］（←アンチョビ）

あんてい　安定　×「安定化する」→**安定する**

アンティーク［antique］（←アンチック、アンチーク）　古美術。骨董。

アンテナショップ［antenna shop］　①新製品に対する客の反応を探るためのメーカー直営店。②地方の特産物を広めるための店。

あんど　安堵［安堵］　言い換え **ほっとする、安心する**　「安堵の表情を浮かべる」

あんどうはざま　安藤ハザマ　日本企業。＊登記名は「安藤・間」。2013 年にハザマと安藤建設が合併。

37

アンドララベリャ［Andorra la Vella］ アンドラの首都。

アントワープ［Antwerp］ ベルギーの都市。1920年夏季五輪開催。

あんどん［行灯］

あんのじょう 案の定 「定」は決まっていること。多くは好ましくない結果について使う。案の条 案の上

あんのん 安穏 「安穏に暮らす」

あんば あん馬［鞍馬］ 体操の種目名。

あんばい

  案配［按排・按配］ 程よく配置・処理する。「仕事・順序・時間＝を案配する」

  あんばい［塩梅］ 具合。料理の味加減。「いいあんばいに晴れた／体・吸い物＝のあんばい」

アンパイア［umpire］（←アンパイヤ） 〔野球〕審判。

アンバサダー［ambassador］ 大使。PR大使。ブランドや商品を熱烈に応援する人。

アンバランス［unbalance］ 不釣り合い。

安否コール ⑲〔アデテクニカ〕→**安否確認システム**

アンビバレント［ambivalent］ 両面価値的。相反する気持ちが同時にあるさま。「アンビバレントな気持ち」

アンブレラほうしき アンブレラ方式［umbrella system］ 1法人複数大学方式。一つの国公立大学法人が複数の大学を経営すること。

あんぶん 案分［按分］ 「案分票」

あんぶんひれい 案分比例［按分比例］ 言い換え 比例配分

アンペア［ampere］ 国際単位系の電流の基本単位。A。

あんま［按摩］ →**マッサージ師、マッサージ業** 職業、職種名には使わない。＊国家資格名は「あん摩マッサージ指圧師」。

アンマン［Amman］ ヨルダンの首都。

あんや 暗夜［闇夜］ 言い換え 闇夜（読みは「やみよ」）

アンリトンルール［unwritten rules］ 不文律。

い・イ

いあい 居合 〔剣術〕「居合抜きの達人」

いい 姓。

   伊井 伊井弥四郎（昭和期の労働運動家。1905〜1971）、伊井哲朗（コモンズ投信社長。1960〜）

   井伊 井伊直弼（幕末の大老。彦根藩主。1815〜1860）

いい［良い・好い］ 「いい調子／いい気なものだ／いい年をして」 ☞よい

いいあい 言い合い 「不満の言い合いになった」

いいあう 言い合う 「冗談を言い合う仲」

いいえてみょう 言い得て妙 実にうまく言い当てたものだ。言い得て_×微妙

いいかえす 言い返す 「負けずに言い返す」

いいかえる 言い換える［言い替える］ 「英語に言い換える」

いいかげん［好い加減］

   いい加減 〔連語〕適度な具合。よいかげん。「いい加減の湯」 アク イー-カゲン

   いいかげん 〔形容動詞・副詞〕大ざっぱ。無責任。「いいかげんな人／いいかげんにしろ」 アク イーカゲン

いいぐさ 言い草［言い種］ 「古い言い草／そんな言い草は通用しない」

イージー［easy］ 簡易。安易。手軽。「イージーオーダー」

イースター［Easter］ 復活祭。

イースポーツ eスポーツ ビデオゲームによる対戦競技。＊エレクトロニックスポーツ（electronic sports）の略。

いいだくだく 唯々諾々 他人の言うままに従うさま。＊「唯々」も「諾々」も了承するときに応答する語。「はいはい」。 アク イイ-ダクダク

いいづらい 言いづらい［言い辛い］ 「本当のことは言いづらい」

イートイン［和製 eat-in］ 店内飲食。「イートインスペース」

いいなずけ［許婚・許嫁］ 言い換え 婚約者、フィアンセ

イーブン［even］ 対等。互角。同点。引き分け。

イールドカーブ・コントロール［yield curve control］ 長短金利の操作。＊日銀の金融緩和政策。

いいわけ 言い訳 「遅刻の言い訳をする」

いう

言う［云う・謂う］　言葉で表す。声に出して述べる。「あえて言う/言うことを聞く/言うまでもなく/えも言われぬ/彼が言うには」

いう　〔実質的意味が薄れた場合〕伝聞。説明。接続助詞的用法。「あっという間/いうなれば/Aという人/そういうこと/予防効果があるといわれる」

いえがら　**家柄**　先祖から受け継いでいる家の格式。封建時代の身分制度を連想させる。＊歴史的事実として「公家の家柄」「武家の家柄」などの使い方はあるが、その家に対する社会的評価としては使わない。

いえども［雖も・言えども］　文語的表現。「大国といえども」

いえなみ・やなみ　**家並み**

いえぬし　**家主**　☞やぬし・いえぬし

イエメン［Yemen］（←イエメン、イェーメン）　中東の共和国。首都はサヌア。

いえもと　**家元**　「家元からの仕送り/踊りの家元」

いえる　**癒える**［癒える］　「傷が癒える」

イエロー［yellow］　黄色。「イエローカード」

いおう　**硫黄**［付硫黄］　「硫黄のにおい」

いおうとう・いおうじま　**硫黄島**　読み地名。

　いおうとう　東京都小笠原村。＊米映画『硫黄島からの手紙』（クリント・イーストウッド監督、2006 年公開）は「いおうじま」。

　いおうじま　鹿児島県三島村。

イオン　日本企業。＊ 2001 年に「ジャスコ」から社名変更。

いか　**以下**　○歳以下は○を含めてそれより小さい数値を表す。＊「○人以内」「○歳まで」「○歳以前」も同様で、○を含める。☞以前

いがい

以外　～のほか。「係員以外の入室禁止/それ以外に方法がない/失望以外の何ものでもない」　アクイガイ

意外　思いのほか。「意外な事件/意外に強硬だ/意外性」　アクイガイ

いがい　**遺骸**［遺骸］　言い換え**遺体、亡きがら**　＊事件記事

では「遺体」。アク イガイ

×「動物の遺骸」→動物の死骸

いかが［如何］　「そういう言い方はいかがなものか」

いかく　威嚇　「威嚇射撃」

いかす　生かす［活かす］　「今後に生かす」

いかだ［筏］　「いかだ師（山で切り出した材木でいかだを組み、河川での運搬に従事する人。いかだ乗り）」

いがたにはめる　鋳型にはめる［鋳型に嵌める］　どれも同じで特徴のないものをつくる。画一的で個性のない人間を育てる。

×「鋳型にはめたように礼儀正しい」　＊きちんとしている、一分の隙もない、という意味ではない。

いかに［如何に］　アク イカニ

いかめし［烏賊飯］　使用可。＊登録商標は「○○のいかめし」で「いかめし」単独での商標登録はない。

いかり［碇・錨］　「いかりを下ろして停泊する船」

いかりがた　怒り肩　高く角ばった肩。

いかりしんとうにはっする　怒り心頭に発する　怒りが心の底からこみ上げる。心から怒る。

怒り心頭に達する　＊「心頭」は念頭、心の中。

イカルウィット［Iqaluit］　カナダ北部ヌナブット準州の州都。2010年にG7財務相・中央銀行総裁会議開催。

いかん［如何］　「いかに」の変化。事の次第。どうであるか。「いかんせん／いかんともしがたい／理由のいかんを問わず」　アク イカン

いかん

　　異観　珍しい眺め。奇観。「異観を呈する」

　　偉観　素晴らしい眺め。壮観。「偉観を誇る」

いかん　遺憾　心残り。残念。「遺憾ながら／遺憾に堪えない／実力を遺憾なく発揮する」　アク イカン

いき

　　生き　生鮮。「生きがいい／生き生きと／生き=字引・物」　アク イキ

　　息　呼吸。気息。「息が=合う・上がる・切れる・長い／息がかかる（有力者の後援を受ける）／息を殺す／息を詰める

い

41

（緊張する）／鼻息が荒い／虫の息／息抜き」 アク イキ

粋［粋］　あか抜けている。「粋な=計らい・装い／粋がる」
アク イキ

意気　気骨。気概。「意気が上がる／人生意気に感ず／
意気天をつく／意気=込む・盛ん・投合」 アク イキ

いき　遺棄［委棄］　①〔刑法〕老人、幼児、身体障害者、病
人など保護を必要とする者を捨て去ること。「死体遺棄」②
〔民法〕配偶者などの扶養義務を履行しないこと。離婚原
因となる。 アク イキ

いき・ゆき　行き　「行きの便は飛行機にした／京都行き」

いぎ

異義　異なった意味。「異義語／同音異義」

異議　異なった意見。「異議=続出・なし」

意義　意味。重要性。「意義を見いだす／人生の意義／
歴史的意義」

いきあたり・ゆきあたり　行き当たり

いきあたりばったり・ゆきあたりばったり　行き当たりばったり

いきうお　生き魚　☞ いけうお・いきうお

いきおい

勢い　〔名詞〕「勢いがある／勢いを増す／勢い=込む・づく」

いきおい　〔副詞〕なりゆきで。「批判されていきおい口論
となった」

いきがい　生きがい［生き甲斐］　「生きがいを見つける」

いきかう　行き交う　☞ ゆきかう・いきかう

いきかえり・ゆきかえり　行き帰り

いきがかり・ゆきがかり　行き掛かり

いきがけ・ゆきがけ　行き掛け　「行き掛けの駄賃（ある事をす
るついでにちょっと他の事をすること）」

いきかた　行き方　読み　☞ ゆきかた・いきかた・ゆきがた

いきき・ゆきき　行き来［往き来］　「車の行き来が激しい」

いきけんこう　意気軒高［意気軒昂］　言い換え　意気盛ん　意
気込みが盛ん。元気がある様子。＊「意気」は、気概、成
し遂げようとする強い気持ち。「軒昂」は奮い立つ様子。

いきさき・ゆきさき　行き先

いきざま　生きざま［生き様］　「死にざま」からの類推ででき

たとされる。元々、自分の過ごしてきたぶざまな生き方を指して使われた。

いきじ　意気地 読み　☞いくじ・いきじ

いきしな・ゆきしな　行きしな　「行きしなに店に寄る」

いきしょうてん　意気衝天　意気が天を衝くほど盛んである様子。意気昇天

いきすぎ・ゆきすぎ　行き過ぎ

いきすぎる・ゆきすぎる　行き過ぎる

いきだおれ・ゆきだおれ　行き倒れ

いぎたない［寝汚い］ 意味

　○寝姿がだらしない。眠りこけて起きない状態。

　×意地汚い。「いぎたなく食べる」

いきちがい・ゆきちがい　行き違い

いきづかい　息遣い　「息遣いが荒い」

いきつく・ゆきつく　行き着く

いきづくり　生き作り　☞いけづくり・いきづくり

いきつけ・ゆきつけ　行きつけ［行き付け］

いきづまる・ゆきづまる　行き詰まる

いきどおる　憤る　「政治の腐敗を憤る」

いきとどく・ゆきとどく　行き届く

いきどまり・ゆきどまり　行き止まり

いぎのもうしたて・こうこく 類語 〔法律〕

　異議の申し立て　対象となる決定や処分を行った裁判所に対して行う不服申し立て。抗告が許されない最高裁や高裁の決定などについて行われる。

　抗告　判決以外の裁判（決定、命令など）について上級裁判所に対する不服を申し立てること。「準・即時=抗告」

いきば・ゆきば　行き場　「行き場がない」

いきぼとけ　生き仏［活き仏］　高徳の僧。＊チベット仏教の高僧は「活仏」。

いきまく　息巻く　激しく言い立てる。意気巻く

いきょう

　異郷　故郷を離れた土地・国。＊「郷」は、ふるさと。

　異境　外国。異国。＊「境」は場所。

いぎょう

偉業 立派な仕事・事業。「偉業を成し遂げる」

遺業 故人が残した仕事・事業。「父の遺業を継ぐ」

いきわたる・ゆきわたる　行き渡る［行き亘る］

いきをのむ　息をのむ［息を呑む］　驚きや恐れなどで、思わず息を止める。

　　息を飲む　＊「の（呑）む」は「飲料や食べ物を口から胃に送り込む」ことではなく、「出そうになるのを抑える」という意味。「涙をの（呑）む」と同様の使い方。

いく　「ゆく」とも。「暮れ・過ぎ＝行く」など、文語的な表現では「ゆく」と読むのが普通。

　　行く　本動詞。実質的な意味を持つ場合。「東京へ行く／行き＝帰り・先」

　　いく　補助動詞。「行く」の実質的な意味が薄れた場合。「合点・満足＝がいく／うまくいく／消えて・減って＝いく」

　　逝く［逝く］　亡くなる。「多くの人に惜しまれながら逝った／ぽっくり逝く」

いくさ　戦［軍］　「勝ち・負け＝戦」

いくじ・いきじ　読み

　　いくじ　意気地［㊥意気地］　〔下に打ち消しの言葉を伴う〕気力。意地。「意気地なし」

　　いきじ　意気地　自分の意志をあくまで貫き通すというときに使う。「意気地を立てる」

いくせい　育成［育生］　育て上げること。「選手の育成」　＊「育生会横浜病院」など固有名詞で「育生」と書く例も。

いくて　行く手　☞ ゆくて・いくて

いくどうおん　異口同音　多くの人が口をそろえて同じことを言うこと。多くの意見が一致すること。＊「異口」は「異なる人が言う」の意。異句同音

〜いけ・〜ち　池　読み

　　いけ　「養魚・養殖・用水＝池」

　　ち　「調整・貯水・沈殿・配水・遊水＝池」

いけい　畏敬［畏敬］　言い換え　敬服、心服、尊敬　「畏敬の念」

いけうお・いきうお　生け魚・生き魚［活け魚・活き魚］　＊「活魚輸送」など、水産業界などでは「かつぎょ」と読む。

いけがき　**生け垣**［活け垣］「生け垣を巡らす」

いけす［生け簀］「養殖用のいけす」

いけづくり・いきづくり　**生け作り・生き作り**［活け作り・活き作り］　本来は「いけづくり」。＊「生け造り・生き造り」とも。

いけどり　**生け捕り**［活け捕り］「シカの生け捕り」

いけにえ［生け贄］　言い換え　**犠牲**　「いけにえを差し出す」

いけばな　**生け花**［活け花］「生け花教室」

いける

　　生ける［活ける］　生かしておく。「花を生ける（器に差す）」

　　いける［埋ける］　埋める。「炭をいける」

いけん

　　意見　思うところ。考え。「意見が分かれる／大方の意見」

　　異見　異なった意見・見解。「異見を＝差し挟む・唱える」

胃健錠 商〔双葉製薬工業〕→**健胃消化剤**

いこう　**意向**［意嚮］「首相の意向」

ICOCA（イコカ）商〔JR 西日本〕→**交通系 IC カード**

いごこち　**居心地**［居㉓心地］「居心地がよい」

いこじ　**意固地**［依怙地］「意固地を通す」

いこん　**遺恨**　「遺恨試合」

△**いごん**　**遺言**　〔法律〕「遺言＝執行者・証書・能力」　☞ゆいごん

いさい　**委細**　「委細＝構わず・面談」

いさい

　　異才　際立った才能（の持ち主）。「異才の誉れが高い」

　　偉才　優れた才能（の持ち主）。「偉才を発揮する」

　　異彩　際立った趣。「異彩を放つ」

いさか　姓。

　　井坂　井坂洋子（詩人。1949〜）、井坂信彦（政治家。1974〜）

　　井阪　井阪隆一（セブン＆アイ・ホールディングス社長。1957〜）

　　伊坂　伊坂幸太郎（小説家。1971〜）

　　伊阪　伊阪達也（俳優。1985〜）

いさぎよい　**潔い**　「潔い引き際」　いさぎ良い

いさぎよしとしない　**潔しとしない**　自分の信念に照らして許

すことができない。不満に思って受け入れない。

×「潔しとする」　＊肯定形で「自分の信念に照らして許せる」「不満だが受け入れる」の意で使わない。いさぎ良し

いさむ　勇む　「勇んで参加する／勇み＝足・肌／勇ましい」

いさめる［諫める］　意味

○目下から目上に意見する。「上司をいさめた」

×部下、同僚に意見する。「部下をいさめた」→**部下に注意した、部下をたしなめた**

いざよい　いざよい・十六夜［十六夜］　陰暦16日の月。＊古語の動詞「いさよふ」（ためらう意）から。

いさりび　いさり火［漁火］

いざわ　姓。

　井沢　井沢元彦（作家。1954〜）

　伊沢　伊沢利光（ゴルファー。1968〜）

いし［縊死］　→**首つり、首をくくる**

いし

　意思　〔主に法律〕持っている考え・思い。「意思の疎通／承諾・本人＝の意思／辞任の意思が＝固い・強い／意思表示／自由意思」

　意志　〔主に心理学・哲学〕成し遂げようとする心。「意志が＝強い・弱い／意志を貫く／鉄の意志／意志薄弱」

　遺志　死者の生前の志。「故人の遺志を継ぐ」

いしかわごえもん

　石川五右衛門　安土桃山時代の盗賊の首長。

　石川五ェ門　漫画・アニメ『ルパン三世』の登場人物。

いしく　石工　いしこう

㊀**石つぶて**　→**つぶて**　＊つぶて（飛礫・礫）は投げつける小石のこと。

いしにかじりついても　石にかじりついても［石に齧りついても］　目的を達成するためにはどんなに苦しくても。

　石にしがみついても　＊歯が立たない石に食らいつく（かじりつく）という意味からで、しがみつくは間違い。

いしのもり　姓。地名（宮城県）。

　石森　登米郡にあった町名。現在は登米市中田町石森。

　石ノ森　石ノ森章太郎（漫画家。登米郡石森町生まれ。

1938〜1998) ＊1986年に「石森章太郎」から改名。自ら「萬画家」と称し、石巻市にあるミュージアムは「石ノ森萬画館」。会社は「石森プロ」。

いしゃりょう　慰謝料［慰藉料］「慰謝料を請求する」

いしゅう［蝟集］→密集、群がる、寄り集まる

イシュー［issue］　①発行（部数）。②論点。争点。課題。

いしゅがえし　意趣返し　仕返し。報復。遺趣返し

いしゅく

　萎縮［萎縮］　縮む。のびのびとできない。「筋萎縮症／雰囲気にのまれて萎縮する」

　畏縮［畏縮］　畏れ入ってかしこまる。「師の前で畏縮する」

いしょう

　衣装［衣裳］〔衣服〕「衣装合わせ／馬子にも衣装」　＊本来は上半身に着る衣と、下半身に着ける裳のこと。

　意匠　〔デザイン〕「意匠を凝らす／意匠登録」

いじょう　以上　○歳以上は、○を含めてそれより大きい数値。「○歳から」「○歳以後」なども同様。

いじょう

　委譲　権限などを下のものに委ねる。「社長権限の一部を副社長に委譲する／現地事務所への権限委譲」

　移譲　〔行政関係〕権限などを他に移す。「行政事務・税源＝を国から地方自治体に移譲する／所有権を夫から妻に移譲する／政権移譲」

いじょう

　異常　〔一般。名詞・形容動詞〕常（普通）とは異なっていること。↔正常　「異常＝乾燥・気象・事態・体質／異常な＝執念・状態／異常に＝発生・発達／エンジンに異常がある／『異常なし』の診断／野生の異常死」

　異状　〔限定。名詞〕異常な状態。「異状死／異状死体(医師法)／西部戦線異状なし(レマルクの小説邦題)」

　[ポイント]　「異常・異状＝がある（ない）」などの場合は意味は変わらず、医学用語・固有名詞を除き、「異常」で統一。

いしょく　委嘱［依嘱］「審議会の委員を委嘱する」

いしんでんしん　以心伝心　黙って意を察し合う。無言のうちに心が通じ合う。＊もとは「言語や文字に頼らず、真実

を心から心に伝える」という仏教用語。意心伝心

いす［椅子］

椅子　〔一般〕「座椅子」

いす　〔障害者スポーツなど〕「車いす=テニス・バスケット」

いずこ［何処］　「いずこも同じ」

いすずじどうしゃ　いすゞ自動車　日本企業。いすゞ自動車

イスタンブール［Istanbul］　トルコ共和国の最大都市。＊首都はアンカラ。

イスラマバード［Islamabad］　パキスタンの首都。

イスラム［アラビア Islām］（←イスラーム）

イスラムこく　イスラム国　イスラム教スンニ派の過激派武装組織。国際社会は国家として認めておらず、「イスラム国」とかぎかっこ付きで表記することもある。㊂ IS

いずれ［何れ・孰れ］　「いずれが勝つか／いずれ分かる」

いすわる　居座る［居坐る・居据わる］　「権力の座に居座る」

いせき　遺跡［遺蹟］　「古代遺跡」

いせさき・いせざき　地名。

いせさき　伊勢崎　群馬県の市名。

いせざき　伊勢佐木　横浜市中区の町名。「伊勢佐木町ブルース（曲名）」

いぜん　以前　○歳以前は、○歳を含めた数値を表す。ただし「昭和以前」「第 2 次大戦以前」などの場合は「昭和」「第 2 次大戦」を含まない期間を表す。また「50 年以前の日本」などの場合は、現在から 50 年前のある時点の日本を指す。☞コラム「数詞」

いそうろう　居候　「居候の三杯目」

いそがしい　忙しい　急がしい

いそざき　姓。

磯崎　磯崎新（建築家。1931〜）、磯崎仁彦（政治家。1957〜）、磯崎憲一郎（作家。1965〜）

礒崎　礒崎陽輔（政治家。1957〜）、礒崎哲史（政治家。1969〜）

イソジン　㊒〔ムンディファーマ〕→うがい薬

いそべ　姓。学校名。

磯辺　磯辺弥一郎（明治〜大正時代の英語教育者。

　　1861〜1931)、千葉県立磯辺高校

磯部　磯部浅一(陸軍軍人。二・二六事件関与で死刑。
　　1905〜1937)、磯部弘(声優・俳優。1961〜)

礒辺　礒辺朋子(歌人。1963〜)

礒部　礒部公一(野球選手。1974〜)

イソライト⊛〔イソライト工業〕→耐熱れんが

いそん・いぞん　依存　「資源を海外に依存する」　＊本来は
「いそん」。

いぞん　異存　いそん
　×「異存が出ない」→**異議が出ない、異存がない**

いたい　遺体　「死体」の丁寧な言い方。
　△「ゾウの遺体」→**ゾウの死体**　＊動物など人間以外に
　は用いない。

×痛い腹を探られる →**痛くもない腹を探られる、痛いとこ
　ろを突かれる**

いたく　委託〔依託〕　「業務委託」

いたくもかゆくもない　痛くもかゆくもない〔痛くも痒くもない〕
　何の影響も受けない。＊肉体的な痛みやかゆみを言うも
　のではない。

いたくもないはらをさぐられる　痛くもない腹を探られる　やま
　しいことをしていないのに、人から疑われる。

いたけだか　居丈高〔威猛高・威丈高〕　「居丈高になる」

いたしかたない　致し方ない　「致し方ないことだ」

いたずら〔悪戯〕　悪ふざけ。「子供のいたずら」

いたずらに〔徒に〕　無駄に。無益に。「いたずらに時を過
　ごす」

いただき

　頂　頂上。「山の頂」

　頂き〔戴き〕　手に入れること。「この勝負は頂きだ」　＊
　　動詞「頂く」の連用形から。

いただく

　頂く〔戴く〕　「もらう」の謙譲語。載せる。「頂き物/賞状・
　　雪=を頂く」

　いただく〔頂く・戴く〕　①「食べる」の謙譲語。「いただき
　　ます(食前のあいさつ)」②〔補助動詞〕〜してもらう。

「お書き・帰って・参加して=いただく」

いたむ・いためる

痛む・痛める 肉体や精神に苦痛を感じる。身体の故障。「足・傷・懐=が痛む/痛み=入る・分け/心・肘=を痛める/人を痛めつける/痛ましい出来事」

傷む・傷める 傷が付く。破損・劣化する。「家・機械・根=が傷む/傷んだ果物/傷みを繕う/爪・肌・花=を傷める」

ポイント 身体に関しては、けがなどの故障は「腰を痛める」、傷が付く場合は「髪を傷める」のように使い分ける。

悼む 人の死を嘆き悲しむ。哀悼。「友の死を悼む」

いためる 炒める[炒める]「野菜炒め」

いたる 至る[到る]「都に至る/至れり尽くせり」

いちいんせい 一院制 単一の議院から構成される議会制度。↔二院制・両院制

いちおう 一応[一往]

いちおし 一押し・一推し・イチ押し・イチオシ

いちがお 地名(神奈川県)。

市が尾 東急駅名(横浜市青葉区市ヶ尾町)。

市ヶ尾 横浜市青葉区の地名。県立高校名。

いちがつ 1月 アク イチガツ ☞睦月(むつき)

いちがや 地名(東京都)。

市谷 新宿区の地名(市谷○○)。

市ヶ谷 JR・地下鉄駅名。＊駅の所在地はJRが千代田区五番町、東京メトロが新宿区市谷田町1丁目、都営地下鉄が千代田区九段南4丁目。

いちかわだんじゅうろう 市川団十郎[市川團十郎]

いちがんレフ 一眼レフ

いちぐう

一隅 片隅。「庭の一隅」 ×ひとすみ

一遇 一度の出会い。「千載一遇」

いちげい 一芸 「一芸に秀でる」

いちげん・いっけん 読み

いちげん[一見] 初めて見る。「いちげんの客」

いっけん 一見 一度見る。チラッと見る。「一見に値する/一見して分かる」

いちげんこじ **一言居士**［一言⑯居士］ ＊「こじ（抉）る」を「居士」に掛けたものとも言われる。「抉る」は、ひねくれた言い方をしたり抗議したりすること。

いちごいちえ **一期一会** 一生に一度会うこと。一生に一度限り。＊「一期」は仏教用語で「人が生まれてから死ぬまでの間」のこと。

いちこじん・いっこじん **一個人**

いちごん **一言** 「一言もない」

いちじ

  一次 〔慣用句〕「一次関数/第一次産業」

  1次 〔回数・順序〕「1次=試験・予選・リーグ」

いちじ

  一時 〔比喩・慣用句〕短い時間。その場しのぎ。定期的でない。「一時=預かり・危篤・金・停車・しのぎ」

  1時 〔時刻〕「午後1時」

いちじく **イチジク**［無花果〕〔植物〕

イチジク、イチジク浣腸 商〔イチジク製薬〕→かん腸薬

いちじつせんしゅう・いちにちせんしゅう **一日千秋**

いちじつのちょう **一日の長** △いちにちのちょう

いちず・いっと 読み

  いちず［一途〕 ひたすらなこと。「いちずに思う」

  いっと **一途** 一筋の道・方向。「発展の一途をたどる」

いちだんらく **一段落** 読み ひとだんらく ＊「一区切り」との混用か。

いちどう

  一同 そこにいる人すべて。「一同着席/有志一同」

  一堂 同じ建物・場所。「一堂に集まる」

いちどうにかいする **一堂に会する** 意味

  ○大勢の人が同じ目的で、ひとところに集まる。

  ×不特定多数が目的なしに集まる。

いちにち

  一日 〔比喩・慣用句〕「ローマは一日にしてならず/一日一善」 ☞いちじつ～

  1日 「1日違いで締め切りを逃した」

いちねん

　　一年　〔比喩・慣用句〕「一年の計／一年草」

　　1年　「1年ぶりの再会」

いちのせき　地名（岩手県）。

　　一関　市名。

　　一ノ関　JR駅名。

いちのとり　一の酉[一の酉]

いちのみや　地名（千葉県）。

　　一宮　町名。

　　一ノ宮　JR駅名。「上総一ノ宮」

いちば・しじょう　市場　[読み]

　　いちば　規模が小さい、または場所を表す場合。「魚・青果=市場」

　　しじょう　規模が大きい、または経済的な機能を表す場合。「卸売市場／市場調査」

いちばん　一番　〔比喩・慣用句〕「一番=勝負・だし・弟子・乗り／大一番」

　　⚠「一番最初」→**最初**　⚠「一番最後」→**最後**

いちひめにたろう　一姫二太郎　[世論調査]

　　○最初に女の子、次に男の子が生まれること。＊2000年度60.9％

　　×娘1人、息子2人。＊同33.7％

いちぶ

　　一分　〔比喩・慣用句〕ごくわずか。「一分咲き（本来、1割の意）／一分の=狂いもない・隙もない」

　　1分　〔数詞〕1割の10分の1。「打率3割1分1厘」

　　一部　①全体の一部分。「一部の人たち／一部開通」②書物ひとそろい。「一部始終」

いちページ

　　一ページ　〔比喩・慣用句〕「歴史の一ページ」

　　1ページ　「1ページ目から引き込まれる」

いちべつ[一瞥]　→**一見、一目、ちらっと見る**

いちぼう　一望[一眸]　「渓谷を一望する／一望千里」

いちまい

　　一枚　「一枚=上手・うわて・看板」　＊成句・慣用句などは漢数字。

1枚　「1枚しかない」

いちまいいわ　一枚岩　一枚の板のようになった大きな岩。組織・団体が、意見の違いなくまとまっていること。一枚板[×]

いちまつ　一抹　わずかな不安に言う。
　　×「一抹の望み」→わずかな望み、かすかな望み、いちるの望み　＊「一抹の不安」との混同。

いちまんけん　1万件　[読み]　いちまんげん[×]

いちまんげん　1万軒　[読み]　いちまんけん[×]

いちまんばい　1万杯　[読み]　いちまんはい[×]

いちまんびょう　1万票　[読み]　いちまんひょう[×]

いちまんぷん　1万分　[読み]　いちまんふん[×]

いちめん
　　一面　「一面の銀世界」　＊慣用句・比喩など
　　1面　「1面トップ／テニスコート1面」

いちもうだじん　一網打尽　ひと網で魚を取り尽くすこと。＊「打」は動詞の前に付いて「～する」、「尽」は「すっかりなくなる」「空になる」の意。
　　×「詐欺グループを一網打尽にしたが、主犯格は取り逃がした」　＊取り残しがある場合には使わない。

いちもく　一目　「一目瞭然／一目置く(敬意を払って一歩譲る。囲碁用語から)／一目も二目も置く(強調表現)」

いちもんいっとう　一問一答

いちや　一夜　「一夜=明けて・漬け」

いちゃもんをつける　→言い掛かりをつける、文句をつける、難癖をつける

いちようらいふく　一陽来復[一陽来福]　冬が去り春が来ること。悪いことが続いた後にようやく運が向いてくること。

いちらんせいそうせいじ　一卵性双生児

いちり
　　一利　一つの利益・利点。「百害あって一利なし」
　　一理　一応の理由。「相手の言い分にも一理ある」

いちりづか　一里塚

いちりゅう　一流

いちりん
　　一輪　〔比喩・慣用句〕「一輪=挿し・車」

1輪 「バラ1輪」

いちる[一縷] 言い換え 一筋、わずか、かすか 「いちるの望み」 いちろう

いちれつ

　一列 〔比喩・慣用句〕「横一列」

　1列 「1列縦隊」

いちれんたくしょう **一蓮托生**[一蓮托生] 言い換え 道連れ、共同責任、行動や運命をともにする ＊仏教用語。

いつ[何時] 「いつとはなしに/いつになく」

いっか 一家

いっかい **一回** 「一回=一回・きり」

いっかく

　一角 片隅。かど。一部分。「建物・繁華街・氷山・優勝候補=の一角」

　一画[一劃] 漢字を構成する一続きの線。土地の一区切り。「一点一画/分譲地の一画」

いっかくせんきん **一獲千金**[一攫千金] ＊「一攫」は一握り、一つかみ。「一獲千金」は代用表記。

いっかげん **一家言** いちかげん いっかごん

いっかつ **一喝** 叱りつけること。一活

いっかん 巻物・書物・フィルムなどの一つ。

　一巻 「一巻も欠けずにそろっている」 ＊比喩などは漢数字。

　1巻 「全10巻の1巻目」

いっかん

　一環 鎖などの輪。全体としてつながりを持つもの。「計画の一環として」

　一貫 初めから終わりまで。「一貫した思想/終始一貫して/中高一貫教育」

いっかんのおわり **一巻の終わり** 一つの物語が終わり、決着がつくこと。＊既に手遅れなど、悪い結末の場合に使う。一貫の終わり

いっき **一揆**[一揆] 「一向一揆」

いっきうち **一騎打ち**[一騎討ち]

いっきかせい **一気呵成**[一気呵成] 言い換え 一気に、一息

に 「一気呵成に仕上げた作品」

いっきゅう

  一級 〔比喩・慣用句〕「一級の資料」

  1級 〔程度・段階・等級〕「英検・書道＝1級」

いっきょいちどう **一挙一動** 細かな振る舞いの一つ一つ。すべての挙動。㊥一挙手一投足

いっきょく

  一曲 〔比喩・慣用句〕「思い出の一曲」

  1曲 「1曲歌う」

いっきょしゅいっとうそく **一挙手一投足** 一つ一つの動作、細かい動きのこと。「選手の一挙手一投足に注目する」

いつく **居着く** 「仕事がきつくて従業員が居着かない」

いつくしま **厳島**［嚴島］「厳島神社」

いっけん **一件** 「例の一件」

いっけん **一見** 読み ☞いちげん・いっけん

いっけんや **一軒家**［一軒屋］「山中の一軒家」

いっこ

  一個 〔比喩・慣用句〕「一個一個」

  1個 「1個30円」

いっこ **一顧** ちょっと考えてみる。「一顧だにしない（問題にしない。無視する）」

いっこだて **一戸建て**

いっさい

  一切 すべて。例外なく。「一切の費用／一切関知しない／謝礼は一切いただきません」

  一再 一、二度。「一再ならず（たびたび）」

いっさいがっさい **一切合切**［一切合財］ なにもかも。

いっさくじつ **一昨日**

いっさつ

  一冊 〔比喩・慣用句〕「お薦めの一冊」

  1冊 「本を1冊買う」

いっさん **一山** 「一山の僧」 ×いちざん ×ひとやま

いっさんかたんそ **一酸化炭素**

いっさんに **一散に**［逸散に］ 言い換え **一目散に** 「一散に自分の家へ帰った」

いっしどうじん　**一視同仁**　全ての人を分け隔てなく愛すること。一視同人

いっしゃせんり　**一瀉千里**［一瀉千里］ 言い換え あっという間に、一気に、一息に　「一瀉千里に書き上げる」

いっしゅ

　一種　ある種。「野菜の一種」

　1種　第1種。「1種免許」

いっしゅう

　1周　ひとまわり。「世界・グラウンド=を1周する/開業1周年」 ＊「世界一周」「日本一周」は四字熟語扱いで漢数字書き。

　1週　7日間の単位。「6月の第1週」

いっしゅう　**一蹴**［一蹴］「挑戦者を一蹴する」

いっしゅうき　**一周忌**　死後満1年の忌日。以下「三回忌、七回忌、十三回忌」などと呼ぶが、慣行によりそれぞれ「満2年、満6年、満12年」の忌日を指す。

いっしょ　**一緒**［一所］「一緒に出掛ける」

いっしょう

　一升　〔比喩・慣用句〕「一升瓶」

　1升　〔量〕「日本酒を1升飲む」

いっしょうけんめい　**一生懸命**　命がけで事に当たること。一心に骨を折ること。＊もとは「一所懸命」。主から賜った1カ所の領地を命がけで守る、という意味だった。「一所」が「一生」と混同され定着したもの。

いっしをむくいる　**一矢を報いる**　敵に向かって一本の矢を射返す。相手の攻撃などに、少しでも反撃・反論する。
　×いちや〜　×ひとや〜
　×一死を報いる　＊死をもって奉公する意味ではない。また、徹底的に打ち負かすという意味でもない。

いっしん

　一心　心を一つにする。集中。「一心に祈る/一心不乱/一心同体（2人以上が心を一つにして結びつくこと）」

　一身　自分一人。全身。「一身をささげる/同情を一身に集める」

いっしんとう　**1親等**　いちしんとう

いっすいのゆめ　一炊の夢　「黄粱一炊の夢」の略。栄華のはかなさの例え。栄華がかなうという枕を借りて茶屋でうたたねし、宰相に上り詰めるまでの50年にわたる夢を見るが、目を覚ますと茶屋の主人が粟（黄粱）を蒸し終えるほどの短い時間だった、という中国の故事から。類邯鄲の夢　一睡の夢

いっすんさきはやみ　一寸先は闇［一寸先は闇］　人生は少し先でも予測できないということ。一瞬先は闇

いっせい・いっせ　一世　読み

　　いっせい　「一世一元／一世を風靡する／日系一世」

　　いっせ　「一世一代（一生のうちただ一度。転じて能、歌舞伎役者の舞台納め）」　一生一代

いったいいちろ　一帯一路　中国が提唱・推進する経済圏構想。陸路の「一帯」（シルクロード経済ベルト）と海路の「一路」（21世紀海上シルクロード）とから成る。

いったん　一旦・いったん［一旦］　言い換え　一時、一度　「一旦、決心したら」

いっちはんかい　一知半解　少し知っているだけで十分にはわかっていないこと。なまかじりの知識。一致半解

いっちょう　一丁［一挺］　＊「丁」は鉄砲、ピストルのほか、刃物、豆腐などに付く助数詞。

いっちょういっせき　一朝一夕　「期間が短くて早い」「わずかな時間」の意で、否定の形で使われる。「一朝一夕には事は進まない」

いっちょうめいちばんち　一丁目一番地　最優先課題。最も中核となる物事。「子供の貧困対策は政権公約の一丁目一番地だ」　＊政治・官庁用語。

いってつ　一徹　「老いの一徹／頑固一徹」　一撤

いってん

　　一点　わずか。一カ所。「一点の曇りもない／一点張り（押し通す）」

　　一天　空一面。「一天にわかにかき曇る」

　　一転　がらりと変わる。「相場が一転する／心機一転」

いっと　一途　読み　☞いちず・いっと

いっとうち　一等地

いっとうちをぬく　一頭地を抜く　人よりも頭一つ分ぬきんでている。「同期の中で、彼は一頭地を抜く存在だ」
　一̶等̶地を抜く　＊「一頭地」は頭一つ分の高さのこと。「地」は地面のことではなく、「一頭」の副詞的助辞。

いっとうどくさい　一党独裁

いっとかん　一斗缶

いっぱい

　一杯　〔名詞。成句・慣用句〕「一杯＝機嫌・食わされる/仕事帰りにちょっと一杯」

　1杯　〔数詞〕「みりんを小さじ1杯」

　いっぱい　〔形容動詞・副詞〕「いっぱいある/場内いっぱいの人/元気・今月・時間・精・力・目＝いっぱい」

　ポイント　一つの容器に入るだけの量については「1杯飲む」、多くの量については「いっぱい飲む」と書き分ける。

いっぱいちにまみれる　一敗地にまみれる［一敗地に塗れる］再び立ち上がれないほど、徹底的に打ち負かされる。「事業を興し、一敗地にまみれた」　一̶杯̶血̶にまみれる

いっぱつ

　一発　「号砲一発/一発＝回答・勝負」

　一髪　「間・危機＝一髪」

いっぴきおおかみ　一匹おおかみ［一匹狼］

いっぴん

　一品　一つの品。一つしかない品。「一品料理/天下一品」

　逸品　優れた品。「逸品の書/天下の逸品」

いっぺんとう　一辺倒　一方にだけ偏ること。一̶遍̶到̶

いっぽ

　一歩　〔比喩・慣用句〕「歴史的な一歩/一歩一歩/いま一歩」　☞第一歩

　1歩　「1歩前に出よ」

いっぽん

　一本　〔比喩・慣用句〕「一本取られる/一本＝調子・釣り/候補者の一本化」

　1本　「赤鉛筆が1本」

いつわ　逸話　世にあまり知られていない興味のある話。×「有名な逸話」→**有名な話**　＊「逸」は漏れる意。

いつわる　偽る[詐る]　「身分を偽る」

いで　姓。

　　井手　井手雅人（脚本家。1920〜1989）、井手正敬（JR西日本社長・会長。1935〜）、井手峻（野球選手。ドラフト制度発足後初の東大指名選手。1944〜）

　　井出　井出一太郎（政治家。1912〜1996）、井出孫六（小説家。1931〜）

イディオム[idiom]　慣用句。熟語。成句。

イデオロギー[独 Ideologie]　思想。主義。

いでたち　いで立ち[出で立ち]　「派手ないで立ちで登場」

いてつく[凍て付く]　「いてつく大地」

いてもたってもいられない　居ても立ってもいられない　心配や同情などで心が落ち着かず、じっとしていられない。
　　×「会場は居ても立ってもいられないほど混雑していた」
　　＊狭くて立っている場所もない、という意味ではない。

いでゆ　いで湯[出で湯]　「いで湯の町として有名」

いとう　姓。

　　伊藤　伊藤若冲（江戸中〜後期の画家。1716〜1800）、伊藤左千夫（明治時代の歌人・小説家。1864〜1913）、伊藤みどり（フィギュアスケート選手。1969〜）

　　伊東　伊東深水（大正〜昭和期の画家。1898〜1972）、伊東四朗（喜劇俳優。1937〜）、伊東豊雄（建築家。1941〜）

　　井藤　井藤真吾（野球選手。1990〜）

　　いとう　いとうせいこう（クリエーター・作家、本名・伊藤正幸。1961〜）

いどう

　　移動　位置が動く。「移動図書館/移動性高気圧/人口移動」

　　異動　地位・勤務・状態が変わる。戸籍関係。「株主・人事・定期＝異動/戸籍・住所＝の異動/住民異動届」

　　異同　相違。「計数・字句＝の異同」

いとおしい[愛おしい]　「いとおしい存在」

いとこ[従兄弟・従姉妹]　「いとこ同士で仲がよい」

いどし　亥年・い年[亥年]　言い換え **いのしし年**

いとしい［愛しい］「いとしい人」

いとめる　射止める　「彼女・彼氏=の心を射止める」

糸ようじ⑱〔小林製薬〕→糸式ようじ、デンタルフロス

いない　以内　☞以下

いなか　田舎〔付田舎〕

いなずま　稲妻　いなづま

いななく［嘶く］馬が声高く鳴く。

　　×「バファローのいななきが聞こえた」→バファローの鳴
　　き声が聞こえた

いなば　姓。

　　稲葉　稲葉篤紀（野球選手。野球日本代表監督。1972
　　　〜）、稲葉陽（将棋棋士。1988〜）

　　稲場　稲場愛香（歌手。1997〜）

　　因幡　因幡晃（シンガー・ソングライター。1954〜）

いなむらがさき　地名（神奈川県）。

　　稲村ガ崎　鎌倉市の地名。

　　稲村ヶ崎　江ノ島電鉄駅名。地域名。小学校名。

いなもり　姓。

　　稲森　稲森いずみ（俳優。1972〜）

　　稲盛　稲盛和夫（京セラ創業者・実業家。1932〜）

いなり［稲荷］

　　稲荷　「稲荷神社」

　　いなり　「いなりずし」

いにかいする　意に介する　意に解する　＊「介する」は心に
　　掛ける。

イニシアチブ［initiative］（←イニシアティブ、イニシャチブ）
　　主導権。指導権。発議権。「イニシアチブを取る」

いにしえ［古］重「いにしえの昔」→はるか昔

イニシャル［initial］頭文字。

イニシャルコスト［initial cost］初期費用。初期投資。

×異（い）にする　→異（こと）にする　＊「異を唱える」は、い
　　をとなえる。

イニング［inning］野球の回。

いぬ　犬［狗］「犬小屋」

イヌイット［Inuit］カナダ北部などの氷雪地帯に住む先住

民族。＊イヌイトとも。☞コラム「エスキモー」

いぬかい　姓。

　犬養　犬養毅（政治家・首相。1932年の五・一五事件で青年将校らに暗殺された。1855〜1932）

　犬飼　犬飼貴丈（俳優。1994〜）

いぬじに　**犬死に**　「犬死にをさせるな」

いぬどし　**いぬ年・戌年**［戌年］

いぬぼうさき　地名（千葉県）。

　犬吠埼　岬・灯台名。銚子市の地名。

　犬吠岬　古称。

いねむり　**居眠り**［居睡り］　「帰りの電車で居眠りをした」

いのかしら　地名（東京都）。

　井の頭　公園名。三鷹市の地名。京王駅名。「井の頭公園」

　井之頭　武蔵野市立小学校名。病院名。

　井ノ頭　街路名。「井ノ頭通り」

いのちあってのものだね　**命あっての物種**　命があって初めてなしうる。「命あっての物種だから、無謀なことはするな」＊「物種」は物事の根源となるもの。

いのちがけ　**命懸け**　「命懸けの救出作業」

いのちごい　**命乞い**［命乞い］　「敵に命乞いをする」

イノベーション［innovation］　革新。技術革新。

いはい　**位牌**［位牌］　遺牌

いはくざい　**威迫罪**　〔法律〕裁判員（補充裁判員を含む）やその経験者、裁判員候補者、またはそれらの親族に対し、面会や文書、電話で脅す行為をした場合、2年以下の懲役か20万円以下の罰金。

いはじんじゅつ　**医は仁術**　医術は病人を治療することによって、仁愛の徳を施す術であるという意味。医は人術

いはつをつぐ　**衣鉢を継ぐ**　大事な教えを継ぐ。証拠として師僧から弟子へ法衣と鉢が伝えられたことから。いはちをつぐ　遺髪を継ぐ

いはら　姓。

　伊原　伊原剛志（俳優。1963〜）

　井原　井原西鶴（江戸時代の作家。1642〜1693）、井原

正巳（サッカー選手。1967〜）

い

いばら［茨・棘・荊］

　　イバラ　〔植物〕「サルトリイバラ／ノイバラ」

　　いばら　〔比喩など〕「いばらの道」

　　茨　〔固有名詞〕「茨城県／大阪府茨木市」

いばらき　地名。

　　茨木　大阪府の市名。

　　茨城　県名。いばら̶ぎ̶けん

いばらぎのりこ　茨木のり子　詩人。（1926〜2006）

いばる　威張る　「部下に対して威張る」

いはん　違反［違犯］「契約違反」

いふ　畏怖［畏怖］「畏怖の念を抱く」

イブ［eve］　前夜。前夜祭。特にクリスマスイブを指す。
　　㊀「イブの夜に」→**イブに**

いぶき　息吹［㊎息吹］

いぶく［息吹く・気吹く］「生命がいぶく季節」

イプセン（ヘンリク）［Henrik Ibsen］　劇作家。代表作『人形の家』。（ノルウェー　1828〜1906）

イブニング［evening］（←イーブニング）　①夕方。晩。②夜会。パーティー。「イブニングドレス」

いへんさんぜつ　韋編三絶［韋編三絶］「韋」はなめした革ひも、「韋編」は韋で閉じた書物。その革ひもが三度も切れるほど本を熟読すること。㊤韋編三たび絶つ　韋編三絶

イベント［event］　行事。催し。催事。出来事。

いま　今　㊀「今の現状」→**現状、今の状況・状態**

いまいましい［忌々しい］「いまいましいやつ」

イマジネーション［imagination］　想像力。

いまだに［未だに］「いまだに返事がない」
　　㊀「いまだに未完成」→**未完成、まだ完成していない**

いまわ［今際］「いまわの際」

いまわしい　忌まわしい　「忌まわしい出来事」

いみあい　意味合い

いみきらう　忌み嫌う　「近所の人から忌み嫌われる」

いみことば　忌み言葉　不吉だとして使うのを避ける言葉。婚礼の際の「去る」「切る」、お悔やみの際の「重なる」「再

び」など。

いみしんちょう　意味深長　「深長」は奥深く、含蓄のあること。「意味深長な発言」　意味慎重

イミテーション［imitation］　模造品。偽物。作り物。

イメージ［image］　画像。映像。印象。感じ。「イメージキャラクター」

いもちびょう　いもち病［稲熱病］　イネいもち病菌の寄生によって、稲の葉や茎が変色し、穂が実らなくなる病害。

いや

　　嫌　きらう。「嫌がらせ／嫌というほど」

　　いや［否］　否定。「いや応なしに／いやでも応でも」

　　いや［弥］　いよいよ。「いやが上にも」

いやいや　嫌々［厭々］　「嫌々ながら」

いやがうえにも　いやが上にも［弥が上にも］　なおその上に。あるうえにますます。嫌が上にも

いやがおうでも　いやが応でも［否が応でも］　承知か不承知かにかかわらず。「いやが応でも連れて行く」

　　×「いやが応でも士気が高まる」→**いやが上にも士気が高まる**

いやけ・いやき・けんき　嫌気　|読み|

　　いやけ　〔一般〕「嫌気がさす」　嫌気がする

　　いやき　〔株式市場〕「嫌気する（↔好感する）」

　　けんき　〔生物学〕「嫌気性細菌（↔好気性細菌）」

いやし　癒やし［癒やし］　「癒やしの音楽」

いやしくも［苟も］　仮にも。「いやしくも人の上に立つもののすべき事ではない」

いやす　癒やす［癒やす］　「体と心を癒やす」

イヤホン［earphone］（←イヤフォン）

いやま　姓。

　　井山　井山裕太（囲碁棋士。1989～）

　　居山　居山浩二（グラフィックデザイナー。1967～）

いやみ　嫌み［嫌味・厭味］　「嫌みのない人」

イヤリング［earring］

いよう　威容［偉容］　「威容を誇る」

イラストレーター［illustrator］

いりあい　入会　「入会権（入会地を使う権利）」　×にゅうかい

いりうみ　入り海　「内陸のこの辺りまで入り海だった」

いりえ　入り江　「天然の入り江」

いりおもて・にしのおもて

　いりおもて　西表　「西表島（沖縄県竹富町にある島名）／西表石垣国立公園」

　にしのおもて　西之表　鹿児島県種子島にある市名。

いりぐち　入り口　「入り口に近い座席」

イリジウム［iridium］　〔金属元素〕

いりもや　入り母屋［入母屋］　「入り母屋造り」　いりおもや×

イリュージョン［illusion］　幻想。幻影。

いりょうかご・いりょうじこ　類語

　医療過誤　医療従事者に過失がある場合。医療ミス。

　医療事故　医療に関わる場所で発生する事故。

いりょうきかん・びょういん・しんりょうじょ　類語　＊「医療法」第1条の5の規定による。

　医療機関　病院・診療所などの総称。

　病院　病床が20床以上。

　診療所　病床が20床未満。

いりょく　威力［偉力］　「威力を発揮する」

いる

　入る　〔主に複合語、慣用表現。↔出〕「はいる」の文語的表現。「飛んで火に入る夏の虫／佳境・気・鬼籍・堂=に入る／消え入る／入り用／仲間・念・深=入り」

　要る　必要。「金・保証人=が要る／返事は要らない」

いる

　居る　存在。「居ても立ってもいられない／居=合わせる・抜き・残り」

　〜いる　〔補助動詞〕「遊んでいる／勉強をしている」

いる

　煎る［煎る・炒る］　あぶる。「ゴマ・コーヒー豆=を煎る」

　鋳る　鋳造。「鐘を鋳る／鋳物／鋳型」

いれあげる　入れ揚げる　夢中になって金銭をつぎ込む。「ひいきの芸者に入れ揚げる」

いれかえ　入れ替え［入れ換え・入れ代え］「メンバーの入れ替え」

いれかわりたちかわり　入れ代わり立ち代わり　＊「入り代わり立ち代わり」とも。

いれずみ　入れ墨［文身・刺青］「入れ墨を彫る」

いれる　入れる［容れる・納れる・淹れる］「コーヒーを入れる/入れ物/受け入れる」

いろうざき　地名。

　　石廊崎　伊豆半島南端の岬名。＊古くは「石室崎」とも。

　　石廊埼　伊豆半島南端の岬にある灯台名。

いろづく　色付く　「山の木々が色付く頃」

いろどる　彩る［色取る］「夏を彩る風物詩/彩りを添える」

いわい　祝い　「祝い＝金・酒・物/入学・内＝祝い」

いわかん　違和感　異和感　重「違和感を感じる」→**違和感がある、違和感を覚える**

いわく［曰く］　事情。理由。「いわく＝ありげ・因縁・付き」

いわば［言わば・謂わば］　例えて言ってみれば。「あの社長はいわば飾り物だ」

いわゆる［所謂］　世間で言うところの。「いわゆる怪文書」＊「自動車保管場所証明いわゆる車庫証明」のように、「いわゆる」の前に正式名・固有名を添える言い方もされる。

いわれ［謂れ］　「いわれなき迫害/地名のいわれ」

いをつよくする　意を強くする　意味

　　○支持や賛成してくれる人がいるのを知って心強く思う。「皆さんの支持を得られて、意を強くしました」

　　×〜したいと強く思う。「留学しようと意を強くする」

いんうつ　陰鬱［陰鬱］　うっとうしい。陰気。「陰鬱な空模様」

いんえい

　　陰影［陰翳］　「陰影を付ける/陰影に富む」＊谷崎潤一郎の随筆は『陰翳礼讃』。

　　印影　判の跡。

いんか　引火　重「たばこの火が引火する」

いんが

　　印画　焼き付けた画像。「印画紙」

　　陰画　ネガ。↔陽画

インカムゲイン［income gain］　利子収入。配当収入。利回り収入。

インカレ［intercollegiate］　大学の対抗競技大会。＊インターカレッジの略。

インキ［ink］　〔印刷〕　☞インク

インキュベーション［incubation］　起業支援。新規事業支援。創業支援。

インキュベーター［incubator］　ふ化器。起業支援組織。

いんぎん［慇懃］ 言い換え 丁寧、懇ろ、礼儀正しい　「いんぎん無礼」

インク［ink］　〔筆記用〕　☞インキ

インクルーシブ［inclusive］　包括的。包摂的。「インクルーシブ教育（障害の有無に関係なく誰でも地域の学校で学べるような教育）」

いんこう　咽喉［咽喉］　「耳鼻咽喉科」

いんこう　淫行［淫行］　「淫行条例」

インサイダー［insider］　〔↔アウトサイダー〕内部関係者。内部者。「インサイダー取引」

インサイト［insight］　洞察（力）。本心。本音。

インジケーター［indicator］　指示計器。指標。

インシデント［incident］　事件。出来事。「重大インシデント」

インシュアテック［InsurTech］　保険とIT（情報技術）の融合。

いんしゅう　因習［因襲］　「因習にとらわれる」

いんしょく　飲食　アク インショク、インショク

インスタグラム［Instagram］ 商 〔インスタグラム〕　→**写真共有サイト**　略 インスタ

インスタレーション［installation］　場所や空間全体を一つの作品として見せる手法。空間の芸術作品。空間展示。

インストール［install］　〔↔アンインストール〕コンピューターにソフトウエアを導入し使用可能にすること。

インストラクター［instructor］　指導員。指導者。講師。

インスパイア［inspire］　影響。触発。

インスピレーション［inspiration］　ひらめき。思い付き。霊感。

インスブルック［Innsbruck］　オーストリアの都市。1964、76年冬季五輪開催。

インスリン［insulin］（←インシュリン）　ホルモンの一種。糖尿病の治療に使われる。

いんせき　姻戚［姻戚］　「姻戚関係」

いんせき　隕石［隕石］　「隕石の落下跡」

いんぜん　隠然　「隠然たる勢力を持つ」　陰然

インセンティブ［incentive］　動機付け。奨励金。報奨金。優遇措置。出来高払い。

インソール［insole］　靴の中敷き。

インターチェンジ［interchange］　高速道路の出入り口施設。略インター、IC

インターネット［internet］

インターハイ［和製 inter-highschool］　全国高等学校総合体育大会（高校総体）の通称。

インターバル［interval］　間隔。間。休憩。「勤務間インターバル」

インターフェース［interface］（←インターフェイス）　接点。接続。媒介装置。

インターホン［interphone］（←インターフォン）

インターンシップ［internship］　就業体験。就業実習。

いんたい

　　引退　役職・地位から退く。「現役を引退する/引退後の生活/引退を表明」

　　隠退　世を逃れて閑居する。「郷里に隠退する/隠退生活」

インタビュー［interview］　面接。訪問取材。

インタラクティブ［interactive］　双方向性。双方向的。

いんち　引致　〔法律〕特に逮捕状や勾引状などによって容疑者・被告人などを強制的に警察署・裁判所などに出頭させること。「容疑者として引致する」

インチ［inch］　長さの単位。2.54センチ。

インディアン、インディオ［Indian; 西 Indio］　→**アメリカ先住民、ネーティブ・アメリカン**　＊同化政策に抗議する意味を込めて「アメリカ・インディアン」と名乗る団体もある。

インデックス［index］　索引。指数。指標。

インテリア［interior］　室内装飾。調度品。

インテリゲンチア［露 intelligentsiya］（←インテリゲンチャ）
　知識人。教養人。知識層。略インテリ

インテリジェンス［intelligence］　知性。機密情報。

インテル［Intel Corporation］　米企業（半導体）。＊社名は
　「integrated electronics（集積エレクトロニクス）」が由来。

インドア［indoor］　室内。屋内。「インドアスポーツ」

いんとう　咽頭［咽頭］　「咽頭がん」

いんとく

　隠匿　包み隠す。「隠匿物資」

　陰徳　ひそかにする善行。「陰徳を積む」

いんにん　隠忍　「隠忍自重する」　✕陰忍

いんねん　因縁　「因縁を付ける」　✕因念

いんのしまおおはし　因島大橋　本州四国連絡橋（本四架
　橋）の尾道―今治ルート（通称・瀬戸内しまなみ海道＝広
　島県尾道市から愛媛県今治市に至る 59.4 キロ）に架かる
　橋の一つ。他に伯方・大島大橋などがある。

インバーター［inverter］　電力変換装置。

インバウンド［inbound］　訪日外国人。訪日旅行者。「イン
　バウンド景気」

インパクト［impact］　衝撃。影響。

いんび

　隠微　外面にはかすかに現れるだけで分かりにくいさま。
　　↔顕著

　淫靡［淫靡］［言い換え］淫ら　節度がなくみだらで崩れた感
　　じがする様子。

インファンティノ（ジャンニ）［Gianni Infantino］　国際サッ
　カー連盟（FIFA）会長。2016 年就任。（スイス・伊 1970〜）

インフォームドコンセント［informed consent］　説明と同
　意。納得診療。

インフォデミック［infodemic］　情報の流行。インターネット
　上で不確かな情報が氾濫し社会を混乱させる現象。

インフォメーション［information］　情報。通知。受付。
　案内（所）。

インプット［input］ 入力。取り入れること。

インフラ［infrastructure］〔←インフラストラクチャー〕基盤。経済基盤。社会基盤。「交通インフラ」

インプラント［implant］ 人工歯根。

インフルエンザ［influenza］ 略インフル

インフルエンサー［influencer］ ソーシャルメディアで発信力を持つユーザー。インターネット上で影響力のある人。

インフレーション［inflation］ 略インフレ

いんぺい 隠蔽［隠蔽・陰蔽］言い換え 隠匿、隠す

インベストメント［investment］ 投資。出資。

インベンション［invention］ 発明。

いんぼう 陰謀［隠謀］「陰謀を巡らす」

いんめつ 隠滅［堙滅・湮滅］言い換え 消滅、もみ消し 「証拠隠滅を図る」

いんゆ

　隠喩［隠喩］「〜のようだ」などの形をとらず、直接表現する修辞法。「時は金なり」など。暗喩。メタファー。↔直喩・明喩

　引喩［引喩］ 故事・ことわざなどを引く修辞法。

いんよう 引用

　×「無断引用」→無断転載、盗用、不適切引用

陰暦月の異名

　1月──**睦月**（むつき）
　2月──**如月**（きさらぎ）
　3月──**弥生**（やよい）
　4月──**卯月**（うづき）
　5月──**皐月**（さつき）
　6月──**水無月**（みなづき）
　7月──**文月**（ふみづき）
　8月──**葉月**（はづき）
　9月──**長月**（ながつき）
　10月──**神無月**（かんなづき）
　11月──**霜月**（しもつき）
　12月──**師走**（しわす）

う・ウ

ヴ ウ濁音「ヴァ、ヴィ、ヴ、ヴェ、ヴォ、ヴュ」は使わず、「バ、ビ、ブ、ベ、ボ、ビュ」を用いる。

ウイークデー、ウィークデー[weekday] 平日。週日。

ウイークポイント、ウィークポイント[weak point] 弱点。

ウイークリー、ウィークリー[weekly] 週刊の。毎週の。

ウィークリーマンション 商〔マイステイズ・ホテル・マネジメント〕→短期賃貸マンション

ウィーチャットペイ 微信支付 中国の電子決済。

ウィーン[Vienna] オーストリアの首都。

ういういしい 初々しい 「初々しい新入生」

ウィキペディア[Wikipedia] インターネット上のフリー百科事典。

ういざん・はつざん 初産 ＊医学では、**しょさん・しょざん**。

ウイスキー[whisky](←ウィスキー)

ウイット、ウィット[wit] 機知。機転。才気。

ウイニング、ウィニング[winning] 勝利の。「ウイニングショット」

ういまご・はつまご 初孫 ＊酒の銘柄（山形県酒田市の東北銘醸）は、**はつまご**。

ウィリアムズバーグ[Williamsburg] 米国の都市。1983年サミット開催。

ウィリアム・テル[William Tell] スイスの伝説の英雄。

ウイルス[独 virus](←ビールス)

ういろう ［外郎］ 菓子としては使用可。＊株式会社ういろうが商標登録しているが、一般的名称。

ウィンウィン[win-win](←ウインウイン) 双方が満足できる。「ウィンウィンの関係」

ウインク、ウィンク[wink]

ウイング、ウィング[wing] 翼。

ウインター、ウィンター[winter] 冬。「ウインタースポーツ」

ウインチ、ウィンチ[winch] 巻き上げ機。

ウインド、ウィンド[wind] 風。「ウインドブレーカー」

ウィンドウズ[Windows] 商〔マイクロソフト〕 ウインドウズ

ウインドー、ウィンドー［window］　窓。窓口。「ウインドーショッピング」

ウィンドサーフィン　〔元商標〕　＊一般名称は「ボードセーリング」。

ウィントフーク［Windhoek］　ナミビアの首都。

ウインナーソーセージ、ウィンナーソーセージ［Vienna sausage］

ウインナコーヒー、ウィンナコーヒー［Vienna coffee］

ウーバー・テクノロジーズ［Uber Technologies, Inc.］　米企業（配車アプリ）。

ウエア、ウェア［wear］　衣服。

ウエアラブル、ウェアラブル［wearable］　身に着けられる。装着型。「ウエアラブル端末」

ウエーター、ウェーター［waiter］

ウエート、ウェート［weight］　重量。体重。重要度。「ウエートリフティング」

ウエートレス、ウェートレス［waitress］

ウエーバー、ウェーバー［waiver］　〔野球〕「ウエーバー＝制・方式」

ウエーブ、ウェーブ［wave］　波。

うえき　植木

ウェザーニューズ　日本企業。ウェザーニュース

ウエスト［waist］　胴回り。「ウエストポーチ」

ウェストバージニアしゅう　ウェストバージニア州［State of West Virginia］　米東部にある州。＊統計局は南部の州として扱っている。

うえだ　姓。

　上田　上田敏（文学者・翻訳家。1874〜1916）、上田良一（NHK会長。1949〜）、上田晋也（タレント。1970〜）

　植田　植田まさし（漫画家。本名・植松正通。1947〜）、植田佳奈（声優・歌手。1980〜）

ウエット、ウェット［wet］　ぬれた。湿った。「ウエットスーツ」

ウエットティッシュ、ウェットティッシュ［wet tissue］　＊ウェットティッシュは小林製薬の登録商標だが図形登録のため使用可。

ウエディング、ウェディング［wedding］　結婚（式）。「ウエディングドレス」

×**上にも置かぬもてなし**　→**下にも置かぬもてなし**　下座に置かずに丁重にもてなすこと。

ウエハー、ウェハー［wafer］　（集積回路の）基板。

うえはら　姓。

　上原　上原正吉（大正製薬社長・政治家。1897〜1983）、上原浩治（野球選手。1975〜）

　植原　植原卓也（俳優。1988〜）

ウェブサイト［web site］（←ウエブサイト）

うえむら　姓。

　上村　上村松園（明治・大正・昭和期の日本画家。1875〜1949）、上村愛子（フリースタイルスキー・モーグル選手。1979〜）

　植村　植村直己（登山家・冒険家。1941〜1984）、植村花菜（歌手。1983〜）

ウェリントン［Wellington］　ニュージーランドの首都。

うえる　**飢える**［餓える・饑える］　「愛情に飢える/飢え死に」

うえる　**植える**　「植え=替え・込み」

ウエルカム、ウェルカム［welcome］　「ウエルカムドリンク」

ウエルターきゅう　**ウエルター級**［welter］　〔ボクシング〕

ウェルビー

　ウェルビー　日本企業（就労支援）。＊英字社名は「Welbe, Inc.」。

　Welby　日本企業（医療アプリ）。

うえをしたへのおおさわぎ　**上を下への大騒ぎ**　上にあるべきものを下にするような大騒ぎ。×上や下へ（上へ下へ）の大騒ぎ

　×「快晴に恵まれ、運動会は上を下への大盛況だった」
　＊好ましい状況を説明する場合には使わない。

うえん　**迂遠**［迂遠］　言い換え　遠回り、回りくどい、実際的でない

ウオーキング、ウォーキング［walking］　「ウオーキングシューズ」

ウォークマン　商〔ソニー〕　→ヘッドホンステレオ、携帯オー

ディオプレーヤー

ウォーズ［wars］　戦争。

ウオーター、ウォーター［water］　水。

ウオーターフロント、ウォーターフロント［waterfront］　臨海開発地域。水際。

ウオーミングアップ、ウォーミングアップ［warming up］　準備運動。

ウオームビズ、ウォームビズ［warm biz］

ウォールがい　ウォール街［Wall Street］　米国のニューヨーク市にある金融の中心地。

ウォール・ストリート・ジャーナル［The Wall Street Journal］　米経済紙。㊂WSJ　＊日本法人名はウォール・ストリート・ジャーナル・ジャパン。

うおがし　魚河岸［魚㊞河岸］

ウォシュレット㊂〔TOTO〕→温水洗浄便座

ウオッカ、ウォッカ［露 vodka］　〔酒〕

ウオッチ、ウォッチ［watch］　腕時計。

ウオッチャー、ウォッチャー［watcher］　観察者。観測者。「日銀ウオッチャー」

うおつりしま　魚釣島　尖閣諸島の島名。中国名は「釣魚島」。

ウォルト・ディズニー［The Walt Disney Company］　米企業（レジャー）。☞ディズニー

ウォルマート［Walmart Inc.］　米企業（小売り）。＊2018年に「ウォルマート・ストアーズ」から社名変更。

ウォレット［wallet］　財布。札入れ。

うかい　迂回［迂回］［言い換え］遠回り、回る　「迂回路」

うかい　鵜飼い［鵜飼い］　「長良川の鵜飼い」

うかがい

　伺い　〔一般〕「伺いを立てる／ご機嫌伺い」

　伺　〔書類。書式〕「進退伺」

うかがう

　伺う　聞く、問う、訪ねるの謙譲語。「お話を伺う／お宅に伺う」　＊「お伺いする」は二重敬語だが定着している。

　×「（客に向かって）係の者にお伺いください」→係の者に

お尋ねください ＊「係の者」を高めるため不適切。

うかがう[窺う・覗う] そっとのぞく。時機を待つ。狙う。「家の中・辺り・顔色・機会・動向・様子=をうかがう/決意のほど・意欲=がうかがわれる（自然に知れる）」

うかつ[迂闊] 言い換え **うっかり**

うがつ[穿つ] 穴をあける。掘る。「雨だれが石をうがつ」

うがったみかた うがった見方[穿った見方] 世論調査「その指摘は真意をうがった見方だと思う」

　○物事の本質を的確に言い表すこと。＊2011年度 26.4%
　×疑ってかかるような見方。＊同 48.2%

うがん 右岸 川の下流に向かって右側。☞左岸

うき 雨期[雨季]

うきあし 浮足 「浮足立つ」

うきがし 浮き貸し 帳簿を操作し、不正に貸し付けること。

うきくさ・うきぐさ 浮草 「浮草の身の上/浮草稼業」

うきしずみ 浮き沈み 「感情の浮き沈みが激しい」

うきだま

　浮き玉 〔漁具〕

　浮き球 〔球技〕

うきな 浮名 「浮名を流す」

うきぶくろ 浮袋

うきぼり 浮き彫り 「問題点が浮き彫りになる/対立を浮き彫りにする」

うきみ

　浮身 〔泳法〕

　浮実 〔スープなど〕

うきみ 憂き身 「憂き身を=かこつ・やつす」

うきめ 憂き目 「憂き目に遭う/憂き目を見る」

うきよ 浮世 「浮世の=習い・風/浮世絵」

うけいれ 受け入れ 「受け入れ=先・態勢」

うけおい 請負 「請負=業・工事・人」

うけおう 請け負う 「ビル工事を請け負う」

うけざら 受け皿 「政権の受け皿」

うけつけ

　受け付け 〔一般〕「受け付け=開始・業務・順・中」

受付 〔人・所・係。経済関係複合語〕「受付=係・金融機関・時間・増加額」

うけとり

　受け取り 〔一般〕「書類の受け取り／受け取り=手続き・方法」

　受取 〔経済関係複合語〕「受取=金・証・日」

うけにいる　うけに入る[有卦に入る] 幸運に巡り合う。調子に乗る。＊「有卦」は幸運が7年続く年回り。
　うけに<u>はいる</u>　受けに入る

うける

　受ける 〔↔授〕応じる。好まれる。「相談・注文・保護・命令=を受ける／大衆・若者=に受ける」

　請ける 仕事などを行う約束をする。保証する。「仕事を請ける／納期を請け合う」

うけわたし

　受け渡し 「受け渡し=期限・条件」

　受渡 「受渡=価格・期日」

うげん　右舷[右舷] 船尾から船首に向かって右側。☞左舷

うごう　烏合[烏合] 「烏合の衆」
　烏合　<u>ちょうごう</u>　＊「烏」はカラス。

うごのたけのこ　雨後のたけのこ[雨後の筍] 雨が降った後にタケノコがたくさん生えるように、同じようなことが次々起こること。「ヒット商品が出ると、雨後のたけのこのように類似の商品が店頭に並ぶ」

うごめく[蠢く] 「思惑がうごめく」 <u>動</u>めく

うさみ　姓。

　宇佐見 宇佐見真吾（野球選手。1993〜）

　宇佐美 宇佐美定満（上杉謙信の軍師。1489〜1564）、宇佐美圭司（画家。1940〜2012）、宇佐美貴史（サッカー選手。1992〜）

うし　丑[丑] 「丑三つ（午前2時から2時半ごろ。真夜中）／土用の丑の日」

うしおじる　うしお汁[潮汁] <u>しおじる</u>

うしどし　丑年・うし年[丑年]

うしなう　失う[喪う]　「金・機会=を失う」

うしょう　鵜匠[鵜匠]　＊「鷹匠」は、たかじょう。

うしろがみをひかれる　後ろ髪を引かれる　出発に際し、後
　　に心が残って去りにくい状態。
　　×「後ろ髪を引かれる思いで残った」　＊残る人の心境に
　　は使わない。

重後ろから羽交い締め　→羽交い締め　＊「羽交い締め」は
　　相手の後ろから抱きかかえて動けなくすることなので、「後
　　ろから」は不要。

うしろすがた　後ろ姿　「後ろ姿を描く」

うしろだて　後ろ盾[後ろ楯]　「有力な後ろ盾を持つ」

うしろめたい　後ろめたい　「後ろめたい気持ち」

うしろゆび　後ろ指　人を後ろから指さして非難すること。
　　陰で悪口を言うこと。「後ろ指をさされる」

うす　臼[臼]　「石臼」

うすい　雨水　〔二十四節気〕2月19日ごろ。降雪が少なく
　　なり、これから雨が降るようになるという意味。 アク ウスイ

うすがみをはぐように　薄紙を剝ぐように[薄紙を剝ぐように]
　　病気が日に日によくなるさま。薄皮を剝ぐように

うずく[疼く]　「古傷がうずく」

うずくまる[蹲る・踞る]　「路上にうずくまる」

ウスターソース[Worcestershire sauce]

うずたかい[堆い・うず高い]　「うずたかく積む」

うずめる[埋める]　「故郷に骨をうずめる」

うずもれる[埋もれる]　「うずもれた人材」

うせる[失せる]　「血の気がうせる」

うそ・にせ　類語

　　うそ[嘘]　真実でない言葉。正しくないこと。＊名義や
　　　　住所を偽って正規のルートで「うそ」の申請に基づいて
　　　　手に入れたパスポートは「不正旅券」。

　　にせ　偽　本物そっくりにつくって人をだますこと。＊本物
　　　　そっくりにつくられたパスポートは「偽造旅券」。

うぞうむぞう　有象無象　種々雑多なくだらない人やもの。＊
　　もと仏教用語の「有相無相」。「姿、形を持っている存在と、
　　それによって特質づけられる存在の本質」の意。人を卑し

めていう言葉なので、使い方に注意。有像無像

うそからでたまこと　うそから出たまこと［嘘から出た実］初
　めはうそのつもりだったが、結果として本当のことになってし
　まうこと。

うそぶく［嘯く・うそ吹く］　意味
　○豪語する。「天下は自分のものだとうそぶく」
　○知らん顔をする。「約束をした覚えはないとうそぶく」
　×うそをつく

うた

　歌〔一般〕歌謡。曲のついた歌詞。和歌。「歌を歌う／
　　万葉集の歌／歌合わせ／歌声／歌心／子守歌／舟歌」

　唄［唄］邦楽・民謡など。動詞には使わない。「小唄／地
　　唄／長唄／端唄／馬子唄」

うたい　謡「素謡（はやしや舞を伴わない）／地謡（地の文
　を大勢でうたう）」

うたう

　歌う〔一般〕詩や歌など。「歌い手／悲しみを詩に歌う／
　　情感を歌い上げる／鳥が歌う／流行歌を歌う」

　謡う謡曲など。「『高砂』を謡う」

　うたう［唄う］小唄など。「地唄・長唄・端唄・馬子唄=を
　　うたう」

　うたう［謳う］強調する。賛美する。「効能をうたう／条
　　文の中にうたう／うたい文句／神童・天才と=うたわれる」

うたかいはじめ　歌会始「歌会始の儀」

うたぐる［疑る］「うたぐり深い」

うたげ［宴］酒宴。宴会。酒盛り。「うたげを催す」

うたよみ　歌詠み［歌読み］歌人。歌をつくること。

うち

　うち［家］自宅。自分の家族。「うちに帰る／うちの母」

　内［中］〔↔外〕「内に秘める／松の内／内祝い／内気」

　うち［中］期間。所属する組織。形式名詞など。「若い
　　うちに／うちの会社／知らないうちに」

うちうらわん・ふんかわん　地名（北海道）。

　内浦湾標準地名。＊「内浦湾」の名称は、他に福井県
　　高浜町、静岡県沼津市にもある。

噴火湾　通称。

うちかけ　打ち掛け［裲襠］　女性の礼服。

うちこむ

　打ち込む　〔一般〕中に入れる。集中する。「くいを打ち込む/仕事に打ち込む」

　撃ち込む［射ち込む］　〔発射〕「弾・ミサイル=を撃ち込む」

うちだひゃっけん　内田百閒　作家。(1889〜1971)　＊「閒」は「間」の旧字。

うちとる

　打ち取る　試合などで相手を打ち負かす。野球で打者を打たせてアウトにする。「第1シードの選手を打ち取る/凡打に打ち取る(三振には使わない)」

　討ち取る　武器を使い敵を殺す。討伐。「敵将を討ち取る」

うちまく　内幕　△ないまく

うちょうてん　有頂天　得意の絶頂にあること。もと仏教用語で三界(欲界、色界、無色界)のうち、存在世界の最上である色究竟天のこと。ここで言う存在が「有」、最上が「頂」、色究竟天が「天」。有頂点

うちわ［団扇］　「うちわであおぐ/左うちわ(何もせずに楽に暮らすこと)」

うつ

　打つ　強く当てる。たたく。何かを行う。接頭語にも。「頭・くぎ・碁・心・芝居・電報・脈=を打つ/打ち明け話/打ち=勝つ・止め」

　討つ　攻め滅ぼす。やや古風な表現。「賊・あだ=を討つ/討ち=入り・死に」

　撃つ　射撃。「(銃で)鳥を撃つ/的を撃つ」

うつ［鬱・欝］

　鬱　「鬱屈/鬱積/鬱憤/陰鬱/憂鬱/抑鬱」

　うつ　「㊫うっ血/㊫うつ病/うっそう/うっとうしい」

　ポイント　「鬱」は2010年改定の常用漢字表に採用されたが、難読漢字なので仮名を振るなど読みやすさに配慮する。「うっそう」「うっとうしい」など和語化したと考えられるものや、学術用語で「うつ」と表記されているものは、仮名書きにする。

うづき　卯月[卯月]　陰暦 4 月。アク ウヅキ

うっくつ　鬱屈[鬱屈]　心がふさぐ状態。

うっけつ　学 うっ血[鬱血]　静脈の血流が悪くなって滞留
　する状態。

うつす・うつる

　写す・写る[撮す・撮る]　その通りに書く。画像として残
　　す。透ける。「写真・書類・答案=を写す/証明書の写し
　　/生き・丸=写し/写真写りがよい/裏のページが写って読
　　みにくい」

　映す・映る　画像を再生する。投影。映写。反映。「鏡
　　に姿を映す/映画・スライド・ビデオ・世相=を映す/壁に
　　影が映る/テレビに映る/彼の態度は生意気に映った」

　ポイント 「ビデオを映す」は、画像を再生して映写するこ
　　とで、被写体として撮影され、画像に残るのは「ビデオに写
　　る」だが、再生中の画像を指す場合は「ビデオに映る姿」
　　のように書くこともできる。また、防犯ビデオや胃カメラな
　　ど、撮影と再生（映写）が同時に行われるものは、再生す
　　る方に視点を置き、「ビデオに映る」とも書ける。

うつす・うつる

　移す・移る[遷す・遷る]　時・所を変える。「住まい・都=を
　　移す/時代が移る/郊外に移る」

　うつす・うつる[感染す・感染る]　病気。「病気をうつす/
　　風邪がうつる」

うっせき　鬱積[鬱積]　言い換え 内にこもる、(不平・不満が)
　積もる

うっそう[鬱蒼]　「うっそうとした森」

うっちゃる[打棄る]　「土俵際でうっちゃる」

うつつをぬかす　うつつを抜かす　あることに夢中になって
　本心を失う。＊「うつつ」は「現」「顕」などの字を当て、正
　気でいることを言う。「抜かす」は力や勢いをなくす。

うっとうしい[鬱陶しい]　「うっとうしい梅雨空」

宇都宮餃子 商〔宇都宮餃子会〕→**宇都宮のギョーザ**

うつびょう　学 うつ病[鬱病]

うつぶせ[俯せ・うつ伏せ]　「うつぶせで寝る」

うっぷん　鬱憤[鬱憤]　言い換え **不満、怒り**　「鬱憤を晴ら

す」

うつむく［俯く・うつ向く］「恥ずかしそうにうつむく」

うつる　☞うつす・うつる

写ルんです　㊙〔富士フイルム〕→レンズ付きフィルム、使い切りカメラ

うつろ［空ろ・虚ろ］「うつろな目」

うど［独活］

うしどし　卯年・う年［卯年］ 言い換え うさぎ年

うどんすき　㊙〔美々卯〕　使用可。

うなぎ［鰻］

　ウナギ　〔動物〕「ウナギの稚魚」

　うなぎ　〔加工品・比喩〕「うなぎ料理の老舗/うなぎの寝床」

うなぎのぼり　うなぎ登り・うなぎ上り［鰻登り・鰻上り］「うなぎ登りの=株価・物価」

うなぎパイ　㊙〔春華堂〕→ウナギを加味したパイ菓子

うなずく［頷く・首肯く］「深くうなずく」　うなづく

うなだれる［項垂れる］「うなだれて説教を聞く」

うなどん　うな丼［鰻丼］

うなばら　海原［付海原］

うに　ウニ［雲丹］「ウニ入りの海鮮丼」

うのみ［鵜呑み］「人の話をうのみにする」

うば　乳母［付乳母］「乳母車」

うぶ

　うぶ［初・初心］　世間ずれせず、ういういしい様子。「うぶな若者」

　産　出産時。「産着/産毛/産声/産湯」

うぶすながみ　産土神［産土神］ 言い換え 氏神、鎮守神

うまい

　［上手い・巧い］　上手。「野球がうまい/うまく字が書けた」

　［美味い・甘い・旨い］　味がいい。都合がいい。「うまい=食べ物・話/うま煮」

うまい棒　㊙〔やおきん、リスカ〕→スナック菓子

うまか棒　㊙〔明治〕→ラクトアイス

うまどし　うま年・午年［午年］

うまぬし　馬主 読み ☞ばぬし・うまぬし

うまみ

　うまみ［旨味］　巧み。利益。「うまみのある商売」

　うま味［旨味・甘味］　味覚。「だしのうま味を生かす/うま味調味料」

うまれる・うむ

　生まれる・生む　誕生。新しく作り出す。「赤ちゃんが生まれる/明治生まれ/生まれ=変わる・つき・月/傑作・新記録・利潤=を生む/生みの親」　＊比喩の場合は「生まれる・生む」。

　産まれる・産む　出産。「産み落とす/産み月/卵を産む」　＊「産まれる・産む」は、特に出産、産卵の場合。一般的には、「赤ちゃんが生まれる」「なかなか生まれない」などと表記する。

　ポイント 出産そのものについては「産みの苦しみ」、創作の苦労については「生みの苦しみ」と使い分ける。

うみせんやません　海千山千　いろいろな経験を積んで世の中の裏側まで知り尽くし、ずる賢くなっていること。＊海に千年、山に千年すみついた蛇は竜になるという伝説から。単に技能を熟知しているという場合には使わない。

うみのなかみち　地名（福岡県）。

　海ノ中道　JR 香椎線駅名。

　海の中道　香椎線の愛称（海の中道線）。海浜公園名。

うむ ☞うまれる・うむ

うめあわせ　埋め合わせ　「損失の埋め合わせをする」

うめがおか　地名（東京都）。

　梅丘　世田谷区の地名。

　梅ヶ丘　小田急駅名。

うめたて　埋め立て　「埋め立て=工事・事業・地・面積」

うめぼし　梅干し　「梅干しの入ったおにぎり」

うもれる　埋もれる　「埋もれ木」

うやむや［有耶無耶］

うよきょくせつ　紆余曲折［紆余曲折］ 言い換え 曲折、複雑な経過　事象が込み入っていて、いろいろ変わっていくこと。＊「紆余」は、川などが屈曲していて続く様子。「曲折」は曲

がりくねっていること。

うらうち　裏打ち　「新たな資料で学説を裏打ちする」

うらがき

　　裏書き　〔一般〕「潔白を裏書きする証拠/事実を裏書きする/犯行を裏書きしている」

　　裏書　〔経済〕「小切手・手形=の裏書/裏書=譲渡・人」

うらかみてんしゅどう　浦上天主堂　☞大浦天主堂・浦上天主堂

うらがれる　うら枯れる[末枯れる]　草木の枝先・葉先が枯れる。裏枯れる

うらぎり　裏切り　「裏切り者」

うらぎる　裏切る　「期待を裏切れない」

うらづけ　裏付け　「裏付け捜査」

うらづける　裏付ける　「犯行を裏付ける証拠」

うらどし　裏年　果実などの出来がよくない年。ふなり年。↔生り年　うらねん

ウラニウム、ウラン[uranium; 独 Uran]　〔放射性元素〕

裏日本　→日本海側

×**裏舞台での交渉**　→舞台裏での交渉

うらぶれる[心ぶれる]　「うらぶれて放浪する」　裏ぶれる

うらぼん　うら盆・盂蘭盆[盂蘭盆]　一般的には、**盆**「お盆」と呼ぶ。＊「裏盆」は「うら盆」の終わり。☞コラム「お盆」

うらみ

　　恨み[怨み]　ひどい仕打ちに対する憎悪。遺恨。「恨みつらみ/恨み言/恨みがましい」

　　×「恨み骨髄に達す」→**恨み骨髄に徹す、恨み骨髄に入る**　恨みが骨髄（体の芯）まで深く貫く。＊「徹す（る）」は物を深くまで貫き通すこと。

　　×「恨みを果たす」→**恨みを晴らす**　仕返しをして憤っていた気持を晴らす。＊「雪辱を果たす」の混用とも。

　　うらみ[憾み]　心残り。不満。欠点。「公平を欠くうらみがある/拙速のうらみが残る」

うらむ　恨む[怨む]　「人を恨む」

うらめしい　恨めしい[怨めしい]　「恨めしく思う」

△うらめん →りめん　裏面　＊本来「表面（ひょうめん）」の
　　対語は「裏面（りめん）」。☞りめん

うらやましい　羨ましい［羨ましい］「羨ましい境遇」

うらやむ　羨む［羨む］「人も羨む仲」

うららか［麗らか］「うららかな春の一日」

ウランバートル［Ulan Bator］　モンゴルの首都。

うり［瓜］

　　ウリ　〔植物〕「ニガウリ」

　　うり　〔比喩〕「うりざね顔/うり二つ」

うりあげ

　　売り上げ　〔一般〕「売り上げ=課税・増・目標・予定」

　　売上　〔経済関係複合語〕「売上=金・高」

うりかい　売り買い　「古物を売り買いする」

うりかけ

　　売り掛け　〔一般〕「売り掛け=増・予定」

　　売掛　〔経済関係複合語〕「売掛=金・債権」

うりきれ　売り切れ　「人気で売り切れの品」

うりこし

　　売り越し　〔一般〕「売り越し=基調・姿勢」

　　売越　〔経済関係複合語〕「売越=額・幅」

うりことば　売り言葉　「売り言葉に買い言葉（相手の暴言に
　　対し、同じような調子で言い返すこと）」

うりだし　売り出し　「売り出し=価格・期間」

うりち　売り地　「売り地の情報を探す」

うりね　売値　「マンションの売値」

うりば　売り場　「宝くじ売り場」

うりもの　売り物　「これは売り物ではない」

うりわたし　売り渡し　「売り渡し=価格・先」

うるう［閏］　「うるう=年・秒」

うるさがた　うるさ型［うるさ形・煩型］「うるさ型の役員」

ウルトラライトプレーン［ultralight plane］　超軽量飛行機。
　　超軽量動力機。

ウルル［Uluru］　オーストラリアのウルル=カタ・ジュタ国立公
　　園にある巨大な岩石の名称。「ウルル」は先住民の呼び方
　　で、かつては「エアーズロック」と呼ばれていた。「エアーズ

ロック」は南オーストラリア総督ヘンリー・エアーズにちなんで名付けられた。

うれい・うれえる ＊「うれい」は「うれえ」の音が変化したもの。現在は「うれい」が一般的。

憂い・憂える 先のことを思って気に病む。不安。心配。「憂いを残す／後顧の憂い（後々の心配）／備えあれば憂いなし／病気の再発を憂える」

ポイント 連用形(中止形)は「(〜を)憂え」が正しい形。「(〜を)憂い」は誤り。連体形は「憂える人」「憂えるのは」が正しく、「憂う人」「憂うのは」は誤り。「憂い顔・愁い顔」は、意味により使い分ける。

愁い・愁える 何となく心が晴れず気が沈む。もの悲しい。「愁いに沈む／春の愁い／身の上を愁える」

うれしい[嬉しい] 「うれしい知らせ」

うれゆき 売れ行き 「売れ行きが悪い」

うろおぼえ うろ覚え 不確実な記憶。「うろ覚えの漢字」うる覚え

うろこ[鱗] 「うろこ雲／目からうろこ」

うわがき 上書き 「手紙の上書き／データの上書き保存」

うわき 浮気[付浮気]

うわぎ 上着[上衣]

うわぐすり うわぐすり・上薬[釉・釉薬] 陶磁器の表面に焼き付け、美観・強度などを与え、吸湿性をなくすために用いられるガラス質の物質。

うわさ[噂] 「うわさにすぎない」

うわさをすればかげ うわさをすれば影[噂をすれば影] ある人のうわさをしていると偶然にも当人がやってくるものだ。うわさをすれば陰 ＊「影」は「人影」、すなわち「人の姿」。「陰」は日の当たらない場所。

うわすべり 上滑り 「知識が上滑りする」

うわちょうし・うわぢょうし 上調子 読み

うわちょうし 声がかん高くて、落ち着きがないように感じられること。うわべだけで中身がないこと。うわっちょうし。「上っ調子な＝しゃべり方・態度」

うわぢょうし 〔邦楽〕2丁以上の三味線の合奏で他の三

味線より高い音域を演奏する三味線のこと。

うわつく <u>浮つく</u>［付浮つく］

うわべ［上辺］ 「うわべを繕う」

×**上前をかすめる** →**上前をはねる** ＊俗な表現なので、「横領した」などに言い換えることも。

うわむき <u>上向き</u> ×うえむき

うわや <u>上屋</u>［上家］ 仮の建物、屋根。港などで貨物（特に税関で検査する貨物）などを短期間収めておく倉庫。

うんこう

　　運行 〔バス。電車。天体〕

　　運航 〔船。航空機〕

うんさんむしょう <u>雲散霧消</u> 雲や霧が風に吹かれ、日が当たって消えてなくなること。物事が跡形もなく消えてなくなること。×雲散無消

うんしゅうみかん <u>温州ミカン</u> 読み ×おんしゅうみかん

うんちく［蘊蓄］ 言い換え **学識、深い知識** 「うんちくを傾ける」

うんてんし・うんてんしゅ 類語

　　運転士 〔鉄道〕

　　運転手 〔自動車・バス〕

うんぬん［云々］ 言い換え **等々、など** 「うんぬんする（とやかく批評する）」

うんも <u>雲母</u>［雲母］ △うんぼ

え・エ

え <u>絵</u>［画］ 「絵心／絵空事／絵巻物／絵はがき／絵に描いた餅（実際の役に立たないもの）」

え <u>餌</u>［餌］ 「餌付け／まき餌」

エアーキャップ 商〔酒井化学工業〕→**気泡緩衝シート**

エアーシューター 商〔日本シューター〕→**気送管、シューター**

エアーズロック［Ayers Rock］ ☞ウルル

エアサイド［airside］ 空港の保安検査や手荷物検査を経ないと入れないエリア。

エアゾール［独 Aerosol］ 噴霧式薬剤。

エアドゥ　AIRDO　日本企業。＊2012年に「北海道国際航空」から愛称の「AIRDO」へ社名変更。

エアバッグ［air bag］　エアバック〔×〕

エアブレーキ［air brake］　空気制動機。

エアメール［airmail］　航空便。航空郵便。

エアロバイク ㊡〔コナミスポーツ〕→**自転車型トレーニングマシン**

エアロビクス［aerobics］（←エアロビックス）

えいき

　　英気　元気。優れた才気・気性。「英気を=養う・蓄える／英気はつらつ／天性の英気」

　　鋭気　鋭く強い気性。「鋭気に満ちる／鋭気をくじく」

えいこう　えい航・曳航［曳航］ 言い換え 引く、引航　＊『午後の曳航』（三島由紀夫作）。

えいごう　永劫［永劫］ 言い換え 永遠、永久　「未来永劫」

えいさい　英才［穎才］　「英才教育」

えいし

　　衛士　宮殿などの護衛に当たる兵士。＊「えじ」とも。

　　衛視　国会の警務に当たる職員。

えいじ［嬰児］→**赤ん坊、乳飲み子、乳児**

エイジング［aging］（←エージング）　加齢現象。「エイジングケア」

エイズ［AIDS: acquired immunodeficiency syndrome］　後天性免疫不全症候群。☞ HIV感染者・エイズ患者

えいせん［曳船］→**引き船**

えいぞう

　　映像　物の表面に映る形。イメージ。「鮮明な映像／テレビ・母=の映像」

　　影像　絵・彫刻などに表した神仏・人の姿。「神の影像／聖人の御影像」　＊「ようぞう」とも読むが表外音。

えいたいくよう　永代供養　えいだいくよう〔×〕

えいたろうそうほんぽ　栄太楼総本舗［榮太樓總本鋪］　日本企業。

えいたん　詠嘆［詠歎］

えいち　英知［叡智］　「英知を傾ける」

エイチアイブイかんせんしゃ・エイズかんじゃ　類語

　　HIV 感染者　ヒト免疫不全ウイルスに感染した人。

　　エイズ患者　HIV に感染した結果、免疫が機能しなくなり
　　カポジ肉腫などを発症した人。☞エイズ

エイチ・ツー・オーリテイリング　日本企業。阪急阪神百貨
　店などの持ち株会社。

エイト［eight］　8 。8 人でこぐボート（競技）。

えいねん　永年　「永年勤続」　☞長年（ながねん）

えいよう　栄養［営養］

映倫（映画倫理委員会）審査による映画の4区分

　　G　年齢にかかわらず誰でも観覧できる。

　　PG12　12 歳未満の年少者の観覧には、親または保護
　　者の助言・指導が必要。

　　R15＋　15 歳以上（15 歳未満は観覧禁止）。

　　R18＋　18 歳以上（18 歳未満は観覧禁止）。

エーエヌエーホールディングス　ANA ホールディングス
　日本企業。全日本空輸の持ち株会社。

エージ［age］（←エイジ）　「エージシュート（ゴルフで年齢以
　下のスコア）」

エージーシー　AGC　日本企業。＊2018 年に「旭硝子」か
　ら社名変更。

エージェンシー［agency］　代理店。代理業。

エージェント［agent］　代理業者。代理人。秘密情報員。

エープリルフール［April fool］（←エイプリルフール）

エールだいがく　エール大学［Yale University］（←イェール
　大学）　米私立大学。

エーロゾル［aerosol］　浮遊粉じん。微粒子。＊エアロゾル
　とも。

えがお　笑顔［付笑顔］

　　×「笑顔がこぼれる」→**笑みがこぼれる**　＊「こぼれる」
　　は感情などが外に表れ出ること。「笑顔」は感情が表れ
　　た結果としての顔の表情。「笑み」はにっこりとした笑い。

えかき　絵描き［絵描き・絵画き］　「お絵描き」

えがく　描く［画く］　「田園の風景を描く」

エキシビション［exhibition］　展覧（会）。展示（会）。公開

演技。エキ<u>ジ</u>ビション　エキシ<u>ビ</u>ジョン

エキスパート［expert］　専門家。熟練者。大家。

エキゾチシズム［exoticism］　異国情緒。異国趣味。

エキゾチック［exotic］　異国的。異国風。

えきむ　役務　<u>や</u>くむ

エクイティファイナンス［equity finance］　新株発行を伴う資金調達。

エクササイズ［exercise］　課題。練習問題。運動。体操。

エクサテイメント®〔コナミスポーツ〕→**エクササイズゲーム機、エクササイズゲーム器具**

エクステリア［exterior］　外構。

エクスプレス［express］　急行列車。

エクスポージャー［exposure］　①露出。さらすこと。②金融資産のうち価格変動リスクにさらされている資産の割合。リスクの割合。損害発生可能性。

エクスラン®〔東洋紡〕→**アクリル繊維**

エクセーヌ®〔東レ〕→**合成皮革、人工皮革**

エグゼクティブ［executive］　上級管理職。重役。上層部。

エクソンモービル［Exxon Mobil Corporation］　米企業（エネルギー）。

えぐる［抉る］　「胸をえぐられるような思い」

えこう　回向　<u>か</u>いこう

エコシステム［ecosystem］　①生態系。②ビジネス生態系。＊特定の業界全体の収益構造を言う。

えこだ・えごた　江古田　地名（東京都）。

　　えこだ　西武駅名（練馬区）。

　　えごた　中野区の地名。「新江古田駅（地下鉄駅名）」

エコツーリズム［ecotourism］　環境観光。＊エコツアーとも。

エコノミークラスしょうこうぐん　エコノミークラス症候群　「静脈血栓塞栓症」の俗称。飛行機のエコノミークラスだけでなく、列車旅行など長時間座席に座って移動する時にも発症するので「旅行者血栓症」とも呼ばれる。災害発生後、被災者が避難所や車の中で発症する可能性も高い。

えこひいき［依怙晶屓］　「部下をえこひいきする上司」

エコロジー［ecology］　生態学。環境保護。®エコ

えさ　餌［餌］　「餌をやる」

えさし　地名。

江刺　岩手県奥州市の地名。

江差　北海道檜山郡の町名。「江差追分（民謡）」

枝幸　北海道枝幸郡の町名。

えし　壊死［壊死］[言い換え]（細胞・組織の）死滅　かいし

エシカル［ethical]　倫理的。「エシカル消費（環境や社会に配慮したモノやサービスを選んで消費すること）」

えしき　会式　法会の儀式。あいしき　かいしき

えじき　餌食［餌食］

エジソン（トーマス）［Thomas Alva Edison]　発明家。（米1847〜1931）

エスカルゴ［仏 escargot]　食用カタツムリ。

エスカレーター［escalator]

エスカレート［escalate]　（段階をおって）拡大・激化すること。「要求がエスカレートする」

エスキモー［Eskimo]

カナダでは「**イヌイット（イヌイト）**」が公的な呼称。北アラスカからグリーンランドにかけて生活する人を指す。アラスカ先住民には他に「**ユピック**」「**ユピック・エスキモー**」などの呼称もあり、それぞれの自称に従うのが一般的。全体を示す場合は「**エスキモー**」も使われる。

エスタブリッシュメント［establishment]　支配層。支配階級。既存体制。

エステティシャン［仏 esthéticien]　全身美容技術者。×エステシャン

エステティック［仏 esthétique]　全身美容。㊂エステ

エスニック［ethnic]　民族風。異国的。「エスニック料理」

エスビーしょくひん　エスビー食品　日本企業。＊登記名は「エスビー食品」。

エスワティニ［Eswatini]　アフリカ南部のスワジランドが2018年に国名変更。

えせ［似非］[読み]　×にひ

えたい［得体］[言い換え]正体　「えたいの知れない集団」

エチケットブラシ㊑〔日本シール〕→洋服ブラシ

えちぜん　地名（福井県）。

　越前　岬名。市・町名。旧国名（越前国）。

　　えちぜん　鉄道会社名（えちぜん鉄道）。

エチュード〔仏 étude〕　練習曲。習作。

エックスせん　エックス線・X 線　「エックス線検査」

えっけん　謁見　国王や君主に会うことの謙譲語。「謁見が
　許される」　＊皇室記事では「謁見」は用いず、「**お会いす
　る**」「**お目にかかる**」とする。

　　×「国王が謁見する」→**国王に謁見する**

エッセイスト〔essayist〕　随筆家。

エッセー〔essay〕（←エッセイ）　随筆。小論。

エッセンス〔essence〕　①本質。②香料。

エッチビー、エイチビー〔HB〕

えついにる　悦に入る　えつに<del>は</del>いる

Edy（エディ）、**楽天 Edy**商〔楽天 Edy〕→**（プリペイド型）
　電子マネー**

エディター〔editor〕　編集者。

えてがみ　絵手紙商〔小池邦夫〕　使用可。＊登録商標だ
　が裁判で一般用語とされた。

えと　えと・干支〔干支〕　本来は、十干十二支の組み合わ
　せを指すが、「今年のえとは酉だ」のように、十二支の意で
　も使われる。

えとく　会得　「芸の奥義を会得する」

エヌイーシー　NEC　日本企業。＊登記名は「日本電気」。

エヌエイチケイ　NHK　日本放送協会。

エヌティーティー　NTT　日本企業。＊登記名は「日本電信
　電話」。NTT グループの持ち株会社。

エヌティーティーデータ　NTT データ　日本企業。＊登記
　名は「エヌ・ティ・ティ・データ」。

エヌティーティードコモ　NTT ドコモ　日本企業。＊2013
　年に「エヌ・ティ・ティ・ドコモ」から社名変更。

エヌティーティーにしにほん　NTT 西日本　日本企業。＊登
　記名は「西日本電信電話」。

エヌティーティーひがしにほん　NTT 東日本　日本企業。＊
　登記名は「東日本電信電話」。

エネオスホールディングス　ENEOS ホールディングス　日本企業。＊2020 年に「JXTG ホールディングス」から社名変更。

エネルギー［独 Energie］(←エナジー)

エネルギーミックス［energy mix］　電源構成。

えのぐ　絵の具

えのしま　地名(神奈川県)。

　　江の島　標準地名。「湘南江の島駅(湘南モノレール駅名)」

　　江ノ島　江ノ島電鉄駅名。「片瀬江ノ島駅(小田急駅名)」

　　江島　神社名。古称。

エバーライト 商〔ブリヂストン〕→**ウレタンフォーム**

エバクレーム 商〔佐藤製薬〕→**除毛剤、脱毛剤**

えばら　荏原　日本企業。＊登記名は「荏原製作所」。

えび［海老・蝦］

　　エビ　〔動物〕「伊勢・干し゠エビ」

　　えび　〔比喩〕「えび反り」

エビアン［Evian］　フランスの都市。2003 年サミット開催。

エビオス 商〔アサヒグループホールディングス〕→**整腸剤**

えびす　恵比寿　東京都渋谷区の地名。JR、地下鉄駅名。

えびす［恵比須・恵比寿・夷・戎・蛭子］　七福神の一つ。烏帽子に狩衣、指貫姿で、釣りざおと鯛を持つ。「えびす゠顔・講」　＊固有名詞はそれぞれの表記に従って書く。

エビスビール　☞ エビスビール

えびせん　使用可。＊登録商標は「カルビーえびせん」。

エピソード［episode］　挿話。逸話。

エビデンス［evidence］　根拠。証拠。証明。

えひめみかん　愛媛ミカン

エピローグ［epilogue］　結末(部分)。

エフェクト［effect］　効果。影響。元からあるものを加工し効果を出すこと。「アマゾン・エフェクト(アマゾン・ドット・コムが参入した業界で、既存の企業が苦境に追い込まれること)」

エベレスト［Everest］

ヒマラヤ山脈にある世界最高峰。標高 8848 メートル。

山頂はネパールと中国の国境上にある。インドの測量局長だったジョージ・エベレストにちなんで名づけられた。

中国（チベット）では「**チョモランマ**」、ネパールでは「**サガルマタ**」と呼ぶ。登山・入山ルートに当たる国側の呼称を尊重し「チョモランマ（エベレスト）」「サガルマタ（エベレスト）」「エベレスト（中国名・チョモランマ）」などと書くこともある。

えぼしだけ・にゅうとうざん　山名（岩手・秋田県境）。

　烏帽子岳　岩手県側の呼称。

　乳頭山　秋田県側の呼称。

えまき　絵巻　絵巻物。

えみ　笑み　「笑みがこぼれる」

エムウェーブ［M-WAVE］　長野市にあるスポーツ、イベント会場。運営会社名。エムウエーブ

エムバペ（キリアン）［仏 Kylian Mbappé］（←ムバッペ）　サッカー選手。（仏 1998〜）

えもいわれぬ　えも言われぬ［得も言われぬ］　何とも言いようがない。＊「え」（副詞）＋「も」（係助詞）で、打ち消しの語を伴う。「えも言われず」「えも言わず」とも。

えもの

　得物　武器。道具。「得物を取って戦う／棒を得物にする」

　獲物　狩りや漁をしてとる獣や魚。「獲物を狙う／狩りの獲物」

えもん　衣紋［衣紋］

エラー［error］　①過失。失敗。②〔野球〕失策。

えり　襟［衿］　「襟足／襟首（首の後ろの部分）／襟巻き／詰め襟／襟を正す（気持ちを引き締める）」

エリア［area］　地域。区域。「サービスエリア」

エリアメール　⒭〔NTTドコモ〕　→緊急速報メール

エリート［仏 élite］　えり抜きの優秀な人。

えりも　地名（北海道）。

　えりも　町名。

　襟裳　岬名。「襟裳岬（曲名）」

える

　得る　入手する。可能性がある。「許可・勝利・地位＝を

得る/あり・考え・表現し=得る（文語形での読みは『〜うる』）/あり得ない/得てして/やむを得ない」

獲る 捕獲する。「猟でイノシシを獲る/戦利品を獲る」

える・よる ［読み］〔選る〕 「選り=好み・すぐる・抜き・分ける」 ＊「選り取り」「選りに選って」は「**よる**」が一般的。

エルサレム［Jerusalem］ イスラエル東部にある都市。イスラエルは首都としているが、アメリカのトランプ政権（2017年12月に承認）などわずかな国を除き、国際社会の大勢はこれを認めていない。

エルニーニョ［西 El Niño（神の子）］ 南米ペルー沖の海水温度が高くなる現象。＊エルニーニョ現象とも。☞ラニーニャ

エルマウ［Elmau］ ドイツ南部の保養地。2015年サミット開催。

エレクトーン 商〔ヤマハ〕→**電子オルガン**

エレクトリシティー［electricity］ 電動化。電気。電動。電力。

エレバン［Yerevan］ アルメニアの首都。

エレピアン 商〔ディーアンドエムホールディングス〕→**電子ピアノ**

エレファクス 商〔岩崎通信機〕→**写真複写機**

エレベーター［elevator］（←エレベータ） 昇降機。

エロチシズム［eroticism］（←エロティシズム）

エロチック［erotic］（←エロティック）

えんえき 演繹［演繹］〔↔帰納〕一般から個々へ。

えんえん

延々［蜒蜒］ 長く続くさま。「延々と続く=会議・行列」

えんえん［奄々］ 息が絶えそうなさま。「気息えんえん」

炎々 燃え上がるさま。「炎々と燃えさかる」

えんか

円貨 円の通貨。「円貨で払う/円貨の供給枠/外貨と円貨の交換」

円価 円の価値。「円価が高い/円価の変動」

重**沿岸沿い** →**海岸沿い、海沿い、沿岸**

えんぎ 縁起 「縁起をかつぐ」

え

えんきょく[婉曲] →穏やかに、間接的(に)、それとなく、遠回し、やんわり

えんぐみ 縁組 「縁組する/養子縁組」

エンゲージメント[engagement] 対話。結び付き。絆。関与。仕事への熱意度。

えんご 援護[掩護]

えんこん 怨恨[怨恨] 言い換え 遺恨、恨み

えんざい 冤罪[冤罪] 言い換え ぬれぎぬ、無実の罪

エンサイクロペディア[encyclopaedia] 百科事典。百科全書。

えんじ・じどう・せいと・がくせい 類語

園児 〔幼稚園・保育園〕

児童 〔小学校〕

生徒 〔中学・高校・専修学校・各種学校〕

学生 〔高専・大学・大学院〕

＊文脈によっては、幼稚園・保育園の子供を「幼児」、専修・各種学校の生徒を「学生」と呼ぶ場合がある。

エンジニア[engineer] 技師。技術者。機関士。

えんすい 円すい[円錐]

えんせい 厭世[厭世] 言い換え 世をはかなむ

エンゼル[angel] 天使。＊ベンチャー企業などを支援する個人投資家の意味で「エンジェル」と表記することも。「エンジェル税制」

えんせん 厭戦[厭戦] 「厭戦ムードが広がる」

エンターテイナー[entertainer] 芸能人。エンターティナー✕

エンターテインメント[entertainment] 娯楽。演芸。略 エンタメ ✕エンターテイメント

えんだて 円建て 「円建て=決済・債」

えんち 園地[苑地]

えんてい[堰堤] →せき、堤防、土手、ダム

エンディング[ending] 終末。結末。

エンディングノート[和製 ending note] 遺言ノート。

重炎天下のもと →炎天下、炎天のもと

エントリー[entry] 参加登録。参加申し込み。

エンパワーメント[empowerment] 権限付与。地位向上。

権限委譲。活性化。能力を引き出すこと。

えんぶ [アク]エンブ

演武 武芸の練習・公演。「模範演武」

演舞 舞の練習・公演。「演舞場」

円舞 大勢が輪になって踊るダンス。「円舞曲」

エンブレム[emblem] 紋章。標章。

えんぶん[艶聞] →浮名、浮いたうわさ

えんぼう

遠望 「遠望が利く/遠望カメラ」

遠謀 「遠謀をめぐらす/遠謀深慮」

えんりょえしゃくもない **遠慮会釈もない** 相手に対して、手加減することなく自分の思いに任せて事を進める様子。「彼の遠慮会釈もない物言いは、時に不協和音を生じさせることがある」

お・オ

お

尾 しっぽ。物の本体から後ろに細長く伸びているもの。「犬・彗星=の尾/尾を引く」

緒 糸やひもなど細長いもの。履物につけて足にかけるひも。「堪忍袋の緒が切れる/へその緒」

お[御] 接頭語。「お=家芸・国入り・歳暮・世辞」

お～いたす 謙譲語。「AがBに(を、のために)～する」の意。Aを低めBを高める。「お見せいたしましょう/すぐにお持ちいたします」 ☞ご～いたす

お～いただく 謙譲語。「AがBに～てもらう」の意。Aを低めBを高める。「お帰りいただきたい/お入りいただけます」 ☞ご～いただく

お～くださる 尊敬語。「AがBに～てくれる」の意。Aを高めBを低める。「ここにお書きください/お読みくだされば幸いです」 ☞ご～くださる

お～する 謙譲語。「AがBに(を、のために)～する」の意。Aを低めBを高める。「お教えする必要がある/お知らせします」 ☞ご～する

×「(ご自分で)お持ちしますか」→**お持ちになりますか**

お

95

＊尊敬語として使わない。

お〜です　尊敬語。「Aが〜ている」の意。Aを高める。「何をお探しですか/ご家族がお待ちですよ」　☞ご〜です

お〜になる　尊敬語。「Aが〜する」の意。Aを高める。「先ほどお出かけになりました/お上がりになってください」　☞ご〜になる

おい

　　追い〜　「追い越し禁止/追い‖落とす・風・羽根」

　　生い〜　「生い‖茂る・立ち」

おい[甥]　兄弟姉妹の息子。

おいうち　**追い打ち**[追い討ち・追い撃ち]　「追い打ちを掛ける」　☞追撃

おいこみ　**追い込み**　競走や仕事の最終段階。「猛烈な追い込みを見せた」

　　⚠「受験勉強の最後の追い込み」→**受験勉強の追い込み**、受験勉強のラストスパート

おいさき

　　生い先　成長の前途。行く末。「生い先頼もしい」

　　老い先　余命。余生。「老い先が短い」

おいしい[美味しい]　「おいしい料理/おいしい話に飛びつく」

オイスター[oyster]　牡蠣。「オイスターバー」

おいせん　**追い銭**　「盗っ人に追い銭」　おい~~ぜに~~

おいたま・おきたま　**置賜**　読み　地名(山形県)。

　　おいたま　「JR置賜駅」

　　おきたま　「東・西‖置賜郡」

おいはぎ　**追い剝ぎ**[追い剝ぎ]

おいらせ　地名(青森県)。

　　奥入瀬　「奥入瀬川(十和田湖から奥入瀬渓流を経て太平洋に注ぐ川)」

　　追良瀬　JR五能線駅名。「追良瀬川(西津軽地方を流れ日本海に注ぐ川)」

オイル[oil]　油。石油。「オイルマネー」

オイルサンド[oil sand]　重質油を含む砂の層。

追分だんご ㊛〔追分だんご本舗〕→だんご

おう 追う［逐う］「理想を追う/暮らしに追われる」

おういつ 横溢［横溢］言い換え あふれる、みなぎる、いっぱい 「気力が横溢する」

おうおうにして 往々にして しばしば。ともすれば。

おうか 謳歌［謳歌］言い換え たたえる、満喫 声をそろえて歌う。多くの人が声をそろえてほめたたえること。「青春を謳歌する」

おうぎ 奥義［奥儀］「奥義を極める」 ＊「おくぎ」とも。

おうぎし 王羲之 東晋時代の書家。王義之

おうさか・おおさか 逢坂 姓。

　おうさか 逢坂剛（作家。1943〜）

　おおさか 逢坂誠二（政治家。1959〜）

おうじホールディングス 王子ホールディングス 日本企業。＊2012年に「王子製紙」から社名変更。

おうじゅほうしょう 黄綬褒章 「褒章条例」は紅綬・緑綬・黄綬・紫綬・藍綬・紺綬の6種を定める。こうじゅ〜

おうせ・おおせ 会瀬 地名（茨城県）。

　おうせ 日立市会瀬町、日立市会瀬港、日立会瀬郵便局

　おおせ 日立市会瀬海水浴場、日立市立会瀬小学校、日立市おおせ保育園

おうせい

　王制 王が統治する政治制度。「王制廃止」

　王政 王が行う政治。「王政復古」

おうせい 旺盛［旺盛］「旺盛な知識欲」

おうたい 応対［応待］「来客と応対」

おうちゃく 横着 「横着な人/横着を＝決め込む・する」

おうと 嘔吐［嘔吐］言い換え 吐く、もどす ＊「嘔」も「吐」も吐く。

おうなつ 押なつ［押捺］言い換え 押印、（印を）押す 「指紋押なつ」 ＊「押」も「捺」も押す。

おうねつびょう 黄熱病 こうねつびょう

おうのう［懊悩］→苦悩、悩み、もだえ ＊「懊」も「悩」も思い悩む。

おうへい 横柄［押柄・大柄］「横柄な態度」 ＊「押柄（お

しがら)」の音読から。ただし、歴史的仮名遣いは「押(あふ)」「横(わう)」と異なる。

おうむ[鸚鵡]

オウム 〔動物〕「オウム病」

おうむ 〔比喩〕「おうむ返し」

おうめ 青梅 ☞あおみ・おうめ

おうよう[鷹揚] 言い換え おっとり、ゆったり、おおらか

オウンゴール[own goal] 〔サッカー〕

おえつ[嗚咽] 言い換え すすり泣き、むせび泣き 「おえつを漏らす」

おお・たい・だい 大 読み 原則として、漢語につくときは「だい」、和語につくときは「おお」。

おお 「大当たり/大一座/大一番(相撲)/大いちょう/大入り/大火事/大歌舞伎/大看板/大喜利/大げんか/大御所/大散財/大地震/大時代/大地主/大芝居/大勝負/大所帯/大掃除/大騒動/大店(おおだな)/大鼓(おおつづみ・おおかわ)/大手/大道具/大名題(歌舞伎の看板俳優)/大入道/大人数/大番頭/大広間/大舞台/大吹雪/大雪/大わらわ」

たい 「大安/大過/大河/大気/大器/大義名分/大志/大暑/大敵/大典/大破/大厄/大欲/大略/大漁/大輪」

だい 「大寒/大規模/大黒柱/大罪(『たいざい』とも)/大災害/大上段/大震災/大同小異/大発見/大命題/大文字の送り火/大横綱/大力士」

おおあめ 大雨 アク オーアメ

おおう 覆う[被う] 「口を覆う/耳を覆わんばかりの大音量/闇に覆われる/覆い隠す」

おおうらてんしゅどう・うらかみてんしゅどう

大浦天主堂 長崎市南山手町。国宝。

浦上天主堂 長崎市本尾町。カトリック浦上教会。原爆忌にミサが行われる。

おおかた

おおかた 〔副詞〕だいたい。おそらく。「おおかた=片づいた・そのようだ」

大方 〔名詞〕多くの人。「大方の意見」

おおがた

大型 型・規模が大きい。「大型の=小売店・新人・台風／大型=機械・免許」

大形 姿・形が大きい。「大形の=花・箱・模様／大形形鋼」

オーガニゼーション［organization］ 組織。機構。団体。協会。

オーガニック［organic］ ①有機（栽培）。②自律的。独自。

おおかみ［狼］

オオカミ 〔動物〕「オオカミの群れ／ハイイロオオカミ」

おおかみ 〔比喩・慣用句〕「一匹おおかみ」

オークション［auction］ 競売。「ネットオークション」

おおくま・おおすみ 姓。地名。

おおくま 大熊 大熊由紀子（ジャーナリスト。1940〜）

おおくま 大隈 大隈重信（早稲田大学創設者。1838〜1922）

おおすみ 大隅 大隅良典（東京工業大学栄誉教授。2016年ノーベル生理学・医学賞受賞。1945〜）、大隅半島（鹿児島県南東部の半島）

おおすみ 大角 大角ゆき（子役。2009〜）

オークランド［Auckland］ ニュージーランドの最大都市。＊首都はウェリントン。

オーケストラ［orchestra］ 管弦楽団。

おおごと 大事 読み ☞ だいじ・おおごと

おおさか 地名。

大阪 明治初期に「阪」の表記に統一。「JR大阪駅／大阪城公園」

大坂 明治以前の歴史的表記。古くは「難波・浪速（なにわ）」、のち「大坂」に。中世・近世は「おおざか」と発音。「大坂=夏の陣・冬の陣」

おおさか 逢坂 ☞ おうさか・おおさか

おおさかしりつこうこう 大阪市立高校 ＊学校名は「大阪市立高等学校」だが、所在地は大阪府枚方市。

おおさかなおみ 大坂なおみ テニス選手。（1997〜） 大×阪なおみ

オージービーフ 商〔豪ミート・アンド・ライブストック〕→オース

トラリア産牛肉

おおじしん　大地震 読み　△だいじしん　＊1974年公開の米パニック映画の邦題『大地震』を「だいじしん」と読ませたことから、「だいじしん」が広まった。「大（だい）震災」や「大（だい）災害」の読み方にも引かれたか。

おおしまおおはし　大島大橋　本州四国連絡橋（本四架橋）の尾道―今治ルート（通称・瀬戸内しまなみ海道＝広島県尾道市から愛媛県今治市に至る59.4キロ）に架かる橋の一つ。山口県周防大島町―同県柳井市の大畠瀬戸をまたぐ1020メートルの橋。

オーストラリア［Australia］　オセアニアの連邦国。首都はキャンベラ。㊂豪州、豪

オーストリア［Austria］　ヨーロッパ中部の共和国。首都はウィーン。＊略称の「墺」は使用しない。

おおすみ　☞おおくま・おおすみ

おおせ　会瀬　☞おうせ・おおせ

おおぜい　大勢［多勢］　＊「多勢」は「たぜい」と読む。「多勢に無勢」

オーソリティー［authority］　権威（者）。大家。

おおた　姓。地名。

　　太田　太田道灌（室町中期の武将。1432～1486）、太田房江（政治家。1951～）、太田光（タレント。1965～）、群馬県太田市、茨城県常陸太田市

　　大田　大田南畝（江戸後期の文人。1749～1823）、大田昌秀（沖縄県知事。1925～2017）、東京都大田区（旧大森区と旧蒲田区が合併し、両区から1字ずつ名前をとった）　＊島根県大田市は「おおだ」。

オーダーメード、オーダーメイド［和製 order made］　注文製。

おおだてもの　大立者　その分野で力を持つ重要な人物。

オーチス・ワールドワイド［Otis Worldwide］　米企業（輸送機器）。＊日本法人は「日本オーチス・エレベータ」。

おおづかみ　大づかみ［大摑み］

おおづめ　大詰め

おおて　大手　①城の正面。↔からめ手　「大手門」　②経

営規模の大きい企業。

おおてあい　大手合　囲碁棋士の昇段のために行われる手合（対局）を「大手合」と呼んだ。現在は廃止。

オートクチュール［仏 haute couture］　高級衣装店。高級注文服。

オートノマス［autonomous］　自動運転。

オートファジー［autophagy］　自食作用。細胞が自己成分を分解する機能。

オートマチック［automatic］　自動（的）。

オートマット⦿〔ジーエスフード〕　→**自動靴底洗浄機**

オートメーション［automation］　自動制御。自動化。

おおとも　姓。

　　大友　大友皇子（天智天皇の息子。648〜672）、大友宗麟（戦国時代のキリシタン大名。宗麟は法号〈日蓮宗の法名〉で本名は「義鎮」。1530〜1587）、大友克洋（漫画家。1954〜）、大友良英（音楽家。1959〜）

　　大伴　大伴旅人（奈良時代の貴族、歌人。665〜731）、大伴家持（奈良時代の貴族、歌人。718ごろ〜785）、大伴良則（音楽評論家。1948〜）

オートライン⦿〔日立ビルシステム〕　→**動く歩道**

オーナー［owner］　所有者。球団所有者。船主。

おおなるときょう　大鳴門橋　本州四国連絡橋（本四架橋）の神戸—鳴門ルートに架かる橋の一つ。☞明石海峡大橋

おおば　姓。

　　大庭　大庭みな子（作家。1930〜2007）、大庭絃子（バイオリニスト。1993〜）

　　大場　大場政夫（ボクサー。1949〜1973）、大場久美子（俳優・歌手。1960〜）

　　大葉　大葉健二（俳優・演出家。1955〜）

オーバーアロットメント［over-allotment］　追加売り出し。株式の公募売り出しの際に、投資家の需要に応じ既存株主から株式を借り出し売買する方法。

オーバーシュート［overshoot］　行き過ぎ。証券価格の過剰な変動。爆発的な患者急増。

オーバーツーリズム［overtourism］　観光公害。

オーバーラップ［overlap］　二重写し。重なり合う。

オーバーローン［overloan］　貸し出し超過。

おおはば　大幅［大巾］　「大幅な値上げ」

おおばんぶるまい　大盤振る舞い　気前よくごちそうや祝儀などをすること。盛大なもてなし。＊本来は「椀飯振る舞い」で、椀に飯を盛ること。のちに宴会、祝宴を表す語となり、江戸後半には「椀飯振舞」の語が広まって「大盤」などの字が当てられた。

オービス⑱〔東京航空計器〕→速度違反取り締まり装置

おおひら　地名（栃木県）。

　　大平　栃木市の町名。

　　太平　「太平山（栃木市の山）／太平山神社」

おおぶたい　大舞台　読み　「大道具」「大黒幕」など、演劇用語は基本的に「おお」と読むものが多い。△だいぶたい

おおぶり

　　大振り　大きく振る。↔小振り　「大振りして三振した」

　　大ぶり　普通より大きめなこと。↔小ぶり　「もう少し大ぶりな器が欲しい」

オープンイノベーション［open innovation］　技術革新実現のため外部から技術やアイデアを取り込む経営手法。

オープンソース［open source］　ソフトウエアの内容を無料公開し自由に改良できるようにすること。公開仕様。

オーベルジュ［仏 auberge］　宿泊施設を備えたレストラン。

おおみえ　大見え［大見得］　「大見えを切る（自信のほどを示す）」　☞見え

おおみか　地名（茨城県）。

　　大甕　JR 常磐線駅名。

　　大みか　日立市の地名。「（市立）大みか小学校」

おおみしまばし　大三島橋　本州四国連絡橋（本四架橋）の尾道―今治ルート（広島県尾道市から愛媛県今治市に至る 59.4 キロ）に架かる橋の一つ。大三島は、芸予諸島の一つで今治市に属する。

おおみそか　大みそか［大晦日］

おおむね［概ね］　「仕事はおおむね終了した」

おおもと　大本［大元］　「国の大本」

おおもの　大物　「財界の大物／大物を釣り上げた／大物食い（強いものをよく負かすこと）」　大者

おおもん・だいもん　大門　[読み]

　おおもん　屋敷や城、くるわなどの正門。「吉原の大門」

　だいもん　寺の総門。「芝・増上寺の大門」

おおや　姓。

　大矢　大矢明彦（野球選手・監督。1947〜）

　大宅　大宅壮一（ノンフィクション作家・評論家。1900〜1970）

　大屋　大屋政子（実業家・タレント。1920〜1999）

　大家　大家志津香（歌手。1991〜）　＊大家友和（野球選手。1976〜）

おおや　大家　[読み]　☞たいか・たいけ・おおや

おおやけ　公　「公の利益」

おおよそ［大凡］　「これまでの経緯のおおよそを説明する／おおよその見当はついている」

オーラ［aura］　人や物が出す独特の雰囲気。

おおらか［大らか・多らか］　「おおらかな性格」

オーラル［oral］　口の。「オーラル゠ケア・コミュニケーション」

オールウエザー、オールウェザー［all-weather］　全天候型。「オールウエザーコート」

オール・オア・ナッシング［all or nothing］　全てか無か。

オールマイティー［almighty］　万能。全知全能。

オーロラビジョン　㊟〔三菱電機〕→**大型ビジョン、大型スクリーン**

おおわらわ　大わらわ［大童］　「資料の作成に大わらわだ」

おか

　丘　〔一般〕小高い土地。「丘を越えて」

　岡［岡］　〔熟語、県・市名など〕「岡っ引き／岡山゠県・市／福岡゠県・市」

　おか［陸］　陸地。「おか゠蒸気・釣り」

おかしい［可笑しい・奇怪しい］　「あの漫画は何度見てもおかしい／体の調子がおかしい」

おかしらつき　尾頭付き　神事や祝い事に用いる、尾と頭のついた丸のままの魚。御頭付き

おかす

犯す 法律や規則、倫理などに反する。「過ち・法・ミス=を犯す/犯した罪の償い」

侵す 領地、権利などを侵害する。「国境・主権・プライバシー=を侵す/学問の自由が侵される/病魔に侵される」

冒す 無理に押しきって進む。神聖なものを汚す。「危険・尊厳=を冒す/風雨を冒して進む」

おがせ 地名（岐阜県）。

苧ヶ瀬 名鉄駅名。

おがせ 各務原市の地名。「各務おがせ町」

おがた 姓。

緒方 緒方洪庵（幕末期の蘭学者・医学者。1810〜1863）、緒方貞子（国連難民高等弁務官。1927〜2019）

緒形 緒形拳（俳優。1937〜2008）、緒形直人（俳優。緒形拳の子。1967〜）

尾形 尾形光琳（江戸時代前期〜中期の画家・工芸家。1658〜1716）、尾形乾山（江戸時代前期〜中期の陶芸家。尾形光琳の弟。1663〜1743）、イッセー尾形（俳優、本名・尾形一成。1952〜）

尾方 尾方剛（陸上・マラソン選手。1973〜）

おがつ・おがち　雄勝 読み 地名。

おがつ 宮城県石巻市の地名、半島・湾名。「雄勝町」

おがち 秋田県の郡・峠名。

おかっぴき　岡っ引き［岡っ引き］ 江戸時代、町奉行に属した与力・同心の下で、捜査や犯人の逮捕に当たった者。目明かし。

おがはんとう・おしかはんとう 地名。

おがはんとう　男鹿半島 秋田県男鹿市。

おしかはんとう　牡鹿半島 宮城県女川町・石巻市。

おかみ　女将［女将］ 旅館・料亭などの女主人。

おかみさん［お内儀さん・お上さん］ 他人の妻などの敬称。

オカムラ 日本企業。＊2018年に「岡村製作所」から社名変更。

おかめはちもく　傍目八目・岡目八目［傍目八目・岡目八目］ 人の打つ碁をわきから見ていると、打ち手より八目先まで

手が読めるという意味。第三者の方が当事者より客観的に物事を判断できるということ。

おかん 悪寒 「悪寒がする」 ~~悪感~~

おき OKI 日本企業。＊登記名は「沖電気工業」。

おきあい 沖合 「沖合漁業」

おきあがりこぼし 起き上がりこぼし［起き上がり小法師］

おきあがる 起き上がる 「布団から起き上がる」

おきかえる 置き換える 「テーブルと食器棚を置き換える」

おきがさ 置き傘

おきぐすり 置き薬

おきざり 置き去り 「友達に置き去りにされる」

オキシダント［oxidant］ 大気汚染物質の一種。

オキシドール［独 Oxydol］ 過酸化水素水。

オキシフル ㊤〔第一三共〕→オキシドール、過酸化水素水

おきたま 置賜 [読み] ☞ おいたま・おきたま

おきて［掟］ 「おきて破り」

おきてがみ 置き手紙

おきどけい 置き時計

おきな［翁］ 「竹取のおきな」

おきなわ 沖縄 日本の県・市。＊沖縄県の県庁所在地は那覇市。2000 年開催のサミット主会場は名護市。

おきぬけ 起き抜け 「起き抜けにジョギングをする」

おきば 置き場 「資材置き場」

おきみやげ 置き土産［置き㊀土産］ 「前任者の置き土産」

おぎむらいちろう 荻村伊智朗 国際卓球連盟会長。卓球世界チャンピオン。(1932〜1994) ~~萩村伊知郎~~

おきもの 置物 「熊の置物/置物の社長」

おく

  置く 据える。間に挟む。「置いてきぼり/重き・店員=を置く/ 1 日置いて」

  おく［措く・擱く］ 除く。やめる。「彼女をおいて適任者はいない/それはさておき/筆をおく」

  〜おく 〔補助動詞〕「言わせて・調べて=おく」

おくがき 奥書 巻物や書物の末尾にある、著者名・書写年月日・来歴などについての書き入れ。

おくじょうおくをかす　屋上屋を架す　屋根の上にさらに屋根を架けるということから「無駄なことをする」ことの例え。

×「危機管理を強化するために、屋上屋を架して二重三重のチェック体制をとることにした」　＊「念には念を入れて」という意味では使わない。×屋上屋を重ねる

おくする　臆する［臆する］　言い換え　**気後れする、おじけづく**

「強い相手にも臆することがない」

おくせつ　臆説［臆説・憶説］　「臆説が飛び交う」

おくそく　臆測［臆測・憶測］　「臆測が外れる」

おくだん　臆断［臆断・憶断］　根拠のない判断。「臆断は危険だ」

おくづけ　奥付　「本の奥付」

おくて

　おくて［晩生・晩稲・晩熟］　植物で成熟の遅いもの。↔わせ（早生・早稲）

　奥手　心身の成熟が遅いこと。「奥手な子」

おくのて　奥の手

おくのほそみち　奥の細道・おくのほそ道　松尾芭蕉の俳諧紀行文。

おくばにものがはさまる　奥歯に物が挟まる　思っていることをはっきり言わず、何かを隠しているようす。㊥奥歯に物が絡まる　×奥歯に物がひっかかる

おくびにもださない　おくびにも出さない［噯にも出さない］　おくび（ゲップのこと）を外に漏らさないようにこらえることから、「心の奥深くにしまって口外せず、そぶりもみせない」という意味。アク　オクビ　お首にも出さない

おくびょう　臆病［臆病・憶病］　「臆病風に吹かれる」

おくめんもない　臆面もない［憶面もない］　ずうずうしい。遠慮したふうもない。

おくゆかしい　奥ゆかしい［奥床しい］

おくゆき　奥行き

おぐら　姓。

　小倉　小倉昌男（ヤマト運輸社長。1924〜2005）、小倉智昭（司会者。1947〜）

　小椋　小椋佳（シンガー・ソングライター。1944〜）、小椋

久美子（バドミントン選手。1983〜）

おくらいり　お蔵入り［御蔵入り］　取りやめ。「お蔵入りに=なる・する」

おくりな　贈り名［諡］　言い換え　追号

おくる

送る　〔↔迎〕送達。送別。過ごす。届ける。「エール・義援金・祝電・声援・拍手・見舞金=を送る/野辺（の）送り/送り=仮名・状・出し・主・迎え」

贈る　贈与。感謝の気持ちを込めてする。「感謝状・勲位・祝辞・称号・励ましの言葉=を贈る/贈る言葉/贈り物」

おくれる

遅れる　進み方が遅い。時刻や日時に間に合わない。「一歩遅れる/スタートで遅れる/完成・出世・電車=が遅れる/会合・時代・流行=に遅れる/開発の遅れた地域/遅ればせ/立ち遅れ/出遅れ株」

後れる　〔↔先〕取り残される。劣る。「後れを取る/後れ毛/死に後れる/気後れ」

ポイント　先頭より進み方が遅い場合は「先頭から遅れる」。先頭より後ろの位置になる場合は「先頭から後れる」。「遅」を用いるのが一般的だが、内容・慣用表現によって書き分ける。

おけ［桶・槽］　「洗い・風呂=おけ」

おこす・おこる

起こす・起こる　立たせる。新たに始める。発生する。掘り返す。目覚めさせる。「体・訴訟・伝票・寝た子・畑・やる気=を起こす/事件が起こる/物事の起こり」

興す・興る　始めて、盛んにする。「家・産業=を興す/学問・国=が興る」

ポイント　「会社・事業=をおこす」は、新たに始める（起業）の意では「起こす」、盛んにする（振興）の意では「興す」。「村おこし」「町・街=おこし」は仮名書き。

おこす・おこる［熾す・熾る］　火の勢いを強くする。炭火などに火をつける。

おこなう　行う

「記者会見を行った / 秘密裏には行えない」

1959年『送りがなのつけ方』では、「行なう」「行なった」「行なえる」と、「な」を入れる形が入った。「行った」と紛らわしいため、「動詞は活用語尾から送る」のただし書き「前の音節から送る」を採ったもの。73年『送り仮名の付け方』では、活用語尾を送る原則を採用。ただし、「な」を入れる形も許容とした。新聞・放送や教科書では許容は用いない。

おこる ☞ おこす・おこる

おごる

　［奢る］　ぜいたくをする。ごちそうする。「おごった暮らし/口がおごる/うな丼をおごる」

　［驕る・傲る］　他人を見下し、勝手にふるまう。増長する。「おごる平家は久しからず/おごり高ぶる」

おサイフケータイ ⑱〔NTTドコモ〕　使用可。

おさえる

　押さえる　力を加えて動かないようにする。確保する。把握する。「傷口・座席・証拠・選挙区・手綱・目頭・要点=を押さえる/（暴れる人を）押さえ込む/押さえて動かさない/差し押さえ」

　抑える　勢いを止める。抑圧する。抑制する。こらえる。「怒り・インフレ・経費・ストライキ・敵の反撃・涙・発病・病気の流行・物価の上昇=を抑える/新人を抑えて当選/1万円・0点=に抑える/（相手打線を）抑え込む/抑え込み〔柔道〕/抑えが利かない/発言を抑え付ける」

おさき・おざき　**尾崎**　読み　姓。

　おさき　尾崎翠（小説家。1896〜1971）、尾崎行太郎（明治〜昭和時代前期の社会事業家。1871〜1937）

　おざき　尾崎亜美（歌手。1957〜）、尾崎豊（歌手。1965〜1992）

おさない　**幼い**　幼ない

おさなご　**幼子**　「幼子を抱える」

おさなごころ　**幼心**　「幼心に思う」

おさなともだち　**幼友達**［幼⑰友達］　「幼友達と旅をする」

おさななじみ　**幼なじみ**［幼馴染み］

おざなり・なおざり　類語

おざなり［お座成り・お座形］　その場しのぎにやること。「おざなりな仕事/おざなりに勉強する」

なおざり［等閑］　すべきことをしない。放置する。「家業・勉強・法律=をなおざりにする」

おさまる・おさめる

収まる・収める　中に入れる。収拾する。取り込む。良い結果を得る。「争い・インフレ・風=が収まる/丸く収まる/不平が収まらない/怒り・成果・利益=を収める/カメラに収める」

納まる・納める　あるべきところに落ち着く。とどめる。引き渡す。納付・納入する。「椅子・写真・ビデオ=に納まる/得意先に品物を納める/税金を納める/ひつぎ・胸=に納める/納まり返る/歌い・聞き・見・仕事=納め」

治まる・治める　〔↔乱〕問題のない状態になる。鎮まる。統治する。癒える。「痛み・気・せき・国=が治まる/暴動・水・領地=を治める」

修まる・修める　人格・行いを立派にする。身につける。「身持ちが修まらない/学業・身=を修める」

おさむ　人名。

修　東尾修（野球選手・監督。1950～）、林修（予備校講師・タレント。1965～）

脩　三原脩（野球選手・監督。巨人から西鉄へ移った1951年に登録名を「修」から「脩」に。81年に「脩」が人名用漢字になり本名も改めた。1911～1984）、下村脩（生物学者。2008年ノーベル化学賞受賞。1928～2018）

おさめる　☞おさまる・おさめる

おじ

伯父［㊅伯父］　父・母の兄。

叔父［㊅叔父］　父・母の弟。

おじ［小父］　他人である年配の男性。「さん」「さま」を付けて呼ぶ。「隣のおじさん」

おしあい　**押し合い**［圧し合い］

おじいさん［お祖父さん・お爺さん］

おしいれ　**押し入れ**

おしうり　押し売り　「親切の押し売り」

おしえ　押し絵　「押し絵細工」

おしかはんとう　牡鹿半島　☞ おがはんとう・おしかはんとう

おしきせ　お仕着せ　「仕着せ」は江戸時代、幕府から役人や囚人に服を支給したり、時候に応じて主人から奉公人に服を与えたりすること。季節ごとに行われたところから、「四季施」とも当てられた。上から与えられるので「お」が付き、「型通りに物事が行われること」などの意味になった。×押し着せ

おじけ［怖じ気］　「おじけづく」

おしこみ　押し込み　「押し込み強盗」

おしすすめる

　押し進める　前進。「列を押し進める」

　推し進める　推進。「事業を推し進める」

×押し出しが強い　→押し出しが立派　「押し出し」は、人前に出た時の風采や貫禄のこと。「押しが強い」や相撲の「押し出し」に引きずられた誤用か。

おしちや　お七夜　子供が生まれて7日目。その祝い。＊「初七日」は人の死後7日目。

おしつける　押し付ける　「損な役回りを押し付けられる」

おしてしるべし　推して知るべし　推し量れば、当然どういう結果になるかがわかる。×押して知るべし

おしどり［鴛鴦］

　オシドリ　〔動物〕「オシドリの生態を観察する」

　おしどり　〔比喩〕「おしどり夫婦」

おしなべて　押しなべて［押し並べて］　「各部の業績は押しなべて好調だ」

おしのける　押しのける［押し退ける］　「ライバルを押しのけて出世する」

おしば　押し葉　「押し葉は植物分類の基礎資料になる」

おしはかる　推し量る［推し測る］　「相手の心中を推し量る」

おしばな　押し花　「本に挟んでつくった押し花」

オシフィエンチム［ポーランド Oświęcim］　ポーランドの都市。ナチス政権下に収容所が置かれた。＊アウシュビッツ（ドイツ語名）から変更。

おしまい［お仕舞い・お終い］「お話はこれでおしまい」

おしむ　惜しむ「別れを惜しむ」

おしむらくは　惜しむらくは「有能な人材だが惜しむらくは
　協調性がない」

おしもおされもしない　押しも押されもしない　実力があって
　堂々と揺るぎない。＊この「も」は「親も親なら子も子だよ」と
　いう場合と同様、揺るぎない様子を対比して強調する。
　×押しも押されない　＊「押すに押されぬ」との混同。

おしょう・かしょう・わじょう　読み　歴史上の僧侶の読み方は、
　宗派によって異なるため注意が必要。

　　おしょう　和尚〔禅宗・浄土宗〕＊一般的な呼び方。

　　かしょう　和尚［和尚］〔天台宗・華厳宗〕

　　わじょう　和尚〔法相宗・真言宗・浄土真宗〕＊律宗で
　　は、「和上」と書いて「わじょう」。

おしろい［白粉］「おしろいを落とす」

おす

　　押す〔↔引〕力を加える。「判・ベル・横車=を押す/病を
　　押して出席する/後押しをする/押し合いへし合い/押し=
　　上げる・込める・付ける・詰まる・寄せる/押し殺した声」

　　推す　推進。推量。推薦。「A案を推す/議長に推す/
　　推して知るべし/推し=進める・量る」

おす　雄［牡］＊競馬の「おす」は「牡」を使う。

オスカー［Oscar］　アカデミー賞（の受賞者に贈られる像）。

おすそわけ　お裾分け［御裾分け］　本来は目上の人が目下
　に与える意味であったが、最近はその意識が薄れている。

オスプレイ［Osprey］　垂直離着陸機。

オスロ［Oslo］　ノルウェーの首都。1952 年冬季五輪開催。

おせいぼ　お歳暮［御歳暮］　重「お歳暮の贈り物」

おせっかい［御節介］「余計なおせっかい」

オセロ商〔メガハウス〕→**オセロ風ゲーム**、**リバーシ**　＊比
　喩表現は使用可。

おぜんだて　お膳立て［御膳立て］「お膳立てをする」

おそまき　遅まき［遅蒔き］「遅まきながら事態の収拾に乗り
　出した」　遅巻き

おそれ

恐れ［怖れ・惧れ・懼れ・虞］ 恐怖。心配。懸念。「洪水の恐れ/死への恐れ」

畏れ［畏れ］ かしこまる。畏敬。「神仏への畏れ」

おそれる

恐れる［怖れる・惧れる・懼れる］ おそろしい。恐縮。「報復を恐れて逃亡する/死を恐れる/恐れながら/恐れ=入る・多い」

畏れる［畏れる］ かしこまる。畏敬。「神を畏れる/師を畏れ敬う」 ＊特に畏敬の念を表す場合には「畏れ入る」「畏れ多い」も使う。

おだ 姓。

小田 小田実（作家。1932〜2007）、小田和正（シンガー・ソングライター。1947〜）

織田 織田幹雄（陸上選手。アムステルダム五輪金メダリスト。1905〜1998）、織田信成（フィギュアスケーター。1987〜）

おたけび 雄たけび［雄叫び］ 「勝利の雄たけびを上げる」

オタワ［Ottawa］ カナダの首都。1981年サミット開催。

小田原かまぼこ 商〔小田原蒲鉾協同組合〕→かまぼこ

おだわらひょうじょう 小田原評定 読み 長引いて容易に結論の出ない会議・相談の例え。おだわらひょうてい

おちあう 落ち合う［落ち会う］

おちいる 陥る［落ち入る］ 「わなに陥る」

おちこむ 落ち込む 「景気が落ち込む」

おちつく 落ち着く 「気持ちが落ち着く/落ち着く先」

おちば 落ち葉 「落ち葉を拾う」

おちゃづけのり お茶づけのり 使用可。＊登録商標は「永谷園のお茶づけ海苔」〔永谷園〕、「家族のお茶漬け海苔」〔丸美屋食品工業〕。

おちゃのみず 地名（東京都）。

お茶の水 大学・各種学校名、橋名など。「お茶の水=女子大・橋」

御茶ノ水 JR・地下鉄の駅名。「御茶ノ水駅（JR東日本、東京メトロ丸ノ内線）/新御茶ノ水駅（東京メトロ千代田線）」

おちゅうど・おちうど　<u>落人</u>［落人］　おちびと[×]

おちる　落ちる［墜ちる・堕ちる］　「信頼が地に落ちる／眠りに落ちる」

おっくう［億劫］　言い換え　面倒　「外出がおっくうだ」

おっしゃる［仰る］　世論調査「先生がおっしゃられたように」
——気になる(2013年度 28.1%)／気にならない(同 61.1%)
＊「おっしゃられる」は、「言う」の尊敬語「おっしゃる」に、さらに尊敬語「れる」を加えた二重敬語。

オッズ［odds］　賭け率。予想配当率。

おっつけ

　追っ付け　〔副詞〕まもなく。「追っ付け来るはずだ」

　おっつけ［押っ付け］　〔相撲〕

おっとりがたな　押っ取り刀　意味

　○緊急時に取るものも取りあえず(刀を腰に差すひまもなく手に持ったまま)大急ぎで駆けつけるさま。

　×のんびり刀を手に取る。慌てずに向かう。＊人柄、態度がおおようでせせこせしていない、という意の副詞「おっとり」に引きずられたもの。

おてまえ　お点前［御手前・御点前］　茶の湯の作法。＊「おたてまえ」と呼ぶ流派もある。

おてもり　お手盛り［御手盛り］　「お手盛り予算」

おてんば［御転婆］　「おてんばな女の子」

おどかす　脅かす［威かす・嚇かす］

おとさた　音沙汰［音沙汰］　「すっかり音沙汰がない」

おどし　脅し［威し・嚇し］　「脅しには屈しない」

おとしあな　落とし穴［陥し穴］

おとしいれる　陥れる［落とし入れる］　「人を窮地に陥れる」

おどす　脅す［威す・嚇す］　「脅して金品を奪う」

おととい［一昨日］

おととし［一昨年］

おとな　大人［付大人］

おとなしい［大人しい・温和しい］　「おとなしい性格」

おとひめ　乙姫

おとめ　乙女［付乙女］

おとも　お供［お伴］　「そこまでお供します」

おどる

踊る 舞踊。揺れ動く。「踊り＝子・場/盆踊り/バブルに踊る/人に踊らされる/笛吹けども踊らず」 ＊「東をどり」「都をどり」「阿波おどり」など固有名詞に注意。

躍る 跳躍。躍動。わくわくする。「心・胸・見出し＝が躍る/躍り上がって喜ぶ/躍り＝出る・食い/小躍りする」

おなか［御中・お腹］ 「おなかがすく」

おの 姓。

小野 小野正弘（日本語学者。1958～）、小野伸二（サッカー選手。1979～）

尾野 尾野真千子（俳優。1981～）

おの［斧］ 「金のおの」

おのおの

おのおの［各・各々］ 〔一般〕「おのおの（各）」は表内訓だが、読みにくいので仮名書きに。

各・各々 〔法律〕複数の被告の支払額、複数の原告の受取額がそれぞれ同額の場合に「それぞれ」という意味で使われる。「被告らは、原告 A、B に以下の割合による金員を、各支払え」

おのずから［自ら］ 「おのずから道は開ける」

おののく［戦く］ 「恐怖におののく」

オノマトペ［仏 onomatopée］ 擬声語・擬態語。

おば

伯母［付伯母］ 父・母の姉。

叔母［付叔母］ 父・母の妹。

おば［小母］ 他人である年配の女性。「さん」「さま」を付けて呼ぶ。「隣のおばさん」

おばあさん［お祖母さん・お婆さん］

オハイオしゅう　オハイオ州［State of Ohio］ 米国中東部の州。

おはこ［十八番］ 読み 得意芸。 ＊「歌舞伎十八番」は、～じゅうはちばん。

おばすてやま・かむりきやま 山名（長野県）。

おばすてやま　姨捨山 通称。「姨捨駅（JR 篠ノ井線）」 ＊能の演目名は「姨捨（おばすて）」。

かむりきやま　冠着山　標準地名。「冠着駅（JR篠ノ井線）」

おはち　お鉢　「お鉢が回る（順番が回ってくる）」

おはなし

　お話　〔名詞〕「お話をする／お話にならない」

　お話し　〔動作性の用法〕「お話しする（謙譲表現）／お話しになる（尊敬表現）」

オバホルモン　⑳〔あすか製薬〕→**女性ホルモン剤**

おびあげ　帯揚げ［帯上げ］　「帯揚げの結び方」

おびえる［脅える・怯える］　「不安におびえる」

おびどめ　帯留め　帯の上をおさえしめる平打ちのひも。また、その装飾のための金具。

おひとよし　お人よし［御人好し］　「お人よしな性格」

おびな　男びな［男雛］　「ひな人形の男びなと女びな」

オピニオン［opinion］　意見。「オピニオンリーダー」

おびやかす　脅かす　「平和を脅かす」

おひれ　尾ひれ［尾鰭］　「話に尾ひれが付く」

おひろめ　お披露目　「新型車両のお披露目」

オファー［offer］　提案。提示。申し出。

オフィシャル［official］　公式の。公認の。公的の。

オフィス［office］　会社。事務所。役所。仕事場。

オフグリッド［off-grid］　電気の自給。

オブザーバー［observer］　傍聴人。議決権のない参加者。

オフショア［offshore］　海外の。「オフショア市場」

オプション［option］　選択。追加。「オプションサービス」

オフタイム［和製 off-time］　勤務時間外。休暇。㊂オフ

おぶちけいぞう　小渕恵三　政治家・首相。（1937〜2000）
　＊「渕」は「淵」の異体字。

オプチミスト［optimist］（←オプティミスト）　楽天家。

オフレコ　記録・公表をしないこと。＊ off-the-record の略。

おぼえがき　覚書　「覚書に署名する」

おぼしめし［思し召し］　「神のおぼしめし」

オポチュニスト［opportunist］　日和見主義者。ご都合主義者。

おぼつかない［覚束ない］　物事がうまくいくかどうか疑わしい。確かでない。「覚束ない」はもともと当て字。＊「おぼ

つく」という動詞はなく、動詞「おぼつく」+助動詞「ない」ではない。したがって、「おぼつかぬ」「おぼつかず」「おぼつきません」「おぼつくまい」という使い方は間違い。

おぼれる　溺れる［溺れる］　「溺れる者はわらをもつかむ/酒色に溺れる」

おぼろづき　おぼろ月［朧月］　ほのかにかすんだ春の夜の月。＊春の季語なので、他の季節に使うのは好ましくない。

おぼん　お盆［御盆］

お盆（盂蘭盆会）は本来、旧暦7月15日を中心に行われる仏事だが、

①旧暦を新暦に置き換えて、新暦7月13～16日に行う
＝**新盆**

②ひと月遅らせて、新暦8月13日から行う＝**月遅れ盆**

③旧暦のこよみ通りに行う＝**旧盆**

──の3通りのやり方がある。

「月遅れ盆」＝「旧盆」ではない。旧暦に対応する新暦の日にちは毎年変わり、ひと月遅らせても旧暦のこよみ通りとは一致しないからだ。「旧盆」は、年によっては9月になることがある。

「月遅れ盆」で行う地域が最も多く、新暦が定着した現在では「月遅れ」の意識は希薄になっている。そのため、新聞・放送では、「月遅れ盆」などの表現は原則として用いず、単に「**盆**」「**お盆**」と呼んでいる。

なお、人が死んで初めて回ってくるお盆を「新盆」と言うことがあり、地域によって「にいぼん」「あらぼん」「しんぼん」と読み方が異なる。そのため放送では、「～さんが亡くなって初めて迎えるお盆」などと表現している。

おまわりさん　お巡りさん［付お巡りさん］

おみき　お神酒［付お神酒］　「お神酒を供える」　[アク]オミ
キ　××××おしんしゅ

おみずとり　お水取り　東大寺二月堂の修二会のこと。

おみわたり　御神渡り　冬に長野県諏訪湖の水面が結氷し、氷が割れ目に沿って盛り上がる現象。おかみわたり

オムロン　日本企業。＊1990年に「立石電機」から社名変更。

おめい　汚名　×「汚名を晴らす」→**汚名を=そそぐ・すすぐ**　＊「恨みを晴らす」との混同。

おめいへんじょう　汚名返上

　一度身に受けた不名誉な評判を元に返す。新たな成果を得て、不名誉な評判を払拭すること。

　×「汚名=挽回・回復」→**汚名返上、汚名を=そそぐ・すすぐ、名誉=挽回・回復**　＊「汚名挽回」は「汚名返上」と「名誉挽回」が混同され、定着した言葉だ。これについて「汚名を返上して、名誉を挽回することをつづめて言ったものだ」と説明するものもある。しかし、この解釈は「汚名返上」と「名誉挽回」の意味を知らなければ成り立たない。また「挽回」は「取り戻すこと」だから、「汚名挽回」は「汚名を着たものを元の状態に取り戻す」ことで、間違いではないという解釈もある。ところがこれも「汚名」と「挽回」の間に「着たものを元の状態に」という憶測を含めた解釈だ。「汚名」を「返上」する、「名誉」を「挽回」するというストレートな理解が、無理のない解釈だと考える。

おめがねにかなう　お眼鏡にかなう［御㊉眼鏡に適う］　目上の人に気に入られる、認められる。「眼鏡」には「人や物の善悪・才能などを見抜く」という意味がある。

　×お目にかなう　＊「目にとまる」との混用か。

おめし　お召し［御召し］　呼び出し、着物の尊敬表現。「お召し物」

おめみえ　お目見え［御目見得］　「世にお目見えしてから半世紀」

おもい　思い［想い］　「思い思いに／思い=上がり・切り・付き・出・やり」

おもい　重い　アク　オモイ

㊥**思いがけないハプニング　→ハプニング、思いがけない出来事**

おもいたったがきちじつ　思い立ったが吉日　「思い立つ」は何かをしようという考えを起こすこと。

　×思いついたが吉日　＊「思いつく」は「ある考えが浮かぶ」「思い出す」の意で、直接行動には結びつかない。

おもう　思う［想う・念う・憶う・懐う］　「君を思う／思いとどま

る」

おもうつぼ　思うつぼ［思う壺］「思うつぼにはまる」

おもおもしい　重々しい「重々しい雰囲気」

おもかげ　面影［俤］「昔の面影はない」

おもかじ　面かじ［面舵］「面かじいっぱい」　×主舵

おもし　重し［重石］　押さえるために上に載せるもの。
　　×「重しをつけて沈める」→重りをつけて沈める

おもしろい　面白い「面白い本」

おもしろみ　面白み「面白みに欠ける」

おもて

　　表〔↔裏〕物の人目にふれる部分。外側の面。公のもの・
　　　場所。「表に出る/表=替え・沙汰・通り・向き/表芸/畳
　　　表/江戸表/裏表がない」

　　面　顔。正面。「面も上げず/面を伏せる/矢面」

表日本　→太平洋側

×お求めやすい　→お求めになりやすい　尊敬の意を含んだ
　　「お求めになる」に「やすい」がついた言葉なので、「お求
　　めになりやすい」が正しい言い回し。敬意を含めなければ
　　「求める」に「やすい」をつけて「求めやすい」。

おもねる［阿る］「上役におもねる」
　　×「（時流に）おもねて」→**おもねって**　＊「おもねる」は
　　　「つねる」「ひねる」などと同じラ行五段活用。「て」に続
　　　く連用形は、「つねって」「ひねって」「おもねって」となる。

おもはゆい　面はゆい［面映ゆい］「褒められて面はゆい」

おもみ　重み［重味］「重みのある一言」

おもむき　趣「趣のある庭園」

おもむろに［徐に］　世論調査「おもむろに席を立った」
　　○ゆっくりと。＊2014年度 44.5%
　　×突然。不意に。＊同 40.8%

おもや　母屋［付母屋・付母家］

おもり　お守り「幼児のお守りをする」

おもわく　思惑「思惑が外れる/思惑買い」

おもんぱかる［慮る］「相手の気持ちをおもんぱかる」　＊
　　「おもんばかる」とも。

おやくごめん　お役ご免「管理職をお役ご免になる」　お

役目ご免

おやじ［親父・親爺・親仁］「頑固おやじ」

おやま　**女形**［女形］「歌舞伎の女形を演じる/立女形」　＊「おんながた」とも。

おやもと　**親元**［親許］「親元を離れる」

およそ［凡そ］「おおよそ」の転。「およその値段」

　　重「およそ1時間ほど」→およそ1時間、1時間ほど

および［及び］〔接続詞〕「AおよびB」

およぶ　**及ぶ**　〔動詞〕「被害が及ぶ/及び腰」

オランウータン［orangutan］

おり

　　折り　〔動作性の用法〕「折り=合い・入って・紙・畳み・詰め・曲げる・目/折り返し=運転・点/菓子・三つ・指=折り」

　　折　機会。時期。「折々/折から/折に触れ/折も折/折よく/折を見て/〜する折/時折」

おり

　　織り　〔一般〕「織り=上げる・糸・方・地・交ぜる・目・模様/毛・ゴブラン・平=織り」

　　織　「織元/織物/西陣・博多=織〔地名等を冠した工芸品〕」

オリーゼ　商〔オリーゼ本舗〕→**植物性発酵食品**

オリエンテーション［orientation］　説明（会）。

オリエンテーリング［orienteering］　山野で地図と磁石を用い目的地を目指す競技。

おりがみつき　**折り紙付き**　定評がある。保証できる。

　　×「折り紙付きの悪党」→**札付きの悪党**　＊「札付き」は悪い定評があること。

おりこむ

　　折り込む　中に折り曲げる。挟み入れる。「シーツを折り込む/折り込み広告」

　　織り込む　組み入れる。「計画に織り込む/業績の悪化は株価に織り込み済みだ」

オリジナリティー［originality］　独創性。創造力。

おりづる　**折り鶴**［折り鶴］

おりひめ　**織り姫**

おりる

下りる ①上から下へ移る。「階段・坂・タラップ=を下りる/肩の荷・遮断機・幕・胸のつかえ=が下りる/木・土俵・2階・屋根・山=から下りる/リフトで下りる」②指示や命令がくだされる。「許可・年金=が下りる」

降りる ①乗り物から出る。降下。「駅・エレベーター=で降りる/車・電車・飛行機=から降りる/月面に降りる」 ＊馬、船などは「下馬」「下船」に合わせ「下りる」を使う。②地位・役割から退く。「主役・壇=を降りる/総裁候補から降りる/マウンドから降りる(降板)」③地上に生じる。「霜が降りる/露が葉に降りる」

ポイント 複合語は「降」を使う。「駆け・滑り・飛び・舞い=降りる」

オリンピック開催地

夏季

第1回	1896年	アテネ(ギリシャ)
第2回	1900年	パリ(フランス)
第3回	1904年	セントルイス(アメリカ)
第4回	1908年	ロンドン(イギリス)
第5回	1912年	ストックホルム(スウェーデン)
第6回	1916年	ベルリン(ドイツ) ※中止
第7回	1920年	アントワープ(ベルギー)
第8回	1924年	パリ(フランス)
第9回	1928年	アムステルダム(オランダ)
第10回	1932年	ロサンゼルス(アメリカ)
第11回	1936年	ベルリン(ドイツ)
第12回	1940年	東京(日本)、ヘルシンキ(フィンランド) ※中止(東京は返上)
第13回	1944年	ロンドン(イギリス) ※中止
第14回	1948年	ロンドン(イギリス)
第15回	1952年	ヘルシンキ(フィンランド)
第16回	1956年	メルボルン(オーストラリア) ※馬術のみストックホルム(スウェーデン)
第17回	1960年	ローマ(イタリア)
第18回	1964年	東京(日本)

第 19 回	1968 年	メキシコ市 (メキシコ)
第 20 回	1972 年	ミュンヘン (西ドイツ)
第 21 回	1976 年	モントリオール (カナダ)
第 22 回	1980 年	モスクワ (ソ連)
第 23 回	1984 年	ロサンゼルス (アメリカ)
第 24 回	1988 年	ソウル (韓国)
第 25 回	1992 年	バルセロナ (スペイン)
第 26 回	1996 年	アトランタ (アメリカ)
第 27 回	2000 年	シドニー (オーストラリア)
第 28 回	2004 年	アテネ (ギリシャ)
第 29 回	2008 年	北京 (中国)
第 30 回	2012 年	ロンドン (イギリス)
第 31 回	2016 年	リオデジャネイロ (ブラジル)
第 32 回	2020 年	東京 (日本)　※延期 (予定)
第 33 回	2024 年	パリ (フランス)　※予定
第 34 回	2028 年	ロサンゼルス (アメリカ)　※予定

冬季

第 1 回	1924 年	シャモニー (フランス)
第 2 回	1928 年	サンモリッツ (スイス)
第 3 回	1932 年	レークプラシッド (アメリカ)
第 4 回	1936 年	ガルミッシュパルテンキルヘン (ドイツ)
第 5 回	1948 年	サンモリッツ (スイス)
第 6 回	1952 年	オスロ (ノルウェー)
第 7 回	1956 年	コルティナダンペッツォ (イタリア)
第 8 回	1960 年	スコーバレー (アメリカ)
第 9 回	1964 年	インスブルック (オーストリア)
第 10 回	1968 年	グルノーブル (フランス)
第 11 回	1972 年	札幌 (日本)
第 12 回	1976 年	インスブルック (オーストリア)
第 13 回	1980 年	レークプラシッド (アメリカ)
第 14 回	1984 年	サラエボ (ユーゴスラビア)
第 15 回	1988 年	カルガリー (カナダ)
第 16 回	1992 年	アルベールビル (フランス)
第 17 回	1994 年	リレハンメル (ノルウェー)

第 18 回	1998 年	長野 (日本)
第 19 回	2002 年	ソルトレークシティー (アメリカ)
第 20 回	2006 年	トリノ (イタリア)
第 21 回	2010 年	バンクーバー (カナダ)
第 22 回	2014 年	ソチ (ロシア)
第 23 回	2018 年	平昌 (韓国)
第 24 回	2022 年	北京 (中国) ※予定
第 25 回	2026 年	ミラノ、コルティナダンペッツォ (イタリア) ※予定

オルタナティブ[alternative] 代案。二者択一。

おれ 俺[俺] 「俺たち」

おろし

  卸し 〔動作性の用法〕「棚・荷=卸し」

  卸 〔一般〕「卸問屋/卸値/元卸」

おろし[颪] 「赤城・六甲=おろし」

おろしうり

  卸売り 〔一般〕「卸売り実績」

  卸売 〔経済関係複合語〕「卸売=価格・業・市場・数量・人」

おろしがね おろし金[卸し金] 「おろし金ですりおろす」

おろす

  下ろす ①上から下へ移す。「いかり・肩の荷・腰・手=を下ろす/雪下ろし」②切り落とす。「枝を下ろす」③しめる。「看板・シャッター・錠・幕=を下ろす」④新しくする。「下ろし立ての服/書き下ろし」⑤引き出す。「貯金を下ろす」

  降ろす ①乗り物などから外へ出す。「乗客・積み荷=を降ろす/荷降ろし」②地位・役割から退ける。「旗を降ろす/マウンドから降ろされる/役職から降ろす」

  卸す 〔商業〕「小売店に卸す」

おろそか[疎か] 「仕事をおろそかにする」

オロナミン C 商〔大塚化学〕→**ドリンク剤**

おわりね 終値 「東京株式市場の終値」

オンエア[on the air](←オンエアー) 放送中。放映中。放送されること。

おんぎ　恩義[恩誼]「恩義に報いる」

オンキョー　オンキヨー　日本企業。＊1971年に「大阪音響」から社名変更。オンキョー

おんけん　穏健[温健]「議会の穏健派」

おんこう　温厚「温厚な人柄」

おんこちしん　温故知新　『論語』「為政」から。「故きを温ねて新しきを知る」と訓読する。温古知新

おんし　恩賜「恩賜のたばこ/井の頭恩賜公園」

おんしゃ　恩赦　〔法律〕確定した刑の全部または一部を消滅させ、犯罪者を許すこと。大赦、特赦、減刑、復権、刑の執行免除の総称。

おんじょう

恩情　恵み深い心。目下の者への慈しみの心。「師の恩情に報いる」

温情　温かで思いやりのある優しい心。「温情にすがる/温情＝主義・判決」

おんぞうし　御曹司[御曹子]「創業者の御曹司」

おんちょう[恩寵]→**恩顧、恩恵、恵み**

オンデマンド[on demand]　注文対応。受注対応。受注生産。

おんど　音頭「音頭を取る」

おんねん　怨念[恩念]「怨念を抱く」

おんのじ　御の字　世論調査「この難しい試験で70点取れれば御の字だ」

　　○大いにありがたい。＊2008年度38.5%/18年度36.6%
　　×一応、納得できる。＊2008年度51.4%/18年度49.9%

おんばしら　御柱祭　長野県諏訪大社で、数えで7年ごとに開催される大祭。柱そのものは「御柱」と表記して「みはしら」と読む。おんばしらさい　おんばしらまつり

おんびん　音便

　発音上の都合で語中・語尾の音が他の音に変化すること。以下の4種類がある。

　　イ音便「咲きて」→「咲いて」、「書きて」→「書いて」、「ござります」→「ございます」

　　ウ音便「早く」→「早う」、「思ひて」→「思うて」、「あり

がたく」→「ありがとう（ございます）」

撥音便 「飛びて」→「飛んで」、「死にて」→「死んで」

促音便 「知りて」→「知って」、「待ちて」→「待って」、「歌ひた」→「歌った」

おんぷ

音符 音楽記号など。「4分・全=音符」

音譜 楽譜。「音譜を=頼りに弾く・読む」

オンブズパーソン［ombudsperson］ 行政監察委員。

＊ombudsman の man を person に置き換えたもの。

おんみつ 隠密［隠密］

おんりょう 怨霊［怨霊］ 「怨霊を恐れる」

おんわ 温和［穏和］ 「温和な=気候・人柄」

か・カ

〜か 化 〜の状態に変化する。「本格・液状=化」 ＊「加速化」「減少化」などと使われることがあるが、「加速」は速度が速くなる、「減少」は減って少なくなるという状態の変化をそれぞれ表しており、本来「化」は不要。安易に「化」に頼らず「加速する」「減少傾向」などと言い換える工夫が必要。

か

科 区分、種類など。「霊長類ヒト科／心療内科／教科」

課 割り当て、事務機構の単位、レッスンなど。「異動で課が変わる／次の課を予習／総務課／課税／課題／考課表」

か 箇［個］

新聞では「箇所」「箇条書き」を「個所」「個条書き」と表記していたことが一時期あった。1954年、国語審議会が当用漢字表から「箇」を削除し個に「カ」の音を加えた補正案を決定し、新聞界はこれを先行して採用した。しかし、補正案は実施されず後に制定された常用漢字表にも反映されなかったため、新聞と公用文や教科書との表記の差異がしばらく続いた。2010年の常用漢字表改定にあわせ「箇」を使用することにし、現在は差異が解消されている。また、「箇」を助数詞に使う場合、公用文では平仮名にするが、新聞では片仮名を使用する社もある。

なお、地名などの固有名詞に見られる「ヶ」は、本来は「箇」の竹冠の一つを採り符号的に用いたものとされ片仮名の「ケ」とは異なるものだが、便宜的に「ケ」を使う社もある。本書では「ヶ」に統一している。

カーキいろ　カーキ色［ウルドゥー khaki（土ぼこり）］　「カーキ色の古い写真」

かあさん　母さん［付母さん］

カーシェアリング［car sharing］　車の共同使用。略カーシェア

カーソル［cursor］

カーチェイス［car chase］　車同士の追跡。

カーディガン［cardigan］（←カーデガン）

ガードマン［和製 guard man］　警備員。＊男女とも「警備員」「守衛」などと言われることが多い。

カーナビゲーション［car navigation］　略カーナビ

カーネーション［carnation］〔植物〕

カーバイド［carbide］（←カーバイト）　炭化物。

カーボンファイバー［carbon fiber］　炭素繊維。

カーリング［curling］〔氷上競技〕

かい　会　「会を=作る・開く・催す/同窓・落語=会」

かいあげ　買い上げ　「買い上げ=価格・額・品」

かいいれ　買い入れ　「買い入れ=価格・量」

かいいれる　買い入れる　「国債を・銀行から=買い入れる」

かいうけ　買い受け　「買い受け可能価額」

かいうけにん　買い受け人

かいうける　買い受ける　「不正な利益を目的に買い受ける」

かいオペ　買いオペ　買いオペレーション（公開市場操作）の略。

かいか

　　開花　花が開く。盛んになる。「桜・庶民文化=の開花/努力の成果が開花する」

　　開化〔civilization の訳語〕世の中が開ける。「文明開化/開化期の文化」

がいか　凱歌［凱歌］言い換え　勝ちどき

かいかえ　買い替え［買い換え］

かいかえる　買い替える［買い換える］「8K対応機器に買い替える」

がいかく　外郭［外廓］「外郭=環状道路・団体」

かいかけ

　買い掛け　〔一般〕「買い掛け増」

　買掛　〔経済関係複合語〕「買掛=勘定・金・商品・数量・代金・高・品・率」

かいかつ　快活［快闊］

かいがん・かいげん　開眼　読み

　かいがん　〔一般〕「開眼手術」

　かいげん　〔仏教〕「開眼供養/大仏開眼」

がいかん

　外観　外から見た様子。見た目。「外観は立派」

　概観　だいたいの様子。「全体を概観する」

かいき　回忌　「周忌」とも。仏教で、毎年巡ってくる命日。命日が何回目であるかを数える言い方。死去した翌年（死後満1年）は一周忌または一回忌と言い、翌々年（死後満2年）は三回忌。以後、七（満6年）、十三、十七、二十三、二十七、三十三、五十、百回忌と続く。

かいきえん　怪気炎［怪気焰］　威勢が良すぎて真実味が疑われるような意気込み。「怪気炎を上げる」　＊気持ちいいほど元気な話しぶりを表す「快気炎」は「怪気炎」からの転用、もじり。

かいきしょく　皆既食［皆既蝕］

かいぎゃく［諧謔］→滑稽、冗談、ユーモア

回教→イスラム教　「回教」は漢名で、「回紇族（ウイグル族）」を経て中国に伝わったのでこの名前となった。

かいけつ　解決　アク　カイケツ

かいげん　開眼　読み　☞かいがん・かいげん

かいこ

　回顧　過去を顧みる。「回顧=録・展」

　懐古　昔を懐かしむ。「懐古の情/懐古趣味」

かいご　悔悟［改悟］「悔悟の情/過去の過ちを悔悟する」

がいこう

　外向　〔↔内向〕気持ちを積極的に外に表す傾向。「外

向的な性格」

外交 外国・外部との交際・交渉。「外交辞令」

かいこく 戒告[誡告]

かいこし

　買い越し 〔一般〕「買い越し=基調・姿勢」

　買越 〔経済関係複合語〕「買越=額・残高」

がいこつ 骸骨[骼骨] 「骸骨を乞う(辞職を願い出る)」

かいさい 快哉[快哉] 「快なる哉」の意。「快哉を叫ぶ」

かいさく 開削[開鑿] 言い換え 切り開く

かいざん 改ざん[改竄] 言い換え 改変、変造

かいしめ 買い占め 「買い占め=横行・騒動」

かいしゃ 会社 アク カイシャ ＊「〜会社」は「〜ガイシャ」。

かいじゅう[晦渋] →難解

かいしゅん 改悛[改悛] 言い換え 悔悟、改心 「改悛の情」 ＊刑法の条文では「改悛の状」。

かいしゅん 買春 「児童買春・児童ポルノ禁止法」 ＊「売春」と区別するために「かいしゅん」と読む。

かいしょ 楷書[楷書] 「楷書体のフォント」

かいじょう

　解錠 〔一般。↔施錠〕

　開錠 〔法律〕「特殊開錠用具の所持の禁止等に関する法律(ピッキング禁止法)」

かいしん 会心[快心] 「会心の=笑み・作」

外人 →**外国人** 「外国人観光客」

かいじんにきす 灰燼に帰す[灰燼に帰す] 言い換え 全焼する、灰になる、燃え尽きる

かいせい[回生] →**年生** 大学での学年の数え方。＊「回生」は関西地方独特の数え方。「年生」は学年を示し、「回生」は在籍年数を示すのが標準的な使い方。

かいせき

　会席 寄り合いの席。宴会料理。「会席=膳・料理」

　懐石 茶席の料理。転じて、懐石風のコース料理。「懐石料理/茶懐石」

がいせん 凱旋[凱旋] 「凱旋パレード」

がいぜんせい 蓋然性[蓋然性] 言い換え 確度、公算、確か

127

さ

かいそう　**回送**［廻送］　「回送列車」

かいそう

　海藻　海の藻類の総称。主な食用海藻には緑藻類（アオ
　　サ、アオノリ）、褐藻類（コンブ、ヒジキ、モズク、ワカメ）、
　　紅藻類（アサクサノリ、トサカノリ）などがある。

　海草　海中の植物で花の開くもの。アマモ、イトモ、スガ
　　モなど。

かいぞえ　**介添え**　「介添え役を務める」

かいぞえにん　**介添人**

かいそく

　快足　足が速い。「快足の1番打者」

　快速　気持ちよいほど速い。「快速=船・電車」

かいた・かいたいち　地名（広島県）。

　海田　町名。「安芸郡海田町」

　海田市　JR山陽線駅名。「海田市駅」

かいだめ　**買いだめ**［買い溜め］　「石油の買いだめ」

がいため　**外為**［外為］

ガイダンス［guidance］　案内。指導。説明会。

かいちゅう　**回虫**［蛔虫］　「腸に寄生する回虫」

かいちょう　**開帳**［開張］　「秘仏の開帳/賭博開帳の疑い」
　　＊刑法条文では「賭博場開張」。

かいちょう

　諧調［諧調］　調和のとれた音・色の調子。ハーモニー。

　階調　グラデーション。

かいて　**買い手**　「買い手市場/買い手がない」

かいてい

　改定　〔一般〕決めたものを定め直す。「計画を改定する
　　/運賃・規則=の改定/給与改定」

　改訂　書籍・文書などの内容の一部を直す。「字句の改
　　訂/辞書の改訂作業」

がいてき

　外的　「外的条件」

　外敵　「外敵駆除」

かいてん　**回転**［廻転］　「回転数」

128

かいとう

回答 質問・照会への返事。「身の上相談への回答/世論調査の回答率」

解答 問題・疑問を解いた答え。「クイズの解答/試験問題の解答集/模範解答」

かいどう

街道 町と町を結ぶ主要道路。「奥州・甲州・日光・中国・西国=街道/街道筋」

海道 海沿いの主要道路。「海道一の親分/しまなみ海道/東海道」

がいとう

外灯 屋外灯。「庭園の外灯」

街灯 街路灯。「シャンゼリゼ通りの街灯」

街頭 町筋。つじ。「街頭演説」

ガイドライン[guideline] 指針。指標。手引。

かいとり

買い取り 「買い取り価格/株式買い取り」

買取 〔固有名詞〕「共同債権買取機構」

かいぬし 買い主

かいね 買値 「買値を上回る/買値回復」

かいはくしょく 灰白色 ˣはいはくしょく

がいはんぼし 外反母趾[外反拇趾]

かいふ 海部 読み ☞あま・あまべ・かいふ

かいふく ◎回復[恢復・快復] 「信頼を回復する/国交回復」

かいへん

改変 内容を改める。「規則を改変する/国政の改変」

改編 編成・編集し直す。「機構の改編/番組の改編期」

かいほう

開放 開け放つ。出入り自由。「窓・校庭=を開放する/開放=経済・都市/市場・門戸=開放/開放的な性格」

解放 束縛を解いて自由にする。「貧困からの解放/解放=区・戦線/農地・人質=解放/女性解放運動」

がいぼう 外貌[外貌] 「外貌を飾る」

かいほうかん

開放感 〔↔閉塞感〕「開放感のある広いオフィス」

解放感 〔↔束縛感〕「休日・仕事から=の解放感」

×**垣間聞く** →ちらっと聞く、小耳に挟む

×**垣間見せる** →うかがわせる、のぞかせる

かいまみる 垣間見る［垣間見る］ ものの隙間からちらっと見る。

かいめい

　　解明 解き明かす。「原因の解明/真相を解明する」

　　開明 知識が進み開けている。「開明的な君主/開明の世」

かいめつ 壊滅［潰滅］ 「壊滅的な被害」

かいもく 皆目 「皆目見当がつかない」

かいもどし 買い戻し 「買い戻しが=進む・入る」

かいもの 買い物

かいよう 潰瘍［潰瘍］ 「胃潰瘍」

がいよう 概要［概容］ 「会社概要」

かいらい［傀儡］［言い換え］操り人形、手先、ロボット 「かいらい政権」

外来語のアクセント

　　外来語は、日本語の音韻の範囲で原音に近いアクセントで発音することが原則。しかし、IT用語やファッション、国際ニュースなどの外来語が日常的に広く頻繁に使われるようになると、若者やその業界内で平板型発音が使用される傾向にある。

　　例：アカウント→アカウント
　　　　スニーカー→スニーカー
　　　　レベル→レベル

　　また、一つの外来語に複数の意味がある場合、アクセントによって意味の違いを表現しようとする傾向もあり、使い方の変化には注意が必要である。

　　例：サポーター（保護具）／サポーター（ファン）
　　　　バッテリー（野球）／バッテリー（蓄電池）
　　　　フィッシング（釣り）／フィッシング（詐欺）

　　なお、放送では原則として発音は表記に一致させることを目指しているが、音声で伝える媒体の特性として「プロフィル」と表記していても「プロフィール」と読むなど、表

音一致でなくても差し支えないとされるものもある。

かいらん　壊乱[潰乱]　「壊乱状態」

かいり

乖離[乖離]　言い換え　懸け離れる、隔たり、背離　背き離れる。「人心の乖離」　アク　ガイリ

　解離　〔医学・科学〕解け離れる。「解離性=障害・大動脈瘤/電気解離」　アク　カイリ、ガイリ

かいり　カイリ[海里・浬]　海上距離・航海距離の単位。「領海は 12 カイリ」

カイロ[Cairo]　エジプトの首都。

かいろう　回廊[廻廊]　「社殿の回廊」

かいわい[界隈]　言い換え　周辺、付近、辺り、近辺　「浅草かいわいで買い物をする」

かいわん　怪腕　優れた腕前。「怪腕を振るう」

カウボーイ[cowboy]（←カーボーイ）

カウンセラー[counselor]　相談員。心理学などの専門家。

カウンターパート[counterpart]　同格の相手。

かえす・かえる

　返す・返る　〔主に事物〕①元の所に戻る。「白紙に返す/贈り物・借金・領土=を返す/原点・自然・土・野性・我・正気=に返る/先祖・寝=返り/生き・立ち=返る/追い・とって・引き=返す/紛失物が返る」②応じる。「恩をあだで返す/意趣返し/言い・はね=返す」③同じ動作をする。繰り返す。「返す返すも/染め・ぶり・読み=返す」④すっかり〜する。「あきれ・しょげ・煮えくり=返る」

　帰す・帰る　〔主に人〕「親元に帰す/生きて帰る/領土が帰る/家・初心・童心=に帰る/帰らぬ人となる/帰り道」

　かえす・かえる[還す・還る]　〔野球の生還〕「二塁走者をかえす適時打を放つ/三塁走者がかえる」

　かえす・かえる[孵す・孵る]　「卵をかえす/ひながかえる」

かえだま　替え玉　「替え玉受験」

かえば　替え刃[換え刃]

かえりうち　返り討ち[返り打ち]　「返り討ちにあう」

かえりざく　返り咲く　「国会議員に返り咲く」

かえりみる

131

省みる　反省する。「自らを省みる/省みて恥じない」
顧みる　振り返る。気にかける。「過去を顧みる/結果を
顧みない/顧みて他を言う」

か

かえる　☞かえす・かえる

かえる・かわる

変える・変わる　前と違った状態になる。変化・変更。「形・
方針=を変える/色・住所=が変わる/打って変わって/生
まれ変わる/変わり=種・者・心・早=変わり」

換える・換わる　物と物を取りかえる。換金・換言・転換。
「物を現金に換える/空気・配置=を換える/言い・書き・
置き・取り・引き・乗り=換え」

替える・替わる　新しく別のものになる。「額を掛け替える
/替え=歌・玉/着替える/芝の植え替え/入れ・買い・切
り・衣・すり・振り・模様=替え/入れ替わる/日替わり」

ポイント　「替」と「換」で迷う場合は「替」を使う。

代える・代わる　ほかのものに役目が移る。交代・代理。
「投手を代える/背に腹は代えられぬ/命に代えても/
余人をもって代え難い/社長・政権=が代わる/父に代
わって/取って代わる/入れ・入り=代わり立ち代わり/肩・
身=代わり」

かえん　火炎［火焔］　「火炎瓶」

かおあわせ　顔合わせ　「顔合わせを済ませた」

カオス［ギリシャ khaos］　混沌。混乱。

かおだし　顔出し　「妻の実家に顔出しする」

かおだち　顔立ち　「顔立ちは父親に似ている」

かおつき　顔付き　「顔付きが変わった」

かおなじみ　顔なじみ［顔馴染み］　「古くからの顔なじみ」

かおぶれ　顔触れ　「新内閣の顔触れ」

かおみしり　顔見知り　「顔見知りの犯行」

かおみせ

顔見せ　初めて多くの人の前に顔を見せる。「国際舞台
での顔見せとなった」

顔見世　〔歌舞伎など〕一座の役者が総出演する芝居。
「顔見世興行」

かおり・かおる

香り・香る　鼻で感じる匂い。「香り高い/香水・茶=の香り/花・菊=が香る」

薫り・薫る　比喩的。抽象的。「初夏・文化=の薫り/風薫る５月/菊薫る佳日」

*ともに、不快な臭いや思い雰囲気には使わない。

かがい　花街　[読み]　伝統的な読み。*京都・祇園などは「**かがい**」。地域により「**はなまち**」も。

がかい　瓦解［瓦解］[言い換え]**崩れる、崩壊**　「政権が瓦解する」

かがく

　科学　サイエンス。「科学技術/自然科学/科学警察研究所（警察庁）」

　化学　ケミストリー。「化学=工業・繊維・肥料/理化学研究所（国立研究開発法人）」

かかげる　掲げる　「スローガンを掲げる」

かかし［案山子］　*「かがし」とも。

かかずらう［係う・拘う］　「そんなことにかかずらってはいられない」

かがみ　姓。

　加賀見　加賀見俊夫（オリエンタルランド会長兼最高経営責任者。1936～）

　加賀美　加賀美幸子（アナウンサー。1940～）

かがみ

　鏡　姿・形を映す道具。「鏡張り/鏡餅/手鏡/水鏡」

　かがみ［鑑］　手本。模範。「武士・サラリーマン=のかがみ」

かかみがはら・かがみがはら　地名（岐阜県）。

　かかみがはら　各務原　市名。名鉄の路線名。*県立各務原高校は「かかみはら」。

　かがみがはら　各務ヶ原　JR高山線駅名。

かがむ［屈む］　「地面にかがむ」

かかり

　係り　動作性の残るもの。関与。「係り結び」

　係　〔一般〕役職名など。「係員/戸籍・進行=係」

　掛　〔限定〕役職名など。「御用掛」

かかりつけ［掛かり付け］　「かかりつけの医者」

×「かかりつけの美容院」→**行きつけの美容院** ＊医者・病院について使う。

かかる ☞かける

掛かる ひっかかる。及ぶ。「網・魔の手=に掛かる／足掛かり」

懸かる 空中に浮かぶ。ぶらさがる。勝者に与える。懸命。「月が中天に懸かる／優勝が懸かった試合／雲・賞金=が懸かる／神懸かり」

架かる かけわたされる。「渓谷に架かる橋／橋・ケーブル=が架かる」

係る 関係する。「主語が述語に係る／本件に係る訴訟／係り結び」

かかる 実質的な意味が薄い場合。「疑い・力・費用・名曲=がかかる／医師・双肩・病気=にかかる／かかり切り／取りかかる」

かかわる 関わる［関わる・係わる・拘わる］ 「名誉に関わる」 ＊「多少にかかわらず配達する／熱があるにもかかわらず外出する」など「(に・にも)かかわらず」は仮名書き。

かき カキ［牡蠣］ 「カキフライ／生ガキ」

かき 花卉［花卉］ 言い換え 草花、花 ＊「卉」は草の総称。

かき［柿］ ＊「柿(こけら)」は別字。

カキ 〔植物〕「カキノキ属」

柿 〔一般〕「柿色／渋柿／干し柿」

かき 夏季［夏期］ 「夏季オリンピック」 ＊「夏期=講習・休暇」など、特に期間を表す場合は「夏期」を使う。

かぎ

鍵［鍵］ キー。差して錠を開け閉めする金具。「鍵穴／事件の鍵を握る／問題を解く鍵」 ＊「錠」と区別する場合もあるが、一般的には「錠」も含んだ意味で使われる。「鍵をかける」

かぎ［鉤］ フック。先が曲がった道具やその形。「かぎ=かっこ・裂き・針」

かきいれどき 書き入れ時 利益を帳簿に書き入れるのに忙しい時。最盛期。×掻き入れ時

かきおろし 書き下ろし 新しく書くこと。また、新しく書いた

未発表の作品。

×「書き下ろし文」→書き下(くだ)し文　＊漢文を日本
語の語順に従って仮名交じり文に書き直した文章。

柿茶 商〔柿茶本舗〕→柿の葉茶

かきとめ　書留　「郵便書留」

かきとめる　書き留める　「メモに書き留める」

かきょう　佳境　「県内随一の佳境」　＊「佳」は「佳日」「佳
人」など、美しい・良い意味を表す。

　佳境に入る・佳境を迎える　意味

　○最も興味深い、面白い場面になる。＊「話が佳境に入る」
　の「入る」の本来の読みは「イル」。活用によっては「ハイッ
　タ」「ハイリマシタ」などと使われる。

　×頂点・最盛期にさしかかる。「リンゴの出荷が佳境を迎
　えた」→リンゴの出荷が最盛期を迎えた

かきょう　華僑〔華僑〕

かぎょう

　家業　家代々の仕事。「家業を継ぐ」

　稼業　生活のための仕事。「サラリーマン・人気=稼業」

かきん　家禽〔家禽〕　「家禽類」

かきん　課金　意味

　○支払い、料金を課する。料金、費用を引き受けさせる。「通
　信料が課金される」

　△料金を支払う。「オンラインゲームに課金しすぎて親に
　叱られた」　＊近年の用法。

かく　欠く　アク　カク

かく　各　重「各世帯ごとに」→世帯ごとに、各世帯で

かく

　書く　字や文を記す。「記事・本=を書く/行書で書く」

　描く〔描く・画く〕　絵や図を記す。「地図・漫画=を描く/絵
　に描いた餅/絵描き」

　かく〔搔く〕　こする。ひっかく。押しのける。「かゆくて皮
　膚をかく/水をかく/かき集める」

かぐ　嗅ぐ〔嗅ぐ〕　「香りを嗅ぐ」

がく　顎〔顎〕　「顎関節」

重**各位様**　→各位、皆様方、皆様　＊「各位」自体で敬意を

表す。

かくう 架空 「架空の人物」 ×仮空

かくかい 各界 アク カクカイ、カ クカイ ＊カッカイ、ガッカ イも許容。☞角界（かっかい・かくかい）

かくさ

格差 格付けの差。「企業・賃金=格差」

較差 数量的に比較した差。〔気象〕ある期間内の最高 気温と最低気温との差。「日・年=較差」 ＊「こうさ」の 慣用読み。なるべく「差」「違い」などと言い換える。

かくし 客死 旅先で死ぬこと。＊「きゃくし」とも。

かくじ 各自 〔法律〕☞連帯

かくしゃく[矍鑠] 言い換え 元気、壮健、達者 老年になって も元気なこと。「かくしゃくとした祖父」

かくしゅ 鶴首[鶴首] 「鶴首して待つ（首を長くして待ちわ びる）」

🈩隔週置きに →隔週で、1週置きに

学習療法 🈭〔公文教育研究会〕→脳機能回復療法

かくしんはん 確信犯 世論調査 政治的、思想的、宗教的な 確信に基づいた義務感や使命感によってなされる犯行ま たはそれを行う人（2015年度17.0%）というのが本来の意 味だが、現在では悪いことだとわかっていながらあえて行う 悪事やそれを行う人（同69.4%）を指して専ら使われる。

かくせい 覚醒[覚醒] 「昏睡状態から覚醒する／覚醒剤 取締法（2020年4月1日改正）」

がくせい 学生 類語 ☞園児・児童・生徒・学生

かくぜん 画然[劃然] 区別や違いがはっきりしているさま。

がくぜん がくぜん[愕然] 言い換え （非常に）驚く、衝撃を 受ける 「知らせを聞いてがくぜんとした」

かくだい 拡大[廓大・郭大] 〔↔縮小〕「被害が拡大する」

かくちく 角逐 「米中両国のアジアにおける角逐」

がくちょう・そうちょう 類語

学長 大学の代表者・最高責任者の法律上の名称（学校 教育法第92条）。

総長 学長の通称。＊私大については「法大総長」など 各大学で決められた名称を使う。東大、京大など旧帝

大は内部で旧来の「総長」を使っているが、学校教育法では他の国立大学法人と同様に「学長」。

かくてい
　確定　はっきり決まる、決める。「確定申告／当選が確定」
　画定　土地などの区切りを決める。「境界線・国境=の画定」　＊法律関係では「境界確定訴訟」など「確定」も使われる。

カクテル［cocktail］　「カクテルパーティー」

かくとう　**格闘**［挌闘］　「格闘=技・家」

がくどう　**学童**　アク　ガクドー、ガクドー

かくはん［攪拌］　言い換え　**かき混ぜる、かき回す**　「かくはん機」　＊「こうはん」の慣用読み。

角瓶㊂〔サントリーホールディングス〕→**ウイスキー**

かくほ　**確保**　〔法律〕逮捕を前提に身柄を押さえること。「容疑者とよく似た男の身柄を確保した」

かぐやま　地名（奈良県）。
　香久山　統一表記。JR桜井線駅名。
　香具山　歴史的表記。＊畝傍山、耳成山とともに「大和三山」の一つ。

かぐら　**神楽**〔付〕神楽

かくらん
　かく乱［攪乱］　言い換え　**かき乱す、混乱させる**　「敵陣の後方をかく乱する」　＊「こうらん」の慣用読み。
　かくらん［霍乱］　言い換え　**日射病、暑気あたり**　「鬼のかくらん」

かくり　**隔離**　アク　カクリ、カクリ

かくれが　**隠れ家**［隠れ処］

がくわり　**学割**　学生割引の略。「学割プラン」

かげ
　陰　光の当たらない側、表面に表れない所。「陰に隠れる／陰になり日なたになり／寄らば大樹の陰／歴史の陰の部分／陰で=糸を引く・支える・悪口を言う／陰の=声・実力者／陰ながら／島陰に停泊する／陰口／陰膳／陰干し」
　影　光を遮ることで出来る黒い部分。「障子に影が映る／湖面に映る山の影／影が差す／影も形もない／見る影もな

137

い/影が薄い/影を潜める/影の内閣/影絵/影武者/人
影がない/島影（島の姿）/星影」

がけ　崖[崖]　「崖崩れ/崖下」

かけあい　掛け合い　互いに掛け合うこと。交渉すること。「水
の掛け合い/借金の掛け合いに出掛ける」

かけうり　掛け売り　「企業間取引の掛け売り決済」

かけかえ

　　掛け替え　「額の掛け替え」

　　架け替え　「橋の架け替え工事」

かけがえのない[掛け替えのない]　失ったら他のもので代
えられない。「かけがえのない人を失った」

かけきん

　　掛け金　〔保険〕

　　賭け金[賭け金]　〔賭博〕

かけごえ　掛け声　「掛け声倒れに終わる」

かけことば　掛け言葉・掛けことば[掛け詞・懸け詞]

かけざん　掛け算　「学校で掛け算と割り算を習った」

かけじく　掛け軸　「若冲の掛け軸」

がけっぷち　崖っ縁・崖っぷち[崖っ縁]　崖の上の切り立っ
た縁。限界ぎりぎりの状態。「崖っ縁に立たされる」
　　崖っ×淵　＊「淵」は水がよどんで深くなったところ。

かけとり　掛け取り　「年末は掛け取りが大勢押し寄せる」

かけね　掛け値　「掛け値なしの値段」

かけはし

　　架け橋　〔一般〕「臨時に敷設された架け橋」

　　懸け橋　〔比喩〕「日米友好の懸け橋」

かけはなれる　かけ離れる[懸け離れる・掛け離れる]　「現
実からかけ離れた政策」

かけひき　駆け引き[駆け引き・掛け引き]　「恋の駆け引き」

かけぶとん　掛け布団[掛け蒲団]

かける　アク　カ**ケ**ル　☞かかる

　　掛ける　ひっかける。ぶらさげる。「足場・看板・はしご・
眼鏡＝を掛ける/網・気・くぎ＝に掛ける/働き・呼び＝掛ける
/腰掛け/水掛け論」

　　架ける　かけわたす（実質的用法）。「電線・橋＝を架ける/

138

架け替え工事」

懸ける 懸垂。託す。隔たっている。かけわたす（比喩的用法）。「命・出場・賞金・望み=を懸ける／神・名・メンツ=に懸けて／懸け隔て／友好の懸け橋となる」

賭ける［賭ける］〔ばくち〕「金品を賭ける／賭けに勝つ／危険な賭け／賭け事」

駆ける［馳ける・駈ける］　速く走る。「馬が駆ける／駆け=足・上がる・降りる／駆けっこ」

かける［翔る］　空中を飛ぶ。「空をかける／天がける」

かける　実質的な意味が薄れた用法。「圧力・王手・苦労・しょうゆ・時間・電話・迷惑=をかける／手塩にかける／明治から大正にかけて／明け方・週末=にかけて」

かげる 陰る［翳る］「日・景気=が陰る」

かげろう［陽炎］〔気象現象〕 アク カゲロー

かげろう カゲロウ［蜻蛉・蜉蝣］〔昆虫〕 アク カゲロー、カゲロー

かげん 加減「加減がいい／加減する／味・さじ・手・湯=加減」☞ いいかげん

かご

籠［籠］　竹・針金などを編んで作った入れ物。「籠の鳥／鳥籠／編み籠」

かご［駕籠］〔乗り物〕「かごに乗る／かごを担ぐ」

かこうがん 花こう岩［花崗岩］言い換え 御影石（俗称）

⨎ **加工を加える → （一部）加工する**

かこく

過酷「過酷な労働条件」

苛酷［苛酷］　むごさ・無慈悲なさまを強調したいとき。「苛酷な刑罰」

かごしまわん・きんこうわん 鹿児島県の薩摩半島と大隅半島に挟まれた湾。

鹿児島湾 標準地名。

錦江湾 観光名称。

かこつ［託つ］「不遇をかこつ」

かさ

傘 頭上にかざすもの。「雨傘／日傘／傘立て／核の傘」

かさ[笠] 頭にかぶるもの。「編みがさ/陣がさ/電灯の
かさ/かさに着る」

かさ[嵩] 大きさ。分量。「かさ上げ/かさにかかる/水
かさが増す」

かさ[暈] 光環。「月がかさをかぶる」

かざかみにもおけぬ **風上にも置けぬ** 性質や行動の卑劣
な人間を悪臭を発するものに例えて言う。＊風上に置くと
においが流れてきて耐えられないから。風下にも置けぬ

かざす[翳す] 「ストーブに手をかざす/扇をかざす」

かさのはら 地名(鹿児島県)。

  笠野原 鹿屋市と肝付町にまたがるシラス台地(「かさの
  ばる」とも)。小学校名など。「鹿屋市立笠野原小学校」

  笠之原 鹿屋市の地名。「鹿屋市笠之原町/鹿屋笠之原
  郵便局」

カサブランカ[Casablanca] モロッコの都市。＊首都はラバ
ト。

かざみどり **風見鶏** 鶏をかたどった風見。＊定見なく周囲
の状況に応じて態度を変える人に言う。「政界の風見鶏」

かさむ[嵩む] 「費用がかさむ」

カザン[Kazan] ロシア連邦タタールスタン共和国の首都。

かし **河岸**[付河岸]

かし **カ氏**[華氏] 氷点32度、沸点212度。米国など一
部の英語圏で使われる。＊「華」はドイツの物理学者ファー
レンハイトの中国語表記「華倫海」から。

かし

  貸し 〔動詞から転じた名詞。↔借り〕「貸しがある/貸し
  切り=列車・バス/貸し=売り・借り・越し・手」

  貸 〔複合語で具象名詞〕「貸衣装/貸金/貸室/貸自転
  車/貸席/貸地/貸賃/貸店舗/貸主/貸舟・貸船/貸本
  /貸間/貸元/貸家」 ＊「貸しスキー」「貸しボート」など
  後に続く語が片仮名の場合は送り仮名を付ける。

かじ[舵・楫・梶] 「かじを取る/かじ付きフォア」

かじ **鍛冶**[付鍛冶]

かしおり **菓子折り** 「菓子折りを持って訪ねる」

かしかた

貸し方　　貸す方法。「不動産の貸し方」

　　貸方　　〔簿記〕「右側に貸方を記入する」

かしこし

　　貸し越し　　〔一般〕「貸し越し=限度・増」

　　貸越　　〔経済関係複合語〕「貸越=金・残高」

かしこどころ　賢所　読み　＊宮内庁では「けんしょ」とも言う。

かしこまる〔畏まる〕「かしこまって意見を言う」

かしだおれ

　　貸し倒れ　　〔一般〕「貸し倒れ=準備・増・引き当て」

　　貸倒　　〔経済関係複合語〕「貸倒=増加額・総額・引当金」

かしだし

　　貸し出し　　〔一般〕「貸し出し=開始・状況・方法」

　　貸出　　〔経済関係複合語〕「貸出=期日・金利・件数・先・比
　　　　率」

かしつけ

　　貸し付け　　〔一般〕「貸し付け=開始・契約・状況・返済」

　　貸付　　〔経済関係複合語〕「貸付=金・期間・限度額・債権・
　　　　枠」

カジノ〔casino〕　公認の賭博場。

かしま　地名。

　　鹿嶋　　茨城県の市名（1995 年に鹿島町から移行）。

　　鹿島　　石川県の郡名、佐賀県の市名、茨城県の神宮名な
　　　　ど。

かじま　鹿島　日本企業。＊登記名は「鹿島建設」。

カシミヤ〔cashmere〕（←カシミア）　〔毛織物〕

カシミロン　㊂〔旭化成〕→アクリル繊維

かしゃく

　　仮借　　許すこと。「仮借ない=追及・攻撃」

　　呵責〔呵責〕　言い換え　苦悩、責め苦、とがめる　「良心の
　　　　呵責」

ガシャポン　㊂〔バンダイ〕→カプセル自動販売機、カプセル
　　玩具

カジュアルウエア、カジュアルウェア〔casual wear〕　普段
　　着。

かじゅう

か

141

加重 重みや負担が加わる。「刑を加重する/加重=平均・収賄罪」

過重 重すぎる。「過重な負担/労働過重」

荷重 物体に作用する力。耐える力。「荷重に耐える/クレーンの荷重/荷重試験」

かしょ

　箇所［個所］「疑問の箇所/箇所付け/複数箇所」

　カ所・か所 〔助数詞〕「2・数=カ所」＊「ヶ所」「ケ所」「カ所」は使わない。公用文は「か所」。

かしょう

　過小 〔↔過大〕「過小=資本・評価」

　過少 〔↔過多〕「過少=金額・申告」

　寡少 非常に少ない。「寡少な戦力/寡少労働力」

がじょう　牙城［牙城］「敵の牙城に迫る」

かじょうがき　箇条書き［個条書き］

かしょくのてん［華燭の典］→**結婚式**

かしわ［柏・槲］

　カシワ 〔植物〕「カシワの防風林」

　かしわ 〔一般〕「かしわ=手・餅」

⓪**過信しすぎる** →**過信する**

かす

　［粕］ 酒を搾った後の残り。「かす漬け/酒かす」

　［滓］ くず。「搾り・食べ=かす」

かすか［微か・幽か］「かすかな記憶」

かすがい［鎹］「子はかすがい」

かすかべ 地名（埼玉県）。

　春日部 市名。東武駅名。中学校・高校名。

　粕壁 春日部市の地名、小学校名。

カスタマイズ［customize］ 特別注文に応じた仕様変更。

カスタム［custom］ 特別製。特別仕様の。「カスタムカー/カスタムメード（特注生産）」

カストディー［custody（保管）］ 金融機関が機関投資家に代わり株式や債券などの有価証券を管理する業務。

カストリーズ［Castries］ セントルシアの首都。

かすみ［霞］「かすみがたなびく」

かすみがせき 地名。

霞が関 東京都千代田区の地名。「霞が関ビル」 ＊「霞が関周辺」のように、中央省庁の意味でも使う。

霞ヶ関 地下鉄駅名（東京都）。東武駅名（埼玉県）。ゴルフ場名（埼玉県）。「霞ヶ関カンツリー倶楽部」

かすめる〔掠める〕 「人の目をかすめる」

かすり〔絣・飛白〕

かすり 〔一般〕「かすりの着物」

〜絣 〔地名等を冠した工芸品〕「久留米・薩摩＝絣」

かする

科する 罰金・刑など罰を負わせる。「制裁・懲役・罰則・ペナルティー＝を科する」

課する 税金・学業などを割り当てる。「宿題・責任・追徴金・任務・ノルマ＝を課する」

かする〔掠る・擦る〕 「矢が的をかする／かすり傷を負う」

かぜ **風** 「風当たりが強い／風の便りに聞く」

かぜ **風邪**〔付〕風邪

かせいソーダ **カセイソーダ**〔苛性曹達〕 水酸化ナトリウムの工業製品としての慣用名。

かせつ

仮設 一時的に設置する。「仮設＝住宅・スタンド」

架設 電線や橋などを架け渡す。「電話線を架設する」

がぜん〔俄然〕 言い換え 急に、突然、にわかに 「がぜん勢いを増す」

かせんしき・かせんじき **河川敷** アク カセンシキ カセンジキ

かそう

仮装 仮にある姿を装う。「仮装＝行列・売買」

仮想 仮定の想像。「仮想＝現実・図」

かそうつうか **仮想通貨** ☞暗号資産

かぞえどし **数え年** 生まれた年を1歳として、以後正月になると1歳を加える年齢の数え方。＊「満年齢」は、誕生日を迎えるごとに1歳を加える年齢の数え方。

家族割 商〔KDDI〕 →家族間割引

かた

形 フォーム。姿。目に見える形状。「足形（踏んで残る

足の形）/跡形もない/女形/形無し/コの字形/手形/ハート形/痩せ形/柔道・剣道・空手道=の形」

型 手本。パターン。タイプ。サイズ。「足型（靴作製用の木型）/鋳型/型絵染/型紙/型式証明（自動車・航空機など）/型通り/型にはまる/型破り/型を見ない（釣り）/血液型/デスクトップ型/〜年型」

かた　肩　×「（ほっと）肩をなで下ろす」→胸をなで下ろす

かたい アク カタイ（カタカッタ、カタクナル）

固い　結びつきが強い。融通がきかない。ゆるぎない。「財布のひも・頭・意志=が固い/固い=握手・決意・友情/固く=禁じる・絞る・信じる・守る」

硬い　〔↔軟〕こわばっている。張り詰めている。「からだ・態度・布地・表情=が硬い/硬い=石・鉛筆・氷・土・皮革・皮膚・表現・文章/硬さがほぐれる/選手が硬くなる」

堅い　〔↔もろい〕堅実。確実。「織り目・ガード・口=が堅い/堅い=木の実・人物・炭/堅い話（確実な内容）/堅苦しい/底堅い動き/手堅い」

片親　→母子家庭、父子家庭

かたがき　肩書　「肩書がものをいう場合もある」

かたがつく　片が付く〔方が付く・形が付く・型が付く〕　「これで事件の片が付いた」

かたき　敵〔仇〕　「敵討ち/目の敵にする」

かたぎ

堅気　真面目。律義。「堅気になる/堅気の商売」

かたぎ〔気質〕　気風。性質。「江戸っ子・職人・昔=かたぎ」
☞ 気質（きしつ）

かたきやく　敵役　△てきやく　＊「適役」との混同を避けるため。

かたくり〔片栗〕

カタクリ　〔植物〕「カタクリの花」

片栗・かたくり　〔一般〕「片栗粉」

かたず　固唾〔付固唾〕　「固唾をのむ」

かたすかし　肩透かし　「肩透かしを食う」

かたどる〔象る・模る・形どる〕　「竜をかたどったボート」

かたまり

固まり　集まり。一団。「観光客・星=の固まり」

塊　かたまったもの。切り取られた部分。「金・脂肪・欲=
の塊/一塊の土」

かたみ

片身　体の半分。「カツオの片身」

形見　思い出の品。遺品。「青春・亡父=の形見」

肩身　肩と胴体。他人に対する面目。「肩身をすぼめる/
肩身が=狭い・広い」

かたやましんご　片山晋呉　ゴルファー。(1973〜)　片山
晋×吾

かたよる

偏る　中立的でなくなる。偏向。偏在。「栄養・考え方・
処分=が偏る/人口が都市に偏る」

片寄る　一方に寄る。「隅に片寄る/積み荷が片寄る」

カタリスト[catalyst]　触媒。(相場を動かす)材料。

かたりべ　語り部[語り部]

かたる

語る　言葉で表す。「事実を語る/語るに落ちる/語らう」

かたる[騙る]　だます。「有名人の名をかたる/かたりの
手口」

かたわら　傍ら[側ら]　「いつも傍らに寄り添う」

かたわれ　片割れ　「窃盗団の片割れ」

かたん　加担[荷担]　「悪事に加担した罪は免れない」

かちあがる　勝ち上がる　「予選を勝ち上がる」

かちいくさ　勝ち戦[勝ち軍]　「織田軍の勝ち戦に終わる」

かちどき　地名(東京都)。

勝鬨　橋名。

勝どき　中央区の地名。地下鉄駅名。

ガチャガチャ ㊟〔バンダイ〕→カプセル自動販売機、カプセ
ル玩具

かちゅう

火中　火の中。「火中の栗を拾う」

渦中　紛糾のさなか。「渦中の人」

かつ[且つ]　言い換え　一方では、同時に　「大いに飲み、か
つ歌った」　＊文語的表現。

かつ

　活　生きる。元気づける。「活を入れる（気絶した人をよ
　　みがえらせる。刺激を与えて元気づける）/死中に活を
　　求める」

　喝　叱る。どなる。「喝を食らわす/一喝する」　＊禅宗で、
　　誤った考えや迷いを叱り、励ますときに発する叫び声。

かつあい　割愛　世論調査「原稿の一部を割愛する」
　○惜しいと思うものを手放す。＊2011年度 17.6%
　×不必要なものを切り捨てる。＊同 65.1%

がっか

　学科　学問の種類。「専門の学科/法律学科」

　学課　学業の割り当て。「全学課を修了」

かっかい・かくかい　角界　〔相撲〕　アク カッカイ　カクカイ
　☞各界（かくかい）

がっかい

　学会　学術研究の団体・会合。「日本産科婦人科学会」

　学界　学問・学者の社会。「医学界の第一人者」

かつかざん・かっかざん　活火山　☞休火山・死火山

かっきてき　画期的［劃期的］

かっけ［脚気］　「かっけは日本の国民病と言われた」

かっけつ・とけつ　類語

　喀血［喀血］　呼吸器系から出た血を吐くこと。

　吐血　消化器系から出た血を吐くこと。

かっこ　確固［確乎］　「確固たる信念」

かっこう　格好［恰好］　「変な格好の帽子/格好が悪い」

がっこうぼさつ　月光菩薩　〔仏教〕薬師如来の右脇に侍す
　る菩薩。左脇の日光菩薩とともに薬師三尊をなす。げっこ
　うぼさつ

重各国ごとに　→国ごとに、各国で

かっこんとう　葛根湯［葛根湯］　漢方の風邪薬。

かっさい　喝采［喝采］　手をたたいたり、大声を上げたりし
　て、ほめそやすこと。「喝采を博する」
　×「喝采を叫ぶ」→**快哉を叫ぶ、喝采を送る**　＊「快哉」
　は大声で愉快、痛快だと言うこと。

がっしょう　合掌　「合掌造り」

がっしょうれんこう　合従連衡　「政界再編をにらんだ合従連衡が盛んだ」

カッター⦿〔ミズノ〕→**カッターシャツ、ワイシャツ**　＊西日本で使われることが多い。ミズノの創業者、水野利八が「勝った」をもじって名付けた。

かったつ　闊達[闊達・豁達]　言い換え　**おおらか、度量の広い、活発**　「自由闊達な雰囲気」

かって　勝手　「使い勝手/勝手口」

かつて[曽て・嘗て]　「かつてない大戦争」

カッティングシート⦿〔中川ケミカル〕→**カラーフィルム、マーキングフィルム**

かっとう　葛藤[葛藤]　言い換え　**争い、もつれ、いざこざ**　「親子の葛藤」　＊カズラやフジの枝が絡み合うことから。

カットソー[cut and sewn]　ニット素材の生地を裁断・縫製して作られる衣服。

かっぱ[河童]

　かっぱ　「かっぱ巻き/おかっぱ頭」

　カッパ　「カッパの絵」　＊芥川龍之介の小説は『河童』。

カッパ　かっぱ[合羽]　「雨がっぱ」　＊もとはポルトガル語の capa。

かっぱえびせん⦿〔カルビー〕→**えびせんべい**　＊「えびせん」は使用可。

かっぱつ　活発[活潑]

カップ[cup]　「カップ麺」

かっぷく[恰幅]　言い換え　**押し出し**　「かっぷくがよい」

カップスープ　使用可。＊登録商標は「Cup Soup」〔味の素〕。

カップヌードル⦿〔日清食品ホールディングス〕→**カップ麺**

がっぺい　合併

「町村合併/他社と合併する」

〔法律〕会社法では、企業統合のうち一つの会社が存続して他の会社を吸収する**「吸収合併」**と、企業統合の対象会社が権利義務をすべて継承して新会社を設立する**「新設合併」**のことを「合併」と呼ぶ。企業統合には他にも、権利義務を既存の会社に引き継がせる**「吸収分割」**と、新しく設立する会社に引き継がせる**「新設分割」**、既

存会社の営業が新設会社に譲渡される形で権利義務の
譲渡は一部だけとなる「**事業譲渡**」がある。

かっぽ 闊歩[闊歩] 言い換え 大手を振って歩く、ゆったり
と歩く

かっぽう[割烹] 言い換え **日本料理、日本料理店、料理店**
「かっぽう=着・旅館」

かつまた 姓。

勝又 勝又清和(将棋棋士。1969〜)

勝俣 勝俣恒久(東京電力会長。1940〜)、勝俣州和(タ
レント。1965〜)

勝股 勝股美咲(ソフトボール選手。1999〜)

勝亦 勝亦孝彦(外交官)

勝間田 勝間田清一(政治家・日本社会党委員長。1908
〜1989)

かつもく[刮目] →注目

かつようじゅ[闊葉樹] →㊫広葉樹

かつらぎし 葛城市 奈良県の市。＊市では異体字の「葛」
を使用している。

かてい

過程 進行のプロセス・段階。「進化・製造=の過程」

課程 ある期間に割り当てた学業・仕事など。「業務・修
士・教育=課程」

カテーテル[蘭 katheter] 医療用細管。

カテゴリー[category] 範疇。分類。範囲。アク カテゴリー

カテゴリーキラー[category killer] 特定分野で圧倒的な
品ぞろえと低価格を武器に展開する大型店。

がてん 合点 「合点がいく」

かど

角 物の突き出た部分。性格や言動が円滑でないところ。
「角が=立つ・取れる」

門 家の出入り口。一族・一門。「笑う門には福来たる/
お門違い/門松」

かどう 華道[花道] 「華道の大家」

かどう

稼働[稼動] かせぎ働く。機械を動かす。「稼働=時間・率」

可動　動く仕掛け。「可動=橋・書庫」

ガトー［仏 gâteau］　洋菓子。ケーキ。「ガトーショコラ」

かどづけ　**門付け**　もんづけ
[×][×]

かどで　**門出**［首途］　「二人の門出を祝う」

かどばん　**かど番**　〔囲碁・将棋。大相撲〕「かど番大関/か
ど番に追い込まれる」

カトマンズ［Kathmandu］　ネパールの首都。

カドミウム［cadmium］　〔金属元素〕

カトリック［蘭 Katholiek］（←カソリック）

カトレア［cattleya］（←カトレヤ）　〔植物〕

かな　**仮名**［㊒仮名］　「仮名遣い/仮名交じり文」

かなう［叶う・適う・敵う］　「理にかなう/君にはかなわない/
夢をかなえる」

かなえ［鼎］　「かなえの軽重を問う」

かなきりごえ　**金切り声**　「金切り声をあげる」

かなくりしそう　**金栗四三**　日本におけるマラソンの父。日本
人初のオリンピック選手。2019 年の NHK 大河ドラマ『い
だてん』の主人公。(1891〜1983)

かなしい　**悲しい**［哀しい］　「悲しい気持ち/悲しげな表情」

かなしばり　**金縛り**　「金縛りになって身動きができない」

かなた［彼方］　「海のかなた」

かなづち　**金づち**［鉄槌・金槌］　「金づちで銅板をたたく/金
づち頭」

カナナスキス［Kananaskis］　カナダの都市。2002 年サミッ
ト開催。

かなぼう　**金棒**［鉄棒］　「鬼に金棒（ただでさえ強い鬼に金
棒を持たせる。強いものがさらに強くなること）」

かなめ　**要**［要］　「扇の要/肝心要」

かなり［可成り・可也］　〔副詞〕「かなりうまくいった」

カナリア［蘭 canaria］（←カナリヤ）　〔鳥〕

かに［蟹］　＊『蟹工船』(小林多喜二作)。

カニ　〔動物〕「毛ガニ/ワタリガニ」

かに　〔食品加工後。比喩〕「かに玉/かに歩き」

カニバリズム［cannibalism］　共食い。食い合い。自社製
品同士の食い合い。「市場のカニバリズム」

カヌレ［仏 canelé］ フランスの伝統的な菓子。正式名称は「カヌレ・ド・ボルドー(cannelé de Bordeaux)」。カヌレは「溝のある」という意で、菓子の形状からそう呼ばれる。

かね

　金　貨幣。「金繰り/金ずく/金遣い/金づる/金持ち」

　カネ　金(ゴールド)と区別。「政治とカネ/カネ余り現象」

かね

　鐘　つりがね。「鐘を突く/寺・除夜=の鐘」

　かね［鉦］　たたいて鳴らす楽器。「かねをたたく/かねや太鼓で探す」

かねじゃく　かね尺［曲尺］　大工や建具職人が使う直角に曲がった金属製の定規兼物差し。

かねつ

　加熱　熱を加える。熱くする。「徐々に加熱する/加熱処理」

　過熱　熱くなりすぎる。「ストーブの過熱から火事になった/景気の過熱」

かねて［予て］　〔副詞〕前から。

　⚠「かねてから」「かねてより」→**かねて**　＊古くから使われているが、本来は重言。

かねのわらじでたずねる　金のわらじで尋ねる［金の草鞋で尋ねる］　根気よく探しまわること。＊金(かね)は鉄製という意味。鉄製のわらじなら擦り切れないことから。「年上の女房は金のわらじを履いてでも探せ」などとも使われる。×きんのわらじ

かねる

　兼ねる　ふたつ以上の働きをする。「大は小を兼ねる/兼ね備える」

　〜かねる　〔補助動詞〕できそうもない様子。「賛成しかねる/待ちかねる/見るに見かねる」

かの［彼の］　「かの=地・有名な」

かのう　化膿［化膿］ 言い換え **うむ**　「傷が化膿する」

かのうどうし　可能動詞

　「書ける」「泳げる」「読める」など、五段(四段)活用の動詞が可能の助動詞「る(れる)」を吸収して下一段活用に転じ、可能の意味を表すようになったもの。命令形はない。

か

> 「見れる」「来れる」「食べれる」「起きれる」などの「ら抜き言葉」は、五段（四段）活用以外の動詞の可能動詞と言うこともできる。☞コラム「ら抜き言葉」

かのこ　鹿の子［鹿の子］「鹿の子模様」

かのじょ　彼女

かばう［庇う］「仲間をかばう」

かばつてきいほうせい　可罰的違法性〔法律〕犯罪が成立するためには行為がなんらかの意味で違法だというだけではなく、犯罪として刑罰を科するに値する程度の実質的違法性をも備えていなければならないとする考え方。加罰的違法性　科罰的違法性

カバディ［kabaddi］〔競技〕

ガバナビリティー［governability］　統治能力。統率能力。

ガバナンス［governance］　統治。「コーポレートガバナンス」

かばやき　かば焼き［蒲焼き］

かばん［鞄］「学生かばん」

重**過半数を超える**→過半数に達する、過半数を占める、半数を超える

かひ　可否「可否を決する」　可非

カビキラー商〔ジョンソン〕→**カビ取り剤**

カピバラ［capybara］〔動物〕　カピパラ

かぶ［蕪］

　　カブ〔植物〕「カブラ」

　　かぶ〔加工品など〕「かぶ漬け」

カブ、スーパーカブ商〔ホンダ〕→**原付きバイク、ミニバイク、バイク**

カブール［Kabul］　アフガニスタンの首都。

カフェ［仏 café］　コーヒー（店）。＊大正・昭和初期の飲食店は「カフェー」「カフェー」とも。

カフェテリア［cafeteria］（←キャフェテリア）　セルフサービス食堂。

カフカス、コーカサス　黒海・カスピ海の間の地方・山脈。

　　カフカス［露 Kavkaz］　ロシア語の呼称。「カフカス地方」

　　コーカサス［Caucasus］　英語の呼称。

かぶき　歌舞伎［歌舞伎］「歌舞伎十八番」　＊動詞「傾

151

（かぶ）く」の連用形から。

かふそく　過不足　×かぶそく

かぶと［甲・兜・冑］　「勝ってかぶとの緒を締める（なお油断せず用心する）／かぶとを脱ぐ（負けを認める）」

カプリッチオ［伊 capriccio］（←カプリッチョ）　奇想曲。

かぶる［被る・冠る］　「波・罪=をかぶる」

かぶれる［気触れる・感染れる］　「漆にかぶれる」

カプロラクタム［caprolactam］　ナイロンの原料。

かぶん　寡聞　見聞の狭いこと。主に謙遜の意で使われる。「寡聞にして存じません」

かぶんすう　仮分数　分子が分母より大きい、または分母と等しい分数のこと。過分数

がべい　画餅［画餅］│言い換え│徒労、無効、無駄、あだ、絵に描いた餅　「画餅に帰す」　＊「がへい」とも。

かほう　果報　「果報は寝て待て／果報者」

かぼちゃ［南瓜］

　カボチャ　〔植物〕「セイヨウカボチャとニホンカボチャ」

　かぼちゃ　〔加工品など〕「かぼちゃプリン」

かほんか［禾本科］　→**イネ科**　＊「禾本科」はイネ科の旧称。

かま

　窯　焼き物などを作る設備。「炭焼き窯／登り窯／石窯=パン・ピザ／窯元」

　釜［釜］　炊飯などの生活用具。「釜飯／茶釜／同じ釜の飯を食う」

　かま［缶・罐］　ボイラーなど。「蒸気機関車のかま」

かま　鎌［鎌］　〔農具〕「草刈り鎌／鎌首／鎌をかける」

かまもと　姓。

　釜元　釜元豪（野球選手。1993〜）

　釜本　釜本邦茂（サッカー選手・監督、参議院議員。1944〜）

がまん　我慢　「我慢できない／我慢強い」

かみ　髪　×「髪を丸める」→頭を丸める、髪を下ろす

かみがかり　神懸かり［神憑り］　「神懸かり的な活躍」

かみかざり　髪飾り　「リボンの髪飾り」

かみがた　上方　都の方面。京都およびその周辺。京阪

地方や広く近畿地方も指して言う。「上方=言葉・落語」

かみがた 髪形［髪型］「今年流行の髪形」

かみくず 紙くず［紙屑•］「紙くず同然に解雇された」

かみころす かみ殺す［噛•み殺す］「あくびをかみ殺す」

△「負けた悔しさをかみ殺しながら話す」 ＊笑いやあくび
などを無理に抑える、我慢するが本来の意味。「**押し殺
して**」「**こらえて**」「**抑えて**」などと言い換える方がよい。

かみざ 上座 「客を上座に据える」

かみさま 神様

かみだな 神棚 「神棚に手を合わす」

かみだのみ 神頼み 「苦しいときの神頼み」

かみて 上手 ［読み］ 舞台の、見物席から見て右の方。↔
下手
しもて

かみのやま 地名(山形県)。

上山 市名。「上山市」

かみのやま JR山形新幹線、奥羽線駅名。「かみのやま
温泉駅」

かみよ 神代 歴史の始まる前、神話で伝えられている時
代。神話時代。「神代の昔」

かみわざ 神業 「まさに神業のようなプレー」

カミングアウト［coming-out］ 告白。公言。表明。

かむ［咬•む・噛•む］ 「一枚かむ/かんで含める」

カムチャッカはんとう　カムチャッカ半島 ユーラシア大陸
の北東部にある半島。カムチャッカ半島

ガムテープ［gummed tape］

ガムテープというと、荷造りに使う表面に光沢がある紙
製や布製のテープのことだと思われがちだが、どちらもガ
ムテープではない。前者は「クラフト粘着テープ」で、後
者は「布粘着テープ」と言う。ガムテープはニカワなど水
溶性の接着剤を片面に塗った主に紙製のテープのことで
日本産業規格（JIS）でも区別されている。犯人が被害者
の口をふさぐような事件が起きた場合は、ガムテープでは
なく、「**粘着テープ**」が使われているはずだ。

カムバック［comeback］ 復活。復帰。返り咲き。

カムフラージュ［camouflage］（←カモフラージュ） 擬装。

見せ掛け。迷彩。

ガムラン［gamelan］（←ガメラン）　インドネシアの音楽。

かめ［亀］

　カメ　〔動物〕「アカウミガメ/ゾウガメ」

　亀　〔総称。慣用句など〕「海亀/亀の甲より年の功」

亀の子たわし ㊶〔亀の子束子西尾商店〕→たわし

かも　地名（京都府）。

　賀茂　京都市北区上賀茂。「賀茂大橋/賀茂神社（上賀茂神社〈賀茂別雷神社〉と下鴨神社〈賀茂御祖神社〉の総称）」

　加茂　「加茂街道」

　鴨　京都市左京区下鴨。「鴨川（賀茂川、加茂川の表記を京都府が統一）」

かも［鴨］

　カモ　〔動物〕「カモ猟/カルガモ」

　かも　〔慣用句など〕「かもにする/かも南ばん」

かもがわ　地名。

　鴨川　千葉県の市名。京都府の河川名（賀茂川、加茂川の表記を京都府が「鴨川」に統一）。

　加茂川　千葉県鴨川市内の河川名。

かもく　科目［課目］　「勘定・選択=科目」

かもしだす・かもす

　醸し出す　ある感じや雰囲気などをそこはかとなく作り出す。「厳粛な空気を醸し出す」

　醸す　ある状態や雰囲気などを作り出す。次第に作り出す。「醸し出す」よりも強い表現。「物議を醸す」

かや　**蚊帳**［�蚊帳］

かゆ［粥］　「七草がゆ」

かゆい［痒い］　「かゆい所に手が届く」

から　空〜　「空=売り・騒ぎ・梅雨・振り・回り」

がらあき　がら空き［がら明き］　「一塁ががら空きになる/がら空きの映画館」

からあげ　唐揚げ・から揚げ　＊本来は「空揚げ」。

カラーコーン ㊶〔セフテック〕→コーン標識、パイロン

からい　辛い［鹹い］　「辛いカレー/採点が辛い」

カラオケ［空オケ］ 「オケ」はオーケストラの略。伴奏の音楽だけを録音した音楽テープやディスクなど。また、それに合わせて歌うことやそのための装置も言う。

カラカス［Caracas］ ベネズエラの首都。

からくさ **唐草** 「唐草模様の風呂敷」

からし［芥子］

　からし 「からし漬け/練りがらし」

　辛子 「辛子めんたいこ/唐辛子」

からす・かれる

　枯らす・枯れる［涸らす・涸れる］ しおれる。なくなる。老成する。「雑草を枯らす/井戸・植木・才能=が枯れる/人間が枯れて丸くなる/枯れた芸風/資金枯れ」

　からす・かれる［嗄らす・嗄れる］ 声がかすれる。「声をからしての応援/喉がかれる」

ガラス［硝子］［蘭 glas］ 「ガラス窓」

からだ **体**［身体・躰］ 「体が空く」

カラチ［Karachi］ パキスタンの最大都市。＊首都はイスラマバード。

からて **空手**［唐手］

からとう **辛党** 意味

　○菓子などの甘いものより酒のほうが好きな人。左党。

　×カレーやキムチなど辛いものが好きな人。

からねんぶつ・そらねんぶつ **空念仏** 読み

　からねんぶつ 実行の伴わない主張。「空念仏に終わる」

　そらねんぶつ 信仰心もなく口先だけで唱える念仏。

ガラパゴス［Galapagos］ 東太平洋上の赤道下にあるエクアドル領の諸島。

ガラパゴスか **ガラパゴス化** サービスなどが国際規格とは違う方向で発達すること。ガラパゴス諸島の生物進化になぞらえて言う。「ガラパゴス化した日本の技術」

からぶき **から拭き**［乾拭き］ 空拭き

⚠**カラフルに富んだ** →カラフルな、色彩に富んだ

からみ **辛み**［辛味］ ＊味覚を強調して「辛味」とも。

からめる

　絡める［絡める］ 巻き付ける。結び付ける。「足を絡めた

攻撃/住民の意見も絡めて判断する」

からめる[搦める] 縛りつける。「からめ捕る(捕らえて縛り上げる)/がんじがらめ/からめ手(捕り手)」 *「からめ手」は城の裏門の意味も。↔大手

カラメル[仏 caramel] 「カラメルソース」

カラヤン(ヘルベルト・フォン)[Herbert von Karajan] 指揮者。ベルリン・フィルハーモニー常任指揮者。(オーストリア 1908〜1989)

がらん **伽藍**[伽藍] 言い換え **寺院、仏閣** 寺の建物。特に、大きな寺院。

がらんどう[伽藍洞] 「建物の中はがらんどうだ」

カリ[加里] 金属元素カリウムの略。「青酸カリ」

かりいれ
　借り入れ 〔一般〕「借り入れ＝契約・実績・条件・方法」
　借入 〔経済関係複合語〕「借入＝金融機関・限度額・返済金」

かりいれきん 借入金 △しゃくにゅうきん

かりいれる 借り入れる 「銀行から事業資金を借り入れる」

かりうけ
　借り受け 〔一般〕「借り受け＝実績・申請・返済」
　借受 〔経済関係複合語〕「借受＝金・契約書・申請額」

かりうける 借り受ける 「車を借り受ける」

ガリウム[gallium] 〔金属元素〕「ガリウムヒ素」

かりかえ
　借り換え 〔一般〕「借り換え＝条件・方法・予定」
　借換 〔経済関係複合語〕「借換＝金・公債・制度」

かりかえる 借り換える 「住宅ローンを借り換える」

カリカチュア[caricature] 戯画。風刺画。

カリキュラム[curriculum] 教育課程。学習内容。教育計画。

かりこし
　借り越し 〔一般〕「借り越し＝計算・限度」
　借越 〔経済関係複合語〕「借越＝金・残高」

かりさしおさえ 仮差し押さえ 〔法律〕金銭の強制執行を保全するため、財産処分を禁じる手続き。

かりしょぶん　仮処分　〔法律〕民事訴訟に先立ち、対象となる権利の保全を図る手続き。係争物に関する仮処分（金銭以外の権利を対象に現状維持を命じる）、仮の地位を定める仮処分（訴訟確定まで仮の状態を定める）がある。

かりずまい　仮住まい　「新居完成までの仮住まい」

かりだす

　狩り出す　追い出し捕らえる。「獲物・犯人=を狩り出す」

　駆り出す　強いて行かせる。「選挙運動に駆り出す」

かりぬい　仮縫い　「着物の仮縫いを済ませる」

かりばらい

　仮払い　〔一般〕「仮払い=契約・申請・申し込み」

　仮払　〔経済関係複合語〕「仮払=金・申請書・伝票」

カリマンタンとう　カリマンタン島　インドネシア語の呼称。＊英語名はボルネオ島。

かりゅう　顆粒[顆粒] 言い換え 粒

かりゅうど　狩人[狩人]　＊「かりうど」とも。

かりょう・ばっきん　類語 〔法律〕

　科料　〔軽い刑事罰〕軽微な刑事事件で言い渡される財産刑。1000円以上1万円未満。「科料に処せられる」

　過料　〔軽い行政罰〕金銭罰の一種。刑事罰の一種である罰金や科料とは違い、行政罰。「過料を取られる」
　＊校閲する際などに、科料=**とがりょう**、過料=**あやまちりょう**、と読んで区別することもある。

　罰金　〔刑事罰〕科料と同じく財産刑だが、科料より重い。1万円以上。「罰金30万円を支払う」

がりょうてんせい　画竜点睛[画竜点睛・画龍点睛]　「画竜点睛を欠く」　~~がりゅうてんせい~~

かる

　刈る[苅る]　草木、頭髪などを切り取る。「稲を刈る/刈り入れ/刈り込む/青刈り/丸刈り(頭)」

　狩る　鳥獣を捕らえる。尋ね探して観賞する。探し捕らえる。「獣を狩る/イチゴ・潮干・魔女・紅葉=狩り」

　駆る　追い立てる。「余勢を駆る/人を駆り集める/衝動・不安=に駆られる/駆り立てる」

かるい　軽い　アク カルイ（カ**ル**カッタ、カルク**ナ**ル）

カルカッタ［Calcutta］ →**コルカタ**

カルガリー［Calgary］　カナダの都市。1988 年冬季五輪開催。

カルカン 商〔マース ジャパン〕 →**ペット用缶詰**

カルケット 商〔カルケット〕 →**ビスケット**

カルシウム［calcium］〔元素〕

カルチャー［culture］　文化。「カルチャーショック」

カルテット［quartette］　四重唱。四重奏。

カルテル［独 Kartell］　企業連合。

カルト［cult］　「カルト集団」

カルピス 商〔アサヒ飲料〕 →**乳酸飲料**

カルフール［仏 Carrefour S.A.］　仏企業（小売り）。

ガルミッシュパルテンキルヘン［Garmisch-Partenkirchen］　ドイツのバイエルン州にある都市。1936 年冬季五輪開催。

カレー［curry］（←カリー）　「カレー=ライス・ルー」

ガレージ［garage］　車庫。「ガレージセール」

かれえだ　枯れ枝

がれき［瓦礫］　災害で発生した廃棄物一般を、行政では「がれき」と総称している。

かれきにはながさく　枯れ木に花が咲く　衰えたものが再び栄える。×枯れ木に花のにぎわい

かれきもやまのにぎわい　枯れ木も山のにぎわい　世論調査
　○つまらないものでも、無いよりはまし。＊2004 年度 38.6%/14 年度 37.6%
　×人が集まればにぎやかになる。＊2004 年度 35.5%/14 年度 47.2%

かれつ　苛烈［苛烈］

かれは　枯れ葉

かれる ☞ **からす・かれる**

かれん［可憐］ 言い換え **いじらしい、かわいらしい、愛らしい**　「かれんな少女」

かろうじて　辛うじて　「辛うじて難を逃れた」

カロテン［carotene］（←カロチン）

カロリーメイト 商〔大塚製薬〕 →**栄養補助食品**

かろんじる　軽んじる　かるんじる

かわ 川［河］「天の川/小川/川岸/川下り/利根川」

かわ

皮 天然皮。表皮。「皮をなめす/骨と皮/木・ミカン・獣・面・化け・欲=の皮/毛皮/皮算用」

革 加工皮。「太鼓の革/革=かばん・ジャンパー・製品/革靴/革袋/なめし革/わに革」

かわい 姓。

河井 河井寛次郎(陶芸家。1890〜1966)、河井克行(政治家。1963〜)

河合 河合奈保子(歌手。1963〜)

河相 ＊河相我聞(俳優。1975〜)は「かあい」。

川井 川井梨紗子(レスリング選手。1994〜)

川合 川合俊一(バレーボール選手・タレント。1963〜)

川相 川相昌弘(野球選手・解説者。1964〜)

かわいい［可愛い］「かわいい子には旅をさせよ」

かわいがる［可愛がる］「妹をかわいがる」

かわいそう［可哀想・可哀相］「かわいそうな境遇」

かわく

乾く 水分や湿気がなくなる。「乾いた土地/空気・洗濯物=が乾く/火で乾かす」

渇く 喉がかわく。渇望。「愛情の渇き/渇きを覚える」

かわす

交わす 交換。交差。「握手・言葉=を交わす/言い交わす/酒を酌み交わす/取り交わした誓約書」

かわす［躱す］避ける。そらす。外す。「体・追及・相手の意図=をかわす」

かわせ 為替［付為替］

かわも 川面［川面］

かわら 河原［磧・付河原・付川原］

かわらぶき 瓦ぶき［瓦葺き］「瓦ぶきの屋根」

かわる ☞かえる・かわる

かわるがわる 代わる代わる 「代わる代わる演説する」

かん

観 外から見た様子。見方。考え方。「別人の観/小独立国の観を呈する/価値・人生・世界・先入・相場・歴

史・終末=観/唯物史観」

感 物事に触れて起こる思い。気持ち。感じ方。「隔世の感/安心・違和・解放・季節・責任・悲壮・不信・不透明・第六=感」

ポイント 「底値観/底値感」「先高観/先高感」などの経済用語や「無常観/無常感」「倫理観/倫理感」、記事の「雑観/雑感」などは、内容によって使い分ける。

勘 直感によって感じとる能力。「勘が=いい・鈍い/勘で分かる/勘を働かせる/試合勘」

がん[癌] 「がんが転移した」

感圧紙 商〔富士フイルム〕→ノーカーボン紙

かんがい 干害[旱害] 「干害対策」

かんがい[灌漑] 言い換え 水利、引き水

関学 商〔関西学院〕 ＊「関東学院」など他の学校法人の略称には使用できない。

かんがみる 鑑みる[鑑みる] 「先例に鑑みて決める」

かんかんがくがく[侃々諤々] 正論を堂々と主張するさま。大いに議論するさま。けんけんがくがく ☞ けんけんごうごう

かんき 乾期[乾季]

かんきつ[柑橘] 「かんきつ類の輸入制限」

がんきん・もときん 元金 読み

　がんきん〔↔利子〕

　もときん 元手。資金。

がんぐ 玩具[玩具] 「知育玩具」

がんくび がん首[雁首] 「がん首をそろえる」

かんぐる 勘ぐる 「余計な勘ぐりだ」

かんげき 間隙[間隙] 言い換え 一瞬の隙、溝

かんけつ 間欠[間歇] 「間欠泉」

漢検 商〔日本漢字能力検定協会〕→漢字検定、漢字検定試験

かんげん[諫言] →忠言、忠告、いさめる 目上に向かって忠告すること。アク カンゲン

かんげん 還元 アク カンゲン

がん研 商〔がん研究会〕 ＊国立がん研究センターを「がん

か

研」「国立がん研」と略さない。

かんげんがく　管弦楽[管絃楽]

かんご

監護　〔民法、児童福祉法〕親権者らが未成年者を監督し保護すること。「監護=義務者・権」

観護　〔少年法〕少年審判、少年事件で捜査のため未成年者の身柄を保全する措置。「観護措置」

看護　けが人・病人の介抱。「看護師/老人看護」　＊民法上は、被後見人が自己、他人に危害を加えることがないよう後見人が監督すること。

かんこう　かん口[箝口・緘口] 言い換え **口止め**　「かん口令を敷く」

かんごく　監獄　〔法律〕自由刑の受刑者、死刑囚、勾留された容疑者・被告を拘禁する施設「刑務所、少年刑務所、拘置所」の旧称。「監獄法」が、2006〜07年に段階的に施行された「刑事収容施設及び被収容者等の処遇に関する法律（刑事施設法）」に変わり、現在は「刑事施設」という名称になった。☞刑事施設　☞コラム「代用監獄」

かんこくせき・ちょうせんせき　韓国籍[韓国籍]**・朝鮮籍** 類語
日本に在留する朝鮮民族のうち、外国人登録証の国籍が「韓国」の人たちは、日韓国交回復後に韓国籍を選択した人とその子孫。それ以外の人たちは「朝鮮籍」となる。外国人登録証に「北朝鮮」という国籍はない。

かんこつだったい　換骨奪胎 意味
○古人の発想や形式などを踏襲しながらも、それら既成のものに新味を加え、独自の作品に作り直すこと。
×単なる焼き直し。

かんこどり　閑古鳥　カッコウの異称。「閑古鳥が鳴く（人が訪れず、ものさびしい）」

かんさ

監査　監督。検査。「会計監査/監査役」

鑑査　審査。「無鑑査で出品」

かんさい　関西

地方名。古くは東海道の鈴鹿、東山道の不破、北陸道の愛発の三つの関所より東側を「関東」、そこから西の

地を「関西」と呼んだ。「関西」は江戸時代以降、上方諸国、畿内各国などを指すようになり、現在は通常、滋賀、京都、大阪、兵庫、奈良、和歌山の6府県を言うことが多い。**「関西広域連合」**は「滋賀県、京都府、大阪府、兵庫県、奈良県、和歌山県、鳥取県、徳島県、京都市、大阪市、堺市、神戸市」の8府県、4市で構成される。

かんさい・かんせい・かんぜい　関西 読み

　かんさいだいがく　関西大学　私立大学。

　かんせいがくいんだいがく　関西学院大学　私立大学。学校法人「関西学院」が運営。＊英語表記は KWANSEI。

　かんぜいこうこう　関西高校　岡山県にある私立高校。学校法人「関西学園」が運営。

かんさつ

　監察　視察し監督する。「監察=医・官／行政監察」

　観察　物事を注意深く見る。「観察眼／自然・保護-観察」

かんさん　換算　かん̷ざん

かんし

　監視　注意して見張る。「業務を監視する／プール監視員」

　環視　周りで見る。「衆人環視」

ガンジー（マハトマ）〔Mahatma Gandhi〕（←ガンディー）　政治家。マハトマは尊称。本名はモハンダス。（インド 1869〜1948）

かんしゃく〔癇癪〕　「かんしゃく持ち」

かんしゅ　看守〔監守〕

かんじゅく

　完熟　完全に熟す。「完熟したトマト」

　慣熟　慣れて上手になる。「機器の操作に慣熟する／慣熟飛行」

かんしょ

　〔甘蔗〕→**サトウキビ**　＊「かんしゃ」とも。

　甘諸〔甘薯・甘藷〕 言い換え **サツマイモ**　「甘諸先生（江戸時代にサツマイモの普及に努めた青木昆陽のこと）」

かんじょ・かんにょ　官女　＊「三人官女」は、かんじょ。

かんしょう

　観賞　見て楽しむ。「自然・花・風景=を観賞する／観賞魚」

鑑賞　芸術作品などを味わい理解する。「美術・文学=の鑑賞/能楽鑑賞」

　観照　客観的に見つめる。「人生観照の哲学/自然観照」

がんじょう　頑丈［岩乗・岩畳］

かんしん　アク カンシン

　関心　心にかかる。気にかける。興味を持つ。「関心がある/無関心」

　歓心　うれしく思う。「歓心を買う」

　感心　心に感じ入る。「いたく感心する/感心な行い」

　寒心　心配でぞっとする。「寒心に堪えない」

かんじん　肝心［肝腎］　「肝心要」

かんしんじ　関心事　かんしん〴〵

かんすい　完遂　かんつい〴〵

かんすう　関数［函数］　「一次関数」

かんせい

　官製　政府・行政がつくること。その主導でできたもの。「官製談合」

　　「官製はがき」→**郵便はがき、はがき**　＊日本郵政公社発足（2003年4月）以後、官製ではなくなった。

　官制　行政機関の組織・権限など。「官制改革」

　管制　管理・制限。「管制塔」

かんせい［陥穽］→**落とし穴、わな**

かんせい

　喚声［喊声］　わめき声。ときの声。「驚きの喚声/喚声を上げて突進する」

　歓声　喜びの声。「勝利の瞬間に歓声が起こる/大歓声に包まれる」

かんせつ

　間接　「間接=照明・税」

　関節　「関節が外れる/関節炎」

がんぞう［贋造］→**偽造**

かんたい　歓待［款待］　「外交使節を歓待する」

かんだい　大学の略称。

　関大　関西大学。

　函大　函館大学。

かんだかい　甲高い[甲高い]「甲高い声」

かんたん　肝胆「肝胆相照らす（親しい交わり、付き合い）」

かんたん　感嘆[感歎]

がんたん　元旦[元旦]

　⚠「元旦の朝」→**元旦、元日の朝**　＊「旦」は夜明け・早朝。「元旦の=昼・夜」も「**元日の=昼・夜**」とする。

かんち

　関知　あずかり知る。「一切関知しない/私の関知するところではない」

　感知　感じる。反応する。「相手の意図を感知する/ガス漏れ感知器」

かんち　監置　〔法律〕法廷などの秩序を乱した者に対し裁判所が科す秩序罰で、刑事施設に付設される監置場に20日以内収容される。

かんちがい　勘違い[感違い]「ルールを勘違いしていた」

かんちゅう　寒中　小寒の初めから大寒の終わりまでの間。「寒中見舞い」　☞コラム「二十四節気」

かんちゅうハイ　缶酎ハイ[缶酎ハイ]　＊登録商標は「タカラ can チューハイ」〔宝ホールディングス〕。

カンツォーネ[伊 canzone]　イタリアの歌曲。

かんづく　感付く[勘付く]「うすうす感付いていた」

かんづめ

　缶詰め　〔動作性・比喩的用法〕「缶詰め作業/車内に缶詰めになる」

　缶詰　〔製品〕「缶詰工場/サケの缶詰」

かんてつ　貫徹「初志貫徹」　貫撤✕

かんてん　干天[旱天]「干天の慈雨」

かんとうちほう・しゅとけん　類語

　関東地方　東京、神奈川、埼玉、千葉、茨城、栃木、群馬の1都6県。＊省略して「関東」と言う場合、江戸時代までは関八州（武蔵、相模など旧八カ国）を指したが、現在はこの1都6県のこと。

　首都圏　関東地方に山梨県を加えた1都7県。＊首都圏整備法施行令（1957年）の定義による。

かんどころ　勘所[甲所・肝所]「勘所を押さえる」

かんなづき 神無月　陰暦10月。 アク カンナヅキ　＊「かみなづき」とも。

かんなん 艱難［艱難］ 言い換え 苦難、困苦、困難　「艱難辛苦」

かんにさわる かんに障る［癇に触る］　「彼のものの言い方がかんに障る」

かんにん 堪忍［勘忍］　「堪忍袋の緒が切れる」

かんのいり 寒の入り　小寒に入ること。また、その日。☞小寒

かんぱい 乾杯［乾盃］

カンバス［canvas］　画布など。＊キャンバスとも。

かんばつ 干ばつ［旱魃］ 言い換え 日照り、渇水、干害

かんはつをいれず 間髪を入れず　即座に。＊一本の毛髪を入れる余地、隙間もない意。 アク ガン-ハツヲ-イレズ かんぱつをいれず

×間髪を=移さず・置かず →間髪を入れず、時を移さず、間を置かず

カンパラ［Kampala］　ウガンダの首都。

カンパリ㊅〔ダビデ・カンパリ-ミラノ〕→リキュール

かんぱん 甲板　デッキ。「甲板を掃除する」　＊「甲板員」など「こうはん」と読む場合もある。☞こうはん

がんばん

　　岩盤　地中にある岩石層。比喩的に、極めて強固で崩しがたいもの。「岩盤の亀裂/岩盤規制」

　　岩板　地球の表層を覆う板状の岩石層。プレート。「地球を覆う十数枚の岩板」

岩磐浴㊅〔小池勝、やわらぎ乃湯〕→**岩盤浴**

かんぷ 完膚　「完膚なきまでに」

カンファレンス、コンファレンス［conference］　①会議。協議会。②相談。

がんぶつ［贋物］→**偽物**

かんぺき 完璧［完璧］　「完璧な出来」　完璧

かんぽうやく 漢方薬　日本の伝統医学である漢方医学で使用する薬。×「中国の漢方薬」　＊中国の中医学で使うのは中薬または中成薬と呼ぶ。

かんぼく[灌木] →低木

ガンマ[gamma](←ガンマー) 「ガンマ線」

かんまん

干満 「干満の差」

緩慢 「緩慢な動き/活動が緩慢になる」 緩漫×

がんみ 玩味[玩味・翫味・含味] 「熟読玩味する」

かんめい 感銘[肝銘] 「感銘を受ける」

がんめい 頑迷[頑冥] 「頑迷な人」

かんめん 乾麺[乾麺・干麺]

かんもんきょう 関門橋 山口県下関市―北九州市門司区を結ぶ 1068 メートルの橋。関門海峡をまたぐ道路橋。

かんよ 関与[干与] 「政策決定に関与する」

かんよう[涵養] →育成、養成、蓄える

かんり

管理 施設・職務・組織などを管轄・運営・保守する。「品質の管理/安全・健康=管理/管理=社会・職・通貨制度」

監理 監督する。「行政・設計=監理/電波監理(審議会)」

かんりゅう 乾留[乾溜] 「石炭を乾留したタール」

かんりゅう

還流 流れて元に戻る。「銀行券・資金=の還流」

環流 流れめぐる。「海水・血液・大気=の環流」

貫流 貫き流れる。「平野を貫流する河川」

かんれき 還暦 十干十二支がひと回りする意で、数え年61 歳、満 60 歳の祝い。

かんろ 寒露 〔二十四節気〕10 月 8 日ごろ。冷たい露の結ぶ、秋の深まりが感じられる頃の意。 アク カンロ

かんろく 貫禄[貫禄・貫録] 「横綱としての貫禄は十分だ」

かんわきゅうだい 閑話休題 意味

○無駄話はこれくらいにして。それはさておき。＊文章の本題に戻るときの言葉。

×(これから)余談に入るが。＊本題から外れ、余談を始めるときに使うのは誤り。

き・キ

き 木[樹] 「木=切れ・組み・登り/木で鼻をくくる(無愛想

にする)」

き

気　精神。気質。気体。「気負う／気遣い／気動車／気持ち」

機　機械。はずみ。要。頃合い。「機を見るに敏／機関車／機動力／逸機／臨機応変」

き

期　一定の尺度で区切られた月日。期間。「雨期／学期／今期（前期・後期）／厳冬期」

季　春夏秋冬で区切られた月日。季節。「四季（春季・夏季・秋季・冬季）／今季・来季（主にスポーツ用語）」

き

機　〔複雑または大型〕「印刷・開閉・拡声・火災報知・乾燥・起重・検眼・耕運・削岩・自動販売・写真・信号・洗濯・扇風・測深・脱穀・探査・探知・通信・電算・発電・輪転=機／機材（建築機材など）」

器　〔単純または小型〕「泡立て・うそ発見・温水・火炎放射・加速・吸入・計量・煙感知・検温・受話・消火・聴診・電熱・抵抗・孵化・変圧・歩行・補聴・湯沸かし=器／楽器／計器／食器」

ポイント　機器の規模に開きがある「盗聴器（機）」「編み・遮断・受信・掃除・送信・端末・電話・噴霧・録音=機（器）」などは実情に応じて使い分ける。

ギア［gear］（←ギヤ）　歯車。変速装置。「ギアチェンジ」

きあい　**気合**　「気合負け」　気合い[×]

きあけ　**忌明け**　服喪の期間が終わること。いみあけ。

ギアナ［Guiana］　南米大陸北東部の地域。仏領ギアナがある。

きいっぽん　**生一本**　「生一本な性格」　なまいっぽん^{××}

キーパーソン［key person］　重要人物。中心人物。

キーポイント［key point］　重要点。要点。問題点。

キーワード［key word］

きいん　**起因**［基因］　「領土問題に起因する紛争」

キウイ［kiwi］（←キウィ）　〔鳥。果物〕

きうん　**機運**［気運］　「機運が熟する」

きえ　**帰依**　「仏道に帰依する」

キエフ［Kiev］　ウクライナの首都。

きえん　気炎［気焔］　「気炎を=上げる・吐く」

きえん

　　機縁　因縁。きっかけ。機会。「これを機縁に」

　　奇縁　不思議な縁。「ここで会うとは奇縁だ/合縁奇縁」

ぎえんきん　義援金［義捐金］　＊「捐」は捨てる意。

きえんさん　希塩酸［稀塩酸］

きおうしょう　既往症　既応症

きおくれ　気後れ［気遅れ］　「気後れして話ができない」

キオスク［kiosk］　売店。＊JR東日本を除くJR関係は、**キヨスク**。

ぎおん　祇園　祗園　＊祇は「キ、ギ」の音で、地の神、くにつかみの意。祗は「シ」で、敬う、慎むという意。地名は京都など「祇園」が一般的だが、奈良県などに「祗園」もある。

きか

　　奇貨　意外な利益を生みそうな品物・機会。「これを奇貨として/奇貨おくべし（好機を逃さず利用すべきだ）」

　　奇禍　思いがけない災難。「奇禍に遭う」

きか　帰化　①本人の希望により、新しく他国の国籍を取得すること。＊外国人が日本国籍を得る場合は「帰化」とせず、なるべく「国籍取得」とする。帰化はもともと「朝廷の支配下に入る、教化に従い服従する」こと。②生物が本来の原産地から新たな土地に移され、その地の環境で野生化すること。「帰化=植物・動物・種」

きか［麾下］　→**指揮下、部下、配下**

きが　飢餓［饑餓］　「飢餓感」

ギガ［giga］　10億。「ギガバイト」

きかい

　　機械　〔一般〕「機械=化・工学・文明」

　　器械　〔特殊〕「器械=運動・体操・音声学」

きがい　気概［気慨］　＊「慨」は心持ち。

きかいしま・きかいがしま　地名（鹿児島県）。

　　きかいしま　喜界島　奄美群島北東部に位置する島（喜界町）

　　きかいがしま　鬼界ヶ島　南西諸島最北部に位置する硫

黄島（三島村）の別名。薩摩硫黄島。

きがえ　着替え［着換え］　きかえ　＊「着替える」は「きかえる・きがえる」両方の読みあり。

きがおけない　気が置けない　世論調査「あの人は気が置けない人ですね」
　　○相手に対して気配りや遠慮をしなくてよい。＊2012年度 42.7％
　　×相手に対して気配りや遠慮をしなくてはならない。油断できない。＊同 47.6％

きがかり　気掛かり［気懸かり］

きかく　企画［企劃］

きガス　希ガス［稀ガス］　不活性気体。

キガリ［Kigali］　ルワンダの首都。

きかん　汽缶［汽罐］　言い換え **ボイラー**

きかん
　　器官　臓器など生物体を構成する部分。「感覚・呼吸=器官」　アク キカン、キカン
　　気管　呼吸器の一部。「気管が詰まる/気管支炎」　アク キカン

きかんてん
　　基幹店　中核店舗。
　　旗艦店　業態やブランドのイメージを世間に浸透させるために設ける店舗。フラッグシップショップ。

きき　毀棄［毀棄］　「公文書毀棄罪」

ききいっぱつ　危機一髪　危機一発　＊「一髪」は髪の毛一筋ほどのわずかな余地のこと。

ききうで　利き腕

ききこみ　聞き込み　「聞き込み捜査」

ききざけ　利き酒［聞き酒・唎き酒］　「地酒の利き酒会」　＊日本酒サービス研究会・酒匠研究会連合会の資格名は「唎酒師」。

ききとして　喜々として［嬉々として］　「喜々として話す」

ききめ
　　利き目　両目のうちよく働くほうの目。「利き目で見る」
　　効き目　効能。「薬の効き目が出てきた/効き目がある」

169

ききゃく　棄却　〔法律〕①民事訴訟・行政訴訟では、訴えの内容を調べた結果、理由なしとして退けること。「請求を棄却」②刑事訴訟では、「却下」と厳密には区別せず、公訴、控訴、上告、抗告を排斥するすべての場合に用いられる。

ぎきょうしん　義俠心〔義俠心〕 言い換え **正義感**

ききん　飢饉〔飢饉〕 言い換え **凶作**

ききん

　　基金　基本資金。「年金基金」

　　寄金　寄付金。「政治寄金」

きく　☞ ききめ

　　利く　役に立つ。機能・能力を発揮する。「エアコン・応用・顔・気・機転・自由・ブレーキ・保険・無理・めりはり・融通=が利く／ごまかしが利かない／口を利く／スパイスが利いた料理／ワサビ・小回り=を利かせる／利いたふうなことを言う／左・口=利き／利き=腕・酒／利かん気」

　　効く　ききめがある。効果・効能が表れる。「薬・先取点=が効く／パンチが効く〔ボクシング〕／宣伝・賄賂=が効いた」

きく

　　聞く　自然に耳に入る。「うわさ・話し声・道・物音・親の言うこと・胸の内=を聞く／香を聞く（かぐ）／聞く耳持たぬ／音楽を聞かせる／聞き分けがない／聞き=入れる・捨て・流す／また聞き」

　　聴く　注意深く耳を傾ける。「音楽・講義・声なき声・国民の声=を聴く／聴き入る」

　　ポイント 「聞く」「聴く」は、きく態度によって使い分けるが、迷うときは「聞く」を使う。

きぐ　危惧〔危惧・危虞〕「絶滅危惧種」

きぐ

　　器具　〔比較的小さな物〕道具類。「医療・ガス・健康・照明・電気=器具」

　　機具　〔比較的大きな物〕機械及び器具。「機具置き場／農・船舶=機具」

きぐう　奇遇　思いがけない出会い。「旅行先で会うとは奇遇だ」

きぐう［寄寓］→仮住まい、同居、身を寄せる、厄介になる

ギグエコノミー［gig economy］ インターネットを通じて単発の仕事を受発注する就労形態。

きくち 姓。

菊池 菊池寛（作家。文芸春秋社創設者。1888〜1948）、菊池雄星（野球選手。1991〜）

菊地 菊地成孔（音楽家・文筆家。1963〜）、菊地絵理香（ゴルファー。1988〜）

きけい 奇形［畸形・畸型］

きげん 機嫌 「機嫌が悪い」 ×気嫌

きげん 起源［起原］ 「人類の起源」

きげんそ 希元素［稀元素］

きこう

帰航 帰りの航海・飛行。「帰航中の漁船」

帰港 港に帰る。「帰港途中の航海でトラブルに遭う」

きこう

寄航 航空機が空港に寄る。「旅客機が寄航した」

寄港 港に寄る。「外国船が寄港した」

きごう 揮毫［揮毫］ 言い換え 筆を執る

きこうぼん［稀覯本］→希書、希少本、珍本

きこえる 聞こえる［聴こえる］ 「聞こえが悪い／聞こえよがし」

ぎごく 疑獄 第2次世界大戦前および戦後しばらくは主として、政治問題化した大掛かりな贈収賄事件という意味に使われていたが、現在ではあまり用いられなくなっている。「造船疑獄では法務大臣の指揮権発動があった」

＊本来は疑わしくて有罪か無罪か判決しにくい裁判事件を言う。中国の『賈誼新書』や日本の平安朝の法律解説書『令義解』獄令などにその趣旨の記述がある。

きこつ・きぼね 気骨 読み

きこつ 「気骨のある人」

きぼね 「気骨の折れる仕事」

きさい

奇才 珍しく優れた才能。「奇才を発揮／不世出の奇才」

鬼才 人間とは思われないほどの才能。「文壇の鬼才」

機才　機敏な才能。「機才が利く/機才に=たける・富む」

きさき　妃・きさき[后・妃]　「お妃選び」

きざす　兆す[萌す]　「春の兆し」

きさらぎ　如月[如月]　陰暦2月。アク キサラギ

きし　棋士　主に職業として囲碁・将棋をしている人。囲碁
　ではアマチュアでも「棋士」と呼ばれることもあるが、将棋
　では日本将棋連盟所属の「棋士」がプロの正式な名称とさ
　れ、大会に出るアマチュアは「選手」と呼ばれる。

きし　旗幟[旗幟]　言い換え 旗印、立場、態度　「旗幟を鮮明
　にする」　きしょく

きじ

　　木地　塗り物の下地。木目。「木地=師・塗り」

　　生地　自然のままの質。布地。「生地が出る/パン・麺・洋
　　服=の生地」

ぎじ　疑似[擬似・偽似]　「疑似=餌・コレラ・体験」　☞ 擬
　餌針

きしかたゆくすえ　来し方行く末　＊「こしかたゆくすえ」とも。

きじく

　　基軸　基準。中心。「基軸=政党・通貨」

　　機軸　車輪の軸。活動の中心・方式。「新機軸を打ち出す」

きしだん　氣志團　ロックバンド。＊「氣・團」は「気・団」の旧
　字。

きしつ　気質　気立て。気性。「サラリーマン・職人=気質」
　　☞ かたぎ

キシニョフ[Kishinev]　モルドバの首都。

ぎじばり　擬餌針[擬餌鉤]

きしべ　姓。地名。

　　岸辺　岸辺福雄（教育者。1873〜1958）。JR東海道線
　　駅名（所在地は大阪府吹田市岸部南）。

　　岸部　岸部一徳（俳優、バンド「ザ・タイガース」リーダー。
　　1947〜）。大阪府吹田市の町名（岸部北、中、南）。

きしぼじん・きしもじん　鬼子母神　読み 東京・都電荒川線
　の停留場「鬼子母神前」は、**きしぼじんまえ**。東京都豊島区
　雑司が谷の「鬼子母神堂」は、**きしもじんどう**。「恐れ入谷の
　鬼子母神」は、**きしもじん**。

きしむ［軋む］

きしゃ　喜捨［寄捨］　「浄財を喜捨する」

きしゃく　希釈［稀釈］　「水で希釈する」

きじゃく　着尺　　きしゃく

きしゅうけん　紀州犬　△きしゅういぬ

きじゅん　基準［規準］　「表記の基準」

きしょう

　　気性　生まれつきの性質。「気性が荒い／進取の気性」

　　気象　大気中に発生する現象。「異常気象／気象観測」

きしょう　希少［稀少］　「希少価値」

きしょう　記章［徽章］　言い換え　バッジ

ぎしょう

　　偽称　名乗りを偽る。「肩書を偽称する」

　　偽証［欺証］　証言を偽る。「偽証罪」

ぎじょうへい　儀仗兵［儀仗兵］　言い換え　儀礼兵　＊自衛隊は「儀仗隊（員）」。

きしょくがわるい　気色が悪い　＊「気色ばむ」は、**きしょくばむ・けしきばむ**。

ぎしんあんき　疑心暗鬼　疑心があると、何でもないことにまで恐れや疑いの気持ちを抱くという意。『列子』説符の注から。×「疑心暗鬼を抱く」→**疑心暗鬼を生じる、疑心暗鬼に陥る、疑心暗鬼になる**

キス［kiss］（←キッス）

きずあと　傷痕［傷跡・傷痕・疵痕］　「戦争の傷痕」

キス・アンド・クライ［kiss and cry］　フィギュアスケートで演技後に採点発表を待つ場所。＊得点結果を見て喜びのキスを交わしたり、悔し泣きをしたりするから。

きすう［帰趨］→**成り行き、動向、行方、落ち着き先**

きずな　絆［絆］　「家族の絆」

きせい

　　期成　やり遂げようと互いに誓うこと。「期成同盟」

　　既成　すでに出来上がっている物事。「既成＝概念・事実・政党」

　　既製　すでに商品として出来上がっているもの。「既製＝品・服」

きせい　規制［規正・規整］　「規制緩和」　☞政治資金規正法

ぎせいしほん　擬制資本　公社債・株券・土地価格など現実の資本ではないが、利子・配当や地代などの収益を得られることから資本とみなされるもの。架空資本。疑制資本

きせき　奇跡［奇蹟］　アク キセキ、キ̄セキ、キセキ̄

きせきにいる　鬼籍に入る　死んで過去帳に記入される。死亡する。＊「鬼籍」は死者の名や死亡年月日を書き記す帳面。過去帳。　アク キセキ、キ̄セ̄キ

きせずして　期せずして　偶然、思いがけなく。「期せずして同じ飛行機に乗り合わせた」

きせつ　季節　期節

キセル［煙管］　①刻みたばこを吸う道具。②不正乗車。

きせん

　　汽船　蒸気機関を原動力とする船舶の総称。蒸気船。

　　機船　内燃機関を動力とする船。発動機船。

　　機先　物事が起ころうとする直前。「機先を制する」　気先

きぜん［毅然］　→厳然、決然、断固

きそ　地名（長野県）。

　　木曽　郡・町名。川・街道名。「木曽ヒノキ」

　　木祖　木曽郡の村名。

きそ　起訴　〔法律〕捜査の結果、検察官が特定の刑事事件について裁判所の審判を求める行為。「○○罪で起訴」＊法律上は「公判請求」「公訴（の）提起」と言う。☞提訴

きぞう・きそう　寄贈

ぎそう

　　偽装　いつわり。ごまかし。「偽装=結婚・工作・殺人」

　　擬装　カムフラージュ。「擬装=陣地・砲」

　　艤装［艤装］　船体が完成して進水した船に就航に必要な装備を施すこと。また、その装備。「ミサイルの艤装」

ぎぞう　偽造　「偽造紙幣」

きそうきょく　奇想曲［綺想曲］

ぎぞうぶんしょ　偽造文書　〔法律〕作成権限のない人が名義を偽って作成した文書。内容が真実に合致するか否か

は問わない。☞虚偽文書

きそくえんえん　気息奄々［気息奄々］ 言い換え **息も絶え絶え**

きそば　生そば［生蕎麦］ 読み　そば粉だけで混ぜ物のないそば。＊乾燥させたそばの対語の意味で「なまそば」と読ませる商品もあるが、「きそば」とは別の意味。

きそゆうよ　起訴猶予　〔法律〕犯罪の容疑はあるが、年齢や境遇、犯罪の軽重、情状などを考慮して検察官が起訴をしない処分。法律上は起訴猶予も不起訴に含まれるが、報道記事では両者を極力区分けする。☞不起訴

きそん　毀損［毀損・棄損］ 言い換え **損傷、破損**　「名誉毀損」

きそん・きぞん　既存　「既存の施設」

ギター［guitar］〔楽器〕 アク ギ￣ター

きたアルプス　北アルプス　通称。＊標準地名は、**飛驒山脈**。 略 北ア

きたい　期待　「期待に添う」 ×「期待倒れ」→**期待外れ** 重「期待のホープ」→**ホープ、期待の若手**

きだい　希代［稀代］　「希代の美術コレクター」 アク キ￣ダイ、キ￣ダイ ＊「きたい」とも。

Kitaca（キタカ）商〔JR北海道〕→**交通系ICカード**

きたがわ　姓。
北川　北川景子（俳優。1986～）
北側　北側一雄（政治家。1953～）
喜田川　喜田川守貞（江戸後期の風俗史家。1810～?）
喜多川　喜多川歌麿（江戸時代の浮世絵師。1753 ?～1806）

きたす　来す　「支障・変調=を来す」 来たす

きたちょうせん　北朝鮮（←朝鮮民主主義人民共和国）　＊「北鮮」と略さない。

きたの　姓。
北乃　北乃きい（俳優。1991～）
北野　北野武（映画監督。1947～）

きたマケドニア　北マケドニア［Republic of North Macedonia］ 2019年にマケドニアから国名変更。

ぎだゆう　義太夫［義太夫］

ギタリスト［guitarist］〔演奏家〕

「来る」と「来たる」

「来(た)れ若者 / 冬来(た)りなば春遠からじ / 笑う門には福来(た)る / 来(た)るべき選挙 / 来(た)る7月31日」

『送り仮名の付け方』(1973年内閣告示)には、連体詞の場合は最後の音節を送ることが示されており、常用漢字表にも「きたる○日」は「来る○日」とする用例が載っている。しかし、「来る」を「くる」と誤読する可能性は否定できない。また、やや文語的な表現で使われる動詞「きたる」については、常用漢字表に明示されていない。「福きたる」の場合、連体詞の送り仮名を援用すると「福来る」となる。しかしこれも「くる」と誤読される場合がある。連体詞・動詞いずれの場合も文脈を見て、誤読の恐れがあるようなら「来たる」と表記すべきだろう。冒頭の用例では両用並記の都合上「た」をかっこ書きとしたが、本書では「来たる」を原則表記としている。

きだん　奇談［綺談］　＊「きたん」とも。『パノラマ島奇談』(江戸川乱歩作)

きたんない　忌憚ない［忌憚ない］　言い換え **遠慮のない、率直な、腹蔵ない**　＊「忌憚のない」とも。「忌憚のない意見」

きち　機知［機智］　「機知に富む」

〜キチ　→〜マニア、大の〜好き、熱狂的な(〜の)ファン

きちにち・きちじつ・きつじつ　吉日

きちょうめん［几帳面］　「きちょうめんな性格」

キチン［chitin］　カニなどの殻に含まれる物質。

きづかう　気遣う　「気遣いの出来る人だ」　＊「気をつかう」は「使う」。

きづく　気付く　「忘れ物に気付く」

キックオフ［kickoff］　①サッカーなどの試合開始。②始まり。「キックオフミーティング」

キックボード　→キックスケーター　＊キックボードの商標権は失効したが、なるべく一般名称の「キックスケーター」を使う。日本キックスケーター協会という業界団体がある。

きつけ

**　気付け**　「気付け薬」

着付け 「花嫁衣装の着付け」

きづけ　気付 郵便物を相手の住所ではなく、立ち寄り先や関係先に送るときに宛先の下に書く語。「大使館気付」　＊「きつけ」とも。

きっこう　拮抗［拮抗］ 言い換え 張り合う、競り合う、対抗、伯仲

ぎっしゃ・ぎゅうしゃ 読み

　ぎっしゃ　牛車［牛車］ 牛が引く貴人の乗り物。

　ぎゅうしゃ　牛車 牛が引く荷車。

キッズ［kids］ 子供たち。

きっすい　生粋 「生粋の江戸っ子」

きっすい　喫水［吃水］ 「喫水線」

キッチュ［独 Kitsch］ 俗悪な。俗悪なものを生かした芸術作品など。

キッチン［kitchen］（←キチン） 台所。「システムキッチン」

キット［kit］ （材料・道具などの）一式。

きつね［狐］

　キツネ 〔動物〕「キタキツネ」

　きつね 〔比喩・慣用句など〕「きつね=色・うどん」

きつりつ［屹立］ →そそり立つ

きてい　規定［規程］ 「規定の書式」 ＊「自民党総裁公選規程」「国家公務員倫理規程」など固有名詞はその表記に従う。

ギテガ［Gitega］ ブルンジの首都。

きてん　機転［気転］ 「機転が利く」

きてん

　起点 〔↔終点〕始まりとなる点。「鉄道・路線=の起点」

　基点 基となる点。中心点。「○○を基点に半径 5 キロ」

キト［Quito］ エクアドルの首都。

きとう　祈禱［祈禱］ 言い換え 祈り、祈念、祈願

きとく　危篤 病気・けがが重く生命が危うい。「危篤に陥る」

きとく　奇特［奇篤］ 世論調査 「今どき奇特な人もいるものだ」

　○他と違って特別に優れていること。＊行いや心がけが感心なことにも使われる。2015 年度 49.9%

　×奇妙で珍しいこと。＊同 29.7%

キトサン［chitosan］ 多糖類。

きなこ 黄な粉・きな粉

ギニア 国名（アフリカ）。

ギニア［Guinea］ 首都はコナクリ。旧フランス領。

ギニアビサウ［Guinea-Bissau］ 首都はビサウで、旧ポルトガル領。

赤道ギニア［Equatorial Guinea］ 首都はマラボ。赤道上に国土はない。

きにち 忌日 命日のこと。アク キニチ、ギニチ ＊「きじつ」とも。「いみび」と読むと、陰陽道などで災いを避けるため身を慎む日。

きぬ

きぬ［衣］ 着物。「きぬ擦れ／ぬれぎぬ」 ＊慣用句は「歯に衣着せぬ」。

絹 まゆから取った繊維。「絹織り／絹織物／絹ごし豆腐」

ギネス 商〔ディアジオ〕→黒ビール

きねん

記念［紀念］ 覚えておく。「記念＝日・品」 ☞平和記念式典

祈念 祈る。「世界平和を祈念する」 ☞平和祈念式典

きのう 昨日［付昨日］

きのかわ 地名（和歌山県）。

紀の川 市名。行政上の河川名。県立高校名。

紀ノ川 国土地理院の表記。南海駅名。有吉佐和子の小説。

きのこ［茸］

キノコ 〔菌類〕「キノコ狩り」

きのこ 〔食べ物。比喩〕「きのこ＝汁・雲」

きのみきのまま 着の身着のまま 意味

○着ているもの以外は無一物。「着の身着のままで焼け出される」

×着衣のまま。「着の身着のままで川に飛び込む」

きのもと 地名（滋賀県）。

木之本 長浜市の地名。

木ノ本 JR北陸線駅名。

きば　牙［牙］　「自然の猛威が牙をむく」

きはく　気迫［気魄］　「相手の気迫に押される」

きはく　希薄［稀薄］　「危機意識が希薄だ」

きはん　規範［軌範］　「社会生活の規範」

きばん

 基盤　物事の土台。「強固な基盤/生活基盤」

 基板　電気回路が埋め込まれている板。ウエハー。「電子・
プリント=基板」

きびき　忌引　「祖母の死で忌引を取った」

きびす［踵］　かかと。履き物のかかとに当たる部分。「きび
すを返す（後戻りする。引き返す）/きびすを接する（隙間
なく並んだり続いたりすること）」

ギブ・アンド・テーク、ギブ・アンド・テイク［give-and-take］
譲り合い。持ちつ持たれつ。

きふく　帰服［帰伏］　言い換え 服従、帰順、降伏、降参　つき
従うこと。

ギプス［独 Gips］　石こう（の包帯）。ギブス

きべん　詭弁［詭弁・奇弁］　「詭弁を弄する」

きぼね　気骨　読み　☞きこつ・きぼね

きぼり　木彫り　「木彫りの置物」

きまぐれ　気まぐれ［気紛れ］　「シェフの気まぐれサラダ」

きまじめ　生真面目［生(付)真面目］　「生真面目な顔」

きまり　決まり［極まり］　「決まりをつける/本決まり/決まり=
手・文句」

きまりがわるい　きまりが悪い［極まりが悪い］

ぎまん　欺瞞［欺瞞］　言い換え 欺く、偽り、ごまかし

きみ

 黄み　黄色い色合い。「黄みを帯びた緑」

 黄身　卵黄。「目玉焼きの黄身をつぶして食べる」

きみじか　気短　「気短に事を行う」

きみつ

 気密　気圧の変化を受けないこと。「気密室/気密性が
高い服」

 機密　政治上・軍事上の重要な秘密。「機密を漏らす/
機密書類/データの機密性」

きみのなは

　　君の名は　菊田一夫の代表作。ラジオ・テレビドラマ、映画。

　　君の名は。　アニメ映画。

きめ

　　きめ［肌理］　肌やものの表面。「きめが細かい」

　　木目　木の板の表面に年輪が作り出す模様。「木目込み＝細工・人形」　＊「もくめ」とも。

きめたおし　きめ倒し［極め倒し］　相撲の決まり手。

きめだし　きめ出し［極め出し］　相撲の決まり手。

きめつける　決め付ける［極め付ける］

きも　肝［胆］　「肝試し／肝っ玉／肝が据わる／肝を＝つぶす・冷やす」　アク　キモ

きもいり　肝いり・肝煎り［肝煎り・肝入り］　仲介。世話（人）。

　　△「首相の肝いりで始まった会議」→首相の発案（提唱・主導）で始まった会議　＊発案・提唱（者）を指して使うのは本来の用法ではない。

きもち　気持ち

きもつき　地名（鹿児島県）。

　　肝属　郡名。

　　肝付　町名。

きもと　姓。

　　木本　木本花音（俳優・タレント。1997〜）

　　木元　木元教子（評論家。1932〜）

×肝に据えかねる　→腹に据えかねる

きもにめいじる　肝に銘じる　＊「肝に銘ずる」とも。肝に命じる

きもん　鬼門　陰陽道で、鬼が出入りするとされる不吉な方角（「丑寅・艮」＝北東）。「都の鬼門にあたる」　＊俗に、行くとろくな目に遭わない所や、苦手とする人物や事柄も言う。「私にとって東京は鬼門だ」

きゃくあし　客足

ぎゃくて・さかて　逆手　読み

　　ぎゃくて　柔道や格闘技の技など。＊相手の反論などを利用してやり返す意味の「逆手に取る」は「さかて」とも。

さかて 「鉄棒の逆手車輪／刀を逆手に持つ」

ぎゃくてん 逆転 「逆転勝ち」 逆点

きゃしゃ［華奢］ 「きゃしゃな体つき」

きやすい 気安い 「気安い付き合い」

キャスティングボート［casting vote］（←キャスティングボード）
決定権。キャスティングボード

キャスティング［casting］ ①映画や演劇の配役。②投げ
釣り。

キャスト［cast］ 配役。俳優。役割。従業員。「ドラマのキャ
スト」 アク キャスト

きやすめ 気休め 気安め

きゃたつ 脚立

キャタピラー 商〔キャタピラー〕→無限軌道（車）、走行用ベ
ルト

きゃっか 却下 〔法律〕①民事訴訟、行政訴訟では、訴え
の要件を欠くため内容の当否に立ち入るまでもなく申し立
てを退けること。いわゆる門前払い。「訴えを却下」②刑
事訴訟では、手続き上の申し立てを排斥する場合に用いら
れることがある。裁判官忌避、証拠・証人申請を退けると
きなどに多い。「証人申請を却下」

きゃっこうをあびる 脚光を浴びる 一躍、名声が高まる。
×脚光を集める ＊「脚光」はフットライト。「注目を集める」
との混用。

キャッシュカウ［cash cow（お金を産む牛）］ 安定収益源。
現金を生み出す事業。

キャッシュフロー［cash flow］ 現金収支。

キャッシュレス［cashless］ 現金を用いずカードなどで決済
すること。

キャッチアップ［catch up］ 追い上げ。追いつくこと。

キャッチー［catchy］ 興味をひきそうな様子。

キャッチフレーズ［catch phrase］ 宣伝文句。うたい文句。

キャッチホン 商〔NTT〕→割り込み電話

ギャップ
［gap］ 隙間。差。食い違い。
［Gap Inc.］ 米企業（衣料品）。＊ブランドは「GAP」。

キヤノン 日本企業。キャノン　アク キャ[´]ノン

キャパシティー［capacity］　容量。(収容)能力。

きゃはん　脚半［脚絆］　旅や作業をするとき、足を保護し動きやすくするためすねにつける布。「巻き脚半」

キャビア［caviar］　チョウザメの卵。

キャピタルゲイン［capital gain］　資産の売却や値上がりによる収益。値上がり益。資産売却益。株式譲渡益。

キャビンアテンダント［cabin attendant］　客室乗務員。

キャブレター［carburetor］　気化器。揮発器。

キャラバン［caravan］　隊商。隊列。＊「キャラバン隊」は重複表現だが許容。

キャラバンシューズ〔元商標〕　＊一般名称は「軽登山靴」。

キャラメル［caramel］〔菓子〕

ギャラリー［gallery］　広間。画廊。観衆。

ギャランティー、ギャラ［guarantee］　報酬。出演料。

キャリア［career］　経歴。履歴。「キャリアアップ」

キャリアー［carrier］　保菌者。感染者。運輸業者。通信事業者。

キャンディー［candy］(←キャンデー)

キャンバス［canvas］　画布など。＊カンバスとも。

キャンパス［campus］　学園。大学などの構内、敷地。

キャンプデービッド［Camp David］　米メリーランド州にある米大統領の別荘。2012年サミット開催。

キャンプファイア［campfire］(←キャンプファイヤー)

キャンペーン［campaign］　宣伝活動。

キャンベラ［Canberra］　オーストラリアの首都。

きゅう［灸］　「おきゅう/きゅう師」

きゅう　杞憂［杞憂］ 言い換え 取り越し苦労、無用の心配

きゅういん　吸引　「アヘン・大麻=の吸引/掃除機の吸引力」＊アヘンなどには「吸飲」を使うこともある。

きゅうかく　嗅覚［嗅覚］　「犬は嗅覚が発達している」

△休火山・死火山　現在は「休火山」「死火山」は用いない。かつては、噴火活動はないが活動の記録が残っている火山を「休火山」、噴火・噴気活動を続けている火山を「活火山」、活動の記録がない火山を「死火山」と三つに分類して

き

いた。しかし、火山の寿命は長く、噴火活動の記録だけで
分類することは意味がない。防災上、誤解を招くことにも
なるため使われなくなった。

きゅうきゅうしゃ 救急車 ×急救車

きゅうきゅうとして［汲々として］言い換え あくせく、ゆとりな
く

きゅうきょ 急きょ・急遽［急遽］言い換え 急ぎ、急いで、急
に、緊急に

きゅうきょう 窮境［窮況］「窮境に陥る」

きゅうきょく 究極［窮極］「究極の目的」

きゅうげき

急激 急で激しいさま。×急劇

急撃 急に激しく攻撃すること。

きゅうし 臼歯［臼歯］ ＊一般的には「奥歯」とも言う。

きゅうしにいっしょう 九死に一生

きゅうしゃ 厩舎［厩舎］言い換え 馬小屋、うまや

ぎゅうしゃ 牛車 読み ☞ぎっしゃ・ぎゅうしゃ

きゅうしゅうフィナンシャルグループ 九州フィナンシャルグ
ループ 日本企業。鹿児島銀行、肥後銀行の持ち株会社。

きゅうしゅきょうぎ 鳩首協議［鳩首協議］ ＊ハトが首を寄せ
集めるように、額を寄せ合って相談するさま。

きゅうしゅん 急峻［急峻］言い換え （非常に）険しい 「急
峻な岩場」

ぎゅうじる 牛耳る 「党内を牛耳る」

きゅうしん

急伸 業績・株価などが急に伸びる。「売り上げ・株価＝が
急伸する」

急進 〔↔漸進〕目的に急いで進む。「艦船を急進させる
/急進派」

きゅうす 急須［急須］「急須で茶を入れる」

きゅうする

休する 終わる。やむ。「万事休す」

窮する 困る。「生活に窮する/窮すれば通ず」

給する 与える。支給する。「学費を給する」

きゅうせき 旧跡［旧蹟］「名所旧跡」

きゅうせんぽう　急先鋒［急先鋒］

きゅうだん　糾弾［糾弾］　「政権の腐敗を糾弾する」

きゅうてき［仇敵］　→敵、あだ

きゅうてんかい

　急展開　急に範囲・様相などが広がる、進展する。「交渉・
　　作戦・事態＝が急展開する」

　急転回　くるりと方向を変える。「車を急転回させる/減税
　　から増税へ政策を急転回させる」

きゅうとう　給湯　「給湯器」　きゅうゆ

牛乳石鹸 ⓐ〔牛乳石鹸共進社〕　→浴用せっけん

きゅうはく

　急迫　差し迫る。「急迫した事態/情勢の急迫」

　窮迫　困りきる。「財政の窮迫/生活が窮迫」

キユーピー　日本企業。 アク キユーピー

キュービズム［cubism］　立体派。立体主義。＊キュビズム
　などの表記も。

キューピッド［Cupid］　キューピット

きゅうぼん　旧盆　☞コラム「お盆」

きゅうむいん　厩務員［厩務員］

きゅうめい

　究明　道理・原因などを究め明らかにする。「真相を究明
　　する」

　糾明［糺明］　罪状などをただし明らかにする。「責任の
　　糾明を求める」

きゅうめいがん　救命丸　＊登録商標は「宇津救命丸」〔宇津
　救命丸〕。「救命丸」単独での商標登録はない。一般名
　称は「小児薬」。

きゅうゆ　給油　「給油所」　☞給湯（きゅうとう）

きゅうり　キュウリ［胡瓜］〔野菜〕　×きうり

きゅうろう［旧臘］　→昨年末、旧冬　＊臘は陰暦12月。

キュレーション［curation］　インターネット上の情報を収集
　しまとめること。「キュレーション（まとめ）サイト」

キュレーター［curator］　学芸員。

きょう　今日［付 今日］

きょう　卿［卿］　「チャーチル卿/枢機卿」

~狂　→～マニア、大の～好き、熱狂的な（～の）ファン

きょうあい［狭隘］→狭い、狭苦しい、窮屈な

きょうあく　凶悪［兇悪］　「凶悪犯」

きょうい

脅威　脅し。恐れ。威力。「脅威を感じる/自然の脅威（台風などの災害・気象）/軍事的脅威」

驚異　普通では考えられない驚き。「自然の驚異（景観など）/驚異的な記録/驚異的な進歩」

きょういく　**教育**　アク　キョーイク

きょうえん

共演　同じ舞台・ドラマなどに出演する。「共演メンバー/大スターとの初共演」

競演　同じ役柄・演目などを競い合う。「忠臣蔵を競演/ビッグバンドの競演」

協演　協力して演奏する。「ベルリンフィルとの協演」

きょうえん　供宴［饗宴］　「中世の供宴の様子を再現」　＊天皇の「即位の礼」関連の儀式・行事は「饗宴の儀」。

きょうおう　供応［饗応］　「供応役」

きょうか　供花　アク　キョーカ　＊仏教用語としては、くげ。アク　グゲ

きょうかい　教戒［教誨］　教えいましめる。「教戒を=受ける・施す」

きょうかいし　教誨師［教誨師］　囚人を教えさとす宗教家。

きょうかく　侠客［俠客］　きょうきゃく

きょうがく　驚愕［驚愕］　言い換え　（非常に）驚く、仰天、肝をつぶす　「驚愕の事実」

きょうかつ　恐喝［脅喝］

きょうかん　凶漢［兇漢］

きょうき　凶器［兇器］　「凶器の刃物/凶器準備集合罪」

ぎょうぎょうしい　仰々しい［業々しい］　「仰々しいあいさつ」

きょうきん　胸襟　「胸襟を開く」

きょうこ　強固［鞏固］　「強固な意志」

教護院　→児童自立支援施設　1997 年の児童福祉法改正に伴い改称。

きょうこう　凶行［兇行］　「凶行に及ぶ」

きょうこう

強行 障害・困難・反対を押し切って行う。「工事・試合=を強行する/審議打ち切りの強行策/強行=採決・突破」

強硬 手ごわい。強い態度で押し通そうとする。「強硬な=意見・抗議・態度/強硬に主張/強硬手段/対日強硬策」

強攻 強気で攻める。「ヒットエンドランの強攻/強攻策で大量得点」

ポイント 「強行策/強硬策/強攻策」は、内容によって使い分ける。

きょうこう　教皇 ローマ・カトリックの最高位。「ローマ教皇」

きょうごう　強豪［強剛］ 「強豪同士の対戦」

ぎょうこう［僥倖］ →（思わぬ）幸運、（思わぬ）幸せ

きょうこつ　頬骨［頬骨］

きょうさ　教唆

きょうさく　狭窄［狭窄］ 「視野狭窄」 ×きょうさ

きょうざつぶつ［夾雑物］ →不純物、混じり物

きょうざめ　興ざめ［興醒め］

きょうじ　矜持［矜恃・矜持］ 言い換え 誇り、自負

△きんじ

ぎょうじ　行事 アク ギョージ、ギョージ

ぎょうじゃ　行者 ぎょうしゃ ＊「**あんじゃ**」と読めば、寺院で諸種の用務に従事する給仕。「あん」は唐音。

きょうしょう　狭小［狭少］ 「狭小住宅」

きょうじる　興じる 「ゲームに興じる」 ×こうじる

きょうじん　凶刃［兇刃］ 「凶刃に倒れる」

きょうじん　強靱［強靭］ 言い換え 粘り強い、強固、頑丈

きょうせい　矯正［匡正］ 「矯正視力/歯列矯正」

ぎょうせい　行政 アク ギョーセー

ぎょうせい　疑陽性［擬陽性］

ぎょうせき

行跡 行状。日ごろの行い。「道徳的には好ましくない行跡/不行跡」

業績 成果。「業績を残す/業績不振」

きょうそう

競走 走り競う。「徒・自転車・モーターボート=競走/競走

馬」

競争 互いに優劣を争う。「生存競争/競争価格」

競漕[競漕] こぎ比べ。「ペーロン競漕」

ぎょうそう・けいそう　形相　[読み]

ぎょうそう 〔一般〕「鬼の形相」

けいそう 〔哲学〕

きょうそうきょく

協奏曲 コンチェルト。「ピアノ協奏曲」

狂想曲 カプリッチオ。

狂騒曲 〔比喩〕「歳末狂騒曲」

きょうそく　脇息[脇息]

きょうそん・きょうぞん　共存

きょうだい

兄弟 兄と弟。「義・グリム=兄弟」

きょうだい[姉弟・兄妹] 性別不明や男女の場合。「私は姉2人、兄1人の4人きょうだいの末っ子です」

きょうたん　驚嘆[驚歎]　「驚嘆すべき事実」

きょうてん

教典 教育上や宗教上の基本となる書物。「初等教育の教典」

経典 宗教的な教えの書。「仏教・キリスト教・イスラム教=の経典」 ＊「四書五経」など儒教の書は「経典（けいてん）」。

きょうどう

共同 〔一般〕一緒に行う・使う。「共同作業」
×「共同共謀正犯」→**共謀共同正犯**

協同 〔限定〕複数人・団体が力を合わせる。「協同=一致・組合/産学協同」

協働 力を合わせて活動する。「行政とNPOの協働」

きょうとうほ　橋頭堡[橋頭堡]　[言い換え]**足掛かり、拠点**

きょうねん　享年　天からうけた年数。＊事件や事故、疾病などで幼くして命を奪われた小児に使うのはふさわしくない。重「享年○○歳」→**享年○○**

きょうばい　競売　＊法律用語では「けいばい」だが、放送では「きょうばい」。

187

きょうはく

　脅迫　〔刑法〕おどし。「脅迫=罪・状／暴行脅迫」

　強迫　〔民法。医学・心理学〕無理強い。「強迫による意思表示／詐欺または強迫／強迫=観念・神経症」

　ポイント　法律用語では「脅迫」は刑法上、人に危害を加えるようなことを言ったり、態度で示したりして脅すこと。「強迫」は民法上、他人に危害を加えるような言動を示して恐怖心を生じさせ、無理に意思決定させること。

きょうへん　凶変［兇変］「凶変に立ち向かう」

きょうべんをとる［教鞭を執る］→**教える、教壇に立つ、教職に就く**　＊「教鞭」は教師が授業、講義の際に持った鞭。

きょうぼう　凶暴［兇暴］

きょうぼく［喬木］→**高木**

きょうまん［驕慢］→**高慢、横柄**

きょうみしんしん　興味津々　興味深々

きょうよう

　共用　2人以上が共同で使う。「共用の水道／炊事場の共用」

　供用　使用させる。「施設の供用／供用林」

きょうりきこ　強力粉　〔↔薄力粉〕　きょうりょくこ

きょうりょう［橋梁］→**橋**　＊「橋梁工事」は「架橋工事」「橋の修理工事」などのように言い換える。

きょうわ

　協和　心を合わせ仲良くすること。「協和の精神／民族の協和」

　共和　共同して事にあたること。「共和=国・制」

ギョーザ［餃子］

きょか［炬火］→**たいまつ、トーチ**　＊国民体育大会（2023年開催の佐賀大会から国民スポーツ大会）では「炬火」、五輪では「聖火」が使われる。

ぎょか　漁家　りょうか

ぎょかい　魚介［魚貝］「魚介類（海産動物の総称）」

きょかん　巨漢　×「容疑者は体重100キロの巨漢の女」→**大柄な女**　＊「漢」は男の意味。

ぎょき　漁期［漁季］漁業の好期。＊「りょうき」とも。

きょぎぶんしょ　虚偽文書　〔法律〕公務員など正当な作成権限を持つ人が作成した文書で、内容が真実に反するもの。☞偽造文書

きょきん　拠金［醵金］

きょくげん

　局限　範囲を限る。「問題を局限する」

　極限　ぎりぎりのところ。「体力の極限に達する」

きょくげん

　極言　極端に誇張して言う。「あえて極言すれば」

　曲言　〔↔直言〕遠回しに言う。「曲言して真意をつかませない」

ぎょくせきこんこう　玉石混交［玉石混淆］

きょくち

　局地　限られた土地・区域。「局地戦／局地的豪雨」

　極地　行き着く果ての地。北極・南極。「極地探検／極地法（登山・探検での方法）」

　極致　最高の境地。きわみ。「美の極致」

きょくび・ごくび　極微　＊「極微電解」は、きょくび。

きょくめん　局面　アク キョクメン、キョクメン

きょさつ　巨刹［巨刹］　言い換え 大寺院

⚠挙式を挙げる　→式を挙げる、挙式する

ぎょしゃ　御者［馭者］

きょしゅつ　拠出［醵出］

ぎょしょう　魚礁　＊人工的な場合は「漁礁」も使う。

ぎょじょう　漁場　＊「ぎょば」「りょうば」とも。

きょじん　巨人

　①大きな人。優れた人。アク キョジン

　②プロ野球のチーム名。アク キョジン

きょしんたんかい　虚心坦懐［虚心坦懐］　言い換え こだわりなく、虚心、わだかまりなく

ぎょする　御する［馭する］　「荒馬を御する」

漁夫　→漁民、漁師、漁船員　＊人と人が争っているのに乗じて第三者が利益を得るという意のことわざ「漁夫の利」は、言い換えずに使う。

ぎょぶつ　御物　「正倉院の御物」　△ごもつ

きょほう　巨峰　〔ブドウ〕　＊登録商標だが普通名称化したとされる。巨砲

きよほうへん　毀誉褒貶 ［毀誉褒貶］ 言い換え 世評、評判

ぎょもう　漁網 ［魚網］

ぎょろう　漁労 ［漁撈］　「漁労長」

キラーコンテンツ ［killer contents］　魅力的な情報の内容。

きらい

　嫌い　〔↔好き〕不快。「好き嫌い／人嫌い／忌み嫌う」

　きらい　傾向。気味。「男女のきらいなく選抜／独断専行のきらいがある」

きらぼしぎんこう　きらぼし銀行　日本企業。＊2018年、東京都民銀行、八千代銀行、新銀行東京の3行が合併し発足。持ち株会社は「東京きらぼしフィナンシャルグループ」。

きらほしのごとし　きら星のごとし ［綺羅星の如し］　きらびやかな衣装をまとった人たち。実力者がずらりと並ぶさま。「きらぼし」とは読まない。アク ギラ-ホシノゴトシ

　×「綺羅星のごとく新人が現れた」→**期待の新星が現れた**　＊綺羅星（きらぼし）という星はない。本来、複数の人を指す言葉で、1人を指すものではない。

きり

　切り　〔名詞〕「切りがない／打ち切り／読み切り」

　きり　〔助詞〕「行ったきり／これっきり／二人きり」

　きり ［限］　受け渡し期限。「9月きり／先ぎり／当ぎり」

きり ［桐］　アク キリ

　キリ　〔植物〕

　桐　〔加工品〕「桐のたんす」

きり ［錐］　アク ギリ

きり　霧　アク キリ

きりあげ　切り上げ　「小数点以下切り上げ／中国元の切り上げ」

きりあげる　切り上げる　「端数を切り上げる／このあたりで切り上げよう」

きりうり　切り売り　「スイカ・知識＝の切り売り」

きりかえ　切り替え　「ポイントの切り替え／頭の切り替えが早い」

きりかえす 切り返す 「意地悪な質問を鮮やかに切り返す」

きりくずす 切り崩す 「反対派を切り崩す/山を切り崩して
　住宅地にする」 ×「貯金を切り崩す」→**貯金を取り崩す**

きりこ
　切り子 「切り子細工」
　〜切子 〔地名等を冠した工芸品〕「江戸・薩摩=切子」

きりこうじょう 切り口上 一句、一語ずつはっきりと区切って
　いう口上。また、改まった堅苦しい話し方のこと。「切り口
　上のあいさつ」

きりさげ 切り下げ 「ユーロの切り下げ」

きりさげる 切り下げる 「髪・米ドル=を切り下げる」

きりすて 切り捨て 「切り捨て御免」

きりすてる 切り捨てる 「弱者を切り捨てるような政策」

きりだす 切り出す 「山から石材・別れ話=を切り出す」

きりつ 規律［紀律］

きりづま 切り妻 「切り妻造りの社殿/切り妻屋根」

きりどおし 切り通し 「鎌倉の切り通し」

きりぬき 切り抜き 「新聞の切り抜き」

きりは 切り羽［切り端］ 鉱石・石炭の採掘やトンネル工事
　の掘削が行われる現場。

きりはなす 切り離す 「後ろの車両を切り離す」

きりふだ 切り札 「最後の切り札を出す」

きりぼし 切り干し 「切り干し大根」

きりみ 切り身 「魚の切り身」

きりもり 切り盛り 「店の切り盛りを任せる」

きりゅうさん 希硫酸［稀硫酸］

ぎりょう 技量［技倆］ 「技量が試される」

キリンビール 日本企業。＊登記名は「麒麟麦酒」。持ち株
　会社は「キリンホールディングス」。

きる
　切る［伐る・截る・剪る］ 〔一般〕「野菜・縁・期限・電源・た
　んか=を切る/刃物で首を切られる/首を切る（解雇）」
　　☞コラム「『割る』と『切る』」
　斬る［斬る］ 〔限定〕「一刀の下に敵を斬る/時代・世相=
　を斬る/首を斬る（斬首刑など）/悪徳商法を斬る（強く

191

批判する)/つじ斬り」

ポイント 使い分けに迷う場合は「切る」を使う。

着るエアバッグ 商〔プロップ〕→装着型エアバッグ、着用タイプのエアバッグ

きれあじ 切れ味 「切れ味のいいナイフ」

きれい 奇麗・きれい〔綺麗〕

きれぎれ 切れ切れ 「切れ切れな記憶」

きれつ 亀裂〔亀裂〕 「地震の被害で壁に亀裂が生じた」

きれはし 切れ端 「布の切れ端」

きれもの 切れ者 「政界一の切れ者」

きろ

岐路 分かれ道。「人生の岐路」

帰路 帰り道。戻り道。「出先からの帰路」

きろくてきたんじかんおおあめじょうほう 記録的短時間大雨
情報 大雨警報発表中、数年に１度程度しか発生しない
短時間の大雨を観測・解析したときに、気象庁が発表す
る。１時間雨量の歴代１、２位の記録を参考に決める。

キロワット〔kilowatt〕 電力の単位。1000 ワット。＊「(キロ)
ワット」は設備の発電能力(出力)などを指し、「(キロ)ワット
時」は発電する電力量(出力×時間)のこと。

きわだつ 際立つ 「際立った特色」

きわどい 際どい〔際疾い〕 「際どいところで事故を免れる」

きわまる

極まる 極限。極度。最高。最上。「危険・感＝極まる/
失礼極まりない」

窮まる 行き詰まる。「窮まりなき宇宙/進退窮まる」

きわみ 極み 「遺憾の極み」

きわめつき 極め付き 定評のある確かなもの。「極め付き
の演技」 ＊書画などの骨董類に鑑定の証明書(極め書
き)が付いている意の「極め書き付き」から。極め付け

きわめる

極める 極限。極度。最高。最上。「山頂・栄華・位人臣＝
を極める/口を極めて褒める/見極める」

究める 深奥に達する。探究。追究。「学問・真相・真理・
道＝を究める」

き

192

窮める　突き詰める。「奥義を窮める」

きをいつにする　軌を一にする［揆を一にする］　気・期・機
　　を一にする

きんいつ　均一　きんいち

きんかぎょくじょう　金科玉条　一番大切な決まりや法律。絶
　　対的なよりどころ。「師の教えを金科玉条とする」　＊「金」
　　＝黄金、「玉」＝宝石、「科」「条」＝法律。

キンカン Ⓜ〔金冠堂〕→**痛み・かゆみ止め液、消炎鎮痛剤**

きんきしゃりょう　近畿車両　日本企業。＊登記名は「近畿車
　　輛」。

きんきゅうじしんそくほう　緊急地震速報　地震発生直後、震
　　源に近い地震計でとらえた観測データを解析して、震度5
　　弱以上の揺れが推定される場合に気象庁が発表する。

キングスタウン［Kingstown］　セントビンセント・グレナディー
　　ンの首都。

キングストン［Kingston］　ジャマイカの首都。

きんこ　禁錮［禁錮・禁固］　「禁錮10年の判決」

きんさ　僅差［僅差］ 言い換え 小差、微差、わずかな差

きんしたまご　錦糸卵［錦糸卵・金糸卵］

キンシャサ［Kinshasa］　コンゴ民主共和国の首都。

きんしゅ　筋腫［筋腫］　「子宮筋腫」

きんしゅう　錦秋［錦秋］　紅葉が錦の織物のように色鮮やか
　　な秋。「錦秋の候」

きんじゅう［禽獣］→**鳥獣**

きんしょう　僅少［僅少］　「残部僅少」

きんじょう　錦上［錦上］　錦など美しい物の上。「錦上に花を
　　添える」

ぎんしょう　吟唱［吟誦］　詩歌に節を付けて詠む。

ぎんじょう・だいぎんじょう 類語

　　吟醸　吟醸酒の略。玄米に対する重量の割合が60%以
　　　　下の白米、米こうじ、水または醸造用アルコールを原料と
　　　　して吟味、製造し、香味や色味の良好なもの。

　　大吟醸　吟醸酒のうち、玄米に対する重量の割合が50%
　　　　以下の白米を原料に醸造したもの。

きんじょうとうち　金城湯池　金でできた城と熱湯をたたえた堀

（湯池）。守りの堅固な城のこと。転じて、堅固で他の勢力から侵害されにくい地域・範囲。「保守派の金城湯池」

きんせい　均整［均斉］「均整のとれた体形」

きんせいひん　禁制品　禁製品×

きんせんにふれる　琴線に触れる　世論調査「心の琴線に触れる話」 ＊「琴線」とは感動し、共鳴する微妙な心情。感じやすい心情。アク キンセン

　　○感動や共鳴を与える。＊2007年度37.8％／15年度38.8％
　　×怒りを買ってしまう。＊「逆鱗に触れる」と混同され、怒りの感情を引き出す意味で使われる。2007年度35.6％／15年度31.2％

きんだい　大学の略称。

　　近大　近畿大学。

　　金大　金沢大学。

金太郎飴㊙〔金太郎飴本店〕→どこを切っても同じ顔のあめ、あめ菓子

きんにくしょうじょたい　筋肉少女帯　ロックバンド。～少女隊×

きんぱく　金箔［金箔］

きんむく　金無垢［金無垢］ 言い換え 純金

きんり　禁裏［禁裡］ 言い換え 宮中、御所

く・ク

ぐあい　具合［工合］「懐具合」

グアテマラし　グアテマラ市［Guatemala City］ グアテマラの首都。㊙国名のグアテマラと区別するために、「グアテマラ市」「グアテマラシティー」を使用。

グアバ［guava］（←グァバ）〔果実〕

クアハウス［独 Kurhaus］ 温泉付き保養施設。

クアラルンプール［Kuala Lumpur］ マレーシアの事実上の首都。＊行政首都はプトラジャヤ。

クアルコム［Qualcomm, Inc.］ 米企業（通信技術、半導体）。

くい［杭］「出るくいは打たれる」

クイーン［queen］ 女王。王妃。「かるたクイーン」

クウェートし　クウェート市［Kuwait City］ クウェートの首

都。㊟国名のクウェートと区別するために、「クウェート市」「クウェートシティー」を使用。

ぐうきょ［寓居］→仮住まい

空芯菜 ㊗〔溝川宜一ほか〕→空心菜、クウシンサイ

くうぜんぜつご　空前絶後　「空前」は前例がない、「絶後」は今後も起こりそうもないことを言う。＊前例がないだけなら、「前代未聞」「未曽有」でよい。

くうち　空地 類語 ☞あきち・くうち

空調服 ㊗〔空調服ほか〕→小型ファン付き作業服

くうていぶたい　空挺部隊［空挺部隊］ 言い換え 降下部隊

クーデター［仏 coup d'État］

グーテンベルク（ヨハネス）［Johannes Gutenberg］　活版印刷技術創始者。（独 1398 ごろ〜1468）

くうほう

　空包　弾丸が入っておらず音だけが出る弾薬。演習・儀礼用。「空包射撃」

　空砲　実弾を込めていない銃砲。また空包を撃つこと。「空砲で脅す／空砲を鳴らす」

クーリングオフ［cooling-off］　一定期間内なら無条件で契約が解除できる制度。

クール宅急便 ㊗〔ヤマトホールディングス〕→**クール宅配便、保冷宅配便**

クールミント ㊗〔ロッテ〕→**ハッカ入りのガム**

ぐうわ　寓話［寓話］

クエーカー［Quaker］　キリスト教の一派。

クエスチョンマーク［question mark］　疑問符。

クォーク［quark］（←クオーク）　物質の基本粒子。

クオータ［quota］　割り当て。「クオータ制」

クオーター［quarter］　4 分の 1。

クオーターバック［quarterback］　〔アメリカンフットボール〕司令塔。

クオーツ［quartz］　水晶。

クオリティー［quality］　品質。「クオリティーペーパー」

クオリティースタート［quality start］　野球で先発投手が 6 回以上で自責点 3 以下に抑えること。先発投手の安定感

を評価する指標となる。

クオンツ［quants］　数理分析。定量分析。「クオンツ運用」

くかく　区画［区劃］　「区画整理」

くがつ　9月　アク クガツ　☞長月（ながつき）

くぎ［釘］　「くぎを刺す／くぎ゠抜き・付け」

くきょう　苦境［苦況］　「苦境に立つ」

くくる［括る］　「ひもでくくる／締めくくり」

くぐる［潜る］　「トンネル・門゠をくぐる」

くげ　公家［公家］

くけい［矩形］　→**長方形**

くさい

　　臭い　におう。「足・息゠が臭い／汗・かび・焦げ・酒゠臭い」

　　〜くさい　いかにも〜のような感じ・気配。「うさん・照れ・面倒゠くさい」

くさばのかげ　草葉の陰　墓の下。あの世。草場の陰

くさび［楔］　「くさびを打ち込む」

くさむら　草むら［叢］

くし　串［串］　「串焼き／玉串」

くし［櫛］　「髪にくしを入れる」

　　×「くしの歯が抜ける（抜けた）ように」→**くしの歯が欠ける（欠けた）ように**　＊櫛の歯は欠けるもの。

くじく［挫く］　「足首・出はな゠をくじく」

くしくも［奇しくも］　きしくも

くじびき　くじ引き［籤引き］　「くじ引きで順番を決める」

くしゃくにけん　九尺二間　間口9尺、奥行き2間の狭い家。きゅうしゃくにけん

くじゅう

　　苦汁　苦い経験。「苦汁を゠なめる・飲む／苦汁の日々」

　　苦渋　苦悩。心の苦しみ。「苦渋に満ちた顔／苦渋の決断」

くじゅう・ここのえ　地名（大分県）。

　　くじゅう　九重・くじゅう　「九重山・九重連山（気象庁など官庁）／くじゅう山系（山系の総称、自治体作成の火山防災マップなど）／阿蘇くじゅう国立公園」

　　くじゅう　久住　くじゅう山系の一峰。「久住山」

　　ここのえ　九重　町名。

196

くず[屑] 「紙くず/くず糸」

くず[葛]

　クズ 〔植物〕秋の七草の一つ。

　葛 〔加工したもの〕「葛切り/葛餅/葛湯」

くずおれる[頽れる] 崩れるように倒れる・座り込む。気力
を失う。

くすだま　くす玉[薬玉] 「くす玉割り」

くすのき　クスノキ[樟・楠] 「樹齢800年のクスノキ」

くずは 地名（大阪府）。

　楠葉 枚方市の地名（楠葉○○）。中学校名。

　樟葉 京阪駅名。小学校名。

ぐずる[愚図る]

くすんごぶ　九寸五分 短刀。×××きゅうすんごぶ

くぜつ　口説[口舌] 口先だけのものいい、言い争いのこと。
＊「口舌」とも書くが「こうぜつ」と紛らわしいため、「口説」と
表記する。☞口舌（こうぜつ）の徒

くせもの

　くせ者[曲者] 怪しい人物。「くせ者が忍び込む」

　くせもの[曲物] 用心すべき状態・物事。「その親切がく
せものだ」

くだいめ　九代目 読み 〔芸能などで〕 アク クダイメ

ください

　下さい 「くれ」の尊敬語。「お手紙・しばらくの猶予＝を下
さい」

　ください[下さい] 〔補助動詞〕「お帰り・ご注意・ご了承＝
ください」

くだす　下す[降す] 「命令・強敵・手＝を下す」

くだもの　果物[付]果物

くだら　百済 古くから日本で使われている呼び名。＊漢字
の音読み「ひゃくさい」や、現代韓国・朝鮮語に基づく原音
読み「ペクチェ」も使われる。

くだらない[下らない] 価値がない。つまらない。

くだり　下り 「下り＝坂・車線・列車」

くだり

　[件・条] 文章の一部分。「冒頭のくだりがよく書けている」

［行］　文章の1行。「三くだり半」

ぐち　愚痴　「愚痴をこぼす/愚痴る」

くちあけ　口開け

くちあたり　口当たり　「口当たりのいいお酒」

くちいれ　口入れ　「口入れ業」

くちうつし

　口写し　話しぶりや話す内容がそっくりそのまま。「先生の説の口写し」

　口移し　飲食物を口から口へ移し入れる。口頭で直接言い伝える。「水を口移しで飲ませる/口移しで教え込む」

くちうら　口裏　「口裏を合わせる」

くちおしい　口惜しい　「口惜しい思いがある」

くちがすっぱくなる　口が酸っぱくなる　同じことを何度も繰り返して言うさま。「口が酸っぱくなるほど言ったのに」

くちがたい　口堅い　「口堅い男なので信用して大丈夫だ」

くちきき　口利き　「就職の口利きを頼む」

くちぎたない　口汚い　「口汚くののしる」

くちきり　口切り　「口切りの茶事」

×口車を合わせる　→**口裏を合わせる**　＊「口車に乗せる」との混同。

くちごたえ　口答え　「親に口答えする」

くちコミ　口コミ　うわさ、評判、情報を口伝えに広めること。「口コミで売れた商品」　＊「マスコミ」をもじった言い方。

×口先三寸　→**舌先三寸**

くちずさむ　口ずさむ［口遊む］　「ヒット曲を口ずさむ」

くちぞえ　口添え　「有力者の口添えで解決した」

くちづけ　口づけ［口付け］

くちづたえ　口伝え　「うわさが口伝えに広まる」

くちづて　口づて［口伝て］　「友人の消息を口づてに聞く」

くちどめ　口止め　「口止め料」

くちなし［梔・梔子］

　クチナシ　〔植物〕「クチナシの果実から抽出した成分」

　くちなし　〔一般〕「くちなし色/くちなしの花（歌曲名）」

くちばし［嘴］　「くちばしが黄色い（若くて未熟）/くちばしを入れる（自分とは関係ないことに口を出す）」

くちばしる　口走る　「興奮してあらぬことを口走る」

くちはてる　朽ち果てる　「朽ち果てた建物」

くちはばったい　口幅ったい　「口幅ったいことを言うようですが」

くちはわざわいのもと　口は災いの元　うっかり言った言葉が思いがけない災いを招くことがある。不用意にものを言ってはならない意。

くちび　口火　「口火を切る」

くちびる　唇　「唇を゠かむ・とがらす」

くちぶり　口ぶり［口振り］　「まるで当事者のような口ぶり」

くちもと　口元［口許］　「口元を押さえる」

くちる　朽ちる　「朽ちて落ちそうな橋/朽ちることのない名声/朽ち゠木・葉」

×口をつむる　→口をつぐむ

×口を濁す　→言葉を濁す

くつ　靴　「革靴/長靴」

くつがえす・くつがえる　覆す・覆る　「定説を覆す/政権が覆る」

クッキー［cookie］　①小麦を主原料にした小型焼き菓子。②ウェブサイトの閲覧履歴などを把握する仕組みや機能。＊クッキーの仕組みで得た情報は「クッキー情報」。

くっさく　掘削［掘鑿］　＊「鑿」は、うがつ。

くっし　屈指　指を折って数える意から、多くの中で数え上げるに値するほど特にすぐれていること。「屈指の強豪校」
　　×「史上屈指の大泥棒」→悪名高い大泥棒、世上よく知られた大泥棒　＊悪いものについては用いない。

重ぐっすりと熟睡する　→ぐっすりと眠る、熟睡する

くったく　屈託　「屈託がない」

クッチャロこ・くっしゃろこ・くったらこ

　　クッチャロ湖　オホーツク海沿岸の汽水湖。

　　屈斜路湖　北海道東部弟子屈町にあるカルデラ湖。全域が阿寒国立公園になっている。

　　倶多楽湖　北海道南西部白老町にあるカルデラ湖。支笏洞爺国立公園の中にある。

くっぷく　屈服［屈伏］　「権力に屈服する」

くつろぐ［寛ぐ］「自宅でくつろぐ」

グテレス、グテーレス（アントニオ）［Antonio Guterres］　国連事務総長。2017年就任。（葡1949〜）

くてん　句点　文が終わった印として文末につける「。」の符号。↔読点

くでん　口伝　✕✕こうでん

くどう　姓。
　　工藤　工藤公康（野球選手・監督。1963〜）
　　宮藤　宮藤官九郎（脚本家・俳優。1970〜）
　　宮東　＊「みやひがし」「みやとう」なども。

くとうてん　句読点　句点「。」と読点「、」。

くどく　口説く　「親を口説いて費用を出させる」

くどく　功徳　「功徳を施す」

くに　国［國・圀］　アク クニ

くにくのさく　苦肉の策　「苦肉の策を講じる」

くにづくり　国造り［国作り］「新たな国造りに挑む」

くに（の）ないがい　国（の）内外　☞国内外（こくないがい）

くにもと　国元［国許］「国元へ帰る」

くにやぶれてさんがあり　国破れて山河あり　中国・唐代の詩人杜甫の詩から。国は滅びても自然は昔のまま残っているという意。国✕敗れて山河あり

くのう　苦悩　アク クノー、クノー

くはい　苦杯　苦✕敗
　　✕「苦杯にまみれる」→苦杯をなめる、苦杯を喫する　＊「一敗地にまみれる」との混同。

くび　首［頸］　✕「首をもたげる」→頭をもたげる

くびかざり　首飾り

くびきり　首切り　解雇。

くびじっけん　首実検　本人かどうかの確認。首実✕験

くびったけ　首ったけ［首っ丈］「彼女に首ったけだ」

くびっぴき　首っ引き　「辞書と首っ引きで翻訳した」

くびなげ　首投げ　相撲の決まり手、レスリングなど格闘技の投げ技の一種。

くふう　工夫［工風］「新しい方法を工夫する」

くぶくりん　九分九厘　✕✕✕きゅうぶ✕✕✕きゅうりん

くぼた 姓。

窪田 窪田義行（将棋棋士。1972〜）、窪田正孝（俳優。1988〜）

久保田 久保田万太郎（作家。1889〜1963）、久保田利伸（シンガー・ソングライター。1962〜）

くま[熊] ＊「くまモン（熊本県 PR マスコットキャラクター）」。

クマ 〔動植物〕「アナグマ／クマザサ／クマゼミ／ヒグマ」

熊 〔一般〕「木彫りの熊／熊手／穴熊〔将棋〕」

くまがい・くまがや 熊谷 読み

くまがい 「熊谷組（日本企業〈建設〉）」

くまがや 「熊谷市（埼玉県の市）」

くまのプーさん

クマのプーさん[Winnie-the-Pooh] A・A・ミルンの児童小説。

くまのプーさん[Winnie the Pooh] ミルンの小説に基づくディズニーのキャラクター。

くみ

組み 〔動作性のある用法〕組み合わせ。「4 枚組みの写真／石・腕・仕＝CD 3 枚・枠＝組み／活字の組み違い／組み＝写真・体操・立て」 ＊「縁組／組合／組曲／組立＝業・工」は慣用により送り仮名を省く。

組 グループなど。「5 組の夫婦／3 人組／CD セット 4 組／赤組・白組／組員／組替え（クラス替え）／組分け／組違い同番号（宝くじ）」

くみかえ

組み替え 〔一般〕「予算の組み替え」

組み換え 〔遺伝学〕「遺伝子の組み換え」

くみする[与する] アク クミスル

くむ

くむ[汲む] すくう。取り入れる。「水・流れ＝をくむ／意見をくみ上げる／誠意がくみ取れる」

酌む 酒をつぐ。推察。思いやる。「気持ち・事情＝を酌む／酒を酌み交わす」

くも 雲 「雲間／雲＝隠れ・行き」

くも クモ[蜘蛛] 「クモの巣」 ＊「くも膜下出血（病名）」。

×「クモを散らすように」→**クモの子を散らすように**

くもり　曇り　「曇り=がち・空」

くもる　曇る　「湯気でガラスが曇る/顔を曇らす」

くもん　苦悶［苦悶］｜言い換え｜**苦しみ、苦悩**

くやしい　悔しい［口惜しい］「悔しい思い/悔し泣き」

くやむ　悔やむ　「失敗を悔やむ/お悔やみ」

くゆらす［燻らす］「パイプをくゆらす」

くよう　供養　「永代供養」

くら

　倉　倉庫。「製品を倉に納める/倉渡し/倉荷証券」

　蔵　土蔵など。「質店の蔵/穴蔵/米蔵/酒蔵/蔵払い/蔵
　　元/お蔵になる」

くら［鞍］「馬の背にくらを置く/参議院議員から衆議院議
　員へくら替えする」

くらい

　位　〔名詞〕「位が=上がる・高い/百の位/位人臣を極める
　　（臣下として最高の位に就く。位人身～）」

　くらい（ぐらい）［位］〔助詞〕「休みの日くらい/どのくらい
　　/これぐらい/中ぐらい」

クライアント［client］　顧客。広告主。依頼人。

クライシス［crisis］　危機。重大局面。「宅配クライシス」

クラウディングアウト［crowding out］　押し出し。公的部門
　による民間需要の圧迫。

クラウドコンピューティング［cloud（雲）computing］　イン
　ターネットを通じてソフトやデータを使う仕組み。

クラウドソーシング［crowd（群衆・大衆）sourcing］　不特
　定多数への業務委託。

クラウドファンディング［crowd（群衆・大衆）funding］　不
　特定多数からの資金調達。

クラウドワーカー㊂〔クラウドワークス〕→**クラウドソーシン
　グで働く人、ネットなどを介して仕事を請け負う人**

グラウンド［ground］　地面。運動場。×グランド

グラクソ・スミスクライン［GlaxoSmithKline plc］　英企業
　（医薬品）。略 GSK

クラシック［classic］（←クラッシック）

くらずし　くら寿司　日本企業。＊2019年に「くらコーポレーション」から社名変更。回転ずしチェーン店は「無添くら寿司」。英語表記は「Kura Sushi」。

グラススキー［grass skiing］　芝の上を滑るスキー。

クラスター［cluster］　房。群れ。感染者集団。

グラスターゾル㊟〔日本磨料工業〕→**磨きつや出し剤**

クラスメート［classmate］（←クラスメイト）　同級生。級友。

グラデーション［gradation］　濃淡。ぼかし。

グラビアページ［和製 gravure page］　雑誌などの写真ページ。

クラビノーバ㊟〔ヤマハ〕→**電子ピアノ**

クラブ［club］
　①ゴルフ道具。学校の部活動。会員制の集まり。親睦団体。高級酒場。|アク| ク￣ラブ
　②若者向けのダンス音楽を楽しむ店。|アク| クラ￣ブ

グラブ［glove］〔野球〕☞**グローブ**

グラフィック［graphic］　「グラフィックデザイン」

グラフィティ［graffiti］　落書き。

クラフト［craft］　工芸。手仕事。「クラフトビール」

クラフトチーズ〔元商標〕

くらべる　比べる［較べる・競べる］

クラボウ　日本企業。＊登記名は「倉敷紡績」。

くらます［晦ます・暗ます］　「行方をくらます／目をくらまし」
　×「（行方を）くらませた」→**くらました**　＊「くらます」は五段動詞なので、「くらまさない・くらました・くらませば……」と活用する。「くらませる」は俗用。

くらもとそう　倉本聡［倉本聰］　脚本家。（1935〜）

くらやみ　暗闇［暗闇］

クラリーノ㊟〔クラレ〕→**人工皮革**

クラレ　日本企業。＊1970年に「倉敷レイヨン」から社名変更。

クランケ［独 Kranke］　患者。

グランドスラム［grand slam］　①〔ゴルフ・テニス〕主要大会すべてに優勝すること。②満塁本塁打。

グランドデザイン［grand design］　大規模計画。全体像。

基本設計。

グランドピアノ［grand piano］

くり　庫裏［庫裡］　寺院の台所。住職や家族の住まい。

くり［栗］

　　クリ　〔植物〕「クリ材／ブナ科クリ属／ヤマグリとシバグリ」

　　栗　〔一般〕「栗=きんとん・ようかん／甘栗／栗毛」

クリア［clear］（←クリアー）　透明。達成。明らか。

くりあげ　繰り上げ　「繰り上げ当選」

くりあげる　繰り上げる　「予定を1カ月繰り上げる」

クリアランスセール［clearance sale］　在庫一掃の売り出し。

くりあわせる　繰り合わせる　「万障お繰り合わせのうえ」

グリーティング［greeting］　あいさつ。「グリーティングカード」

クリープ　㊟〔森永乳業〕→**粉末クリーム、インスタントクリーム**

くりいれ

　　繰り入れ　〔一般〕「繰り入れ=基準・計算／次期繰り入れ」

　　繰入　〔経済関係複合語〕「繰入=額・金・損失・高・利益」

くりいれる　繰り入れる

クリーンアップ［cleanup］（←クリーンナップ）　「クリーンアップトリオ」

グリーンピース

　　［green peas］　青えんどう。

　　［Greenpeas］　環境保護団体。

クリーンヒーター　㊟〔三菱電機〕→**温風ヒーター、温風式暖房機**

グリーンベルト［green belt］　緑地帯。

グリーンボンド［green bond］　環境債。

グリーンメーラー［greenmailer］　威嚇的株主。高値で買い取らせる目的で株式を買い集める者。

クリエーター、クリエイター［creator］　創造的な業務に携わる人の総称。

クリエーティブ、クリエイティブ［creative］　独創的。創造的。

クリオネ［clione］　ハダカカメガイ（裸亀貝）。＊「流氷の天

使」とも呼ばれる。

くりかえ　繰り替え　「繰り替え=金・払い」

くりかえし　繰り返し　「繰り返し符号」

くりこし

　繰り越し　〔一般〕「繰り越し計算/次期繰り越し」

　繰越　〔経済関係複合語〕「繰越=額・勘定・金・高・利益」

くりごと　繰り言　「老いの繰り言」

くりこまやま　山名（岩手・秋田・宮城県境付近の山）。

　栗駒山　正式名称。

　須川岳　岩手県側の俗称。

　大日岳　秋田県側の俗称。

くりこむ　繰り込む　「みんなで店・生活費=に繰り込む」

くりさげ　繰り下げ　「開演時間の繰り下げ」

クリスティ（アガサ）〔Agatha Christie〕　推理作家。（英 1890〜1976）

クリスマス〔Christmas; Xmas〕　略 Xマス　＊「X'マス」や「X'mas」と表記しない。

くりだす　繰り出す　「糸・新手=を繰り出す/盛り場に繰り出す」

くりぬく〔刳り貫く〕　「カボチャの中身をくりぬく」

クリネックス商〔キンバリー・クラーク〕　→**ティッシュペーパー**

くりのべ　繰り延べ　「繰り延べ資産/債務の繰り延べ」

くりのべる　繰り延べる　「返済期限を繰り延べる」

くりひろげる　繰り広げる　「熱戦を繰り広げる」

くる　繰る　「ページを繰る」

グループホーム〔group home〕　共同生活介護（施設）。

グルジア〔Gruzia〕　→**ジョージア**

クルド族　→**クルド人**　「○○族」「○○部族」の表記は避け、「○○人」「○○民族」などとする。

グルノーブル〔Grenoble〕　フランスの都市。1968 年冬季五輪開催。

×来るは来るは　→**来るわ来るわ**　＊「わ」は詠嘆の終助詞。

くるまどめ　車止め

くるまよせ　車寄せ

グルメ〔仏 gourmet〕　①食通。美食家。②料理。「B 級グ

ルメ（大衆料理。二流の美食家ではない）」

くれ　暮れ　「秋の暮れ／暮れも押し詰まって」

クレアラシル 商〔レキットベンキーザー・ジャパン〕→**にきび治療クリーム**

グレイ　GLAY　日本のロックバンド。G̶R̶A̶Y̶

グレー〔gray〕　灰色。「グレーゾーン」

クレージー〔crazy〕（←クレイジー）

クレーター〔crater〕　噴火口。月面などのくぼんだ地形。

クレーマー〔claimer〕　苦情屋。

クレジットカード〔credit card〕　略クレカ

クレジットクランチ〔credit crunch〕　信用収縮。貸し渋り。

クレジットライン〔credit line〕　取引限度額。融資枠。

クレソン〔仏 cresson〕　〔植物〕

グレタ（トゥンベリ）〔Greta Thunberg〕　環境活動家。（スウェーデン 2003〜）

くれなずむ　暮れなずむ〔暮れ泥む〕　日が暮れそうで、なかなか暮れない。春の空を表現する言葉。
　×「東京の空は、暮れなずんできました」　＊変化や進行形の言い方は不適切。

クレハ　日本企業。＊2005 年に「呉羽化学工業」から社名変更。

クレバー〔clever〕　賢い。利口な。

クレバス〔crevasse〕　氷河や雪の割れ目。裂け目。

クレパス 商〔サクラクレパス〕→**オイルパステル**

クレヨン〔crayon〕（←クレオン）

クレラップ 商〔クレハ〕→**ラップ**、**塩化ビニリデンフィルム**

グレラン 商〔あすか製薬〕→**解熱鎮痛剤**

くれる　暮れる　「日が暮れる／悲嘆に暮れる」

グレンイーグルズ〔Gleneagles〕　英スコットランドの保養地。2005 年サミット開催。

クレンジング〔cleansing〕　化粧・汚れを落とすこと。

くろい　黒い　アク クロイ（クロカッタ、クロク-ナル）

ぐろう　愚弄〔愚弄〕　言い換え からかう、なぶる、侮る、ばかにする

くろうと　玄人〔付 玄人〕

グローサリー[grocery] 食料品。総菜。

グロース[growth] 成長。発達。増大。

グロースかぶ　グロース株[growth stock] 成長株。将来の値上がりが見込める企業の株式。

クローゼット[closet](←クロゼット) 収納戸棚。

クローバー[clover](←クローバ)「四つ葉のクローバー」

グローバリゼーション[globalization] グローバル化。世界化。地球化。

グローバルスタンダード[global standard] 国際標準。世界標準。

グローブ[glove]〔ボクシング・アイスホッケーなど〕☞グラブ

クローン[clone]「クローン植物」

くろこ　黒子[黒衣] 陰で働く人。「黒子に徹する」

くろご　黒衣[黒衣]〔歌舞伎・浄瑠璃・文楽〕

クロスカントリー[cross-country] スキーなどで山や野原を走る競走。㊑クロカン

クロスドメイン[cross domain] 多次元横断。領域横断。

クロスボウ、クロスボー[crossbow] 洋弓銃。

クロスメディア[crossmedia] 一つの情報を、複数の異なる媒体で横断的に利用し伝達すること。

クロッカス[crocus](←クローカス)〔植物〕

グロッギー[groggy] ふらふら状態。グロッキー

グロテスク[grotesque] 異様で不気味な。

くろぬり　黒塗り「黒塗りの高級車」

くろびかり　黒光り「黒光りする床柱」

クロマニョンじん　クロマニョン人[Cro-Magnon]

くろやき　黒焼き「イモリの黒焼き」

クロロホルム[独 Chloroform] 麻酔薬・溶剤に使う液体。

クロワッサン[仏 croissant（三日月）]〔パン〕

くわ　[アク]クワ

　　クワ〔植物〕「カラグワ／ヤマグワ」

　　桑〔一般〕「桑畑」

くわ　くわ・クワ[鍬]　[アク]クワ

くわえる[銜える・咥える]「指をくわえる」

くわけ　区分け　「区分けされた土地」

くわしい　詳しい［委しい・精しい］　「詳しい地図/事情を詳しく聞く」

くわせもの

食わせ物　偽物。

食わせ者　くせ者。

くわだてる　企てる

くん　芸名の一部（接尾辞）。

君　あばれる君（タレント。1986～）、コント山口君と竹田君（タレント・漫才コンビ。山口君＝1956～、竹田君＝1957～）、なかやまきんに君（タレント。1978～）、ひぐち君（タレント。コンビ名「髭男爵」。1974～）

くん　桜塚やっくん（タレント。1976～2013）、サンプラザ中野くん（歌手。1960～）

クン　さかなクン（タレント・魚類学者。1975～）

君・さん・ちゃん　類語

年少者、未成年者の敬称として使う場合、おおむね以下のように使い分ける。

男子――ちゃん　小学校入学前。

　　　　君　小・中学生。

　　　　さん　高校生。

女子――ちゃん　小学校入学前。

　　　　さん　小学生以上。

＊小学校低学年に「ちゃん」、男子高校生に「君」を使う場合もある。

くんかい　訓戒［訓誡］

ぐんかんじま　軍艦島　長崎市西方沖の島。＊標準地名は端島。

ぐんき　軍紀［軍規］　「軍紀を=定める・保つ」

くんし　君子　学識・人格ともにすぐれたりっぱな人。人格者。また、高位・高官の人。「聖人君子」

くんじ　訓示［訓辞］　「訓示を垂れる」

ぐんじきょうかいせん　軍事境界線　朝鮮半島における韓国と北朝鮮との実行支配地域を分ける地帯。この境界線は38度線とも言うが、地図上の北緯38度とは異なる。

×「韓国と北朝鮮の国境線」→**軍事境界線、休戦ライン**
＊朝鮮戦争の休戦ラインであり、あくまで双方の実効支配地域の「境界線」を指すので「国境線」ではない。

くんし(は)ひょうへんす　君子(は)豹変す[君子(は)豹変す]
過ちを素早く改める。転じて、今までの思想・考え方が急に変わること。＊本来はいい意味で使われたが、現在では専ら悪い方に変わる意味で用いられる。

ぐんしゅう

　群衆　人の群れ。「群衆を扇動する/群衆に紛れる/大群衆」

　群集　人・物が集まる。「群集=劇・心理・墳/やじ馬が群集する」

くんじょう　薫蒸[燻蒸]　「薫蒸剤」

グンゼ　日本企業。＊1967年に「郡是製絲」から社名変更。

くんせい　薫製[燻製]　「薫製にする」

ぐんせい　群生[群棲]　「ツバキが群生する丘/群生地」

くんとう　薫陶　「薫陶のたまもの/薫陶を受ける」

け・ケ

ケア[care]　手当て。介護。看護。手入れ。

けあな　毛穴[毛孔]

ケアハウス[和製 care house]　軽費老人ホーム。

ケアマネジャー[care manager]（←ケアマネージャー）　介護支援専門員。

けい

　形　ありさま。かたち。「円形/外形/形式/U字形」

　型　かたどる。模範となるもの。「母型/理想型」

けいおう　慶応[慶應]　「慶応義塾大学」

けいがいか　形骸化[形骸化]　「選挙制度の形骸化」

けいがん[炯眼・慧眼]　→**眼力、洞察力、見識、眼識**

けいかんざん・とさかやま　鶏冠山　[読み]　山名（山梨県）。

　けいかんざん　甲州市大菩薩嶺北方の山。別名、黒川山・黒川鶏冠山。

　とさかやま　山梨市甲武信ヶ岳南方の山。

げいぎ　芸妓[芸妓]　[言い換え]**芸者**　＊京都などでは「芸妓」

209

とも。

けいけん　敬虔[敬虔]　[言い換え]　信心深い、信仰（心）のあつい

けいげん　軽減　[アク]ケーゲン

けいこ　稽古[稽古]　「稽古に励む」　＊「遊戯のおけいこ」など文脈によっては平仮名書きも。

けいこう　蛍光　「蛍光=灯・塗料」

けいこうマーカー　蛍光マーカー　〔元商標〕　＊一般名称は「蛍光ペン」。

けいさん　㊫ケイ酸[珪酸]　＊ケイ酸が部分的に脱水してゲル化した「シリカゲル」は触媒、吸湿剤などに用いられる。

けいじしせつ　刑事施設　〔法律〕①受刑者を収容し作業させる刑務所。②①のうち26歳未満が対象の少年刑務所。③裁判所が勾留を認めた容疑者や被告、死刑確定者らを収容する拘置所の総称。

けいじじょうがく　形而上学[形而上学]

けいしょう

　軽少[軽小]　「軽少な=被害・問題」

　軽症　軽い症状。「軽症患者」

　軽傷　軽い傷。「全治1週間の軽傷」

形状記憶シャツ →形態安定シャツ、ノーアイロンシャツ　＊登録商標は「形状記憶」〔東洋紡〕。

けいすう

　係数[系数]　〔科学〕「摩擦・エンゲル=係数」

　計数　計算。数値。「計数に強い/計数管」

けいせい

　形成　形作る。「形成外科/人格形成」

　形勢　ありさま。なりゆき。「天下の形勢/形勢逆転」

けいせい

　経世　世を治める。「経世家」

　警世　世間に警告を発する。「警世の書」

けいせん　けい線[罫線]

けいせん　係船[繫船]

けいそ　㊫ケイ素[珪素・硅素]

けいそう　形相　[読み]　☞ぎょうそう・けいそう

けいそう　係争［繋争］　「係争中の事件」

けいぞく　係属［繋属］　「審査係属中の案件」

けいそつ

　軽率　軽はずみ。「軽率な言動」

　軽卒　低い身分、軽装備の兵士。「軽卒を率いる」

けいたい　形態［形体］　ものの形。組織的に組み立てられ
　たもの、ありさま。「形態学（生物学の一分野）」

けいだい　境内　読み　×きょうない

けいちつ　啓蟄［啓蟄］　〔二十四節気〕3月6日ごろ。冬眠
　をしていた虫が穴から出る頃という意味。アク　ケーチツ

けいちょう　軽佻［軽佻］　言い換え　軽薄、軽はずみ、浮ついた
　「軽佻浮薄」

けいちょう　軽重　「鼎の軽重を問う」

ゲイツ（ビル）［Bill Gates］　マイクロソフト創業者。（米 1955
　～）

けいつい　頸椎［頸椎］

けいど　経度　径度

けいとう　傾倒　「その主張に傾倒していった」　傾到

けいどうみゃく　頸動脈［頸動脈］

けいのじこう　刑の時効　〔法律〕

　刑の言い渡しを受け、それが確定した後、逃亡などで
その執行を受けず一定の期間が経過した場合、刑の執
行を免除する制度。刑法で規定。2010 年の刑事訴訟
法の改正による公訴時効の廃止・期間延長と同時に刑法
も改正され、死刑に時効がなくなった。他の時効は、無
期懲役・禁錮＝ 30 年、10 年以上の懲役・禁錮＝ 20 年、
3 年以上 10 年未満の懲役・禁錮＝ 10 年、3 年未満の
懲役・禁錮＝ 5 年。罰金刑＝ 3 年。拘留・科料・没収＝ 1
年。

けいばつ　閨閥［閨閥］　妻の姻戚関係で結ばれた勢力。
　「閨閥政治」

けいぶ　頸部［頸部］　言い換え　首

けいべつ　軽蔑［軽蔑］　「軽蔑に値する行動」

けいほうき

　警報機　〔大型〕「踏切警報機」

警報器 〔小型〕「ガス漏れ警報器」

けいま[桂馬]

桂馬 〔将棋〕「桂馬の高跳び歩の餌食」

ケイマ 〔囲碁〕一路または二路隔てて斜めに打つこと。一路のときを小ゲイマ、二路のときを大ゲイマと言う。「大ゲイマに打つ」 ＊将棋の桂馬やチェスのナイトの動きのような位置関係であることから名づけられた。

けいもう[啓蒙] →啓発 ＊歴史用語の場合、「**啓蒙主義**」「**啓蒙思想**」のように読み仮名をつけて使う。「蒙」は無知、「啓」はひらく・教え導く意。

けいようがす 京葉ガス 日本企業。＊登記名は「京葉瓦斯」。

けいら[警邏] →巡回、パトロール ＊警察の「機動警ら隊」など、固有名詞（組織名称）には「警ら」を使う場合も。

けいり 経理[計理] 「経理業務」 ＊公認会計士の旧称は「計理士」。

けいりゅう 係留[繋留] 「岸壁に係留する」

けいれん[痙攣] 言い換え ひきつけ

けいろ 経路[径路・逕路] 「感染・入手=経路」

ケインズ（ジョン・メイナード）[John Maynard Keynes] 経済学者。（英 1883〜1946）

けう[稀有・希有] →まれ、珍しい、希少

ケージ[cage] ①おり。籠。②〔野球など〕移動式の防護用金網。③人や荷物をのせ昇降するエレベーターの箱状の室。④バスケットボール・アイスホッケーなどのゴール。

ゲージ[gauge] ①測定器具。②鉄道軌条の幅。
　×「フリーバッティング用のゲージ」 →**フリーバッティング用のケージ**

ケーススタディー[case study] 事例研究。事例分析。

ケース・バイ・ケース[case-by-case] 個別的に。個々に応じて。

ケースワーカー[caseworker] 生活保護など社会福祉に関する業務を行う人。

ケータリング[catering] 宅配サービス。出張調理。

ゲーテ（ヨハン）[Johann Goethe] 詩人・作家。（独 1749

け

〜1832)

ゲートウェー［gateway］　出入り口。

ケービング［caving］　洞窟探検。

ケープタウン［Capetown］　南アフリカ共和国の都市。＊首
都はプレトリア。

ケーブルテレビ［cable television］　有線テレビ。

ゲームボーイ㊞〔任天堂〕→**携帯型ゲーム機**

ゲーリッグ（ルー）［Lou Gehrig］　野球選手。（米 1903〜
1941）

けおされる　気おされる・気押される［気圧される］

けおり　毛織り　「毛織りの作業」

けおりもの　毛織物　「日本一の毛織物の産地」

けが［怪我］　「けがの功名」

　×「けがを負う」→**けがをする、傷を負う**（負傷）

けがす　汚す̇［穢す］　「母校の名を汚すような不祥事」

けがらわしい　汚らわしい̇［穢らわしい］　「汚らわしい金」

げき

　激　〔一般〕「急激/激暑/激賞/激震/激甚（災害）/激痛/
　　激変/激務」

　劇　〔危険なもの。主に薬品・薬物関係〕「劇症（肝炎）/
　　劇毒/劇物/劇薬」

げき　げき・檄̇［檄］　古代の中国で、役所が人を呼び集める
　ときやお触れを出すときなどに出した木札の文書。また、
　自分の考えや主張を強く人々に知らせ、決起や同意を促す
　文書。檄文。☞げきを飛ばす

げきか　激化　［アク］ゲキカ、ゲキカ

げきこう　激高　☞げっこう・げきこう

げきしゅう　激臭［劇臭］

げきだんしんかんせん　劇団☆新感線

けぎらい　毛嫌い　「数学を毛嫌いする」

げきりんにふれる　逆鱗に触れる［逆鱗に触れる］　言い換え
　（目上の人を）激怒させる

げきをとばす　げきを飛ばす・檄̇を飛ばす［檄を飛ばす］
　世論調査　☞げき（檄）

　○自分の主張や考えを、広く人々に知らせて同意を求める。

＊2003 年度 14.6%／07 年度 19.3%／17 年度 22.1%

×元気のない者に刺激を与えて活気づける。＊「奮起を促す」「活を入れる」などと言い換える。2003 年度 74.1%／07 年度 72.9%／17 年度 67.4%

げくう　外宮　伊勢神宮の豊受大神宮。内宮は皇大神宮。 アク ゲクー　×がいくう　×げぐう

けげん［怪訝］　×かいが

げこくじょう　下克上［下剋上］　「下克上で大名になる」

けごんのたき　地名（栃木県）。

　　華厳滝　標準地名。

　　華厳の滝・華厳之滝　通称。

　　華厳ノ滝　観光案内など。

けさ　今朝［付 今朝］

けさ［袈裟］　「けさをまとった僧侶／けさ懸け」

げさくしゃ　戯作者［戯作者］　×ぎさくしゃ

げし　夏至　〔二十四節気〕6 月 21 日ごろ。一年中で最も 昼が長く、夜が短い。 アク ゲシ

けいいん　消印　「当日消印有効」

けしき　気色　「気色ばむ（怒った様子を表情に表す）」

けしき　景色［付 景色］

けしごむ　消しゴム

けしずみ　消し炭　「五山の送り火の消し炭」

けしょう　化粧　「化粧まわし（十両以上の力士が土俵入りの ときなどに用いるまわし）」

げす［下種・下衆］　「げすの勘ぐり」

けずる　削る　「削り＝くず・節」

けた　桁［桁］　「桁違い／井桁／橋桁」

げた［下駄］　「げた履き／げたを預ける」

げだい　外題　芝居の演題。本の表紙に記された題名。 ↔内題　×そとだい　×がいだい

けだまクリーナー　毛玉クリーナー　〔元商標〕＊一般名 称は「(電動)毛玉取り器」。

けだるい　気だるい［気怠い］　「気だるい昼下がり」

けち［吝嗇］　「けちをつける／けちくさい」

けっかい　決壊［決潰］　「堤防が決壊する」

けつがん　頁岩[頁岩]　言い換え　泥板岩

けっき　決起[蹶起]　「決起集会/総決起大会」

けっこう　結構　「結構ずくめ/これで結構」

げっこう・げきこう　激高[激昂]　言い換え　憤激、激怒　アク
　　ゲッコー　ゲキコー

けっこん　血痕[血痕]　「殺人現場に残された血痕」

けっさい
　決済　売買取引を済ませる。支払い。精算。「債務・手形=
　　の決済/電子決済」
　決裁　責任者が案件の採否を決める。裁定。「決裁を仰
　　ぐ/書類を決裁する/大臣の決裁」

けつじょ　欠如[闕如]　言い換え　欠落　欠くこと、足りないこと。
　「責任感の欠如」

けっしょう　血漿[血漿]　血液の液体成分。「血漿製剤」

けっしょうばん　血小板　「血小板=因子・輸血」

げっしょく　月食[月蝕]　地球が太陽と月の間に入ったとき
　に起こる現象。

けっしん　結審〔法律〕　アク　ゲッシン、ケッシン　決審

けっせん
　決戦　最後の勝負。「決戦を挑む/天下分け目の決戦」
　決選　決定選挙の略。「決選投票」

けつぜん　決然[蹶然]　「決然たる態度」

けっちゃく　決着[結着]　「決着をつける/交渉が決着する」

けつべつ　決別[訣別]　「過去との決別」

けつぼう　欠乏[欠亡]

けつまくえん　結膜炎　血膜炎

けづめ　蹴爪[蹴爪・距]

げどく　解毒[下毒]　「解毒作用/解毒する」

けなげ[健気]　「けなげに振る舞う」　＊「け(異)なりげ」の
　音変化。普通とは異なり格別である様子から。

ケナフ[kenaf]〔植物〕　＊繊維が紙の原料になる。

げねつ
　解熱　熱を下げる。「解熱剤」
　下熱　熱が下がる。「まもなく下熱する」

ケネディ(ジョン)[John F. Kennedy]　第35代米大統領。

（1917〜1963）

けねん　懸念　アク ケネ⌒ン、ケ⌒ネン

ゲノム［独 Genom］　全遺伝情報。

げばひょう　下馬評　第三者の批評。「下馬評が高い」

ケブラー ⓶〔デュポン〕→パラ系アラミド繊維

けむたい　煙たい　「煙たい存在/煙たがる」

けむにまく　けむに巻く［煙に巻く］　気炎をあげて相手を戸
　惑わせる。
　けむりに巻く　＊火災などの場合は「煙（けむり）に巻かれ
　る」。

けむる　煙る［烟る］　「雨に煙る街角」

ゲリラごうう　ゲリラ豪雨　学術的に明確な定義はなく、気象
　庁は不使用。突発的で、正確な予測が困難な局地的大
　雨をゲリラに例えたもの。

ける　蹴る［蹴る］　「蹴＝落とす・散らす・破る」

ゲルマニウム［独 Germanium］　〔元素〕

ケルン［独 Köln］　ドイツの都市。1999 年サミット開催。

けれん［外連］　「けれん味のない文章」

ケロシン［kerosene］　ジェット燃料に使われる灯油。

けん　険［嶮］　「箱根の山は天下の険/顔に険がある」

げん　弦［絃］　「弦を張る/管弦/上弦の月」

げん　験　「験がいい/験を担ぐ」

げんあん　原案　「原案通り可決した」　アク ゲンアン

けんいん　牽引［牽引］　言い換え 引っ張る、先導、リードする
　「チームの牽引車（先頭に立って行動する人の比喩）」

けんうん　⓵巻雲［巻雲・絹雲］

けんか［喧嘩］　「けんか腰の物言い」

げんか　弦歌［絃歌］　「弦歌の巷」

げんかい　地名。
　玄界　海域名。福岡市西区の島名。福岡県立高校名。「玄
　　界灘」
　玄海　佐賀県の町名、国定公園名。

げんかしょうきゃく　減価償却　原価消却

けんがみね　剣が峰　「剣が峰に立つ（追いつめられて絶体
　絶命の状態）」

216

けんき　嫌気　読み　☞いやけ・いやき・けんき

△検挙　捜査機関が行う逮捕、任意取り調べ（その後の書類送検も含む）、補導・注意（微罪処分）を引っくるめた総称で法律用語ではない。統計記事で必要な場合やデモなどで釈放されるものも含めて「検挙○○人」と発表され逮捕者数がすぐに分からない場合などを除き、「○人を摘発」「○人を逮捕、○人を任意で取り調べ」などと言い換える。

げんきょう　元凶［元兇］　本来は、悪者の親玉の意。「過労死の元凶」　×がんきょう

げんけい
　原形　もとの形。原始の形。「原形を=保つ・とどめない/原形質」
　原型　出来上がりのもとになる型。「鋳物・型紙・弥生遺跡=の原型」
　現形　現在の形・ありさま。「現形のまま保存」

げんけい　〔法律〕
　減刑　恩赦の一つ。確定している刑や刑の執行を軽減するもの。
　減軽　刑罰を法定刑より軽くすること。
　ポイント　記事では、弁護側が求刑より軽い罪を主張した場合には「減刑」とはせず、「刑の減軽を求めた」「軽い量刑を主張した」などとする。控訴審・上告審で刑が軽くなったときには「減刑」を使うこともある。

けんげん　建言［献言］　官庁・上司への意見。

けんげん
　権限　職権、法令・契約などに基づく権利の範囲。「各省の権限争い/職務権限」
　権原　権利の発生する法律上の原因。「権原にもとづく占有者/占有の権原」

×けんけんがくがく　→かんかんがくがく［侃々諤々］

けんけんごうごう［喧々囂々］　多くの人が口やかましく騒ぎ立てるさま。☞かんかんがくがく

げんごう　元号　アク　ゲンゴー

げんこつ［拳骨］

けんこんいってき　乾坤一擲[乾坤一擲]◇◆　言い換え のるかそるか、いちかばちか

げんさい

　減殺　減らして少なくすること。△げんさつ

　減災　災害時、被害を皆無にすることは不可能とし、起こりうる被害を最低限にとどめ短期化しようという防災の考え方・取り組み。「減災林」

けんさつかん・けんじ　検察官・検事　類語〔法律〕「検事」は検察官というくくりのなかの官職の一つ。「検察官」は、検事総長、次長検事、検事長、検事、副検事の五つに区分され、このうち検事総長、次長検事、検事長は内閣が任命し天皇が認証する。「検事正」は検事の中から任命された地方検察庁の長のこと。

けんさん　研さん・研鑽[研鑽]◆　言い換え 研究　「研さんを積む」

けんさんひん　県産品　県産の品。アク ケンサンヒン　けんさんぴん×

けんし　検視[検死]×　「犯行現場を検視する」

けんじ　検事　類語 ☞ 検察官・検事

けんじゅう　拳銃[拳銃]×　「拳銃を所持する」

原住民　→先住民、先住民族、現地人　「原住民」は「未開」「後進的」というニュアンスが伴うので原則として使わない。＊台湾においては「原住民」は最初から移住していた島の住民を示す呼称として使われている。日本統治下では「蕃人」「高砂族」、中国国民党統治下では「高山族」「山胞〈山地同胞〉」などと呼ばれていた。

げんじょう

　原状　もとのままの状態・形。「原状に戻す／原状回復」

　現状[現情]　現在の状況・状態。「現状=維持・打破・分析」

けんしん

　検診　主に特定疾患を対象とした検査。「乳がんの検診／胃の集団検診」

　健診　総合的な健康診断。「春の定期健診／高齢者・乳児=健診」

けんせい　けん制・牽制[牽制]　「二塁走者・隣国=をけん制する」

けんせい

**　憲政**　アク ケンセー、ケンセー

**　県政**　アク ゲンセー

けんせい　顕性　〔↔潜性〕遺伝学用語。日本遺伝学会が「優性」から変更。

けんせき　けん責・譴責[譴責]　「けん責処分」

けんせきうん　㊥**巻積雲**[巻積雲・絹積雲]

げんせん　源泉[原泉]　「源泉掛け流しのお風呂／エネルギーの源泉／源泉=課税・徴収」

げんぜん　厳然[儼然]　「厳然とした態度」

けんそ　険阻[嶮岨]　「険阻な山地」

げんそ　元素[原素]　「元素記号」

けんそう　喧噪[喧噪・喧騒]　言い換え 騒がしい、騒々しい、やかましい　「大都会の喧噪を離れる」

けんそううん　㊥**巻層雲**[巻層雲・絹層雲]

けんぞく[眷属・眷族]　→**一族、一門**

げんそく　舷側[舷側]　船の側面。船べり。

けんそん　謙遜[謙遜]　「謙遜した物言い」

げんそん・げんぞん　現存

けんたい　倦怠[倦怠]　言い換え だるい　「倦怠期」

けんたん　健啖[健啖]　言い換え 大食、食欲旺盛　「健啖家」

けんち　検知　アク ケンチ、ケンチ

げんち　言質　「言質を取る（証拠となる言葉を言わせる）」　げんしつ げんしち

げんてい[舷梯]　→**タラップ、舷側はしご、船ばしご**

けんでん[喧伝]　→**言いはやす、言い触らす、評判になる、吹聴**

けんどちょうらい　捲土重来[捲土重来]　言い換え 巻き返し　＊「重来」は「じゅうらい」とも読む。

げんのう[玄翁・玄能]　石などを砕く頭の両側にとがりのない大きな金づち。

けんばん　鍵盤[鍵盤]　「鍵盤楽器」

げんばん

原板　現像した写真フィルム。ネガ。＊「げんぱん」とも。

原版　印刷・複製を作るもとになるもの。＊「げんぱん」とも。

原盤　CD・レコードなど。

けんぶん

　検分　〔一般〕「工事の状況を検分する」

　見分　〔捜査〕「実況見分」

けんぺいりつ　建ぺい率［建蔽率］　＊「蔽」は常用漢字表にある字だが、関連法令の表記に合わせて仮名書き。

けんぽう　拳法［拳法］　「中国で昔から伝わる拳法」

けんま　研磨［研摩］　＊「磨」は当用漢字表に載らなかったため、『同音の漢字による書きかえ』（1956年国語審議会報告）で「研磨→研摩」とされた。常用漢字表で「磨（マ・みが-く）」が加えられ、本来の表記である「研磨」を用いるようになった。

けんまく［権幕・剣幕・見幕］　「ものすごいけんまくで詰め寄られた」

けんもほろろ　＊「けん」も「ほろろ」もキジの鳴き声が語源。
　けんもほろほろ　剣もほろろ

けんらん　絢爛［絢爛］　言い換え　きらびやか、華麗　「豪華絢爛な衣装」

けんろう　堅牢［堅牢］　言い換え　堅固、丈夫、頑丈　「堅牢な建物」

けんろくえん・けんろくこうえん　庭園名（金沢市）。水戸市「偕楽園」、岡山市「後楽園」とともに日本三名園の一つ。

　兼六園　正式名称。

　兼六公園　俗称。

げんわく　幻惑［眩惑］　「手品師の動きに幻惑される」

こ・コ

ご　接頭語。

　ご［御］　〔一般〕「ごあいさつ／ご縁／ご協力／ご結婚／ご厚意／ご多分に漏れず／ご飯／ご覧になる」

　御　漢字で書く習慣が強いもの。固有名詞的なもの。「御所／御前試合／御殿／御幣担ぎ／御紋／御用（捕物）／御陵／御料水／天下御免」

ご[御] 〔敬語〕

ご〜いたす 謙譲語。「AがBに(を、のために)〜する」の意。Aを低めBを高める。「ご紹介いたしましょう/すぐにご案内いたします」 ☞お〜いたす

ご〜いただく 謙譲語。「AがBに〜てもらう」の意。Aを低めBを高める。「ご同行いただきたい/ご入会いただけます」 ☞お〜いただく

ご〜くださる 尊敬語。「AがBに〜てくれる」の意。Aを高めBを低める。「ここにご記入ください/ご一読くだされば幸いです」 ☞お〜くださる

ご〜する 謙譲語。「AがBに(を、のために)〜する」の意。Aを低めBを高める。「ご指導する立場としては/ご報告します」 ☞お〜する

×「(ご自分で)ご連絡しますか」→**ご連絡なさいますか** *尊敬語として用いない。

ご〜です 尊敬語。「Aが〜ている」の意。Aを高める。「本日でご退院ですか/来賓の方々は既にご着席です」 ☞お〜です

ご〜になる 尊敬語。「Aが〜する」の意。Aを高める。「先ほどご出発になりました/何日くらいご滞在になれますか」 ☞お〜になる

ご 碁 ×「碁を指す」→**碁を打つ**

コア[core] 中核。核。中心。「コア=指数・タイム・メンバー」

こあきない 小商い 「小商いで生計を立てる」

こい

恋 〔一般〕「恋歌/恋路/恋しい/恋仲/恋文/恋患い」

恋い 〔主として複合動詞〕「恋い=焦がれる・慕う・死に」

こい[鯉]

コイ 〔動物〕「コイの=洗い・滝登り」

こい 〔一般〕「こいのぼり/こいこく」

ごい 語彙[語彙] [意味]

○ある範囲において使われる単語の総体、集まり。

×単体の単語。

こいき 小粋[小粋] 「小粋な着こなし」

こいちじかん 小一時間

こいぬ

小犬 小型の犬。

子犬 生まれたての犬。犬の子。

こいねがう[冀う・希う・請い願う]

こいのぼり[鯉幟] 「手描きのこいのぼり」

こいわ 地名（東京都）。

小岩 江戸川区北小岩、東小岩、西小岩、南小岩。JR・京成駅名。＊京成は「京成小岩駅」。

新小岩 葛飾区新小岩、西新小岩、東新小岩。JR駅名。

こう[劫]

劫 非常に長い時間のこと。「劫を経る（長い年月を経る。年功を積む）」＊仏教用語。梵語。「ごう」とも。

コウ 〔碁〕相手と自分が交互に一目の石を取ったり取られたりすること。「コウ立て・コウダテ」

こう

請う 請求。請願。「案内・教え・許可＝を請う／請われて出馬する」

乞う[乞う] 〔名詞形など〕「慈悲を乞う／乞うご期待／雨・いとま・命＝乞い」

ごう

剛 〔↔柔〕かたい。しっかりしている。「外柔内剛／剛健」

豪 勇ましい。たけだけしい。権勢。「豪雨／豪快／豪気／豪傑／豪語／豪打」

強 強い。勢力がある。「強弓／強訴」

ごう

濠[濠] 言い換え 堀、溝 水をたたえた堀。

壕[壕] 水のない堀。「塹壕／防空壕」

こうい

厚意 思いやりの気持ち。厚情。他人の行為に対して使う。「ご厚意に感謝する」

好意 親切な気持ち。慕わしい気持ち。「好意を寄せる」

重 後遺症が残る →後遺症がある ＊「遺」は残るの意。

こういん **勾引**[勾引] 〔法律〕裁判所が被告人・証人などを一定の場所に引致する裁判およびその執行。「勾引状」＊一般的には「連行（する）」などとし、無理やり連れていく、

かどわかすの意味では「拘引」も。

こううん　幸運［好運］

こううんき　耕運機［耕耘機］

こうえい［後裔］→**子孫**

こうえん

　口演　〔口で述べる〕「講談の口演」

　公演　〔演技・演奏など〕「吹奏楽の公演」

　好演　優れた演技・演奏。「難しい役を好演した」

　講演　公衆に講義する。「学術講演会」

ごうおん　轟音・ごう音［轟音］「航空機の轟音」

こうか・こうが　甲賀　読み

　こうか「甲賀市（滋賀県の市名）」

　こうが「甲賀=忍者・者・流」

こうかい

　公海　アク コーカイ

　黄海　〔地名〕アク ゴーカイ

こうかい　後悔　重「後で後悔する」→**後悔する**

こうがい　梗概［梗概］言い換え 概要、大要、粗筋、あらまし
「作品の梗概を話す」＊「梗」は、あらまし。

こうがい［慷慨］→**憤慨、悲憤、憤る、嘆く**　世の中の不義・
不正や自分の憤りを嘆くこと。

こうかく　口角「口角泡を飛ばす（激しく議論するようす）」

こうがく

　向学　学問を志す。「向学の志/向学心」

　好学　学問を好む。「好学の士」

　後学　今後自分の役に立つ知識や学問。後進の学者。
「後学のために見学する/後学の徒」

こうかつ［狡猾］→**ずるい、悪賢い**

こうかん

　交換　取り換える。「名刺・エール=の交換/物々交換/交
換留学生」

　交感　感応しあう。「交感神経（自律神経系を形成する神
経）」

　交歓［交驩］　ともに楽しむ。「親しく交歓する/交歓試合/
新年交歓会」

ポイント 「〜会」の場合は「交歓」を使う場合が多いが、「賀詞交歓会/賀詞交換会」は主催者によって両様の表記がある。

こうかん［巷間］→世間、世上、ちまた

ごうかん　強姦［強姦］ 言い換え 性的暴行、婦女暴行
「強姦罪」→強制性交罪　「強姦致死傷罪」→強制性交致死傷罪　＊2017年の改正刑法施行による罪名変更。性犯罪を巡る大幅改正は、刑法制定（1907年）以来初。

ごうがん［傲岸］→尊大、横柄

こうがんむち　厚顔無恥　面の皮が厚い。ずうずうしい。
厚顔無[×]知

こうき
　好期　よい時節。「登山の好期」
　好機［幸機］ チャンス。「好機を=逸する・逃さない」

こうぎ　講義　講[×]議

こうきしゅくせい　綱紀粛正　綱[×]規粛[×]清

こうきゅう　考究［攻究・講究］ 深く究めること。

ごうきゅう　号泣　世論調査 「悲しみのあまり号泣した」
　○大声を上げて泣くこと。＊2010年度 34.1%
　×激しく泣くこと。「声を出さずに号泣した」　＊「号」は、いたみ嘆く声。単に涙を流して泣くという意味ではない。
　同48.3%

ごうきゅう　剛球［強球・豪球］

こうきょ［溝渠］→溝

こうきょ　薨去［薨去］ 言い換え （ご）永眠、（ご）逝去、お亡くなりになる　皇族や三位以上の人が死去すること。＊天皇、皇后、皇太后、太皇太后の死去を表す尊敬語は「崩御」。

こうぎょう　鉱業［礦業］ 「鉱業権」

こうぎょう
　興業　産業や事業をおこすこと。「殖産興業/興業債券」
　興行　演芸・スポーツなどを催すこと。「地方興行」

ごうく　合区　選挙区を合わせること。 アク ゴーク、ゴーク

こうくう［口腔］ 読み ☞こうこう・こうくう

こうぐう　厚遇［好遇］ 〔↔冷遇〕

こうげ　香華　仏前に供える香と花。「香華を手向ける」

こうけい　光景　[アク]コーケー

こうけん　効験［巧験・効顕］　印。効き目。「効験あらたかな薬」　＊古くは「こうげん」とも。

こうげん

　　公言　隠さず人前で言うこと。

　　広言　あたりはばからず放言すること。

　　高言　偉そうに大きなことを言うこと。

　　巧言　口先のうまいこと。

こうげん　抗原［抗元］　「抗原抗体反応」

こうけんにん　後見人　〔法律〕未成年者、成年被後見人（以前の禁治産者）の保護者。

こうこう　航行　[アク]コーコー

こうこう・こうくう［口腔］　[読み]

　　こうこう　口腔　〔一般。動物〕

　　こうくう　口腔　〔医学〕

こうごう　皇后　[アク]コーゴー

こうごうしい　神々しい　「富士山の神々しい姿」

こうこうど　高高度　高々度

こうこく

　　広告　広く世間に知らせる。「意見・誇大・全面=広告」

　　公告　官庁などが広く人々に知らせる。「官報に公告／公告を縦覧する／競売公告」

こうこく　抗告　[類語]　☞ 異議の申し立て・抗告

こうこつ　恍惚［恍惚］　[言い換え] うっとり、陶然

こうこつ　硬骨［鯁骨］　「硬骨の士／硬骨漢」

こうさ　交差［交叉］　「思惑が交差する／交差点」

こうざ　高座　〔落語〕　[アク]ゴーザ、コーザ

こうさい　虹彩［虹彩］　角膜と水晶体の間にある薄い膜。眼球内に入る光の量を調整する。「虹彩認証」

こうさん　公算

　　×「公算が=強い・濃い」→**公算が大きい**　＊「公算」は見込みや確率なので、「大きい・小さい」で表す。

こうし　皇嗣　皇位を継承する立場の者。＊2019年4月30日の天皇（現上皇）の退位、5月1日の皇太子（現陛下）

の天皇即位に伴い、秋篠宮文仁さまが皇位継承順位1位の「皇嗣殿下」と呼称されることになった。

こうし　格子　「格子=じま・戸」

こうし　嚆矢[嚆矢]　[言い換え]**物事の初め、先駆け**　「近代文学の嚆矢とされる作品」　＊戦いを始める合図として射かけたかぶら矢の意。

こうじ　好事　[読み]　「好事魔多し」　[アク]コージ　＊「好事家」は、こうずか。

こうじ　好餌[好餌]　[言い換え]**えじき、おとり**

こうじ・こくじ　公示・告示　[類語]〔法律〕
公示　一般には公機関の行う公表で、告示と同義。公職選挙法では、衆議院議員の総選挙、参議院議員の通常選挙の施行の通知を言う。[アク]コージ 　**告示**　衆議院議員・参議院議員の再選挙または補欠選挙、都道府県議会の議員と知事、市区町村議会の議員と市区町村長の選挙、最高裁判所裁判官国民審査の場合を言う。外国の選挙はすべて告示。[アク]コクジ

ごうし　合祀[合祀]　「靖国神社に合祀される」

こうしつ　皇室　天皇と皇族の総称。皇族には天皇は含まれない。☞皇族

ごうしゃ[豪奢]　→**豪華、豪勢**

こうしゅう　地名（中国）。
　広州　華南地区中部・広東省の省都。
　高州　華南地区中部・広東省南西部の都市。
　杭州　華中地区南東部・浙江省の省都。
　膠州　華北地区東部・山東省東部の都市。

ごうしゅう　豪州　オーストラリア。㊂豪　濠州

こうじゅつ
　口述　口頭で述べる。「口述=試験・筆記」
　公述　意見を言う。「（公聴会の）公述人」
　後述　後に述べる。「詳細は後述する」

こうじょ　控除[扣除]

こうしょう[哄笑]　→**大笑、高笑い**

ごうじょう　強情[剛情]

こうじょうせん　甲状腺[甲状腺]　「甲状腺がん」

こうしょはじめ　講書始　宮中の新年儀式。

こうしん[昂進・亢進]

　　高進　〔一般〕「インフレが高進する」

　　亢進　〔病名〕「心悸亢進/亢進症」

こうじん　幸甚　「幸甚に存じます」　好甚

こうじん[黄塵]　→土煙、砂煙

後進国　→発展途上国

こうすいかくりつ　降水確率　ある予報区内で予報対象時間の6時間内（週間予報では24時間内）に1ミリ以上の雨または雪の降る可能性を10%刻みの確率で示したもの。

こうすいりょう　降水量　雨・雪・ひょう・あられなどを水に換算し、すべてが地表にたまると仮定したときの水の深さ。「ミリメートル」で示す。

こうずか　好事家　物好きな人。風流を好む人。

こうずる　講ずる　「対策を講ずる」　＊「講じる」とも。

こうせい　アク コーセー

　　更生[甦生]　生まれ変わる。再起、再生。「更生して再出発/自力更生/会社更生法/更生会社/（生活保護法の）更生施設」

　　更正　正しく改める。税金関係など。「更正＝処分・登記・予算/税金の更正決定」

　　厚生　〔社会福祉関係など〕生活を豊かにする。「福利厚生/（会社の）厚生施設/厚生年金」

こうせい　アク コーセー

　　後世　後の時代。「名を後世に残す」

　　後生　後から生まれる人。後輩。「後生畏るべし」

こうせい　恒星　天球上の互いの位置をほとんど変えず、それ自体の重力によって一塊となり、核融合反応などのエネルギーで自ら光や熱などを放射している星。太陽など。アク コーセー ☞惑星

ごうせいせんざい　合成洗剤　合性洗剤

こうせいぶっしつ　抗生物質　抗性物質

こうせき　功績[効績]　「功績を残す」

こうせき　鉱石[礦石]　「鉱石採集」

こうせつ[巷説]　→風説、浮説、（世間の）うわさ

こうせつ・せきせつ 類語

降雪 ある時間内に積もった雪の深さ。「午前8〜9時の降雪量」

積雪 自然の状態で積もったある時点の雪の深さ。「午前9時の積雪量」

こうぜつのと　口舌の徒 口先だけ達者で、実行力を伴わない者。口説の徒　☞くぜつ

こうそ 〔法律〕☞こうそききゃく

公訴 刑事事件で検察官が起訴状を提出、審理・裁判を請求すること。「公訴手続きを取る/公訴の提起」 ＊法律上は「公訴の提起」「公判請求」と言うが、記事・ニュース原稿では「○○罪で起訴」と書く。

控訴 第一審判決を不服として上訴すること。「原告が控訴する/高裁へ控訴する/控訴審」

こうそう　広壮［宏壮］「広壮な邸宅」

ごうそう　豪壮［豪荘］「豪壮な構えの屋敷」

こうそききゃく 〔法律〕

公訴棄却 刑事事件の起訴そのものを無効とする場合。起訴後、公判過程で被告が死亡した場合などは、裁判所が公訴棄却を決定する。

控訴棄却 民事も刑事も二審で上訴（控訴）を棄却する場合。

こうそく　梗塞［梗塞］「心筋・脳=梗塞」

こうぞく　皇族 皇室典範5条によると、皇后、皇太后（先代の皇后）、太皇太后（先々代の皇后）、親王（父か祖父が天皇〈当代に限らない〉の男子）、親王妃（親王の妻）、内親王（父か祖父が天皇〈同〉の女子）、王（天皇〈同〉のひ孫以下の男子の子孫）、王妃、女王（天皇〈同〉のひ孫以下の女子の子孫）のこと。天皇は皇族には含まれない。

ごうそっきゅう　豪速球・剛速球

こうた　小唄［小唄］

こうだ　高田 読み ☞たかた・たかだ・こうだ

こうたい　交代［交替］「世代交代」

こうだい　広大［宏大］「広大な土地」

こうたいじんぐう　皇大神宮 皇太神宮

こうだくみ 倖田來未 歌手。(1982〜) ＊「來」は「来」の旧字。

ごうたん 豪胆［剛胆・強胆］「豪胆な振る舞い」

こうち 巧緻［巧緻］ 言い換え 巧妙、精巧、精密

こうち 拘置 類語 ☞ こうりゅう・こうち

こうちしょ 拘置所 勾留を主として取り扱う刑事収容施設。死刑判決を受けて執行を待つ受刑者も収容する。

こうちゃく 膠着［膠着］ 言い換え 行き詰まり、手詰まり、足踏み

こうちょう

  公聴 〔一般〕「公聴会」

  広聴 〔行政〕「広聴活動」

こうちょう

  好調 〔↔不調・低調〕調子・具合・景気などがいいこと。「絶好調」

  高潮 調子・程度が極度に高まること。「最高潮」

  高調 意気が揚がること。「気分が高調する」

ごうちょく 剛直 気性が強く、信念を曲げないこと。「剛直な人物」 強直

こうつう 交通 ×「交通止め」→通行止め

こうてい アク コーテー

  工程 作業を進める順序・過程。「工程管理／製造工程／工程表〔一般〕」

  行程 目的地までの道のり。旅行の日程。「パリ・ロンドンを巡る行程／行程表（ロードマップ）」

  航程 船・飛行機の道のり。

こうてい 校訂 「校訂済みの本」

こうでい 拘泥 「ささいなことに拘泥する」

こうていえき 口蹄疫 「口蹄疫ウイルス」

こうてつ 更迭 「大臣の更迭が決まる」 交迭

こうでん 香典［香奠］

ごうど 地名（岐阜県）。

  河渡 岐阜市の地名。橋名。

  合渡 岐阜市の小学校名。

こうとう

口答　口で答える。↔筆答　「質問に口答する」

　　　口頭　口で述べる。「口頭で伝える/口頭試問」

こうとう　高騰[昂騰]　「物価が高騰する」

こうとう　喉頭[喉頭]　「喉頭がん」

こうとうべんろん　口頭弁論　〔法律〕民事・行政訴訟で、裁
　　判所および当事者が期日に行う法廷審理のことを言い、刑
　　事訴訟の「公判」に当たる。刑事、民事を問わず、特に当事
　　者の弁論を指すこともある。☞公判

こうとうむけい　荒唐無稽[荒唐無稽]

こうどく
　　　購読　買って読む。「雑誌の定期購読/新聞の購読料」

　　　講読　読んで意味・内容を説き明かす。「原書の講読/講
　　　読会」

×功成り名を上げる　→功成り名を遂げる

ごうのもの　剛の者[豪の者・強の者]　「酒にかけては剛の
　　者だ」

こうはい　降灰〔気象〕　言い換え　(火山)灰が降る、降った
　　(火山)灰　＊本来の読みは「こうかい」。こうばい

こうばい　勾配[勾配]　「勾配の急な山道」

こうばい　購買　購売

こうばしい　香ばしい[芳しい・馥しい]

ごうはら　業腹　「あんな相手に負けるとは業腹だ」

こうはん　公判　〔法律〕公訴提起後に、公開の法廷で行わ
　　れる訴訟の手続きのこと。勾留理由開示は含まれない。
　　アク　コーハン　☞口頭弁論

こうはん　広範[広汎]　「被害は広範にわたって発生した」
　　＊「広汎性発達障害」など病名は「広汎」を使う。

こうはん　甲板　デッキ。「甲板室」　＊「かんぱん」とも読む。
　　☞こうはんいん(甲板員)

こうはん[攪拌]　☞かくはん

ごうはん　合板　読み　ごうばん

こうはんいん　甲板員　読み　×かんぱんいん

×好評を取る　→好評を得る、好評を博す、評判を取る

こうふ　交付　書類・金品などを渡すこと。「辞令・証明書=
　　の交付/交付金」

こうふ　公布　法令などを世に知らせること。「憲法・法律=の公布」

こうふく　降伏［降服］「無条件降伏」

ごうふく　剛腹［豪腹・強腹］「剛腹な人物」

こうふん　興奮［昂奮・亢奮］

こうべせいこうしょ　神戸製鋼所　日本企業。＊スポーツ記事では「神戸製鋼」としている。略神鋼

こうほう

　広報［弘報］　官公庁や企業・団体などが一般に広く知らせる。「広報=活動・紙・誌・担当/政府広報」

　公報　官公庁の公式の報告、告示など。「選挙公報」

こうぼう［光芒］　→光線、光

ごうほう　豪放［剛放］

こうまい［高邁］　→秀でた、気高い、高い

こうまん　高慢　「高慢な物言い/高慢ちき」　高漫[×]

ごうまん　傲慢・傲慢［傲慢］［言い換え］高慢、横柄

こうむる　被る［蒙る］「損害を被る」

こうもん　肛門　「人工肛門」

こうや

　広野［曠野・曠埜］　広々とした野原。

　荒野　荒れ果てた野原。

こうゆう

　交友　友人として付き合う。「交友の範囲が広い/交友関係を調べる」

　交遊　親しい付き合い。「政治家との交遊/交遊録」

こうよう　高揚［昂揚］「気分が高揚する」

ごうよく　強欲［強慾］「強欲非道」

こうらん［攪乱］　☞かくらん

こうり

　小売り　〔一般〕「小売り=大手・契約・実績・専門店・標準価格・マージン」

　小売　〔経済関係複合語〕「小売=価格・業・商・店・値」

こうりがし

　高利貸し　高い金利でカネを貸す行為。

　高利貸　〔人・職業〕

ごうりき　強力[剛力・豪力]

こうりゅう・こうち　類語

　　こうりゅう　勾留[勾留]　容疑者、被告の身柄を拘禁すること。「勾留=質問・状/未決勾留」

　　こうりゅう　拘留　30日未満の自由刑（受刑者の自由を剥奪し、拘禁施設内に強制的に収容する刑罰）。「20日の拘留に処せられる」

　　こうち　拘置　刑の言い渡しを受けた者を拘禁すること。

　　＊海外の事件関係の場合は、書き分けが難しい場合がある。その時は「拘束」とする。

こうりゅうりゆうかいじ　勾留理由開示[勾留理由開示]　〔法律〕逮捕された容疑者、被告やその弁護士は勾留されている理由を示すよう求めることができる。刑事訴訟法に定められた手続きの一つで、裁判所が公開の法廷で勾留を認めた理由を説明する。容疑者・被告側は意見を述べることができる。「開示公判」とはせず、「勾留理由開示（の手続き）が行われた」「勾留理由開示の法廷が開かれた」などとする。

こうりょう　荒涼[荒寥]

こうれい　高齢　高令

こうろ

　　行路　通り道。世渡り。「行路病者(行き倒れ)/人生行路」

　　航路　船・航空機が通る道筋。「航路標識/定期航路」

こうわ　講和[媾和]　アク　コーワ

こうをそうする　功を奏する[効を奏する]

ごえいかん　護衛艦　アク　ゴエーカン、ゴエーカン

ごえつどうしゅう　呉越同舟　意味

　　○敵同士、仲の悪い同士がたまたま同席したり行動を共にしたりする。「与野党の党首が同じ飛行機に乗り合わせるなんて呉越同舟ですね」

　　×単に異質のものが一緒になる。「外国人観光客から地元の人まで集まるこの店は、まさに呉越同舟ですね」

こえる・こす

　　越える・越す　ある場所・地点・時期を過ぎて先に進む。水平方向へ移動する。越権。「K点を越えるジャンプ

/国境を越えて亡命/垣根・峠・一線・権限・素人の域・ピーク=を越える/壁を越える（比喩表現も）/度・冬・六十の坂=を越す/頭越しに/それに越したことはない」

超える・超す　ある基準・限度・範囲の上に出る。垂直方向に伸びる。「気温が30度を超える/10万人・50％・80歳・警戒水位・制限量・定員・想像・能力・範囲・予想・枠=を超える/国境を超えた=愛・犯罪・M&A/時代・世代・党派=を超えて/100億円・目標=を超す」

ポイント 他の動詞と複合する場合は原則として「越」を使う。「飛び・乗り・踏み=越える/売り・買い・勝ち・持ち=越す」

こえをふりしぼる　声を振り絞る　ありったけの声を出す。大声を出す。

×「事故で子供をなくした両親は記者団の問いかけに対し、『ただ、無念の一言です』と声を振り絞った」→**声を絞り出した、声を詰まらせた**　＊「振り絞る」は「絞るように出し尽くす」という意。

コーア　KOA　日本企業。1986年に「興亜電工」から社名変更。

ゴーイングコンサーン［going concern］　継続企業の前提（に関する注記）。

コーエーテクモホールディングス　日本企業。2009年に「テクモ」と「コーエー」が経営統合し発足。

コーカサス　☞カフカス、コーカサス

ゴーギャン（ポール）［Paul Gauguin］　画家。（仏 1848〜1903）

コーク商〔コカ・コーラ〕→**コーラ、コーラ飲料**

コージェネレーション［cogeneration］　熱電併給。熱電同時供給。略コージェネ

コーチング［coaching］　指導。

コーディネーター［coordinator］　調整役。進行役。

コーティング［coating］　上塗り。

コーデュロイ［corduroy］〔織物〕＊コール天とも。

コードシェア、コードシェアリング［code share; code sharing］　共同運航（便）。

こおどり　小躍り〔雀躍り〕「小躍りして喜んだ」

コーナー［corner］「コーナーキック」

コーナリング［cornering］　カーブを曲がること。

ゴーフル ⓒ〔神戸風月堂〕 →菓子

コーポラティブハウス［和製 cooperative house］　共同住宅。協同組合住宅。

コーポレートガバナンス［corporate governance］　企業統治。

コーポレートガバナンス・コード［corporate governance code］　企業統治指針。

ごーやー　ゴーヤー（←ゴーヤ）〔野菜〕にがうり。

コーラン［Koran］　イスラム教の聖典。

こおり

　氷　〔名詞〕「氷詰め/氷水」

　凍り　〔動詞の連用形〕「凍り付く/凍り豆腐」

コーリャン［高粱］〔植物〕＊中国語。コウリャン

こおる　凍る［氷る］

コール［call］　短資。「コール=市場・レート」

コールオプション［call option］　買う権利。株式や債券などを特定の価格で、特定の期日に買う権利。

コールスロー［coleslaw］　千切りキャベツのサラダ。

コールタール［coal tar］　石炭タール。

ゴールデンウイーク、ゴールデンウィーク［和製 golden week］　黄金週間。大型連休。略 GW

ゴールデングラブしょう・ゴールドグラブしょう　類語

　ゴールデングラブ賞　日本プロ野球で守備力に卓越した選手の表彰。

　ゴールドグラブ賞　米大リーグで守備力に卓越した選手の表彰。

ゴールデンパラシュート［golden parachute］　金の落下傘。企業が買収される際、経営者が高額の退職金を受け取り経営権を引き渡すこと。

ゴールデンレトリバー［golden retriever］〔犬種〕

コールドゲーム［called game］　略コールド「七回コールド」

コールドチェーン［cold chain］　低温輸送網。

ゴールドマン・サックス［The Goldman Sachs Group, Inc.］　米企業（金融）。

こおろぎ　コオロギ［蟋蟀］〔昆虫〕

ゴーン（カルロス）［Carlos Ghosn］　ブラジル出身の実業家。ブラジル、レバノン、仏の多重国籍。(1954〜)

コーンスターチ［cornstarch］　トウモロコシのでんぷん。

コーンフレーク［cornflakes］　トウモロコシを原料にした加工食品。シリアル。

ごかいどう　五街道

ごかく　互角［互格・牛角］　「互角の勝負」

こかげ　木陰［木蔭］　「木陰で休む」

コカ・コーラ 商 ［コカ・コーラ］　→コーラ、コーラ飲料

ごかしょう　地名（滋賀県）。
　　五個荘　東近江市の地名（五個荘○○）。
　　五箇荘　近江鉄道駅名。

こかつ　枯渇［涸渇］　「資源が枯渇する」

ごがつ　5月　 アク ゴガツ　 ☞ 皐月（さつき）

ごかっけい　五角形

ごがつにんぎょう　五月人形

ごがつびょう　五月病

こがね　黄金　「黄金色」

こがねい　地名（東京都）。
　　小金井　市名。
　　花小金井　小平市の町名。西武新宿線駅名（小平市）。
　　東小金井　JR中央線駅名（小金井市）。
　　武蔵小金井　JR中央線駅名（小金井市）。

ごかのしょう　地名（熊本県）。
　　五家荘　八代市泉町にある地区。平家落人伝説で知られる。
　　五箇荘　古称。

こがらし　木枯らし［凩］
　　木枯らし1号　気象庁が東京地方・近畿地方でのみ発表。東京地方は10月半ばから11月末日までの間に西北西〜北からの、近畿地方は霜降から冬至の間に北寄りの、ともに最大風速8メートル以上の風が初めて吹いた時に発表。

こかん　股間［胯間］

ごかん

　　五官　目・耳・舌・鼻・皮膚の五つの感覚器官。

　　五感　見る・聞く・味わう・嗅ぐ・触れるの五つの感覚・働き。「五感を働かせる」

こかんせつ　**股関節**［股関節］

こき　**古希**［古稀］　70歳の異称。＊杜甫の詩による。

ごきぶりホイホイ㊟〔アース製薬〕→ゴキブリ捕獲器

こきみ　**小気味**　[読み]　「小気味がよい」　こぎみ

こきゃく

　　顧客　得意客。「顧客情報」

　　個客　個人顧客。「個客マーケティング」

「ご教示ください」と「ご教授ください」［類語］

　一般的に日程変更や内容の確認などを尋ねる場合は、お示しくださいという意味で「ご教示ください」とする。一方「ご教授ください」は、専門的な事柄などについて、大学教授などの専門家に教えを請う場合に使う。将棋などでは相手に敬意を払って、慣例的に「一手ご教授ください」とする場合もある。

こぐ［漕ぐ］　「舟をこぐ」

ごく

　　極　〔接頭語〕甚だしい意味の名詞を作る。「極悪/極暑/極上/極楽」

　　ごく　〔副詞〕きわめて。「ごく＝一部・親しい人・小さい」

ごくいん　**極印**　[読み]　ぎょくいん

こくう　**虚空**　[読み]　「虚空をつかむ」　きょくう

こくう　**穀雨**　〔二十四節気〕4月20日ごろ。春雨が降って百穀を潤し、芽を出させるという意味。種まきの好期。[アク]コクウ

こくがくいんだいがく　**国学院大学**［國學院大學］

こくさいキリストきょうだいがく　**国際基督教大学**㊐ICU

ごくさいしき　**極彩色**　[読み]　ごくさいしょく　きょくさいしき

こくじ　**告示**　[類語]　☞コラム「公示・告示」

こくしかんだいがく　**国士舘大学**　＊「舘」は「館」の異体字。

こくじょう　**国情**［国状］　「欧州各国の国情を視察する」

こくせい　**国政**　[アク]コクセー

こくそ　告訴　〔法律〕犯罪の被害者、遺族（一定の親族）、法定代理人ら「告訴権者」が捜査機関に対し犯罪事実を申告し、処罰を求めること。☞告発

こくち　告知　アク コクチ

こぐち　虎口　読み　☞ここう・こぐち

ごくちょうたんぱ　極超短波　読み　△きょくちょうたんぱ

こくどう　国道　「国道1号は東京の日本橋が起点だ」　×「国道1号線」　＊「国道○○号」のように書き、「○○号線」と「線」は入れず、「○号国道」ともしない。

こくないがい　国内外　「国の内外」「国、内外」「国内と海外」と表現されていたが熟語化した。

コグニティブ［cognitive］　認知の。認識の。「コグニティブコンピューティング」

こくはつ　告発　〔法律〕告訴できる人と自首が可能な犯人を除いた（犯罪に直接関係のない）第三者が、捜査機関に犯罪事実を申告し処罰を求めること。公務員が職務遂行上、犯罪事実があると知った場合は、告発しなければならない。☞告訴

ごくび　極微　☞きょくび・ごくび

こくびゃくをつける　黒白をつける　読み　×くろしろをつける　＊「白黒をつける」は、しろくろ。

こくみんスポーツたいかい　国民スポーツ大会　2023年に「国民体育大会（国体）」から変更予定。略国スポ

こくみんのしゅくじつ　国民の祝日

元日　1月1日。

成人の日　1月の第2月曜日。

建国記念の日　2月11日。

天皇誕生日　2月23日。

春分の日　春分日。3月21日ごろ。

昭和の日　4月29日。

憲法記念日　5月3日。

みどりの日　5月4日。

こどもの日　5月5日。

海の日　7月の第3月曜日。

山の日　8月11日。

敬老の日 9月の第3月曜日。

秋分の日 秋分日。9月23日ごろ。

スポーツの日 10月の第2月曜日。

文化の日 11月3日。

勤労感謝の日 11月23日。

＊「国民の祝日に関する法律」の特例により、別日に設定されることもある。例：2020年は、「海の日」が7月23日、「スポーツの日」は7月24日、「山の日」は8月10日。

こくめい 克明［刻明］ 「克明な記録」

こぐれ 姓。

小暮 小暮卓史（レーシングドライバー。1980～）

木暮 木暮実千代（俳優。1918～1990）、木暮剛平（電通会長。1924～2008）

こけ［苔・蘚］

コケ 〔植物〕「コケモモ／ヒカリゴケ」

こけ 〔比喩的用法〕「こけむした石畳」

こけ［虚仮］ 「こけにする／こけの一念／こけおどし」

こけい 固形［固型］ 「固形=燃料・物」

こけつ 虎穴［虎穴］ 「虎穴に入らずんば虎子を得ず（望む物を得るためには危険を冒すことも必要）」

コケティッシュ［coquettish］ なまめかしい。

こけらおとし こけら落とし［柿落とし］ 意味

○新築・改築後の劇場での初興行。

×プールなどの完成。＊「こけら」は材木の削りくず。建物が完成したとき、それを払い落とすことから。

こけん［沽券］ 言い換え 体面、品位 「こけんに関わる」

ごげん 語源［語原］ 「語源を詳しく調べる」

ごご 午後 ☞午前・午後

ここう・こぐち 虎口［虎口］ 読み

ここう 虎の口の意味。危険な事柄や場所の例え。「虎口を脱する」

こぐち 城郭およびそれを構成する郭の入り口。＊「小口」とも書く。

こごえる 凍える 「凍え死に」

ここち 心地［付 心地］

ココナツ［coconut］（←ココナッツ）

ここのえ　九重　☞くじゅう・ここのえ

こころ　心　アクコ￣コロ、コロ￣コ

こころあたり　心当たり　「心当たりを探す」

こころえ　心得　「心得違い」

こころえる　心得る　「扱いを心得ている」

こころおきなく　心置きなく　「心置きなく旅行に出かける」

こころがけ　心掛け　「日頃の心掛けしだいだ」

こころがわり　心変わり　「恋人の心変わりを責める」

こころづかい　心遣い　「温かい心遣い」

こころづくし　心尽くし　「心尽くしの手料理」

こころづけ　心付け　「店の人に心付けを渡す」

こころづもり　心積もり　「万一の場合の心積もりをしておく」

こころまかせ　心任せ　「心任せの旅行」

こころもとない　心もとない［心許ない］　「新人だけでは心も
　とない」

こころやり　心やり［心遣り］　意味
　○気晴らし。うさばらし。
　×思いやり。心遣い。

こころよい　快い［心良い］　「快い潮風/快く承知する」

ごごんぜっく　五言絶句　ご×げんぜっく

ございます［御座居ます］

こざかしい　小ざかしい［小賢しい］　「小ざかしい口をきく」

こさつ　古刹［古刹］　言い換え古寺　＊「刹」は寺のこと。

ごさんけ
　御三家　徳川将軍家に連なる尾張・紀伊・水戸家。
　ご三家　芸能界などで最も有名で人気の高い3者。「新
　　ご三家と呼ばれた野口五郎・西城秀樹・郷ひろみ」

ごさんねんのえき　後三年の役

こし　古紙［故紙］

こじ
　固辞　かたく辞退する。「就任を固辞する」
　固持　しっかり持ち続ける。「信念を固持する」

こじ　居士［付居士］

こしいれ　こし入れ［輿入れ］　昔、婚礼の日に女性を結婚相

239

手の男性宅へ「輿」で担ぎ入れたことから転じて「嫁ぐこと」の意で使われた。「こし入れ道具」 ＊歴史的文脈での表現を除き、「女性が結婚する」という意味では使わない。

こ

孤児院 →**児童養護施設** 1947年の児童福祉法制定時に「養護施設」とされ、97年の同法改正時に「児童養護施設」へ改称。

こしおれ 腰折れ 「景気の腰折れ」

こしかけ 腰掛け 「会場に腰掛けを用意する/腰掛け銀（将棋の戦法）」

こしかける 腰掛ける 「公園のベンチに腰掛ける」

こしかたゆくすえ 来し方行く末 ＊「きしかたゆくすえ」とも。

こしがや 地名（埼玉県）。

　越谷 市名。東武駅名。高校名（県立越谷＝北・南・東・西・総合技術）。

　越ヶ谷 越谷市の地名。高校名（県立越ヶ谷）。

ごしき・ごしょく 五色 読み

　ごしき 色とりどり。

　ごしょく 5種類の色。

×古式豊かに →古式ゆかしく ＊「ゆかしく」は懐かしい、しのばれるという主観的表現。客観的な表現は「古式にのっとり」「古式に従って」。

こしたんたん 虎視眈々・虎視たんたん［虎視眈々］言い換え 機会をしぶとく待つ

こしつ 固執 読み 「こしゅう」の慣用読み。＊心理学での「固執傾向」は、**こしゅう**。

ゴシック［Gothic］（←ゴチック） 「ゴシック＝体・建築」

ごしにあまる 五指に余る

こしぬけ 腰抜け 「腰抜け侍」

こしまき 腰巻き 「腰巻きを身につける」

こしまわり 腰回り 「腰回りの柔軟体操」

こしもと 腰元

こしゃく［小癪］言い換え 生意気、こざかしい

ごじゅうかた 五十肩

ごじゅうのとう 五重塔

ごしょう 後生 「後生大事」

ごしょく　五色　読み　☞ごしき・ごしょく

こしょくそうぜん　古色蒼然[古色蒼然]　言い換え　古びた、古
　めかしい

こじらいれき　故事来歴[古事来歴]　「寺の故事来歴」

こしらえる[拵える]　「弁当をこしらえる」

ごじん　ご仁[御仁]　「奇特なご仁だ」　＊本来は尊敬語だ
　が、現在ではからかって言う場合もある。御人

ごしんか・ごじんか　御神火　読み　ごしんび

　ごしんか　神社のたいまつなど。

　ごじんか　火山の噴火を神聖視した言葉。特に、伊豆大
　　島三原山のものを言う。

×こじんまり　→こぢんまり

こす　☞こえる・こす

こすう　個数[箇数]

こすげ　小菅　東京都葛飾区の町名。東京拘置所がある。
　「小菅駅（東武鉄道。足立区足立2丁目）」

コスチューム[costume]　（扮装のための）衣装。

コスト[cost]　費用。原価。

コストパフォーマンス[cost performance]　費用対効果。

こする[擦る]　「眠い目をこすりながら勉強する」

ごする　伍する[伍する]　言い換え　肩を並べる、加わる　互
　する

ごすんくぎ　五寸くぎ[五寸釘]

こせいだい　古生代　地質時代を区分したうちの原生代と
　中生代の間。古い順からカンブリア紀、オルドビス紀、シ
　ルル紀（カンブリア紀から3紀を「旧古生代」ともいう）、デ
　ボン紀、石炭紀、ペルム紀（デボン紀から3紀を「新古生
　代」ともいう）の六つの紀に区分される。古世代

こせき　古跡[古蹟]　「古跡を訪ねる」

ごぜん・ごご　午前・午後　時刻は原則として12時間表記。
　午前0時0分〜午前11時59分、正午、午後0時01分
　〜午後11時59分とし、「12時」とは表記しない。

こせんきょう[跨線橋]　→陸橋、渡線橋

こぞう　小僧[子僧]

こぞうずし　小僧寿し　日本企業。小僧寿司

こそく　姑息［姑息］　世論調査「姑息な手段」
　　○一時しのぎ。＊「姑」は「しばらく」、「息」は「休憩」の意
　　　から。2010年度 15.0%
　　×ひきょうな。＊同 70.9%
ごぞんじ　ご存じ［御存知］　＊動詞「存ずる」の連用形から。
　「じ」は活用語尾で「知」の意味はないので、仮名書き。
こたえ　答え　＊一問一答などで記号のように使う場合は
　「答」でもよい。
こたえる
　　答える　返答。返事。「質問に答える/口答え」
　　応える［応える］　反応。応じる。「歓呼・期待・要請=に応
　　　える/読み応え」　＊「強く感じる」という意味の「寒さが
　　　こたえる/骨身にこたえる」などは仮名書き。
　　ポイント インタビューに「答える/応える」は、内容によって使
　　　い分ける。
　　こたえる［堪える］　耐える。我慢する。「プレッシャーに
　　　持ちこたえる/風呂上がりの一杯はこたえられない」
ごたく　御託　御託宣の略。「御託を並べる（他人の発言を
　ちゃかした言い方）」
こだち　木立　「木立の中を涼風が吹き渡る」
こたつ［火燵・炬燵］　「掘りごたつ」
ごたぶんにもれず　ご多分に漏れず　ご多聞〜　ご他聞〜
こだわる［拘る］　意味
　　○本来は、気にする必要がないささいなことに心がとらわ
　　　れるという、否定的な意味。「ささいな失敗にこだわる」
　　△最近は、「妥協しない」という肯定的な意味で使われるこ
　　　とが多い。「素材にこだわった料理」
ごちそう［御馳走］　「ごちそうにあずかる」
コチュジャン（←コチジャン）　朝鮮料理の調味料。トウガラ
　シみそ。＊朝鮮語。
ごちょう　伍長［伍長］
こぢんまり［小ぢんまり］　「こぢんまりとした家」　こじんまり
　＊小さくまとまっているという意味の「ちんまり」に、それを強
　調する接頭語「こ（小）」がついたもの。
こっかい　国会　アク コッカイ

こづかい　小遣い　「お小遣い/小遣い銭」

こっかく　骨格[骨骼]

こづく　小突く　「ひじで相手を小突く」

コックピット[cockpit]　操縦席。運転席。

こっくべんれい　刻苦勉励　克苦勉励

こっけい　滑稽・こっけい[滑稽]

こつずい　骨髄　「恨み骨髄に徹する」

こつぜん[忽然]　[言い換え]突然、にわかに　「彼はこつぜん
　と姿を消した」

こつそしょうしょう　骨粗鬆症・㊥骨粗しょう症[骨粗鬆症]

こづつみ　小包

こっとう　骨董[骨董]　[言い換え]古美術品、古道具、古物
　「骨董品」

こっぱみじん　木っ端みじん[木っ端微塵]　「木っ端みじん
　に砕ける」　木っ葉みじん

コップ[蘭 kop]　「コップ酒」

ゴッホ（ビンセント・バン/フィンセント・ファン）[Vincent van
　Gogh]　画家。(蘭 1853〜1890)

ごづめ　後詰め　[読み]あとづめ

コテージ[cottage]（←コッテージ）　小別荘。山荘。

こと　糊塗[糊塗]　[言い換え]取り繕う、一時しのぎ、ごまかす
　「失態を糊塗する」

ことあたらしい　事新しい　「事新しく言うまでもない」

ことおうしゅう　琴欧洲　大相撲力士(大関)・鳴戸親方。(1983
　〜)　琴欧州

ごとく[如く]　「過去の失敗が今さらのごとく思い出される」

ことごとく[悉く・尽く]

ことごとに　事ごとに[事毎に]　「両国は事ごとに意見が衝
　突する」

ことこまか　事細か　「事細かに説明する」

ことし　今年[㊦今年]

今年の漢字 ㊫〔日本漢字能力検定協会〕

ことたりる　事足りる

ことづけ　言付け[託け]　「言付けを頼む」

ことづて　言づて[言伝て]

ことに　殊に　とりわけ。「殊に=甘い物が好きだ・変わったことはない」

ごとに［毎に］　重「各国・各県=ごとに」

ことにする　異にする　「意見を異にする」　ⓧいにする

ことのほか　殊の外　「今年の夏は殊の外暑い」

ことば　言葉［詞］　「売り・買い・話し・早口=言葉／言葉=尻・少な」

ことはじめ　事始め

ことばづかい　言葉遣い　「丁寧な言葉遣い」

ことばのあや　言葉のあや［言葉の綾◆］　「それは言葉のあやで悪意はない」

ことひら　地名（香川県）。

　　琴平　町名。JR 土讃線駅名。琴平山（象頭山の別名。琴平町・三豊市境の山）。

　　金刀比羅　金刀比羅宮（琴平山にある神社）。

ことほぐ［寿ぐ◇］　言い換え　**祝う**　ⓧことおぐ

こども

　　子供　「子供の体力向上推進専門官（文部科学省組織規則）」　＊「ども」は接尾語。「こども」は、もともと「子」の複数形。「こども」は「子等」「子共」などと書かれており、近世に入り「子供」という表記が現れた。従って「子供」はもともと当て字。子供が「親のお供」であったり「子を神に供する」などの意味はない。「小供」の表記もあった。

　　子ども　「子どもの権利条約（正式名称・児童の権利に関する条約）／国立国会図書館国際子ども図書館」

　　こども　「こどもの日（国民の祝日）」

ことわざ［諺◇］　「ことわざ辞典」

ことわり［理◇］　「ことわりを説く」

ことわる　断る　「申し出を断る」　ⓧ断わる

コナクリ［Conakry］　ギニアの首都。

こにんずう・しょうにんずう　類語

　　こにんずう　小人数　〔↔大人数（おお）〕　＊「こにんず」とも。

　　しょうにんずう　少人数　〔↔多人数（た）〕

ごにんばやし　五人ばやし［五人囃子◆］

コネクション［connection］　つながり。関係。縁故。略コ

ネ

コネクテッドカー［connected car］　つながる車。インターネットに常時接続する車。

こねこ

　子猫　猫の子供。

　小猫　小さな猫。＊江戸家小猫（物まね師）。

このご　この期　読み　切羽詰まったこの局面。「この期に及んで」　このき

ごば　後場　読み　〔経済〕午後の取引。〔↔前場〕　アク　ゴバ　あとば

こはく　琥珀［琥珀］　「琥珀色の液体」　学コハク酸

ごはさん　ご破算　「契約をご破算にする」　ご破産

こはるびより　小春日和［小春㊙日和］　世論調査

　○晩秋から初冬の頃の穏やかで暖かな天気。＊2014年度 51.7%

　×春先の頃の穏やかで暖かな天気。＊「小春」とは旧暦10月（新暦11月から12月初めごろ）。同 41.7%

こはんとき　小半時　昔の「一時（いっとき）」の4分の1の時間。約30分。

ごびゅう［誤謬］　→誤り

こびる［媚びる］　「権力者にこびる」

ごぶ

　五分　「五分の星／五分づき（精米）／五分＝五分・刈り」

　5分　「2割5分引き」

こぶがはら・ふるみね　地名（栃木県）。

　古峰ヶ原　鹿沼市の地名、高原名。

　古峯　鹿沼市にある神社名。

ごぶさた　ご無沙汰［御無沙汰］

こぶし　拳［拳］　「握り拳」

こぶちざわ・こぶちさわ　小淵沢　地名（山梨県）。

　こぶちざわ　JR中央線駅名。

　こぶちさわ　北杜市の地名（小淵沢町○○）。

コブラ［cobra］　〔蛇〕

コプラ［copra］　ココヤシの胚乳を乾燥させたもの。

こぶり

小振り　小さく振る。↔大振り

小ぶり　普通のものよりやや小さいこと。↔大ぶり　「小ぶりな=魚・器」

ごへい　語弊　「語弊がある」

こべつ

　個別　一つ一つ。「個別指導/個別訪問調査(世論調査)」

　戸別　一軒一軒。「戸別配達/戸別訪問(選挙運動など)」

コペンハーゲン［Copenhagen］　デンマークの首都。

ごぼう　ゴボウ［牛蒡］　〔植物〕「ゴボウの収穫」

ごぼうぬき　ごぼう抜き［牛蒡抜き］　1人ずつ勢いよく引き抜くこと。「デモ隊をごぼう抜きにする」　＊競走、レースで「10人をごぼう抜きにしてトップに立った」などと次々に抜き去るさまを表すのは、比較的新しい用法。

ごほん　5本　アク　ゴホン

こま［独楽］　「こまを回す」

こま

　駒［駒］　馬。将棋・チェスなどで盤上で動かすもの。自分の手中にあって思い通りに動かせるものや人。「ひょうたんから駒/駒を進める/持ち駒/駒不足」

　こま［齣］　映画用語。一区切り。「こま送り/授業3こま/歴史の一こま」

ごまかす［誤魔化す］　「笑ってごまかす」

こまぎれ　細切れ［小間切れ］　「細切れ肉/細切れの睡眠」

こまごまと［細々と］　＊「細々と」は「ほそぼそと」と紛れる可能性があるので、できるだけ平仮名を使う。

こまざわだいがく　駒沢大学［駒澤大学］

コマツ　日本企業。＊登記名は「小松製作所」。

こまつウオールこうぎょう　小松ウオール工業　日本企業。小松ウォール工業

こまつマテーレ　小松マテーレ　日本企業。2018年に「小松精練」から社名変更。

こまねく・こまぬく［拱く］　＊本来は、こまぬく。

こまやか

　細やか　こまかい。「細やかな編み目/細やかに説明する」

　こまやか［濃やか］　情愛が深い。濃い。「こまやかな心

配り/人情こまやか/緑こまやかな木々」

コミッション［commission］　委員会。手数料。

コミット［commit］　関わる。関与する。確約する。

コミットメント［commitment］　関与。確約。約束。必達目標。

コミットメントライン［commitment line］　融資枠。

コミニックス　**Cominix**　日本企業。＊2018年に「大阪工機」から社名変更。

コミューター［commuter］　近距離移動用の乗り物。近距離航空。

コミュニケ［仏 communiqué］　声明。共同声明。公式声明。

コミュニケーション［communication］　意思疎通。伝達。通信。コミュ̈ニケーション

コミュニスト［communist］　共産主義者。共産党員。

コミュニティー［community］　共同体。地域社会。

こむ

　込む　入り組む。込み入る。連用形に付いて複合語をつくる。「負けが込む/手の込んだ仕事/仕事が立て込む/すきま風が吹き込む/煮込む」

　混む［混̇む］　混雑する。「電車が混む/混み合う店内/人混み」

こめぐら　**米蔵**［米倉］　「米蔵に非常用米を備蓄する」

こめず　**米酢**　＊古くは、よねず。こめす̇

コメディー［comedy］　喜劇。

こめる　**込める**［籠゜める］　「弾・心゠を込める/言い・押し・閉じ・立ち゠込める」

コメンテーター［commentator］　解説者。

コモディティー［commodity］　日用品。汎用品。生活必需品。（原油や金などの）国際商品。

こもり　**子守**　「子守歌」

こもる　**籠もる**［籠゜もる・隠る］　「寺に籠もる/山籠もり/立て籠もる」　＊「口ごもる」「引きこもり」など表記習慣により仮名書きするものもある。込̇もる

こもんじょ　**古文書**　［読み］　こぶ̈んしょ

こやす　**肥やす**　「私腹を肥やす/敗戦を肥やしにする」

こゆうめいし　固有名詞　個有名詞

こよい［今宵］「こよいの月は満月だ」

こよう　雇用［雇傭］「再・終身=雇用」　アク コヨ￣ー

ごよう　御用　宮中・官庁の用事。「御用=学者・聞き・組合・邸・始め」

ごようおさめ　御用納め　官公庁でその年の仕事を終わりにすること。＊官公庁以外に民間の会社なども含めてこれらを言う場合は「仕事納め」とする。同様に「御用始め」も民間も含めて言う場合は「仕事始め」。

ごようたし　御用達［御用達］「王室御用達」　＊「ごようたつ」とも。

こらい　古来　古くから。
　重「古来から」「古来より」→古来、古くから

ごらいこう・ごらいごう　類語

　ごらいこう　ご来光［御来光］　高山などで、尊いものとして迎える日の出。

　ごらいごう　ご来迎［御来迎］　高山で日の出、日没時に太陽を背にして立つと霧に自分の影が映り、周囲に色のついた光が現れる現象。ブロッケン現象。

こらえしょう　こらえ性［堪え性・怺え性］

コラボレーション［collaboration］　共同制作。共同事業。共同研究。共同作業。協働。連携。略コラボ

こりしょう　凝り性［凝り症］「凝り性な人」

ごりむちゅう　五里霧中　五里夢中

ごりやく　御利益　読み ごりえき

ごりん　五輪　㊙読みは、オリンピック。＊「五輪」は元々新聞で文字数を少なく表現するための造語だった。

こるい　孤塁　「孤塁を守る」

コルカタ［Kolkata］　インドの都市。＊「カルカッタ」からベンガル語名に変更。

コルティナダンペッツォ［伊 Cortina d'Ampezzo］　イタリアの保養地。1956年冬季五輪開催。2026年冬季五輪をミラノと共催予定。

ゴルディロックス［Goldilocks］　適温（状態）。＊ゴルディロックス相場（適温相場）とは、過熱してもなく閑散でもない適

248

度な相場のこと。ゴルディロックスは英国の童話『３びきの
くま』に登場する少女の名で、迷い込んだクマの家でほど
よい温度のスープを飲むエピソードに由来している。

これはこれは　これわこれわ

ころ・ごろ

頃［頃］　〔名詞（の一部）〕「頃合い/学生の頃/打ち頃/
食べ頃/近頃/手頃/年頃/日頃」

〜ごろ　〔接尾語〕「去年の秋ごろ/２日午後３時ごろ」

ごろ　語呂［語呂・語路］

ころう　古老［故老］　「村の古老」

ころう［固陋］→頑固、頑迷、かたくな、強情

コロケーション［collocation］　〔証券〕場所貸し。取引所の
システム近くにサーバーを設置して取引を高速化させるこ
と。

コロコロ㊂〔ニトムズ〕→粘着式クリーナー

コロシアム［coliseum］　競技場。

コロナウイルス［coronavirus］　＊ウイルス粒子の表面にあ
る突起が太陽のコロナに見えることから。

ころもがえ　衣替え［衣更え］

コロンボ［Colombo］　スリランカの都市。＊首都はスリジャ
ヤワルデネプラ・コッテ。

コワーキングスペース［coworking space］　共用オフィス。

こわい

怖い［恐い］　恐ろしい。「後が怖い/怖い顔/怖いもの知
らず」

こわい　抵抗力が強い。固い。「こわい髪/こわばる/こわ
もて/手ごわい」

こわいろ　声色　「声色を変える」

こわき　小脇［小脇］　「小脇に挟む」

こわす　壊す［毀す］　「古い建物・おなか=を壊す」

こわだか　声高　読み　こえだか

こわもて［強面・怖面］　「こわもてに出る」

こわれる　壊れる［毀れる］　「地震で家屋が壊れる」

ごんぎょう　勤行　勤経

コンクラーベ［ラテン conclave］　ローマ教皇を選出する会

議。選挙。

こんくらべ　根比べ［根競べ］

コングロマリット［conglomerate］　複合企業（体）。

ごんげ　権化　「悪の権化」

混血児　「混血」は「純血」と対比された言葉として差別性をもって語られてきた歴史があり、使用しない。「〜人の母を持ち」など、具体的に書くようにする。

こんげん　根源［根原・根元］

こんこう　混交［混淆］　「玉石・神仏=混交」

コンコース［concourse］　通路を兼ねた広い場所。

コンゴきょうわこく　コンゴ共和国［Republic of Congo］　首都ブラザビル。元フランス領。＊コンゴと略さない。

ごんごどうだん　言語道断　読み　げんごどうだん　言語同断

コンゴみんしゅきょうわこく　コンゴ民主共和国［Democratic Republic of Congo］　旧ザイール。首都キンシャサ。元ベルギー領。通称、コンゴ。

コンコルディア・フィナンシャルグループ　日本企業。横浜銀行と東日本銀行の持ち株会社。

こんこん

　　懇々　心を込めて説く。「懇々と諭す」

　　こんこん［昏々］　「こんこんと眠る」

　　こんこん［渾々・滾々］　「こんこんと湧き出る水」

コンシール商〔YKK〕　→（金具の見えない）ファスナー

コンシェルジュ［仏 concierge］　ホテルの接客係。案内人。

こんじき　金色　「金色夜叉（尾崎紅葉作）」

コンジスイ商〔丹平製薬〕　→歯の鎮痛剤

こんじゃく　今昔　「今昔の感」

コンシューマー［consumer］　消費者。

こんじょう　根性　根精　根生

こんしん　渾身［渾身］　言い換え　満身、全身、あらん限り　「渾身の力を振り絞って戦う」

こんすい　昏睡［昏睡・昏酔］　言い換え　意識不明　＊刑法の条文では「昏酔強盗」だが、記事では「昏睡強盗」と表記。

こんせいがっしょう　混声合唱　混性合唱　☞女声合唱

☞男声合唱

こんせき　痕跡［痕跡］「痕跡をとどめる」

コンセッション［concession］　運営権売却。民営化。「空港コンセッション」

コンセプト［concept］　基本概念。基本理念。基本発想。概念。

こんせん

　混戦　敵と味方が入り乱れて戦う。「三つどもえの混戦／混戦模様の優勝争い」

　混線　電話・通信で複数の信号が入り交じる。話の筋が混乱する。「通話が混線／話が混線して要領を得ない」

こんぜん　混然［渾然］「混然一体」

コンセンサス［consensus］　合意。意見の一致。「コンセンサスを得る」

コンセント［和製 concent］「コンセントを抜く」　＊本来は「プラグを抜く」。

コンソーシアム［consortium］　共同事業体。共同研究体。企業連合。融資団。

こんだて　献立「夕食の献立」

コンチェルト［伊 concerto］　協奏曲。

コンチネンタル［continental］　（ヨーロッパ）大陸風の。

コンツェルン［独 Konzern］　企業集団。

こんてい　根底［根柢］「根底から覆る」

コンディション［condition］　状態。調子。条件。

コンテナ［container］　荷物運搬用大型容器。

コンデンサー［condenser］　蓄電器。

コンテンツ［contents］　情報内容。内容。中身。番組。

コンテンポラリー［contemporary］　現代の。現代的。「コンテンポラリーアート」

コンドミニアム［condominium］　分譲マンション。区分所有ホテル。キッチン付き長期滞在型ホテル。

コントラスト［contrast］　対照。対比。明暗の差。

こんとん　混沌［混沌・渾沌］「選挙戦は混沌としてきた」

こんにちは［今日は］〔あいさつ〕こんにちわ

コンバージョン［conversion］　用途変更。変換。改装。

コンバーター[converter]　変換器。

コンバーチブル、コンバーティブル[convertible]　取り外しできる。「コンバーチブルジャケット」

こんぱい　困憊［困憊］ 言い換え 疲れ果てる、非常に疲れる「疲労困憊」

コンパクトフラッシュ商〔サンディスク〕→メモリーカード

コンパチブル[compatible]　互換性のある。

こんばんは［今晩は］〔あいさつ〕　こんばんわ

コンビーフ[corned beef]（←コーンビーフ）

コンピテンシー[competency]　能力。行動特性。

コンビニエンスストア[convenience store]　略コンビニ、CS

コンビネーション[combination]　略コンビ

コンピューター[computer]（←コンピュータ）

こんぶ

　コンブ　〔海藻〕「利尻産コンブ」

　昆布　〔加工品など〕「昆布巻き／塩昆布」　＊「昆布巻き」など食品では「こぶ」と読むこともある。

コンフィデンス[confidence]　自信。信頼。信用。信認。

コンプライアンス[compliance]　法令順守。順守。

コンプレッサー[compressor]　圧縮機。「エアコンプレッサー」

コンペティション[competition]　競争。競技会。略コンペ

コンベヤー[conveyor]　搬送帯。「ベルトコンベヤー」　コンベア

コンベンション[convention]　集会。会議。大会。「コンベンションホール」

こんぼう　こん棒［棍棒］「こん棒で殴る」

こんぽう　梱包［梱包］ 言い換え 包む、荷造り

コンポジション[composition]　構成。構図。作文。作曲。

コンポンソム[Kompong Som]　→シアヌークビル

コンマ[蘭 komma]（←カンマ）

こんめい　混迷［昏迷］「混迷する政界」

こんりゅう　建立 読み 寺院・堂塔・仏像を建てること。けんりつ　けんりゅう

こんりんざい　金輪際　「彼とは金輪際話をしない」　＊仏教

用語。仏教の世界では、大地の下の底辺部に黄金でできた金輪、金剛から成る金剛輪があって、その最下端、すなわち大地のはてを金輪際と言う。根輪際

こんわく　困惑　×混惑

さ・サ

〜さ　〔接尾語〕形容詞、形容動詞の語幹などに付いて名詞を作る。

×「円熟さ」→**円熟性**　×「積極さ」→**積極性**

サーキット［circuit］　巡回。回路。レース競技場のコース。

サーキュレーター［circulator］　送風機。

サークライン　⑭〔東芝ライテック〕→**円形蛍光灯**

サークル［circle］

①円形。アク サークル、サークル

②同好会。アク サークル、サークル

サージカル［surgical］　外科の。外科用の。手術の。「サージカルマスク」

サーディン［sardine］　イワシ。イワシのオリーブオイル漬け。

サーバー［server］

①飲食を給仕するための道具。スポーツでサーブをする人。アク サーバー、サーバー

②〔コンピューター〕アク サーバー、サーバー

サービスエリア［service area］　①営業区域。②高速道路の休憩所。

サーフィン［surfing］　波乗り。

サーベイ［survey］　調査。探査。測量。測定。

サーベイランス［surveillance］　監視。調査監視。監視制度。

サーモグラフィー［thermography］　物体の表面温度を画像化する装置。体表面温度測定装置。

さい

采［采］　とる。姿や様子。選び取る。「采を取る（指揮をする）/納采/風采」

さい［賽・采］　さいころ。

さい　差異［差違］

さい　歳［才］　年齢を表す。「満18歳」

サイエンティフィック［scientific］　科学の。科学的。学術的。

ざいか　罪科［罪過］　「罪科に処す」

さいかい

　再会　再び会う。「旧友に再会する/再会を約す」

　際会　たまたま会う。「危機・好機=に際会する」

　再開　再び開く。「休憩後に再開する」

さいきかんぱつ　才気煥発［才気煥発］　言い換え　才気縦横、才走る　才気活発

さいぎしん［猜疑心］　→疑心、疑念、邪推

さいきょうみそ　西京みそ・西京味噌　＊「西京味噌」単独での商標登録はない。

さいくつ　採掘　アク　サイクツ

サイクリスト［cyclist］　サイクリングの愛好者。自転車競技選手。

サイクリング［cycling］　自転車に乗ること。

サイクル［cycle］　周期。循環周期。「商品サイクル」

さいくん　細君［妻君］　自分の妻を指す謙称。

さいけつ　採血　アク　サイケツ

さいけつ　アク　ザイケツ、サイケツ

　採決　議案の可否を賛否の数で決める。「強行・起立=採決」

　裁決　上位者による裁断、審査請求などに対する行政庁の決定。「議長裁決/海難審判所・国税不服審判所=の裁決」

さいけん　再見　アク　サイケン

さいけん　アク　ザイケン、サイケン

　債券　有価証券。「債券を発行する/割引債券」

　債権　〔↔債務〕貸した金を返してもらう権利。「債権者」

さいけん・さいこん　再建　読み

　さいけん　〔一般〕アク　サイケン

　さいこん　〔寺社など〕アク　サイコン

さいげん　再現　アク　サイゲン、サイゲン

ざいげん　財源　アク　ザイゲン、ザイゲン

さいご

最後　一番あと。「最後の機会」

最期　死に際。「悲惨な最期」

さいこうさいさいばんかん　最高裁判官　〔法律〕最高裁の裁判官は 15 人。内訳は最高裁長官と最高裁判事 14 人。全員で構成する大法廷は最高裁長官が裁判長を務める。三つの小法廷では、通常、最高裁判事が交代で裁判長を務める。

さいこうちょう　最高潮[最高調]　「祭りは最高潮に達した」

さいごつうちょう[最後通牒]　→**最後通告**

サイコロキャラメル　＊商標は「北海道サイコロキャラメル」〔明治〕。

サイゴン[Saigon]　→**ホーチミン**　ベトナムの経済都市。1976 年に改称。

さいさき　幸先[幸先]　「幸先がいい」

さいし　祭祀[祭祀]　|言い換え|**祭事、祭り**

さいじき　歳時記[歳事記]　〔俳句〕

祭日　→**祝日**　祭日は皇室の祭典を行う日のこと。「国民の祝日」の俗称として使われるが、「祝日」が適切な言い方。「祝祭日」も「祝日」でよい。

さいしゅほ[採種圃]　→**採種園**（田・畑）、**種畑**

さいしょ　最初　「最初が大事」

　㊟「最初の書き出し」→**書き出し**

さいしょう

　最小　〔↔最大〕一番小さい。「最小=限・限度・公倍数・湿度」

　最少　〔↔最多〕一番少ない。「最少の人数／最少=額・得点」

さいしん　再審　〔法律〕刑事・民事において、判決が確定した後でも判決のもとになった証拠が偽造されたものだったなど一定の重大な事由があるときは当事者の申し立てや請求などにより、再び審理することができる。

サイズ[size]　大きさ。寸法。

さいせい

　再生　生き返る。作り直す。再現する。「再生を誓う／再生=紙・繊維・装置・不良性貧血／廃物利用の再生品／録

音・録画=の再生」

再製 製品を加工して作り直す。「機器の再製品/再製=酒・茶」

ざいせい **財政** 　アク　ザイセー

ざいせき

在席 職場で自分の席に着いている。「会議のため在席していない」

在籍 団体・学校などに籍がある。「在籍学生/本校には○○人が在籍」

さいだいしゅんかんふうそく **最大瞬間風速** 台風などで示される瞬間風速の最大値のこと。

×瞬間最大風速 ×瞬間最高風速 ×最高瞬間風速

さいたいほ **再逮捕** 同一人物が連続して逮捕された場合、2回目以降の逮捕を「再逮捕」とする。

さいだいもらさず →細大漏らさず 細かいことも大きいことも全部。×最大漏らさず

さいたかね **最高値** 〔経済。↔最安値〕 さいこうち×××

さいたく **採択** 　アク　サイタク、ザイタク

さいたま・さきたま 地名(埼玉県)。

埼玉・さいたま 「埼玉県/さいたま市」

さきたま 古代の武蔵国の郡名。現在の埼玉県北部、利根川沿いを指した。行田市の施設名。「さきたま=古墳公園・史跡の博物館」

さいだん

裁断 布・紙・革などを定まった型にたちきる。理非・善悪を判断する。「生地を裁断する/裁断を下す」

細断 ものを細かくたちきる。「機密書類を細断する/細断機(シュレッダー)」

さいとう 姓。

斉藤 斉藤由貴(俳優。1966〜)、斉藤和義(歌手。1966〜)

斎藤 斎藤道三(戦国武将。1494〜1556)、斎藤孝(教育学者。1960〜)

さいなむ[苛む] いじめる。「不安の念にさいなまれる」

サイバー[cyber] コンピューター・ネットワーク関連。「サイ

バー攻撃」

サイバーマンデー［Cyber Monday］　米感謝祭の翌週の月曜日。＊インターネット通販の一大セール日。

サイバーモール［cyber mall］　仮想商店街。

さいはい　采配［采配］　世論調査

「采配を振る」　＊伝統的な言い方。2008 年度 28.6%／17 年度 32.2%

「采配を振るう」　＊2008 年度 58.4%／17 年度 56.9%

采配を奮う

サイバネティックス［cybernetics］　制御と通信を統一的に研究する学問。人工頭脳学。自動制御学。

さいばんいんせいど　裁判員制度　〔法律〕刑事裁判に国民感覚を反映させる目的で、2009 年に導入。毎年、選挙人名簿の中から翌年の候補者が無作為に選ばれ、裁判員候補者名簿が作成される。事件ごとに、名簿の中からくじで選ばれた候補者が呼び出され、選任手続きが行われる。裁判官と一緒に重大事件の被告が有罪かどうかを判断、有罪の場合は刑も決める。

さいばんかん　裁判官　〔法律〕裁判官には、最高裁判所長官、最高裁判所判事、高等裁判所長官、判事、判事補、簡易裁判所判事の 6 種の官職がある。国会の弾劾裁判によらなければ罷免されない。

さいばんちょう　裁判長　〔法律〕民事裁判、刑事裁判とも審理は合議（通常は裁判官 3 人）あるいは単独（裁判官 1 人）で行われる。合議の場合、通常は部総括判事が裁判長を務める。単独の場合は、裁判長はいない。

さいぶガス　西部ガス　日本企業。せいぶガス

さいほうじょうど　西方浄土　読み　せいほうじょうど　☞せいほう・さいほう（西方）

サイホン［siphon］（←サイフォン）　コーヒーを抽出する器具。

サイリューム商〔サイリューム・テクノロジーズ〕→**ケミカルライト**

さいれことば　さ入れ言葉　助動詞「せる」を用いるべき五段動詞に「させる」を用いる文法的な誤用。

×「読まさせていただきます」→**読ませて〜**

×「休まさせていただきます」→**休ませて〜**

×「伺わさせていただきます」→**伺わせて〜**

＊助動詞「せる」は五段とサ変の動詞に、「させる」はそれ以外の活用動詞につく。「着させる」(上一段動詞)、「受けさせる」(下一段動詞)、「来(こ)させる」(カ変動詞)は正しい使い方。

さいわい　幸い
△「幸い、命に別条はありませんでした」　＊報道は客観性を重視するため、主観的な意味合いを含む「幸い」などの乱用は避ける。

サインペン〔元商標〕

サウザンドアイランドドレッシング[Thousand Island dressing]（←サウザンアイランドドレッシング）

さえる[冴える]「顔色がさえない/弁舌がさえる」

さお
［竿］　竹の棒。「旗ざお/物干しざお」
［棹］　舟を操るのに使う長い棒。三味線の胴についた柄の部分。

さおさす[棹差す]　舟を進める。乗り出す。☞流れにさおさす

さおとめ　姓。
五月女　五月女正治(山一証券会長。1937〜2017)
早乙女　早乙女貢(歴史小説作家。1926〜2008)、早乙女太一(俳優。1991〜)

さおとめ　<u>早乙女</u>[㊉早乙女]

さかい　姓。
酒井　酒井抱一(江戸時代後期の絵師。1761〜1829)、酒井美紀(俳優。1978〜)、酒井若菜(俳優。1980〜)
坂井　坂井真紀(俳優。1970〜)

さかうらみ　逆恨み　好意を悪くとって恨む。

さかおとし　逆落とし

さかぐら　酒蔵[酒倉]

さかさま　逆さま[逆様]「箱を逆さまに置く」

さがす
探す　欲しいものを見つけようとする。探究。「店で好み

の財布を探す/獲物・貸家・職・父の面影=を探す/宝・ルーツ・あら=探し」

捜す 失われたもの、隠されたものを追い求める。捜査。「家族を捜し求める/紛失物・家出人・目撃者・行方不明者・容疑者=を捜す/身元捜し」

ポイント 「家探し（住む家を求める）/家捜し（家の中を物色する）」「人探し（求人）/人捜し（行方不明者）」「探し歩く/捜し歩く」「探し出す/捜し出す」「探し物/捜し物」などは、内容に応じて使い分ける。

さかずき 杯［盃］ 「杯を傾ける」

さかた 姓。

坂田 坂田藤十郎（歌舞伎俳優。四代目= 1931〜）

阪田 阪田三吉（将棋棋士。1870〜1946）、阪田雅裕（内閣法制局長官。1943〜）

さかだい 酒代 読み ×さけだい

さかだち 逆立ち

さかて 逆手 読み ☞ ぎゃくて・さかて

さかな

魚 「魚釣り/焼き魚」

さかな［肴］ 酒のつまみ。酒席の話題。「旅行の話をさかなに酒を飲む」

さかのぼる 遡る［遡る・溯る・逆上る］ 「河口から遡る」

さかまく 逆巻く 「逆巻く波」

さかもと 姓。

坂本 坂本龍馬（幕末の志士。1835〜1867） ＊司馬遼太郎の著書は『竜馬がゆく』。

坂元 坂元一哉（国際政治学者。1956〜）

阪本 阪本順治（映画監督。1958〜）

サガルマタ［Sagarmatha］ ☞ コラム「エベレスト」

さがわきゅうびん 佐川急便 日本企業。＊持ち株会社は「SGホールディングス」。

さがん 左岸 川の下流に向かって左側。☞ 右岸

さぎ

詐欺 〔一般〕だます。あざむく。「詐欺にひっかかる/詐欺師」

詐偽　〔公職選挙法〕いつわる。「詐偽=投票・登録」

さきがけ　先駆け〔魁・先駈け〕　「春の先駆け」

さきがり　先借り　前借り。

さきだつ　先立つ

さきたま　☞さいたま・さきたま

さきどり　先取り　「時代の先取り」

さきのばし　先延ばし　延期すること。「計画を先延ばしする」　＊「先延ばす」とはしない。

さぎのみや　地名（東京都）。

　　鷺宮　中野区の地名。都立高校名。

　　鷺ノ宮　西武駅名。

さぎのみやせいさくしょ　鷺宮製作所　日本企業。鷺宮〜

さきばらい　先払い

さきまわり　先回り〔先廻り〕

さきゆき　先行き　「先行きが不安だ」

×先（さき）を越す →先（せん）を越す　＊受け身の「さきを越される」という言い方は一般的になってきている。

さく　柵〔柵〕　「柵越え/鉄柵」

さく

　　裂く　破る。引き離す。「布・夫婦仲=を裂く/切り・引き=裂く/岩の裂け目」

　　割く　切り分ける。分け与える。「給料・魚・時間・誌面・人員・領土=を割く」

さくい

　　作為　わざと手を加える。工夫を巡らす。「作為の跡が見える/作為を交える/作為の違法性/作為的/無作為抽出」

　　作意　制作の意図。たくらみ。「作意不明/別に作意はない/見え透いた作意」

さくがんき　削岩機〔鑿岩機〕

さくさく〔嘖々〕　口々に褒めそやすさま。「好評さくさく」

さくさん　酢酸〔醋酸〕

さくしさくにおぼれる　策士策に溺れる〔策士策に溺れる〕　策士は自らの策略を過信して失敗する。策士策に敗れる

サクスホルン〔saxhorn〕　〔金管楽器〕

さくせい

作成 〔文書・計画・法案・原本などを〕「ケアプラン・計画書・試験問題・ホームページ・マニュアル・名簿・目録=の作成」

作製 〔物品・図面などを〕「カレンダー・設計図・地図・標本・ポスター・細胞・ワクチン=の作製」

ポイント パンフレット、本などの場合、書かれた内容(ソフト)に重きを置くときは「作成」、物として出来上がった形(ハード)に重きを置くときは「作製」と、使い分ける。

サクセス [success] 成功。「サクセスストーリー」

さくそう 錯綜 [錯綜] 言い換え 交錯、入り乱れる、もつれる
＊「錯」は入り交じる、「綜」は集まる意。

サクソフォン [saxophone] 〔木管楽器〕 略 サックス

さくづけ・さくつけ 作付け 「作付け=状況・転換」 ＊「作付面積」は「け」を送らない。

さくばく 索漠 物寂しい。気がめいる。「索漠たる日々」

さくもつ 作物 読み ＊農作物は、のうさくぶつ。畑作物は、はたさくもつ。

重 昨夜来の雨 →夜来の雨、昨夜からの雨

さくら

サクラ 〔植物〕「サクラソウ/ヒガンザクラ」

桜 〔一般〕「桜狩り/桜餅/桜吹雪」

＊桜の開花日は、標本木で5〜6輪以上の花が開いた状態となった最初の日。×開花宣言 ×満開宣言 ＊気象庁は「宣言」はしない。

さくらんぼ サクランボ [桜桃・桜ん坊] 〔植物〕 ＊サクランボウとも。

さくれつ 炸裂 [炸裂] 言い換え 爆発、破裂、はじける

ザグレブ [Zagreb] クロアチアの首都。

さけ サケ [鮭] ＊「さけ」が転じた言い方が「しゃけ」。

さげすむ 蔑む・さげすむ [蔑む・貶む] 言い換え 見下げる、ばかにする

さけめ 裂け目

さげる

下げる 〔↔上げる〕低くする。下に垂らす。「供物・値段=

261

を下げる/バッグを肩に下げる/上げたり下げたり/下げ=かじ・渡す/ぶら・見=下げる」

提げる　手に持つ。「手提げかばん/手鍋提げても」

×酒を飲み交わす　→酒を酌み交わす、杯を交わす

さげん　**左舷**［左舷］　船尾から船首に向かって左側。☞右舷

ざこ　**雑魚**［付雑魚］

さこうべん　**左顧右眄**［左顧右眄］　周囲の形勢をうかがって決断をためらう。㊣右顧左眄

ささい［些細］　取るに足りないさま。「ほんのささいな出来事」

ささがせ　地名（静岡、岡山県）。

　笹ヶ瀬　岡山市の川の名。標準地名。

　笹が瀬　「岡山市北区津島笹が瀬」

　篠ヶ瀬　「浜松市東区篠ヶ瀬町」

笹かま㊗〔仙台蒲鉾協同組合〕→笹かまぼこ

ささげる［捧げる］　「一生・賜杯・玉串=をささげる」

　×「友にささぐ勝利」　→友にささげる勝利　＊連体形は「ささげる」（口語）、「ささぐる」（文語）。

さざなみ　**さざ波**［小波・細波・漣］

ささやく［囁く］　小声で話す。うわさをする。

さし　☞さして　☞さす

　差し　「差しで（向かい合って）飲む/差し=合い・上げる・入れ・押さえ・替え・紙・込み・障り・出す・支え・止め・伸べる・挟む・控える・引き・引く・向かい・戻し/行司の差し違え/差し出し口/差し出口（出しゃばっておせっかいを言うこと）」

　刺し　「刺し=網・子・殺す・身/串刺し」

　挿し　「挿し=木・花」

　指し　「指し=切り・込み・示す・値・物・分け」

さじ［些事・瑣事］　→小事、枝葉末節、ささいなこと、つまらないこと

さじ［匙］　「さじを投げる」

ざし　**座視**［坐視］　「座視するに忍びない」

さしあし

差し足　音を立てない歩き方。「抜き足差し足忍び足」

差し脚　競馬で先行馬を抜き去る際の走り方。「鋭い差し脚」

さしえ　挿絵［挿画］「小説の挿絵」

さしがね　差し金　そそのかし、あやつる。

さじき　<u>桟敷</u>［付桟敷］

ざしき　座敷　「座敷に通す／奥座敷」

さしず　指図　「人の指図は受けない」

さしずめ［差し詰め］

さしだしにん　差出人

さしつかえる　<u>差し支える</u>［付差し支える］

さして

　　指し手　〔将棋〕駒を進める方法。上手な人。「指し手に窮する／なかなかの指し手だ」

　　差し手　〔相撲〕「立ち合いの差し手争い」

さしとめ　差し止め　「大統領令の差し止めを求める」

さしひき

　　差し引き　〔一般〕「差し引き=借り越し・計算」

　　差引　〔経済関係複合語〕「差引=勘定・残高」

さしみ　刺し身　「マグロの刺し身」

さしもの　指し物

さしものし　指物師

さしょう［些少］→少々、わずか

ざしょう　座礁［坐礁］「座礁した貨物船」

ざしょう　挫傷［挫傷］

さじん［砂塵］→砂煙、砂ぼこり

さす　☞さし

　　差す　①生じる。きざす。「影・潮・眠気・魔=が差す」②かざす。「傘を差す」③差し挟む。「刀を差す／抜き差しならぬ」④〔相撲。舞踊〕「差し違え／差す手引く手」

　　差す［射す］　光が注ぐ。「日が差す」

　　差す［注す］　液体を注ぐ。「油・杯=を差す／水を差す（比喩表現も）／差しつ差されつ」

　　指す　〔指示。指向。指定。指名〕目標とする事物・方向などを示す。「時計の針が3時を指す／名指しする／目

指す方向/将棋を指す」

×「囲碁を指す」→**囲碁を打つ**

さす 「指さす/人さし指」

刺す ①とがった物を突き入れる。「くぎを刺す/刃物で刺す/本塁で刺される〔野球〕/とげが刺さる」②刺激・衝撃を与える。「鼻を刺す臭い/冷気が身を刺す/寸鉄人を刺す」

挿す 〔挿入〕細い物を突き入れる。「かんざし・花=を挿す」

ざす 座州[坐洲] 「河口で座州する」

さすが[流石]

サステナビリティー、サステイナビリティー[sustainability] 持続可能性。永続性。

サステナブル、サステイナブル[sustainable] 持続可能。

サスペンション[suspension] 緩衝器。緩衝装置。

サゼスチョン[suggestion] 提案。示唆。暗示。

ざせつ 挫折[挫折] 「挫折感」

さた 沙汰[沙汰] 「沙汰の限り/正気の沙汰でない/沙汰やみ」

さたみさき・さだみさき 地名。

さたみさき 佐多岬 鹿児島県大隅半島の先端。

さだみさき 佐田岬 愛媛県西端の半島名。

ザッカーバーグ(マーク)[Mark Zuckerberg] 経営者。フェイスブック創業者。(米 1984〜)

サッカーワールドカップ開催地		
第1回	1930 年	ウルグアイ (優勝ウルグアイ)
第2回	1934 年	イタリア (優勝イタリア)
第3回	1938 年	フランス (優勝イタリア)
第4回	1950 年	ブラジル (優勝ウルグアイ)
第5回	1954 年	スイス (優勝西ドイツ)
第6回	1958 年	スウェーデン (優勝ブラジル)
第7回	1962 年	チリ (優勝ブラジル)
第8回	1966 年	イングランド (優勝イングランド)
第9回	1970 年	メキシコ (優勝ブラジル)
第10回	1974 年	西ドイツ (優勝西ドイツ)

さ

第 11 回	1978 年	アルゼンチン（優勝アルゼンチン）
第 12 回	1982 年	スペイン（優勝イタリア）
第 13 回	1986 年	メキシコ（優勝アルゼンチン）
第 14 回	1990 年	イタリア（優勝西ドイツ）
第 15 回	1994 年	アメリカ（優勝ブラジル）
第 16 回	1998年	フランス（優勝フランス。日本はグループリーグ 3 敗）
第 17 回	2002 年	日本・韓国共催（優勝ブラジル。日本は 16 強・グループリーグ 2 勝 1 分け）
第 18 回	2006 年	ドイツ（優勝イタリア。日本はグループリーグ 2 敗 1 分け）
第 19 回	2010 年	南アフリカ（優勝スペイン。日本は 16 強・グループリーグ 2 勝 1 敗）
第 20 回	2014 年	ブラジル（優勝ドイツ。日本はグループリーグ 2 敗 1 分け）
第 21 回	2018 年	ロシア（優勝フランス。日本はグループリーグ 1 勝 1 敗 1 分け）
第 22 回	2022 年	カタール（予定）
第 23 回	2026 年	カナダ・メキシコ・アメリカ共催（予定）

ざっかん

雑感 さまざまな感想。「雑感随想 / 人生雑感」

雑観 ①いろいろな所見。「現場雑観」②雑観記事の略。ニュース対象から感じた印象や周囲の状況、関係者の反応などを記事にしたもの。

さつき [アク] サツキ

五月[付五月] 〔慣用〕「五月晴れ（6 月〈陰暦の 5 月〉の梅雨時に見られる晴れ間）」 ×××ごがつばれ

皐月[皐月] 陰暦 5 月。「皐月賞〔競馬〕」

サツキ[皐月] 〔植物〕「三重サツキ」

さっきゅう・そうきゅう 早急 放「さっきゅう」を優先。

サックス[sax] サクソフォンの略称。

サッシ[sash] 「アルミサッシ」

さっそう[颯爽] 「さっそうと出かける」

さっそく 早速

ざっと 重「ざっと数万人」→**数万人** ＊全体の数量のお

おおまかな見当をつける場合には、「ざっと 1 万人」などのように具体的数字を示す。

さっとう　殺到　「問い合わせが殺到する」　殺倒 ×

ざっとう　雑踏［雑沓］　「雑踏にまぎれる」

サッフォー［Sappho］（←サッポー）　古代ギリシャの詩人。（前 612 ごろ～?）

さっぽろし　札幌市　北海道の道庁所在地。1972 年冬季五輪開催。

さつりく　殺りく［殺戮］　言い換え　**惨殺、大量殺害**　＊「戮」は殺す。

サディスティック［sadistic］　加虐的な。残酷好きな。

サディスト［sadist］

さてつ［蹉跌］　→**失敗、つまずき、挫折**　＊「蹉」「跌」は、つまずく。

サテライト［satellite］　衛星。関連施設。「サテライトオフィス」

さとう　姓。

　佐藤　佐藤栄作（政治家・首相。1901～1975）、佐藤 B 作（俳優。1949～）、佐藤浩市（俳優。1960～）

　左藤　左藤章（政治家。1951～）

さどう・ちゃどう　茶道　読み　流派により読み方が異なるが、「**さどう**」が一般的。＊表千家は主に「さどう」、裏千家は「ちゃどう」、武者小路千家では原則「茶（ちゃ）の湯」を使う。

さとうしょくひん　サトウ食品　日本企業。＊2020 年に「佐藤食品工業」から社名変更。

さとおや　里親　他人の子を預かり養う親代わりの人。児童福祉法に基づき保護者のいない児童などを預かり養う人も言う。

　△「（ペットの）里親募集」→**飼い主募集**　＊動物などには使わない。

さとがえり　里帰り　意味　本来は、女性が結婚後実家に初めて（一時的に）帰ること。家族で郷里に一時的に帰る場合も言うようになった。

　○比喩的には一時的に戻る場合に使う。「外国の美術館所蔵の浮世絵が日本の展覧会のため里帰りした」

×美術品の永久返還などには使わない。

さなえ　早苗〔付 早苗〕

さなか〔最中〕　「大雨のさなかに外へ出る」

サナトリウム〔sanatorium〕　（結核）療養所。

サニタリー〔sanitary〕　衛生。「サニタリー用品」

サヌア〔Sana'a〕　イエメンの首都。

さぬき　地名（香川県）。

　　さぬき　市名。

　　讃岐　旧国名。

さぬきさんみゃく・あさんさんみゃく　香川県と徳島県の境界に位置する山脈。

　　讃岐山脈　正式名称。

　　阿讃山脈　徳島県側の呼称。

サノフィ〔仏 Sanofi S.A.〕　仏企業（医薬品）。

サバイバル〔survival〕　生存競争。生き残り。「サバイバルゲーム」

さばく　砂漠〔沙漠〕

さばく

　　裁く　裁判。裁定。「法の裁き／大岡裁き」

　　さばく〔捌く〕　解きほぐす。処理する。「魚・乗客=をさばく／売りさばく／手綱・荷=さばき」

サバティカル〔sabbatical〕　長期有給休暇。

さびしい　寂しい〔淋しい〕

さびれる　寂れる

サファイア〔sapphire〕　〔宝石〕

サブカルチャー〔subculture〕　大衆文化。略サブカル

サブキャラクター〔和製 sub character〕　脇役。略サブキャラ

サブスクリプション〔subscription〕　定額制。定額料金。継続課金。＊製品のサービスを一定期間、定額で提供するビジネス。略サブスク

ざぶとん　座布団〔坐蒲団〕

サプライチェーン〔supply chain〕　供給網。

サプライヤー〔supplier〕　供給者。部品メーカー。協力企業。

サブリース〔sublease〕　転貸借。「住宅のサブリース」

267

サブリミナル［subliminal］　潜在的に働きかける。「サブリミナル広告」

サプリメント［supplement］　栄養補助食品。㊂サプリ

サブレ［仏 sablé］　〔菓子〕

サポーター［supporter］
　①保護具。アク サポーター、サポーター
　②ファン。アク サポーター、サポーター

さほど［左程・然程］　「さほど寒くはない」

さま
　様　〔敬称〕「王様/お姫様/神様/観音様/殿様/仏様」
　　ポイント 皇室関係は「皇后さま」「皇太子さま」のように仮名
　　書き。また、「お客さま」「奥さま」「皆さま」などもなるべく
　　仮名で書く。
　さま［様］　〔接尾語〕様子。「あしざま/お世話さま/お互
　　いさま/お疲れさま/ご苦労さま/さまになる/死にざま/
　　続けざま/ぶざま」

サマータイム［summer time］　夏時間。＊夏季に時間を繰
　り上げ日中の時間を有効に使う仕組み。

さます・さめる
　覚ます・覚める　睡眠・興奮・迷いなどの状態から戻る。
　　「意識・太平の眠り・眠気・迷い＝を覚ます/夢・麻酔＝か
　　ら覚める/目の覚めるような色/寝覚めが悪い」
　さます・さめる［醒ます・醒める］　酔いの状態から戻る。
　　「酔いがさめる/興ざめな話」
　冷ます・冷める　熱い物の温度が下がる。興奮・興味・関
　　心を失う。「熱を冷ます/愛情・興奮・ほとぼり＝が冷める
　　/興が冷める/湯冷めする」
　　ポイント 「覚めた目/冷めた目」などは、内容によって使い分
　　ける。

さまたげる　妨げる　「安眠を妨げる」

さまつ［些末・瑣末］ 言い換え わずか、重要でない

さまよう［彷徨う・さ迷う］　「生死の境をさまよう」

サマリー［summary］　要約。要旨。総括。概要。

サマルカンド［Samarkand］　ウズベキスタンの都市。＊首都
　はタシケント。

さみしい［寂しい・淋しい］ 「さびしい」の変化。

さみだれ　五月雨［付五月雨］ 陰暦 5 月ごろに降る長雨。
梅雨。夏の季語。ごがつあめ

サミット［summit］ 主要国首脳会議。

サミット開催地（末尾は日本の出席者）

第 1 回（1975 年）ランブイエ（フランス）　三木武夫

第 2 回（1976 年）サンフアン（アメリカ・プエルトリコ）　三
木武夫

第 3 回（1977 年）ロンドン（イギリス）　福田赳夫

第 4 回（1978 年）ボン（西ドイツ）　福田赳夫

第 5 回（1979 年）東京（日本）　大平正芳

第 6 回（1980 年）ベネチア（イタリア）　大来佐武郎（大
平正芳首相急逝のため、外務大臣が代理出席）

第 7 回（1981 年）オタワ（カナダ）　鈴木善幸

第 8 回（1982 年）ベルサイユ（フランス）　鈴木善幸

第 9 回（1983 年）ウィリアムズバーグ（アメリカ）　中曽根
康弘

第 10 回（1984 年）ロンドン（イギリス）　中曽根康弘

第 11 回（1985 年）ボン（西ドイツ）　中曽根康弘

第 12 回（1986 年）東京（日本）　中曽根康弘

第 13 回（1987 年）ベネチア（イタリア）　中曽根康弘

第 14 回（1988 年）トロント（カナダ）　竹下登

第 15 回（1989 年）アルシュ（フランス）　宇野宗佑

第 16 回（1990 年）ヒューストン（アメリカ）　海部俊樹

第 17 回（1991 年）ロンドン（イギリス）　海部俊樹

第 18 回（1992 年）ミュンヘン（ドイツ）　宮沢喜一

第 19 回（1993 年）東京（日本）　宮沢喜一

第 20 回（1994 年）ナポリ（イタリア）　村山富市

第 21 回（1995 年）ハリファクス（カナダ）　村山富市

第 22 回（1996 年）リヨン（フランス）　橋本龍太郎

第 23 回（1997 年）デンバー（アメリカ）　橋本龍太郎

第 24 回（1998 年）バーミンガム（イギリス）　橋本龍太
郎

第 25 回（1999 年）ケルン（ドイツ）　小渕恵三

第 26 回（2000 年）九州・沖縄（日本。名護市）　森喜朗

第27回（2001年）ジェノバ（イタリア）　小泉純一郎

第28回（2002年）カナナスキス（カナダ）　小泉純一郎

第29回（2003年）エビアン（フランス）　小泉純一郎

第30回（2004年）シーアイランド（アメリカ）　小泉純一郎

第31回（2005年）グレンイーグルズ（イギリス）　小泉純一郎

第32回（2006年）サンクトペテルブルク（ロシア）　小泉純一郎

第33回（2007年）ハイリゲンダム（ドイツ）　安倍晋三

第34回（2008年）北海道洞爺湖（日本。洞爺湖町）福田康夫

第35回（2009年）ラクイラ（イタリア）　麻生太郎

第36回（2010年）ムスコカ/ハンツビル（カナダ）　菅直人

第37回（2011年）ドービル（フランス）　菅直人

第38回（2012年）キャンプデービッド（アメリカ）　野田佳彦

第39回（2013年）ロックアーン（イギリス・北アイルランド）安倍晋三

第40回（2014年）ブリュッセル（ベルギー）　安倍晋三

第41回（2015年）エルマウ（ドイツ）　安倍晋三

第42回（2016年）伊勢志摩（日本。志摩市）　安倍晋三

第43回（2017年）タオルミナ（イタリア）　安倍晋三

第44回（2018年）シャルルボワ（カナダ）　安倍晋三

第45回（2019年）ビアリッツ（フランス）　安倍晋三

＊ロシアは1998年から参加したが、ウクライナ・クリミア編入問題で2014年から参加資格停止中。

さむえ　作務衣［作務衣］　さむい　さくむい

さむけ　寒け［寒気］　＊「寒気（かんき）」と紛らわしいため「寒け」とする。

サムシング［something］　あるもの。何か。

サムネイル［thumbnail］　縮小画像。

さめる［褪める］　薄くなる。「色のさめたジーンズ／顔が青ざ

める」

さめる ☞ さます・さめる

サモア［Samoa］　南太平洋の島国。1997 年に西サモアから国名変更。

さやあて［鞘当て］　「恋のさやあて」

さゆ［白湯］

ざゆう　座右　身近。「座右の銘」

さらい　再来〜　「再来=週・月・年」

サラエボ［Sarajevo］　ボスニア・ヘルツェゴビナの首都。1984 年冬季五輪開催。

サラ金　→**消費者金融**　サラリーマン金融の略。1980 年代、過剰な融資や高金利、過酷な取り立てから「サラ金地獄」と呼ばれた。実態も踏まえ、「消費者金融」という言葉に言い換えられた。

さらす［晒す・曝す］　「恥をさらす／日にさらす」

サラダボウル［salad bowl］

サラブレッド［thoroughbred］　①競走馬の一品種。②家柄のいい人の例え。

サラリー［salary］　給料。月給など。

サランラップ　㊟〔旭化成〕　→**ラップ**

サリチルさん　サリチル酸［salicylic acid］　〔有機化合物〕

サリドン　㊟〔第一三共ヘルスケア〕　→**解熱鎮痛剤**

サルサ［salsa］　「サルサソース」

さるどし　申年・さる年［申年］

サルトル（ジャンポール）［Jean-Paul Sartre］　作家・思想家。（仏 1905〜1980）

サルビア［salvia］　〔植物〕

サルベージ［salvage］　海難救助。引き揚げ作業。

〜ざるをえない　ざるを得ない　「高齢のため運転免許を返上せざるを得ない」　〜ざるおえない

されき［砂礫］　→**砂利、小石**　＊「礫」は小石。

さろま　地名（北海道）。

　　佐呂間　オホーツク総合振興局の町名。

　　サロマ　オホーツク海沿岸の汽水湖。網走国定公園に含まれる。

サロメチール 商〔佐藤製薬〕→外用消炎鎮痛剤

サロンパス 商〔久光製薬〕→貼り薬、湿布薬

さわ 沢［澤］ 「沢登り」

さわかい・ちゃわかい 茶話会 読み ＊茶会は、ちゃかい。

さわち 皿鉢［皿鉢］ 「皿鉢料理」 ＊「さはち」とも。さばち・さらばち

さわやか 爽やか［爽やか］ 秋の季語。

さわり［触り］ 世論調査 「話のさわりだけ聞かせる」

　○話などの要点。＊他に「見どころ、聞かせどころ」のことも言う。2003 年度 31.1％／07 年度 35.1％／16 年度 36.1％

　×話などの最初の部分。出だし。＊2003 年度 59.3％／07 年度 55.0％／16 年度 53.3％

さわり・さわる

　触り・触る ふれる。「手触りが良い／肌触り／手が触る／触らぬ神にたたりなし」

　障り・障る 差し支え。害になる。「当たり障り／目障り／深酒は体に障る／気・人気=に障る」

さん 三・3 アク サン

さん 類語 ☞コラム「君・さん・ちゃん」

さんがい 三界 読み 〔仏教〕生きとし生けるものが生死輪廻する 3 種の世界。欲界・色界・無色界を言う。＊過去・現在・未来の三世も指す。さんかい

さんがい 3階 読み さんかい

ざんがい 残骸［残骸］

さんかくきん 三角巾［三角巾］

さんがつ 3月 アク サンガツ ☞弥生（やよい）

さんかっけい 三角形

さんがにち 三が日［三箇日］

さんかんしおん 三寒四温 冬季、3 日寒い日が続くと、その後 4 日暖かい日が来るような天候。冬の季語。＊本来は中国北部や朝鮮などでの言葉。シベリア高気圧が、1 週間ほどの周期で寒気を吹き出すために生じる気象現象。

さんぎいん 参議院 アク サンギイン

　×「参議院全国区」→参議院比例代表（制）

×「参議院地方区」→参議院選挙区

さんぎいんぎいん　参議院議員 [アク]サンギインギイン

サンキスト[商]〔サンキスト・グロワーズ〕→**主にカリフォルニア産のかんきつ類**

ざんきにたえない　慚愧に堪えない・ざんきに堪えない[慚愧に堪えない] [意味]

　○（自分の行いに対して）恥ずかしい。

　×（他人に対して）残念に思う。

ざんぎゃく　残虐[惨虐]

さんぎょう　賛仰[讚仰]　偉人の徳を仰ぎ尊ぶこと。

さんきんこうたい　参勤交代[参覲交代]

さんく　産駒[産駒]

サンクチュアリ[sanctuary]　聖域。保護区。禁猟区。

サンクトペテルブルク[St. Petersburg]　ロシアの都市。2006年サミット開催。＊旧レニングラード。

ざんげ[懺悔]　〔キリスト教〕罪を告白して悔い改める。＊仏教では「さんげ」。

さんけい　参詣[参詣]

さんけん　3件 [読み]　「同様の事件が、3件発生しました」　さんげん

さんげん　3軒 [読み]　「3軒隣」　さんけん

さんげん　三弦[三絃] [言い換え]三味線

ざんげん[讒言]→**中傷、告げ口**　＊「讒」は、そしる。

さんげんしょく　三原色

さんけんぶんりつ　三権分立

さんこうにん　参考人　〔法律〕犯罪捜査のため容疑者以外で事情聴取を受ける者。出頭、供述は強制されない。重大事件で、容疑者として特定される以前の容疑濃厚な者を**「重要参考人」**と言う。＊国会では委員会の求めに応じて出頭し、意見を述べる者を参考人と言う。証人と異なり、陳述を拒める。

ざんこく　残酷[惨酷]

さんごくかんしょう　三国干渉　〔歴史〕＊「三国協商/三国同盟/三国防共協定」も漢数字。

さんごしょう　サンゴ礁[珊瑚礁]

さんさしんけい　三叉神経［三叉神経］

ざんさつ

　斬殺［斬殺］　きり殺す。「刀で斬殺する」

　惨殺　むごたらしく殺す。「一家5人が惨殺される」

サンサルバドル［San Salvador］　エルサルバドルの首都。

さんさろ　三差路［三叉路］

さんざん　散々　「散々な結果」　惨々

さんさんごご　三々五々　小人数に分かれて行動する様子。
「三々五々帰る」

さんじ　賛辞［讃辞］

ざんし　残滓［残滓］ 言い換え 残りかす、名残　「東西冷戦の
残滓」

ざんじ　暫時　言い換え しばらく　ぜんじ

さんしきすみれ　サンシキスミレ・三色スミレ［三色菫］　＊
「さんしょく〜」とも。

さんじっこくぶね　三十石船

さんしゃさんよう　三者三様

さんじゃまつり　三社祭　さんしゃまつり

さんしゅのじんぎ　三種の神器　アク サンシュノジンギ　さ
んしゅのじんき

さんしょう［山椒］

　サンショウ　〔植物〕

　さんしょう　〔香辛料〕

さんしょう・さんじょう　3升　〔尺貫法〕　アク サンショー
（伝統的には、サンジョー）

さんしょくき　三色旗　さんしょっき

ざんしん　斬新［斬新］　目新しい。「斬新なアイデア」　＊
「斬」は際立った意。

さんすい　散水［撒水］　＊「撒水」の本来の読みは「さっす
い」。

さんすくみ　三すくみ［三竦み］

さんせいどう・さんせいどうしょてん

　三省堂　日本企業（出版）。

　三省堂書店　日本企業（書籍販売）。

さんせき・やまづみ　類語

山積 〔主に抽象的〕「課題・問題=が山積する」

山積み 〔主に具体的〕「商品が山積みされる」

×「山積の荷物」→**山積みの荷物**

さんぜん［燦然〕→**きらびやか、きらきら、輝かしい**

さんそボンベ・くうきボンベ 類語

酸素ボンベ 高所登山や溶接・医療などで使われる。病院では酸素ボンベが中心。中身はほぼ100%酸素。

空気ボンベ 空気を圧縮して充塡したもの。スキューバ、地下鉄・トンネル火災などで使われる。通常は窒素80%、酸素20%程度の構成比。＊「エアタンク」とも。

ざんそん・ざんぞん 残存

さんだいばなし 三題ばなし〔三題噺・三題咄〕

さんたて 3タテ 3連敗。「3タテを=喫する・食らう」 ＊タテ（立て）は、立て続けの負けを数える助数詞。

さんたん 惨憺〔惨澹〕言い換え 悲惨、惨め 「惨憺たる結果に終わる」

さんたん 賛嘆〔讃嘆・讃歎〕

さんだん

三段 〔段位・成句など〕「三段目〔相撲〕」 アク サンダン

3段 〔一般〕「階段を3段上る」 アク ザンダン、サンダン

さんだん 3弾 ☞ 第3弾

さんだんとび 三段跳び アク サンダントビ、サンダントビ

さんだんろんぽう 三段論法 アク サンダンロンポー

さんち

山地 アク ザンチ、サンチ ＊「～山地」は、アク ～ザンチ。

産地 アク ザンチ

サンティアゴ［Santiago〕 チリの首都。

サンテグジュペリ（アントワーヌ）［Antoine de Saint-Exupéry〕作家。（仏 1900〜1944）

サンドイッチ［sandwich〕（←サンドウィッチ） ＊お笑いコンビ名は「サンドウィッチマン」。

サントドミンゴ［Santo Domingo〕 ドミニカ共和国の首都。

サンドバッグ［和製 sand bag〕 〔ボクシング〕

サンドボックス［sandbox〕 砂場。「サンドボックス制度（現

275

行法の規制を一時的に止めて特区内で新技術を実証できる制度。規制の特例で自由に実験することが、砂場遊びに似ていることから）」

サントメ［Sao Tome］　サントメ・プリンシペの首都。

ざんにん　残忍［惨忍］　「残忍な犯行」

さんのみや　地名（兵庫県）。

　　三宮　神戸市中央区の地名の統一表記。JR以外の駅名。
　　　＊阪急、阪神は「神戸三宮」。

　　三ノ宮　JR の駅名。

産婆 →助産師

さんば・さんわ　3羽　「スズメが3羽」　アク サンバ　サンワ

さんばい　3杯　アク サンバイ

さんぱい　3敗　アク サンパイ

さんぱいきゅうはい　三拝九拝　さんぱいくはい

サンバイザー［sun visor］　日よけ。ひさしだけの帽子。

さんばいず　三杯酢

サンパウロ［São Paulo］　ブラジルの都市。＊首都はブラジリア。

さんばがらす　三羽がらす［三羽烏］

さんばそう　三番叟［三番叟］　読み さんばんそう

さんばん　3番　アク サンバン

さんぱん　3版　アク サンパン　☞第3版

さんはんきかん　三半規管　三半器官

さんび　酸鼻［惨鼻］　「酸鼻を極める」

さんび　賛美［讃美］　「賛美歌」

さんびょう　3票　さんひょう　さんびょう

さんぴん　産品　アク サンピン

さんぶ　三分　「盗人にも三分の理/泥棒にも三分の道理」
　　アク サンブ

さんぷ　散布［撒布］　言い換え まく　「薬剤の散布」　＊「撒布」の本来の読みは「さっぷ」。

サンフアン［San Juan］　プエルトリコの首都。

サンプラチナ 商〔デンツプライシロナ〕 →(歯科用)ニッケルクロム合金

さんぶん・さんぷん　3分

　さんぶん　「土地を3分する」　アク　サンブン

　さんぷん　〔時間〕「11時3分」　アク　サンプン　さんふん[×]

さんぽう

　三宝　〔仏教〕最も尊敬すべき三つのもの（仏・法・僧）。
　　アク　サンボー　さんぽう[×]

　三方　神前、貴人に物を供える時に使う器物。「三方に
　　載せる」　アク　サンボー　さんぽう[×]

　三方　三つの方向、面。「三方に道が分かれる／三方一
　　両損」　＊「さんぽう」とも。アク　サンボー　サンボー

サンホセ［San José］　コスタリカの首都。

さんぼんじめ　三本締め

さんまい・ざんまい［三昧[×]］

　さんまい　三昧[×]　〔仏教〕心を一つのものに集中し精神が
　　安定している状態。「三昧[×]境」

　ざんまい　熱中する意味で接尾語的に使う場合。「読書・
　　念仏=ざんまい」

さんまいめ　三枚目　「三枚目俳優」

サンマリノ［San Marino］　サンマリノ（イタリア半島の国）の
　首都。

さんまん　散漫　「注意力が散漫だ」　散慢[×]

さんみいったい　三位一体　キリスト教の根本教義の一つ。
　三位は父（神）・子（キリスト）・聖霊を指す。さんい[×]いった
　い　三身一体[×]

さんみつ　3密

　2020年の新型コロナ感染症（COVID-19）に関し、その
感染拡大防止を目的とした標語「3つの密を避けましょ
う！」の「3つの密」の略称。①換気の悪い「密閉空間」、
②多数が集まる「密集場所」、③間近で会話や発声をする
「密接場面」を指し、集団感染しやすいこうした状況を避
けるよう首相官邸と厚生労働省などが注意喚起した。こ
れ以降「密を避ける」などの使い方もされ、ソーシャルディ
スタンス（社会的距離、一定の対人距離）などとともに感
染拡大防止のキーワードとなった。3蜜[×]　☞ソーシャル
ディスタンス

さんみんしゅぎ　三民主義

さんめんきょう　三面鏡

さんめんろっぴ　三面六臂［三面六臂］ 言い換え 縦横無尽
　1人で数人分の働きをすること。

サンモリッツ［St. Moritz］　スイスのグラウビュンデン州にある基礎自治体。1928、48 年冬季五輪開催。

さんもんばん　三文判

さんろく　山麓［山麓］ 言い換え 山裾、裾野

さんわ　3羽　☞ さんば・さんわ

さんをみだす　算を乱す　ばらばらに散る。＊「算」は和算に使う算木。散を乱す

し・シ

し

　士　〔資格。称号。職名〕「栄養士/介護福祉士/技術士（建設部門など）/気象予報士/技能士（造園、ビルクリーニングなど）/救急救命士/行政書士/建築士/公認会計士/歯科衛生士/歯科技工士/自動車整備士/司法書士/社会福祉士/社会保険労務士/税理士/潜水士/測量士/中小企業診断士/土地家屋調査士/範士・教士・錬士（剣道など）/不動産鑑定士/弁護士/弁理士/保育士/ボイラー技士/無線技士/無線技術士/理学療法士/臨床心理士」

　司　〔職名〕「児童心理司/児童福祉司/身体障害者福祉司/知的障害者福祉司/保護司」

　師　〔教師・指導者。資格。職名〕「衛生検査技師/看護師/技師/きゅう師/教誨師/柔道整復師/助産師/診療放射線技師/調理師/調律師/伝道師/はり師/美容師/振付師/牧師/保健師/マッサージ師/薬剤師/理容師/臨床検査技師」

しあい　試合［仕合］　＊「泥仕合」は別。☞ 泥仕合

じあい　地合い　相場の状態。「地合いが悪い」

しあがり　仕上がり

しあげ　仕上げ

しあげこう　仕上工

しあさって[明明後日] あさっての翌日。＊地域によっては、あさっての翌々日を指す（これらの地域では、あさっての翌日は「やなあさって」「やのあさって」などと言う）。

ジアスターゼ［独 Diastase］〔酵素〕アミラーゼの別名。

シアヌークビル［Sihanoukville］ カンボジア南部の港湾都市。＊旧称はコンポンソム。

しあん

　私案 自分だけの案。「座長が私案を提示／私案にすぎない」

　試案 試みの案。「試案の段階／審議会の改革試案」

　思案 考えを巡らせる。「思案に暮れる／思案顔」

しい［思惟］→**思考、思索、考え** ＊「惟」は思う意。仏教用語では「しゆい」とも。

しい **恣意**［恣意］|言い換え|**勝手、気まま** 「恣意的判断」

じい **示威** 「示威運動（デモンストレーション。デモ）」　△しい

シーアイランド［Sea Island］ 米ジョージア州にある保養地。2004年サミット開催。

シーエスピー **CSP** 日本企業。＊登記名は「セントラル警備保障」。

しーくわーさー **シークワーサー**（←シークァーサー）〔果実〕

シーケーディー **CKD** 日本企業。＊2012年に「シーケーディ」から社名変更。

シーズ［seeds］ 種。種子。新技術。

しいたげる **虐げる** 「捕虜を虐げる」

シーチキン⚉〔はごろもフーズ〕→**ツナ缶、マグロの（油漬け）缶詰、カツオの（油漬け）缶詰**

ジーパン［和製 jeans pants］ Ｇパン

ジープ⚉〔FCAUS〕→**（小型）四輪駆動車、ジープ型の車**

シーベルト［sievert］ 放射線の人体への影響度合いを表す単位。＊放射線の被曝限度などを示すときに用いる。Sv。☞ベクレル

シームレス［seamless］ 継ぎ目なし。「シームレスパイプ」

シーラカンス［coelacanth］〔魚〕＊比喩で「生きた化石」

し

の意味にも。「日本語研究のシーラカンス」

シーリング［ceiling］ ①天井。②概算要求基準。

しいる　強いる「譲歩を強いる/無理強い」

シールド［shield］ 盾。枠。遮蔽。「シールド工法」

しいれ　仕入れ「仕入れ値段」

シーレーン［sea lane］ 海上交通路。海上輸送路。

ジーンズ［jeans］

じうた　地唄［地唄］「地唄舞」

しうち　仕打ち

シェア［share］ 占有率。市場占有率。分かち合い。分け
　合い。共有。

シェアオフィス［和製 share office］ 共有オフィス。

シェアハウス［和製 share house］

シェアリング［sharing］ 共同共有。「シェアリングエコノミー
　（共有型経済）」

シェアリングデリバリー ⑱〔出前館〕→（飲食店の）出前代
　行、出前サービス、配達代行

ジェイアール　JR 国鉄の分割民営化により発足した旅客
　鉄道会社と貨物会社の共通の名称。＊Japan Railways の
　略。アク ジェーアール

ジェイアールかもつ　JR貨物 日本企業。＊登記名は「日本
　貨物鉄道」。

ジェイアールきゅうしゅう　JR九州 日本企業。＊登記名は
　「九州旅客鉄道」。

ジェイアールしこく　JR四国 日本企業。＊登記名は「四国
　旅客鉄道」。

ジェイアールとうかい　JR東海 日本企業。＊登記名は「東
　海旅客鉄道」。

**ジェイアールなごやたかしまや　ジェイアール名古屋タカシマ
　ヤ** 百貨店店舗名。＊運営会社は「ジェイアール東海高
　島屋」。

ジェイアールにしにほん　JR西日本 日本企業。＊登記名は
　「西日本旅客鉄道」。

ジェイアールひがしにほん　JR東日本 日本企業。＊登記
　名は「東日本旅客鉄道」。

ジェイアールほっかいどう　JR北海道　日本企業。＊登記名は「北海道旅客鉄道」。

じえいかん
自衛官　[アク] ジエ￣ーカン
自衛艦　[アク] ジエ￣ーカン、ジエ￣ーカン

ジェイシービー　JCB　日本企業。＊登記名は「ジェーシービー」。

ジェイティービー　JTB　日本企業。＊1963年に財団法人日本交通公社の営業部門が株式会社日本交通公社として分離、2001年に「ジェイティービー」へ社名変更。18年から「JTB」に。

ジェイパワー　Jパワー　日本企業。＊登記名は「電源開発」。

シェイプアップ〔shape up〕　体形を整える。

ジェイフロントリテイリング　J・フロントリテイリング　日本企業。＊大丸松坂屋百貨店の持ち株会社。2007年に、大丸と松坂屋ホールディングスの共同持ち株会社として設立。登記名は「J. フロント　リテイリング」。

シェーカー〔shaker〕　カクテルなどを作る容器。

シェークスピア(ウィリアム)〔William Shakespeare〕　劇作家。(英 1564〜1616)

シェード〔shade〕　日よけ。照明のかさ。

シェービングクリーム〔shaving cream〕　ひげそりクリーム。

シェール〔shale〕　頁岩。「シェール゠オイル・ガス」

ジェスチャー〔gesture〕　身振り。手振り。そぶり。見せ掛け。

ジェットスキー⑱〔川崎重工業〕→水上バイク

ジェット風船⑱〔タイガーゴム〕→ゴム風船

ジェットフォイル⑱〔川崎重工業〕　使用可。＊一般名称は「高速水中翼船」。

ジェネリック〔generic〕　一般名の。共通の。「ジェネリック医薬品(後発医薬品)」　＊医薬品には、商品名のほかに、有効成分名を示す世界保健機関(WHO)に登録された共通名称である一般名(generic name)がある。欧米では後発医薬品が一般名で処方されることが多いため、日本でもジェネリック医薬品(generic drug)と呼ぶ。

ジェネレーション［generation］　世代。時代。「ジェネレーションギャップ」

ジェノサイド［genocide］　（集団）虐殺。民族虐殺。

ジェノバ［Genoa］　イタリアの都市。2001年サミット開催。

ジェファソン（トーマス）［Thomas Jefferson］　第3代米大統領。（1743〜1826）

ジェラート［伊 gelato］　イタリア風氷菓子。

ジェル［gel］（←ゲル）　ゼリー状のもの。

シェルター［shelter］　防空壕。避難所。「核シェルター」

しえん　支援　アク シエン、ジエン

しえん　私怨［私怨］　言い換え 私恨、私憤、（個人的な）恨み

ジェンダー［gender］　社会的・文化的性差。「ジェンダーフリー」

ジェントルマン［gentleman］　紳士。

しお

　塩　「塩辛い/塩漬け/塩焼き」

　潮［汐］　「潮風/潮時/潮干狩り/潮待ち」

しおがま　塩釜　地名（宮城県）。市名は「塩竈」だが、新聞では「塩釜」と表記する。＊塩竈市では「竈と釜の両方を使用することが認められている」とし、「塩釜」とした文書についても受理している。「宮城県塩釜高校」や「塩竈港運送」など市以外の固有名詞はそれぞれ使い分ける。

しおくり　仕送り

しおさい　潮騒［潮騒］

しおさめ　仕納め

しおどき　潮時　世論調査 「そろそろ潮時だ」

　○ちょうどいい時期。＊2012年度 60.0%

　△ものごとの終わり。＊「○○選手が引退会見。『今が潮時だと思った』」などのように、「引退の時期」という意味でも使われる。「潮時」は積極的な文脈よりも「別れ」「引退」などの場面で使われるケースが多いため、「物事の終わり」と解される傾向が強くなった。同 36.1%

しおのみさき　地名（和歌山県）。

　潮岬　統一表記。

　潮御崎　神社名。「潮御崎神社」

ジオラマ［仏 diorama］　立体模型。

しか［鹿゚］

　シカ　〔動物〕「ニホンジカ」

　鹿　〔一般〕「鹿の角切り」

しが　地名（滋賀県）。

　滋賀　県名。

　志賀　JR 湖西線駅名。湖西道路のインターチェンジ名。「志賀インターチェンジ」

しが　歯牙［歯牙゚］　「歯牙にもかけない（問題にしない。無視する）」

じか　自家　「自家発電」

じか［直゚］　「じか履き／じかに答える」　＊「直談判」「直取引」は慣用で漢字書き。

しがい　死骸［死骸゚］　主に動物に使われる。＊人間の場合は「死体」「遺体」。

じかい　耳介　耳穴の周囲に広がる貝殻状のもの。

しかく

　視覚　目で物を見る感覚・はたらき。「視覚が弱る／視覚に訴える／視覚障害」

　視角　目の中心から対象物の両端を結ぶ 2 直線がつくる角度。視点・観点。「視角が広い／視角の一端に捉える／視角を変えて考え直す」

　死角　目が届かないところ。身近にありながら気づかない事柄。「死角で見えない／死角に入る／法の死角」

しかく・しきゃく　刺客　＊元来の読みは「せっかく」。「刺」の漢音は「せき」。

しがくかん・しがっかん

　しがくかん　志学館　「志学館大学（鹿児島市にある私立大学）」

　しがっかん　至学館　「至学館大学（愛知県大府市にある私立大学）」

しかくけい　四角形

資格予備校㊤〔宮崎信幸〕→**資格試験予備校、資格取得学校**

しかけ　仕掛け　「種も仕掛けもない／仕掛け＝花火・人」

シカゴ［Chicago］　米イリノイ州にある都市。

死火山　☞ 休火山・死火山

しかし［然し・併し］

じかじゅふん　自家受粉［自花受粉］

じかせんえん　耳下腺炎［耳下腺炎］

じかたび　地下足袋［直足袋］　ちかたび

じかだんぱん　直談判［直談判］

しがつ　4月　アク シガツ　☞ 卯月（うづき）

しかつめらしい［鹿爪らしい］ 言い換え 堅苦しい、もったい
　ぶった　「しかつめらしい表情」

じかとりひき　直取引［直取引］

じかに［直に］　「じかに返答する」

しがらき　地名（滋賀県）。

　信楽　甲賀市の地名。焼き物の名称。

　紫香楽　聖武天皇の宮跡。「紫香楽宮（しがらきのみや）」

しかる　叱る［叱る］

しかん　弛緩［弛緩］ 言い換え 緩み、たるみ　「筋弛緩剤」

じかん　次官　「財務・防衛=次官」　＊各省庁の事務次官
　名には「省」「庁」を付けず、「事務」も省く。

じかんわり　時間割

しき　士気［志気］　「士気が上がる／士気に関わる」

じき

　時期［時季］　一定の長さの期間。季節。「花見の時期／
　　重大な時期／時期=尚早・外れ」　＊労働基準法では「時
　　季=指定権・変更権」。

　時機　頃合い。潮時。チャンス。「時機到来／時機を=逸
　　する・うかがう・見て」

　×「時機にかなう」→時宜にかなう

　×「時機を得た」→時宜を得た

じぎ　時宜　時がちょうどよいこと。ほどよいころあい。「時
　宜に=かなう・適した／時宜を得た発言」　アク ジギ

しきいがたかい　敷居が高い 世論調査 「あそこは敷居が高
　い」

　○相手に不義理などをしてしまい、行きにくい。＊2008年
　　度 42.1%

△高級過ぎたり、上品過ぎたりして、入りにくい。＊同 45.6%

△「店構えが立派過ぎて私には敷居が高そうだ」は「**気後れしそうだ**」などと言い換える。「ゴルフを始めていきなりコースに出るのは敷居が高い」のように、達成するには難度が高いと言う場合も「**ハードルが高い**」などとする。

しきいし　敷石

しきうつし　敷き写し　そっくりまねる。

しきがわ
　敷皮　敷物にする毛皮。
　敷革　靴の中に敷く革。

しききん　敷金　「敷金を払う」

色弱　→色覚障害

しきち　敷地　「敷地面積が大きい」

シキボウ　日本企業。＊2002年に「敷島紡績」から社名変更。

色盲　→色覚障害

しきゃく　刺客　☞しかく・しきゃく

しきゅう〔野球〕
　四球　フォアボール。投球が4球ボールになる（ストライクゾーンに入らない）こと。打者は一塁に進塁できる。
　死球　デッドボール。投球が打者の体または着衣に触れること。打者は一塁に進塁できる。

しきよく　色欲［色慾］

しきり　仕切り　「仕切り場」

しきりに［頻りに］

しく　敷く［布く］　「布団・鉄道・レール=を敷く」

じうけ　軸受け［軸承け］　ベアリング。

しぐさ［仕草・仕種］　アク ジグサ、シグサ

じくじ　忸怩［忸怩］　自らを恥じ入るさま。「忸怩たる思い」
　×「彼の行動には忸怩たる思いがある」　＊忸怩は自らの行動について言うもので、自分以外の人には使わない。

ジグソーパズル［jigsaw puzzle］

シグナル［signal］　信号。合図。「シグナルを送る」

しくみ　仕組み

しぐれ　時雨[㊄時雨]　晩秋から初冬にかけて降ったりやんだりを繰り返す雨。

しくんし　四君子　東洋画の画題とする、蘭・竹・梅・菊の総称。高潔な姿に君子の趣があるとの例えから。

しけ[時化・不漁]　〔↔なぎ(凪)〕　じか　じけ

しげき　刺激[刺戟]

しげる　茂る[繁る]　「青々・うっそう゠と茂る」

しげん　資源[資原]　「観光・地下゠資源」

じげん

　次元　「次元が゠異なる・低い／3次元空間」

　時限　「時限゠スト・爆弾・立法／2時限目の授業」

しこ　四股[四股]　「四股を踏む」

しこう

　志向　〔一般〕心がある目的に向かう。「学問を志向する／海外・権力・高級化・上昇・ブランド゠志向」

　指向　〔限定〕特定の方向を向く。「指向性の強いマイク／指向性アンテナ」

　思考　思い巡らす。考えた事柄。「思考停止／プラス・マイナス゠思考」

しこう　施行　主に法令の効力を発生させる。「条例・政策゠を施行する／施行゠細則・日」　㊜「施工」と区別するため、**しこう**。＊役所では、「執行」との違いを鮮明にするため「せこう」と言う慣用がある。☞施工(せこう)

しこう　嗜好[嗜好]　言い換え　好み、愛好

じこう　時効　「取得時効／約束はもう時効だ」　☞コラム「刑の時効」

しこうひん　嗜好品[嗜好品]　言い換え　好物

しこくはちじゅうはっかしょ　四国八十八カ所[四国八十八箇所]　読み　△しこくはちじゅうはちかしょ　＊最近、札所では「はちかしょ」と言う傾向も。

しこな　しこ名[四股名・醜名]

しこみ　仕込み

しさい　子細[仔細]　言い換え　詳細、訳

しさく　施策　△せさく

しさん　資産　アク　ジサン、シサン

しし　獅子［獅子］「獅子-舞・身中の虫・奮迅」

しじ

　指示　指図・命令する。「部下に指示する/指示に従う/指示を仰ぐ」

　支持　意見・思想などに賛同して後押しする。「内閣を支持する/価格支持制度」

シシカバブ［shish kebab］〔トルコ料理〕

ししど　姓。

　宍戸　宍戸錠（俳優。1933〜2020）　＊「穴戸」姓もあるので注意。

　シシド　シシド・カフカ（歌手・俳優・ドラマー・モデル。1985〜）

ししゃごにゅう　四捨五入

じしゅ・しゅっとう　類語〔法律〕

　自首　犯罪が明るみに出る前に検察官、警察官に犯罪事実を自ら申告し、訴追を求めること。刑法上、刑の減軽事由となる。

　出頭　犯罪が発覚または指名手配された後に名乗り出ること。裁判で情状の対象となることはあっても刑の減軽事由とはならない。

ししゅう　刺しゅう［刺繡］言い換え　縫い取り　＊「刺」は縫う、「繡」は模様を付ける意。

しじゅうかた　四十肩　よんじゅうかた

しじゅうくにち　四十九日　「四十九日の法要」　＊「七七日（しちしちにち・なななぬか）」とも。よんじゅうくにち

しじゅうしちし　四十七士　「赤穂四十七士」　よんじゅうななし

しじゅうしちにんのしかく　四十七人の刺客　池宮彰一郎の時代小説。市川崑監督映画作品。よんじゅうななにん〜

しじゅうそう　四重奏　よんじゅうそう

しじゅうにしてまどわず　四十にして惑わず　よんじゅう〜

しじゅうはって　四十八手　相撲の技。よんじゅうはって

ししゅく　私淑　意味

　○面識はないが、著作などを通じて傾倒して師と仰ぐ。

　×直接指導を受けたことがある人を尊敬して師と仰ぐ。

し

しじゅつ　施術　☞せじゅつ

ししょ

　支所　「刑務・拘置=支所」

　支署　「警察署・税関・税務署=支署」

　支処　〔陸上・海上・航空自衛隊〕火器・弾薬・車両・船舶・航空機などの調達や保管・補給・整備を行うところ。

しじょ　**子女**　息子と娘。子供の総称。「帰国子女」　＊「子」は特に男子を指し、男の美称、聖人・賢者に対する尊称として用いられた。『論語』では孔子を指す。「子曰く……」。「満都の（都に住む）子女」など女子を指す場合も。

じしょ

　自署　〔署名。↔代署〕「誓約書に自署する」

　自書　〔自筆。↔代書〕「遺言状を自書する/自書式の投票方法」

じじょ　**次女**［二女］　㉘戸籍法施行規則での表記に合わせて「二女」とする放送局もある。

しじょう　**市場**　読み　☞いちば・しじょう

しじょう　地名。

　四条　四条通・四条河原町（京都府）。

　4条　札幌市中央区南4条（北海道）。

じじょう［2乗・自乗］→にじょう　2乗

じじょうじばく　**自縄自縛**　自分の言動が自らを束縛し苦しむこと。「自縄自縛に陥る」

じじょうちょうしゅ　**事情聴取**　参考人や告訴・告発人に対する捜査当局の調べ。

×至上命題　→至上命令、重大使命、最重要課題　「命題」は「AはBである」のように判断を文で表した論理学用語。絶対に従わなくてはいけない命令や任務は「至上命令」「重大使命」。どうしても達成しなければならない課題は「最重要課題」。

ししょごきょう　**四書五経**　四書は大学・中庸・論語・孟子、五経は易経・詩経・書経・春秋・礼記。よんしょごきょう

しずがたけ　**賤ヶ岳**　山名（滋賀県）。「賤ヶ岳古戦場」

システマチック［systematic］　組織的。体系的。

ジステンパー［distemper］　〔感染症〕　ジステンバー

じすべり　地滑り［地辷り］

しずまる・しずめる

静まる・静める　物音や動きがやむ。落ち着く。「嵐・心・物音=が静まる／静まり返る／寝静まる／気・場内・鳴り=を静める」

鎮まる・鎮める　おさまる。力で収束する。「内乱・霊=が鎮まる／痛みを鎮める／取り鎮める」

しずむ　**沈む**　「沈む球／悲しみに沈む／声・身=を沈める」

しせい

市制　市としての体制。「市制を敷く／市制施行」　アク　シ￣セー、ジ￣セー

市政　市の政治。「市政=運営・刷新・だより」　アク　ジ￣セー、シ￣セー

市勢　市の人口・産業・財政などの情勢。「市勢=総覧・要覧」

じせい

自制　自分の欲望を抑える。抑制。自重。克己。「怒りを自制する／自制を求める／自制心」

自省　自分の言動を反省する。内省。「自省の念に駆られる／深く自省する」

じせい

時世　時代時代で移り変わる世の中。「激動の時世に生まれる／ありがたいご時世／時世に合わない／時世の流れ」　アク　ジ￣セー、ジセ￣ー

時勢　時代が移り変わる勢い、大勢。「時勢に=遅れる・逆らう・順応する」　アク　ジセ￣ー、ジ￣セー

辞世　この世を去る。死に臨んで残す言葉・詩歌など。「辞世の句」　アク　ジセ￣ー

私生児　→非嫡出子（法律関係）、○○さんの子（一般的）
＊1942年以降、民法では「私生児」の表現を避け、「非嫡出子」または「嫡出でない子」としている。

しせき　史跡［史蹟］　「国指定史跡」

じせき　自責　「自責の念にかられる／自責点」

じせき

事跡［事蹟］　歴史上の事件などの跡。「事跡を訪ねる」

事績 成し遂げた仕事・功績。「先人の事績に学ぶ」

じせつ

    自説 自分の意見。「自説を曲げない」

    持説 平素から主張している意見。「持説を展開する」

しぜんとうた 　**自然淘汰**［自然淘汰］

しそう 　**志操** 　主義・考えを変えない意志。「志操堅固」

しそくほこう 　**四足歩行** 　読み　よんそくほこう

したい 　**死体**［屍体］

したい

    肢体 手足と身体。「肢体の不自由な子/しなやかな・伸びやかな=肢体」

    姿態［姿体］ ある動作をしたときの姿、体つき。「美しい・なまめかしい=姿態」

〜しだい 　**次第** 「そのことに続いてすぐに」という意味の接尾語としては、動詞の連用形に付く。

    ×「終了し次第」→**終了し次第、終了したらすぐに、終了後に** ＊「漢語+する」に付く場合は「(漢語)し次第」とするのが一般的。しかし「到着する」「終了する」など漢語のサ変動詞に限り、「し」の重なりを避けて「到着次第連絡する」「終了次第駆けつける」などのように語幹に直接接続する形も、俗用として見受けられるようになった。「し」が重なって発音しにくい場合は、「〜したらすぐに」や「〜後に」などと言い換える。

じだい 　**事大** 　強い者のいいなりになる。「事大主義(権威に服従し、保身を図る)」 ＊「事」は仕える。

したうけ 　**下請け** 「下請け=業者・工事・人」

したがき 　**下書き**

したく 　**支度**［仕度］ 「支度部屋〔相撲〕/身支度する」

したさきさんずん 　**舌先三寸** 　世論調査　心がこもっていない弁舌。本心でない上辺だけの巧みな言葉。舌三寸。＊2011年度 23.3%

    ×口先三寸 ＊同 56.7%

しだし 　**仕出し** 　出前。「仕出し=弁当・料理」

したじき 　**下敷き**

しだしや 　**仕出屋**

したたらず　舌足らず

したつづみ・したづつみ　舌鼓　[読み]　＊「したつづみ」が転じて「したづつみ」。

したて

　仕立て　「仕立て=上がり・直し」

　仕立　〔慣用〕「仕立=券・物・屋」

したてにでる　下手に出る　[読み]　^{××}たにでる

したのねのかわかぬうち　舌の根の乾かぬうち　[世論調査]　言い終わるか終わらないうち。前言に反したことを、すぐに言ったり行ったりするさま。＊2018年度 60.4%

　舌の[×]先の乾かぬうち　＊同 24.4%

じだらく　自堕落　だらしがない。「自堕落な生活」

したりがお　したり顔　[意味]

　○得意そうな顔つきやうまくやったというような表情。

　×訳知り顔。知ったかぶり。

したをまく　舌を巻く　感心し、驚く。

じだん　示談　民事上の紛争を当事者同士の話し合いにより解決すること。

じだんだ［地団太・地団駄］　「じだんだを踏む（悔しがる。立腹する）」

しち　七・7　「七、八分の力」

しちかいき　七回忌　[読み]　^{××}なかいき

しちがつ　7月　[アク]　シチガツ　☞文月（ふみづき・ふづき）

しちぐさ　質草［質種］

しちごちょう　七五調

しちじ　7時　^{××}なじ

しちじゅうごにち　七十五日　[読み]　「人の^{うわさ}噂も七十五日」の場合。ななじゅうごにち

しちじゅうしょう　七重唱　[読み]　^{××}ななじゅうしょう

しちだいめ・ななだいめ　七代目　[読み]　芸能関連は、**しちだいめ**。

しちてんばっとう・しってんばっとう　七転八倒［七顛八倒］

しちどうがらん　七堂^{がらん}伽藍［七堂伽藍］　寺院に備わる七つの建物。ななどうがらん

しちにんのさむらい　七人の侍 読み　黒沢明監督の映画作品。な␣なにんのさむらい

しちぶ　七分　「七分=咲き・袖/七分づき（精米）」　な␣な␣ぶ

しちふくじん　七福神 読み　大黒天、恵比寿、毘沙門天、弁財天、福禄寿、寿老人、布袋。な␣なふくじん

しちへんげ　七変化 読み　同じ俳優が次々と七役を早変わりして踊るもの。元禄時代の女形水木辰之助の得意芸で、狗・初冠の殿上人・白髪の老人・禿の小童・若衆の六方・女の怨霊・猩々の七役を早替わりで踊ったのが始まり。な␣なへんげ　な␣なへんか

シチュエーション［situation］　状況。設定。立場。局面。

じちょう

　　自重　軽はずみな行動を慎む。「隠忍自重/自重自戒」

　　自嘲［自嘲］　自分で自分をあざける。「自嘲気味に話す」

しちりがはま　地名（神奈川県）。

　　七里ガ浜　鎌倉市の地名。県立高校名。

　　七里ヶ浜　江ノ島電鉄駅名。加山雄三の曲名。

じっかい・じゅっかい　10回・10階・十戒・十界 読み　本来の読みは「じっかい」。2010年内閣告示の常用漢字表で、「十」の音を「ジュッ」とも読むと認めたことから、「じゅっかい」も許容。

シッカロール 商〔アサヒグループ食品〕→**ベビーパウダー、汗止めパウダー、天花粉**

じっかん　十干　甲（コウ、きのえ）・乙（オツ、きのと）・丙（ヘイ、ひのえ）・丁（テイ、ひのと）・戊（ボ、つちのえ）・己（キ、つちのと）・庚（コウ、かのえ）・辛（シン、かのと）・壬（ジン、みずのえ）・癸（キ、みずのと）。「十干十二支」

じっきょうけんぶん　実況見分　〔法律〕捜査機関が犯罪現場などの状況を確認すること。現場検証と似ているが、検証が強制処分で令状を必要とするのに対して、実況見分は所有者等の承諾を得て任意に行われる。実況検分

しっくい［漆喰］　＊「石灰」の唐音。「漆喰」は当て字。

しつけ

　　しつけ［躾］　礼儀作法。「ぶしつけ/しつける」

　　仕付け　〔裁縫〕「仕付け糸/仕付ける」

じっこう

    実行　実際に行う。実践。「計画を実行に移す/実行=力・予算/実行税率（関税）/不言実行」

    実効　実際に表れる効力・効果。「実効が上がる/実効=価格・金利・支配/実効税率（所得税など）/実効性が乏しい」

しっしょう　失笑　世論調査　「彼の行為を見て失笑した」

    ○こらえ切れず吹き出して笑う。＊2011年度27.7%

    ×笑いも出ないくらいあきれる。＊「冷笑」「嘲笑」などと混同した誤り。同60.4%

じつじょう　実情［実状］

しっしん　失神［失心］　＊「神」は心の意。

しっしん　湿疹［湿疹］

しっせい

    叱正［叱正］　しかりただす。「ご叱正のほどを」

    叱声［叱声］　しかる声・言葉。「叱声が飛ぶ」

しっせき　叱責［叱責］

じっせん

    実戦　〔↔演習〕実際の戦闘。「実戦さながらの稽古/実戦=訓練・経験・部隊」

    実践　〔↔理論・観念〕実際に行う。「進んで実践する/実践記録/実践的解決」

じっせん　実線　点線や破線に対して切れ目のない線。「実線を引く」

しっそう　失踪［失踪］　＊「踪」は足跡。

ジッダ［Jeddah; Jiddah］　サウジアラビアの都市。＊首都はリヤド。

じったい

    実態　実際の状態・情勢。「いじめ・取引・売買=の実態/営業・経営=実態のない会社/実態調査」

    実体　本質。本体。「生命の実体/実体のないペーパーカンパニー/実体経済」

じっちゅうはっく・じゅっちゅうはっく　十中八九　読み　＊伝統的な読みは、**じゅうちゅうはっく**。

じって・じゅって　十手　読み

しってかしらでか　知ってか知らでか　知っているのか知らないのか、分からないが。△知ってか知らずか

しっと　嫉妬[嫉妬]　やきもち。

じつどう

　実動　実際に行動する。「実動=演習・台数・部隊」

　実働　実際に労働する。「実働=時間・7時間」

じっぱ・じゅっぱ・じゅうわ　10羽　アク　ジッパ　ジュッパ　ジューワ

ジッパー　〔元商標〕　＊一般名称は「ファスナー」。

じっぱひとからげ・じゅっぱひとからげ　十把一からげ[十把一絡げ]　良い悪いの区別をせず、ひとまとめにして扱うこと。

しっぴつ　執筆　文章を書くこと。＊絵を描く場合は「描画」。

じっぷ　実父　アク　ジップ　じつふ

ジップロック⊕〔旭化成ホームプロダクツほか〕→**ジッパー付き保存袋**

しっぺい　疾病　読み　しつびょう

しっぽ　尻尾[付尻尾]

じつぼ　実母　アク　ジツボ、ジツボ

しっぽう　七宝　読み　七種の宝物。経典によって、説が分かれる。＊仏教では「**しちほう**」とも読む。

重**執務をとる　→仕事をする、執務する**　＊「とる」は漢字で書くと「執る」。

しつもんしゅいしょ　質問主意書　国会議員が国政に関して内閣に対する質問の趣旨を記して議長に提出する文書。受け取った内閣は、原則として7日以内に答弁書をつくり、閣議決定のうえ文書で回答する。

しつよう　執拗[執拗]　言い換え　しつこい、執念深い

シティー[city]（←シティ）　①都市。②ロンドンの金融街。

シティグループ[Citigroup Inc.]　米企業（総合金融サービス）。

シティバンク[Citibank, N. A.]　米企業（銀行）。＊シティグループ傘下。

じてん

　辞典　言葉を主とした辞書。「国語辞典」

　事典　事柄を主とした辞書。「百科事典」

字典　文字を主とした辞書。「漢字字典」

してんのう　四天王

しどう　指導　アク シドー

じどう　自動［自働］「自動=延長・制御・的・二輪」

じどう　児童　類語　☞ 園児・児童・生徒・学生

しとだる　四斗だる［四斗樽］　1 斗は 10 升（約 18 リットル）
　　なので、40 升（約 72 リットル）。よんとだる

シドニー［Sydney］　オーストラリアの最大都市。2000 年に
　　夏季五輪開催。＊首都はキャンベラ。

しとめる　仕留める［仕止める］

しとやか［淑やか］

しない　竹刀［付竹刀］

しながわ　品川　東京都の区名。品川区内の地名。JR・京
　　急駅名（所在地は港区）。＊品川駅は 1872 年に完成し、
　　品川区は 1932 年に誕生。

シナジー［synergy］　相乗効果。

しなのがわ・ちくまがわ　地名。

　　信濃川　新潟県内の呼称。全水系名。

　　千曲川　長野県内の呼称。五木ひろしの曲名。

じならし　地ならし［地均し］「交渉の地ならし」

じなり　地鳴り

シナリオ［scenario］　脚本。台本。筋書き。

じなん　次男［二男］　㊙ 戸籍法施行規則での表記に合わ
　　せて「二男」とする放送局もある。

シニアカー　使用可。＊スズキの登録商標だが、同社が製
　　造・販売しているのは「セニアカー」の名。一般名称は「福
　　祉用電動車」「電動車椅子」。

しにがお　死に顔

シニカル［cynical］　冷笑的。皮肉っぽい。「シニカルなコメ
　　ント」

しにせ　老舗［付老舗］

しにみず　死に水

しにめ　死に目

しにものぐるい　死に物狂い

しにょう　し尿［屎尿］　言い換え 大小便、汚物

じにん

自任 自負する。「食通・大政治家=を自任する/第一人者だと自任する」

自認 自分で認める。自覚する。「過失・勉強不足=を自認する/性自認」

じねつ **地熱** ☞ちねつ・じねつ

シネマコンプレックス［cinema complex］ 複合映画館。🅰シネコン

シネラリア、サイネリア［cineraria］〔植物〕

しのぎ［鎬］「しのぎを削る（激しく競り合う）」

しのごの 四の五の

しのつく［篠突く］「しのつく雨（激しく降る雨）」

しのぶ

忍ぶ 我慢する。ひそかに行う。「恥・人目・不便=を忍ぶ/忍ぶ恋/見るに忍びない/忍び=会い・足・込む・泣き」

しのぶ［偲ぶ］ 懐かしく思い出す。「遺徳・故郷・故人=をしのぶ/栄華がしのばれる」

しのやま・ささやま 篠山 読み 姓。地名。

しのやま 篠山紀信（写真家。1940～）

ささやま 丹波篠山市（兵庫県の市。2019年に篠山市から変更）

しば

シバ〔植物〕「コウライシバ」

芝〔一般〕「芝草/芝刈り機」

しば［柴］ 雑木の小枝。「山へしば刈りに行く」

ジハード［アラビア jihād］ イスラム教の信仰のための戦い。聖戦。

しばいぬ シバ犬・シバイヌ［柴犬・芝犬］ 読み △しばけん

しはつ・しょはつ 始発・初発 類語 「始発」は、乗客の利用する一番列車のこと。「初発」は回送車を含めて、その日一番早く出る列車を言う。従って朝、電車が動く時間からストがある場合は「朝の始発時から私鉄はストに入った」などとする。この場合「初発」とはしない。

しばの 姓。

芝野　芝野虎丸（囲碁棋士。1999〜）

柴野　柴野栗山（儒者。1736〜1807）

しばふ　芝生［㊟芝生］

しはらい

　支払い　〔一般〕「支払い＝延期・条件・申請・停止・方法・
　　保証・申し込み・申込書」

　支払　〔経済関係複合語〕「支払＝額・期限・件数・先・伝
　　票」

しばらく［暫く］

しはん

　死斑［屍斑］　死後数時間ほどで皮膚に現れる。

　紫斑［紫斑］　内出血によって現れる。「打撲による紫斑／
　　紫斑病」

しはんせいき　四半世紀

シビア［severe］　厳しい。厳格な。過酷な。

ジビエ［仏 gibier］　野生の鳥獣。「ジビエ料理」

じびき　字引［辞引］

じびきあみ　地引き網［地曳き網］

〜氏病　→〜病　人名に由来する病名の場合、「氏」は付け
　ない。「バセドウ氏病」→**バセドウ病**

シビリアンコントロール［civilian control］　文民統制。

しぶかわ　渋皮　「渋皮がむける（あか抜けする。巧みにな
　る）」

ジプシー［Gypsy］　→**ロマ、ロマ民族**　「流れ者、放浪者」
　の比喩的な意味合いで「ジプシー選手」「ジプシー暮らし」
　などとするのは侮蔑的な意味が伴うため使わない。「ジプ
　シー音楽」ほか、歴史的な文脈では用いられる。

ジブチ［Djibouti］　ジブチ（アフリカ北東部の国）の首都。

シフト［shift］　①移動。移行。切り替え。転換。②交代
　勤務制。

しぶとい　渋太い

しぶろくぶ　四分六分　＊「四分六」とも。よんぶろく（ぶ）

しぶんごれつ　四分五裂　[読み]　「党内は四分五裂の状態
　だ」　△しぶごれつ

しべつ　地名（北海道）。＊アイヌ語の「シペッ」（大いなる川）

が語源。

士別 上川地方北部に位置する市。

標津 根室海峡沿岸中央部に位置する町。日本有数の
サケの産地。国後島が望める。

しほう 司法 [アク]ジホー、シホー

しほう 四方 「四方八方」

しぼう 死亡 人に使う。

×「動物園で人気のゾウが死亡した」 ＊動物は「死ぬ・
死んだ」。昨今のペットブームで、親しみを込めて動物に
も「死亡」を使うケースが増えてきた。

しぼつ 死没〔死歿〕

しぼり

　絞り〔一般〕「絞りの浴衣/レンズの絞り/絞り染め/総・
豆=絞り」

　～絞〔地名等を冠した工芸品〕「有松・鳴海=絞」

しぼる

　絞る ねじって水分を除く。範囲・程度を限定する。「音量・
タオル・ない知恵・人数=を絞る/油を絞る（叱る）/声を振り絞る/絞り上げる」

　搾る 締め付けて液体を取る。無理に出させる。「牛乳
を搾る/油を搾る（製造）/税金を搾り取る/レモンの搾り
汁/搾りかす」

しまい

　しまい〔仕舞い〕 物事の最後。「しまいには泣き出す/お
しまい」

　仕舞 能などで演舞・演技すること。「仕舞謡」

しまうら・しまのうら 地名（宮崎県）。

　島浦 延岡市の地名、島名。

　島野浦 地名の俗称。小・中学校名。港名。

しまし 志摩市 三重県の都市。2016年サミット（伊勢志摩
サミット）開催。

しまつ 始末〔仕末〕 「始末書」

しまづせいさくしょ 島津製作所 日本企業。＊英語表記は
「SHIMADZU CORPORATION」。

しまる・しめる

298

締まる・締める 〔↔緩〕しめつける。しめくくる。「ウエストが締まる/締まった筋肉/締まりのない生活/戸締まりをする/帯・家計・ねじ・ひも・まわし゠を締める/帳簿を締める(合計する)/原稿を締め切る/心を引き締める/締め切り(日)/締め゠金・くくる・込み・さば・付け/手を握り締める/羽交い・一本゠締め/喜びをかみ締める/雪を踏み締める/抱き締める」

絞まる・絞める 首・喉を圧迫する。「首が絞まる/絞め殺す/絞め技〔柔道〕」

閉まる・閉める 〔↔開〕開いているものが閉じる。「戸・店゠が閉まる/ガス栓・蓋・窓゠を閉める」

じまん　自慢 「腕自慢/自慢話」　自漫〔漫×字〕

しまんろくせんにち　四万六千日 この日に参詣すれば4万6千日参詣したと同じ功徳があるという縁日。東京・浅草寺のほおずき市が有名。よんまん

シミーズ[仏 chemise](←シュミーズ)〔女性用下着〕

しみず　清水[付清水]

シミュレーション[simulation] 模擬実験。想定実験。模擬行動。模擬訓練。シュミ×レーション

シミュレーター[simulator] 模擬装置。実験装置。

しみる

しみる[凍みる] 凍りつく。寒さで縮み上がる。「しみるような夜/しみ豆腐」

染みる[滲みる・沁みる] 「色が染みる/心・目・骨身゠に染みる/染み゠込む・出る・抜き」 ＊「所帯じみる」などは仮名書き。

しむけち　仕向け地

じむとりあつかい　事務取扱 職分。「社長事務取扱」

しめい

使命 任務。「使命を゠帯びる・果たす/使命感」

死命 急所。「死命を制する(相手の生死を左右するような急所を押さえる)」

しめきる

閉め切る 戸・窓・門を閉ざす。「閉め切った部屋」

締め切る 取り扱いを終了する。「応募を締め切る」

しめだす

閉め出す 中に入れない。「家・建物・部屋=から閉め出す」

締め出す 仲間はずれにする。「業界から締め出す/外国製品を締め出す」

しめなわ **しめ縄**［標縄・注連縄・七五三縄］

しめる ☞しまる・しめる

しもつき **霜月** 陰暦 11 月。アク シモ⎺ツキ

しもて **下手** 読み 舞台の、見物席から見て左の方。↔上手

しもん

試問 問題を出して知識・学力を問う。「口頭試問」

諮問 人や機関に対し意見を求める。「諮問を受けて答申する/諮問機関」 ＊「諮」は下の者に相談する。

しゃ **斜** 「斜に構える（皮肉な態度、からかいの気持ちで対する）」

ジャージー・ジャージ［jersey］

ジャージー 〔新聞表記〕地名。乳牛。生地。運動着。「ジャージー牛」アク ジャ⎺ージー

ジャージ ㊒運動着は「ジャージ」と表記することも。「桜のジャージ」アク ジャ⎺ージ、ジャ⎺ージ

シャープ［sharp］ 〔音楽〕半音高める記号「♯」。＊ハッシュマーク（#）とは異なる。

シャープペンシル 〔元商標〕 ＊一般名称は「メカニカルペンシル」。㊂シャープペン、シャーペン

シャーボ ㊂〔ゼブラ〕→**筆記具**

ジャイアントキリング［giant killing］ （弱者が強者を倒す）大物食い。番狂わせ。

じゃおどり **蛇踊り** 読み 民俗芸能。へびおどり

シャオミ **小米**（←小米科技） 中国企業（スマートフォン）。

ジャカード［jacquard］ 〔織物〕

シャガール（マルク）［Marc Chagall］ ロシア出身の画家。（仏 1887〜1985）

ジャカルタ［Jakarta］ インドネシアの首都。

しゃかん **車間**

㊡「前の車との車間距離」→**前の車との距離**

ジャグジー →ジェットバス、気泡風呂　＊米国のJACUZZI（ジャクジ）⑱〔ジャクジ〕が日本で「ジャグジー」となまって広まった。登録商標ではないが、言い換えが望ましい。

しゃくしじょうぎ　しゃくし定規［杓子定規］　融通の利かないこと。「しゃくし定規なやり方」

しゃくちしゃっかほう　借地借家法　[読み]　1992年に施行され、法律名になじみがないうちは「しゃくちしゃくやほう」と読んだが、現在は法律通り「**しゃくちしゃっかほう**」と読む。

しゃくどう　赤銅　[読み]　せきどう

しゃくねつ　灼熱［灼熱］[言い換え]焼けるように熱い、炎熱、熱烈　＊「灼」は焼く。

じゃくねん　若年［弱年］　＊「弱」は若い。

じゃくはい　若輩［弱輩］

しゃくほう　釈放　容疑者らが拘束を解かれること。

じゃけん　邪険［邪慳］　思いやりのないさま。「邪険にする」

しゃこうしん　射幸心［射倖心］　「射幸心をあおる」

しゃし［奢侈］　→ぜいたく、おごり、むだな消費、不相応な暮らし　＊「奢」「侈」は、おごる。

シャシー［chassis］　台。車台。

しゃだつ　洒脱［洒脱］[言い換え]あか抜けした、俗気のない、洗練　＊「洒」は、さっぱりした様子。

シヤチハタ⑱〔シヤチハタ〕→スタンプ型印鑑

じゃっかん　若干　あまり多くない数。わずか。やや。「若干の金/若干不安がある/若干名」

じゃっかん　弱冠　男子20歳の異称。転じて、年の若いこと。「弱冠18歳のチャンピオン/弱冠29歳で社長に就任する」　若冠

　　×「弱冠40歳で」→**40歳の若さで**　＊中国の古典『礼記』の疎（注をさらに解説したもの）によると29歳までは弱冠と言ってよいとされる。20歳に限定する必要はないが、使用するなら10代からせいぜい20代までで、「弱冠50歳」「弱冠5歳」などは不適切。元の意から女性には使わない。

じゃっき［惹起］　→引き起こす　＊「惹」は引く。

しゃっく・しゃっこう　赤口　六曜の一つ。大凶の日。新たに

行動を起こすことを忌む。午の刻（正午）のみ吉。

ジャッジ［judge］　審判。判定。

シャッター［shutter］　＊「文化シヤッター」など社名は「シヤッター」表記も。

ジャッピーノ　「日本人」＋「フィリピン人」の造語。日系フィリピン人。主にフィリピン人女性と日本人男性との間に生まれた子。父親が認知や経済的支援を行わないため、援護活動が必要とされる。

シャッフル［shuffle］　入れ替え。

重射程距離に入る　→射程（圏）内に入る　＊「程」には距離の意が含まれる。

シャドーキャビネット［shadow cabinet］　影の内閣。

シャトル［shuttle］　定期往復便。「シャトル外交」

しゃにむに　遮二無二　見境なく。強引に。がむしゃらに。遮二無に

じゃのめミシンこうぎょう　蛇の目ミシン工業　日本企業。蛇ノ目ミシン工業

ジャバ商〔ジョンソン〕**→風呂釜洗浄剤**

ジャパン［Japan］　日本。

　　ジャパン・バッシング［Japan bashing］　日本たたき。

　　ジャパン・パッシング［Japan passing］　日本はずし。

しゃへい　遮蔽［遮蔽］　覆う。隠す。

しゃべる［喋る］

シャベル［shovel］　東日本では小型のもの、西日本では大型のものをいうことが多い。☞スコップ

　　＊土木機械は「ショベルカー」と書く。

しゃみせん　三味線［付三味線］

写メ、写メール商〔ソフトバンク〕**→写真付き（携帯）メール**

シャモニー・モンブラン［Chamonix-Mont-Blanc］　フランスの保養地。1924 年冬季五輪開催。

じゃり　砂利［付砂利］

シャリア［アラビア Shari'ah］（←シャリーア）　イスラム法。

しゃりょう　車両［車輛］

シャルルボワ［Charlevoix］　カナダ・ケベック州の保養地。2018 年サミット開催。

しゃれ［洒落］「駄じゃれ」

シャワートイレ　使用可。＊登録商標は「INAX シャワートイレ」〔LIXIL〕。一般名称は「温水洗浄便座」。

ジャンク［junk］　がらくた。「ジャンクフード」

ジャンクション［junction］　合流点。分岐点。

シャンツェ［独 Schanze〕　ジャンプ台。

シャンデリア［chandelier〕　装飾用照明。

ジャンヌ・ダルク［Jeanne d'Arc〕　愛国者。(仏 1412～1431)

ジャンパー［jumper］（←ジャンバー）　①上着。作業服。②ジャンプの選手。

シャンパン［仏 champagne］（←シャンペン）　仏シャンパーニュ地方産の発泡性ワイン。

シャンプードレッサー 商〔TOTO〕→**洗髪洗面化粧台**

シャンメリー 商〔全国シャンメリー協同組合〕→**清涼飲料、子供向け発泡飲料**

しゅ

　　主　中心となる。「国家主席/主将/主唱/主題（中心的なテーマ）/主犯/天主教/党主席」

　　首　先頭に立つ。「元首/首位/首席（代表）/首題（冒頭に置く題目）/首長/首都/首脳/首班/首謀者/党首」

シュア［sure］　確実。確か。「シュアな打撃」

しゅい　**趣意**［主意〕　☞ **質問主意書**

しゅう　**州**［洲〕　「旧満州/豪州/大洋州」

じゅう・とお　**十**　読み　「じゅう」は漢語読み、「とお」は和語読み。助数詞が付いた「十本」「十点」などは本来促音化して「ジッ」と読むが、「ジュッ」の発音をする傾向が高まったことにより、改定常用漢字表で「ジュッ」の読みを認めた。

じゆう　**事由**　アク　ジユー

じゅういちがつ　**11 月**　アク　ジューイチガツ　☞ 霜月（しもつき）

しゅうう［驟雨〕→**にわか雨**

しゅうえん　**終焉**［終焉〕言い換え　終わり、終息、終幕、最後、最期、末期、臨終

しゅうか　**衆寡**　多数と少数。「衆寡敵せず（多勢に無勢）」

しゅうか　**集荷**［蒐荷〕「集荷業務」

303

じゅうがおか　地名（東京都）。

　　自由が丘　目黒区地名（自由が丘1～3丁目）。東急駅名。

　　自由ヶ丘　自由ヶ丘学園高校（目黒区自由が丘2丁目）。

じゆうがた　**自由形**［自由型］〔水泳〕

じゅうがつ　**10月**　アク ジューガツ　☞神無月（かんなづき）

しゅうき　**周忌**　☞回忌　☞一周忌

しゅうき　**秋季**［秋期］　＊「秋期＝講習・入試」など、特に期間を表す場合は「秋期」を使う。

じゅうき［什器］→**器具、道具**　＊「什」は普段使用する意。

しゅうぎいん　**衆議院**　アク シューギイン

しゅうぎいんぎいん　**衆議院議員**　アク シューギインギイン

しゅうぎょう

　　修業　学業・技芸などを習い修める。「学問の修業/修業＝課程・証書・年限」

　　終業　業務・学年などを終える。「終業＝時刻・式」

　　就業　業務に就く。仕事がある。「就業＝規則・拒否・時間・人口」

しゅうきょく

　　終局　最後の局面。落着。囲碁・将棋の対局の終わり。「終局を迎える/事件の終局」

　　終極　物事の最後。極まるところ。「終極目標（最終目標）」

しゅうげん　**祝言**　読み　しゅく<s>げん</s>

しゅうこう　**修好**［修交］　国と国が仲良くすること。「修好通商条約」

じゅうじ　**従事**　アク ジュージ

じゅうしちじょうけんぽう　**十七条憲法**　読み　604年、聖徳太子が制定したとされる。じゅう<s>なな</s>じょうけんぽう

しゅうしゅう

　　収拾［拾収］　混乱した状態をおさめる。「事態を収拾する/収拾がつかない」

　　収集　1カ所に集める。「ごみの収集」

　　収集［蒐集］　コレクションする。「切手を収集する/情報の収集/収集癖」

じゅうじゅん　**従順**［柔順］　アク ジュージュン

し

304

じゅうしょう

　　重症　重い症状。「重症患者」

　　重傷　重い傷。「全治3カ月の重傷」

しゅうしょうろうばい　**周章狼狽**[周章狼狽] 言い換え **右往左往、あわてふためく、うろたえる**

しゅうじんかんし　**衆人環視**　＊「衆人」は多くの人、「環視」は取り巻いて見る。

ジュース

　　[deuce（2点）]（←デュース）〔球技〕勝負が決まる直前に同点になること。一方が2点連取で勝ちになる。

　　[juice]　果汁。

じゅうすう　**十数〜**　「十数=キロ・個・人」　＊概数を表す場合、算用数字は用いない。算用数字を使うときは「10〜15キロ/10個以上/10人を超える」などとする。☞コラム「数字の表記」

しゅうせい

　　修正　正しく直す。「文案を修正/軌道修正/修正=案・液」

　　修整　整える。加工する。「写真・画像=の修整」

しゅうせい　**終生**[終世]　一生。「終生忘れ得ぬ人」

しゅうそく

　　終息[終熄]　終わる。絶える。「悪疫・戦火=が終息する」

　　収束　収まりがつく。収める。「事態を収束する/紛糾が収束に向かう」

しゅうたい　**醜態**[醜体]　見苦しい状態。「醜態をさらす」

じゅうたい　**重体**[重態]

じゅうたん[絨緞・絨毯] 言い換え **カーペット**

しゅうち　アク シューチ

　　周知　広く知れ渡る。広く知らせる。「周知の=事実・通り/周知を図る/周知徹底」

　　衆知　多くの人の知恵・知識。「衆知を集める」

しゅうち　**羞恥**[羞恥]　はにかみ。恥じらい。恥ずかしさ。「羞恥心」

しゅうちゃく　**執着**　アク シューチャク　＊仏教用語・古語の読みとしては、**しゅうじゃく**。

じゅうてん　**充塡**[充填]　満たす。「燃料を充塡する」

しゅうと

  [舅] 配偶者の父。

  [姑] 配偶者の母。＊「しゅうとめ」とも。

しゅうとう **周到** 「用意周到に準備する」 ×周倒

しゅうとく

  収得 自分の物にする。「株式を収得／収得=罪・賞金・税」

  拾得 落とし物を拾う。「拾得物」

しゅうとく **習得**［修得］ 「技術を習得する」 ＊学校、特に大学では「単位を修得する」「修得単位」などと「修得」が使われる。

しゅうとめ［姑］ 配偶者の母。＊「しゅうと」とも。

じゅうにがつ **12月** アク ジューニガツ ☞師走（しわす）

じゅうにし **十二支** 子（シ、ね）・丑（チュウ、うし）・寅（イン、とら）・卯（ボウ、う）・辰（シン、たつ）・巳（シ、み）・午（ゴ、うま）・未（ビ、ひつじ）・申（シン、さる）・酉（ユウ、とり）・戌（ジュツ、いぬ）・亥（ガイ、い）。

じゅう～にち 日付。

  11日 アク ジューイチニチ

  12日 アク ジューニニチ

  13日 アク ジューサンニチ、ジューサンニチ

  14日 アク ジューヨッカ

  15日 アク ジューゴニチ

  16日 アク ジューロクニチ

  17日 アク ジューシチニチ

  18日 アク ジューハチニチ

  19日 アク ジュークニチ

じゅう～にん

  11人 アク ジューイチニン

  12人 アク ジューニニン

  13人 アク ジューサンニン

  14人 アク ジューヨニン

  15人 アク ジューゴニン

  16人 アク ジューロクニン

  17人 アク ジューシチニン ジューナナニン

  18人 アク ジューハチニン

19人　アク ジュー-クニン　ジューキュ-ニン

十数人　アク ジュースーニン

じゅうにんといろ　十人十色　意味

○人により、好み、性質、思想が異なること。

×顔や容姿が違う。

じゅうにんなみ　十人並み

しゅうねん　周年　「創立○周年」　＊慶事に使われることが多い。

じゅう～ねん

11年　アク ジューイチネン

12年　アク ジューニネン

13年　アク ジューサンネン

14年　アク ジュー-ヨネン

15年　アク ジュー-ゴネン

16年　アク ジューロクネン

17年　アク ジューシチネン　ジューナナネン

18年　アク ジューハチネン

19年　アク ジュー-クネン　ジューキュ-ネン

じゅうはちばん　十八番　読み　〔歌舞伎〕　☞おはこ

しゅうびをひらく　愁眉を開く［愁眉を開く］　安心する。ほっとする。心配事がなくなる。

シューフィッター［和製 shoe-fitter］　靴合わせの専門家。

じゅうふく　重複　☞ちょうふく・じゅうふく

しゅうぶん　秋分　〔二十四節気〕9月23日ごろ。彼岸の中日。昼夜の長さがほぼ同じ。アク シューブン

じゅうぶん　十分［充分］　＊「十分」が本来の表記。

シューマイ［焼売］　＊中国語。崎陽軒の商品名は「シウマイ」。

しゅうめい　襲名　親、師匠の名を継ぐこと。「襲名披露」

しゅうもく　衆目　多くの人の目。「衆目の一致するところ／衆目を゠集める・驚かせる」

しゅうよう

収用　〔法律〕取り上げて使う。「強制・非常゠収用／収用委員会／土地収用法」

収容　収め入れる。詰め込む。「倉庫に収容／収容゠人員・

量/強制収容所」

じゅうよう　重用　☞ちょうよう・じゅうよう

重従来から　→従来、以前から、これまで

しゅうらく　集落［聚落］

しゅうりょう

　終了　ものごとが終わる。終える。「会期を終了/試合終
　　　了/予定の通り終了」

　修了　学業・課程を修め終える。「義務教育・修士課程・
　　　全科目=を修了/修了証書」

じゅうりょうあげ　重量挙げ

じゅうりょうぜい　従量税　物の重量・容積などを基準に税率
　　を決める租税。酒税、揮発油税など。＊車検などの際に
　　自動車の重量などに応じて課税される国税は「自動車重
　　量税」。

じゅうりん［蹂躙］言い換え踏みにじる、(人権)侵害　＊「蹂」
　「躙」は踏みにじる。

シュールレアリスム［仏 surréalisme］〔芸術〕

しゅうれん［収斂］→収束、収縮、集約　アクシューレン

しゅうれん　修練［修錬］

しゅうろく

　収録　書物・新聞などに収める。録音・録画する。「新語
　　　を収録した辞書/ビデオに収録する/収録作品」

　集録　集めて記録する。「各大会の成績・各地の伝説=を
　　　集録する」

じゅうわ　10羽　☞じっぱ・じゅっぱ・じゅうわ

シュガーカット商〔浅田飴〕→低カロリー甘味料

しゅかい［首魁］→首謀者、首領、張本人　＊「首」「魁」は、
　かしら。

しゅかん

　主管　責任をもって管理・管轄する。「○○を主管する官
　　　庁/財務省の主管/主管官庁」

　主幹　仕事の中心となる役職・人物。「主幹を務める/編
　　　集主幹」

じゅきゅう

　需給　需要と供給。「電力需給が逼迫する/需給相場」

受給　給与・配給を受け取る。「年金を受給する/受給資格」

しゅぎょう

修業　〔一般〕学術・技芸・技術などを修める。「業」は「わざ」の意。「2軍で修業し直す/板前・文章=修業」 ☞ しゅうぎょう（修業）

修行　仏法・武道などを修める。巡礼する。「行」は「行い・道」の意。「寺で修行する/修行僧/諸国・仏法・武者=修行/学問の修行（古風な表現）」

しゅくが　祝賀　アク シュクガ、シュクガ

じゅくし　熟柿［熟柿］

しゅくじつ　祝日　＊「祭日」「祝祭日」とはしない。☞ 祭日

しゅくしょう　縮小　〔↔拡大〕　縮少

しゅくせい

粛正　厳しく取り締まって不正をなくす。「綱紀の粛正/乱脈を粛正する」

粛清　厳しく取り締まって異分子を取り除く。「反対派を粛清する/粛清の嵐/血の粛清」

しゅくどう　縮瞳［縮瞳］　病気などで瞳孔が縮むこと。

しゅくはい　祝杯［祝盃］　「祝杯を上げる」

じゅけん

受験　入学・入社・昇進などの試験を受ける。「大学受験/受験科目」

受検　規格の検定、血液検査などを受ける。「新弟子検査を受検する」

しゅこう　趣向　やり方。工夫。「趣向を凝らす」　趣好

しゅさい

主催　会合・集会などで、中心になって催す。「新聞社主催の展覧会/大会の主催者/主催団体/会議を主催する（会議を運営する）」

主宰　結社・劇団などで、上に立って事にあたる。「劇団の主宰者/同人雑誌を主宰する/会議を主宰する（長として会議を執り行う）」

しゅし　趣旨［主旨］　考え。内容。「趣旨をまとめる/設立の趣旨」

しゅしょう　主唱[首唱]　「改革を主唱する/主唱者」

しゅしょう　首相　㊊表記は「首相」、読みは「総理大臣」「総理」。

じゅしょう

　受賞　賞（褒美）を受ける。「芥川賞の受賞者/ノーベル賞を受賞する」

　受章　勲章・褒章を受ける。「紫綬褒章の受章者/文化勲章を受章する」

　授賞　賞（褒美）を授ける。「授賞式/授賞を見送る」

　授章　勲章・褒章を授ける。「授章式/授章を見送る」

　ポイント　「授賞（章）者側」のようにも使う。また「受彰者」は使わず、「被表彰者」「表彰される人」などとする。

しゅじんもん　主尋問　〔法律〕裁判で証人を申請した側がする尋問。刑事裁判で弁護側がすることもある。

じゅず　数珠[㊣数珠]

じゅすい・にゅうすい　読み

　じゅすい　入水[入水]　水中に身を投げてする自殺。㊜「入水自殺」

　にゅうすい　入水　飛び込み競技。

じゅせい

　受精　卵子が精子と結合する。「受精卵/体外受精/体内で受精する」

　授精　人為的に精子を与える。「顕微授精/人工授精」

しゅせき　手跡[手蹟]　筆跡。

しゅせき

　主席　地位をあらわす称号。国家・政府・政党の長。「国家・党=主席」

　首席　第1位の席次。「首席で卒業/首席を占める/首席=奏者・代表」

しゅぜんじ　地名（静岡県）。

　修善寺　伊豆市の地名。温泉名。伊豆箱根鉄道駅名。

　修禅寺　修善寺にある寺の名。正式名は福知山修禅萬安禅寺。

じゅそ[呪詛]　→呪い　＊「呪」「詛」は、のろい。

㊜**酒造メーカー**　→酒造会社　＊「造」= make。

しゅだい

主題 主たる題目、テーマ。「楽曲・論文=の主題/主題歌」

首題 冒頭につける題目。「経文の首題/首題に表示/首題の件について」

しゅちょう 首長 「自治体の長」と言い換えも。 アク シュチョー、シュチョー ✕✕くびちょう

じゅっかい 読み ☞じっかい・じゅっかい

しゅっこく 出国 ✕✕しゅつごく

しゅっしょ

出所 出どころ。刑務所から出る。「出所不明の金/出所を明らかにする/出所祝い/仮出所」

出処 職にとどまることと退くこと。「出処進退を=誤る・明らかにする」 ＊「出」は官職に就く、「処」は民間にいる。

しゅっしょう・しゅっせい 出生

しゅってん 出典 引用した語句やデータなどの出どころである書物・文書・統計。＊「出典・財務省」など組織名に付けるのは誤り。「出所」は書物にも組織名にも使える。

しゅっとう 出頭 類語 ☞自首・出頭

じゅっぱ 10羽 ☞じっぱ・じゅっぱ・じゅうわ

しゅつらんのほまれ 出藍の誉れ[出藍の誉れ] 弟子が師より優れた業績を上げる。

しゅとけん 首都圏 類語 ☞関東地方・首都圏

㊀**受難に遭う →受難する、苦難に遭う**

しゅにえ 修二会 読み 修二月会の略。旧暦2月初めの法会。東大寺二月堂の法会は、お水取りの行事として有名。✕しゅうにえ

ジュネーブ[Geneva] スイスの都市。＊首都はベルン。

しゅのう 首脳[主脳] 「首脳会議」

シュノーケル[独 Schnorchel] 呼吸管。

ジュバ[Juba] 南スーダンの首都。

シュバイツァー（アルベルト）[Albert Schweitzer] 医師・神学者。（仏 1875～1965）

じゅばく 呪縛[呪縛] とらわれる。束縛。

しゅはん 主犯[首犯]

しゅはん 首班[主班] 第1の地位。＊総理大臣指名は

首班指名とせず「首相指名」。

じゅばん［襦袢］　「長じゅばん」

しゅび　首尾　始めと終わり。「首尾=一貫・よく」

シュプレヒコール［独 Sprechchor］（←シュプレッヒコール）

じゅふん

　受粉　めしべが花粉を受ける。「自家受粉」

　授粉　めしべに花粉をつけてやる。「人工授粉」

しゅぼう　首謀［主謀］　「犯行の首謀者」

じゅもん　呪文［呪文］　まじない。

しゅよう　腫瘍［腫瘍］　腫れ物。

じゅよう　需要［需用］　＊地方予算科目の消費的経費（物件費）のうち、消耗品費、光熱水費などの費用は「需用費」と言う。

ジュラルミン［duralumin］　ジェラルミン

しゅりゅうだん・てりゅうだん　手りゅう弾［手榴弾］ 言い換え **手投げ弾**

シュレッダー［shredder］　（文書）細断機。＊当初は「裁断機」だったが、細かく裁断する意味で「細断機」という表記が見られるようになった。

しゅれん・てれん　手練 読み

　しゅれん　技能・武道などで熟練している。「手練の早業」

　てれん　人をだましてあやつる技巧・方法。「手練手管」

じゅろうじん　寿老人　七福神の一つ。延命長寿をつかさどる。頭が長くてつえをつき、鹿を連れている。南極老人。

シュワルツェネッガー（アーノルド）［Arnold Schwarzenegger］　オーストリア出身の映画俳優、政治家。（米 1947〜）

しゅん　旬［旬］　野菜・魚介類などの出盛り。適した時期。「今が旬/旬の果物」 アク シュン

じゅん　旬　1カ月を3等分した10日間。上旬（1〜10日）、中旬（11〜20日）、下旬（21日〜）、旬間（10日間）。

じゅん

　準　「準=会員・抗告/準学士（短大、高専卒）/準指導員（スキー、スケートなど）/準星」

　准　「准=看護師・教授/准教員（旧制）/准尉/准将」

じゅんえん　順延　今日が中止なら明日、明日も中止ならあ

さってというように、順繰りに日を延ばすこと。

×「雨のため試合はあさってに順延」→あさってに延期

じゅんか

順化［馴化］　生物が環境に適応する。

純化［醇化］　純粋になる。

しゅんき　春季［春期］　＊「春期=講習・入試」など、特に期間を表す場合は「春期」を使う。

しゅんきょ［峻拒］→(厳しく)拒絶、拒否　＊「峻」は厳しい。

じゅんきょうじゅ　准教授　大学など高等教育機関の教員で教授に次ぐ職階。2007年の改正学校教育法施行に伴い、助教授を廃して導入。

しゅんげん［峻厳］→極めて厳しい、冷厳、厳格、険しい

しゅんこう　竣工［竣工・竣功］ 言い換え 落成、完工、完成　＊「竣」は終わる。

じゅんこう

巡行　巡り歩く。山車など。「みこし・山ほこ=の巡行」

巡航　船・航空機など。「定期船が巡航する/巡航=速度・ミサイル」

じゅんさ　巡査 アク ジュ̲ンサ、ジュンサ

しゅんさい　俊才［駿才］

じゅんし　殉死　臣下が主君の後を追って自死すること。

×「宗派の指導者が殉死」→宗派の指導者が殉教

×「自衛官が訓練中に殉死」→自衛官が訓練中に殉職

じゅんしゅ　順守［遵守］

しゅんじゅう　春秋　年月。「春秋に富む(年が若く、将来性がある)」

しゅんじゅん　逡巡［逡巡］ 言い換え 尻込み、ためらい　＊「逡」は、ためらう。

じゅんじゅんと　諄々と［諄々と］ 言い換え 懇々と、懇ろに　丁寧に教え戒める様子。

じゅんしょく　潤色　事実をゆがめること。

じゅんじる　準じる［准じる］　「会員に準じた待遇/例に準じる」　＊「準ずる」とも。

じゅんしん　純真［純心］

しゅんせつ　しゅんせつ・浚渫［浚渫］　＊「浚」「渫」は、さら

313

う。

しゅんそく　俊足［駿足］ 言い換え 快足　＊「駿」は優れた馬、優れて立派な。

瞬足 商 〔アキレス〕→シューズ

しゅんどう　蠢動［蠢動］ 言い換え うごめく　＊「蠢」は虫がうごめく。

じゅんび　準備
　×「準備万端」「準備は万端だ」→準備万端整った、準備は万全だ　＊「万端」は、すべての事柄、手段のこと。それ自体に「整う」という意味はないため、「準備万端」だけでは「準備がすべて整った」意にはならない。

じゅんぷう　順風　追い風。「順風に帆を揚げる」

しゅんぷうていぴっかり　春風亭ぴっかり☆　落語家。(1981～)

じゅんぷうまんぱん　順風満帆 読み じゅんぷうまんぽ

しゅんぶん　春分　〔二十四節気〕3月21日ごろ。この日をはさんで前後7日間が彼岸。彼岸の中日。昼夜の長さがほぼ同じで、以後昼の時間が長くなる。 アク シュンブン

じゅんぽう　順法［遵法］「順法闘争」

じゅんぼく　純朴［醇朴］

しゅんめ［駿馬］→良馬、名馬

じゅんりょう
　純良　不純物がない。「純良なバター」
　順良　素直。「順良な性格」

じゅんれい　巡礼［順礼］

しょ
　所　「刑務・検疫・裁判・収容・職業安定・保護観察=所」☞～しょ・～じょ　☞支所
　署　「海上保安・警察・鉱山保安監督・消防・森林管理・税関監視・税務・労働基準監督=署」　☞支署
　処　「補給処」　☞支処

しょ　緒　「ちょ」は慣用音。☞ちょにつく

～しょ・～じょ　所 読み ＊固有名詞は、要確認。
　しょ　「区・市=役所/刑務・拘置・裁判・事務・社務・商工会議・少年鑑別・駐在・登記=所」

314

じょ 「収容・出張・紹介・洗面・送信=所」

しょ・じょ 「安置・案内・印刷・営業・観測・管理・休憩・検疫・研究・研修・作業・宿泊・診療・相談・測候・託児・鉄工・取引・派出・発着・発行・発電・販売・避難・保育・保健・療養・連絡=所」

ジョイスティック［joystick］ 操縦かん。

ジョイントベンチャー［joint venture］ 共同企業体。

しょう

小 〔↔大〕小さい。「過小（評価）/狭小/極小/最小（限度）/弱小/縮小/小額（紙幣）/小憩/小康/小差/小食/小数（点）/小生/微小（生物）」

少 〔↔多〕少ない。若い。「過少（申告）/希少/軽少/減少/最少（得点）/少額（出資）/少数（派）/少量/微少（量）/年少/幼少」

しょう

性 性質。「あがり・飽き・荒れ・苦労・こらえ・凝り・心配・貧乏=性/冷え性（体質）」

症 症状。「恐怖・健忘・熱中=症/冷え症（病気）」

〜しょう 相 ㊙官庁名の「〜省」と閣僚の通称「〜相」は発音が同じ「ショー」になるので、閣僚に関しては表記は「〜相」、読みは「〜大臣（だいじん）」とする。

しよう

仕様 製品や仕事の方式・性能に関する規定。「仕様=書き・書/特別仕様」

しよう［仕様］ 方法。手立て。しかた。「〜がない」の形で使う。「言っても・寒くて・涙が出て・返事の=しようがない/しようがない怠け者」 ＊話し言葉では「しょうがない」とも。

じょういかたつ 上意下達 読み じょういげたつ

しょういだん 焼夷弾［焼夷弾］

しょういちい 正一位

しょうう

小雨 少し降る雨。「小雨決行」

少雨 〔↔多雨〕「少雨情報」

しょうえん 荘園［荘園］

しょうか　消夏[銷夏]　夏の暑さをしのぐ。

しょうか［頌歌］→賛歌　＊「頌」は褒める。

しょうかい　哨戒[哨戒]　警戒して見張る。「哨戒=艦・艇」

しょうかい

　紹介　引き合わせる。取り持つ。「業者・新製品・知人=を紹介する/紹介状」

　照会　問い合わせる。「照会に回答する/取引の照会/身元照会」

しょうがい　障害[障碍]　「障害がある/障害者雇用促進法/性同一性障害特例法」　＊固有名詞では「障がい」も。「日本障がい者スポーツ協会（公益財団法人）/精神・発達障がい者雇用管理普及事業」

「しょうがい」の表記

　「障害者」という表記がその人自身が害であると解釈されるため不適切なので、「障害者」という表記を「障碍者」に改めた方がいい、という論議がある。この論には、「障害はその人が抱えている内部要因にある」という考え方に依拠しているようにも見える。「障碍」はもともと仏教用語で「しょうげ」と読み、仏道の修行を妨げる「物の怪」という意味がある。とすると「障碍者=物の怪」という解釈が成り立ち、かえって複雑な問題を生じさせる恐れがある。

　この問題は内部要因ではなく、外部要因に「しょうがい」の原因を求めるべきではないのか。『ガリバー旅行記』のガリバーを例に考えてみる。小人国に行ったガリバーは巨大な存在になり、そこでの生活は不便極まる。一転、大人国に行くとガリバーは小さすぎて、ここでも生活に支障が出る。ガリバー自身は何も変わっていない。生活環境が整っていない場所こそが「しょうがい」をもたらす。つまり外部要因こそが「しょうがいの元」になっているという考えだ。

　また、目の不自由な人には「障害」であれ「障碍」であれ、字の問題が直接関係するわけではない。「しょうがい」という音が不快や差別をもたらす原因であれば、表記を変えたところで意味をなさない。また「障碍」を採用した場合、「胃腸障害」「意識障害」などの表記はどうするのか。

「障碍者」のみに「碍」を使用した場合、「障碍」が「特別な表記」となって、新たな問題が起こる可能性が出てこないだろうか。

「痴呆（症）」を「認知症」などとしたように、病名を変更した例もある。医学的な課題はともかく、一般的な名称として使用された意義は大きい。同様に「障害者」における「しょうがい」という言葉も、「要支援者」などと置き換え、新しい概念で表現する必要があるのではないか。誰でも足を折れば松葉づえや車椅子に頼ることになり、周囲の支援が必要になる。不自由さの程度に分けて支援体制を整えることはできないだろうか。解決策は簡単に見つからないかもしれない。しかし、いまは人生100年時代。こうした外部要因に関わる問題は、我々に等しく訪れる。特別であるという枠をはめるのではなく、枠を外して一般化していくことが、「しょうがい」という言葉に潜む問題の根を解きほぐす一助になるのではないだろうか。

しょうかき

消火器　火事などの火を消す器具。

消化器　食道・胃・腸など。

小火器　小型の武器。

しょうがく

小額　〔↔高額〕わずかな額面。「小額紙幣」

少額　〔↔多額〕わずかな金額。「少額出資」

じょうかりょういん　上下両院　[読み]　アメリカ議会など。「上院と下院」などに言い換えも。じょうげりょういん

しょうかん　小寒　〔二十四節気〕1月5日ごろ。

しょうかん

召喚　裁判などに呼び出す。「召喚に応じる/召喚状」

召還　派遣していた者を呼び返す。「在外大使を召還」

償還　金銭債務を返す。「国債・社債=を償還する」

しょうぎ　将棋　×「将棋を打つ」→将棋を指す

じょうき

常軌　普通のやり方。「常軌を=逸する・外れる」

条規　条文の規定。「憲法の条規」

じょうぎ　情義[情誼]　「情義に厚い」

しょうきゃく

消却［銷却］　消し去る。「名簿から消却/自社株消却」

償却　埋め合わせる。「減価償却/償却資産」

じょうきょう　**状況**［情況］

しょうけい　**小憩**［少憩］　小休止。

しょうけい・どうけい　**憧憬**［憧憬］　言い換え　憧れ　＊「どうけい」は慣用読み。

じょうけい　**情景**［状景］　アク　ジョーケー

しょうけん　**正絹**　読み　せいけん

じょうげん　**上限**　アク　ジョーゲン

じょうご［漏斗］

しょうこう　**小康**　悪い状態がしばらく収まる。「小康を=得る・保つ」

しょうごう・しょうひょう　類語

商号　社名。屋号。

商標　トレードマーク。ブランド。

じょうこう　**上皇**　譲位（退位）後の天皇の称号。「太上（だいじょう・だじょう）天皇」ともいう。明治以来の終身在位制に一代限りの例外を認めた「退位特例法」（2017年成立）で、退位後の天皇の称号として定められた。皇后は「上皇后」になった。アク　ジョーゴー

しょうこり　**性懲り**　＊多く「性懲りもなく」の形で使う。

しょうさ　**小差**［少差］　〔↔大差〕

しょうさん　**称賛**［賞賛・称讃・賞讃］

じょうし［上梓］　→出版　＊「梓」は版木の材料。

じょうし　**城趾**［城阯・城址］　言い換え　城跡

しょうしつ

焼失　焼けてなくなる。「国宝の建造物が焼失/焼失面積」

消失　消えてなくなる。「権利の消失」

しょうしゃ　**瀟洒**［瀟灑］　言い換え　すっきりした、しゃれた、あか抜けした　＊「瀟」は清い、「洒」はあか抜けている。

しょうしゅう

招集　地方議会・自衛隊・外国議会・外国軍隊などに使う。「会議を招集する」

召集　国会・旧軍隊の兵役関係に使う。「国会を召集する

/旧日本軍の召集令状（俗称『赤紙』）」

じょうしゅう

　常習　悪いことを繰り返す。「覚醒剤の常習者/遅刻の常習犯」

　常襲　災害に繰り返し襲われる。「台風・水害・津波=の常襲地帯」　＊地震・干害・冷害・虫害・地滑り・雪崩などは「頻発地帯」とする。

×照準を当てる　→照準を=**合わせる・定める**

しょうしょ　**小暑**　〔二十四節気〕7月7日ごろ。本格的な暑さが始まる頃。アク ショーショ

しょうじょ　**昇叙**［陞叙］　上級の官位を授けられること。

じょうじょう　**上々**［上乗］　「上々の出来」

しょうしょく　**小食**［少食］

しょうじん　**精進**　「精進=揚げ・落ち・潔斎」

じょうしんでんてつ・じょうもうでんてつ　日本企業（群馬県）。

　上信電鉄　高崎と下仁田を結ぶ私鉄。

　上毛電鉄　中央前橋と西桐生を結ぶ私鉄。

しょうしんよくよく　**小心翼々**　気が小さく、びくびくしている。

しょうず・しょうどしま　地名（香川県）。

　小豆　郡名。

　小豆島　町名。島名。

じょうず　**上手**［付上手］

　×「上手の腕から水が漏（れ）る」　→**上手の手から水が漏（れ）る**

しょうすい　**憔悴**［憔悴］　言い換え やつれ、衰え　＊「憔」「悴」は、やつれ。

しょうすう

　小数　1に満たない数。「小数点」

　少数　〔↔多数〕わずかの数。「少数=意見・精鋭主義」

しょうずそうば　**小豆相場**　読み 商品市場での取引に限って使う。<ruby>あずき<rt>○</rt></ruby>そうば　☞あずき・しょうず（小豆）

しょうする

　賞する　褒美を与える。観賞し褒めたたえる。「功績・花=を賞する」

　称する　偽る。名乗る。呼ぶ。「食通を称する/病気と称

319

して休む/名人と称せられる」

じょうせい　情勢[状勢]

じょうせき

　定石　〔囲碁。一般〕「定石通り」

　定跡　〔将棋〕

しょうせつ　小雪　〔二十四節気〕11 月 22 日ごろ。寒さも厳しくなく、雪まだ大ならずの意。[アク] ショーセツ

じょうぜつ　冗舌[饒舌]　多弁。おしゃべり。＊「饒」は多くある意。

しょうぜん[悄然]　→しょんぼり、**意気消沈、元気なく**

しょうせんみつい　商船三井　日本企業。＊1999 年に「大阪商船三井船舶」がナビックスラインと合併し社名変更。

しょうそう　焦燥[焦躁]　いらだつ。いらいらする。「焦燥に駆られる」

しょうぞく　装束[裳束]

じょうたい

　状態[情態]　「危険な状態/健康状態」

　常態[常体]　「常態に復する」　＊文末に「だ」「である」を用いた口語文体は「常体」と言う（対語は、文末に「です」「ます」などの丁寧語を用いた「敬体」）。

じょうだん

　上段　「棚の上段/上段の構え」

　冗談　「冗談を飛ばす/冗談じゃない」

しょうち　招致[召致]

しょうちくばい　松竹梅　めでたいもののしるし。冬の寒さに耐えて松と竹は緑を保ち、梅は花を咲かせることから、中国では画題「歳寒の三友」とも称する。＊本来は、順序や等級の優劣を表す言葉ではない。

しょうちゅう　焼酎[焼酎]

しょうちん　消沈[銷沈]　「意気消沈」

しょうてん

　衝天　天をつく。「意気・怒髪=衝天」

　昇天　天に昇る。「旭日昇天の勢い/昇天祭」

しょうど

　焦土　焼け野原。「焦土と化す/焦土作戦」

焼土 農地の表面を焼く。「焼土作業」

しょうどう

唱道 人の先に立って唱える。「改革運動を唱道/唱道者」 ＊「道」は言う。

唱導 〔仏教〕先立ちとなって導く。「唱導師」

じょうとう 常とう［常套］ 言い換え ありふれた、決まり切った 「常とう=手段・句」 ＊「套」は定まった通り、古くさい。

しょうどしま 小豆島 ☞ しょうず・しょうどしま

しょうにゅうどう 鍾乳洞［鍾乳洞］

しょうにん 上人 ＊宗派によっては開祖に「聖人（しょうにん）」を使う。

しょうにんずう 少人数 類語 ☞ こにんずう・しょうにんずう

しょうび 焦眉［焦眉］ 眉毛を焦がすほど近い。危急。切迫。緊急。「焦眉の=急・問題」

しょうび 賞美［称美］ ほめたたえること。「紅葉を賞美する」

じょうひ 冗費［剰費］ 無駄な費用。

しょうひざい 消費財 「耐久消費財（住宅、自動車など）/非耐久消費財（食料、燃料など）」

しょうひょう 商標 類語 ☞ 商号・商標

しょうひん

商品 アク ショーヒン

賞品 アク ショーヒン

小品 アク ショーヒン

しょうふく 承服［承伏］

しょうふだ 正札 せいふだ

しょうへい 招聘［招聘］ 言い換え 招請、招く、迎え入れる

しょうへき 障壁［牆壁］

しょうまん 小満 〔二十四節気〕5月21日ごろ。草木が周囲に満ち始める意。アク ショーマン

じょうまん 冗漫 長たらしい。とりとめがない。締まりがない。

しょうみ 正味［正身］ 実際の中身。「正味10時間働いた/正味の気持ち」

じょうもうでんてつ 上毛電鉄 ☞ 上信電鉄・上毛電鉄

しょうや 庄屋［庄屋］

じょうやど 定宿［常宿］ ×ていしゅく

しょうゆ[醬油]　×正油

しょうよう　従容　落ち着いている様子。「従容たる態度/従容として死に臨む」

しょうよう　称揚[賞揚]

しょうよう[逍遥]　→散歩、散策、そぞろ歩き、気の向くまま歩く

じょうり

　条理　物事の筋道。「条理に=かなう・反する/条理を説く/不条理の哲学」

　情理　人情と道理。「情理兼ね備える/情理を尽くす」

じょうりゅう　蒸留[蒸溜]　「蒸留水」

しょうりょう　少量[小量]

しょうりょう　渉猟　多くの書物を読みあさる。

しょうりょう・せいれい　精霊　読み

　しょうりょう　「精霊=送り・流し・棚」　＊地方によっては「**しょうろう**」など独特の呼び方もあり、それに従う。

　せいれい　「(アニミズムの)精霊崇拝」　☞ せいれい・しょうりょう(聖霊)

しょうりんじけんぽう・しょうりんけん　類語

　少林寺拳法　日本発祥の武術。創始者が中国で学んだ技に自らの理論を加えて編み出したもの。SHORINJI KEMPO UNITY の登録商標であり、商標権者のグループ以外は「中国武術」「少林武術」などに言い換える。

　少林拳　中国伝統の武術。中国・河南省の嵩山少林寺発祥。

じょうるり　浄瑠璃[浄瑠璃]

じょうれい

　条令　箇条書きの法令。「法律の条令」

　条例　地方自治体の制定する法規。「公安条例」

じょうれん　常連[定連]

しょうわ　昭和　〔元号〕　アク　ショーワ、ショ￣ーワ

ショー[show]　「ファッションショー」

じょおう　女王　アク　ジョオー

ジョージア[Georgia]　旧ソ連構成国のグルジアがロシア語から英語の呼称に変更。

322

ジョージアしゅう　ジョージア州［State of Georgia］　米国南東部の州。州都はアトランタ市。

ジョージタウン

　　［Georgetown］　①ガイアナの首都。②米国の首都ワシントン北西部近郊の名称。

　　［George Town］　ケイマン諸島の首都。

ショートステイ［short stay］　短期入所介護。短期滞在。

しょかん　書簡［書翰］　「往復書簡」

じょかん・にょかん　女官　[読み]

　　じょかん　〔一般〕外国の王室の場合など。

　　にょかん　〔皇室〕宮内庁の職制。

しょき

　　初期　物事の初めの時分。当初。「初期の作品／昭和初期／初期=化・症状」

　　所期　期待している事柄。「所期の目的を達成」

しょぎょう

　　所業［所行］　おこない。しわざ。ふるまい。「目に余る所業」

　　諸行　〔仏教〕存在一切。諸善行。「諸行=往生・無常」

じょきょう　助教　大学教職員の職名。准教授または専任講師の下。2007 年の改正学校教育法施行に伴い、導入。旧制の代用教員や律令制の大学寮職員のことも言う。

しょくざい［贖罪］→**罪滅ぼし、罪の償い**

しょくじ

　　食事　「食事をとる」　[重]「食事を食べる」

　　食餌［食餌］　食べ物。「小動物の食餌実験」

しょくしがうごく　食指が動く　[世論調査]何かを食べたくなる。あることをしてみようという気になる。＊2011 年度 38.1%

　　×「食指をそそられる」→**食欲をそそる、食指を動かす**
　　＊同 31.4%

しょくじりょうほう　食事療法［食餌療法］　＊医療関係では「食餌療法」を使う場合もある。

×食指を伸ばす →触手を伸ばす　野心を持って何かを得ようと働きかける。

しょくじん　食甚［蝕甚］　日食、月食で、太陽や月が最も大きく欠けた状態。

植物人間 →意識の戻らない状態（が続く患者）、意識が回
復せず寝たきりの状態　人の尊厳を傷つける例えはしな
い。「植物状態の＝人・患者」も避ける。＊医学上は「遷延
性意識障害」と言う。脳に障害を受け意識の戻らない状
態だが、脳死（状態）とは異なる。

し

しょくよく　食欲［食慾］　「食欲旺盛」

しょくりょう

　　食料　食べ物全体。肉・魚・野菜など主食以外も含む。「食
　　料自給率／食料品（店）／携帯・生鮮＝食料」

　　食糧　穀物を中心とした主食物。「食糧費／食糧管理＝制
　　度・特別会計／新食糧法」

　　ポイント 「食料（食糧）＝安保・援助・危機・供給・事情・需
　　要・不足・問題・輸出・輸入」は意味により使い分ける。

じょくん　叙勲　「春の叙勲」

　　×「叙勲者」→受章者、受勲者　＊勲章を授けることなの
　　で、受ける人を「叙勲者」と呼ぶのは不適当。

しょざいない　所在ない　退屈にしている。「所在なげ」

じょさいない　如才ない　気が利く。「如才ない受け答え」

女史　→○○さん（具体名で書く）　＊男性側に対語が無く、
　　女性を特別視した表現。

しょしょ　処暑　〔二十四節気〕8月23日ごろ。暑さが収まる
　　意。アク ショショ

じょじょう　叙情［抒情］　「叙情＝詩・的」

じょすうし

　　序数詞　順序を表す数詞。〜番、〜番目、〜度、第〜など。
　　×「第1番目」「第2日目」　＊「第〜」と、「〜番目」「〜日
　　目」などを重ねない。

　　助数詞　数量を表す数字の下につける語。〜個、〜枚、
　　〜頭、〜件など。

じょせい　女性　「女性＝解放運動・誌」

じょせい　女婿　娘の夫。＊「むすめむこ」と読むときは「娘
　　婿」。

じょせい

　　助成　事業や研究に関し、経済面で手助けする。「研究
　　を助成する／助成金」

助勢 精神的・肉体的に手助けする。「助勢を仰ぐ/弱い者に助勢する」

じょせいがっしょう **女声合唱** 女性合唱 ☞混声合唱 ☞男声合唱

しょせん

初戦 第1戦。「シリーズの初戦に勝つ」

緒戦 戦いの始まった頃。「緒戦の劣勢を後半で逆転」

しょせん［所詮］

しょたい **所帯** 「所帯=じみる・道具・持ち・やつれ/大・男・新・貧乏・寄り合い=所帯」 ＊法律や統計などに使う公的な用語としては「世帯（せたい）」。

しょちゅう **暑中** 立秋前の18日間。「暑中=見舞い・伺い」 ＊立秋以降は「残暑見舞い」。

しょっかく

触覚 触れたときに起こる感覚。五感の一つ。「皮膚の触覚/敏感な触覚/触覚器官」

触角 昆虫などの感覚器官、探知する能力。「バッタの触角/触角を=伸ばす・働かせる」

ショッピング・プロテクション ⓒ〔アメリカン・エキスプレス〕→**クレジットカード補償サービス**

しょはつ **初発** ［類語］ ☞始発・初発

ジョブ・カード［job card］ 職務経歴・訓練歴・免許・資格などを記載できる書類。

ジョブズ（スティーブ）［Steve Jobs］ アップル創業者。（米 1955〜2011）

ショベルカー［和製 shovel car］ 大きなシャベルで土砂などを掘削する土木機械。パワーショベル。

しょほうせん **処方箋**［処方箋］ ＊「箋」は紙片。

しょよう

所用 用事。「所用で外出する/所用を帯びて」

所要 必要。「所要=金額・時間/所要の=条件・手続き」

じょりゅう **女流** 「女流棋士」

ショルダーバッグ［shoulder bag］ 肩から掛けるかばん。 ⓒ略ショルダー

ジョンズホプキンスだいがく **ジョンズ・ホプキンス大学**［Johns

Hopkins University〕 米メリーランド州ボルティモアにある私立大学。＊「ジョンズ・ホプキンズ大学」とも。

ジョンソン〔Johnson〕 米企業（家庭用洗剤）。日本法人の所在地は横浜市。

ジョンソン・エンド・ジョンソン〔Johnson & Johnson〕 米企業（医療用品・日用品）。日本法人の所在地は東京都千代田区。⬛略 J&J

じらい〔爾来〕 →以来、その後

しらうお・しろうお〔白魚〕 類語 〔魚〕

 シラウオ シラウオ科。体長10センチ。体は半透明。＊「白魚のような指」といった比喩も。

 シロウオ ハゼ科。体長5センチ。体は淡黄色で半透明。

しらが　白髪〔付 白髪〕

しらかわ 地名（福島県）。

 西白河 白河市に隣接する郡。

 東白川 西白河郡南東側の郡。

しらぎ・しんら　新羅 読み 古代の朝鮮半島の国名（4世紀中ごろ〜935年）。韓国語読みの「シルラ」が教科書で使われるが、日本語読み「しらぎ」「しんら」が定着している。

しらと 姓。

 白土 白土三平（漫画家。1932〜）

 白戸 白戸太朗（都議会議員。1966〜）

 白都 白都真理（俳優。1958〜）

白波（しらなみ）⬛商〔薩摩酒造〕 →芋焼酎

しらぬいかい　不知火海 ☞ やつしろかい・しらぬいかい

しらは　白羽 タカやワシの白い羽でつくる矢羽。

 ×「白羽の矢=を当てる・が当たる」→**白羽の矢=を立てる・が立つ** ＊人身御供を求める神が、その望む少女の家の屋根に白羽の矢を立てたという俗説から出た言葉なので、「犠牲者として選ばれる」という悪い意味で使うのが本来の用法。多くの候補から選ばれて一見幸運に見えるが、あとで苦労が待ち受けているような場合に使う。

 ×「白羽の矢を射止める」→**金的を射止める** ＊憧れのものを獲得した時などに使う。

シラバス〔syllabus〕 授業計画書。

しらふ［素面］

しらやき　白焼き

しり　尻［尻］「尻=上がり・押し・込み」

シリアス［serious］　深刻。重大。真面目。

シリアル

　［cereals］　穀物。「シリアル食品」

　［serial］　続き物。「シリアルナンバー」

しりうまにのる　尻馬に乗る［尻馬に乗る］　何も考えず同調
する。

しりがおもい　尻が重い［尻が重い］　なかなか行動を起こさ
ない。

しりがかるい　尻が軽い［尻が軽い］　軽率。浮気っぽい。

じりき

　地力　本来の力。底力。実力。「地力に勝る／地力を=つ
ける・発揮する」

　自力　自分だけの力。独力。「自力で=立ち直る・脱出する
／自力更生」

シリコーン［silicone］　ケイ素樹脂。「シリコーンゴム」

シリコン［silicon］　〔元素〕ケイ素。

シリコンサイクル［silicon cycle］　半導体市況が好不況を繰
り返す周期。

シリコンバレー［Silicon Valley］　米カリフォルニア州サンフ
ランシスコ湾南西地区一帯の通称。IT企業の一大拠点。
＊シリコンを主原料とする半導体のメーカーが集積してい
たことが由来。

しりつ

　市立　「横浜市立大学」　㉿「○○県△△市立（しりつ）
〜」と地名を入れて読むことで、「私立」との混同を避け
る。

　私立　「日本私立大学連盟（私大連）」
＊同音による混同を避け「市立」を「いちりつ」、「私立」を「わ
たくしりつ」と読むことがある。

じりつ

　自立　ひとりだち。他に依存していない。「親から自立す
る／経済的に自立する／自立=経営・心」

自律 〔↔他律〕他から強制されない。「景気の自律回復／自律神経（失調症）／自律性」

しりょう

資料 〔一般〕調査・研究などの基となる材料。データ。

史料 歴史研究の材料。文献、記録など。「江戸初期の史料」

試料 化学分析・検査などの材料。「試料分析」

しりをまくる　尻をまくる［尻を捲る］居直る。

しりをわる　尻を割る［尻を割る］悪事のたくらみなどを露見させる。

しるし

印 目印。「印を付ける／印ばんてん」

しるし［証］あかし。「愛・おわび=のしるし／しるしばかりの謝礼」

しるし［徴］きざし。「火山噴火・景気回復=のしるし」

しるし［験］効き目。「祈りのしるし」

しるす

記す［誌す・認す］書く。「出来事・思い=を記す／手帳・心=に記す」

しるす［印す・標す］印をつける。「足跡・第一歩=をしるす」

しれい

指令 指揮。命令。指示。「指令を通達／スト指令を下す／指令本部／通信指令室（警察、消防）／輸送指令室（JR）」

司令 軍事・スポーツなどで命令を下す主体。「消防司令／司令=官・塔・部」

じれい　事例 [アク]ジレー

しれつ　熾烈［熾烈］[言い換え]激烈、猛烈、激しい　＊「熾」は火が激しく燃える。

しれん　試練［試煉］「試練に耐える」

ジレンマ［dilemma］葛藤。板挟み。「ジレンマに陥る」

しろうお［白魚］[類語]☞しらうお・しろうお

しろうと　素人［付］素人］

×「素人はだし」→**玄人はだし、素人離れ**　＊素人なの

に本職の玄人が恥ずかしくてはだしで逃げ出すほど、技芸や学問などにすぐれていること。

しろかね　白金　東京都港区の地名。地下鉄駅名（白金台、白金高輪）。

しろくばん　四六判

しろくろ　白黒　是非・善悪。「白黒を決める」　＊文語的な慣用表現では「黒白を争う」「黒白を弁ぜず」など「黒白」を使う。読みは「こくびゃく」。

じろん　持論　「持論に固執する／年来の持論」　自論

しわけ

　仕分け　区分。分類。「商品の仕分け／事業仕分け／分類別に仕分けする」

　仕訳　〔簿記〕勘定科目に分けること。「仕訳帳」

しわざ　仕業

しわす　師走[付師走]　アクシワス　＊「しはす」とも。

しん

　心　こころ。精神。「心から納得する」　＊「心棒／核心／灯心／炉心」など慣用の熟語でも。

　芯[芯]　ものの中央。中心。「体の芯まで冷える／鉛筆・バット・リンゴ・ろうそく＝の芯」

じん　腎[腎]　「腎＝移植・バンク」

じんあい　塵埃[塵埃]　→ほこり、ちり

しんうち　真打ち　落語家、講談師の最高位。

しんえん

　深遠　内容や意味が奥深い。

　深淵[深淵]　言い換え　深いふち、底知れぬ場所

しんか　アクジンカ

　進化　〔主に生物学〕優れたもの、複雑なものへの変化にも例える。「生物の進化／進化論／進化する電化製品」

　深化　〔良い・悪い両面で〕程度が深まる。「研究・対立＝が深化する／思索の深化」

シンガー・ソングライター[singer-songwriter]

じんかい　塵芥[塵芥]　→ごみ、ちり

じんがさ　陣がさ[陣笠]　役職に就いていない一般の議員。＊陣笠連の略。

329

しんがた　新型［新形］「新型ウイルス」

シンガポール［Singapore］　シンガポール（東南アジアの国）の首都。

しんかん　心肝　「心肝を寒からしめる」

しんかん　森閑［深閑］　音のしない様子。「森閑とした空気」

しんかん　震撼［震撼］　言い換え　揺るがす、震え上がらせる
　＊「撼」は動かす・動く。

しんき

　心気　心のあり方。「心気が=高ぶる・さえる」

　心機　心の働き。「心機一転（何かを契機に気持ちが良い方へ変わる）」

しんき

　新奇　新しくて珍しい。「新奇な=型・考案・着想・催し／新奇をてらう」

　新規　物事が新しい。「新規=開店・採用・事業・要求」

しんぎ　真偽　「うわさの真偽を確かめる」

ジンギスカン［和製 Chinggis Khan］　〔料理〕　＊人名はチンギスハン。

しんきまきなおし　新規まき直し［新規蒔き直し］　初めに戻ってやり直す。新規巻き直し　新規巻き返し

しんきゅう　鍼灸［鍼灸］　言い換え　はり・きゅう　「鍼灸=師・術」

シンギュラリティー［singularity］　技術的特異点。特異点。

しんきょう

　心境　心の状態。「現在の心境／心境の変化」

　進境　進歩の程度・様子。「進境著しい／進境を見せる」

しんきろう　蜃気楼［蜃気楼］

しんきんこうそく　心筋梗塞［心筋梗塞］

しんく　深紅［真紅］　「深紅の優勝旗」

ジンクス［jinx］　本来は、縁起の悪いもの、不吉なもの。「ジンクスを破る」　×「ジンクスをかつぐ」→縁起をかつぐ

シンクタンク［think tank］　政策研究機関。調査研究機関。

シンクロナイズドスイミング［synchronized swimming］　→アーティスティックスイミング

しんけつ　心血　全精神。

×「心血を=傾ける・込める」→**心血を注ぐ、心魂を傾ける**

しんげん　森厳［神厳］　おごそか。「森厳な境内」

しんげん　震源［震原］　「うわさの震源」　アク　シンゲン

じんご　人後　「人後に落ちない（ひけを取らない）」

しんこう

侵攻　〔侵略〕他国または他の領土を攻め侵す。

進攻　〔進撃〕軍を進め攻め込む。

しんこう

振興　学術・産業を盛んにする。「産業の振興を図る/新技術が振興する/地域の振興」

新興　新しい勢力。「新興=住宅地・勢力」

じんこう

人口　人の数。「人口=動態・密度/失業・昼間・夜間=人口」

人工　人が手を加える。「人工=衛星・呼吸・芝・臓器・知能・都市」

じんこうにかいしゃする［人口に膾炙する］　→**広く知れ渡る、有名になる、もてはやされる**

新語・流行語大賞（ユーキャン）

　1989年、第6回以降の受賞語を掲げた。89、90年は新語部門と流行語部門それぞれの金賞。91年からは年間大賞（年間トップテンから選出）。

1989（昭和64・平成元）年　「セクシャル・ハラスメント」「オバタリアン / オバタリアン（旋風）」

1990（平成2）年　「ファジィ」「ちびまる子ちゃん（現象）」

1991（平成3）年　「…じゃあ～りませんか」

1992（平成4）年　「きんさん・ぎんさん」

1993（平成5）年　「Jリーグ」

1994（平成6）年　「すったもんだがありました」「イチロー（効果）」「同情するならカネをくれ」

1995（平成7）年　「無党派」「NOMO」（野茂英雄投手）「がんばろうKOBE」

1996（平成8）年　「自分で自分をほめたい」「友愛 / 排除の論理」「メークドラマ」

1997（平成9）年　「失楽園（する）」

1998（平成10）年　「ハマの大魔神」「凡人・軍人・変人」

「だっちゅーの」
1999（平成11）年	「雑草魂」「ブッチホン」「リベンジ」
2000（平成12）年	「おっはー」「IT革命」
2001（平成13）年	「米百俵」「聖域なき改革／恐れず怯まず捉われず／骨太の方針／ワイドショー内閣／改革の『痛み』」
2002（平成14）年	「タマちゃん」「W杯（中津江村）」
2003（平成15）年	「毒まんじゅう」「なんでだろう〜」「マニフェスト」
2004（平成16）年	「チョー気持ちいい」
2005（平成17）年	「小泉劇場」「想定内（外）」
2006（平成18）年	「イナバウアー」「品格」
2007（平成19）年	「（宮崎を）どげんかせんといかん」「ハニカミ王子」
2008（平成20）年	「アラフォー」「グ〜!」
2009（平成21）年	「政権交代」
2010（平成22）年	「ゲゲゲの〜」
2011（平成23）年	「なでしこジャパン」
2012（平成24）年	「ワイルドだろぉ」
2013（平成25）年	「今でしょ!」「お・も・て・な・し」「じぇじぇじぇ」「倍返し」
2014（平成26）年	「ダメよ〜ダメダメ」「集団的自衛権」
2015（平成27）年	「爆買い」「トリプルスリー」
2016（平成28）年	「神ってる」
2017（平成29）年	「インスタ映え」「忖度」
2018（平成30）年	「そだねー」
2019（平成31年・令和元）年	「ONE TEAM」

しんこん　心魂［神魂］　たましい。「心魂を傾ける（全精神を集中させる）」

しんさん　辛酸　苦しくつらい経験。「辛酸をなめる（あらゆる苦しみをあじわう）」

しんし　真摯［真摯］　真面目で誠実な様子。「真摯に取り組む」

しんじ　名。

　真司　香川真司（サッカー選手。1989〜）

慎司 岡崎慎司（サッカー選手。1986〜）

シンジケート［syndicate］ 連合体。企業連合。犯罪組織。
「シンジケートローン」

シンシナティ［Cincinnati］ 米オハイオ州の都市。

しんしゃく［斟酌］ →**配慮、考慮、手心、手加減** ＊「斟」「酌」
は、くみとる。

じんじゃぶっかく 神社仏閣 ˣ寺社仏閣

信州味噌㊞〔長野県味噌工業協同組合〕→**信州のみそ、**
淡色辛みそ ＊組合加盟企業の製品以外は言い換える。

しんじゅく 地名（東京）。

　　新宿 区名。新宿区内の地名。駅名（JR などの所在地
　　は新宿区。都営大江戸線は渋谷区）。「新宿高島屋（百
　　貨店名。所在地は渋谷区）」

　　南新宿 小田急駅名（所在地は渋谷区）。

しんしゅつ

　　浸出 「浸出水の処理」
　　滲出［滲出］ 〔医学〕「滲出液／滲出性中耳炎」

しんじゅつ 針術［鍼術］

しんしょ ［アク］ジンショ

　　信書 個人間の手紙。「信書の秘密」

　　親書 自筆の手紙。元首などの公式の手紙。「首相の親
　　書を手渡す」

しんしょう

　　心証 心に受ける印象。「心証を害する／心証をよくする
　　（特に、審理で裁判官が得た主観的認識に言う）」

　　心象 心の中に浮かぶイメージ。「心象風景／心象のパリ」

しんしょう・しんじょう 身上 ［読み］

　　しんしょう 財産。「身上を＝築く・つぶす・はたく」 ［アク］ジン
　　ショー

　　しんじょう 身の上。とりえ。「身上調査／誠実さが身上だ」
　　［アク］ シンジョー、ジンジョー

しんじょう ［アク］シンジョー

　　心情 気持ち。思い。〔主に他者の心を推し量る場面で
　　使う〕「心情的に共鳴する／若者の心情を理解する」

　　真情 本当の気持ち。真実の状態。まごころ。〔主に気

333

持ちを吐露する場面で使う〕「真情のこもった手紙/真情を訴える」

しんしょく [アク]シンショク

侵食［侵蝕］ じわじわと食い込む。「領土を侵食」

浸食［浸蝕］ 水が染み込んで損なう。「河川の浸食/浸食作用（陸地が削り取られる作用。河川、海水、雨だけでなく、風、氷なども原因となるため、理科教科書や専門分野では『侵食作用』と表記する）」

しんしん **心身** 精神と肉体。「心身ともに健全/心身を鍛える/心身症」 [アク]ジンシン

しんしんこうじゃく **心神耗弱** 精神機能の低下により、是非善悪をわきまえることが極めて困難な状態。心神喪失のほうが障害の程度が重い。しんしんもうじゃく

しんしんそうしつ **心神喪失** 善悪を判断して行動できない状態。

ジンズ 日本企業。＊2017年に「ジェイアイエヌ」から社名変更。展開する眼鏡専門店名は「JINS」。

しんずい **神髄**［真髄］ 精神と骨髄。物事の本質、その道の奥義。

しんせい [アク]シンセー

真正 本物。「真正な議事録/旅券が真正か確認する/真正相続人」

真性 〔↔仮性・疑似〕「真性=コレラ・赤痢」

じんせいこうろ **人生行路** 人生を旅に例えたもの。

しんせいだい **新生代** 地質時代分類で最新の時代。

しんせき **真跡**［真蹟］ 真筆。

しんせき **親戚**［親戚］

じんせきみとう **人跡未踏**［人跡未到］ 「人跡未踏の地」

しんせんぐみ **新撰組・新選組** ＊隊の公印が「選」を使用していたことから歴史教科書では「新選組」表記が多い。2004年のNHK大河ドラマは『新選組!』。

じんぞう **腎臓**［腎臓］

新装帯（しんそうおび）圏〔新装大橋〕→軽装帯、簡易帯

しんそこ **心底**［真底］ 「心底から=愛する・賛同する」

しんたい **進退** 「進退伺/進退窮まる」

しんだい　大学の略称。

　神大　神戸大学。＊神奈川大学は「神大（じんだい）」。

　信大　信州大学。

　新大　新潟大学。

じんたい　**靱帯**〔靱帯〕「靱帯（じんたい）損傷」　アク　ジンタイ、ジンタイ

仁丹　商〔森下仁丹〕→清涼剤

しんちゅう　真ちゅう〔真鍮〕言い換え　黄銅

しんちょう　伸長〔伸暢〕「勢力が伸長する」

じんちょうげ　ジンチョウゲ〔沈丁花〕〔植物〕△ちんちょうげ

しんちょく　進捗〔進捗〕「進捗=状況・率」　＊「捗」は、はかどる。

じんづうがわ・みやがわ　地名。

　神通川　富山県での呼称。

　宮川　岐阜県での呼称。高原川と合流し神通川となる。

しんて　新手　読み　☞あらて・しんて

じんていしつもん　人定質問　読み　〔法律〕にんていしつもん

しんてん

　伸展　〔伸長発展〕勢力や規模が伸び広がる。「業績・貿易=が伸展する/経済力の伸展」

　進展　〔進行発展〕事態や物事の局面が開ける。「結婚話が進展する/局面・事件=の進展」

しんでんづくり　寝殿造り

しんとう　神道　読み　しんどう

しんとう　親等　親族関係の遠近を示す単位。親子の関係を１親等、祖父母・孫は２親等。＊家族の緊密度を表す「等親」と混用されるが、本来は異なる。

しんとう〔振盪・震盪〕「脳しんとう」

しんとう　浸透〔滲透〕「影響が浸透する」

しんどう

　振動　揺れ動く。「振り子の振動/音の振動数/（新幹線などの）振動公害」

　震動　震え動く。主に地震など自然現象の場合。「火山・

大地・家鳴り=震動」

シンドローム［syndrome］　症候群。「メタボリックシンドローム」

しんにゅう

　侵入　他の領分に不法に押し入る。「国境に侵入する/敵が侵入する/ハッカーの侵入経路/家宅侵入」

　浸入　土地や建物に水が入る。「川の水・濁流=が浸入する」

　進入　人や車が進み入る。「滑走路・場内=に進入する/進入禁止」

しんにん

　信任　信用して任せる。「信任が厚い/信任を得る/信任=状・投票」

　親任　天皇・国王が任命する。「親任式」

　信認　信用して認める。「署名を信認する/市場・ドル=の信認」

🔴**新年明けまして**　→**明けまして**　＊「明ける」とは旧年が終わること。

しんぱいていし　**心肺停止**　心音が聞こえず、呼吸が止まっている状態。蘇生の可能性を含んでいる。

シンパシー［sympathy］　同情。共感。

しんぱん　**審判**　［アク］シ̄ンパン、シンパ̄ン

シンビジウム［cymbidium］　〔植物〕　［略］シンビ

しんぴょうせい　**信ぴょう性**［信憑性］　［言い換え］信頼性、信用度　＊「憑」は頼る。

しんぷ・ぼくし　［類語］

　神父　〔カトリック〕

　牧師　〔プロテスタント〕

シンフォニー［symphony］　交響曲。交響楽団。

しんぷく　**心服**［心伏］

しんぷく　**振幅**［震幅］

じんべえざめ　㊎**ジンベエザメ**［甚兵衛鮫］　〔魚〕　＊ジンベイザメとも。動物学ではジンベエザメ。

しんぼう　**辛抱**［辛棒］

しんぼく　**親睦**［親睦］　「親睦団体」

シンポジウム［symposium］　討論会。略シンポ

シンボル［symbol］　象徴。

しんぼん　新盆　☞コラム「お盆」

しんまい　新米　「新米記者」　＊もとは「新前」と言った。

じんましん［蕁麻疹］

しんみ

　　真味　本当の味わい。「真味を追求する」

　　新味　新しい味わい。「新味に欠ける」

しんみょう　神妙　殊勝にする。反省する様子。

しんめい　身命　「身命をなげうつ」

じんめんじゅうしん　人面獣心　＊スフィンクスは「人面獣身」。

じんもん　陣門　敵の軍門。「陣門に下る」

じんもん　尋問［訊問］　「米軍の尋問官」

しんや　深夜　放ニュースでは午後11時から午前0時（未明と区別する）。

しんやくせいしょ　新約聖書　新訳聖書

しんよう　信用　「信用を失う／信用貸し」

しんら　新羅　読み　☞しらぎ・しんら

しんらつ　辛辣［辛辣］

じんりき・じんりょく　人力　読み

　　じんりき　「人力車」

　　じんりょく　「人力では及びがたい」

しんりゃく　侵略［侵掠］　「侵略者」

しんりょうじょ　診療所　類語　☞医療機関・病院・診療所

じんりょく　人力　読み　☞じんりき・じんりょく

じんりょく　尽力　アクジンリョク、ジンリョク

しんれい

　　心霊　肉体を離れて存在すると思われている魂。「心霊現象（科学では説明できない超自然現象）／心霊術」

　　神霊　神のみたま。神の霊妙な徳。「神霊の=加護・導き」

しんろ

　　進路　〔↔退路〕進んで行く道。「進路に立ち塞がる／船の進路（前方）を塞ぐ／台風の進路／進路を開く／進路指導」

　　針路　船や航空機の進む方向。進むべき方向の例え。「針

路を南にとる／小舟を避けるため針路を変更する／日本
の針路」

す・ス

す

すあし 素足

すい 酸い

　×「酸いも辛いもかみ分ける」→酸いも甘いもかみ分ける

　　人生経験を重ねて、人情や世情に通じていること。「酸
　　いも甘いも知る」とも。

すいあげる 吸い上げる 「連結会社の利益を吸い上げる」

スイーツ［sweets］（←スウィーツ）

スイート［sweet］（←スウィート）　「スイートポテト」

スイートルーム［和製 suite room］　ホテルの（豪華な）続き
　部屋。

すいか 誰何［誰何］ 言い換え **呼びとがめる、問いただす**
　声をかけて誰かと名を問いただすこと。

Suica（スイカ）圏〔JR 東日本〕→交通系 IC カード

すいかん 水棺　原子炉の格納容器を水で満たすこと。＊
　2011年の東日本大震災で当初使われた「水棺」は「水を
　充塡する」などの表現に変えた例もあり、震災後の原発事
　故関連において使う際は、具体的な内容を示すようにす
　る。☞石棺（せっかん）

すいきょう 酔狂［粋狂・酔興］ 言い換え **物好き、好奇心旺盛**

すいきょう・すいごう 水郷 読み 固有名詞は地元の呼び
　方に従う。

　　すいきょう 「水郷日田（大分）」

　　すいごう 「水郷筑波国定公園・水郷潮来（茨城）／水郷柳
　　　川（福岡）／水郷佐原あやめパーク（千葉）／近江八幡水
　　　郷めぐり（滋賀）」

すいくち 吸い口　「ストローの吸い口」

すいげんち 水源地　＊特に池を指す場合や固有名詞など
　は「水源池」とも。

すいこう 推敲［推敲］ 言い換え 文・表現=を練る

すいこう 遂行 読み ×ついこう

すいごう 水郷 読み ☞すいきょう・すいごう

すいこむ　吸い込む　「新鮮な空気を吸い込む」

ずいしょ　随所［随処］|言い換え|至る所、あちこち、どこでも

すいしょう　推奨［推賞・推称］「推奨に値する/推奨銘柄」

すいせい　水生［水棲］　水中で生息する。「水生=昆虫・植物・動物・シダ類」

すいせい　彗星［彗星］|言い換え|**ほうき星**

すいせん　スイセン［水仙］〔植物〕|アク|スイセン、スイセン

すいせん

　推薦　「推薦を受ける/推薦入学」

　推選　「(議長の)指名推選(地方自治法で、議長・副議長などを選出する際、特定の候補者をあらかじめ指定して会議に諮り、全員の同意によってその者を当選人とする方法)」

すいぜん　垂涎［垂涎］|言い換え|**欲しがる**　「垂涎の的」

すいぞう　膵臓［膵臓］

すいたい　衰退［衰頽］「国力の衰退」

すいたい　推戴［推戴］|言い換え|**推挙**

すいだす　吸い出す　「ヘビにかまれた毒を吸い出す」

すいつく　吸い付く　「砂鉄が磁石に吸い付く」

スイッチ［switch］切り替え器具。切り替え装置。

すいとう　出納　「現金を出納する/出納帳」　＊「しゅつのう」とも。

ずいどう・すいどう［隧道］→**トンネル**

すいとりがみ　吸い取り紙

すいのみ　吸い飲み［吸い呑み］

すいほう

　水泡　水の泡。「水泡に帰す(努力や成果が無駄になる)」

　水疱［水疱］〔医学〕水ぶくれ。「水疱症」

すいれん　スイレン［睡蓮］〔植物〕＊クロード・モネ(仏1840〜1926)の有名な連作の画題は「睡蓮」。|アク|スイレン

スイング［swing］「スイングアウト」

すう　吸う　「吸い上げる/吸い殻」

すうき　数奇　「数奇な運命」

すうききょう　枢機卿［枢機卿］　△すうき**けい**

数詞（大まかな基準）

1　一定の基準の前後を表す場合

①○未満　基準の数値に達していない。○は含まれない。「6歳未満」は、6歳は含まれない。

②○を超える　○を含まず、それより大きい数値を表す。「10歳を超える」は、10歳は含まれない。

③○人以内 / ○歳以下 / ○歳まで / ○歳以前　いずれも○を含めてそれより小さい数値を表す。「5人以内」は5人を含める。＊「令和以前」「第2次大戦以前」などは「令和」「第2次大戦」を含まないので、「10歳以前」などの数詞とは用法が異なる。従って、「10歳以前」などとする場合は、読み手の誤解を避けるために「10歳まで」などとする方が望ましい。

④○歳以上 / ○歳から / ○歳以後　○歳を含め、それより大きい数値を表す。「5歳以上」は5歳を含める。

2　期間の経過を表す場合

①満○年　ことの起こりから丸々○年を経過したことを表す。「終戦から満10年」は、基本的に1945年8月15日から計算して1955年8月15日に当たる。

②○カ年 / ○カ月 / ○周年　①とほぼ同じだが、それより緩やかに考えてよい。ただし、「○周年」は災害や事故などの場合には、できるだけ使用を避ける。

③足かけ○年 / ○年越し / ○年がかり　いずれも暦年で○年にわたることを表す。2019年に起こったことは、2020年には「足かけ2年」となる。

④○年ぶり　○年を経過したことを表す。「3年ぶりに実家に帰った」は実家を出てから、戻るまで満3年を経過したことを表す。一般的に望ましい状況に戻る場合に使う。

3　算定基準に注意が必要な場合

①○番目 / ○回目 / ○日目　算定の基準は第1番の人・事物。「目」はそれだけで順位を表すので、「第3番目」などとはせず「3番目」「第3番」のようにする。

②あと○日　「あと」は完全に残っている部分。発表・発

信する日が3月2日の場合、開催日などが10日なら「あと8日」となる。

③○日先　②と同様、完全に残っている部分を表す。

④○日前　②と③の反対語。

⑤△以下○人／△はじめ○人／△ら○人／△など○件
いずれも△を含めた数を表す。

⑥△ほか○人　△を別にして○人であることを表す。
「コーチほか11人の選手」は、合計12人。

数字の表記

多くの新聞では、日時、年齢、金額、数量などは洋数字表記を原則としている。ただし、読み手が誤解しないで読めるよう工夫する必要がある。

1　数字の単位語表記

①1万以上の数には単位語を付ける。ただし、数表などを除き位取りの点は付けない。「15万7423円／1兆7800億人」

②ちょうど千の位で切れる数値は「千」を使って書く。ただし、数字を並べる場合、科学、経済、スポーツなどで「千」を使わない方が適当な場合はその限りではない。株式、為替相場などでは「千」を使わずに書く。「7万8千円／1億6千万人／東証1部の日経平均株価の終値2万3000円／男子5000メートル決勝」。
＊「1000」は単に「千」としていいが、「万」「億」など上位の単位語に続く場合は、誤読を避けるため「1千」とする。「3万1千円／2億1千万人」
×「3万千円／2億千人」とはしない。

2　漢数字を使う主な場合

①「一つ、二つ、三つ……九つ」など「つ」を付けて使う場合。＊「1人、2人」は洋数字を基本とする。

②慣用句、成句、専門用語、固有名詞に含まれる数字。「日本一／二酸化炭素／三寒四温／三畳紀／三羽がらす／四天王／五十歩百歩／東京六大学野球／百年の計／百八十度の方針転換」

③あいまいな数字を表記する場合。「数十個／十数人／二百数十年／何百個／5千数百個／1万数千円」

す

> ×「数 10 個、何 100 個」などとしない。
>
> ④読み誤る恐れのある場合。「四、五十キロ／五、六百年前」など。
>
> ×「4、50 キロ」は「4.50 キロ」、「5、600 年前」は「5,600 年前」などと読めるため洋数字は使わない。＊範囲が示せる場合は「50〜60 年前」のように書く。
>
> **3　数字表記における主な注意**
>
> ①数字の幅を表す場合は、単位語や上位の桁を略さない。範囲を示す記号は「〜」を使う。「ー」を使うと横書きでは「マイナス」と、縦書きでは「1」と紛らわしいため。「100 万〜130 万円／72〜78％」
>
> ＊「100 万〜130 万円」を「100〜130 万円」とすると「100 円〜130 万円」と誤読する可能性がある。また「72〜78％」を「72〜 8 ％」と表記すると、示す範囲が異なってくる。
>
> ②小数は縦組みの場合は中点（中黒）を、横組みの場合はピリオドを使って書く。「円周率は 3.1415……」

ずうずうしい［図々しい］

すうせい　趨勢［趨勢］｜言い換え｜**大勢、動向、成り行き**

ずうたい［図体］｜言い換え｜**(大きな) 体、体つき**　「ずうたいに似合わぬ俊敏な動き」

スーツ［suit］　「スーツケース」

数独 商〔ニコリ〕→**ナンバープレース、ナンプレ**

スーパーカブ 商〔ホンダ〕→**ミニバイク、原付きバイク**

スーパーサイクル［super cycle］　長期的な好況局面。

スーパーファミコン 商〔任天堂〕→**(家庭用) テレビゲーム機**

スーパーフード［super food］　栄養・健康成分が突出して含まれる栄養価の高い食品。

スーパーマーケット［supermarket］　略スーパー

Zoom（ズーム）商〔ズーム・ビデオ・コミュニケーションズ〕→**ビデオ会議システム、ビデオ会議サービス**

すえ・まつ　末｜読み｜

　　すえ　「今月末（数日の幅をもたせた意味）」

　　まつ　「今月末（末日）」　＊「年末」の場合は、数日以上の幅を持たせることも。

ずえ

　図会　テーマに沿って絵や図を集めたもの。「江戸名所・国勢=図会」

　図絵　絵画。図画。「地獄図絵」

スエード［仏 suède］　なめし革。

すえおき

　据え置き　「据え置き=期間・料金」

　据置　「据置貯金」

すえおそろしい　末恐ろしい　「末恐ろしい少年」

すえき　須恵器［須恵器］

すえぜん　据え膳［据え膳］　「上げ膳据え膳」

すえつけ　据え付け　「据え付け工事」

すえっこ　末っ子　「5人きょうだいの末っ子」

スエット［sweat］（←スウェット）　汗。「スエットスーツ」

すえながく　末永く　「末永くお幸せに」

すえひろがり　末広がり　「運が末広がりに開く」

すえる　据える　「上座に据える/腰・目=を据える/腹に据えかねる/据え置く」

すおどり　素踊り

スカート［skirt］　〔衣服〕

ずがいこつ　頭蓋骨［頭蓋骨］　「頭蓋骨骨折の重傷」　＊「とうがいこつ」とも。

Skype（スカイプ）⑱〔マイクロソフト〕→**インターネット電話サービス、ビデオ電話ソフト**

スカウト［scout］　①人材発掘。②ボーイスカウト・ガールスカウトの略。

すがお　素顔

すかす・すく

　透かす・透く　光が通る。「透かし=織り・模様/肩透かし/透き通る/見え透いた」

　すかす・すく［空かす・空く］　中身が少なくなる。「手・電車・胸=がすく/腹をすかす」

すがすがしい［清々しい］　「すがすがしい朝の空気」

すがた　姿

スカラシップ［scholarship］　奨学金。奨学制度。

すき　数寄［数奇］　「数寄を凝らす/数寄者」

すき　隙［隙・透き］　「隙をうかがう/油断も隙もない」

すぎ　杉・スギ

スキーム［scheme］　計画。体系。枠組み。

すきま　隙間［隙間・透き間］　「隙間なく並べる」

スキミング［skimming］　クレジットカードの情報などを不正
　に盗み取ること。

スキムミルク　〔元商標〕　＊一般名称は「脱脂乳」。

すきや　すき家　ゼンショーホールディングスが展開する牛
　丼店。すき屋

すきや　数寄屋［㈎数寄屋・㈎数奇屋］

すきやき　すき焼き［鋤焼き］

スキャナー［scanner］

スキャン［scan］

スキューバ［scuba］　水中呼吸器。「スキューバダイビング」

スキル［skill］　技能。技術。能力。習得技能。「スキルアップ」

すぎる

　過ぎる　「過ぎたるはなお及ばざるがごとし」

　〜すぎる［過ぎる］

　　〜なさすぎる　〔形容詞・補助形容詞の「な（無）い」、
　　「○○ない」の形容詞に続くとき〕「気遣いがなさすぎる/
　　面白くなさすぎる/申し訳なさすぎる」

　　〜なすぎる　〔動詞の否定形との連結〕「掃除をしなす
　　ぎる/本を読まなすぎる」

ずきん　頭巾・ずきん［頭巾］　「防災頭巾」

スキンヘッド［skinhead］　→頭をそりあげた、全てそり落とし
　た、そり頭　英語では、ドイツのネオナチや白人至上主義
　者など反社会的な思想傾向を持ち意図的に頭髪をすべて
　そり落とした団体、構成員を指す言葉。日本では単に頭髪
　をそり上げたスタイルの意味で使われることが多い。

すく

　［梳く］　「髪をすく」

　［漉く・抄く］　「紙をすく」

　［鋤く］　「土・畑＝をすく」

すく　☞すかす・すく

344

すぐ[直ぐ] 「すぐに知らせる/すぐさま」

ずく[尽く] 「腕・金・計算・力・納得・欲得=ずく」

すくいあげる

すくい上げる[掬い上げる] 水中にあるものをすくって上にあげる。「魚を網ですくい上げる」

救い上げる 窮地にあるものを、その状況から助け出す。「困窮状態から救い上げる/溺れた子供を救い上げる」

スクイーズ[squeeze] しぼること。締め上げ。

スクイズ[squeeze] 〔野球〕

すくう ☞すくいあげる

すくう[掬う] 「水を両手ですくって飲む/足をすくわれる」

救う 「救い出す/救い主」

すくう 巣くう[巣食う] 「街に巣くう暴力団/よこしまな考えが巣くう」

スクーリング[schooling] 授業。

スクエア[square] 四角。正方形。区画。広場。「スクエアダンス」

すくない 少ない 「少なくとも/少なくない/少なめ」

〜ずくめ[尽くめ] その物・事ばかり。「黒ずくめの衣装/結構ずくめな話/規則ずくめ」 ☞〜づくし

スクラップ・アンド・ビルド[scrap and build]

スクランブル[scramble] 緊急発進。

スクランブルエッグ[scrambled eggs] いり卵。

スクリーニング[screening] ふるい分け。選別。選別検査。選抜。

スクレ[Sucre] ボリビアの首都。＊政府所在地はラパス。

すぐれる 優れる[秀れる・勝れる] 「優れた素質/気分が優れない」

すけ 名。

祐 桑田佳祐（シンガー・ソングライター。1956〜）

佑 本田圭佑（サッカー選手。1986〜）

スケートボード[skateboard] 略スケボー

スケープゴート[scapegoat] いけにえ。犠牲。

スケール[scale] 規模。大きさ。物差し。

スケールメリット［和製 scale merit］　規模効果。規模拡大効果。

スケジュール［schedule］　予定。日程。

すけっと　助っ人［助っ人］

すけとうだら　スケトウダラ［介党鱈］〔魚〕　＊スケソウダラとも。

すげない［素気ない］　思いやりがない。つれない。「すげない返事」

すける　透ける

スケルツォ［伊 scherzo］　楽曲の形式。

スケルトン［skeleton］　骨組み。

スコア［score］　得点。記録。打数。総譜。「スコアブック」

スコアリングポジション［scoring position］〔野球〕得点圏。

すごい［凄い］　「恐ろしくてぞっとする」「気味が悪い」の意から「程度がはなはだしい」意味が派生した。

　△「すごい゠おいしい・きれい」　＊用言（形容詞や動詞）を修飾する場合は、「雨がすごく降っている／今夜はすごく冷える」のように、連用形の「すごく」を使う。終止形・連体形の「すごい」は俗用。ただし、「すごく゠おいしい・きれい」もくだけた会話表現。乱用は避けたい。

スコーバレー［Squaw Valley］　米カリフォルニア州にある保養地。1960 年冬季五輪開催。

SUGOCA（スゴカ）⌾〔JR 九州〕→**交通系 IC カード**

すこし　少し

スコッチテープ　→**接着テープ、録音テープ**　＊登録商標はスコッチ［スリーエム］だが言い換える。

スコッティ⌾〔キンバリー・クラーク〕→**ティッシュペーパー**

スコップ［蘭 schop］　東日本では大型のもの、西日本では小型のものをいうことが多い。☞シャベル

スコピエ［Skopje］　北マケドニアの首都。

すごもり　巣籠もり・巣ごもり［巣籠もり］

すこやか　健やか

すごろく［双六］　「道中すごろく」

ずさん［杜撰］　言い換え　**ぞんざい、粗雑**　△ずざん

すし[鮨・鮓・寿司] 「回転ずし/すし詰め」

すじ 筋 「筋=書き・向かい・向こう」

すじあい 筋合い 「文句を言われる筋合いはない」

すじかい 筋交い[筋違い] 「耐震性強化のための筋交い」

すじちがい 筋違い 「彼を責めるのは筋違いだ」

すじょう 素性[素姓・素生] 「素性を明かす」

すす[煤] 「すす払い」

すず 鈴

すず スズ[錫] アク スズ

すすきの 地名(北海道)。

　薄野 歓楽街を含めた地域の総称。「薄野交番」

　すすきの 地下鉄、市電の駅名。

　ススキノ 札幌の歓楽街。

すすぐ[濯ぐ・雪ぐ・漱ぐ] 「足・恥=をすすぐ」

すずしい 涼しい

すずなり 鈴なり[鈴生り] 「見物人が鈴なりになる/鈴なり
　のリンゴ」 鈴鳴り

すすむ 進む 「進み具合」

すずむ 涼む 「涼み台」

すずめ[雀]

　スズメ 〔動物〕「スズメの巣」

　すずめ 〔慣用句など〕「すずめの涙/着たきりすずめ」

すすめる

　進める 進行。前進。「会議・計画・交渉・時計=を進める」

　勧める[奨める] 勧誘。奨励。「食事・席・節約・読書=を
　勧める」

　薦める 推薦。推挙。「委員長に○○氏を薦める/良書
　を薦める/私の薦める銘柄/お薦め品」

すする[啜る] 「うどん・鼻=をすする/すすり泣き」

すそ 裾[裾] 「裾野/山裾」

スタートアップ[startup] 起動。「スタートアップ企業(新た
　なビジネスモデルを開発し起業した創業間もない企業)」

スタイリスト[stylist] 俳優やモデルの髪形や服装などに
　ついて助言する職業・人。

スタグフレーション[stagflation] 不況と物価上昇の同時進

行。不景気時の物価高。

スタジアム［stadium］　野球場。競技場。

スタッドレスタイヤ［studless tire］　雪道用びょう無しタイヤ。

スタディー［study］　学習。研究。勉強。「ケーススタディー」

すたる・すたれる　廃る・廃れる　「廃り物・廃れ物（不用になったもの）/廃り者・廃れ者（役に立たない人）」

スタンガン［stun gun］　（護身用）高圧電流銃。

スタンダード［standard］　基準。標準。

スタンディングオベーション［standing ovation］　立ち上がって行う拍手喝采。

スチーム［steam］　蒸気。湯気。「スチームアイロン」

スチール

　［still］　「スチール写真」　☞スチルカメラ

　［steal］　盗塁。

　［steel］　鋼鉄。「スチールギター」

スチューデント［student］　学生。生徒。

スチュワードシップ・コード［stewardship code］　機関投資家の行動規範。

スチルカメラ［still camera］　写真撮影用カメラ。

ずつ［宛］　「少しずつ話す/１人ずつ出る」

⚠頭痛が痛い →頭痛がする、頭が痛い

スツール［stool］　腰かけ。（背もたれのない）椅子。

すっとんきょう［素っ頓狂］　「すっとんきょうな声を出す」

すっぱい　酸っぱい　「口が酸っぱくなる/口を酸っぱくする」

すっぱだか　素っ裸

すっぱぬく　すっぱ抜く［素っ破抜く］

ステアリング［steering］　自動車や船のかじ取り装置。

ステークホルダー［stakeholder］（←ステイクホルダー）　利害関係者。

ステージ［stage］　舞台。演壇。段階。

ステータス［status］　社会的地位。「ステータスシンボル」

ステーツマン［statesman］　政治家。

ステートメント［statement］　声明。共同発表。

ステープラー［stapler］　ホチキスの一般名。

すてがね　捨て金　無駄に使って役に立っていない金。

すてき［素敵・素的・素適］「すてきな作品」

すてぜりふ　捨てぜりふ［捨て台詞］　立ち去るときに言い捨てる言葉。「捨てぜりふを吐く」

ステップ［step］　歩調。階段。段階。手順。

ステップアップ［step up］　段階的に進歩・向上すること。

ステップ・バイ・ステップ［step by step］　一歩一歩。着実に。

ステディー［steady］　堅実な。安定な。定まった。「ステディーな態度」

ステディカム㊂〔ティフェン〕→撮影時の画像安定装置

すでに　既に

すてね　捨て値　損を覚悟で付ける安い値段。

すてみ　捨て身　「捨て身の覚悟でぶつかる」

すてる　捨てる［棄てる］　「ゴミ・試合=を捨てる/捨て=石・印・売り」

ステルス［stealth］　隠密性の高い。隠れた。「ステルスマーケティング」

ステレオタイプ［stereotype］　型にはまった考え方。典型。

ストア［store］　店。商店。販売店。「チェーンストア」

ストイック［stoic］　禁欲的。

ストーカー［stalker］　「ストーカー行為」

すどおし　素通し

すどおり　素通り

ストーンサークル［stone circle］　巨大な石を環状に並べた古代遺跡。

ストック［stock］　①在庫品。②株式。

ストックオプション［stock option］　自社株購入権。株式購入権。

ストックホルム［Stockholm］　スウェーデンの首都。1912年夏季五輪開催。

ストックヤード［stockyard］　一時保管所。保管所。

すどまり　素泊まり

ストライキ［strike］　〔労働〕

ストライク［strike］　〔野球など〕「ストライクゾーン」

ストラテジー［strategy］　戦略。

ストラテジスト［strategist］　戦略家。

349

ストリーミング［streaming］　動画や音声などのデータをダウンロードしながら再生する技術。逐次再生。

ストレージ［storage］　①保管。倉庫。②記憶装置。

ストレステスト［stress test］　安全性検査。健全性審査。資産査定。

ストロンチウム［strontium］　〔金属元素〕

すな　砂［沙］　「砂=書き・煙」

すなお　素直　「素直な性格」

スナップキッズ　㊂〔スクウェア・エニックス〕→**レンズ付きフィルム、使いきりカメラ**

すなわち［即ち・則ち・乃ち］

すなをかむよう　砂をかむよう［砂を嚙むよう］　世論調査「砂をかむような思いがした」

　　○無味乾燥でつまらない様子。＊2018年度 32.1％

　　×悔しくてたまらない様子。＊同 56.9％

スニーカー［sneakers］

ずにのる　図に乗る［頭に乗る］

スヌーズ［snooze］　目覚まし時計で一度止めてもまた鳴る仕組み。「スヌーズ機能」

ずぬける［頭抜ける・図抜ける］　言い換え **ずばぬける、際立っている**　「ずぬけた存在」

すね［臑］　「すねに傷を持つ／すねをかじる」

スノーダンプ　㊂〔アイリスオーヤマ〕→**雪かき用シャベル**

スノーモービル［snowmobile］　雪上車。雪上オートバイ。

すのこ［簀の子］

すのさき　地名（千葉県）。

　　洲崎　館山市の地名。神社名。

　　洲埼　灯台名。

　　洲の崎　バス停名（洲の崎灯台前）。

スバ［Suva］　フィジーの首都。

スパ［spa］　温泉。

スパゲティ［伊 spaghetti］（←スパゲッティ）

スパコン（←スーパーコン）　スーパーコンピューターの略。

すはだ　素肌［素膚］　「素肌に服を着る」

スパナ［spanner］（←スパナー）　〔工具〕

ずばぬける［ずば抜ける］　普通よりずっとすぐれる。「ずば
　ぬけた成績」

スパム［SPAM］⑱〔ホーメル・フーズ〕→**肉の缶詰**

スパムメール［spam mail］　迷惑メール。

すばやい　素早い［素速い］

すばらしい　素晴らしい

すばる［昴］　おうし座にあるプレアデス星団。

スバル　SUBARU　日本企業。＊2017年に「富士重工業」
　から社名変更。

スパン［span］　幅。間隔。期間。

スピーディー［speedy］　素早い。きびきびした。

スピードガン　〔元商標〕　＊一般名称は「スピード測定
　器」。

スピリチュアル［spiritual］　精神的。霊的。霊性。「スピリチュ
　アルな体験」

スピルバーグ（スティーブン）［Steven Spielberg］　映画監督。
　（米 1946〜）

スピンオフ［spin off］　事業分離。本体からの独立。「人気
　ドラマのスピンオフ番組」

スピンドル［spindle］　軸。主軸。心棒。

スフィンクス［sphinx］

ずぶとい［図太い］　「ずぶとい神経／ずぶとく構える」

スプラトリーしょとう　スプラトリー諸島［Spratly Islands］　南
　シナ海南部にある島しょ群。中国側呼称は「南沙諸島」。

すぶり　素振り　「バットの素振り」　☞ そぶり

スプリンクラー[sprinkler]　散水器。散水装置。

スプリント[Sprint Corporation]　米企業（通信）。

スプレッド[spread]　格差。価格差。金利差。利ざや。「スプレッド取引」

スプロール[sprawl]　無秩序な拡散。無秩序な拡大。「スプロール現象」

すべ[術]　「なすすべもない」

スペア[spare]　予備。補充。「スペアキー」

スペース[space]　空間。場所。余白。宇宙空間。

スペースインベーダー 商〔タイトー〕→電子ゲーム

すべからく　世論調査「学生はすべからく勉学に励むべきだ」

　〇ぜひとも。当然。＊「すべからく（須く）」は漢文の訓読から出た言葉で、多くは以下に「べし」を伴い「ぜひとも、当然」といった意味で使われる。2010 年度 41.2%

　×全て。皆。＊同 38.5%

スペクタクル[spectacle]　見せ物。見せ場。

スペック[spec（specification の略）]　仕様（書）。構造。性能。

すべて　全て[全て・凡て・総て]

すべりだい　滑り台

すべる　統べる[総べる]　一つにまとめて支配する。「帝国を統べる国王」

すべる　滑る[辷る]　「口が滑る／滑り＝落ちる・込み・止め」

スポークスマン[spokesman]　政府や団体の意見などを発表する担当者。代弁者。

スポット[spot]　点。場所。空港の乗降場所。即時。

スマートウオッチ、スマートウォッチ[smart watch]　腕時計型端末。

スマートグリッド[smart grid]　次世代送電網。次世代電力網。

スマートシティー[smart city]　環境配慮型都市。

スマートフォン[smartphone]　略スマホ

スマートメディア 商〔東芝〕→メモリーカード

すまう　住まう　「住まい」🔶

すまき　す巻き［簀巻き］

すます　済ます　「手続きを済ませた」

すます　澄ます　「澄まし汁」

すみ　炭　「炭＝取り・焼き」

すみ　隅［角］　「隅から隅まで／隅に置けない」

すみ　墨　「墨染め／お墨付き」

すみか🔶［栖・棲み処🔶］

　　すみか　〔主として動物〕「クマのすみか」

　　住み家　〔主として人〕「ついの住み家」

すみだ　地名（東京都）。

　　墨田　「墨田区／墨田川高校／墨田中学校」

　　隅田　「隅田川／隅田公園／隅田小学校」

スミチオン 商〔住友化学〕→有機リン系殺虫剤

すみやか　速やか

すみわけ

　　すみ分け［棲み分け］　〔縄張り〕「人とクマとのすみ分け」

　　住み分け　〔人の居住〕「2世帯での住み分け」

すむ

　　住む　〔人〕「住み＝込み・着く」

　　すむ［棲む］　〔動物など〕「海辺にすむ鳥／魔物がすむ」

すむ　済む　「用事が済んだ」

すむ　澄む　「澄み渡る」

スムーザー 商〔花王〕→アイロン用仕上げ剤

スムージー［smoothie］　凍らせた野菜・果物をシャーベット
　状にした飲み物。

スムーズ［smooth］（←スムース）　円滑。滑らかな。流暢（りゅうちょう）。

すめばみやこ　住めば都　意味

　　○どんな所でも慣れれば住みよくなる。

　　×住むなら都（都会）がいい。

スメルハラスメント［和製 smell harassment］　においで周
　囲を不快にさせること。略 スメハラ

すもう　相撲［付］相撲・角力］

スモック［smock］　〔服〕「スモック刺しゅう」

スモッグ［smog］　ばい煙。「光化学スモッグ」

すやき　素焼き　「素焼きの茶わん」

スライドワーク［和製 slide work］　時差出勤。

スラック［slack］　緩み。たるみ。

スリーエム［3 M Company］　米企業（化学・事務用品）。略 3 M

スリーブ［sleeve］　袖。「ノースリーブ」

スリジャヤワルデネプラ・コッテ［Sri Jayawardenepura Kotte］スリランカの首都。

する

　刷る　〔印刷〕「名刺を刷る／手刷りの賀状／色・校正=刷り／刷り=上がり・物／刷り込み（インプリンティング=動物の学習形態）」

　擦る　こする。触れる。「マッチを擦る／擦り傷／保湿用クリームを擦り込む／膝を擦りむく／（見解を）擦り合わせる／擦り抜ける」

　する［摩る・磨る・摺る・擂る］　細かくつぶす。使い果たす。「墨・ゴマ=をする／競馬でする／靴がすり減る／すり足で進む／すり=ガラス・鉢・つぶす・身」

ずるい［狡い］　「ずるい手を使うな」

スルー［through］　通過。受け流すこと。「スルーパス」

するがぎんこう　スルガ銀行　日本企業。＊2004 年に「駿河銀行」から社名変更。

ずるがしこい　ずる賢い［狡賢い］　「ずる賢い人」

するどい　鋭い

スレート［slate］　石材。屋根用石材。

すれる　擦れる　「擦れ違い／擦れっからし／靴・床=擦れ」

スロープ［slope］　斜面。傾斜。坂。

スロバキア［Slovakia］　ヨーロッパ中部の共和国。首都はブラチスラバ。

スロベニア［Slovenia］　ヨーロッパ南東部の共和国。首都はリュブリャナ。

すわ　「すわ一大事」　すは

スワップ［swap］　①交換。②スワップ取引（直物と先物の同時反対売買）。

すわりこみ　座り込み［坐り込み］　据わり込み

すわる

座る［坐る］　腰を下ろす。一定の場所・地位を占める。「末席・社長の椅子=に座る/座り心地」

据わる　動かなくなる。一定の場所・地位に落ち着く。「首・腰・度胸・腹・(酔って)目=が据わる/据わりが悪い」

すん　寸　「寸詰まり」

×寸暇を惜します働く →寸暇を惜しんで働く　＊「骨身を惜します働く」との混同。

すんげき　寸隙［寸隙］｜言い換え｜寸暇

すんごう［寸毫］→寸分、少し

すんだん　寸断　｜意味｜

○細かくずたずたに断ち切ること。

×「道は村の入り口で寸断された」　＊土砂崩れなどで道路が1カ所だけ塞がれた場合などで使うのは不適切。
☞分断

すんぶん　寸分　「寸分の違いもない/寸分たがわず」

せいあつ　制圧［征圧］　「首都を制圧する」　＊「がん征圧月間」など固有名詞では「征圧」と書かれる場合がある。

せいいく

成育　〔子供など〕「孫が立派に成育する/成育医療」

生育　〔動植物〕「稲の生育期間/稚魚の生育場」

せいかく　正確［精確］　「正確を期す」

聖火トーチ㊂〔日本工機〕→**聖火のトーチ、五輪トーチ、トーチ**

せいかん　精悍［精悍］｜言い換え｜**たくましい、勇ましい、精強**

せいがん

請願　役所などに願い出る。「国会に請願する/請願=権・書・デモ」

誓願　神仏に誓いを立てて祈願する。「事の成就を誓願する/誓願を立てる」

せいき

生気　生き生きとした気分。活気。「生気がみなぎる/生

気を取り戻す／生気はつらつ」

精気 精神と気力。生命活動の根源。「精気を奮い起こ
す／万物の精気」

せいぎょ **制御**［制馭・制禦］ 「制御棒」

せいぎょう

正業 堅気の職業。「正業に就く」

生業 生活費を得るための仕事。「生業に励む／農業を
生業とする」 ☞ なりわい

せいけい

成形 形をつくる。「プラスチックの成形加工／胸郭成形
術」

成型 型にはめて作る。「規格成型／成型=品・肉」

整形 形を整え、正常にする。「整形外科（やけど痕など
の治療・修復は『形成外科』）／美容整形」

せいこう

性向 性質上の傾向。「消費・貯蓄=性向」

性行 性質と行動。「性行不良」

Ⓘ **成功裏のうちに** →**成功裏に** ＊「裏」は「〜のような状態
のうちに」の意。

せいこく **正鵠**［正鵠］ 言い換え **核心、急所** 弓の的の中央。
転じて、狙いどころ、急所、要点。
×「正鵠を突く」→**正鵠を射る、核心を突く**

せいこん

精根 心身の精力と根気。「精根尽きる（『精も根も尽きる』
とも）／精根を使い果たす」

精魂 一つの物事に打ち込む精神力。たましい。「精魂
を傾ける／精魂込める／不屈の精魂」

せいざ **星座** 天球上の恒星の位置、並びを神や伝説上の
英雄の姿、動物や器物などの形に見立てて命名したもの。
ポイント 星座名は原則として平仮名で書く。「うお座／おう
し座／おとめ座／さそり座／しし座／てんびん座／はくちょう
座」。ただし、外来語由来のものは片仮名書きにする。「ア
ンドロメダ座／オリオン座／コップ座／ペガサス座／ペルセ
ウス座」

せいさい **精彩**［生彩］ 「精彩を欠く／精彩を放つ」

せいさく

制作 〔主に芸術的なもの〕「絵画・工芸品=の制作」

製作 〔主に実用的なもの〕「機械・器具=の製作」

ポイント 放送番組は「制作」、映画は「製作」が一般的だが、演劇・CD・DVDなどでは「制作・製作」が混用されている。「○○製作（制作）委員会」など固有名詞に注意。

せいさしょとう　西沙諸島 中国側呼称。＊英語名「パラセル諸島」。

せいさん　凄惨［凄惨］言い換え **むごたらしい、痛ましい、悲惨、陰惨**

せいさん

清算 貸し借りのない状態にする。きまりをつける。「過去を清算する/借金の清算/清算=会社・取引」

精算 詳しく計算する。「経費を精算する/運賃の精算/精算書」

せいさんざい　生産財 生産材

せいしき

正式 正当な方法。簡略でない方式。「正式に契約する/正式名称」

制式 〔主に軍事〕定められた様式、きまり。「制式銃/制式採用された戦車」

せいしき　清拭［清拭］ 病人などの体をふいて清潔にすること。

せいじしききんせいほう　政治資金規正法 〔法律〕政治家や政治団体が取り扱う政治資金について定めた日本の法律名。政治資金規制法

ぜいじゃく　脆弱［脆弱］言い換え **もろい、弱い** 「脆弱な政権基盤」

せいじゅく　成熟［生熟］ 「成熟卵/成熟した社会/改革の条件が成熟する」

せいじょう

性状 人の性質と行状。物の性質と状態。「粗野な性状/物質の性状」

性情 人の性質と心情。気だて。「温和な性情」

せいしょうなごん　清少納言 『枕草子』著者。（966ごろ～

1025 ごろ） ＊「清」は父親の清原姓にちなむという。

アク セーショーナゴン

せいしょく・なましょく　生食　[読み]　湯桶読みの「なましょく」の読み方が一般化している。本来の読みは「せいしょく」だが、同音異義語との混同を避けるため、放送でも「なましょく」とも。音声では「生で食べる、生食（せいしょく）用のカキ（牡蠣）の出荷が始まりました」などと言い添えた表現が望ましい。

×生死をさまよう　→生死の境をさまよう

せいしんいっとう　精神一到　「精神一到何事かならざらん」
精神一倒×

精神薄弱　→知的障害　1999 年施行の「精神薄弱の用語の整理のための関係法律の一部を改正する法律」により、法律上「精神薄弱」は「知的障害」に改められた。「知的障害者福祉法（『精神薄弱者福祉法』の改称）」

成人病　→生活習慣病　がんや心疾患などは加齢により発症するものが多いと考えられていたため「成人病」と呼ばれた。しかし、年齢に関係なく「生活習慣」によって発症するものが多いと分かり、1996 年、厚生省（当時）が「生活習慣病」と名称変更した。

精神病院　→精神科（病院）、神経科（病院）　「精神科に通院している」「神経科に通う」などとする場合が多い。ただ、事件報道に際して逮捕された容疑者に精神障害があるか、その疑いがある場合は「精神障害の疑いが強い」とはせず「刑事責任能力の有無を調べている」などと表現を工夫し、精神障害者一般への偏見を助長しないように配慮する。

精神分裂病　→統合失調症　1993 年、全国精神障害者家族会連合会が日本精神神経学会に対し、人格を否定したような病名を変更してほしい、という趣旨の申し入れをした。同学会が、家族会アンケート、一般市民からの意見募集、公聴会などを行い、新しい呼称候補の中から 2002 年に「統合失調症」へと呼称を変更、一般的にもこの名称が浸透した。

せいすう

せ

正数　〔↔負数〕ゼロより大きい数。

整数　自然数とそれに対応する負数およびゼロ。

せいぜつ　凄絶［凄絶］|言い換え|**すさまじい、ものすごい、壮絶、想像を絶する**

せいせんじょしだいがく・せいせんじょがくいんだいがく

清泉女子大学　東京都品川区にある私立大学。

清泉女学院大学　長野県長野市にある私立大学。

せいそ　清楚［清楚］|言い換え|**清らか、すっきり**　「清楚な身なり」

せいそう

正装　正式の服装。「正装して認証式に臨む/正装に威儀を正す」

盛装　華やかに着飾る。晴れ着。「振り袖姿に盛装して出かける」

せいそう　星霜　「星霜を重ねる」

せいそう［凄惨］→**痛ましい、すさまじい、むごたらしい、ものすごい、悲惨**

⃝重**製造メーカー**→**メーカー、製造会社**　＊「メーカー」は製造会社のこと。

せいそく　生息［棲息・栖息］「生息区域」

せいたい

生体　生きているままの体。「生体=解剖・肝移植・実験・反応」

生態　生物が生活している状態。「野鳥の生態を調査する/生態=系・写真」

せいだく　清濁　「清濁併せのむ」

ぜいたく［贅沢］「ぜいたくを言えばきりがない」

せいたん

生誕　生まれること。「生誕祭」

聖誕　「聖誕祭（クリスマス）」

せいち　精緻［精緻］「精緻な描写」

せいちょう　成長［生長］「稲・子供=の成長」

せいちょう

清聴　話をきいてくれる。「ご清聴ありがとうございました」

静聴　静かにきく。「ご静聴願います」

359

せいてんのへきれき　**青天のへきれき**［青天の霹靂］　突然
の大事件。寝耳に水の出来事。晴天のへきれき

せいてんはくじつ　**青天白日**　やましいことがない心境のこと。
「青天白日の身」　晴天白日

せいと　**生徒**　類語　☞園児・児童・生徒・学生

せいとう

　正当　〔↔不当〕正しく道理にかなう。「主張の正当性/正
　当化する/正当な利益/正当=行為・防衛」

　正統　〔↔異端〕正しい系統。「政権の正統性/正統を継
　ぐ/正統な後継者/正統=主義・派」

せいとくだいがく

　聖徳大学　千葉県松戸市にある私立大学。

　東京成徳大学　東京都北区、千葉県八千代市にある私
　立大学。

せいとん　**整頓**［整頓］　「整理整頓」

ぜいにく　**ぜい肉**［贅肉］　「腰回りにぜい肉が付く」

　⓲「余分なぜい肉」→**ぜい肉、余分な肉**

せいひ

　正否　正しいか否か。「事の正否を見定める/正否を明ら
　かにする」

　成否　成功するかしないか。「成否の鍵を握る/成否を占
　う」

せいひん　**清貧**　「清貧に甘んじる」

　×「清貧洗うがごとし」→**赤貧洗うがごとし**

せいひん　**製品**　アク　セーヒン

せいふく　**征服**［征伏］　「敵国を征服する/未踏峰の征服」

せいほう・さいほう　**西方**　読み

　せいほう　〔一般〕「西方沖」

　さいほう　〔仏教。古語〕「西方浄土」

せいめい　**清明**　〔二十四節気〕4月5日ごろ。「清浄明潔」
　の略で、天地に清く明るい空気が満ちる頃の意。アク　セー
　メー

⓲製薬メーカー　→**製薬会社、薬品メーカー**

せいゆじょ　**製油所**［精油所］

せいよく　**性欲**［性慾］

せいらい 生来［性来］ 「生来の慌て者」 ＊「しょうらい」とも。

せいらん 青嵐［青嵐］ 初夏の青葉を吹き渡る風。薫風。

せいらんかい 青嵐会 1970年代初頭、自由民主党に結成された派閥横断的な政策集団。中川一郎氏、石原慎太郎氏などが所属した。

せいりょうこうこう 星稜高校 石川県金沢市にある私立高校。他県には星陵高校もある。

せいれい

制令 制度・法令。おきて。

政令 憲法・法律を実施するために内閣が定める命令。

せいれい・しょうりょう 読み

せいれい 聖霊 〔キリスト教〕三位一体のうちの一つ。

しょうりょう 聖霊［聖霊］ 「聖霊会（聖徳太子の忌日の法会）」 ☞しょうりょう・せいれい（精霊）

せいれいしていとし 政令指定都市 人口50万人以上の市で、政令によって指定された都市。区を設けるなどの取り扱いが認められる。大阪・名古屋・京都・横浜・神戸・北九州・札幌・川崎・福岡・広島・仙台・千葉・さいたま・静岡・堺・新潟・浜松・岡山・相模原・熊本の20都市。

西暦の表記

　元号が昭和から平成になった後、新聞の多くが記事の「年」の表記を西暦にほぼ統一した。それまで国内記事では主に和暦が使われ、国際記事では西暦となっていた。例えば1985年を書き表す場合、国内は「六十年」、国際では「八五年」などとし、「十」の有無で和洋を区別していた。昭和が長かったこともあり、「昭和六十年」とせず「六十年」でも通用していたのだが、平成になり昭和と平成の混在で紛らわしくなり、分かりやすくする意味で西暦で表記統一することになった。その後、2000年代に入り漢数字から洋数字表記となり現在に至る。

せいれつ［清冽］ →清らか

せいれん

精練 繊維から不純物を取り除く。「生糸の精練」

精錬 粗金属を純度の高いものにする。「粗鋼の精錬」

製錬　鉱石、スクラップなどから金属を取り出す。「製錬所」
　　＊工程により「精錬所」もある。

せいれんけっぱく　**清廉潔白**　私利私欲のないさま。

正露丸　㊂〔大幸薬品〕→**整腸剤**　＊裁判で他メーカーも
　「正露丸」を名乗れることになった。「征露丸」は旧表記。

セイントおにいさん　**聖☆おにいさん**　＊中村光による漫画。

セーフガード［safeguard］　緊急輸入制限。

セーフティー［safety］（←セーフティ）　安全。無事。「セー
　フティーバント」

セーフティーネット［safety net］　安全網。安全対策。保護
　措置。

セーラー［sailor］　船乗り。水夫。海員。「セーラー服」

セールスドライバー　㊂〔SGホールディングス〕→**営業活動を
　行うドライバー（配達員）**

セオリー［theory］　理論。学説。理屈。

ぜかひか　**是か非か**　是か否か

ぜがひでも　**是が非でも**　「是が非でも手に入れたい品」

セカンドオピニオン［second opinion］　第2意見。別の医
　師の意見。別の専門家の意見。

セカンドキャリア［second career］　第2の人生。退職・引
　退後に従事する職業。

せき［咳］　「風邪でせきが止まらない／せき込む」

せき［堰］　「せきを切ったように話しだした」　＊「○○河口
　堰」「○○可動堰」のような施設名称などは漢字・読み仮名
　付き。

せきがく　**碩学**［碩学］　言い換え　大家、権威、大学者、博学

せきじつ　**昔日**　昔。「昔日の面影を失う」
　×「昔日の感」→**今昔の感**　＊「今昔の感」は今と昔を比
　べてその変化に驚くこと。

せきずい　**脊髄**［脊髄］　「脊髄神経」

せきせつ　**積雪**　類語　☞降雪・積雪

せきつい　**脊椎**［脊椎］　「脊椎動物」

せきとめる　**せき止める**［塞き止める・堰き止める］　「せき止
　め湖」

せきとり　**関取**　十両以上の力士。

せきのやま　関の山　「1ヵ月で3冊読むのが関の山だ」

せきばく［寂寞］→寂しさ、ひっそり

セキュリティー［security］（←セキュリティ）　安全。防犯。保安。

せきりょう［寂寥］→ひっそりとしている、ものさびしい、わびしい

せきわけ　関脇［関脇］

セクシュアルハラスメント［sexual harassment］（←セクシャルハラスメント）　性的嫌がらせ。略セクハラ

セクター［sector］　部門。区域。「第三セクター」

セグメント［segment］　区分。部分。領域。部門。種類別区分。

せけんずれ　世間ずれ［世間擦れ］　世論調査「まだ世間ずれしていない青年」

　　○実社会で苦労して悪賢くなっている。＊2004年度51.4%／13年度35.6%

　　×世の中の考え方から外れている。＊2004年度32.4%／13年度55.2%

せけんてい　世間体　「世間体が悪い」

せこ　世故　「世故にたける」

せこう　施工　工事をする。「施工=業者・図・主」　△しこう☞ 施行（しこう）

セシウム［cesium］　〔金属元素〕

せじゅつ　施術　△しじゅつ　＊「手術」と紛れるため。

せじょう
　　世上　世間一般。「世上にはやる／世上の風聞」
　　世情　人情を含んだ世間の様子。「世情に=疎い・通じる」

セスナ 商〔テキストロン〕→軽飛行機、小型飛行機

ゼタ［zetta］　ギガ（10億）の1兆倍。

せたい　世帯　「世帯=数・調査・主」　＊「所帯（しょたい）」に比べ、法律や統計など公的な用語として使われる。

せだい　世代　アクセダイ、セダイ

セダン［sedan］　箱型の4～6人乗り自動車。普通乗用車。

せつ　節　「節を=折る・曲げる」

せっかく［折角］　「せっかくの好意を無駄にするな」

363

せっかん　石棺　石でつくった棺。転じて、原子炉を覆うようにつくられるコンクリートの建造物。原発事故関連の際は、被災した方の心情なども考慮し「棺」という字を避け、「コンクリートで覆う」など具体的な表現に努める。＊「せきかん」とも。☞水棺

せっかん［折檻］　「親による子へのせっかん」

せっき

　節気　季節の区分。「二十四節気」

　節季　盆や暮れなど商店の経理の区切りの時期。「節季=大売り出し・払い」

せっきょく　積極　「積極的に活動する」

　×「積極さ」→**積極性**

　×「積極な」→**積極的な**　＊形容動詞として使わない。

せっく　節句［節供］　特に3月3日の桃の節句（上巳の節句）と5月5日の端午の節句を言う。他に七夕（7月7日）、重陽（9月9日）などがある。

せっくつ　石窟［石窟］　「アジャンターの石窟群」

せっけん［石鹸］　「洗濯用せっけん」

せっけん　席巻［席巻・席捲］　言い換え　攻略、圧倒、勢力下に収める　「市場を席巻する勢いだ」　＊元々は巻き取るように片端から土地を攻め取ることを言った。せっかん

せっこう　石こう［石膏］　「石こう=細工・ボード」

せっさたくま　切磋琢磨［切磋琢磨］　言い換え　鍛錬、互いに鍛える、修練

ぜっさん　絶賛［絶讃］

摂氏（せっし）　→**セ氏**　＊「摂氏」の表記は、考案者であるスウェーデンの物理学者セルシウスの中国語表記「摂爾修（摂爾修斯、摂爾思）」から。

せっしょう　折衝　「予算編成で折衝する/外交折衝」　アク　セッショー

せっしょう　殺生　「あまりにも殺生な仕打ち/無益な殺生」　＊もとは仏教用語。非情である意味の形容動詞としても使われる。　アク　セッショー

せつじょく　雪辱

　×「雪辱を晴らす」→**雪辱を果たす、屈辱を晴らす**

せっせい

摂生 健康に注意し、体をいたわる。「摂生して回復に努める/不摂生」

節制 欲望を慎み、規則正しい生活をする。「酒・たばこ=を節制する」

せっせん **接線**［切線・截線］「共通接線（二つの円や曲線に同時に接する直線）」

ぜったい **絶対** 「絶対=安静・音感・多数/絶対に許さない」

ぜったいぜつめい **絶体絶命** 「絶体絶命の危機」 ×絶対絶命

せっちゅう **折衷**［折中］「折衷案/和洋折衷」

セッティング［setting］ 設定。

セットアッパー［和製 setupper］〔野球〕中継ぎ投手。

せつな **刹那**［刹那］ 言い換え 瞬間、一瞬 「刹那=主義・的」 ＊サンスクリット「クシャナ」の音訳。時間の最小単位。

せっぱく **切迫**［接迫］「経済情勢が切迫する」

せっぱつまる **切羽詰まる** 「切羽詰まって親類に泣きつく」 ×切端詰まる

せっぱん **折半**［切半］「旅行費用を折半する」

せっぴ **雪庇**［雪庇］「屋根の雪庇を落とす」

ぜつふちょう・ぜっふちょう **絶不調** 「優勝チームとは思えない絶不調ぶり」 ＊「絶好調」からの造語。スポーツ紙でよく使われる。

ぜっぽう **舌鋒**［舌鋒］ 言い換え 弁舌 「舌鋒鋭く政府を追及する」 ＊弁舌の鋭さを「鋒先（ほこさき）」に例えた文語的表現。

せつり

節理 ①物事の道理。筋道。②岩石の割れ目。「柱状・板状=節理」

摂理 自然界を支配する法則。神の意思（主にキリスト教の概念）。「自然・神=の摂理」

せとおおはし **瀬戸大橋** 本州四国連絡橋（本四架橋）の児島―坂出ルート6橋の総称（橋梁のみ）。全長9368m。6橋は児島側から、下津井瀬戸大橋、櫃石島橋、岩黒島橋、与島橋、北備讃瀬戸大橋、南備讃瀬戸大橋。

×背中が寒くなる →背筋が寒くなる

セニアカー 商〔スズキ〕→福祉用電動車、電動車椅子、シニアカー

ぜにたかぐみ 銭高組［銭高組］ 日本企業。

ゼネコン［general contractor］ 総合建設会社。＊ゼネラルコントラクターの略。

ゼネスト［general strike］ （全国規模の）一斉ストライキ。＊ゼネラルストライキの略。

ゼネラル・エレクトリック［General Electric Company］ 米企業（電機）。略 GE

ゼネラルマネジャー［general manager］ 統括者。総支配人。総監督。略 GM

ゼネラル・モーターズ［General Motors Company］ 米企業（自動車）。略 GM

セパレーター［separator］ 分離するもの。絶縁体。

ぜひ

  是非 〔名詞〕「是非を問う/是非もない」

  ぜひ 〔副詞〕「ぜひ実現したい/ぜひとも」

せぶみ 瀬踏み 「交渉相手の意向を瀬踏みする」

セブンイレブン コンビニエンスストア。

  セブンイレブン 米企業。店舗名（セブンイレブン○○店）。

  セブン-イレブン・ジャパン 日本企業。

  セブン&アイ・ホールディングス 日本企業（持ち株会社）。

ゼミ ゼミナールの略。アク ゼミ

セミナー［seminar］ 講座。講習会。演習。アク セミナー

ゼミナール［独 Seminar］ 講座。講習会。演習。

せめぎあう せめぎ合う［鬩ぎ合う］ 「せめぎ合う両軍」

セメダイン 商〔セメダイン〕→接着剤

せめる

  攻める 攻撃。「弱点を攻める/城を攻め落とす/攻めあぐむ/質問攻め」

  責める 非難。要求。拷問。調教。「失敗・馬=を責める/浮気したのを責められる/金を返せと責め立てる/むち

せ

で責めさいなむ」

ゼライス ⑭〔ゼライス〕→ゼラチン

ゼラチン［gelatin］

ゼラニウム［geranium］〔植物〕

セラミックス［ceramics］ ＊セラミックとも。

セ・リーグ プロ野球「セントラルリーグ」の略。

せりふ［台詞・科白］「お決まりのせりふ/捨てぜりふ」

せる 競る〔糶る〕「ゴール前で激しく競り合う/競り市/競り落とす/初競り」

セルフメディケーション［self medication］ 自己治療。

セルフレジ［和製 self register］ 小売店などで客自らが精算操作を行うレジ。

セレクション［selection］ 選択。選抜。

セレクトショップ［和製 select shop］ 複数のブランドや独自企画商品を販売する専門店。

セレナーデ、セレナード［独 Serenade; 仏 sérénade］ 夜曲。小夜曲。

セレンディピティー［serendipity］ 思いがけないものを偶然発見する能力。偶然な発見。幸福な偶然。予期せぬ出合い。

ゼロ［zero］ 数字の「０」は原則として「レイ」と読むが、「無い」ことを強調する場合に「ゼロ」と読むことも。「死亡者ゼロ/海抜ゼロメートル地帯/ゼロ歳児（『１歳未満の乳児』との説明も必要)/ゼロ戦（レイ戦の呼び方もあり)」☞れい（零・０）

ゼロエミッション［zero emission］ 排出ゼロ。ごみゼロ。廃棄物ゼロ。

ゼロサム［zero-sum］ 一方が利すれば他方が損をする。「ゼロサム＝ゲーム・取引」

ゼロックス ⑭〔ゼロックス〕→**コピー機、複写機**

セロテープ ⑭〔ニチバン〕→**セロハンテープ**

セロハン［仏 cellophane］「セロハンテープ」

せん

　線「地面に線を引く/脚の線/エックス線/電線/ローカル線」☞〜本線

腺[腺] 「汗腺/胸腺/前立腺/乳腺/涙腺」

ぜん　膳[膳] 「お膳立て/陰膳/配膳」

せんい

　繊維 〔一般〕「繊維=植物・工業/繊維状強化材/食物繊
　維」

　線維 〔医学〕「神経線維/線維細胞/線維素原（フィブリノ
　ゲン）」

ぜんいん　全員 アク ゼンイン

せんえい　先鋭[尖鋭] 「先鋭=化・分子」

せんえつ　僭越[僭越] 言い換え 思い上がり、出過ぎ 「僭
越ながら申し上げます」

せんか

　戦火 戦争による火災、戦闘。「戦火が広がる/戦火を交
　える」

　戦果 戦争・戦闘で得た成果。「戦果を報告する」

　戦渦 戦争による混乱。「戦渦に巻き込まれる」

　戦禍 戦争による災い・被害。「戦禍を=被る・免れる」

ぜんか　前科 〔法律〕刑罰（有罪）を言い渡され、その裁
　判が確定したこと。＊当該事件と関係のない過去の経歴
　を暴くことは人権上好ましくなく、警察が発表したとしても
　通常は人名の上に「前科○犯」を入れることはしない。

ぜんかい　全壊[全潰] 「建物が全壊する」

ぜんかいいっち　全会一致 アク ゼンカイ-イッチ、ゼンカイ-
イッチ

せんがんえん　仙巌園 鹿児島市にある日本庭園。仙厳園

せんきょ[船渠] →ドック

せんきょこうほう　選挙公報[選挙広報]

せんぎり　千切り[繊切り] 「キャベツの千切り」

ぜんくねんのえき　前九年の役

せんけつ

　先決 先に決める。まず解決する。「人命救助が先決/
　先決問題」

　専決 決定権を持つ人だけで決める。「所長が専決する/
　専決事項/独断専決」

せんげつ　先月 アク センゲツ

せんけん　千件　読み　「事件は5千件」　☞コラム「数字の表記」

せんげん　千軒　読み　「床下浸水の被害は2千軒」　☞コラム「数字の表記」

せんこう　閃光［閃光］　言い換え　きらめき、瞬間的な輝き

せんこう

　潜行　表面に出ない。「ダイバーが潜行する/地下に潜行する/潜行取材」

　潜航　水に潜っての航行。「海溝に潜航する/潜航艇」

せんこう

　選好　好きなものを選ぶ。「金利選好/選好度」

　選考［銓衡］　詳しく調べて選ぶ。「書類選考」

せんごく　姓。

　仙谷　仙谷由人（政治家・法相。1946〜2018）

　仙石　仙石秀久（戦国武将。1552〜1614）

　千石　千石興太郎（政治家・労働運動家。1874〜1950）

ぜんごさく　善後策　「善後策を講じる」　前後策

センサー［sensor］　感知器。

せんざいいちぐう　千載一遇［千歳一遇］　「千載一遇のチャンス」

せんさく　詮索［詮索・穿鑿］　「あれこれ詮索する」

センサス［census］　国勢調査。統計調査。

ぜんじ　漸次　言い換え　次第に、だんだん　漸時　ざんじ

センシティブ［sensitive］　敏感。微妙な。慎重な。＊『金融分野における個人情報保護に関するガイドライン』（金融庁）には「機微（センシティブ）情報」についての規定があり、本人の政治的見解、信教、労組への加盟、人種、民族、門地、本籍地、保健医療、性生活、犯罪歴が挙げられている。

ぜんしゃのてつをふむ　前車の轍を踏む［前車の轍を踏む］　前の人と同じような失敗を繰り返すこと。＊前に行った車の車輪の跡（轍）を後の車が踏んでいく意から。前者の轍を踏む

せんしゅ　船主　☞ふなぬし・せんしゅ

せんじゅ　地名（東京都）。

北千住　JR、地下鉄、東武、つくばエクスプレス駅名（JRは足立区千住旭町、地下鉄、東武、つくばエクスプレスは同区千住2丁目に所在）。

南千住　JR、地下鉄、つくばエクスプレス駅名（いずれも荒川区南千住に所在）。

千寿　足立区立小学校名。

せんしゅうらく　千秋楽　興行の最終日。＊歌舞伎などでは「火」を嫌い「千穐楽」と書く。

せんじゅかんのん　千手観音　せん̶じゅかんのん　せん̶てかんのん

せんしょう　先勝　六曜の一つ。先手必勝。午前は吉だが、午後は凶となる。

せんじょう　洗浄［洗滌̇］　＊「洗滌」の読みは本来「せんでき」。

せんじょう　扇情［煽̇情］　「扇情的な表現」

せんじょうこうすいたい　線状降水帯　積乱雲が次々と発生し強い雨をもたらす線状に延びる降水帯。長さ50〜300キロ程度、幅20〜50キロ程度に及ぶ。線̶上降水帯

せんじょうこん　線条痕［旋̇条̇痕̇・綫̇条̇痕̇］ 言い換え ライフル痕　「弾丸に残った線条痕が証拠となった」

ぜんしょうせん　前哨戦［前哨̇戦］　「総選挙の前哨戦」

せんじる　煎じる［煎̇じる］　「薬草を煎じる」

ぜんじんみとう　前人未到［前人未踏］　「前人未到の快挙」

せんせい　専制［専政］　「専制＝君主・政治」

せんせい　潜性　〔↔顕性〕遺伝学用語。日本遺伝学会が「劣性」から変更。

先生の名称（学校教育法などの区分による）		
保育所（保育園）── **保育士**		
幼稚園・小学校・中学校・高校── **教諭、助教諭**		
大学・高専── **教授、准教授、講師、助教、助手**		
各種学校（専門学校を含む）── **教員**		

センセーショナル［sensational］　世間を驚かすような。

ぜんせん　全線　〔鉄道〕 アク ゼンセン

ぜんせん　善戦

　×「善戦して圧勝」→**善戦むなしく敗れる**　＊挑戦者な

どが惜敗した場合に使うのが一般的。

ぜんぜん　全然　打ち消しの言い方や否定的意味の言葉を伴う場合に使う。「全然=面白くない・分からない」　アク　ゼンゼン

×「こっちが全然いい/全然うれしい」　＊「断然」の意で用いるのは俗用。

せんせんきょうきょう　戦々恐々[戦々兢々]

せんそう　船倉[船艙]　貨物を積み入れておく区画。

ぜんそく[喘息]　「小児ぜんそく」

センタリング[centering]　①中央に寄せること。②サッカーなどで、サイドからゴール前にボールを送ること。クロス。

せんたん　先端[尖端]　「先端技術」

せんだん　専断[擅断]　「軍部の専断を招く」

センチメント[sentiment]　①情緒。感情。心理。雰囲気。②市場心理。投資家心理。

せんちゃ　煎茶[煎茶]　「和菓子と煎茶のセット」

ぜんちょう　前兆[前徴]　「津波の前兆現象」

せんてい　剪定[剪定]　言い換え　枝切り、刈り込み　「庭木の剪定作業」

せんてつ　銑鉄[銑鉄]

せんどう　扇動[煽動]　「大衆を扇動する」

セントジョージズ[St. George's]　グレナダの首都。

セントジョンズ[St. John's]　アンティグア・バーブーダの首都。

セントルイス[St. Louis]　米国の都市。1904年夏季五輪開催。

ぜんなんぜんにょ　善男善女　ぜんだんぜんじょ

せんにゅうかん　先入観[先入感]　「先入観にとらわれる」

ぜんば　前場　〔経済〕午前の取引。↔後場　アク　ゼンバ　まえば

せんばつ　選抜　＊「選抜高校野球大会」の略称は、センバツ。

せんばづる　千羽鶴[千羽鶴]

せんびょう　千票　読み　せんひょう

せんびょうしつ　腺病質[腺病質]

ぜんびん　全便　〔運輸〕　アク　ゼンビン、ゼンビン

せんぷ　先負　六曜の一つ。午前は凶、午後は吉。急用を忌む。平静を守って吉。

せんぷん　千分　読み

せんぺい　先兵［尖兵］　「海外市場進出の先兵となる」

せんべつ　餞別［餞別］　言い換え　はなむけ　「餞別を贈る」

せんぺんいちりつ　千編一律［千篇一律］　みな同じ調子で、変化や面白みに欠けるさま。「千編一律の応募作品」

せんべんをつける［先鞭をつける］　→先駆けとなる、先んじる、先に着手する、道をつける

せんぼう　羨望［羨望］　「羨望のまなざし」

せんぽう　先鋒［先鋒］　言い換え　先頭（に立つ）、先陣（を務める）、先駆け

ぜんぼう　全貌［全貌］　言い換え　全容、全体像、全体の姿、全体のありさま

せんぼつ　戦没［戦歿］　「戦没者」

せんめつ［殲滅］　→全滅（させる）、皆殺し、壊滅（させる）

ぜんめん

　全面　あらゆる方面。全体。「全面広告/全面的に信頼する」

　前面　前、表のほう。「人垣の前面に押し出される/政策を前面に打ち出す」

重前夜来の雨　→夜来の雨

せんゆう

　占有　自分の物にする。領有。「占有の意思/占有=権・離脱物横領罪」

　専有　〔↔共有〕独り占めにする。「経営権を専有する/専有=部分・面積・物」

せんよう

　占用　自分のものにして使う。「土地の占用/占用許可」

　専用　ある目的またはある人や団体だけで使う。「自動車専用道路/米軍専用地」

せんりつ　戦慄［戦慄］　言い換え　おののく、震え上がる　「戦慄を覚える」

ぜんりつせん　前立腺［前立腺］

せんをこす 先を越す ［言い換え］先手を打つ ＊「さきをこす」が一般的になってきているが、本来は「せんをこす」。

そいね 添い寝 「幼い子に添い寝する」

そいん

　　素因 おおもとの原因。「事件の素因」

　　訴因 〔刑事訴訟法〕起訴の原因。「訴因を明示して公訴」

そう

　　沿う 長く続いているもの、決まり、期待される状態から離れないようにする。「川・線路・道=に沿って歩く/海沿いの町/既定方針・基本線・趣旨=に沿って行動する/意・期待・希望・提案=に沿うように努める」

　　添う そばに付いている。夫婦になる（古風な表現）。「母に寄り添って歩く/病人の付き添い/仲むつまじく添い遂げる/連れ添う」

そう[艘] ［言い換え］**隻** 「はしけ１そう/船２隻」

そうあん

　　草案 〔↔成案〕「草案を練る/草案段階」

　　創案 「画期的な創案/創案者」

そうあん 草庵[草庵] 「草庵を結ぶ」

そうい 相違[相異] 「案に相違して/相違点」 ［アク］ソーイ

そうい ［アク］ゾーイ

　　創意 「創意に満ちる/創意工夫」

　　総意 「国民の総意」

そういん 僧院 「僧院に身を寄せる」

そういん 総員 「総員100人」

そううつ 躁鬱[躁鬱]

ぞうえい 造営 「社殿の造営/造営費」

ぞうえい 造影 「造影剤」

ぞうえん 造園 「造園家」

ぞうえん 増援 「増援を求める」

そうが

　　挿画 さしえ。「挿画を添える」

装画　装丁用の絵。「凝った装画」

ぞうか　**造化**　「造化の=神・妙」

ぞうか　**造花**　「造花を飾る」

ぞうか　**増加**　「人口増加」

そうかい

　　壮快　元気。体力・気力がみなぎり気持ちがいい様子。「健康を取り戻し壮快だ/壮快な=スポーツ・マーチ」

　　爽快［爽快］　さわやか。「気分爽快/爽快な目覚め」

そうかい　**掃海**　「掃海艇」

そうかい　**総会**　「株主総会」

そうかつ　**総括**［総轄］　「事務を総括する/総括質問」

そうかん　**壮観**　規模が大きく素晴らしいさま。「壮観な光景」

そうかん　**相関**　「相関関係」

そうかん　**送還**　「本国へ送還/強制送還」

そうかん　**創刊**　「雑誌を創刊/創刊号」

そうかん　**総監**　「警視総監」

ぞうがん　**象眼**［象嵌］　「象眼細工」

そうぎ　**争議**　「争議に突入/労働争議」

そうぎ　**葬儀**　「葬儀を営む/葬儀場」

ぞうき　**雑木**　「雑木林」

ぞうき　**臓器**　「臓器を摘出/臓器移植」

そうきゅう　**早急**　☞さっきゅう・そうきゅう

そうきょ　**壮挙**　「壮挙をたたえる」

そうきょく　**箏曲**［筝曲］

そうきょく　**総局**　「総局を設置」

そうきょくせん　**双曲線**

ぞうきん　**雑巾**［雑巾］　「雑巾を絞る」

そうく［走狗］　→手先

そうぐ

　　装具　「登山用の装具」

　　葬具［喪具］　「葬儀社から葬具を借りる」

そうくつ　**巣窟**［巣窟］　「悪の巣窟」

ぞうげ　**象牙**［象牙］　「象牙の密売」

そうけい　**早計**　「早計にすぎる」

そうけい　**総計**　「総計を出す」

374

ぞうけい　**造形**［造型］「造形美術」

ぞうけい　**造詣**［造詣］「造詣が深い」

ぞうけつ

　　造血　「造血幹細胞移植」

　　増血　「増血効果のある漢方」

そうけん　**壮健**　「壮健で何より/身体壮健」

そうけん　**送検**　〔法律〕捜査機関が逮捕した容疑者や任意
　　取り調べの相手を検察庁に送り、起訴か不起訴の刑事処
　　分を委ねる手続き。逮捕して身柄を書類とともに送ること を
　　「身柄送検」、任意で取り調べ、書類だけを送ることを「書
　　類送検」という。「身柄送検」は「送検」と省略して使う。

そうけん

　　創見　「画期的な創見/創見に富む」

　　総見　「横綱審議委員会の稽古総見」

そうけん　**創建**　「鎌倉時代の創建」

そうご　**壮語**　「大言壮語」

そうご　**相互**　「相互扶助」

そうこう　**壮行**　「壮行会」

そうこう　**走行**　「走行距離」

そうこう　**奏功**［奏効］「作戦が奏功する」

そうこう

　　草稿　「草稿を清書する」

　　送稿　「画像をパソコンで送稿する」

そうこう　**倉皇**［蒼惶］　あわてふためくさま。

そうこう　**装甲**　「装甲車」

そうこう　**霜降**　〔二十四節気〕10月23日ごろ。霜が降りる
　　頃という意味。[アク] ソーコー

そうごう　**相好**　顔つき。「相好を崩す（笑う）」　そうこう

そうごう　**総合**［綜合］「意見を総合する/総合病院」

そうごうけいびほしょう　**綜合警備保障**　日本企業。㊩ ALSOK
　　総合警備保障

そうこく　**相克**［相剋］「伝統的価値観と自我の相克」

そうごん　**荘厳**［壮厳］「荘厳な神事」

そうさ　**走査**　「画面を走査/走査電子顕微鏡」

そうさ　**捜査**　〔法律〕捜査機関が容疑者を捜し出し、取り調

べたり、証拠を収集、確保したりする活動。捜索、逮捕など裁判官の令状を要する「強制捜査」と「任意捜査」がある。「犯行現場を捜査」

そうさ　操作　「機械を操作/遠隔操作」

ぞうさ　造作　[読み]　☞ぞうさく・ぞうさ

そうさい　相殺　「貸し借りを相殺する」　そうさつ[×]

そうさい　葬祭　「冠婚葬祭」

そうさい　総裁　「人事院・日銀=総裁」

そうざい　総菜[惣菜]　「総菜売り場/お総菜」

そうさく　捜索　〔法律〕裁判官の令状に基づき行われる、容疑者関連先の立ち入りや証拠物の押収、身体や所持品を調べる強制処分。「行方を捜索する/捜索願」

そうさく　創作　「創作意欲」

ぞうさく・ぞうさ　造作[雑作]　[読み]

　　ぞうさく　「家の造作/顔の造作がまずい」

　　ぞうさ　「造作ない(たやすい)」

創作四字熟語 商 〔住友生命保険〕→**四字熟語**

そうし

　　草紙[草子・双紙・冊子]　紙をとじて作った書物。「絵草紙」

　　草子　〔固有名詞〕随筆・物語名。「枕草子/御伽草子」

そうし　創始　「創始者」

そうじ　相似　「相似形」

そうじ　送辞　「在校生からの送辞」

そうじ　掃除　「掃除機」

ぞうし　増資　[アク]ゾーシ

ぞうしがや　地名(東京都)。

　　雑司が谷　豊島区の地名。地下鉄駅名。

　　雑司ヶ谷　霊園名。都電停留場名。

そうしそうあい　相思相愛　「相思相愛の仲」　想思相愛[×]

そうしゃ　走者　「走者一掃」

そうしゃ　奏者　「トランペット奏者」

そうしゃ　掃射　「機銃掃射」

そうじゅうかん　操縦かん・操縦桿

そうしょ　草書　「草書体」

そうしょ　双書[叢書]　言い換え　シリーズ

そうじょう　奏上　「神に奏上/奏上文」

そうじょう　相乗　「相乗効果」

そうじょう　僧正　「大僧正」

そうじょう　層状　「板を層状に貼り合わせる」

そうじょう[騒擾]→騒動、騒乱（罪）

そうしん　送信　「誤送信」

そうしん

　痩身[痩身]　「痩身効果」

　総身　「総身に傷を負う」

そうせい　早世[早逝]　「20代で早世した詩人」

そうせい

　創世　世界の出来初め。「創世神話」

　創成　何かの出来初め。「経営学の創成」

　創製　初めての製造。「明治時代創製の和菓子」

　創生　〔限定〕「ふるさと・地方=創生」

そうせいき

　創成期　〔一般〕「Jリーグの創成期」

　創世記　〔旧約聖書〕「『創世記』で描かれた大洪水」

そうぜつ　壮絶　「壮絶な打ち合い」

そうぜん　蒼然[蒼然]　「古色蒼然」

そうぜん　騒然　「騒然とした雰囲気」

そうそう

　早々　「早々に退散」

　草々　手紙の結び。

そうそう　草創　「草創期」

そうそう　葬送　「葬送行進曲」

そうぞう　創造　「天地創造/創造性」

そうぞう　想像　「想像を絶する」

そうそうたる[錚々たる]　言い換え　立派な、一流の、堂々たる

そうぞく　相続　アク　ソーゾク、ソーゾク

そうそふ　曽祖父[曽祖父]

そうそぼ　曽祖母[曽祖母]

そうそん　曽孫[曽孫]

そうだ　操舵[操舵]　「自動操舵用ハンドル/操舵=機・手」

そうたい　相対　「金利が相対的に高い/相対性理論」　☞
　　あいたい

そうたい　総体　①全体。「総体として見ると」②総合体育
　　大会の略称。

そうだい　壮大［荘大］　「氷河の壮大な美しさ/壮大な場面」

そうちょう　荘重［壮重］　「荘重な=音楽・文体」

そうちょう　総長　類語　☞ 学長・総長

そうてい　装丁［装釘・装幀］　「本の装丁」

そうてい　想定　「想定外の被害」

そうてい［漕艇］→ボート

そうてん　装填［装塡］　「弾丸を装填する」

そうと

　　壮図　壮大な企画。「壮図を抱く/壮図半ばにして」

　　壮途　勇ましい門出。「壮途に就く/壮途を祝す」

そうとう　相当　「相当難しい」

そうとう　掃討［掃蕩］　「テロ組織を掃討する/掃討作戦」

そうとう　総統　「台湾総統/総統選」

そうねん　壮年　「壮年期」

そうは　争覇　「4歳馬の争覇戦」

そうは　走破　「全コース走破」

×そうは問屋が許さない →そうは問屋が卸さない

そうばな　総花　悪平等やその場しのぎのやり方を非難する
　　言い方。「総花的な内容にとどまる/総花式に配る」　＊元
　　は、料亭などで、客が使用人など全員に出す祝儀のことを
　　言った。

そうふ　送付［送附］　「請求書を送付する」

ぞうぶつ［贓物］→盗品等、盗品、横領品

そうへき　双璧［双壁］　「映画評論家の双璧として、淀川長
　　治と並び称される双葉十三郎」

　　×「悪の双璧」　＊悪いもの、優劣が明らかなものを指して
　　は使わない。

そうほう　双方［相方］　「双方のニーズが一致」

そうぼう　相貌［相貌］　「複雑な相貌/異なった相貌を現す」

そうぼう　僧坊［僧房］　「僧坊の跡を発掘」

そうま　地名。

378

北相馬　茨城県南部の郡名。

相馬　福島県の市・郡名。

南相馬　福島県の市名。

そうめい　聡明［聡明］ 言い換え 賢明、賢い

そうめつ　掃滅［剿滅］ 「テロ組織の掃滅」

そうめん［素麺］

そうやみさき　宗谷岬　北海道本島最北端の岬。

△「日本の最北端、宗谷岬」→「日本最北端の地」の記念
碑がある宗谷岬　＊日本の最北端はロシアが実効支配
している北方領土・択捉島にあり、日本が領有権を主張
している。

そうらん

争乱　争い。「戦国の争乱/源平争乱期」

騒乱　治安の乱れ。騒ぎ。「反対集会が騒乱に発展/騒
乱罪」

そうらん　総覧［綜覧］ 「活動を総覧する展覧会/作品総
覧」

ぞうり　草履［付草履］

そうりょ　僧侶［僧侶］ 「僧侶の読経」

そうりょう　送料　「税・送料込み/送料無料」

そうりょう　総量　「総量規制」

そうりょう　総領［惣領］ 「総領=弟子・息子」

そうりょく

走力　「走力を強化/走力不足」

総力　「総力を挙げて/総力戦」

ソウル

［soul］ 魂。「ソウル=ミュージック・フード」

［Seoul］ 韓国の首都。1988 年夏季五輪開催。

そうれい　壮麗［荘麗］ 「壮麗な=建築・寺院・彫刻」

そうれつ　壮烈　「壮烈な=最期・戦死」

そうれつ　葬列　「葬列に手を合わせる」

そうろうぶん　候文　「候文で手紙をしたためる」 ＊動詞「候
（そうろう）」は表外訓。

そうわ　挿話　本筋と直接関係のない短い話。「実体験に
基づく挿話」

そえがき　添え書き　「年賀状に添え書きする」

そえぎ　添え木　「添え木で固定する」

そえぢ　添え乳　そえじ[×]　そえちち^{××}

そえもの　添え物　「添え物に過ぎない」

そえる　添える　「手・花=を添える」

そえん　疎遠［粗遠］　「疎遠な間柄」

ソーシャリズム［socialism］　社会主義。

ソーシャルディスタンス［social distance］　社会的距離。一
　定の対人距離。＊新型コロナウイルス対策で社会的距離
　を取る行動を「ソーシャルディスタンシング」と言うが、世界
　保健機関（WHO）は「フィジカルディスタンシング」（身体的
　距離の保持）と言い換えるようになった。

ソーシャル・ネットワーキング・サービス［social networking
　service］　（会員制）交流サイト。ネット交流サービス。㊂
　SNS

ソーシャルメディア［social media］　個人が情報発信できる
　メディア。

ソーシャルレンディング［social lending］　融資型クラウド
　ファンディング。個人投資家から資金を集めた事業者が
　企業などに融資する仕組み。

ソーシャルワーカー［social worker］　民生委員、社会福祉
　士などの総称。

ソーダ［蘭 soda］　「ソーダ水」

ソーラーハウス［solar house］　太陽熱利用住宅。

ソール［sole］　（靴などの）底。

そかい　租界　治外法権の外国人居留地。「上海の共同租
　界地」

そかい　疎開　「学童・強制=疎開」

そがい　阻害［阻碍］　物事を進めさせない。「議事の進行
　を阻害する/発展の阻害」

そがい　疎外　嫌ってのけものにする。「仲間から疎外され
　る/疎外感/人間疎外」

そきゅう　遡及［遡及］　「死刑を復活させ、遡及的に適用す
　る」

そぐ［殺ぐ・削ぐ］　「竹・美観=をそぐ/気勢をそがれる」

そくおう　即応　「即応態勢/即応性を維持」

△ぞくがら[続柄]　→つづきがら　続き柄

そくざ　即座　「即座に反応」

そくじ　即時　「即時に撤廃/即時抗告」

ぞくじ　俗字　〔↔正字〕

ぞくじ

　　俗耳　「俗耳に入りやすい(一般に理解しやすい)」

　　俗事　「俗事に煩わされる」

そくじつ　即日　「即日完売」

そくしゃ　速射　「速射砲」

そくしゅう　速修・速習

そくする

　　即する　ずれないように合わせる。ぴったりつく。「自然に
　　　即して暮らす/実情に即して対処する/時代に即する」

　　則する　ある基準に従う。のっとる。「古式に則した儀式
　　　/前例・法=に則する」

そくせい

　　促成　人工的に成長を促す。「促成栽培」

　　速成　速やかに成し遂げる。「速成=教育・講座」

　　即成　その場で成立する。「即成犯(刑法用語。殺人罪
　　　など)」

　　即製　その場で作り上げる。「即製の料理/即製即売」

ぞくせい　族生[簇生]　草木が群がり生える。

そくせき　足跡　「足跡を残す/活動の足跡」

そくせき　即席　「即席ラーメン」

そくせんそっけつ　速戦即決　速戦速決

そくたつ　速達　「速達で送る」

そくだん

　　即断　素早い判断。「上司に即断を求める/即断即決」

　　速断　早まった断定。「速断に過ぎる/速断を避ける」

そくとう　即答[速答]　「質問に即答」

ぞくとう

　　続投　「エースが続投」

　　続騰　「株価が続騰」

そくぶつ　即物　「即物=俳句・性・的」

そくぶん　側聞[仄聞] 言い換え 間接的に聞く、伝え聞く、う
　　わさに聞く

そくほう　速報　「選挙速報」

そくみょう　即妙　「当意即妙」

そくわん　側彎[側彎]　「脊柱側彎症」

そげき　狙撃[狙撃]　「狙撃兵」

そこ　底　「底が割れる/底を=突く・払う・はたく」

そご[齟齬]　→食い違い、行き違い、手違い、かみ合わない

そこいれ　底入れ　「原油価格の底入れ」

そこう　素行　「素行が修まらない/素行調査」

そこう　粗鋼　「粗鋼生産量」

そこう　遡行[遡行]　「激流で遡行を断念/ジャングル初遡
　　行/過去に遡行する/記憶を遡行」　＊船では「遡航」とも。

そこがたい　底堅い　「景気拡大が底堅い」

そこなし　底無し　「底無しの不況」

そこびえ　底冷え　「春とは名ばかりの底冷え」

そこびかり　底光り　「底光りする演技」

そこびきあみ　底引き網　「底引き網漁船」

そさい[蔬菜]　→野菜

ソサエティー[society]　社会。社交界。協会。団体。

そし　阻止[沮止]

ソシエテ・ジェネラル[仏 Société Générale S.A.]　仏企業
　　（金融）。

そしゃく[咀嚼]　→かみ砕く、かみこなす、消化
　　「文章を咀嚼する」→よく考えて理解する、理解して自分
　　のものにする

そしょう　訴訟　「訴訟を起こす」　☞訴訟代理人

そじょう　俎上[俎上]
　　「俎上に載せる（話題・問題にする）」→問題として取り
　　上げる、批評、論評を加える　＊「俎上に上る（話題・
　　問題になる）」も同様。

そじょう　遡上[遡上]　「サケが遡上する」

そしょうだいりにん　訴訟代理人　〔法律〕民事裁判で、訴訟
　　を行うため当事者から委任された代理人。地方裁判所以
　　上の手続きに関しては、委任代理人は必ず弁護士でなけ

ればならない。簡易裁判所では、裁判所の許可があれば弁護士でなくてもよい。法務大臣の認定を受けた司法書士は、簡裁の民事裁判に限って訴訟代理人となれる。

そすい　疎水［疏水］　灌漑・給水・発電などのため、土地を切り開いてつくった水路。

そせい　粗製　「粗製乱造」

そせい　組成　「化合物の組成」

そせい　蘇生［蘇生］　言い換え　**よみがえる、生き返る**

ゾゾ、ゾゾタウン　類語

　　ZOZO　日本企業。＊2018年に「スタートトゥデイ」から社名変更。2019年からZホールディングス傘下に。

　　ZOZOTOWN　ZOZOが運営する衣料品通販サイト。＊新聞では「ゾゾタウン」と表記することが多い。

そそう　阻喪［沮喪］　気力がくじける。「意気阻喪」

そそう　粗相　しくじり。「粗相がないように」

そそぐ

　　注ぐ　流し込む。集中する。「川が海に注ぐ／水・愛情・全力=を注ぐ／火に油を注ぐ」

　　そそぐ［雪ぐ・濯ぐ］　洗い落とす。名誉を回復する。「口・汚名・屈辱・恥=をそそぐ」　＊「すすぐ」とも。

そそのかす　唆す　「悪事を唆す」

ソチ［Sochi］　ロシアの都市。2014年冬季五輪開催。

そつう　疎通［疏通］　「意思の疎通」

そっき　速記　「速記者」

そっきょう　即興　「即興で演じる」

そつぎょう　卒業　「卒業証書」

そっきん　即金　「即金で支払う」

ソックタッチ　商〔白元アース〕→**ソックス止め（のり）**

そっけつ　即決［速決］　「融資を即決する」

そっけない　素っ気ない　「素っ気ない態度」

そっこう　即行　すぐ行う。「災害対策を即行する」　×速行

そっこう

　　即効　すぐに効き目が出る。「景気回復の即効薬」

　　速効　〔歯学。医学。農学〕短い時間で効き目が出る。↔遅効　「速効性=作用・肥料」

そっこう　速攻[即攻]　素早い攻撃。「速攻を仕掛ける」

そっこう　側溝　「側溝に落ちる」

そっこう　測候　「測候所」

そっこく　即刻　「即刻退場」

そっせん　率先[卒先]　「率先して行う/率先垂範」

そつぜん　卒然[率然]　「卒然と逝く」

そっちゅう　卒中　「卒中で倒れる/脳卒中」

そっちょく　率直[卒直]　「率直に意見を述べる」

そっとう　卒倒[率倒]　「驚きのあまり卒倒する」　卒到˟

ぞっとしない　世論調査「あまりぞっとしない話だ」

　　○面白くない。感心しない。＊2006年度31.3%/16年度
　　22.8%

　　×恐ろしくない。＊2006年度54.1%/16年度56.1%

そっぽ　よその方向。「国民にそっぽを向かれる」

　　×「世論にそっぽを向ける」→**世論に背を向ける**

そで　袖[袖̊]　「袖に=すがる・する/袖を引く」

ソテー[仏 sauté]　バターでいためた料理。「ポークソテー」

そでふりあうもたしょうのえん　袖振り合うも多生の縁[袖振り
　　合うも多生の縁]　見知らぬ人と道で袖が触れ合うのも宿
　　縁があるからだ。＊「袖すり合うも〜」とも。「〜他生̊の縁」
　　とも。〜多少の縁˟

そとうば　卒塔婆[卒̊塔婆]　＊「そとば」とも。

そとぼり　外堀[外濠]　「外堀を埋める」

ソナー[sonar]　水中音波探知機。

そなえる

　　供える　神仏に物をささげる。「神前にサカキを供える/仏
　　　前に花を供える」

　　備える　準備する。用意しておく。「台風・老後=に備える
　　　/備えあれば憂いなし」

　　備える[具える]　具備する。生まれつき持っている。「安
　　　全装置を備えた車/運動神経を備えた人」

そなわる　備わる[具わる]　「気品が備わる」

ソニー　日本企業。＊2021年に「ソニーグループ」へ社名
　　変更予定。1946年の設立時の社名は「東京通信工業」。

そね　姓。

素根　素根輝（柔道選手。2000〜）

曽根　ギャル曽根（タレント。1985〜）、曽根海成（野球選
　　手。1995〜）

その　園［苑］　「学びの園」

そのはら　地名（群馬県）。

　園原　沼田市の地名。「利根町園原」

　薗原　古地名。ダム・湖名。

そのべ　姓。

　園部　園部逸夫（法学者・最高裁判事。1929〜）

　薗部　薗部博之（ゲームクリエーター。競馬シミュレーショ
　　ンゲーム「ダービースタリオン」開発。1961〜）

そば［傍・側］　「そばづえ（巻き添え）を食う」

そば［蕎麦］

　ソバ　〔植物〕「ソバの実」

　そば　〔食品〕「そば=打ち・粉/ざるそば」

そばだてる［欹てる］　「耳をそばだてる」

そびょう

　素描　デッサン。簡潔にまとめた文章。

　粗描　大まかな描写。

ソファ［sofa］（←ソファー）　長椅子。

ソフィア［Sofia］　ブルガリアの首都。

ソフター　使用可。＊登録商標は「ライオンソフター」〔ライ
　　オン〕など。一般名称は「柔軟剤」。

ソフトウエア、ソフトウェア［software］

ソフトターゲット［soft target］　警備や警戒が薄く攻撃の
　　標的になりやすい場所や人。

ソフトバンク　日本企業。ソフトバンクグループの国内通信
　　子会社。略 SB

ソフトバンクグループ　日本企業。略 SBG

ソフトランディング［soft landing］　軟着陸。

ソフラン 商〔ライオン〕→**洗濯柔軟仕上げ剤**

そぶり［素振り］　「怪しげなそぶり/そぶりも見せない」＊
　　野球の「素（す）振り」と区別するため、仮名書きにする。

そほう　粗放［疎放］　おおざっぱ。綿密でない。

そむける　背ける　「顔を背ける/目を背けんばかりの惨状」

ソムリエ［仏 sommelier］　レストランなどのワイン専門給仕人。

そめ（ぞめ）

　染め　〔一般〕「黒・絞り・墨・血・ろうけつ=染め」

　～染　〔地名等を冠した工芸品〕「型絵・京・草木・友禅=染」

そめあがり　**染め上がり**　「染め上がりの色が違う」

そめい　**疎明**［疏明］　〔法律〕「疎明資料」

そめかえす　**染め返す**　「繰り返し染め返す」

そめこ　**染め粉**　「染め粉を塗り重ねる」

そめつけ　**染め付け**　「白磁に青い染め付けが映える」

そめもの　**染め物**　「染め物の型紙/染め物工場」

そめものや　**染物屋**　「江戸小紋の染物屋」

そめる

　染める　色を付ける。取り掛かる。「赤く染める/悪事に手を染める」

　～初める　〔動詞連用形に付いて〕初めて～する。「桜が咲き初める」

そもう　**梳毛**［梳毛］　「梳毛機」

そもそも［抑］　重「そもそもの発端」→発端

そらす

　そらす［逸らす］　外す。他方へ向ける。「質問・話・飛球・目=をそらす」

　反らす　弓なりに曲げる。「身・胸=を反らす」

そらねんぶつ　**空念仏**　読み　☞からねんぶつ・そらねんぶつ

そらんじる［諳んじる］　「論語をそらんじる」

そり　**反り**　「反りが合わない」

そりみ　**反り身**　「反り身になって見上げる」

そりゃく　**粗略**［疎略］　「粗略に扱う」

ソリューション［solution］　問題解決。解決策。

ソルトレークシティー［Salt Lake City］　米国ユタ州の州都。2002 年冬季五輪開催。

ソルフェージュ［仏 solfège］　〔音楽〕視唱力・読譜力・聴音能力などを養う音楽の基礎教育全般。

ソルベンシーマージン[solvency margin]　生命保険会社の経営の健全性を測る指標の一つ。支払い余力比率。＊「ソルベンシーマージン比率」とも。

そろいぶみ　そろい踏み[揃い踏み]　「三役そろい踏み」

そろう[揃う]　「足並み・粒＝がそろう」

そろう　疎漏[粗漏]　「疎漏のないよう注意」

そろばん[算盤]　「そろばんをはじく／そろばんが合わない／そろばんずく」

そんえき　損益　[アク]ソンエキ

そんがい　損害　「損害を被る／損害賠償」

そんがいほけんジャパン　損害保険ジャパン　日本企業。＊2020年に「損害保険ジャパン日本興亜」から社名変更。

そんしょく　遜色[遜色]　「プロと比べて遜色のない腕前」

ぞんじる　存じる[存知る]　「存じません／うれしゅう存じます」

そんぞく　尊属　「直系尊属（父母。祖父母）／傍系尊属（おじ・おば）」

そんたく　忖度[忖度]　[アク]ソンタク、ソンタク　そんど

そんぱい　存廃　[読み]ぞんぱい

そんもう　損耗[損亡・損毛]　「損耗を防ぐ／兵力の損耗」＊本来の読みは「そんこう」。

た・タ

たあい　他愛　自己の利益・幸福より、他の人の利益・幸福を第一に願うこと。↔自愛　たあいない　☞たわいない

ターキー[turkey]　七面鳥。

ダークホース[dark horse]　穴馬。「総裁選のダークホース」

ダークマター[dark matter]　暗黒物質。

ターゲット[target]　目標。

ターフ[turf]　①芝。特にゴルフでコース中の芝を言う。②ターフコースの略。競馬で芝生を敷き詰めたコース。

ターボチャージャー[turbo charger]　過給器。

ターミナル[terminal]　鉄道・バスの終点。発着地点。＊JR系のホテル名はかつて「ターミナルホテル」が多かったが、「終末」の意味を嫌う外国人客がいることもあり、1990

年代以降、名称変更が続いた。

ターミナルケア［terminal care］　終末医療。末期医療。

ターム［term］　期間。

ターレ、ターレー［turret］　小型作業貨物車。＊ターレットトラックの略称。

ターンテーブル［turntable］　回転盤。回転台。

たい・だい　大　読み　☞おお・たい・だい

だい

代　年代・年齢などのおおよその範囲。地質時代の区分。家督の順。「1990 年・明治 30 年・50（歳）・古生・新生＝代/ 8 代将軍/ 2 代目の社長」

台　値段・時間・速度などのおおよその範囲。「午後 5 時・時速 80 キロ＝台/ 1 万円の大台」

だい　第［芽］

　　㊟「第○回目」→第○回、○回目　＊「第」も「目」も順序を表すので、両方付ける必要はない。「第○日」「○日目」も「第○日目」としない。

たいあたり　体当たり　「体当たりの指導」

ダイアリー［diary］　日記。

たいあん　大安　六曜の一つ。吉日。△だいあん

たいあん　対案　ある提案に対して出す別の案。

だいあん　代案　代わりの案。

たいあんきちじつ・たいあんきちにち・たいあんきつじつ　大安吉日　読み　×だいあん～

だいいちにんしゃ　第一人者　その道で最も優れた人。

だいいっせい　第一声　公に述べる最初の言葉。

だいいっせん　第一線　敵と直接接する戦線。比喩的に、その分野で最も重要で活発な位置をいう。

だいいっぽ　第一歩　物事を始める最初の段階。

たいいほう　対位法　〔音楽〕二つ以上の独立した旋律を同時に結合させる作曲技法。コントラプンクト。

ダイン［die-in］　参加者が死者のように地面に身を横たえて抗議の意を表す示威行為。

たいいんれき　太陰暦　「陰暦」とも。＊日本で 1872 年まで使用された旧暦は、正確には「太陰太陽暦」。

たいえき　退役　〔↔現役〕将校・准士官が兵役を退くこと。

ダイエット[diet]　食事制限。減量。

ダイオード[diode]　半導体素子。

だいおんじょう　大音声　「大音声で呼ばわる」

たいか　滞貨[滞荷]　「滞貨を一掃する」

たいか・たいけ・おおや　大家　[読み]

　　たいか　その道で特に優れた人。「書道の大家」

　　たいけ　資産家。「大家のお嬢様」

　　おおや　家主。

たいがい　大概　「計画の大概を説明する/大概の人は知らない」

だいがえ　代替え　「代替え輸送」　＊「代替（だいたい）」の重箱読み。

だいがくいん・だいがくいんだいがく　[類語]

　　大学院　大学の学部の上に置かれ、修士・博士の授与権を持つ機関。

　　大学院大学　学部を持たず、世界水準の学術研究に対応できる研究者の育成を目標に開設された大学院や研究所からなる高等教育機関。

だいかぐら　太神楽[太㊎神楽]

ダイカスト[die casting]　溶けた金属を加圧し鋳型に注入する鋳造法。

だいがわり

　　代替わり　君主・経営者などがかわる。「国王・商店=の代替わり」

　　台替わり　〔主に経済〕数字の単位がかわる。「平均株価の大台替わり」

たいかん　戴冠[戴冠]　「戴冠式」

だいかん　大寒　〔二十四節気〕1月20日ごろ。最も寒さの厳しい頃の意。[アク]ダイカン　たいかん
　　×「大寒の入り」　＊「大寒」は1月20日ごろの1日だけを言うのが一般的。「小寒」（1月5日ごろ）の日が「寒の入り」。「寒の明け」は立春（2月4日ごろ）で、小寒から立春までが「寒中」。

たいき　大器　人並み優れた才能・器量（を持つ人）。

たいき

待期 健康保険等の傷病手当金や雇用保険の失業等給付のうちの基本手当に設けられている制度。給付の適正を確保するため、支給要件該当後一定期間は給付をしないというもの（健康保険法第 99 条など）。「傷病手当金の待期期間は 3 日間だ」

待機 準備を整えて機会の来るのを待つこと。「自宅待機／待機児童」

たいぎ

大義 重要な意義。大切な道義。「国家の大義／大義に殉じる」　☞大義名分

大儀 ①重大な儀式。「即位の大儀」②おっくう。「口を利くのも大儀／仕事が大儀になる」

だいぎし　代議士 国民の代表として国政に参加する人。一般に衆議院議員を指す。

たいきばんせい　大器晩成 器量の大きい人は真価を発揮するのが遅れても、のちには必ず大成する。『老子』から。×晩器大成

たいぎめいぶん　大義名分 行動の基準となるはっきりした根拠。表向きの理由付け。大義名文　大義明文

たいきょ

退去 立ち退く。「アパートを退去する／退去命令」

退居 隠居。「山里に退居する」

＊「入居」の対語は「退去」。

たいきょく

大局 物事の全体的な見通し。〔囲碁・将棋〕盤面全体の情勢。「大局を見る／大局観」

対局 〔囲碁・将棋〕二人の棋士が対戦すること。「九段どうしが対局する」

対極 正反対の極。「対極に立つ」

たいきょくけん　太極拳［太極拳］　大極拳

だいぎんじょう　大吟醸　類語　☞吟醸・大吟醸

たいく［体軀］→体格、体

たいけい

大系 系統立てて編集した著作物・シリーズ。「漢文・古

典文学=大系」

体系　系統づけられた組織・システム。「体系づける／給
　与・理論=体系」

たいけい　大計　遠大な計画。「百年の大計」

たいけい

体形［体型］　体のかたち。「体形に合った服／肥満体形」

隊形　メンバーの配置。「隊形を組む／守備隊形」

たいげん　体言　名詞・代名詞・数詞の総称。↔用言

たいげん　体現　理念など形のないものを具体的な姿にあ
　らわすこと。

たいげんそうご　大言壮語　実行不可能なことを、さもできる
　かのように威張って言うこと。高慢で大げさな言葉。

たいげんどめ　体言止め　和歌・俳句などの句末を活用形の
　終止形にせず、体言で結ぶ表現技法。

たいこ　太古　「太古の生物」　大古

たいこ　太鼓［大鼓］　「太鼓判を押す／和太鼓」　＊大鼓は
　「おおつづみ・おおかわ」と読み、鼓の大型のもの。

たいご［隊伍］　→**隊列、隊**

たいこう

対抗　競い合う。「与党案に対抗する／対抗=意識・馬」

対向　向き合う。「対向=車・車線」

対校　学校同士の競争。「対校=試合・戦」

たいこうぼう　太公望　釣り人。大公望

だいこくてん　大黒天　七福神の一つ。福徳や財宝を与え
　る神。左肩に大きな袋をかつぎ、右手に打ち出の小づちを
　持つ。日本の大国主命と習合。

だいこくばしら　大黒柱　家屋の中央で支える太い柱。転じ
　て、家庭や組織の支えになっている人物。

だいごみ　醍醐味［醍醐味］　言い換え　**妙味、本当の面白さ**
　＊「醍醐」は牛乳・羊乳などを精製した濃厚な液汁。

たいさ　大佐　アク　タイサ

たいさ　大差　〔↔小差〕大きな違い。著しい差。アク　タイ
　サ、タイサ

だいさんごく　第三国　アク　ダイ-サンゴク

だいさんしゃ　第三者　「第三者割当増資」　アク　ダイ-サン

シャ

だいさんせかい　第三世界　アク　ダイサンセカイ

だいさんだん　第3弾　アク　ダイ-サンダン、(強意のために)
ダイ-ザンダン

だいさんぱん　第3版　アク　ダイ-ザンパン

たいざんめいどう　大山鳴動〔泰山鳴動〕　「大山鳴動してネ
ズミ一匹」

たいじ　対峙〔対峙〕　言い換え　対抗、にらみ合い、相対する
アク　タイジ

だいじ・おおごと　大事　読み

　だいじ　〔漢語〕①〔↔小事〕物事の根本にかかわる重要
　なこと。「大事を成し遂げる/大事に至る/一大事」
　アク　ダイジ、ダイジ　②〔形容動詞〕大切なさま。重要
　なさま。「大事な内容/大事に育てる」　アク　ダイジ、ダ
　イジ

　おおごと　〔和語〕「大事になる」　アク　オオゴト、オーゴト

だいじのまえのしょうじ　大事の前の小事　大事を行う前は、
　ささいなことに構わないほうがいい。大事を行う前にはさ
　さいなことも慎重にしなくてはならない。

たいしゃ　大赦　〔法律〕恩赦の一つ。政令で罪の種類を
　定め、その罪について有罪の判決を受けた者には判決の
　効力を失わせ、まだ有罪の判決を受けない者については
　公訴権を消滅させること。＊戦後では、新憲法施行(1947
　年)、サンフランシスコ講和条約発効(52年)、国連加盟(56
　年)、昭和天皇大喪(89年)などのときに行われた。

だいじゃ　大蛇　読み　×おおへび　×たいじゃ

たいしゃくたいしょうひょう　貸借対照表　賃借対照表

たいじゅせいめいほけん　大樹生命保険　日本企業。＊2019
　年に「三井生命保険」から社名変更。

たいしょ　大暑　〔二十四節気〕7月23日ごろ。最も暑い頃
　という意味。　アク　タイショ　だいしょ

たいしょう　大正　〔元号〕　アク　タイショー

たいしょう

　対称　つり合っている。「左右対称/対称点」

　対象　意識や関心が向かう先。「調査の対象/読者対象」

392

対照 比較する。相反する特徴を持つ。「AとBとを対照/原文と対照/対照的な存在」

たいしょう　隊商 隊を組んで砂漠などを往来しながら商売をする人々。キャラバン。

たいしょうりょうほう　対症療法 対処療法 対象療法

たいしょく　退色［褪色］「日に当たって退色する」

たいしょくかん　大食漢
×「大食漢の女性」→**大食いの女性** ＊「漢」は男。

たいしん

耐震 強度の地震が起きても壊れず持ちこたえる。「耐震=建築・性」

対震 地震に対し有効に働く(装置・仕組み)。「対震=安全装置・自動消火装置」

だいじん　大臣 ㊙閣僚の肩書「〜大臣」の表記は「〜相」、読みは「〜大臣(だいじん)」。官庁名の「〜省」との混同を避けるため。副大臣は「〜副大臣」。

だいじんぐう　大神宮 伊勢神宮。太神宮

たいせい

体制 組織の恒久的、長期的、統一的な仕組み・様式。「旧・教育・強権・資本主義・社会・生産・責任・戦時・独裁・反・有事即応=体制」

態勢 ある物事に対応する一時的、部分的、臨時の身構え・状態。特定の事柄に対応する準備。「受け入れ・厳戒・出動・準備・スト・選挙・増産・独走・臨戦=態勢」

ポイント 「挙党体制/挙党態勢」「警備体制/警備態勢」「24時間体制/24時間態勢」は内容により使い分ける。

体勢 体の勢い。姿勢。「体勢が崩れる(相撲など)/得意な体勢に持ち込む」

たいせい

大勢 ものごとの成り行き。「大勢が決まる/大勢順応」

退勢［頽勢］「退勢を食いとめる」

たいせいよう　大西洋 太西洋

たいせき　堆積［堆積］「堆積=岩・平野」

たいせつ　大雪 〔二十四節気〕12月7日ごろ。雪が大いに降り積もる頃という意味。アク タイセツ だいせつ

たいせつさん・だいせつざん　大雪山　[読み]

　　たいせつさん　「大雪山系（北海道の旭岳・黒岳・十勝岳など）」　＊国土交通省・国土地理院による。

　　だいせつざん　「大雪山国立公園」　＊環境省・自然環境局国立公園課による。

たいぜんじじゃく　泰然自若　「一人泰然自若としている」

たいそう　大葬　天皇・太皇太后・皇太后・皇后の葬儀。また、立派な葬儀。＊皇室典範により国葬、国家儀式として内閣により執行される天皇の葬儀は「大喪の礼」。

たいそう　大層　「大層な暑さ／つまらないことを大層に言う」＊やや古風な印象があり、改まった場面で使われる。

だいそれた　大それた　甚だしく道理から外れた。[×]おお〜

だいたい　大腿[大腿]　[言い換え]**太もも**　「大腿＝骨・部」

だいだい[橙・臭橙]　冬を経ても実が落ちないため「代々」に通じ、正月の飾りに用いる。また、健胃薬や料理にも使われる。

　　ダイダイ　〔植物〕「ダイダイでマーマレードをつくる」

　　だいだい　〔色〕「だいだい色（オレンジ色）」

だいだいかぐら　太太神楽[太々⑰神楽・大々⑰神楽]　伊勢神宮に奉納される太神楽のうち、最も大がかりな神楽。

だいだんえん　大団円　小説、劇などの終わり、最終のこと。特に、最後がめでたくおさまること。×大円団

たいちょう　体長　動物の頭から尾までの長さ。尾を含めない場合もある。全長。

たいちょう　体調　からだの調子。コンディション。

たいちょう　退庁　仕事を終えて、役所から帰ること。↔登庁

たいちょう　退潮　潮が引くこと、引き潮。勢いが衰えること。

たいちょう　隊長　軍隊で、隊の指揮をとる人。

たいてい　大抵　「並大抵」

たいと　泰斗　その道で目標として仰ぎ尊ばれる人物。＊泰山北斗の略。

タイト[tight]　体にぴったり合った。ぎっしり詰まった。余裕のない。

たいとう　台頭[擡頭]

たいとう

対当 相対すること。釣り合うこと。「対当関係〔論理学〕」

対等 物事に上下・優劣のないこと。同等。「対等な立場」

たいどう 帯同 意味

○連れて行くこと。「秘書を帯同する」

△同行する。一緒に赴く。「けがで試合には出られないが、チームに帯同して回復を待つ」 ＊「同行」や「合流」の意味で使うのは本来の用法ではない。

たいどう・だいどう 大道 読み

たいどう 「天下の大道」

だいどう 「大道＝芸・商人」

だいどうしょうい 大同小異 細部は違っていてもだいたい同じこと。⊕似たり寄ったり

タイトル[title] ①表題。題。②選手権。「タイトル保持者」

ダイナー[diner] 食堂車。簡易食堂。

たいない

体内 〔↔体外〕体の内部。「体内時計／体内被曝（内部被曝。↔外部被曝）」

胎内 母親の腹の中。

ダイナミズム[dynamism] 迫力。活力。力強さ。

ダイナミックプライシング[dynamic pricing] 価格変動形式。需給の変化に応じた価格変更。

ダイニング[dining] 食事。ダイニングルーム（食堂）の略。

たいのう 滞納〔怠納〕 「税金を滞納する」

だいのうかい 大納会 取引所で、その年の最終の立ち会い。↔大発会

ダイバーシティー[diversity] 多様性。＊固有名詞では「ダイバーシティ」とするものが多い。

ダイバート[divert] 着陸地変更。

たいはい 退廃〔頽廃〕 「退廃した文化／退廃的な気分」

だいはっかい 大発会 取引所で、新年最初の立ち会い。↔大納会 だい~~ほっかい~~

たいひ

退避 退いて難を避ける。避難。「危険区域から退避する／ホーム下の退避場所／退避命令」

待避 一時的によけて待つ。「保線作業員の待避所／列

395

車の待避線」

たいひ　堆肥［堆肥］

たいふ・だいぶ・たゆう　読み

　　たいふ　大夫　律令制で一位から五位までの官職の尊
　　　　称・総称。江戸時代の大名の家老の異名など。

　　だいぶ　大夫　律令制で中宮職、春宮坊など職および
　　　　坊の長官の呼び名・呼び癖。＊「東宮・皇嗣職（2019
　　　　年新設）・皇后宮（1945年まで。皇后宮職は宮内庁侍
　　　　従職が天皇と皇后に関する事務をあわせて担当するた
　　　　め、大夫なども現在おかれていない）・皇太后宮＝大夫」も
　　　　「だいぶ」と読む。

　　たゆう（だゆう）　大夫［大夫］　役者・遊女など。＊人形浄
　　　　瑠璃文楽の語り手は「太夫」。☞たゆう（だゆう）

　　だいぶ［大分］　「けがもだいぶ良くなった」　＊「だいぶん」と
　　　　も。

たいふう　台風［颱風］

　　「大きさ」については、台風に伴う風速15メートル以上の
　　　　領域の半径を基準に「大型／超大型」とする。

　　「強さ」については、台風の最大風速を基準に「強い／非常
　　　　に強い／猛烈な」とする。＊防災上の観点から「弱い」や
　　　　「小さい」は使用しない。

タイブレーク、タイブレイク［tie break］

たいへい　太平［大平・泰平］　「天下太平／太平楽を＝言う・
　　並べる」

タイペイ　台北［Taipei］　台湾の首都に当たる都市。

たいへいよう　太平洋　世界最大の大洋。太<del>平</del>洋

たいへいようきんぞく　太平洋金属　日本企業。太<del>平</del>洋金属

ダイベストメント［divestment］　投資撤退。融資撤退。

だいべん　代弁　アク ダイベン

たいほ　逮捕　〔法律〕

　　捜査機関などが容疑者を拘束する行為。3種がある。

　　通常逮捕　裁判官の出す逮捕状に基づく。

　　緊急逮捕　法定刑が懲役または禁錮3年以上の罪を
　　犯したと疑うに十分な理由があり、直ちに身柄を拘束する
　　必要がある場合。令状なしで逮捕し、後から逮捕状を請

た

求する。

　　現行犯逮捕　現に犯罪を実行、終了した容疑者を取り押さえる場合。民間人でもできるが、すぐに捜査機関に引き渡さなければならない。

たいぼうしき　戴帽式〔戴帽式〕

たいまつ〔松明〕　「たいまつに火を移す」

たいまん　怠慢　「職務怠慢」

ダイムラー〔独 Daimler AG〕　独企業（自動車）。

タイムライン〔timeline〕　時刻表。（防災）行動計画。SNSやメッセンジャーアプリなどにおいて、自分や他人の投稿を時系列に表示したもの。

タイムラグ〔time lag〕　時間差。遅れ。

タイムリー〔timely〕　時機がちょうどいい。「タイムリーな企画/タイムリーエラー」

タイムリーヒット〔timely hit〕　適時打。㊤タイムリー

たいめん

　　体面　世間に対する体裁。面目。メンツ。世間体。

　　対面　互いに向き合うこと。じかに顔を合わせて会うこと。

だいもん　大門　読み　☞おおもん・だいもん

だいもんじ　大文字

　　×（京都の盆の行事に関して）「大文字焼き」→（京都）五山の送り火

タイヤ〔tire〕

ダイヤグラム〔diagram〕　運行表。図表。㊤ダイヤ

ダイヤモンド〔diamond〕（←ダイアモンド）　㊤ダイヤ

ダイヤル〔dial〕

たいよう　態様〔体様〕　ありさま。様子。

だいようかんごく　代用監獄　〔法律〕

　　逮捕された容疑者らを刑事施設に代えて一時拘束しておくため、警察の留置施設（留置場）に容疑者を拘禁・収容する場合の呼称。監獄法（1908 年）で、当時の拘置所不足を理由に留置場を監獄に代用することが定められてから現在まで、「代用監獄」制度は続いている。ただ、監獄法廃止後、刑事収容施設法が施行されてからは「監獄」という名称は通常使われず、「**代用刑事施設**」と呼ば

れる。弁護士団体など法曹界には「長時間の身柄拘束による自白強要などが、冤罪につながる」との批判がある。

たいようしゅう　大洋州　オセアニア。

たいようにっさん　大陽日酸　日本企業。太陽日酸

たいよく　大欲［大慾］　「大欲は無欲に似たり」

たいら　平ら　「平らか/平らげる」

だいりびな　内裏びな［内裏雛］　天皇・皇后をかたどった一対の雛人形。＊男びなと女びなの一対が内裏びななので、童謡『うれしいひなまつり』の「♪お内裏様とおひな様　二人ならんですまし顔」は本来間違い。

たいりょう

　大猟　〔↔不猟〕狩猟で獲物がたくさんとれること。

　大漁　〔↔不漁〕漁で獲物がたくさんとれること。

たいりょう　大量　物や虫に対して使われる。「大量の商品/イナゴの大量発生」

　×「大量の＝難民・死者」→**多くの難民、多数の死者、大勢の犠牲者**　＊人に対しては用いない。

ダイレクトメール［direct mail］　消費者や顧客に郵送される広告案内。略 DM

だいろっかん　第六感　「第六感が働く」　第六勘

だいわそうけん　大和総研　日本企業。＊持ち株会社は「大和総研ホールディングス」。大和総合研究所

たいわん　台湾［臺灣］　呼称として「中華民国」「国府」は使わない。台湾政府も台湾当局に。複数の国名の中に台湾が入る場合は、「○カ国」のあとに「・地域」を加える。同様に台湾の個人を指すときは「台湾国民」とせず、「台湾の住民」「台湾人」などとする。

ダウ［Dow Inc.］　米企業（素材化学）。＊2019年に「ダウ・デュポン」が3分社化した際の1社。

ダウ・ジョーンズ［Dow Jones & Company, Inc.］　米企業（出版・情報）。ウォール・ストリート・ジャーナル発行元。

ダウンサイジング［downsizing］　小型化。規模縮小。

ダウンパーカ［down parka］　羽毛入り防寒着。㊟ダウンパーカー

タウンミーティング［town meeting］　政治家と市民による

対話型集会。

ダウンロード［download］

だえき　唾液［唾液］

たえない　堪えない　「〜に堪えない」の形で、①感情が極まって抑えられない。②負担などに対応できない。「遺憾・驚き・寒心・聞く・慚愧・任・憤慨・見る・憂慮・読む・喜び=に堪えない／感に堪えない（感動を抑えきれない）」

たえる

　耐える　こらえる。辛抱する。「困苦欠乏・重圧・風雪・理不尽な批判=に耐える／悲しみに耐えられない／耐えきれぬ苦痛／耐え忍ぶ」

　堪える　十分に満足できる。価値を持っている。「鑑賞・使用・実用=に堪える／批判に堪える学説／感に堪える（『感に堪えない』に同じ）」　☞ 堪えない

　絶える［断える］　続いていたものが途中で切れる。「息・消息・通信・連絡・補給=が絶える／途絶える／絶え絶え／絶え間」

だえん　楕円［楕円］　言い換え **長円**

たおる　手折る　「木の枝を手折る」

タオルミナ［Taormina］　イタリア南部のシチリア島にある保養地。2017年サミット開催。

たか

　高　程度を表す。「高が知れる／高をくくる」

　多寡　数量の多少を表す。「金額の多寡にかかわらず」

ダカール［Dakar］　セネガルの首都。

たかい　高い　アク タ力イ（タカク-ナル）

たかおさん・たかおやま　山名。

　たかおさん　高尾山　東京都八王子市にある標高599メートルの山。山頂に薬王院がある。

　たかおやま　高雄山　京都市右京区梅ヶ畑にある標高342メートルの山。紅葉の名所。高雄山中腹に守護寺がある。＊「高尾山」とも書き、槙尾、栂尾と合わせ三尾と称される。

たかが［高が］　〔副詞〕「たかが失恋したくらいで」

たかぎ　姓。

高木　高木菜那（スピードスケート選手。1992〜）、高木美帆（スピードスケート選手。菜那の妹。1994〜）

高樹　高樹のぶ子（作家。1946〜）

高城　高城れに（歌手・俳優。1993〜）

たかしまや　高島屋［髙島屋］　日本企業。

たかじょう　鷹匠［鷹匠］

たかた・たかだ・こうだ　高田　読み　地名。

　たかた　①市名。「陸前高田（岩手県）／安芸高田（広島県）」②駅名。「高田（横浜市営地下鉄グリーンライン、高松琴平電気鉄道、甘木鉄道）／陸前高田（JR 大船渡線）」

　たかだ　①市名。「大和高田（奈良県）／豊後高田（大分県）」②駅名。「高田（えちごトキめき鉄道、JR 和歌山線・桜井線）／会津高田（JR 只見線）／越前高田（JR 越美北線）」

　こうだ　駅名。「高田（JR 長崎線）／肥後高田（肥薩おれんじ鉄道）」

たかだか

　高々　高いさまを表す。「高々と差し上げる」　アク　タカダカ

　たかだか　せいぜい。「たかだか千円のために」　アク　タカダカ、タカダカ

タカヂアスターゼ　㊕〔第一三共〕→**健胃消化剤**　＊一般名称は「ジアスターゼ」。

たかちほ　地名。

　高千穂峡　宮崎県高千穂町。

　高千穂峰　宮崎・鹿児島県境。

たかとび

　高飛び　逃走。「容疑者が高飛びする」

　高跳び　〔陸上競技〕「走り・棒＝高跳び」

たかねのはな　高根の花・高嶺の花［高嶺の花］　＊「根」は山の頂、峰。　アク　タカネ

たかのす　地名（秋田県）。

　鷹巣　秋田内陸縦貫鉄道駅名。

　鷹ノ巣　JR 奥羽線駅名。

た

たかはし　高橋[髙橋]　姓など固有名詞。

たかみのけんぶつ　高みの見物[高処の見物]
　高見の見物　＊「み」は「深み・明るみ・低み」などと同様、
　その状態の場所を表す接尾語。

たからがいけ　地名（京都市）。
　宝ヶ池　池の名。通りの名。叡山電鉄駅名。
　宝池　トンネル名。
　宝が池　公園名。

たかをくくる　高をくくる　程度や力量を低く見てあなどる。
　多寡をくくる

たき　多岐　「課題が多岐にわたる/複雑多岐を極める」

たき・たぎ　地名（島根県）。
　たき　多伎　出雲市の地名（多伎町○○）。
　たぎ　田儀　JR山陰線駅名。

だき　唾棄[唾棄]　「唾棄すべき行為だ」

たきび　たき火[焚き火]　「たき火を囲む」

たく
　炊く　食べ物を煮る。「炊き込みご飯/炊き出し/煮炊き」
　たく[焚く]　火を燃やす。「護摩・火・風呂=をたく」
　たく[炷く・薫く]　香をくゆらせる。「香・線香=をたく」

タグ[tag]　物につける札。値札。目印。「電子タグ」

たぐい　類い[類い・比い]　「ミカンやリンゴの類いの果物/
　類いまれな才能」

たくさん[沢山]　「商品をたくさんもらう」

たくしょく　拓殖[拓植]　未開の地を切り開き、そこに人が住
　みつくこと。

たくす　託す[托す]

ダクト[duct]　送風管。送水管。

たくはつ　托鉢[托鉢]　「托鉢僧」

タグボート[tugboat]　引き船。

たくましい[逞しい]　「想像をたくましくする（たくましゅうす
　る）/たくましい精神力」

たくみ
　巧み　上手。「巧みな話術」
　匠[匠・工]　職人。「匠の技/飛騨の匠」

たくむ［工む・巧む］「たくまざる美/たくまずして成る」

たくらむ［企む・謀む］「陰謀をたくらむ」 巧らむ

たぐる　手繰る「手繰り=網・込む・寄せる」

たくわえる　蓄える［貯える］

たけ

　タケ〔植物〕「マダケ/メダケ」

　竹〔一般〕「竹筒/竹とんぼ/竹やぶ」

たけ　タケ［茸〕「マイタケ/マツタケ」 ＊「雪国まいたけ」
　　（社名）は平仮名表記。

たけ　岳［嶽〕 大きな山。高い山。

　　ポイント 新字・旧字の関係だが、固有名詞では「賤ヶ岳の
　　戦い」「御嶽山/御嶽海（力士）」などと使い分ける。

たけうち　姓。

　竹内竹内まりや（シンガー・ソングライター。1955～）、竹
　　内結子（俳優。1980～）、竹内涼真（俳優。1993～）

　武内武内陶子（アナウンサー。1965～）、武内駿輔（声
　　優。1997～）

たけしま　竹島日本と韓国で領土問題となっている島根県
　　の島。＊韓国名は独島（トクト）。

たけだ　姓。

　竹田竹田恒和（日本オリンピック委員会会長。1947～）、
　　竹田圭吾（ジャーナリスト。1964～2016）

　武田武田鉄矢（歌手・俳優。1949～）　＊武田真一（ア
　　ナウンサー。1967～）は「たけた」。

だけつ　妥結対立する両者が折れ合って話がまとまるこ
　　と。妥決

たけのこ［竹の子・筍〕

　タケノコ〔植物〕

　たけのこ〔慣用句。料理など〕「雨後のたけのこ/たけの
　　こご飯」

たける

　［哮る〕 太い声でほえる「ライオンがたける」

　［長ける〕 あることに優れている「才たける」

　［猛る〕 荒々しく行動する「たけり狂う荒波」

たげん　多言「多言を要しない」 ☞他言（たごん）

たこ

タコ・たこ［蛸・章魚］〔動物。比喩表現〕「タコつぼ漁/酢だこ/たこ焼き/たこ足配線/引っ張りだこ」

たこ［凧・紙鳶〕「たこが揚がる」

たこ［胼胝〕「ペンだこ/耳にたこができる」

たこあげ　たこ揚げ［凧揚げ・凧上げ〕「正月のたこ揚げ」

タコグラフ［tachograph〕　運行記録計。

タコス［西 tacos〕〔スペイン料理〕

たごのうら　地名（静岡県）。

田子の浦　富士市の港の標準地名。「東田子の浦駅（JR東海道線駅名）」

田子ノ浦　海岸名。

たごん　他言「他言無用」☞ 多言（たげん）

たさい

多才　多方面に豊かな才能をもっていること。「多芸多才」

多彩　色彩が多く美しいこと。種類が多くにぎやかなこと。「多彩な催し」

だいふ　地名（福岡県）。

太宰府　市名。天満宮名。

大宰府　史跡名。

たざんのいし　他山の石 世論調査

○他人の誤った言動も自分の行いの参考となること。＊2004 年度 26.8%/13 年度 30.8%

×他人の良い言行は、自分の行いの手本となること。＊自分とは関係ないこと（他人の問題）の意味で使うのは誤り。2004 年度 18.1%/13 年度 22.6%

×「他校でのいじめ問題を他山の石とせず」→**人ごと（よそ事）と考えず、対岸の火事とはとらえず**

だし　山車［付山車〕　×やまぐるま

だし［出汁〕「だし汁/一番だし/人をだしにする」

タシケント［Tashkent〕　ウズベキスタンの首都。

たしせいせい　多士済々［多士済々〕　△たしさいさい

たしなむ［嗜む〕「お茶をたしなむ/酒はたしなむ程度/我が身をたしなむ（慎む）」

だしもの　出し物［演し物〕 言い換え **演目、上演作品**

403

だじゃく　惰弱[儒弱]「惰弱な心」

たしょう　〔仏教〕

　他生　今生に対する前世と来世。また、他の原因によって
　　　生ずること。

　多生　何度も生まれ変わる。また、多数を生かす。「一殺
　　　多生/多生の縁」＊「多生の縁」は多生の間に結ばれ
　　　る因縁のこと。古くから「他生の縁」とも書かれたが、こ
　　　れは混同とされる。多少の縁

だすう　打数　野球で、打者として打席に立った回数から、
　　　四死球・犠打・妨害行為で出塁した回数を引いたもの。

ダスキン　㊞〔ダスキン〕→化学雑巾

タスク[task]　作業課題。課題。作業。処理。

タスクフォース[task force]　特別作業班。専門調査班。
　　　特別専門委員会。作業部会。

たすける　助ける[救ける・援ける・扶ける]「成長を助ける/
　　　助け合い/助け舟」

ダスト[dust]　ちり。ほこり。ごみ。

たずねる

　訪ねる　会いに行く。おとずれる。「史跡・知人=を訪ねる
　　　/訪ねて来る」

　尋ねる[訊ねる]　問い求める。「証人・被告=に尋ねる/起
　　　源・名前・道・歴史=を尋ねる/お尋ね者/尋ね人」

だせい　惰性「惰性走行/惰性で生きてきた」アク　ダセー

たそがれ[黄昏]「人生のたそがれ」

だそく　蛇足「蛇足ながら一言」

ただ[只・唯]「ただならぬ気配/ただ乗り/ただ者ではな
　　　い」

たたえる

　[讃える・賛える・称える]「功績をたたえる」

　[湛える]「水をたたえる/満面に笑みをたたえる」

たたかう

　戦う　〔一般〕勝ち負け・優劣を競う。「強豪校と互角に戦
　　　う/言論で戦う/戦わずして勝つ/意見を戦わせる/告示
　　　前の戦い」

　闘う　闘争・格闘。利害・主張の対立で争う。障害・困難

た

などに打ち勝とうと努める。「病魔と闘う/精神と肉体との闘い/時間・自然＝との闘い/基地返還・労使＝の闘い/要求を闘い取る」

たたき［三和土］　玄関・台所・風呂場などの土間を、コンクリートや土で固めたところ。

たたく［叩く］　「たたけばほこりが出る/減らず口をたたく/たたき台にする」

ただごと　ただ事［只事・徒事］　「ただ事ではない」

ただし［但し］　「ただし書き」　＊「但」は常用漢字だが、主に接続詞として使われるため、新聞では仮名書きとし漢字で表記しない。

ただす

　正す　悪いところを改める。きちんとする。「誤り・威儀・居住まい・襟・姿勢・素行＝を正す」

　ただす［質す］　明らかにする。質問する。「意向・疑問・真意・方針・問題点＝をただす」

　ただす［糾す］　取り調べる。追求する。「疑惑・是非・罪・理非＝をただす」

たたずむ［佇む］　しばらく立ち止まる。ひっそりと立つ。「街角にたたずむ/森の中にたたずむ人家」

たたみ　畳　「畳表/畳替え/石畳/畳いわし」

たたむ　畳む　「店を畳む/折り畳む/畳みかける」

たたる［祟る］　「悪霊にたたられる/無理がたたって病気になる」

たち　太刀［付］太刀　アク タチ

たち　姓。

　館　館龍一郎（経済学者。1921〜2012）

　舘　舘暲（システム工学者。1946〜）、舘ひろし（俳優。1950〜）、古舘伊知郎（司会者。1954〜）

たちあい

　立ち会い　同席すること。取引所で売買すること。「手術・市場＝の立ち会い/立ち会い停止」

　立会　〔慣用。経済関係複合語〕「立会＝演説・取引・人・場・日」

　立ち合い　互いに向かい合うこと。勝負を争うこと。「剣道・

相撲=の立ち合い」

たちあう

立ち会う　臨席・同席・列席する。「検査・市場・手術=に立ち会う」

立ち合う　互いに向かい合う。勝負する。「剣で立ち合う/正々堂々と立ち合う」

たちあげる　立ち上げる　「パソコン・プロジェクト=を立ち上げる」

たちあらい　地名（福岡県）。

大刀洗　町名。

太刀洗　甘木鉄道の駅名。

たちいふるまい　立ち居振る舞い　日常の起居動作。

△立ち振る舞い　＊許容の向きもあるが、使用は避ける。

たちいり　立ち入り　「立ち入り禁止区域」

たちき　立ち木　＊立木入札（りゅうぼくにゅうさつ）などは「立木」とする。

たちこめる　立ち込める［立ち籠める］　「霧・煙=が立ち込める」

たちのく　立ち退く［付立ち退く］

たちば　立場

⚓「相手の立場に立って考える」→**相手の立場になって考える**

たちやく　立役　歌舞伎で老け役、敵役、道化役、若衆方以外の、善良な壮年の役。△たてやく　☞たてやくしゃ（立役者）

たつ

立つ　①〔一般〕「演壇に立つ/うわさ・顔・腹・見通し=が立つ/思い・煮え=立つ/立つ瀬/生い立ち」②建物がそこにある。存在する。「家が立ち並ぶ/縁日に店が立つ/銅像の立つ公園/高台に立つ家」

建つ　建設される。「家・ビル=が建つ/高台に新しく建つ家」

立つ［起つ］　寝ていた者が身を起こす。ある行動を起こす。「民衆が立つ（決起する）」

たつ［発つ］　その場所を離れる。「東京をたつ/列車で

たつ」

たつ[経つ]　時間の経過。「年月がたつ」

たつ

断つ　続いていたものを途中でやめる。「関係・後続・国交・通信線=を断つ／退路・補給路=を断たれる／思いを断つ（断念）／交際を断つ（断交）／食事を断つ（信仰・修行・療養のための断食）／筆を断つ（断筆）／断ち難い思い／未練を断ち切る」

絶つ　続くはずのものをそれ以上続けない。「足跡・消息・通信・連絡=を絶つ／縁・望み=を絶たれる／後を絶たない／跡を絶つ（消息）／命を絶つ（絶命）／今後は交際を絶つ（絶交）／食事を絶つ（絶食。治療上、食べ物を摂取しない）」

裁つ　〔裁縫〕寸法に合わせて切る。「服地を裁つ／裁ち=板・方・縫い・ばさみ」

ダッカ[Dhaka]　バングラデシュの首都。

だっきゃく　**脱却**　脱脚×

だっきゅう　**脱臼**[脱臼]

宅急便 商〔ヤマトホールディングス〕→宅配便

タッグ[tag]（←タグ）　協力・連携（する）。「タッグを組む」

ダッグアウト[dugout]　〔野球〕　ダックアウト×

ダックスフント[独 Dachshund]　〔犬〕

タックスヘイブン[tax haven]　租税回避地。

たっけん　**卓見**　優れた意見や見識。達見×

だっこく　**脱穀**　「脱穀機」　脱殻×

たっしゃ　**達者**　「口が達者／達者に暮らす」

たっする　**達する**　アク　タッスル

たっとい・たっとぶ　＊「とうとい・とうとぶ」とも。

尊い・尊ぶ　尊敬。尊厳。「尊い=教え・犠牲／平和の尊さ／神仏・先祖=を尊ぶ」

貴い・貴ぶ　貴重。「貴い資料／真実・人命=を貴ぶ／和を以て貴しとなす」

ポイント　人命・平和などは、内容によって書き分ける。

たつどし　**辰年・たつ年**[辰年]

たづな　**手綱**　「手綱さばき」　てづな×

たつの　地名（兵庫県）。

　　たつの　市名。

　　龍野　たつの市の地名。旧市名。

　　竜野　JR駅名（竜野、本竜野）。

タッパー、タッパーウェア 商〔ダート・インダストリーズ〕→**食品保存容器、密閉容器**

たっぴざき・たっぴさき　地名（青森県）。

　　竜飛崎　正式名称。

　　竜飛埼　灯台名。

　　竜飛岬　俗称。

ダッフルコート［duffle coat］　フード付き（防寒）コート。

脱法ドラッグ　→**危険ドラッグ**　☞ドラッグ

たつまき　**竜巻**　積乱雲に伴う強い上昇気流により発生する激しい渦巻き。＊国内で突風被害があった場合、報道の第一段階では「突風」、竜巻の可能性が確認できれば「竜巻とみられる突風」とする。気象庁が「竜巻と推定される」と発表すれば「竜巻」に。

たつまきちゅういじょうほう　**竜巻注意情報**　積乱雲の下で発生する竜巻やダウンバースト等が起きやすい気象状況になったと判断された場合に、各地の気象台等が担当地域を対象に発表する。

だつりゃく　**奪略**［奪掠］　「略奪」の古い言い方。

たて〜

　　建て〜　「建て=増し・ページ」

　　建〜　〔慣用〕「建株/建具/建坪/建主/建値/建物/建屋」

たて　**盾**［楯］　「盾に取る」　アク タテ

たて　**殺陣**［殺陣］　演劇・映画での乱闘、斬り合いの演技。立ち回り。「殺陣師」　アク タテ、タデ　△さつじん

たて　**縦**［竪・経］　「縦糸/縦書き/縦割り行政」　☞たてあな　☞立て坑

たで［蓼］　アク タデ

　　タデ　〔植物〕特有の辛みがあり、芽吹いたばかりの小葉を刺身のツマなどにして食用する。

　　蓼　〔慣用句〕「蓼食う虫も好き好き（人の好みはさまざまだという例え）」

た

408

だて［伊達］　「だての薄着／だて=男・眼鏡・巻き／男だて」

　　☞伊達市

たてあな

　　縦穴　縦に掘った穴。

　　竪穴［竪穴］　〔考古学用語。遺跡〕「竪穴式石室／竪穴
　　　住居跡」

たてあみ　　**建網**　沿岸の魚群の通り道に設置し、誘導した
　　魚をとらえる網。×縦網

たてうり

　　建て売り　〔一般〕「建て売り分譲」

　　建売　〔住宅〕「建売=住宅・業者」

たておやま　　**立女形**［立女形］　たちおやま

たてかえ

　　立て替え　〔金銭〕「食事代を立て替える／立て替え金」

　　建て替え　改築。「家を建て替える」

たてがみ［鬣］　馬や雄のライオンなどの背側に生えている
　　長い毛。×立て髪

たてぎょうじ　**立行司**　大相撲の行司の最高位の人。代々、
　　木村庄之助、式守伊之助を名乗る。

たてこう　　**立て坑**［竪坑・縦坑］　「金鉱の立て坑」

たてこむ　　**立て込む**　「仕事が立て込む／店内は立て込んで
　　いる」　立て混む　建て込む

たてこもる　　**立てこもる**［立て籠もる］

だてし　　**伊達市**　北海道・福島県の市名。

たてしな　　地名（長野県）。

　　蓼科　湖・山・高原名。

　　立科　町名。

たてつく　　**盾突く**［楯突く］　アク　タテツク、タテヅク

たてなおす

　　立て直す　〔一般〕「体勢・経営=を立て直す」

　　建て直す　〔建築〕「家を建て直す」

たてまえ　　**建前**［立て前］

たてまつる　　**奉る**

たてやくしゃ　　**立役者**　一座の中心となる重要な役者。物事
　　の中心になって活躍する人。☞たちやく（立役）

たてよびだし　**立呼び出し**　大相撲で呼び出しの最高位。

たてる

立てる　〔一般〕「顔・計画・志・手柄・腹・身=を立てる/2本立ての映画/義理・邪魔・2頭=立て/(障子の)立て付け/立て=板・看板・続け・膝・札」

建てる　〔建築。経済〕「国・石碑・銅像=を建てる/2本建て価格/一戸・円・ドル・2階=建て」　☞たて〜

たてる[点てる]　〔茶道〕「お茶をたてる/たて前」

タテル　TATERU　日本企業。＊2018年に「インベスターズクラウド」から社名変更。

だとう　**打倒**　「宿敵を打倒する」　打到[×]

タトゥー[tattoo]　入れ墨。

たとえ

例え[譬え・喩え]　「例え話」

たとえ[仮令・縦令]　〔副詞〕「たとえ〜しても」の形で使われる。「たとえ地球が滅びたとしても考えは変わらない」　＊「たとい」とも。

たとえば　**例えば**

たとえる　**例える**[譬える・喩える]

たどる　**辿る**[辿る]　「記憶をたどる/地図をたどって進む」

たな　**棚**　「棚上げ」

たなおろし　**棚卸し**[店卸し]

たなこ　**店子**[店子]　家を借りて住む人。借家人。

たなざらし[店晒し・店曝し・棚晒し]

たなばた　<u>七夕</u>[付七夕・棚機]　「七夕祭り」

たなびく　**たなびく・棚引く**[棚引く]　雲やかすみ、煙などが横に長く漂う。

×「風によって旗がたなびく」→**風によって旗がなびく**
＊雲など形の変わるものに使われる。

ダニアース®〔アース製薬〕→**住居用殺虫剤**

たにあい　**谷あい**[谷間]　谷遭い

たにんずう　**多人数**　おおにんずう^{××}　＊「大人数」が、おおにんずう。

たぬき[狸]

タヌキ　〔動物〕

たぬき 〔比喩〕「たぬき寝入り」

たね　種 「変わり種/種明かし/種馬/種切れ/菜種油/一
粒種」 ＊「新聞ダネ」「特ダネ」などは片仮名書きも。

たのしい　楽しい[愉しい]

たば　束 「束ねる」

たばこ[煙草]

　タバコ 〔植物〕「タバコの葉」

　たばこ 〔製品〕「紙巻きたばこ」 ＊「日本たばこ産業
　（JT）」「葉たばこ財団」「葉たばこ審議会」など固有名
　詞に注意。

タバスコ㊂〔マッキルヘニー〕→ペッパーソース

たはた　田畑[田圃]

たび　足袋[㊄足袋]「地下足袋」

たび　旅 「旅=がらす・支度・芝居・立ち・回り/旅路」

だび　茶毘[荼毘][言い換え]**火葬** 「茶毘に付す」 ＊仏教
用語のため、他の宗教では使わない。

ダビ（ジョゼ・シウバ・ド・ナシメント）[Davi José Silva do
Nascimento]（←ダヴィ） サッカー選手。（ブラジル 1984〜）

タピオカ[蘭 tapioca] 南米産のキャッサバの根茎からとる
でんぷん。粒状にしてデザートなどとして食べる。

ダビンチ（レオナルド）[Leonardo da Vinci] 画家・彫刻家。
（伊 1452〜1519）

タフ[tough] へこたれない。大変でやっかい。「タフな試合」

タブー[taboo] 禁制。禁忌。言ったり、したりしてはならな
いこと。

タフデント㊂〔小林製薬〕→入れ歯洗浄剤

ダブリン[Dublin] アイルランドの首都。

ダブルスタンダード[double standard] 二重基準。

ダブルフォールト[double fault] 〔テニス〕

タブレットたんまつ　タブレット端末[tablet] 多機能携帯
端末。

タブロイド[tabloid] 「タブロイド判」

たぶん　他聞 「他聞をはばかる」[アク]タブン

たぶん　多分 「多分に疑わしい点がある」[アク]タブン
＊副詞は仮名書きも。「たぶん、あした晴れるだろう」

タペストリー[tapestry] つづれ織りの壁掛け。

たべる　食べる「食べ=歩き・頃・盛り・物」

だほ　拿捕[拿捕] 言い換え 捕獲「違法操業の漁船を拿捕する」

たま

玉[珠]〔一般〕価値のあるもの、貴重なものの例え。「玉転がし/玉にきず/玉の汗/玉のこしに乗る/玉乗り/掌中の玉/替え玉/(取って置きの)隠し玉/くす玉/シャボン玉/善玉悪玉/鉄砲玉(比喩)/パチンコ玉/火の玉/目の玉/玉串/玉突き事故/玉手箱」

球球形。球体。「球遊び/電灯の球/隠し球〔野球〕/決め球/くせ球/ピンポン球/棒球」

弾弾丸。「大砲・ピストル=の弾/流れ弾」

たま ☞たまがわ・たま

たまあし　球足「球足が速い」

たまう[給う・賜う]「お褒めの言葉をたまう」

たまがわ・たま　地名(東京都・神奈川県)。

多摩川河川名。大田区・調布市の地名。西武多摩川線。

玉川世田谷区の地名。玉川上水など。

多磨府中市の地名。霊園名。西武駅名など。

多摩東京都の市名。川崎市の区名。

たまき　姓。

玉木玉木雄一郎(政治家。1969〜)、玉木宏(俳優。1980〜)

玉城玉城デニー(沖縄県知事。1959〜)　＊玉城ティナ(俳優。1997〜)は「たましろ」。

玉置玉置浩二(歌手・俳優。1958〜)　＊玉置宏(司会者。1934〜2010)は「たまおき」。

たまげる[魂消る]

たまご　卵「卵かけご飯/卵=とじ・焼き」　＊料理名では「玉子」も使う。「玉子丼」

たまごっち⑯〔バンダイ〕→電子ペット育成ゲーム、携帯液晶ペット(ゲーム)

たましい　魂「面魂/負けじ魂」

だます［騙す］

ダマスカス［Damascus］　シリアの首都。

たまたま［偶々］　「たまたま医師が乗り合わせていた」

たまねぎ　タマネギ・玉ネギ

たまもの［賜物・賜］　頂いた物。成果。「日頃の努力のたまもの」

たまらない［堪らない］　「たまらない魅力」

たまる［貯まる・溜まる］　「ランナーが塁にたまる/貯金・疲労=がたまる/日だまり/水たまり/たまり場」

たまわる　賜る　「賜り物」　＊賜るは「もらう」「受ける」の謙譲語、「与える」の尊敬語。一般的には「いただく」「くださる」を使う。

タミフル 商 〔ロシュ〕→インフルエンザ治療薬、抗ウイルス薬剤

たむける　手向ける　「手向けの花」

だめ　駄目　「無理をしては駄目/駄目になる/駄目を押す/演出家の駄目出し」　＊スポーツでは「ダメ押し（点）」の片仮名表記も使われる。

ためいき　ため息［溜め息］　「ため息をつく」

ためいけ　ため池［溜め池］

ためし

　ためし［例し］　先例。「成功したためしがない」

　試し　こころみ。「試しにやってみる/物は試し」

ためす　試す［験す］　「機械の性能を試す」

ためつすがめつ　矯めつすがめつ［矯めつ眇めつ］　いろいろな方向からよく見ること。

ためらう［躊躇う］

ためる［溜める・貯める］　「ストレスをためる/買いだめ」

ためる　矯める　曲がっているものを真っすぐにしたり、真っすぐなものを曲げたりして、整える。よくないことを正す。

たもと［袂］　「たもとを分かつ」

たやすい［容易い］

たゆう（だゆう）

　太夫［太夫］　人形浄瑠璃文楽の語り手。「吉野太夫/竹本義太夫」　＊文楽協会と日本芸術文化振興会は2016

413

年4月から、人形浄瑠璃文楽の語り手の芸名表記「○○大夫」を「○○**太夫**」にした。江戸前期に義太夫節を創始した竹本義太夫と同じ表記にしたいという語り手一同の申し出による。

大夫［大夫］　役者・遊女など。「吉原の大夫/山椒大夫（森鷗外作）」

たゆむ［弛む］　気持ちが緩む。

たより

　便り　音信。手紙。「その後なんの便りもない/風の便り」

　頼り　頼みにする人・もの。「姉を頼りに上京する/地図を頼りに山を登る」

たよる　**頼る**　「頼り切る/頼りがいがある」

たら　地名（佐賀県）。

　太良　町名。県立高校名。

　多良　太良町の地名。JR長崎線駅名。

たらいまわし　たらい回し［盥回し］　次々にほかへ回す。「病院をたらい回しにされる/政権のたらい回し」

ダライ・ラマ［Dalai Lama］　チベット仏教最高指導者。「ダライ・ラマ」自体が尊称なので敬称（氏、さん）は不要。「ダライ・ラマ14世（1935〜）」

たらす　垂らす　「釣り糸を垂らす」

タラソテラピー［仏 thalassothérapie］　海洋療法。

タラップ［蘭 trap］　船・飛行機に乗降するためのはしご。

タラワ［Tarawa］　キリバスの首都。

〜たり　動詞の連用形に助詞の「たり」が付いて、「見たり聞いたり」など「〜たり〜たり」の形で動作の並行・継続することを表す。

　×「現場で取材をしたり、専門家に話を聞くなどして原稿を書く」→**現場で取材をしたり、専門家に話を聞いたりするなどして原稿を書く**

ダリ（サルバドル）［Salvador Dali］　画家。（西 1904〜1989）

ダリア［dahlia］　〔植物〕

たりきほんがん　他力本願　意味

　○衆生を救おうという阿弥陀仏の誓いにすがって極楽往生を願うこと。

×人頼み。他人任せ。

だりつ　打率　〔野球〕打数に対する安打数の比率。

タリン［Tallinn］　エストニアの首都。

たる[樽]　「たる詰めのビール」

ダルエスサラーム［Dar es Salaam］　タンザニアの事実上の首都。＊法律上の首都はドドマ。

たるき　垂木　〔建築〕屋根板を支えるのに、棟から軒に渡す木材。

だるま[達磨]　「血だるま/雪だるま」

だれ　誰[誰]　「誰それ」

たれる　垂れる　「糸・範=を垂れる/垂れ幕」

タワーマンション［和製 tower mansion］　超高層住宅。超高層マンション。主に高さ 60 メートル以上 20 階建て以上のマンションを指す。㊂タワマン

たわいない　「たわいない話/たわいなく負ける」　＊「たわいがない」「たわいもない」とも。

×他愛ない　たあいない　☞他愛（たあい）

たわむ[撓む]　しなう。曲がる。「本の重みで棚がたわむ」

たわむれる　戯れる　「犬と戯れる/戯れの恋」

たわら　俵　「米俵/俵物（江戸時代、長崎貿易の輸出品であった水産物）/徳俵」

たわわ　実がなった枝などが弧を描いて曲がるさま。

×「実もたわわに」→**枝もたわわに実がなる**

だん　姓。

　檀　檀ふみ（俳優。1954〜）、檀れい（俳優。1971〜）

　壇　壇蜜（タレント。1980〜）

　弾　弾厚作（加山雄三〈1937〜〉の作曲家名。団伊玖磨と山田耕筰を合わせたもの）

だんいほうしょく　暖衣飽食　暖かい衣服を着て、飽きるまで食べること。何不自由なく暮らすこと。

たんか　担架[担荷]　「担架で病人を運ぶ」

たんか[啖呵]　「たんかを切る」

だんか　檀家[檀家]　「寺の檀家」

だんかい　団塊　「団塊の世代」

だんがい　断崖[断崖]　「断崖絶壁」

だんがい　弾劾　「政府の失政を弾劾する」

だんがいさいばん　弾劾裁判　〔法律〕日本では裁判官を対象に、その適否・不正などを裁くもの。国会に設置され、衆参両院の議員各7人の裁判員で構成される。

たんがん　嘆願［歎願］

弾丸ツアー 商〔JTB〕→強行ツアー、弾丸旅行

だんぎ

　　談義　〔仏教〕道理を説く。「談義僧/法話談義/長談義（堅苦しくつまらない話）」

　　談議　話し合う。「談議に花を咲かす/ゴルフ談議」

たんきゅう

　　探求　探し求める。探索。「真実を探求する/平和の探求」

　　探究　見きわめる。研究。「真理・歴史=の探究」

タングステン［tungsten］　〔金属元素〕

たんけん　探検［探険］　「極地探検」

だんこ　断固［断乎］　「断固たる姿勢」

たんこう

　　炭坑　石炭を掘る穴。「炭坑に入る/炭坑節」

　　炭鉱［炭礦］　石炭の鉱山。「炭鉱の町/炭鉱労働者」

たんごのせっく　端午の節句　陰暦5月5日に行う男児の節句。現在はこどもの日（国民の祝日）になっている。＊端午は月の5日。端は初め、午は五の意味。

だんこん　弾痕［弾痕］

たんざ　端座［端坐］　正座。

ダンサー［dancer］　アク ダンサー

断捨離 商〔やましたひでこ〕→片付け、身辺整理、整理整頓

たんしょ　端緒［端初］　「端緒を開く」☞ たんちょ・たんしょ

たんしょう　嘆賞［嘆称］　感心して褒めたたえること。「見事な作品に嘆賞する」

たんす［箪笥］　「たんす預金」

たんせい　丹精［丹誠］　「丹精を=込める・凝らす」

たんせい　端正［端整］　「端正な=顔立ち・着こなし」

だんせい　男性　「男性誌」

だんせいがっしょう　男声合唱　男性合唱　☞ 混声合唱　☞ 女声合唱

たんそ 炭疽[炭疽] 「炭疽=菌・病」

たんだ

　単打 長打ではない安打。

　短打 バットを短く持って、小さく鋭く振って打つこと。＊「長短3安打」などのときも「短」を使う。

たんたん

　淡々 あっさり、さっぱり。「心境を淡々と語る／淡々とした態度」

　たんたん[坦々] 地面・道路が平ら。平穏。変化がないさま。「たんたんとした=道・人生」

だんだん

　段々 段があるさま。「段々になった道／段々畑」

　だんだん 次第に。「だんだん暗くなる」 ＊「だんだんと」「だんだんに」とも。

タンタンメン[担々麺] ＊中国語。

たんちょ・たんしょ 端緒 ㉛「たんちょ」を優先。同音異義語と区別するため。「ちょ」は「緒」の慣用音。

たんちょうづる[丹頂鶴] →タンチョウ・丹頂 〔鳥〕 ＊標準和名はタンチョウ。

ダンディー[dandy]（←ダンディ） 洗練された男性。

たんてき 端的 「端的に言えば（要点を言えば）」 短的 単的

たんでき[耽溺] →溺れる、ふける、夢中になる ＊多くは感心できないものに夢中になってしまう場合に使われる。

たんとうちょくにゅう 単刀直入 前置きなしに直接、要点・本題に入ること。短刀直入 ＊一人で敵陣に切り込む意。

たんどく[耽読] →読みふける、夢中になって読む

だんトツ 断トツ 「断然トップ」を略した言い方。

　㉛「断トツ1位」→断トツ、ずば抜けた1位

だんな[檀那・旦那]

　檀那 「檀那寺（その家が檀家となっている寺）」

　旦那 「旦那衆／若旦那」

　だんな ＊配偶者の意味では、通常「夫」とする。

たんのう 堪能 ①十分に満足すること。「料理を堪能する」 ＊「足んぬ」からの転で「堪能」は当て字。②技芸・学問な

417

どに習熟していること。「外国語に堪能」　＊本来は「かん
のう」と読み、よく耐え忍ぶ能力という意味の仏教用語。

たんぱく　淡泊［淡白］　こだわらない、あっさりしている。「金
銭に淡泊な人／淡泊な味付けだ」

たんぱくしつ　タンパク質［蛋白質］

タンバリン［tambourine］　〔楽器〕　＊タンブリンとも。

たんび　耽美［耽美］　×ちんび

ダンピング［dumping］　不当廉売。

たんぶん

　　単文　主語と述語の関係を１回だけ含む文。日本語では
　　　述語が一つだけの文にもいう。

　　短文　〔↔長文〕短い文章。

たんぺいきゅう　短兵急　いきなり攻撃を仕掛けるさま。出し
抜けに行動を起こすさま。×単兵急

たんぺん　短編［短篇］

たんぼ　田んぼ［田圃］

だんぼう　暖房［煖房］　「暖房器具」

だんボール　段ボール［ダンボール］

だんらん［団欒］　なごやかに集う、くつろいで過ごす。「一
家だんらん」

たんれい

　　端麗　容姿が整って、美しいこと。「端麗な顔立ち」

　　淡麗　酒の味や口当たりが、すっきり滑らかであること。「淡
　　　麗辛口な日本酒」　＊キリンビールの発泡酒の商品名。
　　　「淡麗極上」

たんれん　鍛錬［鍛練］　「日頃の鍛錬が大事」

だんろ　暖炉［煖炉］

ち・チ

〜ち　池　読み　☞〜いけ・〜ち

ち　乳　「乳房」

チアホーン［cheer horn］　応援用ラッパ。

チアリーダー［cheerleader］

チーター［cheetah］　〔動物〕

チーム［team］（←ティーム）

チームメート［teammate］

ちえ　知恵［智慧］

チェア［chair］　椅子。

チェアマン［chairman］　議長。司会者。Jリーグの最高責任者。＊英語圏を中心に性差別を避けるため「チェアパーソン」の使用が広がっている。

チェーサー［chaser］（←チェイサー）　強い酒を飲む時に添える水など。

チェーンストア［chain store］　小売店などの多店舗経営形態。

チェーンソー［chain saw］　動力のこぎり。

チェック［check］　格子じま。小切手。勘定。点検。＊鉄道などで扱った手荷物は「チッキ」と言った。

ちえねつ　知恵熱　世論調査　「知恵熱が出た」
　　○乳幼児期に突然起こることのある発熱。＊2016年度45.6%
　　×深く考えたり頭を使ったりした後の発熱。＊同40.2%

チェンジアップ［change-up］　〔野球〕　＊チェンジ・オブ・ペースとも。

チェンナイ［Chennai］　インドの都市。＊1996年にマドラスをタミル語名に変更。

ちかく
　　地核　地球の中心。コア。「高熱高圧の地核」
　　地殻　地球の最外層、外皮。「地殻=構造・変動」

ちかしい　近しい　したしい。親密だ。「二人は近しい関係だ」
　　×親しい

ちかづく　近づく［近付く］　アク　チカヅク

ちからずく　力ずく［力尽く］　力任せ。「力ずくで奪う」　×力づく

ちからづく　力付く　元気づく。「励ましに力付く」

ちぎる
　　ちぎる［千切る］　指先で細かく切ってばらばらにする。「手紙をちぎって捨てる/褒めちぎる」
　　契る　固く約束する。将来を誓う。「将来を固く契った仲」

ちぎれぐも　千切れ雲

チキンラーメン ⑱〔日清食品ホールディングス〕→**インスタントラーメン、即席ラーメン**

チキンレース［chicken race］ 度胸試し。突っ張りあい。＊相手の自動車や障害物に向かい合い、衝突寸前まで車を走らせ、先によけたほうを臆病者（チキン）とすることから。

ちいち 逐一 一つずつ順を追い詳しく。「逐一報告する」

ちぐう 知遇 知偶

ちくおんき 蓄音機

ちくでん

蓄電 電気をためる。「蓄電=器・池」

逐電 非常に敏速に行動する。逃げて行方をくらます。＊「ちくてん」とも。

ちくばのとも 竹馬の友 幼なじみ。幼い時、たけうまに乗って遊んだ友。

ちくようぎょ 蓄養魚［畜養魚］ 漁獲した魚介類を短時日、いけすなどで飼育し、魚価が高くなるのを待って販売する方法。

チケット［ticket］（←ティケット） 切符。入場券。

ちけん 治験 治療の効き目。人を対象にした、開発中の医薬品による臨床試験。

ちけん 知見［智見］ 実際に見て知ること。知識。見識。

ちけん 地権 その土地を所有し、処分する権利。「地権者」

ちけん 地検 地方検察庁の略。

ちご 稚児［付稚児］ 稚子

ちこうごういつ 知行合一 知（知識）と行（行為）は表裏一体のもので、切り離せない。

ちざい 知財 知的財産・知的財産権の略。

ちさんちしょう 地産地消 その地域でつくられたものを、その地域で消費すること。

ちしき 知識［智識］

ちしつ 知悉［知悉］ |言い換え| **精通、熟知、知り尽くす**

ちしゃ 知者［智者］ 「知者の教え」

ちすじ 血筋 ＊「家柄や血筋が=いい・悪い」「〜の血を引く」など、家系や血統をことさら強調する表現は、差別を肯定することにつながるので避ける。

ちせいがく　地政学　「地政学的リスク」　地勢学×

ちせき　治績［治跡］　政治上の功績。

チター［独 Zither］　〔弦楽器〕

ちちかた　父方　「父方の祖母」　ちちがた×

ちぢかむ　縮かむ

ちぢこまる　縮こまる　すぼむ。すくむ。縮み上がる。すくみ上がる。

ちちばなれ　乳離れ　☞ちばなれ・ちちばなれ

ちぢみ

　縮み　〔一般〕「布地の縮み具合/伸び縮み」

　〜縮　〔地名等を冠した工芸品〕「阿波・越後・小千谷・丹後=縮」

チヂミ（←チジミ）　韓国風お好み焼き。＊朝鮮語。

ちぢむ　縮む　「縮み上がる」　ちじむ×

ちぢめる　縮める

ちぢらす　縮らす

ちっきょ　蟄居［蟄居］

ちつじょ　秩序

ちっそ　窒素　〔元素〕

ちっそく　窒息

ちデジ　地デジ　地上デジタル放送の略。

×**血と涙の結晶**　→**血と汗の結晶**　＊「血と汗」は、ひじょうな忍耐と努力の例えに言う。

ちなまぐさい　血生臭い［血腥い］

ちなみに［因みに］

ちなむ［因む］　「正月にちなむ行事」

ちねつ・じねつ　地熱　＊「地熱発電所」の読みは、地元の慣用による。

ちのう　知能［智能］　「知能=指数・犯」

ちのみご　乳飲み子［乳呑み児］

ちばなれ・ちちばなれ　乳離れ　＊本来は、**ちばなれ**。

チフス［蘭 typhus］　〔感染症〕「腸チフス」

ちほう　地方　[アク]チホ̄ー、ヂ̄ホー　＊「〜地方」は、[アク] 〜ヂ̄ホー。

ちぼう　知謀［智謀］　「知謀知略」

ちほうしょう［痴呆症］→**認知症** ＊医学関係では「早発性痴呆」など例外的に使うこともある。アク チホーショー

ちまた［巷］言い換え **町中、街路、通り** 「ちまた（世間）のうわさ／戦乱のちまた（場所）」

ちみ 地味 生産力から見た土地の良しあし。「ワインの地味（味わいの決め手になるブドウ畑の土地の性質）」 アク ヂミ ＊「じみ」とも。

ちみつ 緻密［緻密］言い換え **精密、綿密**

ちみもうりょう 魑魅魍魎 いろいろな化け物。

ちめいしょう 致命傷

チャージ［charge］ ①充電。燃料を入れること。②料金。「テーブルチャージ」

チャーター［charter］ 「チャーター便」

チャーチル（ウィンストン）［Sir Winston Churchill］ 政治家。（英 1874〜1965）

チャート［chart］ 図面。一覧表。けい線。

チャーハン［炒飯］ ＊中国語。

チャイルドシート［和製 child seat］ 幼児用補助座席。

チャイルドロック［child lock］ 子供のいたずらなどによる事故を防ぐため、可動部を固定したり誤使用を防いだりする仕組み。

ちゃうけ 茶請け［茶受け］ 茶を飲む時に食べる菓子。

ちゃかす［茶化す］

着うた、着うたフル 商［ソニー・ミュージックエンタテインメント］ →**（歌の）着信メロディー**

着キャラ 商［ザッパラス］→**着信画像**

ちゃくふく 着服 横領。着腹

着メロ 商［ビジュアルアーツ］→**着信メロディー**

ちゃさじ 茶さじ［茶匙］

ちゃしゃく 茶杓・茶しゃく［茶杓］

チャック 〔元商標〕 ＊一般名称は「ファスナー」。

ちゃづけ 茶漬け

チャット［chat］ おしゃべり。対話。ネットワーク上で行う会話。

チャットボット［chatbot］ 自動応答システム。自動会話プ

ログラム。＊「チャット（おしゃべり）」＋「ロボット」。

CHAdeMO（チャデモ）⑩〔チャデモ協議会〕→**自動車向け急速充電規格**

ちゃどう　茶道 読み　☞さどう・ちゃどう

ちゃぶだい　ちゃぶ台「ちゃぶ台返し」

チャプリン、チャップリン（チャールズ）［Charles Chaplin］映画俳優・製作者。（英 1889～1977）

ちゃめ［茶目］「おちゃめな子/ちゃめっ気がある」

チャリティー［charity］慈善。慈善事業。

ちゃわかい　茶話会 読み　☞さわかい・ちゃわかい

ちゃわん　茶わん［茶碗］「茶わん蒸し」

ちゃん 類語　☞コラム「君・さん・ちゃん」

チャンス［chance］機会。好機。「チャンスメーカー」

チャンネル［channel］＊流通関係では「チャネル」とも。「オムニチャネル」

ちゅう　宙「宙に浮く/宙に迷う（決着がつかない）」

ちゅう　注［註］

ちゅう　駐「駐日中国大使/駐米公使」＊原則として「駐」は大使、公使に使う。それ以外は、在米フランス大使館、在日ロシア大使館員など「在」を使う。

ちゅういがき　注意書き

ちゅうおし・なかおし　中押し 読み

　ちゅうおし〔囲碁〕一方が中途で負けを認め（投了）、双方の地を数え合うことなく終局すること。「中押し勝ち」

　なかおし〔サッカーや野球など〕リードしているチームが試合の中盤に追加点を入れることを表現する造語。

ちゅうかい　仲介仲立ち。

ちゅうかい　注解［註解］「注解書」

ちゅうがえり　宙返り　中返り

ちゅうき　駐機「駐機場」

ちゅうぎ　忠義

ちゅうきょうけいばじょう地名（愛知県）。

　中京競馬場豊明市。

　中京競馬場前名鉄駅名（名古屋市緑区）。

中近東　→中東

ちゅうけい　中継［仲継］

ちゅうこく　忠告［注告］

ちゅうさい・ちょうてい　類語〔法律〕

　　仲裁　争いの当事者が第三者（仲裁人）にその解決を委
　　　ねることに合意し、その判断によって紛争の解決をはか
　　　る制度。仲裁人の判断は当事者を拘束する。

　　調停　裁判所など第三者の仲介により、当事者双方が譲
　　　歩して紛争を解決させること。

ちゅうざい　駐在

ちゅうし　注視　アク　チュˍーシ、チューˍシ

ちゅうしゃく　注釈［註釈］「注釈を付ける」

ちゅうしゅう

　　中秋　陰暦 8 月 15 日。「中秋の=名月・夜」

　　仲秋　陰暦 8 月の別称。初秋と晩秋の間。「仲秋の=候・
　　　紅葉」

ちゅうしょう　中小　中くらいのものと小さいもの。「中小企業」

ちゅうしょう　中傷　根拠のない悪口を言い、他人の名誉を傷
　　つけること。「誹謗中傷」

ちゅうしょう　抽象　〔↔具象〕「抽象画」

ちゅうじょう　中将　アク　チュˍージョー　ちゅうしょう　＊「大
　　将」は、たいしょう。「少将」は、しょうしょう。

ちゅうしょく　昼食［中食］　＊「中食（なかしょく）」は、市販の
　　弁当や総菜を買ってきて家庭で食べる食事。外食と家庭
　　で作る料理の中間の意。

ちゅうしん　衷心　「衷心よりご多幸をお祈り申し上げます
　　（手紙などで使われる硬い表現）」アク　チューˍーシン　あ
　　いしん　＊「衷」と「哀（あい）」の字形の混同に注意。

ちゅうせい　忠誠　アク　チューˍーセー

ちゅうぜい　中背　「中肉中背」

ちゅうせいだい　中生代　古生代と新生代の間。三畳紀、ジュ
　　ラ紀、白亜紀に分かれる。中世代

ちゅうせき　沖積　「沖積=世・層・土・平野」

ちゅうせん　抽選［抽籤］言い換え　くじ引き　＊「籤」は、くじ。

ちゅうたい［紐帯］→つながり、連帯、絆

ちゅうちょ［躊躇］言い換え　ためらい、迷い、ぐずぐずする

＊「躊」「躇」は、ためらう。

ちゅうづり　宙づり［宙吊り］　中吊り　＊電車などのつり広告は「中（なか）づり」。

ちゅうにち・なかび　中日　[読み]

　ちゅうにち　「彼岸の中日」　[アク]チューニチ

　なかび　「相撲や芝居の中日」　[アク]ナカビ

ちゅうハイ　酎ハイ［酎ハイ］

ちゅうぶらりん　中ぶらりん［宙ぶらりん］　＊「中ぶらり」とも。

ちゅうぼう　厨房［厨房］[言い換え]台所、調理=室・場

ちゅうみつ［稠密］　→周密、密集、多く集まっている　＊「稠」は稲が茂るように多いこと。

ちゅうもん　注文［註文］　「注文主」

ちゅうやをおかず　昼夜をおかず［昼夜を舎かず］　昼夜を分かたず。絶えず行う。＊「舎」は、やすむ。

チューリヒ［Zurich］　スイスの都市。首都はベルン。＊「チューリッヒ保険」は、日本にも支店があるスイスの保険グループ「チューリッヒ・インシュアランス・グループ」の会社名。他に「チューリッヒ生命」などがある。

チューンアップ［tune up］　調整。高性能化。

チュニス［Tunis］　チュニジアの首都。

ちょう　丁［挺］　「小銃2丁」

ちょうあい［寵愛］　→可愛がる、気に入り　＊「寵」は、いつくしむ。

ちょうい

　弔意　弔う哀悼の気持ち。「弔意を表す」

　弔慰　弔い遺族を慰める。「弔慰金」

ちょうか　釣果　つりか

ちょうかい　懲戒　徴戒

ちょうかん　鳥瞰［鳥瞰・鳥観］[言い換え]見下ろす　「鳥瞰図」　＊「瞰」は見下ろす。

ちょうく

　長駆　遠い道のりを馬で走る。長い距離を走る。

　長軀［長軀］[言い換え]長身

ちょうこう　兆候［徴候］　前触れ。兆し。

ちょうこうぜつ　長広舌　＊「広長舌」とも。長講舌　長口舌

ちょうさんぼし　朝三暮四　結果的に何も変わらないのに、表面的な相違や利害にとらわれること。

ちょうし［銚子］|言い換え| **とっくり**

ちょうじ　弔辞　＊国会関係は「弔詞（ちょうし）」。

ちょうじ［寵児］→**人気者、花形**　＊「寵」は、いつくしむ。

ちょうしゅう

　徴収　取り立てる。「会費・税金=を徴収する/源泉徴収票」

　徴集　呼び集める。「人員を徴集する」

ちょうしゅう　聴衆　講演や音楽を聴いている人々。聴集　＊「衆」は多くの人。

長寿の祝い（賀寿）

本来は数え年で祝っていたが、近年は満年齢で祝うことが多い。

還暦	61（満60）。十干十二支が一回り。
古希	70。杜甫の「人生七十古来稀」から。
喜寿	77。「喜」の草書体「㐂」が七十七に似る。
傘寿	80。「傘」の俗字「仐」が八十に似る。
半寿	81。「半」の字を分解すると八十一。
米寿	88。「米」の字を分解すると八十八。
卒寿	90。「卒」の俗字「卆」が九十に似る。
白寿	99。「百」から上の「一」を除いて。

ちょうしょう　嘲笑［嘲笑］　あざわらうこと。「世間の嘲笑を浴びる」

ちょうじょう　重畳　この上もなく喜ばしいこと。幾重にも重なっていること。

ちょうじり　帳尻［帳尻］　「帳尻を合わせる（つじつまを合わせる）」

ちょうず・てみず|読み|

　ちょうず　手水［手水］　「手水所・手水舎」　＊茶室の庭先に据える石のちょうず鉢を「つくばい（蹲）」と言う。

　てみず　手水　伊勢神宮での読み方。「手水舎」

ちょうずばち　ちょうず鉢・手水鉢［手水鉢］|言い換え| **手洗い**

ちょうせい

　調整　調子や過不足などを整える。「意見・エンジン=を調整する/時間の調整/調整池/年末調整」

調製 注文に応じて作る。「選挙人名簿を調製する/土産品の調製/脱穀調製/調製豆乳」

ちょうせき[潮汐] →潮、干満

ちょうせんせき 朝鮮籍 類語 ☞ 韓国籍・朝鮮籍

ちょうそ 彫塑・彫塑 言い換え 彫刻 狭義には、粘土・油土などを肉付けしてつくった塑像をいう。

ちょうだい

　ちょうだい[頂戴] 親しみを込めて要求・要望する。ください。「おやつをちょうだい/買ってちょうだい」

　頂戴[頂戴] 「もらう」「食べる・飲む」の謙譲語。頂く。「お叱りを頂戴する/頂戴物」

ちょうちょ・ちょうちょう チョウチョ・チョウチョウ[蝶々]〔昆虫〕

ちょうちょうはっし 丁々発止[打々発止] 刀などで激しく斬り合う音やそのさまを表す語。激しく議論を戦わすさま。「丁々発止と渡り合う」

ちょうちん[提灯] 「ちょうちん持ち(他人やあることのために、長所などを宣伝して回ること。また、その人)」

ちょうづめ 腸詰め

ちょうてい 調停 類語 ☞ 仲裁・調停

ちょうでん 弔電

ちょうでんどう

　㊫**超伝導** 〔主に基礎研究分野〕

　超電導 〔JIS など。リニアモーターカーなどの応用、実用化分野〕

ちょうど[丁度]

ちょうどきゅう 超ど級・超ド級[超弩級] 弩級を超える大型戦艦、飛び抜けて規模が大きいこと。＊「弩」は、イギリスの巨大戦艦ドレッドノート(1906 年建造)の頭文字「ド」の音訳。

ちょうとっきゅう 超特急 ＊1930 年「燕」が東京―大阪を 8 時間 20 分で走り、機関車としては驚異的なスピードだったため、「超特急」と呼ばれた。

ちょうび[掉尾] →最後、最終 ＊「尾」を「掉(ふ)る」の意。「とうび」は慣用読み。

ちょうふ 貼付[貼付] 言い換え 貼り付ける △てんぷ ☞

てんぷ

ちょうふく・じゅうふく　重複

ちょうへん　長編[長篇]

ちょうほう

　重宝　貴重な宝。役に立つ。「重宝する」　＊「お家の重宝」は、「**じゅうほう**」とも。

　調法　〔特殊〕「不調法」

ちょうほう　諜報[諜報]　言い換え **秘密情報、スパイ活動**

ちょうもんかい　聴聞会[聴問会]

ちょうやく　跳躍

ちょうよう・じゅうよう　重用　放「重要」との混同を避けて「ちょうよう」と読むか、「人を重く用いる」などに言い換える。＊本来は「じゅうよう」で、時代劇などでは「じゅうよう」の読みも。

ちょうらく[凋落]　→**衰退、衰微、没落、落ち目**　＊「凋」は、しぼむ。

ちょうりょう[跳梁]　→**横行、はびこる、のさばる**

ちょうれいぼかい　朝令暮改　命令や規則が頻繁に変わって一定しない。

ちょうろう　嘲弄[嘲弄]　ばかにする。からかう。

ちょくじょうけいこう　直情径行　相手の気持ちなどは考えず、自分の思い通りに行動する。直情経行

ちょくせつ

　直接　〔↔間接〕じかに。「直接手渡す／直接の原因」

　直截[直截]　はっきり言う。すぐに決裁する。「簡明直截な表現」　＊「ちょくさい」と読むのは俗用。

ちょくゆ　直喩[直喩]　比喩法の一つ。↔隠喩・暗喩

ちょすいち　貯水池　貯水地

ちょっかん

　直感　感覚的に物事の真相を瞬時に感じとる。ひらめき。「怪しいと直感する／直感を働かせる／直感的に分かる（勘で判断する。日常的な言い方）」

　直観　〔哲学〕直接的に本質を捉える。「直観主義／哲学的直観／直観的に分かる（本質を見抜く）」

ちょっけい　直径　直経

ちょっこう

直行 〔一般〕「現場に直行する/直行列車/直行便(トラック・飛行機)」

直航 〔海運〕「直航船/直航便（船舶）」

ちょっと［一寸・鳥渡］

ちょとつもうしん　猪突猛進［猪突猛進］　無鉄砲。向こう見ず。

ちょにつく　緒に就く　物事が進んでいく糸口ができる。△しょにつく

チョモランマ［チベット Chomolungma］　☞ コラム「エベレスト」

ちらかす　散らかす

ちらかる　散らかる

ちらす　散らす　「散らし=書き・髪・広告・ずし」

ちり［塵］　「ちりも積もれば山となる/ちり紙/ちり取り」

ちりぢり　散り散り

ちりばめる［鏤める・散りばめる］　「金銀・美辞麗句=をちりばめる」

ちりめん［縮緬］

ちりめんじゃこ［縮緬雑魚］

チルド［chilled］　低温冷蔵。「チルド食品」

ちわげんか　痴話げんか［痴話喧嘩］

ちんあつ・ちんか　類語

　　鎮圧　火事で、有炎現象が収束した状態。

　　鎮火　火事で、消火活動の必要がなくなった状態。

チンギスハン、チンギス・ハーン［Chinggis Khaan］　モンゴル帝国初代皇帝。(1162 ?〜1227)

ちんぎん　賃金［賃銀］

ちんけんいち　陳建一　料理人。(1956〜)　陳健一

チンゲンサイ［青梗菜］　＊中国語。

チンザノ Ⓡ［ダビテ・カンパリ］　→ベルモット

ちんじ　珍事［椿事］

チンジャオロース［青椒肉絲］　＊中国語。

ちんじゅ　鎮守　「鎮守の杜(もり)」

ちんじゅつ　陳述　意見・考えを述べること。また、その内容。

「陳述書」

ちんじょう

陳情　その問題について決定権を持つ上位の人に実情を説明すること。特に議会・関係省庁に実情を述べて善処を要請すること。

陳状　状況を説明すること。また、その文書。

ちんせい

沈静　自然に落ち着く。「インフレ・景気・値上げムード・噴火=が沈静する/沈静した空気/デモの沈静化を図る」

鎮静　人為的におさめる。「反乱を鎮静する/鎮静剤/景気鎮静策」

チンチョウゲ［沈丁花］〔植物〕(放)ジンチョウゲ

ちんでん　**沈殿**［沈澱］「沈殿物」

ちんにゅう［闖入］→**乱入、侵入**　＊「闖」は不意に入り込むの意。

ちんぷ　**陳腐**　古くさいこと、ありふれていてつまらないこと。「陳腐な言い回し/発想が陳腐だ」

ちんもくはきん　**沈黙は金**　「沈黙は金、雄弁は銀（沈黙の方が、雄弁よりもまさっている）」

つ・ツ

ツァー［Czar］　帝政ロシア皇帝の称号。

ツアー［tour］　旅行。[アク] ツアー

ツイート［tweet］　ツイッターでの発言。つぶやき。

ツイード［tweed］　〔毛織物〕

ついえる

費える　無駄に使われて減る。「財産・むなしく時間=が費える」

ついえる［潰える・弊える］　駄目になる。敗れる。「夢がついえる」

ついかんばん　**椎間板**［椎間板］「椎間板ヘルニア」

ついきゅう

追及　追い詰める。「疑惑・責任・容疑者・余罪=を追及する」

追求　追い求める。「幸福・真実・利益・利潤・理想=を追

求する」

追究［追窮］　探って明らかにしようとする。「学問・原因・
真理・本質=を追究する」

ついげき　追撃　本来は逃げていく敵を追いかけて、さらに
攻めるという意味。スポーツなどでは、先行して逃げる相
手を「追い上げる」という意味でも使われる。＊「追い打ち」
とも。

ついじべい　築地塀［築地塀］　〔建築〕土塀の上に屋根を
ふいたもの。つきじべい　＊東京都中央区の地名「築地（つ
きじ）」は「埋め立て地」由来なので別。

ついじゅう・ついしょう　追従　読み

　ついじゅう　人の言うとおりに行動する。「上司の意見に追
　　従する」

　ついしょう　人にこびへつらう。おべっかを使う。「お追従
　　を言う」

ツイスト［twist］

ついたち　一日・1日［付一日・朔・朔日］

ついたて［衝立］

ついちょうきん　追徴金

ツイッター［Twitter］商〔ツイッター〕→**簡易投稿サイト、簡
　易投稿サイトのツイッター**

ついで［序で］　「買い物のついでに立ち寄る/ついでの折
　に」

ついては［就いては］　そのため。それだから。従って。そ
　れで。

ついとう　追悼

ついに［終に・遂に・竟に］

ついやす　費やす

ツイン［twin］　「ツインルーム」

つうか　通過　「通過儀礼」

つうぎょう　通暁　夜どおし。あることに非常にくわしい知識
　を持っていること。

つうこうどめ　通行止め

つうしん　通信　アク　ツーシン

つうちょう

通帳 預金の金額などを記載する帳面。

[通牒] →**通達、通知** 書面で通知すること。

ツートンカラー[和製 two-tone color] 2色配合。2色塗り。

つうば 痛罵[痛罵] 痛烈な悪態。激しい非難。「痛罵を浴びせる」

ツーバイフォー[two-by-four] 〔建築工法〕

つうよう[痛痒] →**苦痛**

ツーリスト[tourist] 旅行者。観光客。

ツーリズム[tourism] 観光事業。観光旅行。「エコツーリズム」

ツーリング[touring] 自動車やバイクなどでの周遊旅行。

ツール[tool] 道具。手段。

つうわ 通話 アク ツーワ

つえ[杖] アク ツエ

つがい[番]

つかう

　使う 〔一般。主に動詞形〕「上目・仮名・金・気・心・声色・人形=を使う/お使いに行く/使い込みが発覚/使い=勝手・先・捨て・賃・手・走り・果たす・古し・道・分け/剣術・忍術・普段・魔法・猛獣=使い」

　遣う 〔特殊〕「人形を遣う(人形浄瑠璃の場合)/息・上目・仮名・金・心・言葉・人形・無駄・文字・両刀=遣い」

つかえる

　仕える 奉仕する。「師匠・会社=に仕える」

　つかえる[支える・閊える] 先に進めなくなる。「車・スピーチ=がつかえる/のどにつかえる」 ＊「差し支える」は慣用で漢字書き。

つかさどる[司る]

つかずはなれず 付かず離れず[即かず離れず] 類 不即不離

つかのま つかの間[束の間] 「つかの間の休息」 ＊「束」は少しの時間。

つかまえる・つかまる

　捕まえる・捕まる 取り押さえる。捕らえる。「虫・容疑者=

を捕まえる/現行犯で捕まる」

つかまえる・つかまる［摑まえる・摑まる］　しっかり持つ。引き留める。「タクシー・機会=をつかまえる/木の枝・手すり=につかまる」

つかる　漬かる［浸かる］　「温泉・怠惰な生活=に漬かる/ナスがよく漬かっている」

ポイント　常用漢字表では「浸」の訓読みは「ひた-る」「ひた-す」。「家が水につかる/温泉・怠惰な生活=につかる」などは平仮名表記でもよい。

つき　月　「月=明かり・払い」

つき・づき

　つき　付き　〔一般〕「賞金付き」

　〜づき　付　〔職分〕「支店長・重役・役員室=付」

つぎ　次　「次の間/二の次/次々に」

つきおくれ　月遅れ［月後れ］　「月遅れの盆」

つきかげ　月影［月陰］　「月影さやかな夜/月影を踏む/水面に映る月影」　＊「影」は光・姿。

つきがけ　月掛け　〔貯金・保険〕

つきがわり　月替わり［月代わり］

つぎき　接ぎ木［継ぎ木］

つきぎめ　月決め［月極め］

つぎこむ　つぎ込む［注ぎ込む］　「財産・投手=をつぎ込む」　＊「そそぎこむ」の場合は「注ぎ込む」。

つきそい　付き添い

つきそいにん　付添人

つぎたす

　つぎ足す［注ぎ足す］　液体を追加する。「酒をつぎ足す」

　継ぎ足す　接続する。「テープ・ロープ・言葉=を継ぎ足す」

つきっきり　付きっきり　少しの間も離れず、側にいること。「付きっきりの看病」　＊「付ききり」の変化。

つきなみ　月並み［月次］　①ありふれたこと。平凡なさま。「月並みな発想」②毎月、決まってあること。「月並み会」　＊②が元来の意。俳諧で、毎月行われる「月並句会」で詠まれる句が、平凡で古くさい「月並調」と批判されたことから、①に意味が転じた。

433

つきはじめ 月初め

つきはてる 尽き果てる

つきはなす 突き放す［突き離す］

つきびと・つけびと 類語

　付き人 芸能人などの世話役。

　付け人 相撲の関取などの世話役。

つきましては［就きましては］　つきましてゎ

つきまとう 付きまとう［付き纏う］　「母親に子供が付きまとう/不安が付きまとう」

つきやま 築山［份築山］

つきわり 月割り

つく

　突く［衝く・撞く］　「手・ひざ・ひじ・鐘・弱点=を突く/鼻を突く異臭/底を突く(払底)/突き=上げ・当たり・合わせる・落とす・返す・崩す・刺す・進む・倒す・出す・立てる・付ける・詰める・通す・飛ばす・止める・抜ける/突っ=掛ける・切る・込む・張る」　アク ツク、ヅク

　つく　〔実質的な意味が薄いもの〕「つえ・意表・不意=をつく/嵐をついて進む/口をついて出る」

　つく［春く・搗く］　杵と臼で穀物をつく。「米・餅=をつく/七分づき」

　つく［吐く］　「悪態・うそ・ため息=をつく」

　つく［憑く］　「悪霊・キツネ=がつく」

つく・つける

　付く・付ける［附く・附ける］　付着。「手に墨が付く/火・利息=が付く/色・条件・気=を付ける/ 2 位・味方=に付ける/仕事・食事=に手を付ける/知識を身に付ける/名付け親/追い・絡み=付く/気付く/体付き/付き合い/飲み屋の付け/当て・押し・駆け・片=付ける/味・格=付け/寄せ付けない/付け=合わせる・入る・加える・下げ・足し・たり・届け・根・目・焼き刃」

　着く・着ける　着用。到着。「席・机・テーブル=に着く/荷物が着く/足が地に着かない/仕事が手に着かない/船を岸に着ける/衣服を身に着ける/衣装・シートベルト・チェーン・マスク=を着ける/居・行き・住み=着く」

就く・就ける　役職・ある状況などに身を置く。「守備・職・任・帰途・緒・床・眠り=に就く／監視役に就ける」

つく・つける［即く］　即位。「皇位につく」

つく・つける［点く］　点灯。「ネオンがつく／明かりをつける」

つく・つける　〔実質的な意味が薄いもの〕「高くつく／板につく（経験を積んで、動作や態度が地位・職業などにしっくり合う）／けりをつける」

つ

つぐ

　次ぐ　順次。「パリに次ぐ大都市／相次ぐ事故／取り次ぐ」

　接ぐ　接続。「割れ物を接ぎ合わせる／話の接ぎ穂／接ぎ目（壁、タイル）」

　継ぐ　継続。「跡目・家業=を継ぐ／二の句が継げない／志を受け継ぐ／夜を日に継いで／中継ぎ投手／継ぎはぎ／継ぎ目（管、レール）」

　つぐ［注ぐ］　そそぎ込む。「酒をつぐ／つぎ込む」

つくえ　机

〜づくし［尽くし］　同類のものをすべて列挙。「国・宝=づくし」　☞〜ずくめ

つくしへいや・ちくごへいや・さがへいや　地名。

　筑紫平野　福岡・佐賀両県にまたがる平野の総称。

　筑後平野　福岡県側の呼称。

　佐賀平野　佐賀県側の呼称。

つくす　尽くす　「心尽くし」

つくだに　つくだ煮［佃煮］

つくづく［熟・熟々］　「つくづく嫌になった」

つぐない　償い

つぐなう　償う

つくば　地名（茨城県）。

　つくば　市名。つくばエクスプレス駅名。

　筑波　大学名。銀行名。

つくる

　作る　〔総じて規模の小さいもの〕こしらえる。「規則・記録=を作る／形作る／米・罪=作り／作り=事・話・物」

　造る　〔総じて規模の大きいもの〕造成。営む。「宅地・

435

道路・庭園・酒・船・みそ=を造る／石・合掌・切り妻・白木・数寄屋・荷・寄せ木=造り／造り酒屋」

創る［創る］〔特殊〕創造・独創を強調する場合。「新しい時代を創る」

つくる〔使い分けに迷う場合〕「人・体力・町・街=づくり」

つくろう　繕う「繕い物」

つけ・づけ

つけ（づけ）　付け〔一般〕「飲み屋の付け／意味・格=付け」

〜づけ　付〔日付〕「1日付人事／10日付の新聞」

〜づけ

漬け〔一般〕「塩・茶・ぬか=漬け」

漬〔特産品〕「奈良漬」

つけびと　付け人　類語　☞つきびと・つけびと

つけもの　漬物［漬け物］

つける　☞つく・つける

つげる　告げる「告げ口」

つごう　都合「都合があって行けない」

つじ　つじ・辻［辻］「つじ説法／つじつま」

つじもと　姓。

　辻元　辻元清美（政治家。1960〜）

　辻本　辻本春弘（カプコン社長。1964〜）

つたう　伝う「涙がほおを伝う／手すりを伝って上る」

つたえる　伝える

つたない［拙い］「つたない文章」

つだぬま　津田沼　千葉県習志野市の地名。

つたわる　伝わる

つち［槌・鎚］「つち音／打ち出の小づち／木づち」

つちかう　培う「才能を培われる」

つちくれ　土くれ［土塊］

つちや　姓。

　土屋　土屋文明（歌人。1890〜1990）、土屋太鳳（俳優。1995〜）

　土谷　土谷映未（アナウンサー。1989〜）

つつ　筒「筒抜け／茶筒」

つつうらうら 津々浦々 ＊「つづうらうら」とも。

つづきがら 続き柄 [アク]ツヅキガラ

つづく 続く 「続き物」

つづける 続ける

つっけんどん[突っ慳貪] とげとげしくものを言ったり、乱暴なふるまいをしたりするさま。「つっけんどんな態度」

つつじ ツツジ[躑躅]〔植物〕 [アク]ツツジ、ツツジ

つつしむ

　慎む 抑制する。「言葉・酒・身=を慎む/慎み深い」

　謹む 恭しくかしこまる。「謹んで=聞く・祝意を表す」

つつましい [類語] ☞つましい・つつましい

つつみ 堤

つづみ 鼓 「小鼓/舌鼓」

つづめる[約める]

つづら[葛籠] 衣服などを入れる箱形のかご。

つづらおり つづら折り[葛折り・九十九折り] 曲がりくねった山道。

つづる[綴る] 布・紙などをつぎ合わせる。文章に書き表す。「心境をつづる」

つて[伝・伝手] 「つてを頼る」

つどう 集う 「音楽の集い」

つとに[夙に] ずっと以前から。

つとまる ☞つとめる・つとまる

つとめる 努める[力める・勉める] 努力。「解決に努める/努めて=平静を装う・早起きをする」

つとめる・つとまる

　務める・務まる[務める・務まる] 任務。「議長・土俵=を務める/主役が務まるかどうか」

　勤める・勤まる 勤労。「会社に勤める/朝のお勤め/仕事が勤まる/勤め=口・先・人」

　[ポイント] 歌舞伎などの古典芸能では「(役名)を勤める」「舞台を勤める」が慣例。

つな 綱 「綱=引き・渡り/綱取り(相撲)」

ツナ[tuna] マグロやカツオの油漬け。「ツナ缶」

つなぐ[繋ぐ] 「つなぎ留める」

つなみ　津波［津浪］

つね　常　「常日頃/常々/常に」

つねる［抓る］

つの　角　「角隠し/角突き合い（仲が悪いこと）」

つのだひろ　つのだ☆ひろ　歌手。(1949〜)

つのる　募る

つのをためてうしをころす　角を矯めて牛を殺す　欠点を直
　そうとして全体を駄目にする。＊牛の角を真っすぐにしように
　としたために、牛が死んでしまう意。

つば　唾［唾］　「唾を付ける（自分のものであることを、先ん
　じてはっきりさせる）/天に唾する/生唾」

つばきもとチェイン　椿本チエイン　日本企業。椿本チェーン

つばさ　翼

つばぜりあい　つばぜり合い［鍔迫り合い］　互いに負けま
　いとたたかうこと。どちらが勝つかわからないきわどい争い。
　「つばぜり合いを演じる」

つぶさに［具に］　詳細に。細かく。「つぶさに報告する」

つぶす　潰す［潰す］

つぶやく　呟く　「不満げにつぶやく」

つぶより　粒より［粒選り］　「粒よりの選手を送り出す」　＊
　「粒えり」とも。

つぶら［円ら］　「つぶらな瞳」

つぶる［瞑る］　「部下の失敗に目をつぶる」

つぶれる　潰れる［潰れる］

ツベルクリン［独 Tuberkulin］　「ツベルクリン反応」

つぼ　坪　「坪当たり/坪刈り/坪庭」　＊1坪は約 3.306 平
　方メートル。

つぼ［壺］　「サザエのつぼ焼き/つぼにはまる/思うつぼ」

つぼね［局］　宮中や公卿・将軍家などに仕え、重要な地位
　にある女性の尊称。

つぼみ［蕾・莟］

つぼむ［蕾む・窄む・莟む］　「裾がつぼんだズボン」

つま　妻

つまおと　爪音［爪音］　つめおと

つまさき　爪先［爪先］　足の指先。「爪先で立つ」

つめさき　＊手の指先の場合は「つめさき」と言い方を変えることもある。「ネイルサロンで爪先を整えた」

つましい・つつましい 類語

　つましい[倹しい]　質素。倹約。「つましい生活」

　つつましい[慎ましい]　態度が控えめなさま。

つまずく[躓く]　「石・人生設計=につまずく」　つまづく

つまはじき　爪はじき[爪弾き]

つまびく　爪弾く[爪弾く]　「弦楽器を爪弾く」

つまびらか[詳らか・審らか]

つまむ[摘む・撮む・抓む]　「酒のつまみ/つまみ=洗い・食い・出す/鼻つまみ」

つまようじ　爪ようじ・つまようじ[爪楊枝]

つまり

　詰まり　「配水管の詰まり」

　つまり〔副詞〕

つまる　詰まる

つみ　罪　「罪=作り・滅ぼし」

つみたて

　積み立て〔一般〕「積み立て=条件・方法」

　積立〔経済関係複合語〕「積立=期間・残高・貯金・預金・定期預金・郵便貯金」

積み残し客　→乗り切れない客　鉄道など交通機関の混雑、運休で使われることがある。人間を荷物扱いするニュアンスがあり言い換えた方がよい。

つむ　摘む　「茶摘み/摘み=入れ・草・取り・菜」

つむぎ[紬]　「大島・結城=つむぎ」

つむぐ　紡ぐ　「紡ぎ出す」

つむじ[旋毛]　「つむじ曲がり」

つむじかぜ　つむじ風[旋風]

つめ　爪[爪]　「爪印/爪切り/深爪」

〜づめ

　詰め〔一般〕「缶詰め状態/重詰め（重箱に料理をつめること。またその料理）/橋詰め（橋のたもと）/膝詰め談判/400字詰め原稿用紙/折り・すし・たる・箱=詰め」

　詰〔製品。勤務場所〕「缶詰/江戸詰/国詰/支店詰/本

省詰」

づめ　同じ状態が続くこと。「歩き・立ち・乗り・働き＝づめ」

つめあと　爪痕〔爪痕・爪跡〕　意味
　○爪でかいたきずあと。比喩的に、事件・災害が残した被
　　害や影響。「台風の爪痕」
　△「爪痕を残す」という言い方で「成果をあげる」「印象づ
　　ける」「一矢を報いる」などの意味で用いない。

つめご　詰碁

つめしょうぎ　詰将棋

つめたい　冷たい

つめのあかをせんじてのむ　爪の垢を煎じて飲む〔爪の垢を
　煎じて飲む〕　立派な人の言動を少しでもまねる。

つめる　詰める　「詰め＝合わせ・襟・替え・掛ける・込み・所・
　手・腹・寄る」

つめをとぐ　爪を研ぐ〔爪を研ぐ〕　準備して獲物を待ち構え
　ることの例え。

つもり
　つもり〔心算〕　〔単独語〕「死んだつもりで頑張る／会う・行
　　く・勝つ＝つもり」
　積もり　〔複合語〕「心・腹＝積もり」　☞見積もり

つもる　積もる

つや　通夜

つや〔艶〕　「色艶／艶っぽい／艶やか」

つゆ　梅雨〔付梅雨〕　「梅雨＝明け・入り・雲り・晴れ」

つゆ　露　「露払い／露ほども」

つゆくさ　ツユクサ〔露草〕　〔植物〕

つよい　強い　「強がる／強み」

つよまる　強まる

つよめる　強める

つら　面　「面の皮／面＝当て・構え・憎い・汚し」

つらい〔辛い〕　「つらい仕事／つらく当たる／言いづらい」　＊
　常用漢字表では「辛い」の訓は「からい」。

つらなる　連なる　「連なり」

つらぬく　貫く　「貫き通す」

つらねる　連ねる

つらら[氷柱]

つりぐ 釣り具 ＊「釣具店」は送り仮名不要。

つる

 つる[吊る] ぶら下げる。引っ張る。「天井からつる/首・棚=をつる/目・相場・物価=をつり上げる/つり=革・下げる・橋・輪・つり出し〔相撲〕/宙づり/中づり広告」

 つる[攣る] ひきつる。けいれんする。「足・ふくらはぎ=がつる」 ×「足・ふくらはぎ=をつる」

 釣る 魚などをつる。誘い込む。「甘言で釣る/魚を釣り上げる/釣り=糸・鐘・ざお・銭・船・堀/釣り球〔野球〕」

つる 弦 「鍋・弓=の弦」

つる[蔓] 「眼鏡のつる/芋・金=づる」

つる 鶴[鶴] 「千羽鶴/鶴の一声/掃きだめに鶴」

つるぎ 剣[劍・劒]

つるぎだけ 剣岳[劍岳・劒嶽] 北アルプス立山連峰北部の山。＊富山県上市町や立山町などから「劔岳」と表記するよう要請があり、国土地理院の地形図などで採用。

つるす[吊す] 「風鈴をつるす/つるし=上げ・柿」

つれづれ[徒然]

つれる 連れる 「連れ=合い・添う・立つ」

つわもの[兵・強者] 兵士。非常に強い人。また、その方面で優れている人。「その道のつわもの」

つわり[悪阻] ×あくそ

ツンドラ[露 tundra]

て・テ

てあい

 手合い 同類。連中。「同じ手合いの品/あの手合いとは付き合うな」

 手合 囲碁・将棋の対局。「大・挑戦=手合」

であい アク デアイ

 出会い[出逢い] 〔主に人、また思い入れのあるもの〕「出会いと別れ/愛犬・恋人・書物=との出会い/偶然の出会い」

 出合い[出遭い] 〔主に事物。遭遇。川・谷・沢などの合

441

流点」「動物・本流=との出合い/売り買いの出合い/出合
い頭」

出合 〔経済〕「出合=為替・残高・相場」

であう アク デアウ

出会う［出逢う］〔主に人、また思い入れのあるもの〕
「ばったり旧友と出会う/すばらしい作品と出会う/思春
期に出会った音楽」

出合う［出遭う］〔主に事物〕物事と遭遇する。事件・事
故などに出くわす。川・谷・沢などが合流する。「山道で
熊と出合う/旅先で事故に出合う/思わぬ障害に出合う
/支流と本流が出合う」

てあき　手空き［手明き］　することがなくて暇でいること。
「手空きの者をよこしてほしい」

であし　出足

てあて

手当て　治療・対策など。「傷・資金・財源=の手当て/応
急手当て/手当てする」

手当　報酬。「期末・児童・宿直=手当/お手当」

てい　体［態］　「ほうほうの体/世間体/体よく」

ていあん　提案

ティー

［tea］　茶。

［tee］〔ゴルフ〕「ティーショット」

ディーエイチシー　DHC　日本企業。＊登記名は「ディーエ
イチシー」。DHC は旧社名「大学翻訳センター（Daigaku
Honyaku Center）」の略。

ディー・エヌ・エー　日本企業。＊略称は「DeNA」、プロ野球
球団名は「横浜 DeNA ベイスターズ」。

ティーグラウンド →ティーイングエリア［teeing area］〔ゴル
フ〕　＊2019 年に名称変更。

ティーシャツ　T シャツ［T-shirt］

ティーじろ　T 字路　☞ていじろ

ディーゼルエンジン［diesel engine］

ティーディーケー　TDK　日本企業。＊1983 年に「東京電
気化学工業」から社名変更。

442

ティーバック［和製 T-back］〔衣類〕

ティーバッグ［tea bag］〔紅茶・緑茶〕

ディープラーニング［deep learning］　人工知能（AI）の学習手法。深層学習。

ティーブレーク、ティーブレイク［tea break］

ディーラー［dealer］　販売業者。特約店。自己売買業者。「為替ディーラー」

ディール［deal］　取引。売買。

ティーワイケー　**TYK**　日本企業。＊登記名は「東京窯業」。

ディーン（ジェームズ）［James Dean］　映画俳優。（米 1931〜1955）

ティーンエージャー［teenager］　10 代（13〜19 歳）の若者。

ていおん
　低温　〔↔高温〕温度が低いこと。「低温=殺菌・やけど」
　定温　一定の温度。「定温器」

ていか
　低価　値段の安いこと。
　定価　商品の決まっている値段。

ていかん　**定款**

ていかん　**諦観**［諦観］　|言い換え| **達観、悟り、諦め**　全体を通して、ことの本質を見極めること。悟り諦めること。

デイケア［day care］（←デーケア）　通所リハビリ。

ていけい
　定形　一定の形。「定形郵便物」
　定型　決まった形。「定型詩 / 無定型」

ていげん
　低減　減ること。「価格が低減する」
　逓減　〔↔逓増〕だんだん減る。「収穫逓減の法則」

ていげん　**提言**　|アク| テーゲン

デイサービス［和製 day service］（←デーサービス）　日帰り介護。通所介護。

ていさい　**体裁**　「体裁を整える」

ていじ　**提示**［呈示］

ディシジョン［decision］　決定。決心。決断。意思決定。

ていしゅつ　**提出**［呈出］　「報告書を提出する」

443

ていしょく　抵触［牴触・觝触］　「条約に抵触する」

ていじろ　丁字路　道路交通法では「丁（てい）字路」。＊その形状から「Ｔ（ティー）字路」とも。

ていしん

　　挺身［挺身］　言い換え　捨て身　「勤労挺身隊」

　　挺進［挺進］　言い換え　抜きんでて進む　「旧日本陸軍の海上挺進隊」

ディスインフレーション［disinflation］　物価上昇率の鈍化。物価上昇率の低下。略ディスインフレ

ディスカウント［discount］　割引。「ディスカウントストア」

ディスカッション［discussion］　話し合い。討議。討論。アク　ディスカッション

ディスクジョッキー［disk jockey］

ディスクマン　商〔ソニー〕→ポータブルＣＤプレーヤー、携帯ＣＤプレーヤー

ディスクロージャー［disclosure］　情報開示。

ディスコ［disco］

テイスト、テースト［taste］　味わい。風味。趣味。趣向。

ディストピア［dystopia］　暗黒郷。反理想郷。↔ユートピア

ディズニー（ウォルト）［Walt Disney］　映画製作者。（米 1901～1966）

ディスプレー［display］（←ディスプレイ）　展示。陳列。画面。アク　ディスプレー

ディスポーザー［disposer］　生ごみ粉砕装置。

ディスラプション［disruption］　破裂。分裂。断絶。創造的破壊。

ディスラプター［disruptor］　破壊者。

ていせい　帝政［帝制］　「帝政ロシア」

ていそ　提訴　〔法律〕裁判所に民事・行政訴訟を起こすこと。☞起訴　☞申し立て

ていたい　停滞　低滞

ていだん　鼎談［鼎談］　言い換え　（3人の）座談会

ていちょう　丁重［鄭重］　「丁重に断る」

ティッシュ（ペーパー）［tissue paper］

ディテール［detail］　細部。部分。詳細。

ていてつ **蹄鉄**[蹄鉄]

ていとう **抵当** 「抵当=権・流れ」

デイトレーダー[day trader] （1日のうちに売買を繰り返す）個人株式投資家。

ディナー[dinner]

ていねい **丁寧**[叮嚀]

でいねい[泥濘] →ぬかるみ

ていねん **定年**[停年] 「来年、定年を迎える」

ていねん **諦念**[諦念] 言い換え 諦め、悟り

ていはく **停泊**[碇泊] 「港に停泊する」

ていはつ[剃髪] →髪をそる、落髪、仏門に入る（こと）

デイパック[day pack]（←デーパック） 軽リュック。

ディビジョン[division] 部門。区分。

ディフェンス[defense] 守備。

ディベート[debate] 討論。討議。討論会。

ていぼう **堤防** 提防

ていほん

定本 古典などで複数の版があるうち、十分な校訂がなされているもの。じょうほん

底本 翻訳・改訂などをする際に拠り所とした本。原本。＊「そこほん」とも。

ていめい **低迷** 停迷

ていよく **体よく**[態よく] 「体よく断られた」

ティラナ[Tirana] アルバニアの首都。

ディリ[Dili] 東ティモールの首都。

でいり・ではいり **出入り** ＊「出入り=業者・口」は、でいり。

ていりつ

低率 〔↔高率〕率の低いこと。

定率 一定の割合。「関税定率」

定律 〔↔仮説〕定まっている法則。

ていりつ **鼎立**[鼎立] 言い換え 3者対立

ディレクター[director] 監督。演出者。

ディレッタント[dilettante] 学問や芸術を趣味とする愛好家。好事家。

ティンプー[Thimphu] ブータンの首都。

てうち

手打ち ①手作り。「手打ち=うどん・そば」②和解。「こ
　こらで手打ちにしてはどうか/手打ち式」

手討ち 「手討ちにする（自らの手でうちとる）」

〜デー［day］「世界禁煙・ハッピーバース=デー」

テークアウト、テイクアウト［takeout］持ち帰り。

テークオフ、テイクオフ［takeoff］離陸。

デーゲーム［day game］

デージー［daisy］〔植物〕

データサイエンティスト［data scientist］データ分析者。

データベース［database］

データポータビリティー［data portability］個人情報移し
　替え。企業が取得した個人情報を本人の意思でいつでも
　簡単に引き出し他の企業などに移せる仕組み。

デート［date］

テーパリング［tapering］先細り。漸減。量的金融緩和の
　段階的縮小。

テーラー［tailor］（←テイラー）紳士服仕立店。

テーラードスーツ［tailored suit］紳士服仕立ての女性用
　スーツ。

デーリー、デイリー［daily］毎日の。日々の。

テールリスク［tail risk］〔経済〕確率は低いが起きれば被
　害が甚大なリスク。

テールローター［tail rotor］ヘリコプターの後部回転翼。

ておくれ　手遅れ［手後れ］「すでに手遅れだ」

てがかり　手掛かり［手懸かり］「手掛かりがない」

てがき

手書き　「手書きの案内状」

手描き［手描き］「手描きの染め物」

でがけ　出掛け

てがける　手掛ける［手懸ける］

でかける　出掛ける

デカコーン［decacorn］企業評価額が100億ドル以上の
　未上場企業。＊「ユニコーン」の10倍以上の企業規模が
　あるため、10倍を意味する接頭辞「デカ」を付けた。

446

てがたい　手堅い[手固い]　「手堅い守り」

デカップリング[decoupling]　〔経済〕切り離し。分離。

でがらし　出がらし[出涸らし]

てがる　手軽

できあい　溺愛[溺愛]

てきがいしん[敵愾心]　→敵対心、敵意

てきかく

　的確[適確]　間違いがない。「的確な指摘」

　適格　必要な資格を満たしていること。「適格=者・手形」

てきぎ　適宜　①その場に合っていること。「適宜な処置」②個々の状況に合わせて行動すること。「適宜解散する」

てきざいてきしょ　適材適所　「適材適所の人事」　適才適所

テキサス・インスツルメンツ[Texas Instruments Inc.]　米企業（半導体）。略 TI

できし　溺死[溺死][言い換え]水死、溺れ死に

てきしゅつ　摘出[剔出][言い換え]えぐり出す

てきじょう　敵情[敵状]　「敵情を探る」

テキスト[text]　①教科書。②テキストデータ。

てきせい

　適正　適当で正しい。「適正=価格・規模」

　適性　それに適した性質。「適性検査」

てきせつ　適切[的切]　「適切な指導」

てきちゅう　的中[適中]　「真ん中に的中する/予想的中」

てきではない　敵ではない　「AはBの敵ではない」　＊Bが強すぎて、Aが弱すぎるの意。逆の意味で使うのは誤り。×「プロは素人の敵ではない」→素人はプロの敵ではない

できばえ　出来栄え[出来映え]

てきめん[覿面]　「てきめんに効果が現れる/天罰てきめん」

できもの[出来物][言い換え]おでき

てきよう

　適用　当てはめる。「法の適用/適用を除外する」

　摘要　要点の抜き書き。「論文の摘要/摘要メモ」

テグシガルパ[Tegucigalpa]　ホンジュラスの首都。

てぐす［天蚕糸］

てぐすね　手ぐすね［手薬煉］　「手ぐすね引いて待ち構える」

てくだ　手管　うまく操ったり、うまくだましたりする方法。「手練手管の限りをつくす」

でくのぼう　でくの坊［木偶の坊］　でくの棒

テクノロジー［technology］　科学技術。

てぐり　手繰り　「手繰り網」

でくわす　出くわす［出会す・出交す］　「旧友とばったり出くわす」　出食わす

てこ［梃子］　「てこでも動かない／てこ入れ」

てこずる［手古摺る・梃子摺る］　「説得にてこずる」　てこづる

てごたえ　手応え［手答え］　「試験には手応えがあった」

でこぼこ　凸凹・でこぼこ［付凸凹］
　〔名詞・形容動詞〕「凸凹の・凸凹な＝道」　アク　デコボコ
　〔サ変動詞〕「道が凸凹している」　アク　デコボコ

デコメール、デコメ　商　〔NTTドコモ〕　→デコレーションメール、装飾メール

デコラ　商　〔住友ベークライト〕　→メラミン化粧板

デコレーションケーキ［decoration cake］

てごわい　手ごわい［手強い］　相手にすると容易に勝てそうもない。「手ごわい相手」　☞てづよい

てさげ　手提げ［手下げ］　「手提げかばん」

てさばき　手さばき［手捌き］

テザリング［tethering］　インターネット接続の中継機能。

でし　弟子　「落語家の弟子」

デジカメ　デジタルカメラの略。使用可。＊登録商標は「ムービーデジカメ」〔三洋電機〕など。

デジタル・ガバメント［digital government］　電子政府。

デジタルサイネージ［digital signage］　電子看板。

デジタルディバイド、デジタルデバイド［digital divide］　情報格差。

デシベル［decibel］　音の強さを表す単位。dB。

てじまい　手じまい［手仕舞い・手終い］　〔経済〕先物取引

448

や信用取引で、空売り・空買いを買い戻し・転売によって決済すること。「手じまい売り」

でずいり　**手数入り**［手数入り］〔相撲〕横綱の土俵入りの俗称。不知火型と雲竜型とがある。てすういり　てずいり

てすき　**手すき**

　［手空き・手透き・手隙］「お手すきの時においでください」

　［手漉き］「手すきの和紙」

てすさび　**手すさび**［手遊び］　手慰み。「老後の手すさび」
＊「手遊（あそ）び」は、手に持って遊ぶこと、気晴らしにすること。

でずっぱり　**出ずっぱり**［出突っ張り］　出続けること。「10日間出ずっぱりの仕事」　出づっぱり

デスティネーション［destination］　目的地。目標。

デスバレー［death valley; valley of death］　死の谷。研究開発から事業が軌道に乗るまでの期間。

テスラ［Tesla］　米企業（自動車）。＊2017年に「テスラモーターズ」から社名変更。

でぞめしき　**出初め式**　でそめしき

てぢか　**手近**

てちょう　**手帳**［手帖］

てつ

　徹　貫き通す。「一徹／徹底」

　撤　取り除く。取り下げる。引き揚げる。「撤回／撤去／撤退」

てっかい　**撤回**　「要求を撤回する」　徹回

てづかみ　**手づかみ**［手摑み］　「生きた魚を手づかみにする」　手ずかみ

デッキ［deck］　甲板。列車などの出入り口の外の床。

デッキチェア［deck chair］　折り畳み式椅子。

てっきょ　**撤去**　「がれきの撤去作業」　徹去

てづくり　**手作り**［手造り］　「手作りの菓子」

てつけ　**手付け**　「手付けを＝打つ・払う」

てつけきん　**手付金**［手付け金］

てっけん　**鉄建**　日本企業。＊登記名は「鉄建建設」。

てっけん　**鉄拳**［鉄拳］　「鉄拳制裁」

449

てっしゅう　撤収　「テントを撤収する」　̽撤収

てっしょう　徹宵　[言い換え] 夜通し、徹夜

でつぞう[捏造]　☞ねつぞう

てったい　撤退　「ロンドン市場からの撤退」　̽撤退

てつだう　手伝う[㊎手伝う]

でっちあげる　でっち上げる[捏ち上げる]

てっつい　鉄槌・鉄つい[鉄槌・鉄鎚][言い換え] 痛撃、制裁
「鉄槌を下す」　＊「厳しく＝処置する・処罰する」への言い
換えも。

てつづき
　　手続き　「手続きをすませる」
　　手続　「手続法(↔実体法)」

×でづっぱり　→でずっぱり

てってい　徹底　「責任を徹底的に追及する」　̽徹底

てつどう　鉄道　＊「金を失う」を避け社名やロゴなどに「鐵」
や「鈇」を使う企業があるが、「鉄」と表記する。

デッドヒート[dead heat]　大接戦。激しい競り合い。同着。
̽デットヒート

デッドロック[deadlock]　行き詰まり。
　　×「デッドロックに乗り上げる」→暗礁に乗り上げる
　　＊lock(錠)をrock(岩)と混同した誤り。

てっぱい　撤廃　「関税撤廃」　̽撤廃

でっぱる　出っ張る

てっぺい　撤兵　「紛争国からの撤兵」　̽撤兵

てつや　徹夜　「徹夜作業が続いた」　̽徹夜

てづよい　手強い　することがしっかりして強い。てきびしい。
「手強く念を入れる」　☞てごわい

てづる　手づる[手蔓][言い換え] 糸口、縁故　「手づるを求め
る」

てつをふむ　轍を踏む[轍を踏む][言い換え] 失敗を繰り返す
前の人の失敗を繰り返す。「同じ轍を踏んではならない」
[アク] テツ　☞前車の轍を踏む

テディベア[teddy bear]　ぬいぐるみのクマ。＊「テディ」は
セオドア・ルーズベルト第26代米大統領の愛称。

デトックス[detox]　解毒。毒出し。「デトックス効果」

テトラパック ㊙〔テトララバル〕→（牛乳用、飲料用）紙容器、紙パック

テトラポッド ㊙〔不動テトラ〕→消波ブロック、波消しブロック

テトロン ㊙〔帝人、東レ〕→ポリエステル繊維

てなずける　手なずける［手懐ける］「動物・部下＝を手なずける」

てなみ　手並み「お手並み拝見」

デナリ［Denali］北米大陸最高峰「マッキンリー」（標高 6190 メートル）の正称。2015 年に改称。アラスカ先住民の言葉で「偉大なもの、偉大な存在」の意。＊「マッキンリー」は第 25 代米大統領ウィリアム・マッキンリーにちなんだ名称。

てなれる　手慣れる［手馴れる］

てぬぐい　手拭い［手拭い］

てぬるい　手ぬるい［手緩い］

てのひら　手のひら［掌・手の平］

デノミネーション［denomination］通貨単位の切り下げ。＊原義は「貨幣の呼称単位」。㊂デノミ

では「ではさようなら」でわ

デパート［department store］百貨店。

デバイス［device］装置。電子部品。機械部品。

ではいり　出入り　☞でいり・ではいり

てばさき　手羽先

てはじめ　手始め［手初め］

デバッグ［debug］バグの修正。

てばなし　手放し［手離し］「自転車を手放しで乗る／手放しで喜ぶ」

てばなす　手放す［手離す］「家を手放す／手放せない仕事」

てばなれ　手離れ［手放れ］子供が成長して、親がさほど世話をする必要がなくなること。「上の子が手離れする」

ではなをくじく　出はなをくじく［出端を挫く・出鼻を挫く］＊「出ばなを～」「～を折る」とも。

てばやい　手早い［手速い］「仕事が手早い」

デバリュエーション［devaluation］平価切下げ。

451

てびかえる　手控える

てびき
　手引き　誘導。「内側から手引きする」
　手引　案内書。冊子。「用語の手引/手引書」

デビットカード［debit card］　即時決済型のキャッシュカード。デビッドカード

てひどい　手ひどい［手酷い］　「手ひどい仕打ち」

デビュー［仏 début］　初登場。重「初デビュー」

デファクトスタンダード［de facto standard］　事実上の標準。
　＊ de facto はラテン語。

デフォルト［default］　①債務不履行。②初期設定。

デフォルメ［仏 déformer］　変形（すること）。

でぶしょう　出無精［出不精］

テプラ商〔キングジム〕→**テープライター、ラベルプリンター**

てぶり　手ぶり［手振り］　「身ぶり手ぶり」

デブリ［仏 débris］　溶融核燃料。かけら。くず。

デフレーション［deflation］　通貨収縮。略デフレ

デフレーター［deflator］　〔物価指数〕

デフレスパイラル［deflationary spiral］　物価下落と景気後退が悪循環を繰り返す状態。

テフロン商〔ケマーズ〕→**フッ素樹脂（加工）**

テヘラン［Tehran］　イランの首都。

デベロッパー［developer］　土地開発業者。都市開発業者。

重**手弁当持参で　→手弁当で、弁当持参で**　＊「手弁当」は自分が用意した弁当を持っていくこと。

デポ［仏 dépôt］　荷物置き場。配送所。輸送拠点。

デポジット［deposit］　預かり金。保証金。担保。

てほどき　手ほどき［手解き］　「ピアノの手ほどきを受ける」

てまね　手まね［手真似］　「手まねで知らせる」

てまひま　手間ひま・手間暇［手間隙］　「手間ひまかけて育てた野菜」

デマンド［demand］　需要。要求。

デミグラスソース［demiglace sauce］（←ドミグラスソース）

てみじか　手短　「手短に話す」　手短か

デメリット［demerit］　短所。不利益。欠点。

452

デモ デモンストレーションの略。「デモ行進」

デモクラシー［democracy］ 民主主義。民主政治。

てもと 手元［手許］ 「手元不如意」

デモンストレーション［demonstration］

デュアル［dual］ 二重の。二元的な。「デュアルユース（軍民両用）」

デューダ doda パーソルキャリアの求職情報・転職サイト名。

デューデリジェンス［due diligence］ 資産査定。査定。評価。

テラ［tera］ 1兆。ギガの1000倍。T。「テラバイト」

てらう［衒う］ 「奇をてらう」

デラウェア［Delaware］ ①ブドウの品種。②米国の州名。

てらこや 寺子屋 江戸時代に広まった庶民の教育機関。
✕寺小屋

てらす 照らす 「照らし‗合わせる・出す」

テラマイシン 商〔ファイザー〕→**抗生物質（製剤）**

てらまいり 寺参り［寺詣り］

テラリウム［terrarium］ 室内庭園。植物栽培用のガラス器。飼育箱。

デリート［delete］ 削除。消去。

テリーヌ［仏 terrine］ 〔料理〕

デリカテッセン［delicatessen］ （洋風）総菜。デリカ。

デリバティブ［derivative］ 金融派生商品。「デリバティブ取引」

デリバリー［delivery］ 配達。宅配。配送。アク デリバリー

てりやき 照り焼き 「ブリの照り焼き」

てりゅうだん［手榴弾］ ☞しゅりゅうだん・てりゅうだん

てる 照る 「照り‗返し・付ける」

デル［Dell Inc.］ 米企業（パソコン）。＊親会社は「デルテクノロジーズ」。

でるくいはうたれる 出るくいは打たれる［出る杭は打たれる］
世論調査 杭は、地中に打ち込む長い棒。＊2006年度73.1%
出る釘は打たれる ＊標準的な表現ではない。同19.0%

テレカ 商〔NTT カードソリューション〕→**テレホンカード、電話カード**

デレゲーション〔delegation〕 代表団。派遣団。選手団。

デレバレッジ〔deleverage〕 債務の解消。債務圧縮。

テレホン〔telephone〕

テレマーク〔独 Telemark〕〔スキー〕

てれる 照れる 「照れ=隠し・屋」

テレワーク〔telework〕 在宅勤務。オフィス以外の勤務。モバイルワーク。

てれん 手練 読み ☞しゅれん・てれん

テロリスト〔terrorist〕

てをこまねく 手をこまねく〔手を拱く〕 世論調査「手をこまねいて待っていた」

　○何もせずに傍観している。＊「こまねく」(本来は「こまぬく」)は左右の手を胸の前で組み合わせること。「手をこまねく」で、手を組んだまま何もしない、何もせずに傍観する意を表す。2008 年度 40.1%

　×準備して待ち構える。＊同 45.6%

てんい

　転位 位置が変わる。「胎児の転位」

　転移 他の場所に移る。「がんの転移」

てんか 天下 「天下の険／天下=一品・御免」

てんか

　添加 他の物を付け加える。「食品添加物」

　転化 他の状態に変わる。「宅地に転化／転化糖」

　転嫁 罪や責任を押し付ける。「責任を転嫁」 ＊「嫁」には「かず(被)ける」(いやがるものを押しつける。損失やまやかし物などを人にしょいこませる)という意味がある。

デンカ 日本企業。＊2015 年に「電気化学工業」から社名変更。

てんかい

　転回 回って方向を変える。「船の針路を南に転回する／コペルニクス的転回」

　展開 繰り広げる。「議論を展開する／事態が急展開する」

てんがい 天涯 空の果て。非常に遠いところ。世界中。「天

涯=万里・孤独」

でんかい
　電解　電気分解の略。「食塩水を電解する/電解質」
　電界　電場。

でんかのほうとう　伝家の宝刀　代々家に伝わっている名刀。
　とっておきの切り札。「いよいよ伝家の宝刀を抜くときだ」
　×天下の宝刀

てんかん［癲癇］

てんき　転機［転期］「転機に来た活動」

でんき
　伝奇　怪奇で幻想的な物語。「伝奇小説」
　伝記　個人の生涯の記録。「偉人の伝記」

でんき
　電気　電力一般。「電気をつける」　＊本来は「照明をつ
　　ける」だが、誤解を与える恐れがなければ許容。
　電器　主として日用品。「家庭電器/電器商」
　電機　電力を使った機械。「軽・弱・重=電機」

デンキブラン、電気ブラン 商〔合同酒精〕→リキュール

てんぐ［天狗］「てんぐになる（高慢になる）」

てんけい
　天恵　天の恵み。「天恵に浴する」
　天啓　天の啓示。天の導き。「天啓を得る」

てんけい　典型「日本人の典型/典型的」

てんけい　点景［添景］　風景画などで全体を引き立たせる
　ために加えられた人や物。

でんげん　電源［電原］

てんこう　天候　×天侯

伝言ダイヤル 商〔NTT〕→伝言サービス

重**伝言を伝える** →伝言する、言葉を伝える

てんさい　テンサイ［甜菜］ 言い換え **ビート**　＊加工品の場
　合は片仮名にしない。「てん菜糖」

てんしゅかく　天守閣［天主閣］

てんしゅきょう　天主教［天守教］　中国・朝鮮・日本でのロー
　マカトリックの呼称。日本では現在使われていない。

てんしゅどう　天主堂［天守堂］　天主教の教会堂。

テンション［tension］　精神的緊張。「テンションが上がる」

てんしん

　　転身　職業・身分・考え方などを変える。「実業家に転身する/転身支援」

　　転進　方向を変えて進む。「船が東に転進する」

てんしんらんまん　天真らんまん・天真爛漫［天真爛漫］

　　言い換え 飾り気のない、無邪気な

てんせい

　　天性［天成］　生まれつきの性質・資質。「天性の明るい気質」

　　天成　天のなしたこと。自然にできたこと。「天成の要害」

てんせい

　　転生　生まれ変わる。「仏の転生」　＊「てんしょう」とも。「輪廻転生」の場合は「てんしょう」。

　　転成　性質の違うものになる。「連用形から転成した名詞」

テンセル ⓐ〔レンチング〕→セルロース繊維

テンセント　騰訊控股　中国企業（インターネット）。

でんそう

　　伝送　〔データ、パルスなど〕「伝送路」

　　電送　〔写真、ファクスなど〕「電送写真」

デンソー　日本企業。＊1996年に「日本電装」から社名変更。

てんたん　恬淡［恬淡］ 言い換え 淡泊、あっさり、執着なく、淡々と　「無欲恬淡に暮らす」　　かったん

てんちむよう　天地無用　世論調査「天地無用の荷物」

　　○上下を逆にしてはいけない。＊「無用」は、してはならないこと。2013年度 55.5%

　　×上下を気にしないでよい。＊同 29.2%

てんちゅう　天誅［天誅］ 言い換え 天罰

てんてこまい　てんてこ舞い［天手古舞い・転手古舞い］「昼時はてんてこ舞いの忙しさだ」

てんてん

　　点々　散らばる。「足跡が点々と続いている」

　　転々　次々移る。「各地・職=を転々とする」

てんとう

点灯　〔↔消灯〕明かりをともすこと。

点頭　うなずくこと。承知すること。

てんとう　転倒[顛倒]　「主客を転倒した話」　転到×

でんどう

伝道　教義などを広める。「宗教の伝道/伝道師」

伝導　伝わる現象。「熱・電気=の伝導/超伝導」

伝動　動力を他の部分に伝える。「伝動装置」

電動　電力を動力源とする。「電動=工具・のこぎり」

てんどん　天丼[天丼]

てんにつばする　天に唾する[天に唾する]　世論調査「他
　人のことを非難するなんて天に唾するようなものだ」　類天
　に向かって唾を吐く

○人に害を与えようとして、結局自分に返ってくるような行
　為をすること。＊2014年度63.5%

×自分より上位に立つような存在を冒し汚すような行為を
　すること。＊同22.0%

てんねんきねんぶつ　天然記念物[天然紀念物]

てんのう　天皇　アクテンノー

<table>
<tr><td colspan="2">天皇の諡号しごう</td></tr>
<tr><td colspan="2">　「一世一元制」となった明治時代以降、天皇は崩御後
に元号を諡号（贈り名）として呼ばれるようになった（明
治〜昭和天皇）。在位中（上皇含む）はその元号を用いて
「○○天皇」とはしない。</td></tr>
</table>

でんぱ[伝播]　→広がる、波及　でんぱん×

デンバー[Denver]　米国の都市。1997年サミット開催。

テンパライト商〔AGC〕　→強化ガラス

てんぴ

天日　太陽の光・熱。「天日=干し・乾燥」　てんじつ×　て
　んにち×

天火　オーブン。「天火でパンを焼く」

てんびき　天引き　給料などからあらかじめ利息・税金・保
　険料などを差し引くこと。「天引き貯金」

てんびん[天秤]　「二人をてんびんに掛ける」

てんぷ

添付　付け添える。付け加える。「書類を添付する/メー

ルの添付ファイル」

貼付［貼付］　のりなどで貼り付ける。「切手を貼付する」
　＊「貼付」の本来の読みは「ちょうふ」。ただし、「貼り付ける」など分かりやすい表現も工夫する。

てんぷく　転覆［顚覆］

てんぷら　天ぷら・てんぷら［天麩羅］

でんぷん［澱粉］

てんぺん

　天変　天空の異変。「天変地異」

　転変　移り変わる。「有為転変」

てんぽ　店舗［店鋪］

でんぽう・でんぼう　伝法　「伝法な口をきく」　＊伝統的には、でんぼう。

てんません　伝馬船［�付伝馬船］　✕でんません

てんまつ　顚末［顚末］　言い換え 始末、いきさつ、経緯、一部始終

てんまんぐう　天満宮

てんめつ　点滅

てんもうかいかいそにしてもらさず　天網恢々疎にして漏らさず
　［天網恢々疎にして漏らさず］　天が張りめぐらした網は目が粗いようだが、悪人を漏らさず捕らえる。悪事に対する天道の厳正さを言う。

てんやもの　店屋物　飲食店から取り寄せる食べ物。

てんらく　転落［顚落］　「岩場から転落する」

でんりゅう　電流
　✕「高圧電流が流れる」→**大電流が流れる、高電圧がかかる**　＊電流のスケールは大小で表す。

と・ト

と　戸　「戸締まり」

ど　度　「最高気温は28.5度/今の体温は36度5分」

ドア［door］　扉。戸。出入り口。

どあい　度合い　「発展の度合いを確かめる」

ドアノック［door-knock］　1軒ずつ家を回る（営業）活動。「ドアノック商品（主に保険業界で、利益は少ないが顧客

とのつながりをつくるための取っ掛かりになる商品)」

とあみ　投網〔付投網〕　なげあみ

とい　問い　＊一問一答などで記号のように使うときは「問」でもよい。

どい　姓。

　土井　土井たか子(政治家・衆院議長。1928〜2014)

　土居　土居健郎(精神医学者。1920〜2009)、土居甫(振付家。山口百恵、ピンク・レディーらを担当。1936〜2007)、土居美咲(テニス選手。1991〜)

　土肥　土肥美智子(スポーツ医学者。1965〜)

といあわせ　問い合わせ　「問い合わせ状」

TOICA(トイカ)　商〔JR東海〕→**交通系ICカード**

といかえす　問い返す　「二度も問い返した」

といかけ　問い掛け　「問い掛けても返答しない」

トイザらス〔TOYSЯUS〕　企業・店舗名。＊ロゴ「Я」を表すため日本法人名は「日本トイザらス」とした。米法人名は「トイザラス」とする。

といし　砥石〔砥石〕　「包丁を砥石で研ぐ」

といただす　問いただす〔問い質す・問い糺す〕　「念のため問いただす」

といつめる　問い詰める　「何を聞いたのかと問い詰める」

トイレスタンプ　商〔ジョンソン〕→**(貼り付け型)トイレ洗浄剤**

とう

　倒　たおす。さかさま。「圧倒/抱腹絶倒」

　到　いたる。行き届く。「殺到/周到」

とう　等　「ストーカー行為等の規制等に関する法律」　＊常用漢字表には「等」に「など」の訓はない。

とう

　謄　うつす。「謄写/謄本」

　騰　わきあがる。「沸騰/暴騰」

どうあげ　胴上げ〔胴挙げ・胴揚げ〕　「優勝の胴上げ」

とうあごうせい　東亜合成〔東亞合成〕　日本企業。

とうあぼうコーポレーション　トーア紡コーポレーション　日本企業。＊2003年、株式移転により持ち株会社体制に移行し「東亜紡織」から社名変更。「東亜紡織」は衣料事

業部門の承継会社。

どうい

　同意　「相手の意見に同意する/同意語」

　同位　「同位体（同一の元素に属し、質量数が異なる原子）」

とうえい

　投映　スライドなどを画面に映し出すこと。「投映機」

　投影　ものの影をあるものの上に映すこと。映った影。比喩的にある物事を他に反映させて表すこと。「作者の心情を投影した作品」

とうか

　灯火　明かり。「灯火=管制・親しむべし」

　灯下　明かりの下。「灯下に書をひもとく」

とうかい　**倒壊**［倒潰］　「建物が倒壊する」

とうかいどうごじゅうさんつぎ　東海道五十三次

とうかつ　**統括**［統轄］　アク　ト̄ーカツ、トーカツ

どうかつ［恫喝］　→脅す、威迫

とうかん　**投函**［投函］　言い換え　（手紙を）出す、（ポストに）入れる

とうかん　**等閑**　物事の扱いをいいかげんにすること。「等閑視されてきた問題/月日を等閑に過ごす」

とうき　**冬季**［冬期］　「冬季オリンピック」　＊「冬期=講習・休暇」など、特に期間を表す場合は「冬期」を使う。

とうき

　党紀　党の風紀・規律。「党紀を乱す」

　党規　党の規則。「党規違反」

とうき　**騰貴**　値段が上がること。「物価が騰貴する」　謄貴

どうき

　動機　人が行動を起こす際の切っ掛け。「犯行・執筆=の動機」

　動悸［動悸］　胸がドキドキする。「動悸がする」

とうきかん　**冬期間**［冬季間］

トウキビ・とうきび［唐黍］　①トウモロコシの別称、異名。主に北海道で、他にも全国各地で使われる。②モロコシの別称、異名。アフリカ原産。実は酒・菓子などの原料、

飼料にもする。

どうきゅうせい　同級生　クラスメート。＊同じ学級（同級）でない児童・生徒・学生同士には使わない。

とうきゅうでんてつ　東急電鉄　日本企業。＊2019年、東急（旧東京急行電鉄）から会社分割して発足。

とうきょう　東京　日本の首都。1964年夏季五輪開催、2020年夏季五輪が開催延期。1979、86、93年サミット開催。

とうきょうかいかん　東京会館［東京會館］　日本企業。

とうきょうガス　東京ガス　日本企業。＊登記名は「東京瓦斯」。

とうきょうかせいだいがく・とうきょうかせいがくいんだいがく

　東京家政大学　東京都板橋区にある私立大学。

　東京家政学院大学　東京都千代田区、町田市にある私立大学。

とうきょうげいじゅつだいがく　東京芸術大学［東京藝術大学］

とうきょうスカイツリー　東京スカイツリー　高さ634メートル。自立式電波塔として世界一。2012年5月完成。墨田区。

とうきょうせいこう　東京製綱　日本企業。東京製鋼×

とうきょうせいてつ　東京製鉄［東京製鐵］　日本企業。

とうきょうセンチュリー　東京センチュリー　日本企業。＊2016年に「東京センチュリーリース」から社名変更。

とうきょうタワー　東京タワー　高さ333メートル。1958（昭和33)年12月完成。港区。

とうきょうディズニーリゾート　東京ディズニーリゾート　略TDR＊所在地は千葉県浦安市。

とうきょうでんきだいがく　東京電機大学　東京電気大学×

とうきょうドーム　東京ドーム　建築面積4万6755平方メートル。容積約124万立方メートル。1988年開業。文京区。＊「東京ドームいくつ分の広さ」など、面積の目安として使われる。

どうぎょうににん　同行二人　巡礼者が弘法大師と共にあるということ。

とうきょうメトロ　東京メトロ　日本企業。＊登記名は「東京地下鉄」。

どうくつ　洞窟［洞窟］

とうげ　峠

とうけい　**東経**　東径[×]

どうけい　**憧憬**［憧憬］　☞しょうけい・どうけい

とうけつ　**凍結**　「凍結した湖」

峠の釜めし　㊙〔荻野屋〕→釜飯

とうげんきょう　**桃源郷**　ユートピア。桃原境^{××}

どうこう　**瞳孔**［瞳孔］

どうこういきょく　**同工異曲**　同巧異曲[×]

どうこく［慟哭］→**号泣、泣き叫ぶ**　悲しみのために声をあげて激しく泣く。

とうさい
　　搭載　積み込む。「無線機を搭載」
　　登載　掲載する。「候補者名簿に登載」

とうさか　**登坂**　読み　☞とさか・とうさか

とうさん　**父さん**［㊟父さん］

とうし
　　闘士　戦闘に従う兵士。社会運動などに活躍する人。「組合運動の闘士」
　　闘志　闘争心。「闘志満々」

とうじ　**冬至**　〔二十四節気〕12月22日ごろ。一年で最も夜の長い日。

とうじ　**杜氏**［杜氏］　酒を造る職人の長。アク　ドージ、トージ　△とじ

とうじ　**湯治**　温泉や薬湯に入って病気を治療すること。「湯治客」

とうじ　**答辞**　式場で式辞・告辞・祝辞などに答える言葉。

どうし
　　同士　仲間。種類。「仲間・隣・似たもの=同士」
　　同志　志を同じくする者。「同志の首領/同志を募る」

どうしうち　**同士打ち**［同士討ち］

とうじき　**陶磁器**

堂島ロール　㊙〔モンシェール〕→**ロールケーキ**

とうしゃ　**謄写**　「謄写版」　騰写[×]

ドゥシャンベ［Dushanbe］　タジキスタンの首都。

とうしゅう　**踏襲**［踏襲］　「前例を踏襲する」

とうしょ　島しょ・島嶼［島嶼］ 言い換え 島々　「島しょ国」

とうしん　等親　☞ 親等

とうじん［蕩尽］ →使い果たす

どうせい［同棲］ →同居、一緒に暮らす

どうせい　動静［動勢］

とうせん　当選［当籤］ 言い換え くじに当たる

どうせん

　　動線　建物内などで人が移動する経路。「生活動線」

　　導線　電流を通す線。電線。＊百貨店業界では動線の
　　　意味で「導線」を使う。

とうそう［痘瘡］ →天然痘

とうそう　闘争［斗争］　＊「斗」を闘の略字として使わない。

どうそう　同窓　アク ドーソー

どうそうかい　同窓会　アク ドーソーカイ

とうソー　東ソー　日本企業。＊1987年に「東洋曹達工業」
　　から社名変更。

とうそつ　統率　統卒

とうた　淘汰［淘汰］ 言い換え 整理、選別　「自然淘汰」

とうだいもり　灯台守　灯台守り

とうたつ　到達　至達　倒達

とうちゃく　到着

どうちゃく　撞着［撞着］ 言い換え 食い違い、矛盾　「自己撞
　　着」

とうちょう　登庁

とうちょう・とちょう　登頂

とうつう［疼痛］ →痛み、うずき

とうてい　到底　〔下に打ち消しの言葉を伴う〕「到底=できな
　　い・わからない」　倒底

トゥデー［today］（←ツデー、トゥデイ）

とうてき　投てき［投擲］ 〔競技〕

とうてん　読点　意味の切れめを示すために文中に施す「、」
　　の符号。↔句点

とうとい　☞ たっとい・たっとぶ

とうとう

　　［到頭］　ついに。結局。「とうとう=ここまで来た・承諾して

463

しまった」

[滔々] 水が勢いよく豊かに流れるさま。よどみなく話すさま。「とうとうと＝流れる大河・まくし立てる」

どうどうめぐり　堂々巡り 繰り返すばかりで進展がないこと。「堂々巡りの議論が続く」

とうとぶ ☞ たっとい・たっとぶ

とうどり　頭取

どうにいる　堂に入る 学問や技術が深いところまで進んでいる。習熟している。身についている。〜はいる

とうはん・とはん

登坂 傾斜をのぼる。「登坂＝車線・列車」

[登攀] →よじ登る、登山

とうひ　逃避 「現実から逃避する／逃避行（世間を逃れ、人目を避けて隠れ住んだり住まいを転々としたりすること）」

とうび[掉尾] →最後、最終 ＊本来の読みは「ちょうび」。

とうびょう[投錨] →停泊、入港

どうひょう　道標 道しるべ。導標

とうひょうばこ　投票箱[投票函]

とうほうガス　東邦ガス 日本企業。＊登記名は「東邦瓦斯」。

とうほん　謄本 「戸籍謄本」 騰本

どうまわり　胴回り 胴周り

どうもう[獰猛] →凶暴、荒々しい、乱暴

どうもく[瞠目] →驚き、感心

とうや　陶冶[陶治] 言い換え 鍛錬、錬成 陶器や鋳物をつくること。性質や才能を育て上げること。「人格を陶冶する」

とうやこちょう　洞爺湖町 北海道の町。2008年サミット開催。

とうよう　陶窯 陶磁器を焼くかま。

とうよう　登用[登庸] 「人材を登用する」

とうようこうはん　東洋鋼鈑 日本企業。東洋鋼板

とうようシャッター　東洋シヤッター 日本企業。東洋シャッター

とうようせいかんグループホールディングス　東洋製缶グループホールディングス[東洋製罐グループホールディングス] 日本企業。

とうらい　到来 倒来

どうらく　道楽

とうりゅう[逗留]　→滞在、宿泊

とうりゅうもん　登竜門[登龍門]　困難ではあるが、そこを突破すれば立身出世ができる関門。「芥川賞は文壇への登竜門」

　　×「登竜門をくぐる」　＊本来は「竜門を登る」の意で、登竜という門ではない。「竜門」は黄河の上流にある急流で、そこを遡った魚は竜に化すという伝説から。

とうろう　灯籠[灯籠]　「灯籠流し/釣り灯籠」

とえはたえ　十重二十重[付十重二十重]

とお　十　読み　☞じゅう・とお

とおい　遠い　「遠く/遠乗り」

TOEIC（トーイック）商[ETS]　→英語能力テスト、英語検定試験（ビジネス向け）

トーキー[talkie]　〔映画〕

とおざかる　遠ざかる　遠去かる

とおざける　遠ざける　遠避ける

とおし　通し　「通し=切符・狂言・稽古」

トーシューズ、トウシューズ[toeshoes]

とおす　通す　「無理を通す」

トーテムポール[totem pole]

トートー　TOTO　日本企業。＊2007年に「東洋陶器」から社名変更。totoはサッカーくじ（スポーツ振興投票）の愛称。

トートバッグ[tote（運ぶ。携帯する）bag]　大型の手提げ袋。

ドーナツ[doughnut]　〔菓子〕「ドーナツ現象（都心の人口が減り周りの人口が増える現象）」

とおのく　遠のく[遠退く]

ドーハ[Doha]　カタールの首都。＊「ドーハの悲劇」とは、1993年10月28日にドーハのアルアリ・スタジアムで行われたサッカー・ワールドカップ・アジア地区最終予選、日本対イラク戦の通称。終了間際にイラクの同点ゴールが決まり、日本のW杯初出場はならなかった。

ドービル[Deauville]　フランスの保養地。2011年サミット開催。

と

ドーピング［doping］ 禁止薬物使用。「ドーピング（規定違反）で出場停止」

TOEFL（トーフル、トフル）商〔ETS〕→**英語能力テスト、英語検定試験**（留学生向け）

とおぼえ　遠ぼえ［遠吠え］

とおまき　遠巻き

とおまわし　遠回し

とおまわり　遠回り

とおめ

　遠め　〔↔近め〕基準より少し離れぎみであること。

　遠目　遠くから見た感じ。遠くの方がよく見えること。遠視。「遠目が利く」

とおめがね　遠眼鏡［遠⊕眼鏡］　望遠鏡や双眼鏡の古い言い回し。

とおりいっぺん　通り一遍　通りがかりに立ち寄った客で、なじみのないこと。うわべだけで誠意がないこと。

　×「通り一辺倒」　＊「いっぺんとう」という言葉に引きずられた誤用。☞一辺倒

とおりかかる　通りかかる・通り掛かる　とおりがかる　＊名詞の「通り掛かり」は、**とおりがかり**。

とおる　通る　「無理が通れば道理が引っ込む」

トーン［tone］　音調。色調。「トーンダウン」

とか　渡河　川を渡ること。

とが　図画　〔法律〕「わいせつ図画」　＊一般的には「ずが」。

どがいし　度外視　「採算度外視で」

とがき　ト書き

とかく［兎角］

とかす［梳かす］　「髪をとかす」

とかす　☞とく・とかす・とける

とがめる［咎める］　「とがめ立て／気がとがめる」

とがる［尖る］　「とがった鉛筆／口をとがらす」

とき　時　「時が過ぎる／時は金なり」　アク トキ

ときあかす

　説き明かす　説明する。「内容を説き明かす」

　解き明かす　解明する。「謎を解き明かす」

と

ときおり　時折　「時折日が差す」　時折り[×]

とぎすます　研ぎ澄ます　「神経を研ぎ澄ます」

ときめく

　　時めく　時を得て栄える。「今を時めく」

　　ときめく　どきどきする。「期待に胸がときめく」

どぎも[°]　度肝[度胆]　「度肝を=抜かれる・抜く」

どきょう　読経[㊁読経]

とぎれる　途切れる[跡切れる]　「記録が途切れる」

ときわず　常磐津[常磐津]　常磐津節の略。浄瑠璃の一流派。

ときわだいがく　常磐大学　常盤大学[×]

「時」を表す言葉のアクセント

　　時を表す言葉には、①助詞を付けて名詞として扱う場合と、②単独で副詞的に使う場合があり、その用法によってアクセントが変わるものがある。

　　①「おととい（オ$\overline{トトイ}$）は雨だった」
　→②「おととい（オ$\overline{トトイ}$）受けた試験」
　　①「昨日（キ$\overline{ノー}$）は雨だった」
　→②「昨日（キ$\overline{ノー}$）起きた出来事」
　　①「明日（ア$\overline{ス}$）は我が身」
　→②「明日（ア$\overline{ス}$）銀座で会いましょう」
　　①「４月（シ$\overline{ガツ}$）に新生活を始める」
　→②「４月（シ$\overline{ガツ}$）行われた入学式」

ときん[°]　[鍍金]　→めっき

とく

　　得　〔↔損〕「得をする/500円の得/お得な品/お買い得」

　　徳　仁徳。恩恵。「徳を施す/早起きは三文の徳/徳用」

とく・とかす・とける

　　溶く・溶かす・溶ける　とけ合う。固体が液体になる。「絵の具を溶く/氷・雪=を溶かして水にする/鉄を溶かす/砂糖が水に溶ける/地域に溶け込む」

　　解く・解かす・解ける　とけてなくなる。緊張が緩む。「結び目・難問=を解く/氷・包囲・疑い=が解ける/解き放す/打ち解ける/雪解け」

とぐ　研ぐ　「研ぎ=上げる・澄ます・直す・物」

と

467

とくい

特異 普通と特に異なっているさま。「特異な=才能・事件」 アク トクイ、トクイ

得意 誇らしい。満足。得手。上客。「得意の絶頂/勝って得意な顔をする/得意な技/得意料理/上得意/お得意さん」 アク トクイ、トクイ

どくが　毒牙［毒牙］　「毒牙にかかる」

とくがわつなよし　徳川綱吉　江戸幕府第 5 代将軍。(1646～1709)　徳川網吉

とくしか　篤志家［特志家］　思いやりをもって、社会貢献に熱心な人。

とくしゃ　特赦　〔法律〕恩赦の一つ。有罪判決を受けた特定の人について、判決の効力を失わせること。中央更生保護審査会の申し立てがあった者に対して内閣が行う。

とくしゅ

特殊　〔一般〕「特殊=鋼・撮影・法人/特殊車両(道路法)/特殊自動車(道路運送車両法、道路交通法)」

特種　〔限定〕「特種用途自動車(自動車損害賠償保障法施行令)」

とくしゅう　特集［特輯］

どくしゅう　独習［独修］

とくしゅとうかいせいし　特種東海製紙　日本企業。特殊東海製紙

とくしょく［瀆職］　→汚職

どくぜつ　毒舌　毒説

どくせんじょう　独擅場［独壇場］ 言い換え **独り舞台、独壇場** ☞ どくだんじょう(独壇場)

ドクターカー［和製 doctor car］　車内で診察や治療ができる緊急車両。

ドクターフィッシュ、ドクターフィッシュセラピー 商 〔かんきょう総研〕→**フィッシュセラピー**　＊淡水魚「ガラ・ルファ」の俗称で魚名としての使用は可。ヒトの古い角質を食べるガラ・ルファの習性を利用した、温浴施設などで見られるセラピーの場合は不可。

どくだんじょう　独壇場　その人だけが思いのままに振る舞え

て、他の追随を許さない場所や場面。「この分野の開発は日本の独壇場だ」 ＊本来は「独擅場」。どくだんば

とくちょう

特長　特別な長所。「利便性が特長だ／特長を生かす」

特徴　特に目立つ点。「特徴のある建物／容疑者の特徴」

どくづく　**毒づく**［毒突く］

とくとく　**得々**　得意そうな様子。「得々と話をする」

どくとく　**独特**［独得］「独特の作風」

ドクトリン［doctrine］　教義。原則。基本原則。政策原則。

とくべつけいほう　**特別警報**　気象庁が発表するのは「大雨特別警報・暴風特別警報・高潮特別警報・波浪特別警報・暴風雪特別警報・大雪特別警報」の6種類。

トクホン 商〔トクホン〕→**貼り薬、筋肉消炎剤**

どくみ　**毒味**［毒見］「毒味役」

とくめい　**匿名**　「匿名で投稿する」

とくよう

徳用［得用］　割安。「徳用=品・米」

特用　特別の用途。「特用作物（タバコ・桑・茶など食用以外の、特別の用途にあてるため栽培・加工する農作物）」

とくり［徳利］　☞とっくり・とくり

どくろ［髑髏］

とげ［棘・刺］　「とげが刺さる／とげのある言い方」

とけい　**時計**［付時計］

とけつ　**吐血**　類語　☞喀血・吐血

とける　☞とく・とかす・とける

とげる　**遂げる**　アク トゲル、トゲル

とこ　**床**　「床=上げ・飾り・擦れ・離れ」

とこ　**常**　「常夏」

ところ

所　〔実質的な意義を持つ場合〕場所。地点。「生まれた所／所=書き・構わず・番地」

ところ　〔形式名詞、誤読の恐れのある場合〕「考えるところがあって／そこのところを詳しく／望むところだ／早いところ済ます／今・きょう=のところは／このところ／正直なと

ころ/ここが思案のしどころ/非の打ちどころがない/勝
負・出・役=どころ/〜するどころか」

ところが［所が］

とさいぬ・とさけん　土佐犬

とさか［鶏冠］

とさか・とうさか　登坂　[読み]　姓。

　　とさか　登坂淳一（アナウンサー。1971〜）、登坂広臣（三
　　代目 J SOUL BROTHERS from EXILE TRIBE のボーカ
　　ル。1987〜）

　　とうさか　登坂絵莉（レスリング選手。1993〜）

とざす　閉ざす［鎖す］　「心を閉ざす」

屠殺　→食肉処理

とさにっき　土佐日記

とざま　外様［外様］

とし　年［歳］　「年を食う/年男/年がい/年かさ」

どしがたい　度し難い　[言い換え]　救いようがない

とじこむ　とじ込む［綴じ込む］

とじこめる　閉じ込める

とじこもる　閉じこもる［閉じ籠もる］　閉じ込もる

としのいち　年の市［歳の市］

としのくれ　年の暮れ

としのこう　年の功［年の劫］　「亀の甲より年の功」

としま　年増［年増］

とじまり　戸締まり［戸閉まり］

としゃ　吐瀉［吐瀉］　[言い換え]　吐く、吐き下し

どしゃさいがいけいかいじょうほう　土砂災害警戒情報　大雨
　　による土砂災害発生の危険度が高まったとき、市町村長が
　　避難勧告等を発令する際の判断や住民の自主避難の参
　　考となるよう、都道府県と気象庁が共同で発表。☞コラム
　　「避難情報」

どしゃぶり　土砂降り

としゅくうけん　徒手空拳［徒手空拳］

どじょう　土壌　「土壌を改良する」

どしょうぼね　土性骨　「土性骨がある」

としより

年寄り　〔一般〕「年寄りの冷や水」

年寄　〔相撲、幕府の役職〕「年寄株」

とじる

閉じる　〔↔開く〕「本・幕・店=を閉じる」

とじる［綴じる］　つづり合わせる。「書類をとじる/卵・袋・和=とじ/割れ鍋にとじ蓋」

とする　賭する［賭する］　失敗や犠牲を覚悟してことにあたる。「身命を賭する覚悟」

とぜつ　途絶［杜絶］　「連絡が途絶する」

とそ［屠蘇］

とだえる　途絶える［跡絶える・杜絶える］　「人通り・送金=が途絶えた」

とだな　戸棚

とたん

途端　はずみ。ひょうし。「彼は酒を飲むと途端に人が変わる」

塗炭　非常に苦しい境遇。「塗炭の苦しみにあえぐ」

どたんば　土壇場［土断場］　最後の場面。「土壇場まで追い詰められる」

とち［栃・橡］　「栃」は表内字だが、一般名詞には使わない。

トチ　〔植物〕「トチの実」

とち　〔食べ物〕「とち餅」

とちかん　土地勘［土地鑑］　「土地勘のある者の犯行」　土地感

とっき　突起［凸起］

どっきょうだいがく　独協大学［獨協大學］

とっくり・とくり［徳利］　アク トックリ　トクリ

とっさ［咄嗟・突差］

ドッジボール［dodge ball］（←ドッチボール）

とって　取っ手［把手・取手］

とっぴ［突飛］　「とっぴなアイデア」

とっぴょうし　突拍子　「突拍子もない」

トップマネジメント［top management］　最高幹部（による経営）。

とつべん　とつ弁［訥弁］　言い換え　口下手

どて　土手[土堤]

トト　toto　サッカーくじ（スポーツ振興投票）の愛称。

どどいつ　**都々逸**[都々逸]

どとう　**怒濤**[怒濤]　言い換え 荒波、大波　「疾風怒濤」

とどけ

　届け　〔一般〕「届けを怠る/届け=先・書・済み・出・出る」

　届　〔書類〕「引退・欠席=届」

とどこおる　**滞る**　「流れ・家賃の支払い=が滞る」

ととのう・ととのえる

　整う・整える　整理。きちんとする。「準備が整う/体調・隊列=を整える/整った文章」

　調う・調える　調達。まとまる。「家財道具・商談=が調う/晴れ着を一式調える/味・資金=を調える」

ドドマ[Dodoma]　タンザニアの法律上の首都。＊事実上の首都はダルエスサラーム。

とどまる[止まる・留まる]　「現職にとどまる/思いとどまる」

とどめ[止め]　「とどめを刺す」

どどめ　土留め

とどめる[止める・留める]　「被害を最小限にとどめる/面影をとどめる」

ドナー[donor]　臓器提供者。↔レシピエント　アク ドナー

ドナーカード[donor card]　意思表示カード。臓器提供する意思を表示したカード。

となえる

　唱える　言う。主張する。「念仏・異議=を唱える」

　となえる[称える]　称する。「旧姓をとなえる」

となり　**隣**　「隣近所/隣組/隣村」　隣り

となる　**隣る**　「隣り=合う・合わせ」

どなる　怒鳴る

とにかく[兎に角]

との　殿

どのう　土のう[土嚢]

とば　**賭場**[賭場]　言い換え ばくち場

トパーズ[topaz]　〔宝石〕

ドバイ[Dubai]　アラブ首長国連邦（UAE）を構成する首長

国の一つ。

とばく 賭博 ［賭博］ ［言い換え］ **ばくち**

とばす 飛ばす 「飛ばしすぎ」

とはん ☞ とうはん・とはん

とびあがる

　飛び上がる 「飛行機が飛び上がる」

　跳び上がる 「跳び上がって喜ぶ」

とびおりる 飛び降りる ［飛び下りる］

とびかう 飛び交う

とびかかる 飛び掛かる

とびこす

　飛び越す 「先輩を飛び越して次長に昇進する」

　跳び越す 「障害物・溝=を跳び越す」

とびっこ ⑨〔かね徳〕 →トビウオの卵しょうゆ漬け、魚卵の
　しょうゆ漬け

とびはねる 跳びはねる ［飛び跳ねる・跳び跳ねる］ 「カエル
　が跳びはねる」

ドビュッシー（クロード）［Claude Debussy］ 作曲家。（仏 1862
　〜1918）

トビリシ ［Tbilisi］ ジョージアの首都。

とぶ

　飛ぶ 飛行。飛躍。「鳥・うわさ=が飛ぶ／空飛ぶ円盤／ア
　メリカに飛ぶ／家を飛び出す／（飛び）板飛び込み／飛び
　込み台／飛び出しナイフ／飛び石（連休）／飛び=歩く・板・
　入り・魚・降り・立つ・地・道具・抜ける・乗り・火／一足飛
　び」

　跳ぶ 跳躍。「カエルが跳ぶ／跳び=起きる・箱／縄跳び」
　［ポイント］「飛び上がる／跳び上がる」「飛び越す／跳び越す」
　「飛び回る／跳び回る」などは文脈に応じて使い分ける。

どぶろく ［濁酒］

とぼしい 乏しい

ドボルザーク（アントニン）［Antonin Dvořák］ 作曲家。（チェ
　コ 1841〜1904）

とまどう 戸惑う ［戸迷う・途惑う］

とまる・とめる

止まる・止める［停まる・停める］〔一般〕「鳥が木に止まる／交通・水道=が止まる／笑いが止まらない／息・車・流れ・筆=を止める／止まり木／立ち止まる／行き止まり／射・受け=止める／通行止め／止め=相場・立て」

留まる・留める〔留置〕「目に留まる／ボタンを留める／気にも留めない／命を取り留める／警察に留め置く／獲物を仕留める／抱き・つなぎ・引き=留める／歩留まり／局留めの郵便／駅留め／土留め工事／留め=置き・金・袖・針」

泊まる・泊める〔宿泊〕「宿直室に泊まる／船が港に泊まる／客を家に泊める」

とみくじ　富くじ［富籤］

とみすはら　地名（三重県）。

　富州原　四日市市の地名。

　富洲原　小・中学校名。「川越富洲原駅（近鉄駅名。所在地は川越町）」

ドミナント［dominant］　優位。地域集中。集中出店。「ドミナント戦略」

ドミニカ［Commonwealth of Dominica］　首都ロゾー。元英領。

ドミニカきょうわこく　ドミニカ共和国［Dominican Republic］　首都サントドミンゴ。元スペイン領。野球の強豪国。

とむ　富む「富み栄える」

トムヤムクン［タイ tom yam kung］（←トムヤンクン）〔料理〕

とむらう　弔う［葬う］「弔い合戦」

ドメイン［domain］　領域。「ドメイン名」

ドメスティック［domestic］　①家庭の。②国内の。

ドメスティックバイオレンス［domestic violence］　配偶者、恋人などからの暴力。配偶者間暴力。㊂ DV

とめどない　止めどない［止め処ない］　止め度ない

とめる　☞とまる・とめる

とも

　共「共=稼ぎ・切れ・食い・倒れ・働き」

　供「供をする人々／供回り」

ともあれ［兎も有れ］

ともえ［巴］「ともえ投げ／三つどもえ」

474

ともしび［灯・灯火］

ともす［点す・灯す］　「希望の灯をともす」

ともだち　友達［付友達］

ともづな［纜・艫綱］　船をつなぎとめる綱。もやい綱。

ともづり　友釣り

ともども［共々］

ともなう　伴う

ともびき　友引　六曜の一つ。引き分けで勝負なしという日。俗信で、友を凶事に誘引するとして葬式を営むことを忌む。仏事には大凶の日。

どよう　土用　立春・立夏・立秋・立冬の前の 18 日間。その初めの日を「土用の入り」と呼ぶ。特に夏の土用を指す。「土用の丑の日」は、土用の中で十二支の丑、つまり 12 日周期でくる丑の日を言う。

とよた・とよだ　姓。地名・社名（愛知県）。

　　とよた　豊田　市名。社名（豊田自動織機、豊田通商）。

　　トヨタ　豊田市の町名。社名（トヨタ自動車、トヨタ紡織）。

　　とよだ　豊田　豊田佐吉（トヨタグループ創始者。1867～1930）。社名（豊田合成）。刈谷市の町名。

とら［虎］

　　トラ　〔動物〕

　　虎　〔比喩など〕「虎刈り／虎の=子・巻／虎の威を借りる」

トライ［try］　①試み。挑むこと。②ラグビーで相手側ゴールにボールをつけること。

ドライアイ［dry eye］　乾き目。眼球の表面が乾燥し傷や障害が生じる病気。

ドライバー［driver］

　　①運転手。ゴルフ道具。アク ドライバー、ドライバー

　　②ねじ回し。アク ドライバー

ドライブウエー、ドライブウェー［driveway］

ドライミルク　〔元商標〕　＊一般名称は「育児用粉乳」。

ドライヤー［drier］　乾燥機。乾燥剤。「ヘアドライヤー」

トラウト［trout］　〔魚〕マス。「トラウトサーモン」

トラウマ［独 Trauma］　心の傷。心的外傷。

ドラえもん　藤子・F・不二雄の漫画作品。その主人公名。

ドラえもん

とらえる

捕らえる　取り押さえる。「虫の捕らえ方/犯人を捕らえる」

捉える[捉える]　つかむ。把握。「台風の進路を捉える/
意味・機会・心・言葉尻・要点=を捉える/前向きに捉える
/問題の捉え方」

ドラスチック、ドラスティック[drastic]　思い切った。徹底的。
「ドラスチックな手段」

トラッキング[tracking]　追跡。「トラッキング情報」

ドラッグ[drug]　薬。薬物。麻薬。＊厚生労働省と警察庁
は 2014 年 7 月に「脱法ドラッグ」（麻薬、覚醒剤などの取
締法にかかわらない薬物）を「危険ドラッグ」とした。報道
では「危険ドラッグ（いわゆる脱法ドラッグ）」などと表記し
ていたが、その後一般に定着したため単に「危険ドラッグ」
とした。＊「脱法ハーブ」という表現も「ハーブ」という言葉
が、安全なものであるとの誤解を生むため、できるだけ用い
ない。

ドラッグストア[drugstore]　医薬品を中心とした日用品など
の販売店。

トラディショナル[traditional]　伝統的な。

とらどし　寅年・とら年[寅年]

ドラフター⑭〔MUTOH ホールディングス〕→**設計製図機械、
設計製図台**

トラベラーズチェック[traveler's check]　旅行用小切手。

トラベルミン⑭〔エーザイ R&D マネジメント〕→**乗り物酔い
防止薬**

ドラマチック[dramatic]　劇的。

とらわれる

捕らわれる[囚われる]　「敵に捕らわれる/捕らわれの
身」

とらわれる　〔観念的な意味〕「形式・不安=にとらわれる」

トランクルーム[和製 trunk room]　①乗用車の荷物入れ。
②貸し収納庫。

トランジスタ、トランジスター[transistor]　「トランジスタラ
ジオ」

トランスジェンダー［transgender］ 出生時の性と自身の認識する性が一致しない人。

トランスミッション［transmission］ 変速機。

トランポリン 商〔セノー〕→**跳躍器具（遊具）、跳躍練習台**
　＊競技・運動を示す場合は使用可。

とり　酉[酉]♦　「お酉さま」　☞酉の市

とり

　鳥　鳥類の総称。「鳥籠／鳥刺し／鳥肌／焼き鳥」

　鶏[鶏]　ニワトリ。「風見鶏／地鶏／鶏ガラ／鶏肉（『けいにく』とも）」

　ポイント　「鳥」は「鶏」も含む。風見鶏以外は「鳥」を使ってもよい。

ドリア［仏 doria］〔料理〕

トリアージ［triage］　選別。治療の優先順位。

とりあげる

　取り上げる　手に取る。没収する。「受話器・財産＝を取り上げる／会議で取り上げる（議論する）」

　採り上げる　採用。採択。「意見・提案＝を採り上げる」

とりあつかい

　取り扱い　〔一般〕「取り扱い＝実績・状況・方法」

　取扱　〔慣用。経済関係複合語〕「取扱＝規則・業者・残高・数量・注意・手数料・人・品目」

とりあつかう　取り扱う

とりい　姓。

　鳥井　鳥井信治郎（サントリー創業者。1879〜1962）

　鳥居　鳥居元忠（戦国時代の武将。1539〜1600）

とりいれ　取り入れ［穫り入れ］

とりえ　取りえ［取り得・取り柄］

トリガー［trigger］　引き金。きっかけ。

とりかい・とりがい　姓。

　とりかい　鳥飼　鳥飼玖美子（通訳者・立教大学名誉教授。1946〜）

　とりがい　鳥飼　鳥飼慶陽（牧師・社会運動家。1940〜）

　とりかい　鳥養　鳥養祐矢（サッカー選手。1988〜）

とりかえ　取り換え［取り替え］

とりきめ　**取り決め**［取り極め］

とりくみ
　　取り組み　〔一般〕「仕事への取り組み/取り組み方法」
　　取組　〔相撲。経済関係複合語〕「好取組/取組=株数・残
　　　高」

トリクルダウン［trickle down］　浸透。「トリクルダウン理論
　　（富める者が富めば、貧しい者にも自然と富が滴り落ちる
　　という経済理論）」

トリコロール［仏 tricolore（３色の）］　三色旗。フランス国
　　旗。⚠「トリコロールカラー」

とりしませいさくしょ　**酉島製作所**　日本企業。西島製作所

とりしまり
　　取り締まり　「取り締まり=権・当局・方法/取り締まる」
　　取締　「取締=員・船・班・本部」

とりしらべ
　　取り調べ　「取り調べる」
　　取調　「取調=官・室」

とりつぎ
　　取り次ぎ　〔一般〕「取り次ぎ=拒否・方法」
　　取次　〔経済関係複合語〕「取次=業者・代理店・品目」

とりつぐ　**取り次ぐ**［取り継ぐ］　「電話を取り次ぐ/部長に取
　　り次ぐ」

トリックアート　⚠〔エス・デー〕→だまし絵、目の錯覚を利用
　　した作品

とりつくしまがない　**取り付く島がない**　つっけんどんで相手
　　を顧みる態度がみられない。＊「取り付く島もない」とも。
　　取り付く暇がない

とりで［砦］

とりどし　**酉年・とり年**［酉年］

とりなおす
　　取り直す　〔一般〕「寸法を取り直す」
　　撮り直す　〔映像〕「写真を撮り直す」

トリノ［Turin］　イタリアの都市。2006 年冬季五輪開催。

とりのいち　**酉の市**［酉の市］　11 月の酉の日に東京都台東
　　区千束の 鷲 神社など、鷲や鳥にちなむ寺社の祭礼に立

つ市。「酉の祭」「お酉様」とも。縁起物の熊手を売る露店が立ち並ぶ。＊熊手購入後に行われるのは「手締め」。「柏手」ではない。

とりのける　取りのける[取り退ける・取り除ける]

とりはだがたつ　鳥肌が立つ 意味

　○本来は、寒さや恐怖などの強い刺激によって肌があわ立つ様子を言う。

　△スポーツなどで感動するシーンで用いるのは、本来の使い方ではない。

とりひき　取引　「取引=員・勘定・銀行・先・所・高/取引する」

トリビュート[tribute]　たたえる。敬意を表する。「トリビュートアルバム」

トリポリ[Tripoli]　①リビアの首都。②レバノンの都市。

トリミング[trimming]　構図調整。ペットの理美容。

とりもの　捕物

とりやめ　取りやめ[取り止め]

トリュフ[仏 truffe]

とりわけ

　取り分け　めいめいが自分の分だけ分けて取る。「おかずを取り分ける」

　とりわけ　〔副詞〕特に。ことに。「スポーツの中でも、とりわけ野球が好きだ」

とる

　取る　〔一般。接頭語〕「明かり・栄養・資格・責任・年・メモ・汚れ・連絡=を取る/魚を取る（漁獲）/虫を取る（駆除）」

　捕る　捕らえる。「クジラ・ネズミ・飛球=を捕る/魚・虫=を捕る（捕獲）/召し捕る」

　採る　採取。採用。「血液・指紋・標本・決・社員=を採る/キノコ・山菜=採り/意見を採り入れる（採用）」

　執る　扱う。「指揮・事務・筆=を執る/式を執り行う」

　撮る　撮影。「入学式のビデオを撮る/映画・写真=を撮る」

　とる[録る]　録音。録画。「朝ドラをビデオにとる」

ドルだて　ドル建て

トルティーヤ[西 tortilla]　〔料理〕「トルティーヤチップス」

479

トレー［tray］ 盆。

トレーサビリティー［traceability］ 履歴管理。生産履歴の管理。追跡可能性。

トレース［trace］ なぞること。たどること。追跡。痕跡。

トレーディング［trading］ （金融商品などの）取引。交換。

トレードオフ［trade-off］ 相反。あっちを立てればこっちは立たず。

トレードシークレット［trade secret］ 営業秘密。

トレーナー［trainer］
　①〔人〕　アク トレーナー、トレーナー
　②〔服〕　アク トレーナー、トレーナー

トレーニング［training］

とれだか　取れ高［穫れ高・獲れ高］

トレッドミル［treadmill］ 室内ランニングマシン。

トレンディー［trendy］ 流行の。先端の。

トレンド［trend］ 傾向。動向。流行。

ドローン［drone］ 無人航空機。小型無人機。

どろくさい　泥臭い

どろじあい　泥仕合［泥試合］ 互いに相手の欠点や秘密などをあばきたてて争うさま。「泥仕合を演じる」

どろどろ［泥々］ 「どろどろの=沼・道」

トロピカル［tropical］ 熱帯の。南国調。「トロピカルフルーツ」

トロフィー［trophy］

どろぼう　泥棒［泥坊］

どろよけ　泥よけ［泥除け］

トロント［Toronto］ カナダの最大都市。1988年サミット開催。＊首都はオタワ。

どわすれ　度忘れ

どん　丼［丼］ 「うな丼/牛丼/天丼」

ドンキホーテ［Don Quijote］ 騎士物語の主人公。

ドン・キホーテ 日本企業。ディスカウントストア名。＊店舗のロゴは「ドン.キホーテ」とピリオドを使っている。略ドンキ

トング［tongs］ 食べ物を挟んで取るV字形の道具。

豚コレラ → CSF、豚熱 豚やイノシシにかかる伝染病。

と

「CSF」に相当する和名は「豚熱」と改められた。☞豚熱

とんざ　頓挫[頓挫] 言い換え 行き詰まり、つまずき

とんし　頓死[頓死] 言い換え 急死

とんじる・ぶたじる　豚汁 読み 本州の東日本では「とんじる」、西日本と北海道では「ぶたじる」と呼ぶ傾向がある。

とんそう[遁走] →逃走

とんち　頓知・とんち[頓智]

とんちゃく・とんじゃく　頓着[頓着] 「細かいことに頓着しない」

どんちょう　緞帳[緞帳] 言い換え 幕　だんちょう

とんちんかん[頓珍漢]

とんでもない　「とんでもない=ことです・話です」 ＊一語化した形容詞。「みっともない」「もったいない」も同様。㊟『敬語の指針』(2007年文化審議会答申)では、相手からの褒め言葉に謙遜して軽く打ち消す表現のあいさつ語として「とんでもありません」「とんでもございません」を認めているが、本来の丁寧体である「とんでもないことです」「とんでもないことでございます」や、「恐れ入ります」などといった表現が適切。

ドンフアン、ドンファン[Don Juan] スペイン伝説上の人物。

とんぷく　頓服[頓服]

どんぶり　丼[丼] 「親子丼/丼勘定/丼物」

ドンペリニョン、ドンペリ㊂〔エムアッシュセーエス〕→シャンパン

とんぼがえり　とんぼ返り[蜻蛉返り] とんぼ帰り

とんや・といや　問屋

どんよく　貪欲[貪欲] 言い換え 強欲、欲張り

な・ナ

ナース[nurse] 看護師。「ナースコール」

ナーバス[nervous] 神経質。

ない

　亡い 〔形容詞〕この世にいない。「亡き人をしのぶ/亡きがら」

　無い 〔形容詞。↔ある〕存在しない。「有ること無いこと

/無い袖は振れぬ/無い物ねだり/台無し」

ない 〔助動詞。補助形容詞〕「雨がやまない/美しくない/ベテランらしくない/そんなことはない/私ではない」

ナイーブ［naive］ 純真な。繊細な。感じやすい。無知な。

内閣総理大臣（平成以降。日付は就任日）

第75代	宇野宗佑	1989年6月3日
第76代	海部俊樹（第1次）	1989年8月10日
第77代	海部俊樹（第2次）	1990年2月28日
第78代	宮沢喜一	1991年11月5日
第79代	細川護熙	1993年8月9日
第80代	羽田孜	1994年4月28日
第81代	村山富市	1994年6月30日
第82代	橋本龍太郎（第1次）	1996年1月11日
第83代	橋本龍太郎（第2次）	1996年11月7日
第84代	小渕恵三	1998年7月30日
第85代	森喜朗（第1次）	2000年4月5日
第86代	森喜朗（第2次）	2000年7月4日
第87代	小泉純一郎（第1次）	2001年4月26日
第88代	小泉純一郎（第2次）	2003年11月19日
第89代	小泉純一郎（第3次）	2005年9月21日
第90代	安倍晋三（第1次）	2006年9月26日
第91代	福田康夫	2007年9月26日
第92代	麻生太郎	2008年9月24日
第93代	鳩山由紀夫	2009年9月16日
第94代	菅直人	2010年6月8日
第95代	野田佳彦	2011年9月2日
第96代	安倍晋三（第2次）	2012年12月26日
第97代	安倍晋三（第3次）	2014年12月24日
第98代	安倍晋三（第4次）	2017年11月1日

ないくう **内宮** 伊勢神宮の皇大神宮。↔外宮 アク ナイグー、ナイクー ✕ないぐう

ないこう

内向 自分の世界に閉じこもろうとする。「内向的性格」

内攻 〔主に医学〕病気や不満が内部にたまる。「内攻的症状/不平不満が内攻する」

な

ないしょ　内緒［内所・内証］　＊「内証」は仏教用語で、自己の心の内で真理を悟る内面的な悟りのこと。

ないしょう　内相　内務大臣の略称。＊内大臣を「内相」とするのは誤り。

ないじょう　内情［内状］　「内情に明るい／内情を探る」

ないぞう

内蔵　内部に持つ。「さまざまな課題を内蔵している／内蔵電池」

内臓　体内の臓器。「内臓=疾患・破裂」

ナイチンゲール（フローレンス）［Florence Nightingale］　看護師。（英 1820〜1910）

ないまぜ　ない交ぜ［綯い交ぜ］　種々の色の糸をより合わせて、ひもをつくること。また、別種のものをまぜ合わせて一緒にすること。「虚実をない交ぜにして語る」

ナイロビ［Nairobi］　ケニアの首都。

なうて　名うて　著名なこと。「名うての事件記者」

なえる　萎える［萎える］　「気持ちが萎える」

なおざり　[類語]　☞ おざなり・なおざり

なおす・なおる

直す・直る　〔一般〕正しい状態にする。変換。変更。「故障・言葉遣い=を直す／書き・仕立て・出=直す／機嫌が直る／取り直し／立ち直る」

治す・治る　〔傷病など〕「風邪・けが=を治す／頭痛が治る／傷の治りが早い」

なおらい　直会［直会］　神事が終わって、神酒などの供え物をおろし、飲食する行事。

なか

中　〔↔外〕中間。「家の中／中から腐る／中=だるみ・休み／中値」

仲　〔主に対人関係〕「仲が良い／夫婦の仲／仲立ち（媒介）／仲直り／仲間」

ながい

長い　〔↔短い〕形・距離・時間に関して。「長い=年月・目で見る／気が長い／細く長く／長雨／長生き／長丁場／長々と／長話／長引く／長め」

永い　とこしえ。永続。「永い眠り／末永く契る／永の別れ」

ながうた　長唄［長唄］　「長唄の師匠」　＊「長歌」（上方長歌）と表記する地歌の一種がある。

なかおし　中押し　[読み]　☞ちゅうおし・なかおし

なかおろし　仲卸　「仲卸業者」

なかがい　仲買　「仲買＝業者・店・人」

ながしま　地名（三重県）。

　長島　桑名市の地名（長島町）。JR 関西線駅名。

　紀伊長島　JR 紀勢線駅名。

ながしましげお　長嶋茂雄　野球選手・監督。（1936〜）

なかす　中州［中洲］　「川の増水で中州に取り残される」＊福岡の繁華街など固有名詞では「中洲」も。

なかたがい　仲たがい［仲違い］

ながつき　長月　陰暦 9 月。[アク]ナガツキ

なかなか［中々・仲々］　「なかなかの腕前」

ながねん　長年［永年］　「長年勤めた会社」　☞永年（えいねん）

ながのし　長野市　長野県の県庁所在地。1998 年冬季五輪開催。

なかば　半ば［中ば・央ば］　「人生の半ば／志半ば／思い半ばに過ぎる」

なかび　中日　[読み]　☞ちゅうにち・なかび

なかみ　中身［中味］　「箱の中身／中身のない議論」

なかみせ　仲店　寺社の境内にある店、商店街。＊固有名詞では「仲見世」も。「浅草仲見世商店街」

なかむら　姓。

　中村　中村雅俊（俳優・歌手。1951〜）、中村太地（将棋棋士。1988〜）

　仲村　仲村トオル（俳優。1965〜）、仲村颯悟（映画監督。1996〜）

　中邑　中邑真輔（プロレスラー・総合格闘家。1980〜）

　仲邑　仲邑菫（囲碁棋士。最年少でプロ棋士に。2009〜）

　中邨　中邨雄二（アナウンサー。1961〜）

なかむらみつこ　中村美律子　歌手。（1950〜）　〜美津子

ながもち　長持ち　①長く持つ。「丈夫で長持ち」②衣類・

調度品を入れる箱。「長持ちにしまう」

ながや　長屋［長家］「棟割り長屋/長屋門」

なかよし　仲良し［仲好し］「仲良し姉妹」

ながらえる　永らえる［長らえる］「生き永らえる」

ながらく　長らく［永らく］「長らく顔を見ない」

ながれにさおさす　流れにさおさす［流れに棹差す］

  世論調査 「その発言は流れにさおさすものだ」

  ○傾向に乗って、ある事柄の勢いを増すような行為をする。
    ＊2006 年度 17.5%/12 年度 23.4%　☞ さおさす

  ×傾向に逆らって、ある事柄の勢いを失わせるような行為
    をする。＊2006 年度 62.2%/12 年度 59.4%

なかんずく［就中］「受験ではどの学科も大事だが、なかん
  ずく語学は重要だ」

なぎ［凪］「夕なぎ/なぎ模様の政局」

なきがら　亡きがら［亡骸］言い換え 遺体 「亡きがらを葬
  る」

なぎさ［汀・渚］　波が寄せるところ。波打ち際。「人工のな
  ぎさ」

なぎなた［薙刀・長刀］

なく

  泣く　〔人間〕「泣き＝明かす・落とし・顔・声・言・上戸・寝入
    り・虫/泣きっ面に蜂」

  鳴く　〔動物〕「鳴き＝交わす・声/鳴かず飛ばず」

なくす・なくなる

  亡くす・亡くなる　人が死ぬ。「惜しい人を亡くす/恩師
    が亡くなる」

  △「パンダが亡くなる」　＊動物については原則として「亡
    くなる」を使用しない。ただし昨今、ペットを家族として
    扱う風潮もあるため、飼い主の心情を配慮して例外的に
    使用する場合がある。

  なくす・なくなる［無くす・無くなる］　失う。消える。「財
    布をなくす/時間がなくなる」

なげうつ［擲つ・拋つ］「身命をなげうつ」

なげく　嘆く［歎く］「不運を嘆く」

なげし　長押［長押］　柱と柱との間に水平に取り付ける装

飾的な横木のこと。ながおし

なげやり　投げやり
　［投げ遣り］「投げやりな態度」
　［投げ槍］「投げやりで獲物を捕る」

なこうど　仲人［付仲人］

なごやか　和やか　「和やかな表情」

なごり　名残［付名残］

なさけ　情け　「情け知らず/情けない」

〜なさげ　→〜なげ　「関心・ことも・自信=なげ」　＊「げ（気）」は形容詞の語幹に付くので、「なさげ」でなく「なげ」となるのが本来の用法。

なさけはひとのためならず　情けは人のためならず　世論調査
　○人に情けを掛けておくと、巡り巡って結局は自分のためになる。＊2010年度 45.8%
　×人に情けを掛けて助けてやることは、結局その人のためにならない。＊同 45.7%

なざし　名指し［名差し］「名指しで非難する」

〜なさすぎる　→〜なすぎる　否定を表す助動詞「ない」に「〜（動詞連用形）すぎる」が付くときは、「〜なさすぎる」でなく「〜なすぎる」となる。「打て・知ら=なすぎる」
　ポイント　形容詞の「ない」の場合は、「理解がなさすぎる」と「さ」が入る。助動詞、形容詞の見分け方は、「ない」が同意語の「ぬ」に置き換えられれば助動詞（打てない→打てぬ）、反対語の「ある」に置き換えられれば形容詞（理解がない→理解がある）。☞〜すぎる

なさぬなか　なさぬ仲［生さぬ仲］　意味
　○義理の親子関係。＊「なす」は「生（産）む」の意。
　×成さない（成就しない）仲。

なし　梨・ナシ［梨］

なしくずし　なし崩し［済し崩し］　世論調査　「借金をなし崩しにする」
　○少しずつ返していくこと。＊2017年度 19.5%
　×なかったことにすること。＊同 65.6%
　×「結婚の約束をなし崩しにした」→**結婚の約束を=破った・取り消した**　＊本来の「借りたお金を少しずつ返済

していくこと」から「物事を少しずつ片づけていくこと」という意が生まれ、転じて、俗に「正式な手続きを経ずに既成事実を積み重ねていく」「うやむやにする」などの意味にも使われるようになった。

なじみ［馴染み］「なじみの店/顔なじみ」

なしもと 姓。

　梨本 梨本謙次郎（俳優。1961〜）

　梨元 梨元勝（芸能リポーター。1944〜2010）

ナショナル［national］ 国家の。国家的。全国の。「ナショナルブランド」

なす

　成す 仕上げる。作る。「意味を成さない/重き・形・中核=を成す/成し遂げる/災い転じて福と成す」

　なす［為す］ する。行う。「悪事をなす/なすがまま/なすすべもない/なせば成る」

　なす［生す］ 産む。「子をなす/なさぬ仲」

　なす［成す］ ある感情が生じる。「あや・色・恐れ=をなす」

なぜ［何故］「なぜ来ない」

なぞ　謎［謎］「謎を解く/謎掛け」

なぞなぞ［謎々］「なぞなぞ遊び」

なた　なた・ナタ［鉈］ アク ナタ

なだい　名代 読み ☞ みょうだい・なだい

なだたる　名だたる 有名な。「世界に名だたる音楽家」

なだれ　雪崩［付雪崩］

なだれる［雪崩れる・傾れる］「なだれ=落ちる・込む」

ナチュラル［natural］ 自然の。自然な。

なついん　捺印［捺印］ 言い換え 押印

　重「捺印を押す」→**捺印する、押印する** ＊「捺」は押す。

なつく　懐く「人に懐く」

なづけおや　名付け親

なっせん　捺染［捺染］ 言い換え 押し染め、型染め、プリント

ナッソー［Nassau］ バハマの首都。

なつび　夏日 1日の最高気温が 25 度以上の日。

ナップザック［独 Knappsack］ 小型リュック。

ナツメグ［nutmeg］〔香辛料〕

なでる[撫でる] 「胸をなで下ろす/なで肩/猫なで声」

など[等] 「英米などが参加/勲章などいらない」

なとり 名取 「日本舞踊の名取」

ナトリウム[独 Natrium]〔金属元素〕

ななくさ 七草[七種] しちくさ ななぐさ

　春の七草 セリ・ナズナ・ゴギョウ・ハコベラ(ハコベ)・ホト
　　ケノザ・スズナ・スズシロ。

　秋の七草 ハギ・オバナ・クズ・ナデシコ・オミナエシ・フジ
　　バカマ・キキョウ。

nanaco(ナナコ)㊑〔セブン・カードサービス〕→(プリペイ
　ド型)電子マネー

ななだいめ 七代目 読み ☞しちだいめ・ななだいめ

ななつどうぐ 七つ道具

ななふしぎ 七不思議

×斜めに構える →斜に構える

なにげに 何気に 「何気ない」の「ない」を省き、形容動詞
　活用語尾の「に」を付けて副詞化した俗語。本来は「何気
　なく」「何気なしに」で、「これといった特別な意図や考えも
　なく」という意味。「何気なく」と同じ意味を表したり、「思い
　のほか」「まあまあ」といった意味で使われたりする。＊「さ
　りげなく」の誤用からできた「さりげに」も同じ。

なにわ・なんば 地名(大阪府)。

　なにわ 難波 大阪の古称。「難波高津宮/難波宮」

　なにわ 浪速 大阪の総称、大阪市の区名。「私立浪速
　　高校」 ＊文芸作品などでは「浪花」「浪華」も。

　なんば 難波 JR・近鉄・阪神・南海・地下鉄駅名。＊近
　　鉄・阪神は「大阪難波」。

なにわぶし 浪花節[浪花節]

なので[接続詞]→だから、ですから ＊「なので」の「な」は
　断定の助動詞「だ」の連体形。「日曜日なので」を「日曜日
　だ。なので〜」と、独立した接続詞として使うようになった
　もの。立項している辞書もあるが、崩れた感じを伴うため、
　新聞では使わない。

ナノテクノロジー[nanotechnology] 超微細技術。㊑ナノ
　テク

なのり　名乗り［名告り］「名乗りを上げる」

ナビゲーター［navigator］　航海士。航空士。運転補助者。進行役。

ナプキン［napkin］

ナフサ［naphtha］　粗製ガソリン。

なべ　鍋［鍋］「手鍋提げても/鍋底景気/寄せ鍋」

ナポリ［伊 Napoli］　イタリアの都市。1994 年サミット開催。

なまいき　生意気

なまえまけ　名前負け　世論調査「先代の名を継いで名前負けする」

　　○名前が立派で中身が追い付かないこと。＊2015 年度83.4%

　　×名前を聞いただけで気後れしてしまうこと。＊同 9.3%

なまける　怠ける［懈ける］「仕事を怠ける/怠け＝心・者」

なましょく　生食　読み　☞ せいしょく・なましょく

なまず［鯰］

　　なまず　〔比喩など〕「なまずひげ」

　　ナマズ　〔動物〕「ナマズの養殖」

なまづめ　生爪［生爪］「生爪をはがす」

なまはんか　生半可「生半可な理解」

なまびょうほう　生兵法「生兵法は大けがのもと」　なま✕へ✕い
ほう

なみ

　　並み　並んだもの。同類。同じ程度。「足・家・十人・世間・月・手・人・平年・町（街）・山＝並み」

　　並　程度が普通。中くらい。「並足/並製/並大抵/並々ならぬ/並肉/並の人/並外れ」

なみいる　並み居る［並み居る］「並み居る強豪」

なみき　並木「並木道/松並木」

なめしがわ　なめし革［鞣し皮］

なめる［舐める・嘗める］　経験する。くまなく及ぶ。一面を焼き尽くす。「辛酸をなめる/なめるように見る/炎が家並みをなめる」

なや　納屋［納家］「納屋に農具をしまう」

ならう

習う 反復して身につける。習得。「ピアノを習う/習い覚えた技術/習い性となる/習うより慣れよ/習わぬ経を読む/世の習い/先輩に習う（指導を受ける）」

倣う 手本として従う。模倣。「前例・ひそみ=に倣う/右へ倣え/先輩に倣う（まねをする）」

ならく 奈落[奈落] 舞台の床下。＊地獄の意味のサンスクリットの音訳。

ならしの 地名（千葉県）。

習志野 市名。船橋市地名。新京成駅名。

習志野台 船橋市地名。

北習志野 新京成・東葉高速鉄道駅名。

東習志野 習志野市地名。

西習志野 船橋市地名。

新習志野 JR駅名。

ならす

慣らす なじませる。適応させる。「気候に慣らす/使い慣らす/肩慣らし」

ならす[馴らす] 動物を手なずける。「馬をならす/動物を飼いならす」

ならす[均す] 平らにする。平均する。「グラウンド・土=をならす/月にならすと3万円になる」

ならわす 習わす[慣わす] 「言い習わす/習わし」

なり 鳴り 「鳴りを潜める/鳴り物入り」

なりどし 生り年 果実がよくなる年。↔裏年

なりゆき 成り行き 「成り行きが注目される」

なりわい[生業] 言い換え 仕事

なる

成る 仕上がる。できる。「なせば成る/優勝成る/ローマは一日にして成らず/成り上がり者/成り金/成り立ち」

なる[為る] 別の状態に変わる。「雨が雪になる/社会人・一緒・公・気=になる/大きくなる」

なる[生る] 実を結ぶ。「実がなる/金のなる木/鈴なり」

なる 鳴る 「鈴・腕=が鳴る/名声が天下に鳴る/高鳴る」

なるこ 鳴子 音をたてて鳥獣を脅かし田や畑が荒らされないようにする道具。

ナルシシスト[narcissist]　自己陶酔者。うぬぼれ屋。

ナルシシズム[narcissism]　自己陶酔。うぬぼれ。

ナレーター[narrator]　語り手。

ナレッジ[knowledge]　知識。

なれなれしい[馴々しい・狎々しい・慣れ慣れしい]

なれる

　　慣れる　なじむ。習熟する。「仕事・パソコン゠に慣れる／
　　　住み慣れた家／使い慣れたペン／聞き慣れない／見・世゠
　　　慣れる／慣れ親しむ／慣れっこ」

　　なれる[馴れる]　なつく。親しみを持つ。「新しい先生に
　　　なれる／人になれた猫／なれ゠合い・初め」

　　なれる[狎れる]　なれなれしい。親しみのあまり礼を欠く。
　　　「なれていい気になる」

　　なれる[熟れる]　熟成する。「ぬかみそがなれる／なれず
　　　し」

なわしろ　苗代　△なえしろ

なんぎ

　　難義　難しい意味。「難義語」

　　難儀　災難。苦労。「悪路に難儀する／難儀な仕事」

なんぎょう　難行[難業]　「難行苦行」

なんくせ　難癖　「難癖をつける」

なんこう　難航[難行]　「交渉が難航する」

なんこうふらく　難攻不落

なんさしょとう　南沙諸島　中国側呼称。英語名「スプラトリー
　諸島」。

なんしょく　難色　「難色を示す」

なんど　納戸

なんば　難波　☞なにわ・なんば

ナンバーワン[number one]　＊「ナンバー2」以降は洋数
　字。

ナンパ塾㊟〔西浦桂一郎〕→**ナンパ講座、ナンパ指導塾**

ナンバリング[numbering]　番号付け。

南氷洋　→**南極海**　＊「南氷洋」は旧称。

なんぴん　ナンピン[難平]　〔市場用語〕「ナンピン買い」

な

なんみん　難民

　「天災・戦禍などによって生活が困窮し、やむをえず住んでいる地を離れ安全と思われる場所へ逃れ出た人々」「人種・宗教・政治的意見の相違などによる迫害を受ける恐れがあるため、国外に逃れた人々」のこと。

　「帰宅難民」「買い物難民」「昼食（ランチ）難民」など、さまざまな事情で困った状況にあったり、何かからあふれてしまったりした人々を表す時にも使われることがあるが、「難民」の持つ深刻な背景を考えると、安易に使うべきではない。

なんもく・みなみまき　南牧　読み　地名。

　なんもく　群馬県甘楽郡の村名。

　みなみまき　長野県南佐久郡の村名。

なんようび　何曜日　「きょうは何曜日？」

に・ニ

にあげ

　荷揚げ　〔一般〕

　荷上げ　〔登山〕

ニアミス［near miss］　異常接近。

ニアメー［Niamey］　ニジェールの首都。

にいさん　兄さん［付 兄さん］

ニーズ［needs］　需要。要求。必要。「市場ニーズ」

ニーチェ（フリードリヒ）［Friedrich Nietzsche］　哲学者。（独 1844～1900）

ニート［NEET: not in education, employment or training］　就労・通学・求職をしていない若者。若年無業者。

にいぼん　新盆　☞コラム「お盆」

にいんせい　二院制

にうけ

　荷受け　〔一般〕「荷受け業務」

　荷受　〔経済関係複合語〕「荷受＝業者・代金」

にえゆをのまされる　煮え湯を飲まされる　世論調査　「煮え湯を飲まされた気分だ」

　○信頼していた者から裏切られる。＊2011年度 64.3%

×敵からひどい目に遭わされる。＊同 23.9%

にえる　煮える　「煮え゠たぎる・立つ」

におい・におう

　匂い・匂う[匂い・匂う]　主によいにおい。「梅の花の匂
　　い/香水がほのかに匂う」

　臭い・臭う[臭い・臭う]　主に不快なにおい。「魚の腐っ
　　た臭い/生ごみが臭う」

　におい・におう　においの快・不快が判別できない、ほの
　　めかす、漢字では紛らわしい場合など。「強い香水・た
　　ばこ゠のにおい/臭いにおい/辞任・出馬゠の意向をにお
　　わす」

ニオブ[独 Niob]〔金属〕

におろし　荷降ろし[荷卸し]

にかい　二階・2階　「二階家/2階建て」

にがつ　2月　アク ニガツ ☞如月（きさらぎ）

にがみ

　苦み　〔表情〕「苦み走った顔」

　苦味　〔味覚〕「苦味のある野菜」

×苦虫をかんだ顔　→苦虫をかみつぶしたような顔

にきさく　二期作　同じ田畑で1年に同じ作物を2度栽培す
　　ること。☞二毛作

にぎやか[賑やか]

にきょくか　二極化　＊「二極分化」とも。

にぎる　握る　「権力を握る/握りずし」

にくしみ　憎しみ　×「憎しみ合う」→憎み合う

にくしゅ　肉腫[肉腫]　「骨肉腫」

にくじゅう　肉汁　△にくじる

にくしょく・にくじき　肉食　読み

　にくしょく　〔一般〕「肉食動物」

　にくじき　〔仏教〕「肉食妻帯」

にくせい　肉声　マイク、電話などの機械を通して出る声では
　　なく、人の口から発せられる音声。

　△「○○の肉声を記録した歴史的資料」＊近年、「その
　　人自身の発言」といった意味でも使われている。

にくはく　肉薄[肉迫]　「核心・首位゠に肉薄する」

493

にくばなれ　肉離れ［肉放れ］「試合で肉離れを起こす」

ニクラウス（ジャック）［Jack Nicklaus］　ゴルファー。（米 1940 ～）

にげあし　逃げ足　「逃げ足が速い」

にげんろん　二元論

にこうたいりつ　二項対立

ニコシア［Nicosia］　キプロスの首都。

ニコン　日本企業。＊ 1988 年に「日本光学工業」から社名変更。

にさんかたんそ　二酸化炭素

にじ　虹［虹］

にじかい　二次会　アク ニジカイ、ニジカイ

にしき　錦［錦］「故郷に錦を飾る」

にしきのみはた　錦の御旗［錦の御旗］

西サモア　→サモア

にしじんおり　西陣織

ニジニノブゴロド［Nizhni Novgorod］　ロシアの州・都市。

にじのまつばら　地名（佐賀県）。
　虹の松原　唐津市の名勝。
　虹ノ松原　JR 筑肥線駅名。

にじむ［滲む］「苦悩の色をにじませる」

にしめ・にぞめ　読み
　にしめ　煮しめ［煮染め］〔料理〕
　にぞめ　煮染め　〔染色〕

にしゃたくいつ　二者択一

にじゅう　二十・20［廿］　アク ニジュー

にじゅう　二重　「二重＝奏・丸」アク ニジュー

にじゅういっせいき　21世紀　21 世紀は 2001 年から。20 世紀は 1901 年から 2000 年まで。「1990 年代」は 1990 年から。

にじゅうしせっき　二十四節気　にじゅうよんせっき
小寒（しょうかん）　1 月 5 日ごろ。
大寒（だいかん）　1 月 20 日ごろ。
立春（りっしゅん）　2 月 4 日ごろ。
雨水（うすい）　2 月 19 日ごろ。

啓蟄（けいちつ）　3月6日ごろ。
春分（しゅんぶん）　3月21日ごろ。
清明（せいめい）　4月5日ごろ。
穀雨（こくう）　4月20日ごろ。
立夏（りっか）　5月6日ごろ。
小満（しょうまん）　5月21日ごろ。
芒種（ぼうしゅ）　6月6日ごろ。
夏至（げし）　6月21日ごろ。
小暑（しょうしょ）　7月7日ごろ。
大暑（たいしょ）　7月23日ごろ。
立秋（りっしゅう）　8月8日ごろ。
処暑（しょしょ）　8月23日ごろ。
白露（はくろ）　9月8日ごろ。
秋分（しゅうぶん）　9月23日ごろ。
寒露（かんろ）　10月8日ごろ。
霜降（そうこう）　10月23日ごろ。
立冬（りっとう）　11月7日ごろ。
小雪（しょうせつ）　11月22日ごろ。
大雪（たいせつ）　12月7日ごろ。
冬至（とうじ）　12月22日ごろ。

にじゅうしのひとみ　二十四の瞳　壷井栄の小説の題名。

にじょう　2乗

にせ　偽　類語　☞うそ・にせ

にせ・にせい　読み

　にせ　二世　〔仏教〕現世と来世。「二世の契り（結婚の
　　約束）」

　にせい　二世・2世　「二世=市川団十郎・誕生／日系・カー
　　ル=2世」　＊一般表記は洋数字、伝統的表記・慣用句
　　などは漢数字。

にせもの

　偽物［贋物］　偽造品。「真っ赤な偽物」

　偽者［贋者］　偽称者。「本人そっくりの偽者」

にそくさんもん　二束三文［二足三文］　「二束三文で売る」

にそくほこう　二足歩行

にぞめ　煮染め　読み　☞にしめ・にぞめ

にたき　煮炊き

にたりよったり　似たり寄ったり

にだんがまえ　二段構え

〜にち　日　☞じゅう〜にち

にちじょうさはんじ　日常茶飯事

ニチモウ　日本企業。＊1972年に「日本漁網船具」から社名変更。

にちよう　日曜　一週間の始まりだが、土曜と合わせて週末と呼ぶこともある。＊仕事などが始まる「週明け」はふつう月曜を指す。

ニチレイ　日本企業。＊1985年に「日本冷蔵」から社名変更。

ニッカーボッカー［knickerbockers］〔服〕

ニッカウヰスキー　日本企業。ニッカウイ~ス~キー

につけ　煮付け

にっしょく　日食［日蝕］

にっしんげっぽ　日進月歩

ニッチ［niche］　隙間。くぼみ。特定分野。「ニッチ（隙間）市場」

ニット［knit］　編み物。編んで作った布地。「ニット素材」

にっとうぼう　日東紡　日本企業。＊登記名は「日東紡績」。

ニッパツ　日本企業。＊登記名は「日本発条」。

ニッポ　NIPPO　日本企業。＊「日本鋪道」から2003年に社名変更した「NIPPOコーポレーション」が09年に改称。

にっぽんがいし　日本ガイシ　日本企業。＊1986年に社名表記変更。登記名は「日本碍子」。

にっぽんコロムビア　日本コロムビア　日本企業。日本コロ~ン~ビア

にっぽんコンベヤ　日本コンベヤ　日本企業。＊持ち株会社は「NCホールディングス」。日本コンベ~ア~

にっぽんしゃりょうせいぞう　日本車両製造　日本企業。＊登記名は「日本車輌製造」。

にっぽんせいてつ　日本製鉄　日本企業。＊2019年に「新日鉄住金」から社名変更。

にっぽんせいふん　日本製粉　日本企業。＊2021年に「ニッ

プン」へ社名変更予定。

にっぽんばし　日本橋　読み　☞ にほんばし・にっぽんばし

にっぽんハム　日本ハム　日本企業。＊1963年に「徳島ハム」から社名変更。子会社のプロ野球球団は「北海道日本ハムファイターズ」。

にっぽんやきんこうぎょう　日本冶金工業　日本企業。日本治金工業（×治）

につまる　煮詰まる　世論調査「1週間にわたる議論で計画が煮詰まった」

　○（議論や意見が十分に出尽くして）結論が出る状態になること。＊2007年度56.7%／13年度51.8%

　×（議論が行き詰まってしまって）結論が出せない状態になること。＊2007年度37.3%／13年度40.0%

にてんさんてん　二転三転

にとうだて　2頭立て［2頭建て］

にとうへんさんかっけい　二等辺三角形

にとうりゅう　二刀流

にどでま　二度手間

にないて　担い手　「文化の担い手」

になう　担う［荷なう］　「期待を担う」

ににん　二人　「二人=組・称・前・三脚・羽織」　放事件などでの「二人組」は、放送局の判断によって「**ににんぐみ**」「**ふたりぐみ**」に分かれる。☞ ふたり

にぬり　丹塗り［丹塗り］　たんぬり（×ん×ん）

にのあしをふむ　二の足を踏む　ためらう。

×二の句が出ない　→二の句が継げない

にのつぎ　二の次　「二の次にする（後回し）」

にのとり　二の酉［二の酉］

にのまい

　二の舞い　他人と同じ失敗を犯すこと。

　△「前任者の二の舞いを踏む」→**二の舞いを演じる**　＊舞楽の「二の舞」に由来。☞ 二の足を踏む　☞ 轍を踏む

　二の舞　舞楽で、案摩の舞をまねて舞う滑稽な舞。

にばん　二番　「二番=煎じ・だし」

497

にぼし　煮干し

にほん・にっぽん　日本　[読み]

　国名の日本の読み方は、「ニホン」「ニッポン」どちらもある。1934年の臨時国語調査会で、国号呼称統一案が審議され、「今後、ニッポンに統一する」趣旨の決議をしたが、政府は採択しなかった経緯がある。NHKでは、正式の国号として使う場合は、ニッポンと読むとしている。ニッポンは漢語的で格調高く強い印象、ニホンは和語的でやわらかくやさしい響きがあるので、アナウンサーは伝える内容によって読み方を選んでいる。

　にほん　日本医師会、日本遺族会、日本共産党、日本空港ビルデング、日本経済新聞、日本原子力研究開発機構、日本原子力発電、日本航空、日本広告業協会、日本サッカー協会、日本産科婦人科学会、日本歯科医師会、日本商工会議所、日本書紀、日本新聞協会、日本相撲協会、日本生命保険、日本体育協会、日本大学、日本テレビ放送網

　にっぽん　日本アカデミー賞、日本銀行、日本経済団体連合会、日本財団、日本ダービー、日本中央競馬会、日本年金機構、日本放送協会、日本武道館、日本郵政

　＊国内向けはニホン、海外向けはニッポンを使う団体や企業があるので注意。

にほんアイビーエム　日本IBM　日本企業。＊登記名は「日本アイ・ビー・エム」。

にほんこうでん　日本光電　日本企業。＊登記名は「日本光電工業」。

にほんさんけい　日本三景　松島（宮城）・天橋立（京都）・厳島（広島）。

日本酒原価酒蔵 Ⓢ〔クリエイティブプレイス〕→**酒類を原価で提供する飲食店**

にほんスポーツきょうかい　日本スポーツ協会　公益財団法人。＊2018年に「日本体育協会」から変更。

にほんせいめい　日本生命　[アク] ニホンセイメイ

にほんだて

　2本立て　〔映画、答申など〕

2本建て 〔価格〕

にほんばし・にっぽんばし　日本橋 読み　地名。

　　にほんばし 〔東京〕

　　にっぽんばし 〔大阪〕

にま 地名（島根県）。

　　邇摩 県立高校名。

　　仁摩 大田市の地名。「仁摩町○○」

　　仁万 JR山陰線駅名。

にまい　二枚 「二枚=貝・看板・舌」

にまいめ　二枚目 「二枚目俳優」

にめんせい　二面性

にもうさく　二毛作 同じ田畑で1年に2種類の作物を栽培
　　すること。☞二期作

nimoca（ニモカ）商〔西日本鉄道〕→**交通系ICカード**

にやく　荷役 船荷の上げ下ろしをすること。それをする人。
　　に̽え̽き

にやける 世論調査「彼はいつもにやけている」

　　○なよなよとしている。＊「にやけ」の動詞化。「にやけ」と
　　は、男が色めいた姿をしていることや、男が派手に着飾っ
　　たり、なまめきこびるような態度をとったりすること。2011
　　年度 14.7%

　　×（にやにやと）薄笑いを浮かべている。＊擬態語の「に
　　やにや」と、名詞の「にやけ（若気）」は別語。同 76.5%

にやす　煮やす 「業を煮やす（いらいらする）」

ニュアンス〔仏 nuance〕 微妙な意味合い。アク ニュ̄アンス

にゅうぎょ　入漁 「入漁=権・料」 入̽魚

にゅうしゅ　入手 アク ニュ̄ーシュ、ニュ̄ーシュ

にゅうすい　入水 読み　☞じゅすい・にゅうすい

ニュースバリュー〔news value〕 報道価値。

にゅうせき　入籍 戸籍筆頭者の籍に入れること（親子関
　　係・再婚など）。

　　×「タレント○○が一般男性と入籍した」→**婚姻届を提出
　　した、結婚した** ＊初婚同士の結婚は、新しい戸籍を
　　作る（編製）ので「入籍」は誤り。

にゅうぜん 地名（富山県）。

入善　町名、あいの風とやま鉄道駅名など。

入膳　入善町中心部の地名。

ニューデリー［New Delhi］　インドの首都。

ニュートラル［neutral］　中立。中性。中間位置。

ニュートリノ［neutrino］　〔素粒子〕

ニューノーマル［new normal］　新常態。新常識。

ニューフェース［new face］（←ニューフェイス）　新人。新顔。

ニューロン［neuron］　神経単位。神経細胞。

ニューワールド［new world］　欧州以外で造られるワイン産地の総称。主にオーストラリア、ニュージーランド、チリ、アルゼンチン、米国を指す。「ニューワールドワイン」

にょかん　女官　読み　☞じょかん・にょかん

にょにんきんぜい　女人禁制　読み　宗教・信仰における読み方。それ以外では、「にょにんきんせい」とも。

にらむ［睨む］　「にらみを利かせる」

にらんせいそうせいじ　二卵性双生児

にりんしゃ　二輪車

にわか［俄］　「にわか仕込み」

にわかあめ　にわか雨［俄雨］　降水が地域的に散発する一過性の雨。
　㉛「にわか雨があるでしょう」　＊「降る」は使わない。
　重「一時にわか雨」「時々にわか雨」　＊「にわか」は一時的。

にわづくり　庭造り

～にん　人　☞じゅう～にん

にんか　認可　公の機関の同意を得なければ有効に成立することができない場合に、これに同意を与え、法律上有効に成立させる行政措置。「学校法人の認可」

にんげんドック　人間ドック　人間ドッグ

にんじょう　刃傷［刃傷］　「刃傷に及ぶ／刃傷沙汰（ざた）」
　にんしょう

ぬ・ヌ

ヌアクショット［Nouakchott］　モーリタニアの首都。

ぬう　縫う　「傷口・合間=を縫う／縫い=上げる・糸・方・込み・

500

代・針・目・物」

ヌーク［Nuuk］　グリーンランドの首都。＊旧ゴットホープ。

ヌーベルバーグ［仏 nouvelle vague（新しい波）］　フランス
から生じた映画の革新運動。

ヌーメア［Nouméa］　ニューカレドニアの都市。

ぬか［糠］　「ぬか=漬け・みそ・喜び／ぬかにくぎ」

ぬかずく［額ずく］　「神前にぬかずく」

ぬきあしさしあし　抜き足差し足

ぬきうち
　抜き打ち　〔一般〕「抜き打ち=検査・テスト」
　抜き撃ち　〔射撃〕

ぬきさしならない　抜き差しならない

ぬきて　抜き手　「抜き手を切る」

ぬきんでる　抜きんでる［抽んでる・擢んでる］　「才能が抜き
んでる」

ヌクアロファ［Nuku'alofa］　トンガの首都。

ぬくぬく［温々］　「ぬくぬくと居座る」

ぬくもり［温もり］　「肌のぬくもり」

ぬけあな　抜け穴

ぬけがけ　抜け駆け　「抜け駆けの功名」

ぬけかわる　抜け替わる［抜け換わる］

ぬけだす　抜け出す［脱け出す］　「教室を抜け出す／不況か
ら抜け出す」

ぬけみち　抜け道［抜け路］　「幹線道路から抜け道に入る／
法の抜け道」

ぬけめ　抜け目　「抜け目がない」

ヌジャメナ［N'Djamena］　チャドの首都。

ぬすっと　盗っ人［盗人］

ぬり
　塗り　〔一般〕「黒塗りの車／上塗り」
　～塗　〔地名等を冠した工芸品〕「春慶・輪島=塗」

ヌルスルタン［Nur-Sultan］　カザフスタンの首都。2019 年
3月、アスタナから改称。

ぬれぎぬ［濡れ衣］　「ぬれぎぬを着せる」

ぬれてであわ　ぬれ手であわ［濡れ手で粟］　苦労せずに

大きな利益をあげることの例え。ぬれた手であわ（粟）を
つかむとあわ粒がたくさんくっついてくることから。ぬれ手
で×泡　ぬれ手に×あわ

ね・ネ

ねいりばな　寝入りばな［寝入り端］　「寝入りばなを起こさ
れる」

ネイル［nail］（←ネール）　爪。「ネイルアート」

ねうち　値打ち

ねえさん　姉さん［㊅姉さん］

ネーチャー、ネイチャー［nature］　自然。本来の。天然の。
＊英科学誌名は『ネイチャー』。

ネーティブ、ネイティブ［native］　その土地・国生まれ。母
語とする人。「ネーティブスピーカー」

ネーブル［navel］　「ネーブルオレンジ」

ネーミングライツ［naming rights］　命名権。

ネームバリュー［和製 name value］　知名度。名前の重み。
名声。

ねおき　寝起き　「寝起きが悪い」

ネオマーガリン　使用可。＊登録商標は「雪印メグミルクネ
オマーガリン」。一般名称は「マーガリン」。

ねがい

　　願い　「平和の願い／願いがかなう／願い事」

　　願　〔書類〕「休職・捜索・退職・入学=願」

ねがう　願う　「願ったりかなったり／願い下げ」

ネガティブ［negative］　否定的。消極的。

ねがわくは　願わくは　「願わくは無事でいてほしい／願わく
は許したまえ」　＊「願わくば」とも。

ねぎ［葱］　アク ネギ

　　ネギ　〔植物〕「ネギの出荷」

　　ねぎ　〔料理・調理品など〕「ねぎま鍋」

ねぎ　禰宜［禰宜］〔神職の階級を表すとき〕　言い換え 神
主、神職　アク ネギ

ねぎらう［労う・犒う］　「社員の労をねぎらう」
　　×「先輩をねぎらう」　＊目上の人には使わない。

ね

ネクター 〔元商標〕 ＊一般名称は「果肉飲料」。

ねぐら[塒・寝ぐら] 「ねぐらに帰る」

ネグリジェ[仏 négligé] 〔寝間着〕

ネグレクト[neglect] 育児放棄。無視。介護放棄。

ネゴシエーション[negotiation] 交渉。

ネゴシエーター[negotiator] 交渉人。

ねこみ 寝込み

ねさがり 値下がり

ねさげ 値下げ

ねざす 根差す 「地域に根差した活動」

ねざめ 寝覚め 「寝覚めが悪い」

ねじ[螺子・捻子] 「ねじが緩む/ねじを巻く」

ねじめ 根締め

ネスカフェ 商 〔ネスレ〕 →**インスタントコーヒー**

ねずみ[鼠]

  ネズミ 〔動物〕「ネズミ捕り器」

  ねずみ 〔比喩、慣用句など〕「ねずみ＝色・算/袋のねずみ」

ネスレ[仏 Nestlé S.A.] スイス企業（食品）。＊日本法人は1994年に「ネッスル日本」から「ネスレ日本」へ社名変更。

ねたむ 妬む[妬む・嫉む] 「人の成功を妬む」

ねだやし 根絶やし 「悪を根絶やしにする」

ねつききゅう 熱気球 ねっききゅう

ネックレス[necklace] 首飾り。

ねつぞう 捏造[捏造] 言い換え **作りごと、でっち上げ** ＊本来の読みは「でつぞう」だが、慣用読みの「ねつぞう」が定着した。「捏」は「こね合わせる」意。

ねったいや 熱帯夜 最低気温が25度以上の夜。

ネットフリックス[Netflix, Inc.] 米企業（動画配信）。

ネットワーク[network] 「通信ネットワーク」

ねつにうかされる 熱に浮かされる 高熱のためにうわごとを言うこと。夢中になって見境がなくなること。

  熱にうなされる ＊「夢にうなされる」との混同か。

ネツレン 日本企業。＊登記名は「高周波熱錬」。

ねどし 子年・ね年[子年] 言い換え **ねずみ年**

ねとまり　寝泊まり

ねなし　根無し　「根無し草」

ねばり　粘り　「粘り=腰・強い」

ねはん　涅槃［涅槃］　苦しみを離れたやすらぎの境地。悟りの世界。仏の死。「涅槃会」

ねびき　値引き

ネピドー［Naypyidaw］　ミャンマーの首都。＊2006年にヤンゴンから首都機能移転。

ねぶみ　値踏み

ねぼける　寝ぼける［寝惚ける］　「寝ぼけ顔」

ねほりはほり　根掘り葉掘り

ねまき　寝間着［寝巻き］　「休日は寝間着姿で過ごす」

ねまわし　根回し　「総裁選の根回し」

ねむけ　眠気　「眠気覚まし/眠気を催す」
　　×「眠気眼」→**寝ぼけ眼**

ねむる　眠る　「正体もなく眠る/才能が眠る」

ねもと　姓。
　根本　根本りつ子（俳優。1959〜）
　根元　根元俊一（野球選手。1983〜）

ねもと　根元［根許・根本］　「木が根元から腐る」

ねらいうち
　狙い打ち［狙い打ち］　〔野球など球技〕「直球を狙い打ち」
　狙い撃ち［狙い撃ち］　〔主に射撃。比喩表現も〕「銃で狙い撃ち/弱者を狙い撃ちにする」

ねらう　狙う［狙う］　「的を狙う/狙い目」

ねる　練る　「作戦を練る/練り絹」

ねわざ
　寝技　〔柔道・レスリング〕「立ち技より寝技が得意な選手」
　寝業　裏工作。「政界の寝業師」

〜ねん　年　☞じゅう〜ねん

ねんが　年賀　「年賀はがきの発行枚数」　＊書く前は「年賀はがき」。書いた後は「年賀状」。

ねんき
　年季　雇い人を使う約束の年限。「年季=明け・奉公/年季の入った腕前/年季を入れる」

ね

年期　１年を単位とする期間。年限。「年期小作」

ねんごろ　懇ろ　「懇ろに=弔う・もてなす・なる」

ねんざ　捻挫［捻挫］

ねんじゅうぎょうじ・ねんちゅうぎょうじ　年中行事

ねんしゅつ　捻出［捻出］[言い換え]工面、算段、ひねり出す

ねんとうにおく　念頭に置く　心にかける。常に考える。「安全を念頭に置いて作業を進める」　×念頭に=入れる・する

ねんぱい　年配［年輩］　「同年配/年配の人」

ねんぽう　年俸　ねんぼう　年棒

ねんれい　年齢［年令］

の

年齢の異称

15歳——	**志学**（しがく）　＊『論語』から。
20歳——	**弱冠**（じゃっかん）　＊『礼記』から。
30歳——	**而立**（じりつ）　＊『論語』から。
40歳——	**不惑**（ふわく）　＊『論語』から。
50歳——	**知命**（ちめい）　＊『論語』から。
60歳——	**耳順**（じじゅん）　＊『論語』から。
70歳——	**従心**（じゅうしん）　＊『論語』から。

の・ノ

ノイズ［noise］　雑音。

ノイビタ圏〔第一三共ヘルスケア〕→(活性)ビタミン剤

ノイローゼ［独 Neurose］　神経症。「育児ノイローゼ」

のういっけつ［脳溢血］→㊥脳出血

のうがき　能書き　薬などの効能を書いた文句や文章。効能書き。転じて自己宣伝。「勝手な能書きを並べたてる」

のうかんき　農閑期

のうこうそく　脳梗塞［脳梗塞］

のうさくぶつ　農作物　のうさくもつ　＊「作物」は、さくもつ。「畑作物」は、はたさくもつ。

のうし　脳死　[アク]ノーシ、ノーシ

のうせきずい　脳脊髄［脳脊髄］

のうてんき　能天気［脳天気］　「能天気な人物」

ノウハウ［know-how］　知識。技術。こつ。

のうり　脳裏［脳裡］　「脳裏に浮かぶ」

ノーヒットノーラン［no-hit and no-run］　無安打無得点（試合）。＊「ラン」は得点。

ノーベル（アルフレド）［Alfred Nobel］　ダイナマイト発明者。（スウェーデン 1833〜1896）

ノーマライゼーション［normalization］　共生化。等生化。福祉環境づくり。健常者と障害者とが分け隔てなく生活できる社会にすること。

のがれる　逃れる　「責任・難=を逃れる」

ノキア［Nokia Corporation］　フィンランド企業（通信機器）。

のきなみ　軒並み　「軒並み値上がりした」

のけぞる　のけ反る［仰け反る］　「のけ反ってよける」

のけもの　のけ者［除け者］　仲間外れ。「のけ者にされる」

のさっぷ・のしゃっぷ　地名（北海道）。

　のさっぷ　納沙布　「納沙布岬（根室市。根室半島の突端にある岬）」

　のしゃっぷ　野寒布　「野寒布岬（稚内市。宗谷海峡に面する岬。『ノシャップ岬』とも）」

ノスタルジー［仏 nostalgie］　郷愁。＊ノスタルジア（nostalgia）とも。

のせる　☞のる・のせる

のぞく［覗く］　「雲間から太陽がのぞく／夫の秘密をのぞく」

のぞむ

　望む　希望。遠くを見る。「海・対岸・遠く富士=を望む／心から望む／多くを望まない／望むべくもない／高望み」＊他動詞「〜を望む」の形で使われる。

　臨む　臨場。臨機。面する。「海に臨む部屋／試合・難局=に臨む／厳罰をもって臨む」　＊自動詞「〜に臨む」の形で使われる。

のだて

　野立て　「野立て広告」

　野だて［野点］　屋外で楽しむ茶会。茶の湯。

ノックダウン［knockdown］　現地組み立て。

のっとる［則る］　「古式・作法=にのっとる」

のど　喉［喉・咽・咽喉］　「喉が鳴る／喉から手が出るほど欲しい」　＊「のど自慢」などは表記習慣から仮名書き。

の

のどもと　喉元[喉元・咽元] 「喉元過ぎれば」

ののしる[罵る] 「口汚くののしる」

のばす・のびる

　伸ばす・伸びる 〔↔縮〕①短いものが長くなる。「写真を引き伸ばす/髪・身長・日脚・暑さで線路=が伸びる/ぐったりと伸びる」②発展する。良くなる。「才能・記録・販路=を伸ばす/売り上げ・若手=が伸びる/経済・平均寿命=の伸び率/伸び盛り」③真っすぐにする。「手足・腰・羽=を伸ばす/伸び=上がる・縮み/伸びをする」④差し出す。とどく。「救いの手を差し伸べる/捜査の手が伸びる」⑤弾力を失う。「うどん・そば=が伸びる」

　延ばす・延びる ①つなげて長くする。先まで続く。「滑走路・遠くまで足=を延ばす/地下鉄が郊外に延びる/南へ延びる道/航空路・(平均)寿命・梅雨前線=が延びる/生き延びる」②時期・期日が遅れる。時間・期間が長くなる。「開会・決定=を延ばす/会期・日程=が延びる/間延び/繰り延べ」③合計する。「延べ=人員・日数・床面積」④広がる。「うどん・そば=の生地を延ばす/手延べそうめん/延べ板」

のばなし　野放し 「非行を野放しにする」

ノバルティス[Novartis International AG] スイス企業(医薬品)。＊日本法人は「ノバルティスファーマ」。

のびのび

　延び延び 時期・期日が遅れる。「開催・返事=が延び延びになる」

　伸び伸び おさえるものがなく自由な様子。「気分が伸び伸びする/伸び伸び育つ」

のびる ☞のばす・のびる

のべ　野辺 「野辺(の)送り(遺体を火葬場・墓地まで見送ること)」

のべる

　伸べる[伸べる] 差し出す。「救いの手を差し伸べる」

　延べる 広げる。遅らせる。「床を延べる/延べ=板・金・人員・日数・払い/日延べ」

ノベルティー[novelty] 販促品。日用雑貨。「ノベルティー

の

507

グッズ」

のほうず　野放図［野放途］「野放図な人」

のぼせる　上せる〔文語的表現〕「計画・話題=に上せる」

のぼせる［逆上せる］　上気する。夢中になる。「長湯での
ぼせる/アイドル歌手にのぼせる」

のぼり［幟］「こいのぼり」

のぼりぐち

　上り口〔階段〕

　登り口〔山〕

のぼる

　上る　①〔↔下る〕次第に上方へ向かう。「階段・坂・川・
出世コース=を上る/水銀柱が上る/屋根・展望台=に上
る/煙が立ち上る/頂点に上り詰める/上り・アユ・坂・調
子」②達する。「頭に血が上る(逆上)/損害が1億円・
利用者は数万人=に上る/攻め上る」③その場に出る。
「食卓・日程・話題・うわさ=に上る」

　昇る〔↔降りる。沈む〕空中を上昇する。「日が昇る/エ
レベーターで昇る(昇降)/位が昇る(昇進)/神殿に昇る
(昇殿)/天にも昇る気持ち(昇天)」

　登る　高い所にあがる。よじのぼる。「演壇・木・マウンド・
山=に登る/よじ登る/コイの滝登り/沢登り/登り窯」

のみ［蚤］　アク　ノミ

　ノミ〔動物〕「ノミがたかる」

　のみ〔慣用〕「のみの市」

のみ　のみ・ノミ［鑿］〔工具〕　アク　ノミ

ノミネート［nominate］　候補に指名すること。

のむ

　飲む〔主に液体を〕「お茶・酒・薬=を飲む/苦汁・煮え湯=
を飲まされる/飲み=代・薬・手/飲み=干す・水・物・屋」

　のむ［呑む］　丸のみにする。受け入れる。こらえる。「蛇
がカエルをのむ/息・固唾・声・条件・涙・要求・敵=をの
む/波にのまれる/のみ込みが早い」

　のむ［喫む］　吸う。「たばこをのむ」

のむらこうげいしゃ　乃村工芸社［乃村工藝社］　日本企業。

のむらしょうけん　野村証券［野村證券］

のもと　姓。

　野本　野本憲一（天文学者。1946～）

　野元　野元菊雄（国立国語研究所所長。1922～2006）

のら　**野良**〔付〕野良〕

のり

　ノリ[海苔]　〔海藻〕「アオノリ/ノリ養殖」

　のり[海苔]　〔一般〕「のり巻き/焼きのり」

　のり[糊]　「口をのりする（かろうじて生計を立てる）/のり゠しろ・付け」

のりあい

　乗り合い　〔一般〕「乗り合い゠バス・タクシー」

　乗合　〔慣用〕「乗合゠自動車・船」

のりかえ

　乗り換え　〔一般〕「乗り換え時間/次で乗り換え」

　乗換　〔慣用〕「乗換゠駅・券」

のりくみいん　**乗組員**

のりくむ　**乗り組む**　船舶などに業務で乗る。「客船・宇宙船゠に乗り組む」

のりこむ　**乗り込む**　進み入る。「自動車・敵地゠に乗り込む」

のりたま㊡〔丸美屋食品工業〕→のりふりかけ

のりと　**祝詞**〔付〕祝詞〕　「神事で祝詞を上げる」

のりめん　**のり面**[法面]　「堤防ののり面」

のる・のせる

　乗る・乗せる　①乗り物に乗る。「自動車・飛行機・船゠に乗る/乗り゠入れる・移る・換える・越す・出す/ペットを車に乗せる」②達する。応じる。持ちかける。「口車・計画・誘い・相談゠に乗る/一口乗る/肩に手を乗せる/採算ライン・大台・計略゠に乗せる」③運ぶ。伝える。進む。「風に乗って飛ぶ/波・軌道・時流・興・図゠に乗る/電波・メロディー゠に乗せる」

　載る・載せる　①積載。物を置く。「10トンまで載るトラック/机の上に載っている本/網棚に荷物を載せる/牛をトラックに載せる/まな板に載せる」②掲載する。「投書が雑誌に載る/新聞に載った事件/名簿に名前を載せる」

　ポイント　「うどんに天ぷらをのせる」など使い分けに迷う場

合は、仮名書きにする。

のるかそるか［伸るか反るか］

ノルマ［露 norma］ （労働の）最低基準量。

のれん［暖簾］

のろう　呪う［呪う・詛う］ 「人を呪わば穴二つ（人を害しようとすれば自分も報いを受ける）」

ノロウイルス［norovirus］

のろし［狼火・狼煙・烽火］ 「反撃ののろしを上げる」

ノンアス㊙〔バルカー〕→**脱アスベスト商品**

のんき［呑気・暢気・暖気］ 「のんきな暮らし」

ノンステップバス［nonstep bus］ 無段差バス。低床バス。

は・ハ

は　刃 「刃を研ぐ/刃がこぼれる/刃が立たない（刃の跡がつかない）」

は　羽 助数詞の場合は「わ」「ば」「ぱ」。＊鳥類だけでなく、古くはウサギを数える場合にも用いた。新聞などでは「古い助数詞、特殊な助数詞を避け、できるだけ一般的な助数詞を使う」ことにしているため、他の動物と同様「匹」を用いる。

は　歯 「歯が浮く/歯が立たない（かじれない、かなわない）/歯に衣を着せない/歯の抜けたよう/歯の根が合わない」

は　端 「口・山=の端」

パーカ［parka］ 「ヨットパーカ」 ㊙パーカー　アクパーカー　＊文字表記は新聞に準ずる。

パークにじゅうよん　パーク24 日本企業。＊登記名は「パーク二四」。

バークリー［Berkeley］（←バークレー） 米カリフォルニア州の都市。

バーコード［bar code］ 「バーコード決済」

ばあさん［婆さん］

バージョン［version］ 版。翻訳。改訂。「バージョンアップ」

パーセント［percent］ ％ 「支持率は 20%/100% 間違いない」 ＊パーセントで示された数字同士の差を示すときはポイント（統計学では%ポイント）を使う。支持率が 20%か

ら25%になった場合、「5ポイント上昇した」とする。

パーソナライズ［personalize］　個人化。個別化。個人仕様。

パーソナリティー［personality］（←パーソナリティ）　個性。性格。人格。司会者。

パーソナルスペース［personal space］　他者が近づいて来て、それ以上近づかれるのが嫌だなと思う範囲。

バーター［barter］　物々交換。交換貿易。「バーター取引」

はあたり　歯当たり　「歯当たりがよい」

バーチャルモール［virtual mall］　仮想商店街。

バーチャルリアリティー［virtual reality］　仮想現実。

バーディー［birdie］　〔ゴルフ〕

パーティー［party］　会合。集まり。仲間。党派。

パーティション［partition］　間仕切り板。パーテ[×]ション

バードウイーク、バードウィーク［bird week］　愛鳥週間。

ハードウエア、ハードウェア［hardware］　装置。設備。機器。

バードウオッチング、バードウォッチング［bird watching］　野鳥観察。探鳥。

バードストライク［bird strike］　航空機と鳥が衝突するトラブル。

パートナーシップ［partnership］　協力。協力関係。提携。共同経営体。

ハードル［hurdle］　障害。障害物。

バーバー［barber］　理髪店。

バーバリー　⑱〔バーバリー〕→**スーツ、レインコート**

バービー　⑱〔マテル〕→**ファッション人形、着せ替え人形**

ハーフ　→**国際児、ダブル、○○人の父と、○○人の母の間に生まれた＝子・児童**（父母の国名を具体的に書く）　＊ハーフ（half）は「半分」「不完全な」という否定的な意味を含むが、芸能関係を中心に自ら肯定的に使う例もある。

バーミキュライト［vermiculite］　土壌改良用の土。

バーミンガム［Birmingham］　英国の都市。1998年サミット開催。

バーミングハム［Birmingham］　米国アラバマ州の最大都市。

ハーモナイゼーション［harmonization］　協調。調整。

ハーモニカ［harmonica］（←ハモニカ）

はあり　ハアリ・羽アリ［羽蟻］〔昆虫〕

ハーレーダビッドソン［Harley-Davidson, Inc.］米企業（オートバイ）。＊日本法人は「ハーレーダビッドソンジャパン」。

はい　胚［胚］「クローン胚/胚性幹細胞」

ハイアール　海爾集団中国企業（家電）。

バイアグラ�商〔ファイザー〕→**性機能改善薬**

バイアス［bias］偏見。先入観。偏向。偏り。「バイアスがかかる」

はいあん　廃案「審議未了で廃案」

ハイイールドさい　ハイイールド債［high yield bond］低格付け債。高利回り債券。

ハイウエー、ハイウェー［highway］（←ハイウェイ）高速道路。

はいえき

　　排液排出された液。「排液を処理する」

　　廃液役立たなくなって捨てられる液。「廃液を利用する」

はいえき　廃駅「山奥の廃駅」

ばいえん　ばい煙［煤煙］言い換え　すす

ハイエンド［high-end］最高級品。高付加価値品。高級志向。「ハイエンド商品」

バイオエタノール［bio-ethanol］トウモロコシなどの植物を発酵させてつくるアルコール。

ハイオクガソリン［high-octane gasoline］オクタン価が高いガソリン。

バイオシミラー［biosimilar］バイオ医薬品の後続品。

バイオテクノロジー［biotechnology］生命工学。

パイオニア［pioneer］先駆者。開拓者。草分け。

バイオプラスチック［bioplastic］植物由来の生分解性プラスチック。

バイオマス［biomass］生物由来資源。植物由来資源。

バイオマスプラスチック［biomass plastic］生物資源からつくられたプラスチック。

バイオリン［violin］

はいか　配下［輩下］「配下に従える」

はいが　胚芽［胚芽］「胚芽米」

はいかい　俳諧［俳諧］「俳諧師」

はいかい　徘徊［徘徊］|言い換え|うろつく、ぶらつく　「街中を徘徊する」

はいがい

　　排外　外国を排斥。「排外的な愛国主義」

　　拝外　外国を崇拝。

はいかん　拝観　「拝観料」

はいかん　配管　「配管工」

はいかん

　　廃刊　「廃刊雑誌」

　　廃館　「名画座が廃館する」

　　廃艦　「軍縮条約で廃艦が決まる」

はいき　廃棄　「産業廃棄物」

は

⚠️排気ガス　→排ガス、排出ガス　＊「気」はガス。

はいきゅう

　　配球　「配球ミス」

　　配給　「配給品」

はいきょ　廃虚［廃墟］「廃虚と化す」

ばいきん　ばい菌［黴菌］|言い換え|病原菌、細菌

バイク［bike］　エンジン付き二輪車の総称。「バイク便」　＊排気量50cc以下の原動機付き自転車は「原付きバイク」「ミニバイク」、50cc超は「オートバイ」。

はいけい　拝啓　〔↔敬具〕|アク|ハイケー

はいけい　背景　「事件の背景」|アク|ハイケー

はいこう

　　廃坑　廃止された坑道・炭坑。

　　廃鉱　閉鎖された鉱山・炭鉱。

はいこう　廃校　「過疎化により廃校になる」

はいざん

　　敗残　戦いに負けて生き残る。「人生の敗残者/敗残兵」

　　廃残　すたれそこなわれる。おちぶれる。「廃残の=古代都市・生涯」

ハイシーズン［high season］　繁忙期。

はいしゃ

513

配車　「配車係」
　　廃車　「廃車業者」
はいしゃ　敗者　「敗者復活戦」
ばいしゃく　媒酌［媒妁］「媒酌の労を取る/媒酌人」
ハイジャック［hijack］　飛行機の乗っ取り。
はいしゅつ
　　排出　不要物を外へ出す。「老廃物を排出する/排出物」
　　輩出　人材が続けて出る。また、出す。「人材が輩出する
　　　　/有名選手を輩出した学校」　＊1人には用いない。
ばいしゅん
　　売春　「売春防止法」
　　買春　「買春ツアー/児童買春」　㉾売春と区別するために
　　　　「かいしゅん」と読む。＊法律名「児童買春処罰法」も「か
　　　　いしゅん」。
はいじょ
　　排除　〔一般〕取り除く。「障害物の排除」
　　廃除　〔民法〕やめさせて取り除く。相続権を失わせる。
　　　　「推定相続人の廃除」
はいしょく
　　配色　「配色の妙」
　　敗色　「敗色濃厚」
はいすい　背水　「背水の=陣・構え」
はいすい　配水　水の配給。「各戸に配水する/配水が止ま
　　　　る/配水=管・設備」
はいすい
　　排水　水の排出。排出された水。「下水溝に排水する/
　　　　排水=管・トン・ポンプ・量・温・生活=排水」
　　廃水　使用後の汚水。「廃水処理装置」
　　ポイント 一般的には「排水」を使う。工場関係では内容により
　　　　「排水・廃水」を使い分ける。
はいする
　　拝する　おがむ。「受ける・見る」の謙譲語。「本尊・大命=
　　　　を拝する」
　　配する　配置する。「庭に置き石を配する/背景に木を配
　　　　する/要所に人を配する」

は

排する　退ける。「万難を排して出席する」

廃する　やめる。退かせる。「王位・虚礼=を廃する」

はいせつ　排せつ［排泄］　言い換え 排出、用便

はいせん

　配船　「共同配船/配船計画」

　廃船　「老朽化で廃船にする/廃船処分」

はいせん

　配線　「工事配線/配線図」

　廃線　「廃線=跡・区間」

はいせん　敗戦　「敗戦の弁/敗戦投手」

　×「敗戦の将、兵を語らず」→**敗軍の将、兵を語らず**

はいぜん　配膳［配膳］　「配膳を手伝う」

はいそう

　背走　「背走してボールを捕る」

　敗走　「敗走する敵」

はいそう　配送　「荷物の配送/配送業」

ハイター 商〔花王〕→**漂白剤**

はいたい　胚胎［胚胎］　はらむ。兆す。原因となる。

バイタリティー［vitality］　生命力。活力。

ハイテクノロジー［high technology］　高度先端技術。略ハイテク

はいてん

　配点　「英語の配点/配点が高い」

　配転　配置転換。「不当配転」

バイドゥ　百度　中国企業（インターネット検索サービス）。

はいとく　背徳［悖徳］　「背徳的な作品」

パイナップル［pineapple］　〔果物〕

はいねつ

　排熱　熱を外に出す。「空調からの排熱/エアコンの排熱/排熱用の煙突」

　廃熱　副次的に発生した熱。余熱。「廃熱=利用・発電」

ハイパーソニックへいき　ハイパーソニック兵器［hypersonic weapon］　極超音速兵器。

バイパス［bypass］　迂回路。回避。「バイパス手術」

はいはん　背反［悖反］　「二律背反」

はいはん　廃藩　「廃藩置県」

はいふ　配布［配付］　「チラシ・パンフレット=を配布する」

はいぶつ

　廃仏　「廃仏毀釈」

　廃物　「廃物利用」

パイプライン［pipeline］　①石油やガスなどの輸送管。②（製薬業界で）新薬候補。

ハイブリッド［hybrid］　複合。複合型。混合。「ハイブリッド車」

パイポ 商〔マルマンH&B〕→禁煙用パイプ、パイプ

ハイボール［highball］　ウイスキーを炭酸水で割ったもの。

ハイポネックス 商〔ハイポネックスジャパン〕→化学肥料

ハイミー 商〔味の素〕→うま味調味料

ハイヤー［hire］

ばいやく

　売約　「売約済み」

　売薬　「売薬商人」

はいり

　背理　道理に反する。「常識に背理した説」

　背離　背き離れる。「人心が背離する」

ハイリゲンダム［Heiligendamm］　ドイツ北部にある保養地。2007年サミット開催。

バイリンガル［bilingual］　2カ国語を話すこと、話す人。

はいれつ　配列［排列］　「五十音順に配列する」

パイレックス 商〔コーニング〕→耐熱ガラス

はいろ　廃炉　アク ハイ□、ハイロ

パイロセラム 商〔コーニング〕→超耐熱ガラス

パイロット［pilot］　操縦者。機長。

はうた　端唄［端唄］　「端唄の弾き語り/端唄に乗せて描く」

バウチャー［voucher］　①領収書。②利用券。

ハウツー［how-to］（←ハウトゥ）　方法。仕方。「ハウツー本」

バウムクーヘン［独Baumkuchen］　〔菓子〕

バウンド［bound］

はえ　栄え　〔栄光〕「栄えある勝利/見栄え」

はえ［蠅］　「はえ取り紙」

は

はえぎわ　生え際　「髪の生え際」

はえなわ　はえ縄［延縄］

はえぬき　生え抜き　「生え抜きの社員」

パエリア、パエリヤ［西 paella］　〔料理〕

はえる

生える　「生え際/芽生える」

映える　光を受けて輝く。引き立って見える。「紅葉が夕日に映える/赤のネクタイが映える/インスタ映え」

栄える　立派に感じられる。目立つ。栄光。「優勝に栄える/栄えない役回り/見事な出来栄え」

はおり　羽織　「羽織はかま/陣羽織」

はおる　羽織る　「コートを羽織る」

ばか［莫迦・馬鹿］　「火事場のばか力/ばかにする/ばかばかしい」

はかい

破壊　「ビルを破壊する/破壊=行為・力」

破戒　戒めを破る。＊島崎藤村の小説題名。

はがいじめ　羽交い締め　重「後ろから羽交い締め」

はがき［端書・葉書］　「絵・郵便=はがき」

はかせ・はくし　読み

はかせ　博士［付博士］　〔古くからある読み方〕「物知り・文章=博士」

はくし　博士　〔学位〕「医学博士/博士=論文・号」

はがた

歯形　歯でかんだあと。「歯形が=つく・残る」

歯型　歯並びを写し取ったもの。「歯型を照合して身元を確認する/歯型を取る」

はかどる［捗る］　「作業がはかどる」

はかない［儚い・果敢ない］　「はかない運命」

はかなむ［儚む］　「世をはかなむ」

はかぶ　端株　「端株を整理する」

はかま［袴］　「はかまを着ける」

はかまいり　墓参り［墓詣り］　「先祖の墓参りに行く」

はからう　計らう　「特別な計らい/見計らう」

はかり

は

量り 〔分量〕「量り売り」

はかり[秤] 〔器具〕「はかりにかける」

はかる

図る 企てる。うまく処理する。「局面の打開・身の安全・解決・合理化・再起・詐欺・自殺・便宜=を図る」

計る 時間や数などを数える。考える。「時間・タイム・タイミング=を計る/頃合いを計って発言する/計り知れない恩恵」

測る 長さ・高さ・深さ・広さ・程度を調べる。推測する。「距離・身長・標高・水深・面積・温度・角度・血圧・運動能力・才能・政治的動向=を測る/測定器で測る/真意を測りかねる」

ポイント 「身長と体重をはかる」の「はかる」は、「測定する」と言い換えられることから、「測る」が一般的。

量る 重さ・容積を調べる。推量する。「重さ・目方・体重・容量・立体の体積=を量る/量り売り/心中を推し量る」

諮る ある問題について意見を聞く。諮問。「議案を諮る/審議会に諮る/役員会・会員=に諮って決める/皆さんにお諮りいたします(本来は、上の者が下の者に聞くこと)」

謀る 悪事をたくらむ。謀議。謀略。「暗殺・悪事・会社の乗っ取り・競争相手の失脚=を謀る/まんまと謀られる」

バカロレア[仏 baccalauréat] 大学入学資格(試験)。「国際バカロレア」

はき 破棄[破毀] 「契約・原判決・不要な資料=を破棄する」

はきけ 吐き気 「吐き気を催す」

× (〜と)吐き捨てた → (〜と)吐き捨てるように言った

はきだす

吐き出す 「ガムを吐き出す」

掃き出す 「ごみを掃き出す」

はきちがえる 履き違える 「靴・意味・目的=を履き違える」

はきもの 履物

ばきゃく 馬脚 「馬脚を現す」

はぎれ

歯切れ 「歯切れよく話す」

は

端切れ　「端切れを接ぎ合わせる」

はく　箔[箔]　「アルミ箔/箔を付ける」

はく

　履く　足に着ける。「靴・げた・草履・スキー・スリッパ゠を履く/履き具合/上履き」

　はく[穿く]　足・もも・腰にまとう。「靴下・スカート・ズボン・はかま゠をはく」

はぐ

　剝ぐ[剝ぐ]　むきとる。奪い取る。「化けの皮を剝ぐ/身ぐるみ剝がれる/剝ぎ取る」

　はぐ[接ぐ・綴ぐ]　つぎ合わせる。「継ぎはぎ/はぎ合わす」

バグ[bug（虫）]　プログラムの誤り。

はくあ　白亜[白堊]　しらかべ。「白亜の殿堂」

　⚠「白亜の壁」→白い壁、白塗りの壁、白亜

はくい　白衣　読み　「実験用の白衣/白衣の天使」 ＊「白衣観音」は、びゃくえ。

バクー[Baku]　アゼルバイジャンの首都。

はぐくむ　育む[育む]　「夢を育む」

はくし　博士　読み　☞ はかせ・はくし

はくしゃ　拍車　「拍車を掛ける」

はくしゃ　薄謝　「薄謝を渡す」

はくしゃせいしょう　白砂青松　△はくさせいしょう

ばくしゅう　麦秋　意味

　○麦を取り入れる初夏の頃。陰暦4月の異称。

　×秋の収穫を迎える頃。＊この「秋」は季節を表すものではなく、稲の秋に倣い、収穫の時を意味する。

はくじょう

　白状　「犯行を白状する」

　白杖[白杖]　目の不自由な人が使う白いつえ。

はくじょう　薄情　「薄情者」

ばくしょう　爆笑　大勢がどっと笑うこと。「満場の人たちを爆笑させた」 ＊本来は、一人で大声を上げて笑う場合に使うのは不適切。

ばくしん[驀進]　→突進、猛進

はくせい　剝製［剝製］

はくせき　白皙［白皙］　肌の色の白いこと。「白皙の青年」
　　×白晢

ばくだい　莫大［莫大］　言い換え　多大、膨大（な金額）、甚大
　　（な被害）

はくだつ

　　剝脱［剝脱］　はぎ落とす。はげ落ちる。「壁のタイル・金
　　　箔=が剝脱する」

　　剝奪［剝奪］　力ずくで取り上げる。「公民権を剝奪する」

バグダッド［Baghdad］　イラクの首都。×バグダット　×バクダッド

△**爆弾低気圧**　→**急速に発達する低気圧**　気象庁は不使
　　用。中心気圧が24時間で24ヘクトパスカル以上低下す
　　る温帯低気圧のこと。

ばくち［博打］

はくちゅう　白昼　「白昼の犯行/白昼堂々」

はくちゅう　伯仲　「勢力が伯仲する/保革伯仲」

バクテリア［bacteria］　細菌。

はくないしょう　白内障　×白内症

バグパイプ［bagpipe］　〔楽器〕

はくび　白眉［白眉］　「歴史小説の白眉」

はくひょう　白票　「白票を投じる」

はくひょう　薄氷　「薄氷を踏む」

ばくふ［瀑布］　→**滝、大きな滝**

はくや　白夜　読み　☞びゃくや・はくや

はくらく　伯楽　人材を発掘し、育てることのうまい人。「名
　　伯楽」　＊馬の良否を見分けた人の名から。

はくらく　剝落［剝落］　「壁画の絵の具が剝落する」

はくり　剝離［剝離］　「網膜剝離」

はくろ　白露　〔二十四節気〕9月8日ごろ。野の草に露が
　　宿って白く見え、秋の趣がひとしお感じられる頃の意。
　　アク　ハクロ

ばくろ

　　暴露［曝露］　あばく。「秘密・不正=を暴露する」

　　曝露［曝露］　アスベストなどの有害物質や放射線にさら
　　　される。「石綿粉じんに曝露する」

はけ［刷毛］ 言い換え ブラシ

はげしい 激しい［劇しい・烈しい］ 「気性が激しい/激しい=痛み・戦い」

バゲット［仏 baguette（棒）］ 〔パン〕

ばけのかわ 化けの皮 「化けの皮が剝がれる」

はげる

 剝げる［剝げる］ 取れて離れる。「塗りが剝げる」

 はげる［禿げる］ 抜け落ちる。「はげ山」

ばける 化ける 「化けて出る/本代が酒代に化ける/安値の株が人気銘柄に化ける/化け=猫・物」

はけん 派遣 「特使を派遣する/派遣社員」

はけん 覇権 「覇権を握る/覇権国家」

は

はこう［跛行］ →ちぐはぐ、不均衡（状態）

はこざき 地名（福岡県）。

 箱崎 筥崎宮の所在地（福岡市東区）。JR鹿児島線駅名。

 筥崎 八幡宮名。「筥崎宮（筥崎八幡宮）」

はこだて 地名（北海道）。

 函館 「函館市」

 箱館 戦国時代～明治時代初頭の表記。「箱館=奉行・戦争」 ＊1869年以降に「函館」の表記に移行。

はこだてオーシャンクラブ 函館太洋倶楽部 1907年に創部した日本最古の社会人野球チーム。愛称「函館オーシャン」。函館大洋倶楽部

バザー［bazaar］ 慈善市。市場。

ハザードマップ［hazard map］ 災害予測地図。防災地図。災害危険予測地図。

はさい 破砕［破摧］ 「岩礁破砕/破砕機」

はざかいき 端境期

はざま［狭間・迫間］ 言い換え 隙間、間

はさみ［鋏］

はさみうち 挟み撃ち 「挟み撃ちに遭う」

はさん

 破産 「破産=管財人・宣告」

 破算 「計画をご破算にする/ご破算で願いましては（そろばん）」

はし

箸[箸] 「箸が進む/箸が転んでもおかしい年頃/箸にも棒にも掛からない」 アク ハシ

端 アク ハシ

橋 アク ハシ

はじいる 恥じ入る 「恥じ入るばかり」

はしご[梯子・梯]

ハシシュ[hashish]〔麻薬〕

はしづかい 箸遣い[箸使い]

はじめ

初め 最初の段階。1番目。「初めからやり直す/初めに思ったこと/初めのうちは/初めの日/秋・年・物事=の初め/月初め」

始め 物事の起こり。開始するという動作。「〜を始めとして」と代表的なものを示す用法。「国・人類=の始め/始めと終わり/稽古・仕事・手=始め/年始めの行事/Aを始めBとC」

始 〔慣用〕「歌会・講書=始」

はじめて 初めて[始めて]〔副詞〕「初めて=お会いします・聞いた/初めての経験」

はじめね 始値〔↔終値〕 アク ハジメネ

はじめまして 初めまして[始めまして]〔あいさつ〕

はしもと 姓。

橋本 橋本大二郎(高知県知事・テレビキャスター。1947〜)

橋下 橋下徹(大阪府知事・大阪市長・弁護士。1969〜)

橋元 橋元良明(社会心理学者。1955〜)

はしゅ[播種]→種まき

はじらう 恥じらう 「恥じらう様子もない/花も恥じらう」

バジリコ、バジル[伊 basilico; basil]〔植物・香辛料〕

バスクリン 商[バスクリン]→入浴剤、浴用剤

バステール

[Basseterre] セントクリストファー・ネビスの首都。

[Basse Terre] グアドループの都市。

PASMO(パスモ) 商[パスモ]→交通系ICカード

ばせい　罵声［罵声］「罵声を浴びせる」

バセドウびょう　バセドウ病［独 Basedow-Krankheit］

はせん

　波線　なみ線。～～。

　破線　切れ目の入った線。------。

パソコン　パーソナルコンピューターの略。

はた

　端　へり。ふち。「池の端/井戸端/川端/道端」

　はた［傍］　かたわら。「はたから見る/はた=目・迷惑」

はた・はだ　羽田　姓。☞ はねだ

　はた　羽田孜（政治家・首相。1935～2017）、羽田雄一郎
　　（政治家・国土交通相。羽田孜の長男。1967～）

　はだ　羽田美智子（俳優。1968～）、羽田圭介（作家。
　　1985～）

はだ　肌［膚］「肌が合わない/肌を刺す寒さ」

はたあげ　旗揚げ［旗上げ・旗挙げ］「旗揚げ公演」

はださむい　肌寒い　「肌寒」は秋の季語であり、伝統的に
　は秋が来て肌に寒さを感じることを言った。△はださむい

はたち　二十歳・二十［付二十歳・付二十］

バタフライナイフ［butterfly knife］　折り畳み式ナイフ。

×働きずめ　→働きづめ

はたん　破綻［破綻］「経営が破綻する」

はち　蜂・ハチ［蜂］「蜂の巣をつついたよう/女王蜂/スズ
　メバチ」

はち　鉢　「頭の鉢」

はちかい・はっかい

　8回　アク ハチカイ　ハッカイ

　8階　アク ハチカイ　ハッカイ

はちがつ　8月　アク ハチガツ　☞ 葉月（はづき）

はちみつ　蜂蜜［蜂蜜］

はちめんろっぴ　八面六臂［八面六臂］言い換え 縦横無尽
　多才で一人で何人分もの活躍をする例え。「八面六臂の
　働き」＊仏像などが八つの顔と六つの腕を持つ意。

はちゅうるい　爬虫類［爬虫類］

はつえんとう

は

発炎筒 煙と火を出すもの。鉄道・車などの交通緊急用。

発煙筒 煙だけを出すもの。防災訓練用など。

はつか 二十日［付二十日］

ハッカー［hacker］ コンピューターの卓越者。システム侵入者。

はっかい ☞はちかい・はっかい

はっかく 発覚 隠したくなるようなことが分かる。「悪事・不倫=が発覚する」

　×「健診で病気が発覚する」 ＊単に、明らかになる・判明する意では使わない。

ハッカソン［hackathon（hack + marathon）］ 事業アイデア創出やサービス開発などを短期間で競うイベント。

はつかねずみ ハツカネズミ［二十日鼠］

はっかん

　発刊 「雑誌を発刊する」

　発汗 「発汗作用」

　発艦 「戦闘機が空母から発艦する」

はつぎ 発議 △ほつぎ

はづき 葉月 陰暦8月。アク ハヅキ

はっきゅう 白球 「白球を追う」

はっきゅう

　発給 「ビザの発給」

　薄給 「薄給の身」

ばっきん 罰金 類語 ☞かりょう・ばっきん

パッキング［packing］ 荷造り。包装。

バッグ［bag］ かばん。袋。バック

バックアップ［backup］ 支援。援護。予備。複製。控え。

バックオフィス［back office］ 事務管理部門。管理部門。

バックグラウンド［background］ 背景。「バックグラウンドミュージック」

バックストップ［backstop］ 安全策。安全網。防御策。

はっけいロシアじん 白系ロシア人 意味 1917年のロシア革命後、ソビエト政権に反して国外に亡命したロシア人。＊革命政権の赤衛軍（赤軍）に対抗した帝政派などが組織する白衛軍（白軍）の「白」に由来する呼び名とされる。

「白人のロシア人」の意味で使うのは誤り。

パッケージ［package］　包装。荷造り。ひとまとめ。

ばっこ［跋扈］→横行、はびこる、のさばる

はっこう　発光　「発光塗料」

はっこう

　発行　「新聞の発行」

　発効　「条約の発効」

はっこう　発酵［醱酵］　「発酵食品/乳酸発酵」

はっこう　薄幸［薄倖］　「薄幸に堪える/薄幸の=少女・人生」

はつざん　初産　☞ういざん・はつざん

バッジ［badge］　バッチ[×]

パッシブ［passive］　受動的。消極的。「パッシブ運用」

はっしゃ

　発車　「発車オーライ」

　発射　「ロケットの発射」

ハッシュタグ［hashtag］　SNSなどの検索用の共通キーワー
　ド。ハッシュマーク（#）で始まる文字列。＊シャープ（♯）と
　は異なる。

はっしょう

　発症　「病気の発症」

　発祥　「文明の発祥」

はっしん

　発信　「情報の発信/発信音」

　発振　「発振回路」

　発進　「急発進」

はっしん・ほっしん　発疹［発疹］

バッシング［bashing］　非難・攻撃すること。たたくこと。

パッシング［passing］　①車がライトを点滅させ合図を送る
　こと。②テニスで相手の脇を抜くボールを打つこと。「パッ
　シングショット」③素通り。無視。

ばっすい　抜粋［抜萃］

はっせい　発生　「伝染病の発生」

はっせい　発声　「発声練習」

パッセンジャー［passenger］　乗客。旅客。

はっそう　発走　「発走時刻」

は

525

はっそう　発送　「荷物を発送する」

はっそう　発想　「発想の転換」

はっちょうみそ　八丁みそ・八丁味噌

ばってき　抜てき[抜擢]　言い換え（特に）登用する、（特に）起用する

重初デビュー　→デビュー　＊début（仏語）＝初舞台。

バッテリー[battery]
　①〔野球〕　アク バッテリー
　②蓄電池。アク バッテリー、バッテリー

はっと　法度　①武家社会の法律。「武家諸法度」②禁じられていること。「ご法度」の形で使う。「恋愛はご法度」
　×ほうど

パット[putt]　〔ゴルフ〕

パッド[pad]　洋服の詰め物。当て物。

はっとうしん　八頭身[八等身]

ハットトリック[hat trick]　〔サッカー〕

はつばい　発売　売り出すこと。「発売元の出版社」
　×「発売中」→販売中

はっぴ　法被[半被]　「そろいの法被」

はっぷ
　発付　〔刑事訴訟法〕「逮捕状の発付」
　発布　法令などを世間に広く知らせる。「憲法の発布」

バッファー[buffer]（←バッファ）　緩衝記憶装置。緩衝材。緩衝。余裕。余裕部分。

はつぶたい　初舞台　「初舞台を踏む（役者が初めて舞台に上がる）」

はっぷん　発奮[発憤]　「惨敗して発奮する」

はっぽう　八方　「八方手を尽くす／八方=美人・塞がり」

はっぽう
　発泡　「発泡スチロール」
　発砲　「発砲事件」

はつまご　初孫　☞ういまご・はつまご

はつもうで　初詣[初詣]　＊「熊野詣で」など他の「○○詣で」には送り仮名を付ける。

はつらつ[溌剌]　言い換え 活発、元気、生き生き

はで　派手　「派手な衣装/派手に殴り合う/派手やか」

パティ［patty］（←パテ）　ハンバーガーのパンに挟む肉。

ばていけい　馬てい形［馬蹄形］言い換え U字形

パティシエ［仏 pâtissier］（←パテシエ）　菓子職人。

はてんこう　破天荒　世論調査「彼の人生は破天荒だった」
　　○誰も成し得なかったことをすること。前代未聞。未曽有。
　　　＊2008年度 16.9%
　　△豪快で大胆な様子。＊「荒っぽい」「無鉄砲」などの意
　　　味は元々はない。同 64.2%

パテント［patent］　特許。特許権。

パテントクリフ［patent cliff］　特許の崖。新薬の特許が切
　　れたあと、後発医薬品の進出によって売り上げが減少する
　　こと。

パテントトロール［patent troll］　特許の怪物。第三者から
　　特許を取得し、権利行使して金銭を得る人や組織。

はとう［波濤］　→大波、荒波

ばとう　罵倒［罵倒］　「罵倒を浴びせる」

はとば　波止場［付波止場］

バドミントン［badminton］　バトミントン

はどめ　歯止め　「歯止めが利かない」

はとやまゆきお　鳩山由紀夫　政治家・首相。（1947～）
　　鳩山由起夫

パトライト 商〔パトライト〕　→回転（警告）灯

パトロン［patron］　後援者。支援者。

バトンタッチ［和製 baton touch］　引き継ぎ。交代。

バントトワラー［baton twirler］

はな
　　花　植物（特に桜）の花。盛んな様子・人目を引くものの
　　　例え。「花が散る/傘の花が開く/花も実もある/花の＝5
　　　人衆・都/花を＝添える・持たせる/一花咲かせる/若いう
　　　ちが花/花＝曇り・盛り」
　　華　華やかな様子。精髄・神髄の例え。「火事とけんかは
　　　江戸の華/華が＝ある・ない/武士道・文化＝の華」

はな
　　鼻　器官。「鼻が高い/鼻につく/鼻持ちならない」

×「鼻にもかけない」→**歯牙にもかけない、はな（洟）も
ひっかけない**

はな［洟］　鼻汁。「はなをかむ/はな垂れ小僧」

端　「端から疑わしい」

バナー［banner（旗）］　「バナー広告」

はないき　鼻息　「鼻息が荒い」

はないちもんめ　花いちもんめ［花一匁］

はなお　鼻緒［花緒］　「げたの鼻緒」

はながた　花形　「一座の花形/花形産業」

はなし

話し　〔動詞的〕話すこと。「お話しする/話し＝合い・相手・
かける・方・言葉・込む・上手・好き・手」

話　〔名詞〕話される内容。「話が＝はずむ・まとまる/話を
伺いたい/お話をする/立ち・茶飲み・作り＝話/昔話/話
半分」

はなじろむ　鼻白む　はなし̇らむ　はなじ̇らむ

はなす・はなれる

放す・放れる　〔解放・放棄〕自由にする。「鳥を放す/放
し飼い/家を手放す/言いっ放し/犬が鎖から放れる/親
の束縛を放れる/矢は弦を放れた/放れ馬」

離す・離れる　〔分離・離脱〕距離・間隔を置く。「ハンドル
から手を離す/握った手を離す/肌身離さず持つ/目が
離せない/駅から離れた町/人里離れた場所/職を離れ
る/離れ＝座敷・島・離れ/乳・手・床・日本人＝離れ」

ポイント「手ばなす」は「放任・放棄」の意味から「手放す」。
「手をはなす・手がはなれる」は「分離・離脱」の意味から
「手を離す・手が離れる」。

パナソニック　日本企業。＊2008年に「松下電器産業」か
ら社名変更。

パナソニックホームズ　日本企業。＊2018年に「パナホー
ム」から社名変更。

はなぢ　鼻血　はなじ̇

はなちらし　花散らし　「花散らしの＝雨・風（天気予報で、桜
の花を散らす雨・風）」　＊かつて九州北部地方などで行
われた、旧暦3月3日ごろの風習を指したものと言われる。

はなはだしい　甚だしい

はなばなしい　華々しい　「華々しく登場する」

はなふぶき　花吹雪［花㊙吹雪］

パナマし　パナマ市［Panama City］　パナマの首都。㊙国名のパナマと区別するために、「パナマ市」「パナマシティー」を使用。

はなまち　花街　読み　☞かがい

はなみ　花見　「花見を楽しむ／花見時」

はなみ　花実　「死んで花実が咲くものか」

はなみち　花道　「花道を飾る」

はなむけ［餞・贐・鼻向け］　旅立つ人への金品・言葉。＊馬の鼻面を目的地に向けて送り出す習慣から。別れの場面以外には使わない。

は

はなやか　華やか［花やか］　「華やかな祝典」

はなやぐ　華やぐ［花やぐ］　「華やいだ声」

はならび　歯並び

はなれる　☞はなす・はなれる

はなれわざ

　　離れ業　〔一般〕

　　離れ技　〔体操〕

はなわ　花輪［花環］　「花輪を飾る」

はなわ　鼻輪［鼻環］　「牛の鼻輪」

はにゅう・はぶ　羽生　読み　姓。地名。

　　はにゅう　羽生結弦（フィギュアスケート選手。1994〜）、羽生市（埼玉県）

　　はぶ　羽生善治（将棋棋士。1970〜）

はにわ　埴輪［埴輪］

ばぬし・うまぬし　馬主　読み

　　ばぬし　〔一般〕馬の持ち主。

　　うまぬし　「日本馬主協会連合会」　＊団体名は要確認。

はね

　　羽　主につばさ、昆虫のはね。比喩にも。「トンボ・飛行機＝の羽／羽が生えたように／羽を＝伸ばす・広げる」

　　羽根　バラバラにした鳥の羽。羽根形の器具・部品。「スクリュー・扇風機・竹とんぼ・風車・プロペラ＝の羽根／ヘリ

529

コプターの羽根（回転翼）／赤い羽根（共同募金）／追い羽根／矢羽根／羽根突き」

ばね［発条］ 「足のばねを利かせる／屈辱をばねにする」

はねあがる 跳ね上がる 「株価が跳ね上がる」

はねあげる はね上げる［撥ね上げる］ 「泥水をはね上げる」

ハネウェル・インターナショナル［Honeywell International, Inc.］ 米企業（機械）。

はねおきる 跳ね起きる 「慌てて跳ね起きる」

はねかえす はね返す［撥ね返す］ 「重圧をはね返す」

はねかえり 跳ね返り 「物価への跳ね返り」

はねぐるま 羽根車 「タービンの羽根車」

はねだ 姓。☞ はた・はだ

　羽田 羽田健太郎（ピアニスト・作曲家。1949〜2007）

　羽根田 羽根田卓也（カヌー選手。リオデジャネイロ夏季五輪銅メダリスト。1987〜）

はねつける［撥ね付ける］ 「要求をはねつける」

はねとばす 跳ね飛ばす 「泥水を跳ね飛ばす」

はねのける［撥ね退ける］ 「布団をはねのける」

はねばし 跳ね橋

はねぶとん 羽根布団

ハネムーン［honeymoon］ 新婚旅行。蜜月。

パネラー →パネリスト 出席者を意味する「パネラー」は和製英語。英語では「パネルや鏡板を取り付ける人」の意。

パネリスト［panelist］ 出席者。講師。問題提起者。アク パネリスト

はねる

　跳ねる 〔主に自動詞〕とびあがる。とびちる。「油・馬=が跳ねる／芝居・店=が跳ねる（終える）／跳ね橋／跳ね腰（柔道の技）」 ＊「跳びはねる」は仮名書き。

　はねる［撥ねる］ 〔主に他動詞〕はじきとばす。かすめとる。拒絶する。「車が人をはねる／文字の終わり・上前=をはねる／検査ではねる」

　はねる［刎ねる］ 切り落とす。「首をはねる」

パネル［panel］ ①板。②討論者集団。委員会。機構。

パネルディスカッション［panel discussion］　公開討論会。

ハノイ［Hanoi］　ベトナムの首都。

はば　幅［巾］　「幅を利かせる」

パパイア［papaya］（←パパイヤ）〔果実〕

ははかた　母方　ははがた

ハバナ［Havana］　キューバの首都。

パパラッチ［伊 paparazzi］　追っかけカメラマン。

ババロア［仏 bavarois］〔菓子〕

パビリオン［pavilion］　展示館。

はふ　破風　屋根の装飾板。

はぶ　羽生　読み　☞ はにゅう・はぶ

ハブ［hub（中心）］　「ハブ空港」

バファリン 商〔ライオン〕→解熱鎮痛剤

バファロー［buffalo］（←バッファロー）　北米の野牛。

バフェット（ウォーレン）［Warren Edward Buffett］　投資家。（米 1930〜）

パフォーマンス［performance］　演技。演奏。上演。振る舞い。機能。性能。アク パフォ￣ーマンス

はぶり　羽振り　「羽振りがいい／羽振りを利かせる」

パブリシティー［publicity］　広報。宣伝。周知。「パブリシティー権」

パブリックインボルブメント［public involvement］　住民参画。市民参画。

パブリックコメント［public comment］　意見公募。市民の意見。意見提出手続き。

パブリックビューイング［public viewing］　大画面による試合の公開放映。

バブル［bubble］　泡。「バブル経済」

ハボローネ［Gaborone］　ボツワナの首都。

はまき　葉巻　「葉巻を吸う」

バマコ［Bamako］　マリの首都。

はみがき　歯磨き

はむかう　歯向かう・刃向かう

はめ　羽目［破目・端目］　「のっぴきならない羽目に陥る／羽目を外す」

は

はもの　刃物　「刃物で脅す」

はもの　葉物　「葉物野菜」

はもの　端物　「端物の安売り」

はもん　波紋　「波紋を＝広げる・呼ぶ」

はもん　破門　「弟子を破門する」

ハモンド⑱〔鈴木楽器製作所〕→電子オルガン

はやあし　速足・早足

はやあるき　速歩き・早歩き

はやい

　　早い　〔↔晩〕時刻・時期が手前である。わずかな時間で
　　　済ませる。「火の回り・投票の出足・変わり身・理解・耳・
　　　気＝早い／時期が早過ぎる／早い話が／早い者勝ち／い
　　　ち早く／手っ取り早い／遅かれ早かれ」

　　速い　〔↔遅〕スピードがある。「頭の回転・決断・呼吸・球・
　　　テンポ・ペース＝速い／出足が速い車／速い動作／流れ
　　　が速くなる」

はやおきはさんもんのとく　早起きは三文の徳　早起きをすれ
　　ばなにかと良いことがあるということ。＊「〜三文の得」とも。
　　㉞朝起きは三文の徳

はやおくり　早送り［速送り］　「映像を早送りする」

はやがえり　早帰り　「プレミアムフライデーなので早帰り」

はやがわり　早変わり［速変わり］

はやぐい　早食い［速食い］

はやくち　早口［速口］

はやさ

　　早さ　「起床時間の早さ」

　　速さ　「車の速さ」

はやざき　早咲き　「早咲きの品種」

はやざし　早指し［速指し］　「早指し将棋」

はやし［囃子・囃］　「はやし方／祭りばやし」

はやじに　早死に

はやす　生やす　「ひげを生やす」

はやす［囃す］　「言い・もて＝はやす」

はやてまわし　早手回し

はやば　早場　「早場米」

は

532

はやばや　早々　「早々と内定する」

はやびけ　早引け［早退け］　「発熱で早引けする」　＊「早引き」とも。

はやまる

　　早まる　「開催時期・日時・予定=が早まる」

　　速まる［速まる］　「流れが速まる」

はやまわり　早回り［速回り］　「早回り競争」

はやみ　姓。

　　早見　早見優（タレント。1966〜）、早見沙織（声優。1991〜）

　　速水　速水優（日本銀行総裁。1925〜2009）、速水もこみち（俳優。1984〜）

　　速見　速見めぐみ（タレント。1993〜）

はやめ　早め［速め］　「早めに家を出る」

はやめる

　　早める　「時刻・出発・予定=を早める」

　　速める　「回転・歩調=を速める」

はやる［流行る］　「風邪がはやる」

はやわざ　早業［早技・速業］　「目にも留まらぬ早業」

早割　商〔ANAホールディングスほか〕→早期購入割引、早期割引

はら　腹［肚］　「腹が据わる/腹を=据える・くくる/腹に=収める・据えかねる/腹=切り・下し・違い・積もり・巻き」

　　×「腹が煮えくり返る」→はらわたが煮えくり返る

はらいこみ

　　払い込み　〔一般〕「払い込みを済ます/払い込み=受付期間・開始・方法」

　　払込　〔経済関係複合語〕「払込=額・期日・金・先・資本・手形」

はらいさげ　払い下げ　「払い下げ品」

はらいだし　払い出し　「払い出し人」

はらいもどし

　　払い戻し　〔一般〕「払い戻しを求める/払い戻し=請求・中止・方法」

　　払戻　〔経済関係複合語〕「払戻=額・期日・金・件数・証

は

書」

はらう

払う　取り除く。支払う。心を向ける。「枝・辺り・敬意=を払う／悪魔・厄・厄介・一時=払い／お払い箱」

はらう[祓う]　神に祈って災いを除く。「おはらい／はらい清める」

バラエティー[variety]　多様性。変化。芸能番組。

パラサイト[parasite]　寄生虫。「パラサイトシングル」

パラジウム[palladium]　〔金属元素〕

はらす　**腫らす**[腫らす]　「足・まぶた=を腫らす／泣き腫らす」

パラセルしょとう　**パラセル諸島**[Paracel Islands]　中国・海南島の南東にある島しょ群。＊中国側呼称は「西沙諸島」。

パラゾール　商〔白元アース〕→**(衣料用)防虫剤**

パラダイム[paradigm]　理論的枠組み。

パラダイムシフト[paradigm shift]　価値観の転換。

はらだち　**腹立ち**　「腹立ち紛れ」

パラドックス[paradox]（←パラドクス）　逆説。

パラフィンし　**パラフィン紙**[paraffin]　防水・防湿用包装紙。

パラボラ[parabola]　放物線。「パラボラアンテナ」

バラマイシン　商〔小野薬品工業〕→**皮膚薬**

はらまち・はらのまち　地名(福島県)。

　原町　南相馬市の区名。

　原ノ町　JR 常磐線駅名。

パラマリボ[Paramaribo]　スリナムの首都。

パラリンピック[Paralympics]　身体障害者の国際スポーツ大会。＊ parallel (並行して行う)＋オリンピック。

ハラル、ハラール[halal]　イスラム教の戒律に沿ったもの。「ハラル=認証・フード」

ハラレ[Harare]　ジンバブエの首都。

パラレル[parallel]　平行。並行。相似。

パラレルワーク[parallel work]　複業。複数の仕事をこなすこと。

はらわた[腸]　「はらわたが=煮え返る・煮えくり返る・ちぎれる／はらわたの腐った」

はらん　波乱[波瀾]　「波乱の人生/波乱を呼ぶ/波乱含み」　＊変化に富み劇的であるさまは「波瀾万丈」と書く。

バランス・オブ・パワー[balance of power]　力の均衡。勢力の均衡。

バランスシート[balance sheet]　貸借対照表。損得のつり合い。㊂ BS

バランスボール[balance ball]　平衡感覚をトレーニングするためのボール型運動用具。

バランスボールホッピング㊂〔ラングスジャパン〕→**バランスボールにホッピングを加えた遊具**

はり

　　針[鉤・鈎]　〔一般〕「針のむしろ/釣り・縫い＝針」

　　はり[鍼]　〔医療〕「はり＝師・麻酔」　☞鍼灸

ばり　罵詈[罵詈]　言い換え 悪口、雑言、ののしり　「罵詈雑言」

パリ[Paris]　フランスの首都。1900、24年夏季五輪開催。2024年夏季五輪開催予定。＊1989年のサミットはパリ近郊にあるグランダルシュ（新凱旋門ビル）で開催されたため「アルシュ・サミット」と呼ぶ。

バリアー[barrier]（←バリア）

バリアフリー[barrier free]（←バリアーフリー）　障壁なし。段差なし。

バリウム[barium]　〔金属元素〕

バリエーション[variation]　変化。多様性。変奏曲。

はりがみ　貼り紙[貼り紙・張り紙]

バリカン[仏 Bariquand et Marre]　〔理容器具〕フランスの製造会社名から。＊英語ではヘアクリッパー。

パリキール[Palikir]　ミクロネシア連邦の首都。

はりぐすり　貼り薬[貼り薬・張り薬]

はりこむ

　　張り込む　見張る。奮発する。「捜査員が駅で張り込む/祝儀を張り込む」

　　貼り込む[貼り込む]　台紙などにはりつける。「アルバムに貼り込む」

パリジェンヌ[仏 Parisienne]　パリ生まれの女性。

パリジャン［仏 Parisien］　パリ生まれの男性。

バリスタ［伊 barista］　コーヒーを入れる専門職。コーヒー職人。

はりだす

　張り出す　外に出っ張る。「軒・高気圧=が張り出す」

　貼り出す［貼り出す］　掲示する。「お知らせを貼り出す」

はりつけ［磔］

はりつける

　張り付ける　人をある場所に長時間とどめておく。「記者を現場に張り付ける」

　貼り付ける［貼り付ける］　のりなどで他のものにつける。データをペーストする。「ポスター・画像=を貼り付ける」

パリティー、パリティ［parity］　均衡。等価。均等。「パリティー指数」

ハリファクス［Halifax］　カナダの都市。1995年サミット開催。

バリュー［value］　価値。値打ち。割安。

バリューかぶ　バリュー株［value stock］　割安株。企業価値から見て価格が低い株式。

バリュエーション［valuation］　企業価値の評価。投資尺度。株価指標。投資指標。

バリラックス㊟〔エシロール〕　→遠近両用レンズ

はる

　張る　広がる・広げる。のびる・のばす。「氷・根=が張る/関連サイトにリンクを張る/煙幕・虚勢・テント・向こう=を張る/壁紙・障子・ふすま=を張り替える/策略を張り巡らす/全面タイル張りの家/張りのある声/張り合う（対抗する）」

　貼る［貼る］　のりやピンなどで付ける。「1枚ずつタイルを貼る/切手・シール・付箋・レッテル=を貼る/切り貼り」

　[ポイント]「タイルをはる」など取り付ける意味では「張る」を使う。ただし、貼付する工法を強調したいときなどは「貼る」。「切りばり/はり替える/はり紙/はり出す/はり付ける/目ばり」などは、原則として接着剤や電子データの場合は「貼」、迷ったときは「張」とする。

バル［西 bar］　スペインの立ち飲み居酒屋。カフェと軽食店

は

も兼ねる。

はるいちばん　春一番

はるか〔遥か〕　「思いはるか/はるかに予想を上回る」

バルがい　バル街　街の飲食店をスペインのバルに見立て複数の店を飲み歩くイベント。2004年に北海道函館市で始まり全国に広まる。

はるさめ　春雨　「春雨じゃ、ぬれて行こう/春雨サラダ」

バルサン⊠〔ライセンスインターナショナル〕→薫煙殺虫剤

ハルシオン⊠〔ファイザー〕→睡眠導入剤

バルセロナ〔Barcelona〕　スペインの都市。1992年夏季五輪開催。

ハルツーム〔Khartoum〕　スーダンの首都。

バルブ〔valve〕　弁。

ハルマゲドン〔ギリシャ Harmagedōn〕　世界最終戦争。

ばれいしょ〔馬鈴薯〕→ジャガイモ

バレエ〔仏 ballet〕　〔舞踊〕

バレーボール〔volleyball〕　〔球技〕　略バレー

はれぎ　晴れ着

はれすがた　晴れ姿

バレッタ〔Valletta〕　マルタの首都。

はれま　晴れ間　「梅雨の晴れ間」

はれもの　腫れ物〔腫れ物〕　「腫れ物に触るよう」

はれる　腫れる〔腫れる〕　「足が腫れる」

バレル〔barrel〕（←バーレル）　国際的な原油の取引単位。1バレル＝42米ガロン＝約159リットル。

バレンタインデー〔Valentine Day〕

ハロウィーン〔Halloween〕　アクハロウィーン（固有名詞では、ハロウィンも）

パロディー〔parody〕　風刺。戯作。

パワーウインドー、パワーウィンドー〔power window〕　スイッチ操作で自動開閉する窓。

パワーカップル〔power couple〕　高学歴・高所得の夫婦。購買力のある共働き夫婦。

パワーショベル〔power shovel〕

パワーハラスメント〔和製 power harassment〕　地位や権力

は

537

を利用した嫌がらせ。㊂パワハラ

パワーポイント ㊂〔マイクロソフト〕→**発表用（説明用）資料
作成ソフト**

はわたり 刃渡り

はん

判 用紙・書籍・写真などの規格。判定。印鑑。「四六・
A5・新書・35ミリ・タブロイド・三文=判/判で押したように
/太鼓判を押す」

版 〔印刷〕「オフセット・豪華・縮刷・決定=版/海賊版
（CD・ゲームも）/出版/製版/絶版/凸版」

ばん

板 板状のもの。プレート。電子機器の部品。「回覧・伝
言=板/看板/岩板/基板/黒板」

盤 台状のもの。皿。鉢。「配電・羅針=盤/円盤/岩盤/
基盤/碁盤」

はんえい 反映［反影］「世相を反映する」

はんえい 繁栄 「繁栄を願う」

はんが 版画［板画］ ＊棟方志功の作品は「板画」。

ばんか 挽歌［挽歌］ 言い換え 哀悼歌

ハンガーストライキ［hungerstrike］ 絶食による抗議活動。
㊂ハンスト

はんかい

半開 「ドアが半開」

半壊 「家屋半壊」

半解 「一知半解」

ばんかい 挽回［挽回］「名誉挽回」

ハンカチ［handkerchief］ ハンカチーフの略。

はんがん・ほうがん 読み

はんがん 判官 裁判官。「名判官/塩谷判官（仮名手
本忠臣蔵の登場人物。浅野内匠頭がモデル）/小栗判
官（説経節・浄瑠璃・歌舞伎に出てくる伝説上の人物）」

ほうがん 判官［判官］ 「九郎判官義経/判官（『はんが
ん』とも）びいき」

はんき

反旗［叛旗］ 「反旗を翻す」

538

半旗　「半旗を掲げる」

はんぎ　**版木**[板木]

バンギ[Bangui]　中央アフリカの首都。

はんぎゃく　**反逆**[叛逆]　「主君に反逆する/反逆=者・児」

ばんきん　**板金**[鈑金]

バンクーバー[Vancouver]　カナダの都市。2010年冬季
　五輪開催。

バンク・オブ・アメリカ[Bank of America Corporation]　米企
　業(金融)。㊂バンカメ

ハンググライダー[hang glider]

ばんぐみ　**番組**　「番組編成/ニュース番組」

バングラデシュ[Bangladesh]　アジアの国。首都はダッカ。
　×バングラディシュ

ハングリー[hungry]　「ハングリー精神」

ハングル　朝鮮語を表記する文字。⊞「ハングル文字」
　×「ハングル語」　×「ハングルを話す」

パンケーキ㊞〔プロクター・アンド・ギャンブル〕→**固形おし**
　ろい　＊食品のパンケーキは一般名称。

はんけつ　**判決**　[アク]ハンケツ

はんけん　**版権**

はんげん　**半減**　[アク]ハンゲン

はんこう
　反抗　逆らう。「反抗的な態度」
　反攻　反撃。「反攻に転じる」

はんこう　**犯行**　「犯行を自供/犯行に及ぶ」

バンコク[Bangkok]　タイの首都。

バンコクぎんこう　**バンコク銀行**[Bangkok Bank]　タイ企業
　(銀行)。＊日本法人は「バンコック銀行」。

はんさ[煩瑣]→**煩雑**

ばんざい　**万歳**[万才]　「万歳三唱」　＊伝統芸能の「万
　歳」は「まんざい」。

ばんさく　**万策**　「万策尽きる」　×まんさく

はんざつ　**煩雑**[繁雑]　「煩雑な手続き」

ばんさん　**晩さん**[晩餐]　[言い換え]夕食　「晩さん会」

はんじ　**判事**　☞裁判官

ばんじきゅうす　万事休す　万事窮す×

ばんじゃく　盤石［磐石］　「盤石の構え」

バンジュール［Banjul］　ガンビアの首都。

はんしょう　反証　「反証を挙げる」

はんしょう　反照　「夕日が湖面に反照する」

はんしょう　半焼　「住宅が半焼した／全焼10軒、半焼5軒」

はんしょう　半鐘　「半鐘を鳴らす」

はんじょう　繁盛［繁昌］　「店が繁盛する／商売繁盛」

はんしょく　繁殖［蕃殖］　「繁殖期／異常繁殖」

はんしん　半身　「半身=不随・浴」

はんしん　阪神　「阪神=工業地帯・タイガース」

はんしんはんぎ　半信半疑

はんすう　反すう［反芻］〔牛などの生態〕　言い換え　繰り返
　　し=考える・思う・味わう〔比喩的用法〕

ばんせい　万世　「万世一系」

ばんせい

　　晩生　〔↔早生〕植物が、普通よりも遅れて成長すること。
　　　　「晩生の稲」

　　晩成　普通よりも遅れてできあがること。年を取ってから
　　　　成功すること。「大器晩成」

はんせつ　半切［半截］　半裁。

はんせん　帆船　＊「ほぶね」とも。ほせん×

はんそう　帆走　「ヨットが帆走する」

はんそう　搬送　「コンテナを搬送する」

ばんそう　伴走　「伴走車」

ばんそう　伴奏　「ピアノの伴奏」

はんそく

　　反則　〔一般〕「反則をとられる／反則切符」

　　犯則　〔関税法・地方税法など〕

ばんぞく　蛮族［蕃族］　「ピアニストという蛮族がいる（中村
　　　紘子著）」

はんだ　はんだ・ハンダ［半田・盤陀］　「はんだ=付け・ごて」

ハンター［hunter］　狩猟者。

パンダマン商〔ツクバフーズ〕→肉まん、あんまん

バンダルスリブガワン［Bandar Seri Begawan］　ブルネイの

は

首都。

パンタロン［仏 pantalon］ 裾の広い長ズボン。

半ちゃんラーメン 商〔幸楽苑ホールディングス〕→**ラーメンと
チャーハンのセット、半チャンラーメン**

はんちゅう［範疇］ →**範囲、部類、部門**

ハンチング［hunting］〔帽子〕

パンツ［pants］
　①ズボン。アク パ￣ンツ、パンツ
　②下着。アク パ￣ンツ

ばんづけ　番付　「長寿番付」

ハンディー［handy］　携帯。「ハンディータイプ」

ハンディカム 商〔ソニー〕→**(携帯)ビデオカメラ**

ハンディキャップ［handicap］　障害。不利な条件。略ハン
ディ、ハンデ

ハンディトーキー 商〔モトローラ・ソリューションズ〕→**小エリ
ア無線機、無線端末**

ハンティング［hunting］　狩猟。

パンデミック［pandemic］　世界的大流行。

はんてん　反転　「反転攻勢」

はんてん［半天・半纏］　「印ばんてん」

はんてん　斑点［斑点］　「青と白の斑点/斑点模様」

はんと　反徒［叛徒］

はんと　版図　「版図の拡大」

バント［bunt］〔野球〕「送りバント」

はんとう　反党　「反党的行為」

はんとう　反騰　「株価が反騰」

はんとう　半島　「イベリア半島」

ばんどう　姓。
　坂東　坂東真理子(昭和女子大学理事長・総長。1946
　　　〜)、坂東玉三郎(歌舞伎俳優。五代目＝ 1950〜)
　板東　板東英二(野球選手・解説者・タレント。1940〜)、
　　　板東久美子(消費者庁長官。1954〜)
　阪東　阪東妻三郎(映画俳優。1901〜1953)

バンドエイド 商〔ジョンソン・エンド・ジョンソン〕→**ガーゼ付き
ばんそうこう、救急ばんそうこう**

ハンドバッグ［handbag］

ハンドメード、ハンドメイド［handmade］　手作り。手製。

ハンドラー［handler］　警察犬・セラピー犬などの調教師。

ばんなん　万難　読み　「万難を排する」　✕まんなん

はんにゃ　般若［般若］　「般若面」

はんにゃしんぎょう　般若心経　はんにゃしん✕きょう

ばんねん　晩年　意味

　　○一生の終わりの時期。「晩年の作品」

　　✕スポーツ選手の現役時代の終盤。＊生きている人には
　　使わない。

万能ねぎ　商〔筑前あさくら農業協同組合〕→**小ネギ**

パンパース　商〔プロクター・アンド・ギャンブル〕→**紙おむつ**

はんばく［反駁］→**反論**

はんぱつ　反発［反撥］　「調停案に反発する/反発を＝覚え
　　る・買う」

はんぷく　反復［反覆］　「反復する旋律/反復＝横跳び・練
　　習」

はんめん

　　半面　表面の半分。物事のもう一方の面。「盾の半面/
　　　隠れた半面/半面の真理/半面しか知らない」

　　反面　反対側の面。意外な別の一面。「反面＝教師・調査」
　　　ポイント　「便利な『はんめん』危険もある」など、副詞的に「も
　　　う一方では」の意味では、どちらも使えるが、「反面」の方
　　　が両者の対立がより際立つ。

はんもと　版元［板元］　「版元から取り寄せる」

はんもん　斑紋［斑紋・斑文］

はんもん［煩悶］→**もだえ、悩み、苦悩、もだえ苦しむ**

はんよう　汎用［汎用］　「汎用＝鋼材・コンピューター/汎用性
　　がある」

ばんらい

　　万来　多くの人が来る。「千客万来」

　　万雷　激しい音。「万雷の拍手」

はんらん　反乱［叛乱］　「反乱を＝起こす・治める/反乱軍」

はんらん　氾濫［氾濫］　「河川・カタカナ語＝の氾濫」　＊好ま
　　しくない状態について言う。

はんりょ **伴侶**［伴侶］「人生の伴侶」

はんれい **反例**「反例を挙げる」

はんれい

　凡例　書物の編集方針や使用法を示したもの。「辞書の凡例」　✕ぼんれい

　判例　判決の先例。「判例に従う/判例集」

　範例　模範となる例。「手紙文・問題集=の範例」

はんろん **汎論**［汎論］[言い換え]**総論、通論**　その部門全般にわたって論じること。

ひ・ヒ

ひ　**日**「日が=昇る・暮れる・たつ/日の光を浴びる」

　　✕「日を夜に継ぐ」→**日に夜を継ぐ、夜を日に継ぐ**　昼夜兼行の意。

ひ

　火　燃える火。「火をおこす/火を付ける（点火。放火）/火を吐く勢い/火を見るよりも明らか/火と燃える/火の消えたような」

　灯　ともしび。「灯をともす/灯をつける（点灯）/灯の光を慕って/伝統の灯を絶やさぬ」

ビアガーデン［beer garden］（←ビヤガーデン）

ひあし

　日脚［陽足］　日の出から日没まで。「日脚が=伸びる・速い」

　日足　〔市場用語〕「日足チャート」

ひあし　**火脚**　火の燃え広がりの速さ。「火脚が速い」

ピアソン［Pearson PLC］　英企業（教育）。

ひあたり　**日当たり**「日当たりが良い」

ピアニー商〔全音楽譜出版社〕→**鍵盤ハーモニカ**

ピアニカ商〔ヤマハ、東海楽器製造〕→**鍵盤ハーモニカ**

ヒアリング［hearing］　聞き取り。公聴会。聴聞会。

ピーエイチ　pH　日本産業規格（JIS）には「ピーエッチまたはピーエイチと読む」という注記がある。かつてはペーハー（ドイツ語読み）が一般的だった。＊「pH試験紙」は水素イオンの濃度で酸性（7より小さい）・アルカリ性（7より大きい）の強度をはかるもの。「リトマス試験紙」は酸性かアル

カリ性かを判断するもの。アク ピーエイチ ☞ ペーハー
☞ pH

ビーガン［vegan］（←ヴィーガン） 完全菜食主義者。絶対
菜食主義者。

ひいき［贔屓］ 「ひいきの引き倒し／えこひいき／判官びいき」

ピーク［peak］ 頂上。頂点。最高潮。

ビーコン［beacon］ 電波受発信器。無線発信器。標識。

ピーセン 商〔山田ゆかり〕→**ピーナツ入りあられ**

ビーチ［beach］ 浜。海岸。「ビーチバレー」

ひいては［延いては・引いては］ さらには。その結果。

ヒートアイランド［heat island］ 都市部が周辺部より温度
が高くなっている現象。都市高温化。

ヒートアップ［heat up］ 過熱。「討論がヒートアップする」

ピートモス［peat moss］ 泥炭化したミズゴケ。園芸用土。

ビーナス［Venus］ 女神。金星。＊「美しいヴィーナス」（加
山雄三の曲）など固有名詞はその表記に従う。

ピーナツ［peanut］（←ピーナッツ） 落花生。

ビーピー BP 英企業（石油）。＊2001年に「BP アモコ」
から社名変更。

ヒーリング［healing］ 癒やし。

ビール［蘭 bier］

ひいれ 火入れ 「火入れ式」

ひうちいし 火打ち石［燧石］

ひうん
　非運［否運］ 運が開けない。つきがない。不運。「非運
　の敗戦投手」
　悲運 悲しい運命。不幸な巡り合わせ。「悲運の名将」

ひえしょう
　冷え性 〔体質〕
　冷え症 〔病気〕

ヒエラルキー［独 Hierarchie］（←ヒエラルヒー） 階層制。上
下制。支配制度。

ビエンチャン［Vientiane］ ラオスの首都。

ビオトープ［独 Biotop］ 野生生物の生息空間。生物生息
空間。生態観察圏。

ビオフェルミン 商〔ビオフェルミン製薬〕→**整腸剤、乳酸菌製剤**

ビオラ［伊 viola］〔楽器〕

ピカール 商〔日本磨料工業〕→**金属磨き剤**

重**被害を被る** →**被害に遭う、被害を受ける**

ひかえ　控え　「書類の控え／控えをとる／控えめにする」

ひかえしつ　控室

ひがえり　日帰り　「日帰り出張」

ひかげ

　日陰［日蔭］〔↔日なた〕日が当たらない場所。「涼しい日陰／日陰になる／日陰の身」

　日影〔文語的〕日の光。「明るい日影／日影が差す／日影を浴びて」＊「日影（にちえい）」は建築基準法などで、日照権などに関し、日の当たらない部分のこと。「日影=基準・制限・規制・時間」

ひがさ　日傘　アク ヒ**ガ**サ

ピカチュウ　ゲームソフト・アニメ『ポケットモンスター』のキャラクター。ピカチュ**ー**

ひかり

　光〔名詞〕光線。「月・希望=の光／光を=失う・放つ／稲光」

　光り〔動作性の用法〕光ること。「光り=輝く・物／黒光り」

ひかわ　地名。神社名。

　氷川　「氷川神社」

　斐川　島根県出雲市の地名。「斐川町○○」＊出雲平野から宍道湖に注ぐ川の名は斐伊川。

　簸川　島根県旧郡名。

ひがわり　日替わり［日変わり］「日替わり弁当」

ひかん　悲観　「前途を悲観する」

ひかん　避寒　「避寒地」

ひがん　彼岸　「彼岸会」

ひがん　悲願　「悲願達成」

ひかんざくら・ひがんざくら　類語

　ヒカンザクラ［緋寒桜］沖縄、台湾、中国南部に自生。2月〜3月初旬ごろに咲く。

　ヒガンザクラ・彼岸桜　本州中部以西、韓国、中国に自

545

生。春の彼岸の頃に咲く。

美顔水 ㊂〔桃谷順天館〕→化粧水

ひきあい　引き合い　「引き合いに出す」

ひきあげ

引き上げ　「関税引き上げ」

引き揚げ　「引き揚げ=船・者／委員の総引き揚げ」

ひきあげる

引き上げる　引っ張り上げる。程度を上げる。「線路に落ちた人を引き上げる／ボートを岸に引き上げる／課長を部長に引き上げる／関税・給料・金利・定価・利子・水準=を引き上げる／出資金を引き上げる（増額）」

引き揚げる　元のところに戻す・戻る。回収する。「遺体・沈没船=を海から引き揚げる／海外から引き揚げる／委員・派遣社員・花道=を引き揚げる／出資金を引き揚げる（回収）」

ポイント 水に落ちた人を「引きあげる」は、生きている人については、「引っ張り上げる」の意から「引き上げる」、亡くなっている場合は、陸の上に「戻す」の意から「引き揚げる」を当てる。

ひきあて

引き当て　〔一般〕「引き当て不足／追加引き当て」

引当　〔経済関係複合語〕「引当=金・物件」

ひきうける

引き受ける　「手伝い・仲人=を引き受ける／難民の引き受け／身元引き受け」

引受　〔慣用。経済関係複合語〕「引受=金融機関・先・書・限度額／身元引受人／新株引受権」

ひきおこす　引き起こす　「論争を引き起こす」

ひきおとし　引き落とし　「口座引き落とし」

ひきかえ[引き替え]

引き換え　「代金と引き換えに品物を渡す」

引換　「引換券／代金引換（郵便）」

ひきがたり　弾き語り　「ギターの弾き語り」

ひきがね　引き金　「事件の引き金となる」

ひきぎわ　引き際[退き際]　〔人の進退など〕「引き際が悪い

/引き際を誤る」

ひきこみ　引き込み　「引き込み線」

ひきこもごも　悲喜こもごも［悲喜交々］　一人の人生の中で悲しみと喜びをともに味わうこと。「悲喜こもごも至る」

　　△「悲喜こもごもの合格発表風景」→**明暗を分けた合格発表風景**　＊多人数が悲しんだり喜んだりする情景描写には使わないほうがよい。

ひきこもる　引き籠もる・引きこもる［引き籠もる］

ひきさげ　引き下げ　「定価の引き下げ」

ひきざん　引き算

ひきしお　引き潮

ひきしめ　引き締め　「財政の引き締め」

被疑者　→容疑者　〔法律〕被疑者は、犯罪の容疑があるとして捜査対象になっている人のこと。新聞・放送などでは起訴されるまでの被疑者は「容疑者」とし、任意調べの段階では「被疑者」「容疑者」とも使わないのが原則。

ひきずりおろす

　　引きずり下ろす　上から下へ移す。「猿を屋根から引きずり下ろす」

　　引きずり降ろす　地位・役割から退ける。「投手をマウンド・代表=から引きずり降ろす」

ひきだし　引き出し［抽き出し・抽斗］　「引き出しにしまう」

ひきたてる　引き立てる　「気分を引き立てる」

ひきつぎ　引き継ぎ　「仕事の引き継ぎ」

ひきつづき　引き続き　「引き続き述べる」

ひきづな　引き綱［曳き綱］

ひきつれる　引き連れる　「部下を引き連れて行く」

ひきて

　　引き手　「戸の引き手」

　　弾き手　「琴の弾き手」

ひきでもの　引き出物

ひきど　引き戸

ひきどき　引き時

ひきとめる　引き留める［引き止める］

ひきとり　引き取り　「引き取り手」

ひ

ビギナー［beginner］ 初心者。入門者。「ビギナーズラック」

ひきにく **ひき肉**［挽き肉］

ひきにげ［**轢き逃げ**］ 類語 ☞ あてにげ・ひきにげ

ひきぬき **引き抜き**

ひきのばし
　引き伸ばし 〔写真〕
　引き延ばし 〔期限など〕

ひきのばす
　引き伸ばす 大きくする。「ゴムひも・写真=を引き伸ばす」
　引き延ばす 長引かせる。「会議・期限=を引き延ばす」

ひきはなす **引き離す** 「二番手・競争相手=を引き離す」

ひきはらう **引き払う** 「下宿を引き払う」

ひきふね **引き船**［曳船］

ひきょう［**卑怯**］ 言い換え 卑劣、ずるい

ひきわけ **引き分け** 「引き分けに持ち込む」

ひきわたし **引き渡し** 「引き渡し期日」

ひきんぞく
　卑金属 〔↔貴金属〕空気中で酸化しやすい金属の総
　　称。亜鉛、鉄、銅、鉛など。
　非金属 〔↔金属〕金属的な性質を持たない物質の総
　　称。硫黄、水素、炭素など。

ひく
　引く［曳く・牽く・惹く・退く・抽く］ 「後・網・風邪・気・くじ・
　　車・辞書・線・注意・綱・手ぐすね・同情・人目・幕・身・例=
　　を引く/人柄に引かれる/引きも切らず」
　弾く 〔弾奏〕「ピアノ・バイオリン=を弾く/爪弾き」
　ひく［挽く・碾く］ 切る。削る。砕く。「臼で豆をひく/のこ
　　ぎりでひく/臼・ミル=をひく/ひきたてのコーヒー」
　ひく［**轢く**］ 車輪でひく。「車にひかれる/ひき逃げ」

ひくい **低い** アク ヒ˧クイ (ヒ˧クク-˥ナル、ヒ˥クク-˧ナル)

びくう［**鼻腔**］ 読み ☞ びこう・びくう

ピクチャー［picture］ 絵画。写真。映画。

ひくて **引く手** 「引く手あまた」

ピクトグラム［pictogram］ 絵文字。絵記号。

ビクトリア［Victoria］ セーシェルの首都。

ピクルス［pickles］〔食品〕

ひげ［髭・鬚・髯］ 「ひげを伸ばす/ひげ面」 ＊口ひげ＝髭、顎ひげ＝鬚、頰ひげ＝髯。

ピケ［picket］（←ピケット） スト破りや造反者が出ないよう見張ること。

ひけいてん　飛型点 スキーのジャンプ競技で、空中姿勢の美しさや安定性によって得られる点数。飛距離点を合わせた点数で順位を競う。

ひけぎわ　引け際［退け際］ 終了間際など。「引け際に呼び止められる」

ひけつ　秘訣［秘訣］ 言い換え 奥の手、こつ、要領、秘密、秘策、とっておきの方法

ひけどき　引け時［退け時］ 「会社の引け時」

ひけね　引値 終値。

ひけめ　引け目 「引け目を感じる」

ひご　庇護［庇護］ 言い換え 保護、かばう、守る、擁護

ひご　飛語［蜚語］ うわさ。デマ。「流言飛語」

ひごう　非業 「非業の‐最期・死」 ひぎょう

びこう　鼻孔 鼻の穴。

びこう・びくう［鼻腔］ 読み 鼻孔（鼻の穴）から咽頭までの空気の通り道。
　　鼻腔〔一般〕
　　鼻腔〔医学〕医学関係での慣用読み。

被告人　→被告〔法律〕民事訴訟では罪を犯したとして起訴されたものを「被告」、刑事訴訟では訴えられた当事者を「被告人」としている。新聞・放送などでは呼称として、民事・刑事を問わず「○○被告」を用いる。ただし、判決文や刑事裁判における「被告人質問」などは、法律用語にのっとる。

ひこさん　地名。
　　彦山 JR 日田彦山線駅名（福岡県）。
　　英彦山 福岡・大分県境の山名、国定公園名。

肥後守（ひごのかみ）商〔永尾光雄〕→**(折り畳み)ナイフ**

ひこぼし　ひこ星［彦星］

ひごろ　日頃［日頃］

ひざ　膝［膝］　「はたと膝を打つ/話に引き込まれて膝を進める/膝を突き合わせて協議する/膝を交えて話す/膝を=崩す・屈する」

ビザ［visa］　入国査証。査証。「ビザ無し交流」

ピザ［伊 pizza］　「ピザパイ」

ひさい　非才［菲才］　「非才を顧みず/浅学非才」

びざい　微罪　「微罪処分」

ビサウ［Bissau］　ギニアビサウの首都。

ひさし［庇］　「ひさしを貸して母屋を取られる」

ひざし　日差し［陽射し］　「日差しがまぶしい」

ひざまずく［跪く］　「墓前にひざまずく」

ひさめ　氷雨　「氷雨の降る晩秋」

ひざもと　膝元［膝下］　「お膝元/親の膝元を離れる」

ひじ　肘［肘・肱・臂］　「肩肘張る」

ひじかけ　肘掛け［肘掛け］　「肘掛け椅子」

ひしがた　ひし形［菱形］

ビシケク［Bishkek］　キルギスの首都。

ひじでっぽう　肘鉄砲［肘鉄砲］　「肘鉄砲を食わす」

ビジネス［business］　「ビジネスパーソン」

ビジネス・コンビニエンス Ⓢ〔キンコーズ・ジャパン〕→ビジネスサービス（店）、ビジネスサポート（店）　＊略称として「ビジネスコンビニ」も使用しない。

ビジネスライク［businesslike］　事務的。能率的。

ひしもち　ひし餅［菱餅］

ヒジャブ［hijab］（←ヒジャーブ、ヘジャブ）　イスラム教徒の女性が人前で髪を隠すために用いるスカーフ。

びしゃもんてん　毘沙門天　七福神の一つ。仏教における四天王では多聞天と呼ぶ。

ビジュアル［visual］　画像。映像。視覚。

ひじゅん　批准［批準］　「条約を批准する/批准書」

ひしょう　飛翔［飛翔］ 言い換え 飛行、飛ぶ

ひじょう
　非常　「非常手段」
　非情　「非情な仕打ち」

びしょう

微小 極めて小さい。「微小な粒子/微小動物」

  微少 極めて少ない。「微少の薬物が検出される/微少量」

ビジョン［vision］ 展望。未来像。構想。将来展望。画面。視野。

ビストロ［仏 bistro］ 小さなフランス風レストラン。居酒屋。

ヒスパニック［Hispanic］ スペイン語系米国住民。中南米系。

ひずみ 類語 ☞ ゆがみ・ひずみ

ひそ ヒ素[砒素]

ひそう **皮相** 「皮相な見方/皮相的な意見」 皮想

ひそう

  悲壮 悲しくも勇ましい。「悲壮な覚悟/悲壮感」

  悲愴[悲愴] 言い換え **悲痛、悲傷** 悲しくいたましい。

ひそか[密か・秘か・窃か・私か]

ひぞっこ 秘蔵っ子 「彼は教授の秘蔵っ子だ」 ＊「ひぞうっこ」とも。

ひそみにならう **ひそみに倣う**[顰みに倣う] 意味

  ○よしあしの区別なく人まねをする。＊他人に見習ってすることを謙遜して言う。

  ×（単に）人と同じことをする、まねをする。

ひだ 飛驒 旧国名。岐阜県の市名。

びたい[媚態] →なまめかしい振る舞い、こびた態度

びだくおん 鼻濁音

語中や語尾で、呼気を鼻に抜いて発音する柔らかい響きのガ行音。「カ゚」「キ゚」「ク゚」「ケ゚」「コ゚」と表記して、口から呼気を出す破裂音のガ行音と区別する。助詞の「が」も鼻濁音。若い世代を中心に、衰退する傾向にある。

  例：下がる（サガル）

     私が（ワタシガ）

     〜しましたが（〜シマシタガ）

     ５月（ゴガツ）

     お行儀（オギョーギ）

     小学校（ショーガッコウ）

     衆議院議員（シューギイン-ギイン）

551

なお、単語の一音目、外来語、数字の5、接頭語の次の音の時、擬音語・擬態語は、鼻濁音にしない。また、複合語では結びつきの強弱によって、鼻濁音化するかしないかが分かれる。

ひだち　肥立ち［日立ち］「産後の肥立ち」

PiTaPa（ピタパ）商〔スルッと KANSAI〕→**交通系 IC カード**

ひだまり　日だまり［日溜まり・陽溜まり］

ビタミン［独 Vitamin］「ビタミン C」

ひだりきき　左利き

ひたる　浸る［漬る］「悲しみ・酒・湯=に浸る」

ピチカート［伊 pizzicato］（←ピッチカート）〔演奏法〕

ひつぎ［柩・棺］言い換え棺（読みは「かん」）

ピッキング［picking］特殊な工具で錠をあけること。

ピックアップ［pick up］拾い上げ。引き取り。「ピックアップサービス」

ビックカメラ　日本企業。ビッグカメラ×

ビッグデータ［big data］

ビッグバン［big bang］①宇宙創生時にあったとされる大爆発。②大改革。「金融ビッグバン」

ビッグマック［BIG Mac］商〔マクドナルド〕→**大型ハンバーガー**「ビッグマック指数（ビッグマックの価格を比較することで各国の経済力を測る指数）」ビックマック×

ひつけ　火付け「火付け役」

ひづけ　日付「日付が変わる/日付変更線」

ひっこし　引っ越し「引っ越し荷物」

ひっこみ　引っ込み「引っ込み思案」

ひっし

　必死　全力を尽くす。「必死に努力する/必死の形相」

　必至　必ずそうなる。「内閣総辞職は必至」

ひつじ

　ヒツジ〔動物〕「ヒツジの毛を刈る」

　羊〔一般〕「羊飼い/羊雲」＊星座名は「おひつじ座」。

ひつじどし　未年・ひつじ年［未年］

ひっす　必須［必須］「必須の条件」△ひっしゅ　△ひっ

552

すう

ひっせき　筆跡[筆蹟]　「筆跡鑑定」

ひったてる　引っ立てる　「容疑者を引っ立てる」

ピッチ[pitch]　①速度。調子。能率。②野球のピッチング。③サッカーなどのグラウンド。

ひってき　匹敵　「プロに匹敵する実力」

ヒットエンドラン[hit-and-run]　〔野球〕　㊂エンドラン

ひっぱく　逼迫[逼迫]　言い換え窮迫、切迫、行き詰まり、追い詰められる

ひっぱる　引っ張る　「袖を引っ張る」

ピップエレキバン㊟〔ピップ〕→磁気ばんそうこう

ひづめ[蹄]　ひずめ

ひでり　日照り[旱]　「日照り=雨・雲」

ひどい[酷い]

ひとえ

　　一重　重なっていない。「一重まぶた/紙一重」

　　ひとえ[単・単衣]　裏を付けない着物。「十二ひとえ/ひとえ物」

ひとがた

　　人形　人の姿。かたち。形代。「紙を人形に切る」

　　人型　人のタイプ。「人型ウイルス/人型ロボット(『ヒト型』とも)」

ヒトカラ㊟〔エクシング〕→１人カラオケ

ひときわ[一際]　「ひときわ目立つファッション」

ひとけ　人け[人気]　「人けのない街」

ひとごこち　人心地[人㊟心地]　「人心地がつく」　一心地

ひとごと　人ごと・ひとごと[人事・他人事]　たにんごと

ひとごみ　人混み[人込み]　「人混みに紛れる」

ひとさしゆび　人さし指[人差し指・人指し指]

ひとしお[一入]　「寒さがひとしお身にしみる」

×ひと段落　→一段落(読みは「いちだんらく」)

ひとづかい　人使い　「人使いが=荒い・激しい」

ひとづきあい　人付き合い　「人付き合いが下手」

ひとづて　人づて[人伝て]　「人づてに聞く」

×一つ返事　→二つ返事　快く承知すること。

ひとで

 人手 「人手が足りない/人手を借りる」

 人出 「連休は大変な人出だ」

ひとなみ

 人並み 世間並み。「人並みの生活」

 人波 大勢の人。「人波にのまれる」

ひとのうわさもしちじゅうごにち 人のうわさも七十五日［人の噂も七十五日］

ひとはだ

 一肌 「一肌脱ぐ」 アク ヒト̱ハダ

 人肌 「人肌に温める」 アク ヒト̄ハダ

ひとばんじゅう 一晩中［一晩中］

ひとまく 一幕 ×いちまく ＊「第一幕」は、だいいちまく。

ひとみ 瞳［瞳・眸］ 「つぶらな瞳/瞳を凝らす」

ひとみごくう 人身御供［人身御供］

ひとめ

 一目 「一目会いたい/一目ぼれ」 アク ヒト̱メ

 人目 「人目につく/人目をはばかる」 アク ヒト̄メ

ヒトラー（アドルフ）［Adolf Hitler］ ナチス・ドイツ総統。（1889〜1945）

ひとり

 一人［付一人］〔成句・慣用句など〕他に仲間がいない場合。他の数字と置き換えられないもの。「首相候補の一人/一人=天下・一人・二役/一人口は食えぬが二人口は食える/娘一人に婿八人」

 1人 〔人数を示す〕他の数字と置き換えが可能なもの。「1人=当たり・ずつ/3人のうち1人」

 独り 孤独。独断。独占。単独。「君子は独りを慎む/独り=占い・立ち・寝・ぼっち・者」

ひどり 日取り 「結婚式の日取りを決める」

ひとりあるき

 一人歩き［付一人歩き］〔人数〕単独。「暗い夜道の一人歩きは危険」

 独り歩き 〔独立〕勝手に動くような場合。「赤ちゃん・法律・言葉=の独り歩き」

554

ひとりがち　独り勝ち［一人勝ち］「中国の独り勝ち」

ひとりぐらし

　一人暮らし［付一人暮らし］〔人数〕「一人暮らしの気安さ」

　独り暮らし　〔孤独〕「独り暮らしの高齢者問題」

　＊「一人住まい／独り住まい」も同様に使い分ける。

ひとりごと　独り言「独り言を言う」

ひとりじめ　独り占め「遺産を独り占めにする」

ひとりずもう　独り相撲「独り相撲をとる」

ひとりたび　**一人旅**［付一人旅］

ひとりっこ　**一人っ子**［付一人っ子］

ひとりぶたい　独り舞台「その分野なら彼女の独り舞台だ」

ひとりみ　独り身「独り身をかこつ」

ひとりむすこ　**一人息子**［付一人付息子］

ひとりむすめ　**一人娘**［付一人娘］

ひなが　日永［日長］「春の日永、秋の夜長」

ひながた　ひな型［雛型］言い換え　見本、模型、手本、書式

ひなた　日なた［日向］「日なたに干す／日なたぼっこ」

ひなだん　ひな壇［雛壇］「ひな壇に並ぶ」

ひなまつり　ひな祭り［雛祭り］

ひなん

　非難［批難］「非難の的／非難ごうごう」

　避難「避難訓練」

ひなんじょうほう　避難情報

　災害対策基本法に基づき、市町村長が発表。切迫度の低いほうから、下記がある。

　①避難準備・高齢者等避難開始　災害発生の恐れ。避難のための準備を促し、高齢者や障害者は避難を始めるのが望ましい。

　②避難勧告　災害発生の可能性が高い。住民に避難を要請。

　③避難指示（緊急）　すでに災害が発生している可能性が高い。直ちに避難行動を求める。

　なお、放送で伝える防災情報は、指定河川洪水予報・土砂災害警戒情報・警報・危険度分布等とともに住民の

とるべき行動を5段階に分け、避難のタイミングなどを明確に伝えることにしている。

警戒レベル1	警報級の可能性。心構えを高める。
警戒レベル2	注意報。避難行動の確認。
警戒レベル3	高齢者等は避難開始。他の住民は避難準備。
警戒レベル4	避難勧告・避難指示(緊急)の段階で、危険な場所にいる人は避難。
警戒レベル5	災害発生情報。命を守る最善の行動を促す。

ひ

びにいりさいをうがつ　微に入り細をうがつ　×微に入り細にわたる

ビニール[vinyl]（←ビニル）　「ビニールハウス」　＊コンビニエンスストアやスーパーの半透明のレジ袋の素材はポリエチレンなので、「ビニール袋」でなく「ポリ袋」。建築現場などで見られる青いシートも素材はポリエチレンなので「ビニールシート」とはせず「ブルーシート」などとする。

ひにち　日にち［日日］　「日にちが=たつ・もうない/日にち薬」

ビニロン[vinylon]　化学繊維。ビニールとナイロンの合成語。

ひにん　否認〔↔是認〕　×非認

ひねる[捻る・撚る]　「頭・首・手=をひねる/ひねった問題」

ひのべ　日延べ　「結婚式を日延べする」

ひのみさき　地名（和歌山・島根県）。
　日ノ御埼　紀伊半島西端の岬。灯台名。
　日の岬　和歌山県の国民宿舎、キャンプ場の名前など。
　日御碕　島根県島根半島西端の岬名。神社名。

ひのもと　火の元　「火の元を確かめる」

ひばく
　被曝・被ばく［被曝］〔放射線などに〕「被曝した第五福竜丸/原発事故・原水爆実験=の被曝者/被曝線量」
　被爆〔原爆を含む爆傷に〕「広島・長崎=の被爆者」

ひばち　火鉢　「火鉢にあたる」

ビバルディ（アントニオ）[Antonio Vivaldi]　作曲家。（伊 1678～1741）

ひびの　姓。

　日比野　日比野克彦（現代美術家。1958〜）

　日々野　日々野真理（キャスター）

ビビンバ　〔朝鮮料理〕　＊朝鮮語。ビビンパとも。

ひぶ

　日歩　100円に対する1日の利息。「日歩1銭」

　日賦　負債を日々に割り当て支払う。「日賦で払う」

びふう　美風　「美風を守る」

びふう　微風　「微風に吹かれる」

ひふく

　被服　「被服費」

　被覆　「被覆線」

ひぶくれ　火膨れ［火脹れ］

ひぶたをきる　火蓋を切る［火蓋を切る］　火蓋（火縄銃の
　火皿の火口を覆う蓋）を開けて、発火の用意をする。発砲
　する。転じて、戦闘行動を開始する。

　×「火蓋が切って落とされる」→**火蓋が切られる**　＊「幕
　を切って落とす」との混用。

ビブラフォン［vibraphone］　〔楽器〕

ひほう

　秘宝　「秘宝を公開」

　秘法　「秘法を伝授」

ひほう　悲報　「悲報に接する」

ひぼう　誹謗［誹謗］　[言い換え] **中傷、悪口、そしる、悪く言う**
　「誹謗中傷」

びほう　弥縫［弥縫］　[言い換え] **繕う、取り繕う、間に合わせ、
　一時しのぎ**　「弥縫策」

ひぼし

　日干し［日乾し］　日光に干す。「魚の日干し」

　干ぼし［干乾し］　食べるものがなく痩せ衰える。「一家が
　　干ぼしになる」

ひまく

　皮膜　皮膚と粘膜。皮のような膜。「虚実皮膜」

　被膜　物を覆っている膜。「電線の被膜」

ひまご　ひ孫［曽孫］

ひまし　日増し　「日増しに回復する」

ひまつ　飛沫［飛沫］　言い換え　しぶき　「飛沫感染」

ひも［紐］　「財布のひもが緩む/超ひも理論」

びもく　眉目［眉目］　眉と目。転じて、顔かたち。「眉目秀麗」

ひもとく［繙く・紐解く］　意味
　○書物を開く。本を読む。「史書をひもとく」　＊本の損傷
　を防ぐために包む覆い（帙）の紐を解く意。
　△調べる。解き明かす。「歴史の謎をひもとく」

ひもの　干物［乾物］

ひやあせ　冷や汗　「冷や汗ものの勝利」

ひゃくじょういいんかい　百条委員会　地方自治法100条に
　基づき、地方議会が設ける調査委員会。調査権を持ち、
　関係者が出頭や証言を拒否したときや偽証したときは、議
　会が告発することもある。

ひゃくとおばんつうほう　110番通報　読み　ひゃくじゅう～

ひゃくねん
　百年　〔比喩・慣用句〕「百年の=計・恋」
　100年　「100年に1度」

ひゃくはちじゅうど
　百八十度　〔比喩・慣用句〕「百八十度の方針転換」
　180度　「180度向きを変える」

ひゃくぶんりつ　百分率

ひゃくまん　百万　「百万=石・長者」

びゃくや・はくや　白夜　読み　本来は「はくや」だが、俳優の
　森繁久弥が作詞作曲した「知床旅情」で「びゃくや」と歌わ
　れたことから、「びゃくや」の読みが広まったとも。

ひやけ　日焼け　「日焼け止め」

ひやざけ　冷や酒

ヒヤシンス［hyacinth］　〔植物〕

ひゃっか
　百花　たくさんの花。「百花=斉放・繚乱」
　百科　あらゆる科目・学科。「百科=事典・全書」
　百家　多くの学者。「百家争鳴」

ひゃっきやこう・ひゃっきやぎょう　百鬼夜行

ひゃっぱつひゃくちゅう　百発百中

ひやとい　日雇い　「日雇い派遣」

ひやみず　冷や水　「冷や水を浴びせる」

ひやむぎ　冷や麦

ひやめし　冷や飯　「冷や飯食い」

ひゆ　比喩［譬喩］

ピュア［pure］　純粋。まじりけのない。

ビュー［view］　眺め。眺望。閲覧。「ページビュー」

ヒューズ［fuse］　「ヒューズが飛ぶ」

ヒューストン［Houston］　米国の都市。1990年サミット開催。

ビューティー［beauty］　美。美人。美容の。「ビューティーサロン」

ヒューマニティー［humanity］　人間性。人道。人間愛。

ビューラー㊙〔岡本和久など〕→**まつ毛カール器、アイラッシュカーラー**

ヒューレット・パッカード・エンタープライズ［Hewlett Packard Enterprise］　米企業（情報技術）。㊂HPE　＊日本法人は「日本ヒューレット・パッカード」。

ビュッフェ［仏 buffet］（←ブッフェ）　簡易食堂。

ピュリツァー（ジョゼフ）［Joseph Pulitzer］　新聞人。（米1847〜1911）「ピュリツァー賞」

ひょう

　表　事柄を分類・整理して並べたもの。「一覧・成績=表/(学校の)通知表/年表」

　票　〔紙片〕「源泉徴収・住民=票」

ひょう［雹〕　〔気象〕空から降ってくる氷の粒で直径5ミリ以上のもの。「雷雨に伴いひょうが降る」　☞あられ

びょういん　病院　類語　☞医療機関・病院・診療所

ひょうかい

　氷海　「氷海を行く」

　氷塊　「氷塊にぶつかる」

ひょうかい　氷解　「疑問が氷解する」

ひょうき

　表記　文字づかい。表書き。「表記の=異同・住所/国語の表記法/表記辞典」

　標記　表題。「標記の件につき」

ひょうきん［剽軽］

ひょうけつ

　表決［票決］　議案に対する賛否の意思表示。「議案を表決に付す/起立による表決/表決権」

　評決　裁判所で評議して採決すること。「裁判官・裁判員=の評決」

びょうげん　病原［病源］「病原=菌・体」

ひょうさつ

　表札　〔一般〕「玄関の表札」

　標札　〔公職選挙法〕「選挙事務所の標札」

ひょうじ

　表示　〔一般〕「意思・住居=表示」

　標示　〔道路交通法〕「道路標示」

ひょうじょう　評定　読み　☞ひょうてい・ひょうじょう

ひょうする

　表する　「敬意を表する」

　評する　「作品を評する」

ひょうせつ［剽窃］→盗作、盗用

ひょうだい

　表題［標題］　〔一般〕書物の題名。講演・公演の題目。「表題作ほか4編を掲載/講演の表題」

　標題　〔音楽〕「標題音楽（主題を表す題名が付いた音楽。ベルリオーズ『幻想交響曲』、シベリウス『フィンランディア』など）」

ひょうてい・ひょうじょう　評定　読み

　ひょうてい　「勤務評定」

　ひょうじょう　「小田原評定/評定所」

ひょうてん　評点　「評点をつける」

ひょうてんか　氷点下　〔気象〕☞零下

ひょうどう　姓。

　兵頭　兵頭誠之（住友商事社長。1959～）

　兵藤　兵藤慎剛（サッカー選手。1985～）

ひょうのう　氷のう［氷嚢］　言い換え　氷袋

ひょうはく

　漂白　さらして白くする。「さらし粉で漂白する/漂白剤」

漂泊　ただよいさすらう。「街から街へ・他国を=漂泊する
　　　／漂泊の詩人」
　　表白　考え・思いを言葉で表す。「胸中を表白する」　＊
　　　仏教用語の「表白（ひょうびゃく。法事などで、僧がその
　　　趣旨を読み上げること）」は別語。

びょうぶ［屏風］

ひょうへん［豹変］　→一変、急変、変節　＊本来は「はっきり
　　過ちを改める」意。☞君子（は）豹変す

びょうほ［苗圃］　→苗床、苗畑

ひょうぼう［標榜］　→掲げる、旗印とする、公然と示す

びょうぼつ　病没［病歿］｜言い換え｜病死

ひょうめん　表面　〔↔裏面（りめん）〕　×おもてめん

ひょうろう　兵糧［兵粮］　「兵糧攻め」

ひよく　肥沃［肥沃］｜言い換え｜肥えた、豊かな

ひより　日和［㊿日和］

ピョンチャン　平昌［Pyeongchang］　韓国・江原道の郡。2018
　　年冬季五輪開催。

ピョンヤン　平壌　北朝鮮の首都。

ひらく　開く［拓く・展く］　〔↔閉じる〕「荒野・悟り=を開く」

ひらたい　平たい　「平たい鍋／平たく言えば」

ひらまく　平幕　［相撲］　×へいまく

ピラミッド［pyramid］

ひらや　平屋［平家］

びらん［糜爛］　→ただれ、腐乱

ピリオド［period］　終止符。一区切り。「ピリオドを打つ」

ひりき　非力　×ひりょく

ビリニュス［Vilnius］　リトアニアの首都。

ビリヤード［billiards］

ピル［pill］　丸薬。経口避妊薬。

ひるがえす　翻す［飜す］

ビルコン　㊂〔ビルコン〕→紙幣計数機、投票用紙計数機

ヒレ［仏 filet］（←フィレ、ヘレ）　「ヒレ肉」

ひれき　披瀝［披瀝］｜言い換え｜明かす、打ち明ける、吐露

ひろう　披露　「披露宴」

ひろう　疲労　「疲労感」

ひろげる　広げる［拡げる］「大風呂敷を広げる」

ピロティ［仏 pilotis］〔建築〕

ヒロポン 商〔大日本住友製薬〕→覚醒剤

ひわ

　　秘話　知られていない話。「終戦秘話」

　　悲話　悲しい物語。「平家物語の悲話」

びわ　琵琶［琵琶］「琵琶法師」

ひわい［卑猥］→淫ら、下品、いやらしい

ひわり　日割り　「日割りで支払う/日割り計算」

びん　瓶［壜］「花瓶/ビール瓶」

ひんし　瀕死［瀕死］言い換え 死にそう (な)、致命的

ひんしゅく［顰蹙］言い換え 顔をしかめる、苦々しく思う
　「ひんしゅくを買う」

びんしょう　敏しょう［敏捷］言い換え 機敏、素早い

ヒンズーきょう　ヒンズー教［Hinduism］ ＊ヒンドゥー教とも。

ヒンズークシさんみゃく　ヒンズークシ山脈［Hindu Kush Mts.］
　主にアフガニスタン国内を北東から南西にわたって延びる
　山脈。

ひんする［瀕する］言い換え 迫る、差し迫る、近づく、直面す
　る

×貧すれば通ず →窮すれば通ず、貧すれば鈍する

びんせん　便箋［便箋］

ピンチ［pinch］ 窮地。危機。

ピンチブロック 商〔ピンチブロック〕→隙間テープ

びんづめ

　　瓶詰　〔製品〕「瓶詰のジャム」

　　瓶詰め　〔動作〕「瓶詰め作業」

ヒンディーご　ヒンディー語［Hindi］ インドの公用語の一
　つ。

ビンテージ［vintage］ ①ワイン用ブドウの収穫年。②作柄
　優良の年のワイン。③年代物で価値のあるもの。

ヒント［hint］ 暗示。示唆。

ピンナップ［pinup］(←ピンアップ)

ピンバッジ［pin badge］

ピンポイント［pinpoint（針の先）］ 精密な目標を定めるこ

と。狭い地点。「ピンポイント天気予報」

ピンポン 〔元商標〕 ＊一般名称は「卓球」。

びんらん［紊乱］ →乱す、乱れる、混乱、壊乱、乱脈 ＊「紊乱」の本来の読みは「ぶんらん」。

ふ・フ

ふ［斑］ まだら。「ふが入る/ふ入りの花」

ぶ

分 ①優勢さ。利益の度合い。「こちらに分が＝ある・ない/この仕事は分が＝いい・悪い」②割合の単位。1/100を表し、1/10割。「3割3分3厘」

歩 利益の割合。金利。利息。「歩を払う/歩に合わない/日歩」

ファー［fur］ 毛皮。

ファーウェイ 華為技術 中国企業（通信機器）。

ファースト［first］ 「ファーストレディー」

ファーニチャー［furniture］ 家具。

ファーマシー［pharmacy］ 薬局。

ぶあい 歩合 「公定歩合/歩合制」

ファイア［fire］（←ファイアー、ファイヤー） 「キャンプファイア」

ファイアウオール、ファイアウォール［fire wall］ 業務障壁。防止機能・システム。防火壁。

ファイザー［Pfizer Inc.］ 米企業（医薬品）。

ぶあいそう 無愛想

ファイナンシャル［financial］ 財政の。金融の。＊フィナンシャルとも。

ファイナンス［finance］ 財源。財政。

ファイバー［fiber］ 繊維。「ファイバースコープ」

ファイル［file］ 書類ばさみ。「クリアファイル」

ファウル［foul］（←ファール） 「ファウルチップ」

ファクス［fax］（←ファックス）

ファクター［factor］ 要因。要素。因子。

ファクト［fact］ 事実。

ファサード［仏 façade］ （建物の）正面。

ふ

ファジー[fuzzy]（←ファジィ）　あいまいな。ぼやけた。「ファジー理論」

ファシズム[fascism]　全体主義。

ファスティング[fasting]　断食。絶食。

ファスト[fast]　「ファスト゠トラック・フード」

ファストファッション[fast fashion]　低価格衣料。外資系の大手衣料専門店。

ぶあつい　分厚い[部厚い]

ファッショ[伊 fascio]　「ファッショ的風潮」

ファッション[fashion]

ファドゥーツ[Vaduz]　リヒテンシュタインの首都。

ファブレス[fabless]　工場を持たない。工場なし。「開発と設計に特化したファブレスメーカー」

ファミリーコンピュータ、ファミコン⓶〔任天堂〕→**テレビゲーム機**

ファミリーレストラン[family restaurant]　�略ファミレス

ファン[fan]　①愛好者。支援者。②扇風機。送風機。

ファンケル　日本企業。＊ブランド表記は「FANCL」。

ファンタ⓶〔コカ・コーラ〕→**清涼飲料**

ファンタスティック[fantastic]　＊ファンタジックは和製語。

ファンダメンタリズム[fundamentalism]　原理主義。

ファンダメンタルズ[fundamentals]　経済の基礎的条件。

ふあんてい　不安定　「不安定になる」

ファンデーション[foundation]

ファンド[fund]　基金。資金。投資信託。

ファンドトラスト[fund trust]　指定金外信託。

ファンヒーター[fan heater]　暖房機。「石油ファンヒーター」

ファンブル[fumble]　〔野球など〕

ふい

　ふい　無駄。「チャンスをふいにする／努力がふいになる」
　　アクフイ、フイ

　不意　突然。「不意に来た／不意を打つ／不意の来客」
　　アクフイ

フィアット・クライスラー・オートモービルズ[Fiat Chrysler Automobiles N.V.]　欧米企業（自動車）。�略 FCA　＊日

本法人は「FCA ジャパン」。

フィアンセ［仏 fiancé（男性）; fiancée（女性）］　婚約者。

フィージビリティースタディー［feasibility study］　企業化調査。事業化調査。可能性調査。

フィーチャー［feature］　特集。特徴。

フィート［feet］　長さの単位。約30.5センチ。＊フット（foot）の複数形だが単数形の場合でもフィートと表記している。

フィードバック［feedback］　「人事考課を社員にフィードバックする」

ふいうち　不意打ち［不意討ち］　「不意打ちを食らう」

フィギュア［figure］　図形。姿。「フィギュアスケート」

フィクサー［fixer］　陰の実力者。「大物フィクサー」

フィクション［fiction］　虚構。創作。作り話。

フィジカル［physical］　物理的。身体的。肉体的。「フィジカルトレーニング」

ブイシネマ 商〔東映ビデオ〕→**ビデオ専用映画、ビデオオリジナル映画**

ふいちょう　吹聴［吹聴］　アク フイチョー　╳すいちょう

フィッシング
　［fishing］〔釣り〕　アク フィッシング、フィッシング
　［phishing］〔詐欺〕「フィッシングサイト」　アク フィッシング

フィットネス［fitness］　「フィットネスクラブ」

フィデューシャリー・デューティー［fiduciary duty］　受託者責任。顧客本位の業務運営。

フィナーレ［伊 finale］　終幕。大詰め。終楽章。「フィナーレを飾る」

フィナンシャル・タイムズ［Financial Times］　英経済紙。略 FT

フィニッシュ［finish］　①終わり。終了。②運動競技で最後の動作。③ゴール。

フィフティーフィフティー［fifty-fifty］　五分五分。半々。

フィランソロピー［philanthropy］（←フィランスロピー）　慈善活動。社会貢献。

フィリップ・モリス・インターナショナル［Philip Morris

International Inc.］　米企業（たばこ・食品）。㊂ PMI

フィリバスター［filibuster］　議事妨害。

フィルター［filter］　ろ過・浄化装置。

フィルダースチョイス［fielder's choice］　〔野球〕野選。

フィルタリング［filtering］　情報の選別。選別。より分け。

フィルム［film］（←フイルム）

フィロソフィー［philosophy］　哲学。

フィンガーボウル［finger bowl］　指先を洗う水を入れた器。

フィンテック［fintech］　金融とIT（情報技術）の融合。

ふうか　風化　アク フーカ

ふうかん　封かん［封緘］ 言い換え 封

ふうき　風紀［風規］　「風紀の乱れ」

ふうき　富貴　「富貴な家」

ふうきり　封切り　＊映画関連では、「**ふうぎり**」とも。

ふうけい　風景　アク フーケー

ふうげつどう　風月堂［凬月堂］　日本企業（上野風月堂など）。＊社名に「風」の異体字「凬」を使うのは「虫」の印象を避けるためだとされる。

ふうこうめいび　風光明媚［風光明媚］　「風光明媚の地」

ふうさい　風采［風采］　「風采が上がらない」

ふうし　風刺［諷刺］　「風刺文学」　アク フーシ

ふうじこめ　封じ込め

ふうじて　封じ手　「碁・相撲ʼの封じ手」

ふうじめ　封じ目　「封じ目に印を押す」

ふうしん　風疹［風疹］

ふうせつ

　風雪　「風雪に耐える」

　風説　「風説が広まる」

ふうてい　風体［風態］　ふうたい

フードコート［food court］　ショッピングセンターなどにある飲食店のブースと食事のための共有スペース。

フードセーバー　㊂［サンビームプロダクツ］→家庭用真空パック（器）

ふうび　風靡［風靡］ 言い換え 支配、流行、なびかせる　「一世を風靡する」

566

ふうぶつし　風物詩　「夏の風物詩」

ふうぼう　風貌[風貌]　「怪しい風貌の男」

ブーメラン[boomerang]　「ブーメラン現象」

フーリガン[hooligan]　サッカーの熱狂的・暴力的ファン。

ふうれん　地名(北海道)。

　　風連　名寄市の地名。「風連町○○」

　　風蓮　根室振興局管内の川・湖名。

フェア[fair](←フェアー)　①公平な。清い。②フェアボールの略。③市。展示会。

フェアウエー、フェアウェー[fairway]　〔ゴルフ〕

フェアトレード[fair trade]　公正な貿易。

フェアボール[fair ball]　〔野球・テニスなど〕打球がフェアグラウンドやコート内に入ること。㊧フェア

フェイク[fake]　偽の。偽物。「フェイクニュース」

フェイスブック[Facebook]　㊟〔フェイスブック〕→交流サイト

フェイルセーフ[fail-safe]　安全装置。多重安全構造・対策。

フェース[face](←フェイス)　顔。「ニューフェース」

フェーズ[phase]　段階。局面。

フェードアウト[fade-out]　次第に消える。消失。順次廃止。

フェスタ[伊 festa]　フェスティバル。「スポーツフェスタ」

フェスティバル[festival]　祭り。祭典。催し物。

フェデックス[FedEx Corporation]　米企業(運送)。

フェデラルファンド[federal funds]　米国の市中銀行が連邦準備銀行に預け入れる準備預金。「フェデラルファンド金利」

フェテル(セバスチャン)[Sebastian Vettel]　レーシングドライバー。(独1987〜)　＊英語読みは「ベッテル」。

ブエノスアイレス[Buenos Aires]　アルゼンチンの首都。

フェミニスト[feminist]

ふえる・ふやす

　　増える・増やす　〔一般。↔減〕数や量が多くなる。「会員・子供・体重・人数・ペット・予算=が増える/資本金・仲間・庭木=を増やす」

　　殖える・殖やす　〔特殊〕家畜や財産が多くなる。「資産・

利子⸗が殖える/家畜・財産⸗を殖やす」　＊繁殖、利殖
の意でも、「増」を使ってもよい。

フエルアルバム 商〔ナカバヤシ〕→**リフィル式シートアルバ
ム**

フェルト［felt］（←フエルト）

フェルトペン 〔元商標〕

フェローシップ［fellowship］　研究奨学金。研究奨学生資
格。研究奨励制度。

ふえん　敷衍［敷衍］ 言い換え **意味を押し広げ詳しく述べる、
趣旨が徹底するよう丁寧に説明する、例えなどを使って
やさしく述べる**

フェンシング［fencing］

フェンダー［fender］　「フェンダーミラー」

ぶえんりょ　無遠慮　「無遠慮な振る舞い」

フォアグラ［仏 foie gras］

フォアボール［four ball］　〔野球〕四球。

フォー［ベトナム pho］　米麺。

フォード・モーター［Ford Motor Company］　米企業（自動
車）。フォードモーターズ✕　フォードモータース✕

フォービスム、フォービズム［仏 fauvisme; Fauvism］　〔美
術〕野獣派。野獣主義。

フォーマット［format］　形式。書式。初期化。

フォーム［form］　形式。型。姿。姿勢。

フォーラム［forum］　公開討論会。

フォール［fall］　〔レスリング〕「フォール勝ち」

フォールト［fault］　失策。「ダブルフォールト」　✕フォルト

フォグランプ［fog lamp］　霧灯。

フォト［photo］　写真。

フォトマスク［photomask］　回路原版。

フォルダー［folder（書類ばさみ）］　〔コンピューター〕ファイル
やプログラムを収容する場所。

フォロー［follow］　支援。追跡。追跡調査。事後点検。SNS
で人の発言の固定読者になること。

フォローアップ［follow-up］　追跡調査。事後点検。

フォロワー［follower］　〔インターネット〕SNS の固定読者。

ふ

フォワーダー［forwarder］　荷主と輸送会社を仲介し貨物を運ぶ事業者。貨物利用運送事業者。混載貨物事業者。

フォワードガイダンス［forward guidance］　将来の指針。中央銀行が将来の金融政策方針を前もって表明すること。

フォンデュ［仏 fondue］　〔料理〕「チーズフォンデュ」

ふか

　付加［附加］　付け加える。「条件を付加する／付加=価値・金」

　負荷　仕事の責任、量。「負荷に耐える／負荷を加える」

　賦課　税金などを負担させる。「賦課=金・徴収」

ふか　**孵化**・㊤ふ化［孵化］　言い換え　卵をかえす、卵がかえる

ふがいない［腑甲斐ない・不甲斐ない］

ふかけつ　**不可欠**　「不可欠な材料／不可欠の条件」

ぶかっこう　**不格好**［不恰好］　「不格好な服」

ふかで　**深手**［深傷］　「深手を負う」

ブカレスト［Bucharest］　ルーマニアの首都。

ふかわ　姓。

　布川　布川敏和（タレント。1965〜）

　府川　府川充男（印刷史研究者。1951〜）

ふかん［俯瞰］　→見下ろす、高いところから=眺める・望む

ふかんず［俯瞰図］　→鳥瞰図

ふき　**不帰**　「不帰の客」

ふき　**付記**　「注釈を付記」

ふきあげる

　吹き上げる　〔風〕「涼風が吹き上げる／すだれを吹き上げる」

　噴き上げる　噴出。「火山弾・炎=を噴き上げる」

ふきかえ

　吹き替え　「外国映画の吹き替え」

　ふき替え［葺き替え］　「屋根のふき替え」

ふきかける　**吹き掛ける**［噴き掛ける］　「息を吹き掛ける」

ふきこぼれる　**噴きこぼれる**［吹き零れる］　「汁が噴きこぼれる」

ふきさらし　**吹きさらし**［吹き曝し］　「吹きさらしの停留所」

ふきすさぶ　吹きすさぶ［吹き荒ぶ］　「寒風吹きすさぶ」

ふきそ　不起訴　〔法律〕容疑者の死亡などで訴訟条件を欠く、十分な証拠がないなどで、検察官が公訴しないこと。☞起訴猶予

ふきだし　吹き出し　「漫画の吹き出し」

ふきだす
　吹き出す　「風が吹き出す」
　噴き出す　「パイプから水が噴き出す／おかしくて噴き出す」

ふきだまり　吹きだまり［吹き溜まり］

ふきつける　吹き付ける　「塗料を吹き付ける」

ふきでもの　吹き出物

ふきでる　噴き出る［吹き出る］　「汗・不満=が噴き出る」

ぶきみ　不気味［無気味］　「不気味な声／不気味に響く」

ふきゅう　不休　「不眠不休」

ふきゅう　不朽　「不朽の名作」

ふきゅう　不急　「不要不急」

ふきゅう　普及　「普及版」

ぶきよう　不器用［無器用］　「不器用な手つき／世渡りが不器用な男／不器用さにあきれる」

ぶぎょう　奉行　「勘定・寺社・鍋=奉行」

ぶきりょう　不器量［無器量］

ふきん　布巾［布巾］

ふく　☞ふきあげる　☞ふきだす
　吹く　勢いよく空気を動かす。表面に現れる。「火を吹いておこす／笛・ほら=を吹く／鯨が潮を吹く（潮吹き）／粉を吹いた干し柿／火吹き竹／芽吹く」
　噴く　勢いよく外に出る。噴出。「エンジンが火を噴く／火を噴く山」

ふく
　拭く［拭く］　「汗を拭く／拭き掃除」
　ふく［葺く］　「屋根をふく」

ふくいん
　幅員　「道路の幅員」
　復員　「復員兵」

ふくいん　福音　「福音を伝える/福音書」

ふくえき　服役　「服役を終える」

ふくおかフィナンシャルグループ　日本企業。福岡銀行、
　　熊本銀行、親和銀行、十八銀行などの持ち株会社。

ふくくうきょう　腹腔鏡［腹腔鏡］　＊医療現場では、「ふっくう
　　きょう」とも。☞ふくこう・ふくくう

ふくげん　復元［復原］　「古代の舟を復元する」

ふくげんりょく

　　復元力　〔一般。物理。建築・土木〕「ゴム・ばね=の復元力」

　　復原力　〔航空・船舶。地震〕「飛行機・船舶=の復原力」

ふくこう・ふくくう［腹腔］　読み

　　腹腔　〔一般。動物〕

　　腹腔　〔医学〕医学関係での慣用読み。「腹腔に腫瘍が
　　できる/腹腔内出血」　＊「ふっくう」とも。☞ふくくうきょ
　　う（腹腔鏡）

複合語のアクセント

　　二つ以上の言葉を組み合わせてできた「複合語」のア
　クセントは、各言葉の単独でのアクセントの組み合わせ通
　りとは限らない。後ろの言葉の要素によってアクセントが
　変化することがある。

　　　例：「私立（シリツ）」+「大学（ダイガク）」
　　　　　→「私立大学（シリツダイガク）」
　　　　　「消費（ショーヒ）」+「税（ゼー）」
　　　　　→「消費税（ショーヒゼー）」
　　　　　「優先（ユーセン）」+「席（セキ）」
　　　　　→「優先席（ユーセンセキ）」

ふくしゃ　複写　「書類を複写する/複写機」　複写

ふくしゃ［輻射］→㊎放射　「放射状に延びる道/放射熱」

ふくしゅう　復讐［復讐］　言い換え　報復、仕返し、敵討ち

ふくしん　腹心　「腹心の部下」

ふくじんづけ　福神漬

ふくすい

　　復水　水蒸気を水に戻す。「復水器」

　　腹水　腹腔内にたまった液体。「難治性腹水」

　　覆水　こぼれた水。「覆水盆に返らず」

ふくする

伏する かがむ。平伏する。「草むら・神前・墓前・武力=に伏する」

服する 受け入れて従う。飲む。「刑・命令・喪=に服する/薬・毒=を服する」

復する 元に戻る。「体調が正常に復する/本務に復する」

ふくせい **複製** 「複製=画・品」

ふくせん **伏線** 「伏線を=敷く・張る」

ふくそう[輻輳・輻湊] →集中、混雑、混乱、混み合う

ふくぞう **腹蔵** 「腹蔵のない意見」

ふくびき **福引** 「福引券」

ふくへい **伏兵** 「伏兵を置く」

ふくほん

副本 正本の写し。控え。予備。「契約書・戸籍=の副本」

複本 原本の複製。図書館などが購入する同一の本。「為替手形・古文書=の複本/図書館の複本問題」

ふくまでん **伏魔殿** 「政界の伏魔殿」

ふくむ **服務** 「服務規程」

重 **覆面マスク** →覆面、マスク ＊「面」=マスク。

ふくも **服喪** アク フク̅モ ふくそう

ふくれっつら **膨れっ面**[脹れっ面]

ふくろくじゅ **福禄寿** 七福神の一つ。

ふくろこうじ **袋小路** 行き詰まること。
×「袋小路に=落ちる・はまる」→袋小路に=入り込む・迷い込む

ふけこむ **老け込む** 「まだ老け込むような年ではない」

ふける

老ける 年を取る。「老けて見える/老け役」

更ける 深くなる。「秋・夜=が更ける」

ふける[耽る] 夢中になる。「思いにふける/読みふける」

ふける[蒸ける] 蒸される。「ご飯・芋=がふける」

ぶげん・ぶんげん **分限** 読み

ぶげん 財力など。「分限者」

ぶんげん 地位・身分など。「分限裁判」

フコイダン[fucoidan] 昆布やモズクのねばり成分。

572

ふこう

不幸 〔↔幸福〕「不幸中の幸い」

不孝 〔↔孝行〕「先立つ不孝/親不孝」

ふごう

符号 しるし。記号。「プラスの符号/符号をつける/電信符号」

符合 一致する。「供述と犯行状況が符合する/偶然の符合」

ぶこくざい[誣告罪] →虚偽告訴罪

ぶこつ **武骨**[無骨] 「武骨な動作/武骨者」

ふさ **房**[総] 「ブドウの房」

ふさい **負債** 「多額の負債を抱える」

　趣「負債を背負う」→債務を背負う

ぶさいく **不細工**[無細工]

不在投票 →不在者投票

ふさかざり **房飾り** 「カーテンの房飾り」

ふさぐ **塞ぐ**[塞ぐ] 「目・口・耳・割れ目=を塞ぐ/気が塞ぐ」
　＊「ふさぎ込む」などは仮名書きも。

ぶさた **無沙汰**[無沙汰] 「ご無沙汰/手持ち無沙汰」

ぶさほう **不作法**[無作法] 「不作法な態度」

ぶざま[不様・無様] 「ぶざまな負け方」

ふさわしい[相応しい] 「年齢にふさわしい言動」

ふじ **藤**[藤] 「藤の花」

ふじ **FUJI** 日本企業。＊2018年に「富士機械製造」から社名変更。

ふじ・ふち **不治** 「不治の病」

ぶじ **無事** 「無事を=祈る・知らせる」

ふじいでら

　藤井寺 大阪府の市名。

　葛井寺 藤井寺市にある西国三十三所の寺名。

ふじいろ **藤色**[藤色]

ふじおかひろし **藤岡弘、** 俳優。(1946〜) ＊旧芸名は「、」無しの「藤岡弘」。

フジクラ 日本企業。＊1992年に「藤倉電線」から社名変更。

ふ

ふじごこ　富士五湖　山中湖・河口湖・西湖（さいこ）・精進湖（しょうじこ）・本栖湖（もとすこ）。

ふじさん　富士山　標高3776メートル。

ふじだな　藤棚［藤棚］

ふじフイルム　富士フイルム　日本企業。＊持ち株会社は「富士フイルムホールディングス」。富士フィルム

ふしまつ　不始末［不仕末］　「不始末をしでかす」

ふしめ　伏し目　「伏し目がちに応対する」

ふしゅ　浮腫［浮腫］　むくみ。

ぶしゅうぎ　不祝儀　「不祝儀袋」　ふしゅうぎ

ふじゅん

　不純　純粋でない。「不純な動機／不純異性交遊」

　不順　順調でない。「不順な天候／生理不順」

ブジュンブラ［Bujumbura］　ブルンジの最大都市。旧首都。

ぶしょ　部署［部所・部処］

ふしょう

　不肖　親・師匠に似ずに愚か。「不肖の＝息子・弟子」　＊「不肖ながら……」など、へりくだってあいさつをする場合にも使う。

　不祥　不吉。好ましくない。「不祥事／不祥事件」

　不詳　はっきりしない。「作者・氏名・年齢・身元＝不詳」

ぶしょう　無精［不精］　「無精をしてどこにも行かない／筆無精／無精ひげ」

ふしょうぶしょう　不承不承［不請不請］　しぶしぶ。嫌々ながら。気が進まないままに。

ふしょく

　腐食［腐蝕］　腐って形が崩れる。化学反応で変質する。「土台が腐食する／腐食が進む／腐食剤」

　腐植　土中有機物が分解してできた黒褐色の物質。「腐植＝栄養湖・土」

ふじわら・ふしはら　姓。＊「ふじはら」とも。

　ふじわら　藤原　藤原鎌足（中臣鎌足、藤原氏始祖。614〜669）、藤原定家（鎌倉時代前期の歌人。1162〜1241）

　ふしはら　不死原　不死原正文（太平洋セメント社長。

ふ

1954～)

ふしん

  不信　信用しない。信義を守らない。「不信の念を抱く/
　不信が募る/不信を招く/政治不信/不信=感・行為」

  不審　合点がいかない。疑わしい。「不審の念を抱く/挙
　動不審/不審=人物・尋問・火」

  不振　勢いがふるわない。「営業・経営・食欲・打撃=不振」

⚠ **布陣を敷く** →**布陣する、陣を敷く**

ぶすい　**無粋**［不粋］

ふぜい　**風情**　「寂しげな風情/風情を添える/私風情」

ふせいしゅつ　**不世出**　「不世出の詩人」

ふせじ　**伏せ字**　「一部を伏せ字にする」

ふせつ

  敷設［布設］　設備・装置などを広範囲にわたって設ける。
　「ケーブル・水道・鉄道=の敷設」　し̶せつ

  付設［附設］　付属して設ける。「校舎に体育館を付設す
　る/大学付設の研究所」

ぶぜん［憮然］　世論調査「ぶぜんとして立ち去る」

  ○失望してぼんやりしている様子。＊2007年度17.1%
　/18年度28.1%

  △腹を立てている様子。＊2007年度70.8%/18年度
　56.7%

ふそく　**不足**　「水不足/不足分を補う」

ふそく　**不測**　「不測の損害」

  ×「不測の事態を予想して」→**万一の事態に備えて、非
　常事態に備えて**　＊「不測」は「思いがけない事態」の
　意なので、「予想する」「予測する」など、前もって想定す
　る文脈では使わない。

ふそく　**付則**［附則］

ふぞく　**付属**［附属］　＊「○○大学附属=病院・高校」なども
　「付属」を使う。

部族、族　→**○○民族、○○人、○○系**　「クルド族」→「**クル
　ド人**」、「マオリ族」→「**マオリ人**」、「ツチ族」→「**ツチ人**」「**ツ
　チ系**」など。＊中国に住む民族名は現地表記に合わせ「漢
　族」「チベット族」「ウイグル族」「朝鮮族」などとする。

ふそくふり　不即不離　「不即不離の関係」

ふそん　不遜［不遜］ 言い換え 尊大、生意気、横柄、高慢、高飛車、思い上がっている

ふた　蓋・ふた［蓋］　「蓋を開ける/火蓋を切る」

ふだい　譜代［譜第］　〔↔外様〕

ふたえ　二重　「二重まぶた」

ふたく

　　付託　〔議会用語〕審議会などに案件を任せる。「議案を委員会に付託する」

　　負託　信頼して責任や任務を任せる。「国民の負託に応える」

ふたご　双子　「双子が生まれる/双子座」

ふたごころ　二心　「二心を抱く」

ふたこと　二言　「二言三言」

ぶたじる　豚汁　 読み 　☞ とんじる・ぶたじる

ふたたび　再び

ふたつおり　二つ折り　「二つ折りにした便箋」

ふたつへんじ　二つ返事　「二つ返事で引き受ける」

ふたつめ

　　二つ目　〔一般〕「二つ目の駅で降りる」

　　二ツ目　落語家の格。真打ちの下。

ふたて　二手　「二手に分かれる」

ぶたねつ　豚熱　豚やイノシシにかかる伝染病。「豚コレラ」としていた和名の変更。2019年11月11日、農林水産省は「CSF」(classical swine fever＝クラシカル・スワイン・フィーバー)とする、と発表した。さらに20年1月30日に成立、2月5日に施行された改正家畜伝染病予防法で「CSF」に相当する和名は「豚熱」と改められた。「アフリカ豚コレラ」も同様に「ASF」(アフリカ豚熱。African swine fever＝アフリカン・スワイン・フィーバー)とする。＊ASFとCSFとは全く別の病気。

ふたば　双葉［二葉・雙葉］　「栴檀は双葉より芳し」

ブダペスト［Budapest］　ハンガリーの首都。

ふたみうら・ふたみがうら・ふたみのうら　二見浦　地名(三重県)。

ふたみうら　標準地名。

ふたみがうら　通称。＊「二見ヶ浦」「二見が浦」とも。

ふたみのうら　JR参宮線駅名。

ふたり

二人［付二人］〔成句・慣用句など〕「お二人の絆／二人静（謡曲の題名）／二人口」　☞ににん

2人　〔一般。他の数字と入れ替え可能〕「5人のうち2人／2人の兄弟」

ふだん

普段　日常。平素。「普段は火の気のない場所／普段着」　アク　フダン

不断　絶え間ない。決断が鈍い。「不断の努力／優柔不断」　アク　フダン

ふち　不治　☞ふじ・ふち

ふち

縁　へり。物の周り。「池の縁を歩く／帽子の縁／崖っ縁／縁取り」

淵［淵・渕・潭］　〔↔瀬〕深くよどんでいる場所。抜け出すのが困難な境遇の例え。「川の淵で溺れる／淵にはまる／悲しみ・絶望＝の淵に沈む／死の淵」

プチ［仏 petit］　小さい。小型の。小規模の。「プチぜいたく」

プチプチ商〔川上産業〕→気泡（緩衝）シート

ふちゅう　地名。

府中市　東京都・広島県の市名。

府中町　広島県の町名。

ふちょう　**符丁**［符牒］　言い換え　符号

　×「符丁を合わせる」→**符節を合わせる**　＊「符節」は割り符のことで、「符節を合わせる」で矛盾なくぴったりとあてはまるさま、符合するさまを表す。

ぶちょうほう　**不調法**［無調法］「不調法をわびる」

ふちん

浮沈　「社の浮沈に関わる」

不沈　「不沈空母」

ふつか

二日［付二日］　〔限定。他の数字と入れ替え不可能〕「二

日酔い」

2日 〔一般。他の数字と入れ替え可能〕「10日のうち2日/1月2日」

ふづき　文月 ☞ふみづき・ふづき

ふっきゅう　復旧　「復旧工事」

ぶっきょうだいがく　仏教大学［佛教大学］

×物議を呼ぶ →物議を醸す

ブッキング［booking]　予約。「ダブルブッキング」

ぶっけん

　物件　物品。品物。土地・建物などの不動産。「証拠・優良=物件」

　物権　財産権の一つ。所有権、抵当権など。「物権=証券・法」

ふっこう

　復興　再び盛んになる。「戦後・文芸=復興」

　復交　断絶した国交の回復。「日中復交」

ふっこく　復刻［覆刻・複刻]　「絶版本を復刻する/復刻版」

ブッシェル［bushel]　穀物の単位。＊語源は「手の幅」を意味するケルト語。木製の「おけ1杯分」の意味で使われるようになった。容量の単位のため、同じ入れ物でも1杯の重さは変わる。大豆と小麦の場合、1ブッシェルは約27.2キログラム。トウモロコシは約25.4キログラム。

ブッシュクリーナー［bush cleaners]　刈り払い機。造林用下刈り機。

ふっしょく　払拭［払拭]　「懸念を払拭する」

ふっそ　フッ素［弗素]

ふつつか［不束]　「ふつつか者」

ふっとう　沸騰　「お湯・議論=が沸騰する」　沸謄

プットオプション［put option]　売る権利。株式や債券などを特定の価格で、特定の期日に売る権利。

フットサル［futsal]　5人制ミニサッカー。

ふっとぶ　吹っ飛ぶ　「疲れが吹っ飛ぶ/吹っ飛んで帰る」

ぶつめつ　仏滅　六曜の一つ。万事に凶である悪日。

ぶつよく　物欲［物慾]　「物欲のとりこ」

ふで　筆　「筆が立つ/筆を断つ」

ふ

ブティック［仏 boutique］　（婦人服などの）小売店。専門店。

ふでいれ　筆入れ

プディング［pudding］　〔菓子〕プリン。

ふでたて　筆立て

ふでづかい　筆遣い［筆使い］　「巧みな筆遣い」

ふでペン　筆ペン　〔元商標〕

ふとう　不撓［不撓］ 言い換え **不屈、ひるまない**　「不撓不
屈」

ふとう　埠頭［埠頭］ 言い換え **岸壁、波止場、突堤**　＊「晴海
ふ頭」「博多ふ頭（株式会社）」など固有名詞は実際の表
記を使う。

ふどう

　　不同　そろっていない。「順不同」

　　不動　動かない。「不動の=信念・地位」

　　浮動　揺れ動く。「浮動=株・票」

ふところ　懐　「懐が温かい」

ふところがたな　懐刀　「社長の懐刀」

ふところで　懐手　「懐手で大もうけする」

ぶどまり　歩留まり［歩止まり］

プトラジャヤ［Putrajaya］　マレーシアの行政首都。＊事実
上の首都はクアラルンプール。

ふとる　太る［肥る］

ふとん　布団［蒲団］　「掛け・敷=布団」

ふなあし　船脚［船足］

ふないたべい　舟板塀［船板塀］　舟の部材を再利用した塀。
厚くて長く、雨水にも強い特性を持つ。＊地域によっては
「船板塀」の表記もある。

ふなうた　舟歌［船唄］

ふながたやま・ごしょざん　山名（宮城・山形県境）。

　　船形山　宮城県側の呼称。

　　御所山　山形県側の呼称。

ふなじ　船路　「船路はるかに」

ふなだいく　船大工［舟大工］

ふなたび　船旅［舟旅］

ふなつきば　船着き場［舟着き場］

ふなづみ　船積み［舟積み］

ふなで　船出［舟出］

ふなどまり　船泊まり［舟泊まり］

ふなに　船荷［舟荷］

ふなぬし・せんしゅ　船主　⑱「船の所有者」などに言い換え
　も。＊「日本船主協会」「日本船主責任相互保険組合」は、
　せんしゅ。

ふなのり　船乗り［舟乗り］

フナフティ［Funafuti］　ツバルの首都。

ふなよい　船酔い［舟酔い］

ぶなん　無難　「無難な選択」

ふね

　　舟　〔主に小型〕「舟をこぐ/小舟/ささ舟/助け舟/丸木舟
　　　　/刺し身を入れた舟（容器）」

　　船　〔一般〕「渡りに船/大船に乗った気持ち/親船」

　　ポイント　「貸船/貸舟」「釣り船/釣り舟」「船遊び/舟遊び」
　　　　「船底/舟底」「渡し船/渡し舟」などは実態に応じて使い
　　　　分ける。

　　船［槽］　「湯船」

プノンペン［Phnom Penh］　カンボジアの首都。

ふばこ［文箱］　ふみばこ

ふばらい　不払い　ふはらい　＊「未払い」は、みはらい。

ふびん［不憫・不愍］　言い換え　かわいそうに、哀れに

ぶふうりゅう　無風流［不風流］

ふぶき　吹雪［⒡吹雪］

ふぶく［吹雪く］

ぶべつ　侮蔑［侮蔑］　「侮蔑した態度/侮蔑的な言辞」

ふへん

　　不変　〔↔可変〕変わらない。「不変の真理/永久不変」

　　不偏　一方に偏らない。「不偏不党」

　　普遍　〔↔特殊〕どこでも見られる。「普遍-性・的」

ふほう　訃報［訃報］　「訃報が届く」

フマキラー　⑲〔フマキラー〕→殺虫剤

ふまじめ　不真面目［不⒡真面目］　「不真面目な態度」

ふみきり

踏み切り 〔一般〕「踏み切り=板・台」

踏切 〔鉄道〕「踏切での事故」

ふみづき・ふづき 文月 陰暦7月。[アク]フミ̄ヅキ　ヲ̄ヅキ
×ふみつき

ふもと 麓[麓]「麓の村」

ふやす ☞ふえる・ふやす

ふゆう 富裕[富有]「富裕層」＊柿の品種名は「富有柿」。

フュージョン[fusion]〔音楽〕

フューチャー[future]　未来。

ふゆきとどき 不行き届き　「監督不行き届き」

ふゆこだち 冬木立　「冬木立の山」

ふゆごもり 冬籠もり・冬ごもり[冬籠もり]

ふゆび 冬日　1日の最低気温が0度未満の日。

ふよう

  不用　使わない。役に立たない。「不用の衣類を処分する/予算の不用額/不用品」

  不要　必要でない。なくても支障を来さない。「不要な会議は時間の無駄/会費は不要/説明不要/不要不急の仕事」

ぶようじん 不用心[無用心]

プラーク[plaque]　歯垢。

プライア[Praia]　カボベルデの首都。

プライオリティー[priority]　優先順位。優先権。真っ先にすべきこと。

プライスウォーターハウスクーパース[Pricewaterhouse-Coopers]　英企業（会計事務所）。[略]PwC

フライトレコーダー[flight recorder]　飛行記録装置。

プライマリーケア[primary care]　初期診療。初期治療。

プライマリーディーラー[primary dealer]　国債市場特別参加者。

プライマリーバランス[primary balance]　基礎的財政収支。財政の基礎的収支。

プライムレート[prime rate]　最優遇貸出金利。

ブラウザー[browser]（←ブラウザ）

プラカード［placard］　主張や名前を書いて掲げる板。

ブラザビル［Brazzaville］　コンゴ共和国の首都。

フラジャイル［fragile］　脆弱な。もろい。

ブラジリア［Brasilia］　ブラジルの首都。

プラスアルファ［和製 plus α］（←プラスアルファー）　いくらかのものを付け加えること。

プラスタイル ⑭〔田島ルーフィング〕→**プラスチックタイル**

プラスチック［plastics］

プラズマビジョン ⑭〔富士通ゼネラル〕→**プラズマディスプレー、プラズマテレビ、プラズマモニター**

プラセボ［placebo］　偽薬。「プラセボ効果」

フラダンス［和製 hula dance］　本来「フラ（hula）」だけでハワイ語の「舞踏」の意味だが、和製語として定着。

ふらち［不埒］ 言い換え **不都合、不届き**

ブラチスラバ［Bratislava］　スロバキアの首都。

プラチナ［蘭 platina］　白金。

ブラックアウト［blackout］　広域停電。全域停電。

ブラックスワン［black swan］　黒い白鳥。めったに起こらない大惨事。

ブラックフライデー［Black Friday］　感謝祭（11 月第 4 木曜日）翌日の金曜日。＊米国ではクリスマス商戦の幕開けで、販売店が黒字になるところから。

ブラックボックス［black box］　中身のわからない箱。「技術のブラックボックス化」

フラッシュバック［flashback］　回想場面。再体験。

フラッシュメモリー［flash memory］　電気的に一括消去再書き込み可能な半導体メモリー。

フラット［flat］　平ら。一律。対等。

プラットフォーマー［platformer］　第三者がビジネスや情報配信などを行う基盤として利用できる製品やサービス、システムなどを提供する事業者。基盤提供者。

プラットフォーム［platform］　〔基盤・IT（コンピューター用語など）〕

プラットホーム［platform］　①駅の施設。②車台。

プラネタリウム［独 Planetarium］　天体投影装置。

プラハ［Prague］ チェコの首都。

ブラフ［bluff］ 威嚇。脅し。はったり。

プラモデル 商〔日本プラモデル工業協同組合〕 使用可。

フラワーデザイナー 商〔日本フラワーデザイナー協会〕 使用可。＊一般名称は「生け花デザイナー」。

ふらん　腐乱［腐爛］ 「腐乱死体」

プランター［planter］ 鉢。

フランチャイズ［franchise］ 本拠地。独占販売権。

プラント［plant］ ①植物。②生産設備。工場。

プランニング［planning］ 立案。企画。

ふり

　振り 振り動かすこと。踊り。刀剣の数え方。「バットの振り/振りを付ける/一振りの剣」

　ふり［振り・風］ 様子。態度。「知らぬふり（知らんぷり）/なりふり構わず/見て見ぬふり」

　〜ぶり［振り］ 〔接尾語〕様子、時間の経過など。「大ぶりの魚/歌い・枝・お国・思わせ・口・熱狂・3年・しばらく・久しぶり/男ぶり（男っぷり）/飲みっぷり」

フリーク［freak］ 熱狂者。変人。マニア。

フリーゲージトレイン［和製 free gauge train］ 軌間可変電車。

フリージア［freesia］ 〔植物〕

ブリーダー［breeder］ （家畜やペットなどの）繁殖業者。

フリーダイヤル 商〔NTT コミュニケーションズ〕 ＊電話番号帯の異なる他社のサービスに使わないよう注意。

フリータウン［Freetown］ シエラレオネの首都。

×フリーの客　→ふりの客 いちげん客のこと。「ふりの客はお断り」 ＊「ふり（振り）」は予約や紹介のないこと。

ブリーフィング［briefing］ （簡単な）報告。説明。

フリーマーケット

　［flea market］ のみの市。がらくた市。古物市。略フリマ

　［free market］ 〔経済〕自由市場。

フリーランス［freelance］ フリーの。独立した。独立自営業者。無所属。個人事業主。自由契約。自由業。

ふりかえ

    振り替え　〔一般〕「振り替え=休日・輸送」

    振替　〔経済関係複合語〕「口座・郵便=振替/振替=口座・貯金・用紙」

プリクラ、プリント倶楽部 Ⓒ〔セガ〕→**プリントシール、写真シール作製機**

ふりこみ

    振り込み　〔一般〕「給与・銀行=振り込み」

    振込　〔経済関係複合語〕「振込=口座・先」

プリザーブドフラワー［preserved flower］　加工した生花。<del>ブリザーブド</del>〜

ふりしぼる　**振り絞る**　「助けを求め声を振り絞る」

プリシュティナ［Pristina］　コソボの首都。

フリスビー Ⓒ〔ワムオー〕→**円盤遊具、フライングディスク**

ふりそで　**振り袖**［振り袖］

ふりだし

    振り出し　〔一般〕「手形の振り出し/振り出しに戻る」

    振出　〔経済関係複合語〕「振出=人・日」

ブリヂストン　日本企業。＊創業者・石橋正二郎（1889〜1976）の姓を英語で直訳した stone bridge の前後を入れ替えたもの。<del>ブリジストン</del>

ふりつけ　**振り付け**　「ダンスの振り付け」

ふりつけか　**振付家**

ふりつけし　**振付師**

ブリッジタウン［Bridgetown］　バルバドスの首都。

ブリッジローン［bridge loan］　つなぎ融資。

フリッター［fritter］　〔料理〕ころもあげ。

プリペイドカード［prepaid card］　代金前払いカード。

プリマドンナ［伊 prima donna］　〔オペラ〕主役女性歌手。Ⓢプリマ

    ×「バレエのプリマドンナ」→**プリマバレリーナ**

プリマバレリーナ［伊 prima ballerina］　〔バレエ〕主役バレリーナ。Ⓢプリマ

ブリュッセル［Brussels］　ベルギーの首都。2014 年サミット開催。

ふりょ［俘虜］→捕虜

ぶりょう［無聊］→退屈

プリン［pudding］〔菓子〕

プリンシパル［principal］ 主体。主要な人。バレエなどの
　主役。

プリンシプル［principle］ 原理。原則。規範。主義。

プリンター［printer］ 印刷機。

プリント倶楽部 商 ☞プリクラ、プリント倶楽部

ふる　振る　前後左右に動かす。「素振り/身の振り方」

フル［full］ 全部。限度いっぱい。最大限の。「フル生産」

〜ぶる［振る］〔名詞・形容詞の語幹につく接尾語〕気取
　る。てらう。それらしく振る舞う。「聖人ぶった態度/いい子・
　学者=ぶる/偉ぶる」

ふるい［篩］ 「ふるいにかける」

ふるいおこす　奮い起こす 「精神を奮い起こす」

ふるいおとす

　振るい落とす 「土を振るい落とす」

　ふるい落とす［篩い落とす］ 「面接でふるい落とす」

ふるいたたせる　奮い立たせる 「気を奮い立たせる」

ふるう

　振るう　手などに持って振り回す。振り動かす。勢いが盛
　　んになる。「権力・熱弁・蛮勇・筆=を振るう/士気が振る
　　う/事業が振るわない」

　震う　〔自然現象、生理現象〕小刻みに揺れる。「大地が
　　震い動く/声を震わせる/武者・身=震い」

　奮う　気力をかきたてる。「勇気を奮って立ち向かう/奮っ
　　て参加」

　ふるう［篩う］ 選別する。「土・粉=をふるう」

ブルーシート［和製 blue sheet］

プルーデンシャル［Prudential plc］ 英企業（生命保険）。

ブルートゥース［Bluetooth］商〔ブルートゥース SIG〕→近距
　離無線通信規格

ブルーレット 商〔小林製薬〕→トイレ芳香洗浄剤、トイレ
　（用）芳香防汚剤

ふるえあがる　震え上がる 「叱責に震え上がる」

ふるえる　震える　「寒さに震える/震え声」

ブルカ［burka］　イスラム教徒の女性が外出時に頭からかぶり全身を覆うように着る衣服。

ブルガリアヨーグルト　＊登録商標は「明治ブルガリアヨーグルト」〔明治ホールディングス〕。

フルグラ商〔カルビー〕　→シリアル

プルサーマル［和製 pluthermal］　軽水炉でのプルトニウム利用。

ふるさと　古里〔故里・故郷〕　＊「故郷」は「こきょう」と読めば、表内音。

ブルジュ・ハリファ［Burj Khalifa］　アラブ首長国連邦ドバイにある世界一高い高層ビル。828 メートル。

ブルジョア［仏 bourgeois］（←ブルジョワ）　資本家。「ブルジョア革命」

ブルジョアジー［仏 bourgeoisie］　資本家階級。

フルスペック［full specification］　全ての要件を満たす。制約のない形。

ブルそうば　ブル相場［bull market］　上昇相場。強気相場。＊雄牛（ブル）が角を下から突き上げる姿から。

プルデンシャル・ファイナンシャル［Prudential Financial, Inc.］　米企業（保険）。

ブルドーザー［bulldozer］

ブルドッグ［bulldog］　〔犬〕

ブルドックソース　日本企業。ブルドッ×グソース

プルトニウム［plutonium］　〔金属元素〕

フルフェース［和製 full face］　「フルフェースのヘルメット」

ふるまう　振る舞う　「振る舞い酒」

ふるや　姓。
　　古屋　古屋圭司（政治家・国家公安委員長。1952〜）
　　古谷　古谷一行（俳優。1944〜）、古谷徹（声優。1953〜）

ブルワリー、ブリュワリー［brewery］　醸造所。

フレア［flare］　太陽の表面で起こる大爆発。「太陽フレア」

フレアスカート［flared skirt］　裾がアサガオの形に開いたスカート。

ぶれい　無礼　「無礼を働く/無礼者」

プレイガイド［和製 play guide］（←プレーガイド）　前売り券販売所。

ブレイクダンス［break dance］（←ブレークダンス）

ぶれいこう　無礼講　「無礼講でいく」

プレイステーション、プレステ ⓐ〔ソニー・インタラクティブエンタテインメント〕→**(家庭用)テレビゲーム機**

フレイル［frailty］　虚弱。加齢で心身の脆弱性が出現した状態。要介護になる前の状態。

プレーオフ［play off］　〔スポーツ〕

ブレーク、ブレイク［break］　「大ブレークした」

ブレークスルー、ブレイクスルー［breakthrough］　突破。飛躍的前進。躍進。突破口。

プレートテクトニクス［plate tectonics］　地震の学説。

プレーボーイ［playboy］　＊雑誌名は『プレイボーイ』。

フレーム［frame］　枠。骨組み。画面。

フレームワーク［framework］　枠組み。基本的な枠組み。構成。

プレーヤー［player］

　①〔人間〕選手。競技者。演技者。演奏者。「名プレーヤー」
　　アク　プレーヤー

　②〔機械〕「レコードプレーヤー」　アク　プレーヤー、プレーヤー

ブレーン［brain］　頭脳。

プレーン［plain］　飾らない。単純。「プレーンヨーグルト」

フレオン ⓐ〔ケマーズ〕→**フロンガス、フッ素ガス**（冷却用のガス）

フレキシブル［flexible］　柔軟な。

フレキシブルコンテナバッグ［flexible containers］　大型土のう袋。㊂フレコンバッグ、フレコン

ブレグジット［Brexit（Britain ＋ exit）］　英国の EU 離脱。

ふれこみ　触れ込み　「天才という触れ込み」

プレジデント［president］　大統領。

プレジャーボート［pleasure boat］　海上レジャー船舶の総称。

ブレスケア ⓐ〔小林製薬〕→**口臭防止剤**

プレステ 商 ☞ プレイステーション、プレステ

プレステージ［prestige］　威信。名声。格式。

ブレスレット［bracelet］　腕輪。ブレスレッド

プレゼンス［presence］　存在感。存在。展開。軍事展開。

プレゼンテーション［presentation］　発表。説明。提示。提案。略プレゼン

プレタポルテ［仏 prêt-à-porter］　高級既製服。

フレックスタイム［flextime］　自由勤務時間制。時差勤務。

プレッシャー［pressure］　圧力。圧迫。精神的重圧。

プレトリア［Pretoria］　南アフリカの首都。

プレミアショー［premiere show］　公開前の有料試写会（映画）。初日前の特別興行（演劇）。＊「プレミア」は初演・初日。

プレミアム、プレミア［premium］　割増金。景品。上等。上乗せ金。「プレミアム商品券」

プレミアリーグ［Premier League］　イングランドのサッカーリーグ。プレミアムリーグ

ふれる

 触れる　さわる。出合う。感動する。知らせる。「心に触れる話／周囲に触れて回る」

 振れる［振れる］　揺れ動く。かたよる。調子がよい。「体が左右に振れる／円安に振れると株価が上がる」

 ふれる［狂れる］　気がくるう。「気がふれる」

ふろ

 風呂［風呂］　「風呂を沸かす」

 風炉〔茶道具〕「風炉の手前」

フロア［floor］　床。売り場。階。

ブローカー［broker］　仲介業者。

フロート［float］　いかだ。西洋風の山車。

ブロードウェー［Broadway］　米ニューヨークの目抜き通り。＊マンハッタンの劇場街を指すことが多い。「ブロードウェーミュージカル」

ブロードバンド［broadband］　高速大容量。広帯域通信網。

プロキシファイト、プロキシーファイト［proxy fight］　委任状争奪戦。

ふろく　付録[附録]

ブログ[blog（web と log の合成語 weblog の略）]　日記型のホームページ。

プロクター・アンド・ギャンブル[Procter & Gamble]　米企業（日用品）。㊅ P&G

プログラマー[programmer]　プログラム作成者。

プログラミング[programming]　コンピュータープログラムを作成すること。

プログラム[program]　番組。行事予定。コンピューターに、情報処理を行うための動作手順を指定するもの。

プロジェクト[project]　企画。事業計画。研究計画。「プロジェクトチーム」

ふろしき　風呂敷[風呂敷]　「風呂敷で包む」

フロス[floss]　歯間清掃用の糸。

プロセス[process]　経過。過程。

ブロッキング[blocking]　遮断。接続遮断。阻止。防御。

ブロックチェーン[block chain]　分散型台帳。金融取引などの記録を記した電子的な台帳をネットワーク上にある複数の端末で共有・使用する技術。データの固まり（ブロック）を鎖（チェーン）のようにつないで履歴を管理する。

ブロックバスターいやくひん　ブロックバスター医薬品[blockbuster drug]　大型新薬。1 剤で年間売上高 1000億円以上の新薬をいう。㊅ブロックバスター

プロッター[plotter]　作図装置。

プロテイン[protein]　たんぱく質。

プロデューサー[producer]　製作（制作）責任者。演出者。

プロトコル[protocol]　通信手順。規約。

プロトタイプ[prototype]　原型。試作モデル。試作品。

プロバイダー[provider]　接続業者。インターネット接続サービス業者。

プロパガンダ[propaganda]　宣伝。政治宣伝。

ブロバリン㊂〔日本新薬〕→**睡眠薬**

プロフ　自己紹介サイト。＊プロフィルの略。

プロファイル[profile]　コンピューターの基本ソフトで、設定情報を集約したもの。

プロフィル・プロフィール［profile］

　プロフィル　〔新聞表記〕

　プロフィール　㉑原則表記は「プロフィル」だが、「プロフィール」を許容して表音一致にする傾向が強くなっている。アク プロフィール

プロフェッショナル［professional］　専門。本職。↔アマチュア　略プロ

プロポーザル［proposal］　企画。提案（書）。申し込み。「プロポーザル方式」

ブロマイド［bromide］　スターなどの肖像写真。
　✕プロマイド　＊「プロマイド」はマルベル堂の商標。

プロムナード［仏 promenade］　散歩道。遊歩道。

プロモーション［promotion］　奨励。販売促進。

プロモーター［promoter］　主催者。興行主。

プロローグ［prologue］　前置き。序詞。序曲。始まり。冒頭（部分）。

フロン［flon］　フルオロカーボンの日本での慣用名。＊冷蔵庫などの冷媒に使われていたが、オゾン層を破壊するとされ使用中止となった。「フロンガス」

フロンティア［frontier］　新分野。最前線。最先端。未開拓分野。

フロント［front］　前面。前部。正面。受付。窓口。経営陣。首脳陣。事務局。

プロンプター［prompter］　原稿表示装置。

ふわたり　不渡り　「不渡り手形／不渡りを出す」

ふわらいどう　付和雷同［附和雷同］

ふん・ぷん　分　時間・角度の単位。助数詞。☞ぶ

　ふん　「分で計る／2分／5分／7分／8分／9分」

　ぷん　「1分／3分／4分／6分／8分／10分／100分／何分？」

ぶん　分　分け前。立場。様子。「弟の分／この分なら／分をわきまえる」

ふんいき　雰囲気　✕ふいんき

ぶんか

　分化　単純から複雑化する。「専門領域が分化する／二

ふ

極分化/分化現象」

分科　専門に分ける。「分科会」

分課　仕事を振り分ける。「各部の分課/分課規定」

ぶんか

文化　学問・芸術・宗教など精神的活動の成果。「生活文化/文化=遺産・財」

文科　〔↔理科〕学問分野。「文科系の学生」

ふんがい　憤慨　「あまりの仕打ちに憤慨する」

ぶんかシャッター　文化シヤッター　日本企業。文化シャッター

ぶんかつ　分割　「領土の分割/分割払い」

ふんき　奮起[憤起]　「奮起を促す」

ふんぎ　紛議　「紛議の解決/紛議調停」

ふんきゅう　紛糾　「会議が紛糾する」

ふんきゅう　墳丘　「円形の墳丘」

ぶんげいしゅんじゅう　文芸春秋[文藝春秋]　日本企業。雑誌名。

ふんげき　憤激　「過激派を憤激させる」

ぶんけん　分権　「地方分権」

ぶんけん　文献　「文献=学・検索」

ぶんげん　分限　読み　☞ ぶげん・ぶんげん

ふんこつさいしん　粉骨砕身　「粉骨砕身の努力」

ふんさい　粉砕　「鉱石を粉砕する」

ふんし　憤死　「本塁で憤死する」

ふんしつ　紛失　「書類を紛失する」

ふんしゃ　噴射　「ロケット噴射」

ふんしゅつ　噴出　「マグマが噴出する」

ぶんじょう　分乗　「バスに分乗する」

ぶんじょう　分譲　「分譲住宅」

ふんしょく　粉飾[扮飾]　「粉飾を施す/粉飾決算」

ぶんしょとが　文書図画　〔法律〕法曹界の慣用。〜ずが

ふんじん　粉じん[粉塵]　言い換え　(細かい)ちり

ぶんすいれい　分水嶺[分水嶺]　言い換え　分岐点、分かれ目、境界線

ふんする　扮する[扮する]　言い換え　〜の役=をする・になる

ふんせき　噴石　[アク]フンセキ

ふんせん　奮戦　「強敵を相手に奮戦」

ふんぜん

　憤然[忿然]　激しく怒る。「憤然たる表情/憤然として席を=立つ・蹴る」

　奮然　気力を奮い起こす。「奮然として=戦う・立つ」

ふんそう　扮装[扮装]　[言い換え]よそおい

ふんそう　紛争　「紛争地帯」

ぶんだん　分断　①分けて別々にすること。「東西に分断された国家」②一つにつながったものを分かれ分かれにすること。「土砂崩れで鉄道が分断された」　☞寸断

ふんとう　奮闘　「孤軍奮闘」

ぶんどる　分捕る[分取る]　奪い取る。獲得する。

ふんにょう[糞尿]　→汚物、大小便、排せつ物

ふんぬ　憤怒[憤怒・忿怒]　「憤怒の形相」　[アク]フンヌ
　＊西村寿行の小説『君よ憤怒の河を渉れ』は、ふんぬ。同原作の高倉健主演映画（1976年公開）は、ふんど。

ふんぱつ　奮発　「奮発してうな丼にする」

ふんばる　踏ん張る　「土俵際で踏ん張る」　＊「踏み張る」の変化。

ふんぱん　噴飯　[世論調査]「彼の発言は噴飯ものだ」
　○おかしくてたまらないこと。＊2012年度19.7%
　×腹立たしくて仕方がないこと。＊同49.0%

ぶんぴつ・ぶんぴ　分泌

ふんぷん

　紛々　入り乱れる。まとまりがない。「諸説紛々」

　ふんぷん[芬々]　盛んににおう。香りが高い。「香気ふんぷん」

ふんべつ・ぶんべつ　分別　[読み]

　ふんべつ　判断。「分別がある/分別くさい」　[アク]フンベツ、フンベツ

　ぶんべつ　分類。「ごみを分別する」　[アク]ブンベツ

ぶんべん　分娩[分娩]　[言い換え]出産、お産

ふんまつ　粉末　「粉末を溶かす」

ふんまん　憤まん[忿懣・憤懣]　[言い換え]憤慨、不平、積もっ

た怒り

ふんむき　**噴霧機・噴霧器**

ぶんめい　**文明**　「文明の利器／文明開化」

ふんもん　**噴門**　胃の入り口。

ふんれい　**奮励**　「奮励努力」

ぶんれつ

　　分列　「分列行進」

　　分裂　「細胞分裂」

ヘ・ヘ

ヘア［hair］（←ヘアー）　髪。「ヘアスタイル」

ベア［bear］（←ベアー）　クマ。熊。

ベア　ベースアップの略。

ペア［pair］　対の。一対。

ベアそうば　ベア相場［bear market］　下げ相場。弱気相場。
　＊熊が前足を振り下ろす仕草、背中を丸めている姿から。

ベアリング［bearing］　軸受け。

べい　米　「米兵／米艦」　⑭アメリカを意味する「米」の読
　みに関して、耳で聞いて直ちに理解しにくい言葉について
　は、できるだけ「アメリカの兵士」「アメリカの艦船」などと読
　む。「日米（にちべい）安保」など、使用頻度の高いものは、
　慣用されている。

ペイ［pay］　報酬。賃金。給料。支払う。「ペイする（元が
　取れる）」

へいい　平易　「平易な表現」

へいい　弊衣　「弊衣破帽」

ペイオフ［pay-off］　預金などの払戻保証額を元本1千万円
　とその利息までとする措置。

へいか　平価　「平価切下げ」

へいか　兵火　「兵火に訴える」

へいか　陛下　「天皇、皇后両陛下」

へいがい　弊害　「弊害を除く」

べいかん　米韓　「米韓合同軍事演習」

べいかん　米艦　「米艦と中国艦が異常接近」

へいき　平気　「平気の平左」

へいき　兵器　「兵器調達/核兵器」

へいき　併記［並記］　「両論併記」

🔴平均アベレージ　→平均、アベレージ

へいこう

　平行　どこまで行っても交わらず、同じ間隔を保つ。「議論が平行線をたどる/平行=移動・滑走路・四辺形/段違い平行棒」

　並行　並んで進んでいく。同時に進行する。「電車と並行して走るバス/線路に・線路と=並行する道路/並行=審議・輸入品」

　平衡　つりあい。「体の平衡を=保つ・失う/平衡感覚が失われる」

へいこう　閉口　「暑さに閉口する」

へいこう

　閉校　「人口減少で閉校」

　閉講　「受講者が集まらず閉講する」

へいごう　併合　「領土を併合する/併合罪」

べいこく　米国　「米国=人・大統領」

べいこく　米穀　「米穀=店・年度」

へいしゃ　弊社　〔↔貴社〕

へいせい　平成　〔元号〕　アク　ヘーセー

へいそう　並走［併走］　「自転車と並走する」　＊競馬の調教で並んで馬が走ることは「併走」と書く。

へいそく　閉塞［閉塞］　「閉塞感に覆われた社会」

へいそん・へいぞん　併存［並存］

へいたん［平坦］　→平ら、起伏がない

へいてん　弊店　〔↔貴店〕

ヘイトクライム［hate crime］　憎悪犯罪。

ヘイトスピーチ［hate speech］　憎悪表現。

へいどん［併呑］　→併合　「クリミア併合」

へいねん　平年　〔気象〕最近30年間の平均的な状態。気象庁では、西暦年の一の位が「1」の年に更新（10年ごと）。＊最新の改定は2011年で、1981～2010年の平均値が「平年値」となる。

ペイ・パー・ビュー［pay-per-view］　番組ごとに料金を払う

有料テレビの方式。

へいふう　弊風　悪習。「浪費の弊風を生じさせる」

へいふく

**　平伏**　「平伏して謝罪」

**　平服**　「平服で出席」

へいほう　兵法　＊「ひょうほう」とも。

へいよう　併用［並用］「複数の薬物を併用」

へいりつ　並立［併立］「複数誌が並立する/小選挙区比例代表並立制」

ベイルート［Beirut］　レバノンの首都。

へいわきねんしきてん

**　平和記念式典**　〔広島〕広島市原爆死没者慰霊式並びに平和祈念式。＊平和記念公園（広島市中区）。

**　平和祈念式典**　〔長崎〕長崎原爆犠牲者慰霊平和祈念式典。＊平和公園（長崎市松山町）。平和祈念像（同公園内）。

ペインクリニック［pain clinic］

ペイント［paint］　塗料。

ベーカリー［bakery］　パンの製造・販売店。

ページ［page］

ページェント［pageant］　野外劇。大規模な野外の催し。

ベーシックインカム［basic income］　最低生活保障。

ベース［base］　土台。基礎。基準。基地。

ペース［pace］　歩調。速度。調子。進展具合。

ベースアップ［和製 base up］　賃上げ。基準賃金の引き上げ。㊡ベア

ベースキャンプ［base camp］　（前進）基地。

ペースメーカー［pace maker］　①心臓の拍動の頻度を調節する医療機器。②マラソンなどで基準となるペースをつくり先導する選手。ラビット。

ペーソス［pathos］　哀愁。

ベートーベン（ルートウィヒ・バン）［Ludwig van Beethoven］　作曲家。（独 1770～1827）

ペーハー［pH］　→**ピーエイチ　pH**　＊水素イオン指数の旧称。ドイツ語読み。アク ペーハー

へ

595

ペーブメント［pavement］　舗道。敷石。

ベオグラード［Belgrade］　セルビアの首都。

～べき　「べし」の連体形。「注意すべき点」　＊終止形ではないので、文を「～べき」で止めるのは避ける。終止形は「べし」（文語）。口語では「～べきだ」「～べきである」。

へきえき［辟易］　→尻込み、閉口、たじろぐ、うんざり

へきくう［碧空］　→青空

へきち　へき地［僻地］［言い換え］辺地、片田舎、都会から離れた地

へきとう［劈頭］　→初め、最初、冒頭、真っ先

ペキン　北京　中国の首都。2008年夏季五輪開催。22年冬季五輪開催予定。

ペキンダック　北京ダック　北京ダッグ✕

ベクレル［becquerel］　放射能の強さの単位。食品に含まれる放射性物質の量を示す場合などに用いる。Bq。☞シーベルト

ヘゲモニー［独 Hegemonie］　覇権。主導権。指導権。

ベゴニア［begonia］　〔植物〕

へさき［舳先］［言い換え］船首

ベスロン　㊂〔帝人フロンティア〕　→アクリル繊維

へそでちゃをわかす　へそで茶を沸かす［臍で茶を沸かす］　おかしくてたまらない。笑止千万だ。㊣へそが宿替えする

✕へそを抱えて笑う　→腹を抱えて笑う

へそをまげる　へそを曲げる［臍を曲げる］　機嫌が悪くて、かたくなな態度になる。㊣つむじを曲げる

へた　下手［� 下手］　「下手の横好き」

へたのかんがえやすむににたり　下手の考え休むに似たり［� 下手の考え休むに似たり］　下手な考え休むに似たり✕　＊「下手」は「下手な者（知恵のない者）」のこと。

ペダル［pedal］　「自転車のペダル」

ペチコート［petticoat］　スカートの形の下着。

ヘチマコロン　㊂〔ヘチマコロン〕　→化粧水

ペチュニア［petunia］　〔植物〕

べっこう　べっ甲［鼈甲］　「べっ甲＝色・細工」

ヘッジ［hedge］　回避。「リスクヘッジ」

べっし　**別紙**　「別紙参照」

べっし　**蔑視**［蔑視］　「蔑視に耐える」

ヘッジファンド［hedge fund］　富裕層や機関投資家から資金を集め、高い運用収益を追求する投資組織。

べつじょう　**別条**［別状］　「命に別条はない/別条なく過ごす」

べっせかい　**別世界**　べつせかい

べつだて　**別建て**［別立て］　「別建ての制度」

べってんち　**別天地**　べつてんち

べつどうたい　**別動隊**［別働隊］　「派閥の別動隊」

ヘッドギア［headgear］

ペットシュガー㊂〔日新製糖〕→**分包シュガー**

ベッドタウン［和製 bed town］　住宅都市。

ペットボトル［PET bottle］　＊ PET はポリエチレンテレフタレート。

ヘッドホン［headphones］

ベッドメーキング、ベッドメイキング［bedmaking］

ペディキュア［pedicure］　足の爪の手入れ。

ペティナイフ［和製 petit knife］　皮むき用ナイフ。

ベテラン［veteran］　「ベテラン選手」

へど［反吐］

ペナルティー［penalty］　反則。処罰。罰則。「ペナルティーキック」

ベニヤ［veneer］　合板。＊「ベニヤ板（いた）」とも。

ベネチア［伊 Venezia］（←ベニス）　イタリアの都市。1980、87 年サミット開催。

ベネフィット［benefit］　利益。便益。効果。成功。「コストとベネフィット」

ベネルクス［Benelux: Belgium, the Netherlands, Luxembourg］　ベルギー、オランダ（ネーデルランド）、ルクセンブルクをまとめた呼称。「ベネルクス 3 国」

ペパーミント［peppermint］　〔植物〕

ベビー［baby］（←ベイビー）　「ベビーシッター」

ベビーパウダー［baby powder］　赤ちゃん用あせもよけ粉。

ペプシコーラ㊂〔ペプシコ〕→**コーラ飲料**

ヘプバーン(オードリー)［Audrey Hepburn］　映画俳優。(英
　1929〜1993)

ヘミングウェー(アーネスト)［Ernest Hemingway］　作家。
　(米 1899〜1961)

ヘモグロビン［独 Hämoglobin］

へや　部屋［㊦部屋］

ベライゾン・コミュニケーションズ［Verizon Communica-
　tions Inc.］　米企業(地域通信)。

ベライゾン・ワイヤレス［Verizon Wireless Inc.］　米企業(携
　帯電話)。

へり［縁］　言い換え **端**　＊「縁(ふち)」は表内訓。

ヘリウム［helium］　〔元素〕

ヘリコプター［helicopter］　㊂ヘリ

ヘリコプターマネー［helicopter money］　政府・中央銀行が
　ヘリコプターから紙幣をばらまくように、対価をとることなく
　大量の貨幣を市中に供給すること。中央銀行の恒久的資
　金供給に支えられた財政支出。

ベルクロ㊞〔ベルクロ〕　→面ファスナー

ベルサイユ［Versailles］　フランスの都市。1982 年サミット
　開催。

ペルシャ［Persia］(←ペルシア)　「ペルシャ湾」

ヘルシンキ［Helsinki］　フィンランドの首都。1952 年夏季
　五輪開催。

ヘルスケア［healthcare］　健康管理。

ヘルツ［hertz］　周波数・振動数の単位。Hz。

ベルトコンベヤー［belt conveyor］(←ベルトコンベアー)

ヘルニア［hernia］　「椎間板ヘルニア」

ベルベット［velvet］　〔織物〕

ベルモパン［Belmopan］　ベリーズの首都。

ベルリン［Berlin］　ドイツの首都。1936 年夏季五輪開催。
　ベルリンの壁が崩壊したのは 89 年 11 月 9 日。

ベルン［Berne］　スイスの首都。

ペレストロイカ［露 perestroyka］　改革。立て直し。

へんい

　変位　〔物理〕位置が変わる。「物体の変位」

変異　変わった出来事。異種のものに変わる。「変異が生じる/突然変異」

変移　移り変わる。変遷。「世相の変移」

へんかく

変革　「変革を迫る」

変格　「サ行変格活用」

ベンガルール［Bengaluru］　インド南部の主要都市（カルナタカ州の州都）。2014年にバンガロールから改称。

へんかん　返還　「領土返還」

へんかん　変換　「ローマ字を漢字に変換する」

へんきょう　辺境［辺疆］　「辺境の地」

へんきょう　偏狭　「偏狭な見方」

へんくつ　偏屈［偏窟］　「偏屈な性格」

へんけい

変形　形が変わる。「熱すると変形する/変形性関節症」

変型　書籍の型。「A4判変型」

べんご　弁護　「無実を信じて弁護する」

へんこう　変更　「日程を変更する」

へんこう

偏向　「思想の偏向/偏向教育」

偏光　「偏光=フィルター・レンズ」

べんごし　弁護士　「弁護士を立てる」

べんごにん　弁護人　〔法律〕刑事事件の容疑者や被告を補助する者。＊複数の弁護士が弁護人についている刑事裁判では、「主任弁護人」を定める。

へんざい

偏在　かたよっている。「一地方に偏在する」

遍在　どこにでも広くある。「天地の間に遍在する」

べんざいてん　弁財天　七福神の一つ。琵琶を持つ女神。

へんさん［編纂］　→編集

へんじ　返事　「返事を待つ」　アク　ヘンジ

へんじ　変事　「変事が出来する」　アク　ヘンジ

へんしつ　変質　「成分が変質/変質者」

へんしつ　偏執　偏見を持っていて、他の意見を受け入れない。＊「へんしゅう」とも。

へんしゅう　**編集**[編輯]「編集記者」

へんしょく　**変色**「紙が変色する」

へんしょく　**偏食**「偏食が激しい」

へんしん　**返信**「返信を待つ」

へんしん

　変心「変心をなじる」

　変身「見違えるほどの変身」

　変針「10度右に変針する」

ペンス[pence]　英通貨単位。100ペンスで1ポンド。＊ペニー（penny）の複数形だが単数の場合でもペンスと表記している。

へんずつう　㊎**片頭痛**[偏頭痛]

へんせい

　変成〔形〕「変成岩」

　変性〔性質〕「変性作用」

へんせい　**変声**「変声期」

へんせい

　編成〔一般〕まとめ上げる。「10両編成の電車/戦時・番組・部隊・予算=編成」

　ポイント　法律用語、軍隊用語の「編制」は一般記事では「編成」にする。教育関係の用語としては「編制」も。「教育課程の編制/学級編制」

　編製〔役所〕書式にまとめる。「戸籍・選挙人名簿=の編製」

へんせいふう　**偏西風**「台風が偏西風に乗る」

べんぜつ　**弁舌**「弁舌爽やか」

へんそく

　変則「変則打法」

　変速「3段変速」

ベンダー[vendor]　売り手。納入業者。販売会社。

へんたい

　変体　形・体裁などが変わっている。「変体=仮名・詩」

　変態　形態を変える。異常な性状。「昆虫の変態」

へんたい　**編隊**「編隊飛行」

ベンチマーク[bench mark]　基準（点）。指数。指標。

ベンチャー［venture］　新興企業。起業。起業家。

ベンチャーキャピタル［venture capital］　起業投資（会社）。

へんちょう　変調　「変調を来す」

へんちょう　偏重　「学歴偏重」

ベンチレーター［ventilator］　人工呼吸器。換気装置。

ぺんてる商〔ぺんてる〕→フェルトペン

ベント［vent］　排気口。排気すること。排気。放出。＊原発関連では、原子炉格納容器内の水蒸気を外に出し圧力を下げること。

へんとう腺　→へんとう［扁桃］　「へんとう炎」　＊「へんとう腺」は旧称。分泌する「腺」ではないため。

へんぴ　辺ぴ［辺鄙］言い換え片田舎、辺地

へんぺい　扁平［扁平］言い換え平ら、平たい　「扁平足」

ベンベルグ商〔旭化成〕→キュプラ、人絹糸

へんぼう　変貌［変貌］　「変貌を遂げる」

へんぽん　翻翻［翻翻］　旗などが風にゆれ動くさま。「翻翻と翻る国旗」

ペンライト商〔パナソニック〕　使用可。

へんりん　片りん・片鱗［片鱗］言い換え一端、一部分　「才能の片りんを示す」

へんれい
　　返礼　「返礼の品」
　　返戻　「返戻金」

へんろ　遍路［辺路］　「お遍路さん/四国遍路」

べんろん　弁論　アクベンロン

ホイール［wheel］　車輪。「ホイールキャップ」

ほいく
　　保育［哺育］　乳幼児を保護し育てる。「保育=園・器・士・所」
　　哺育［哺育］　動物が乳や餌を与えて子を育てる。「人工哺育」

ボイスレコーダー［voice recorder］　音声記録装置。

ホイッスル［whistle］　（審判の）笛。警笛。

ボイル［boil］　ゆでること。

ぽいん　**母印**［拇印］　言い換え **指印、爪印**

ポイント［point］　☞ パーセント

ほう　☞ ほお

×**法案が成立**　→〔成立前は〕○○**法案は**△**日後の本会議で可決・成立する**、〔成立後は〕○○**法が可決・成立した**

ほうい　**方位**　「方位磁石」

ほうい　**包囲**　「包囲網」

ほうい・ほうえ　**法衣**　＊「え（衣）」は表外訓。アク ホーイ ホーエ

ぼうえいだいがっこう　**防衛大学校**　略防衛大

　　×**防衛大学**　＊防衛大学校や気象大学校など「大学校」は、学校教育法に基づき設置された「大学」ではないため、略す場合は「○○大学」とせず「○○大」とする。

ぼうえき　**防疫**　「防疫対策」

ぼうえき　**貿易**　「貿易摩擦」

ぼうえん

　防炎　「防炎加工」

　防煙　「防煙マスク」

ぼうえん　**望遠**　「望遠=鏡・レンズ」

法王　→**教皇**　ローマ・カトリックの最高位。＊2019年、フランシスコ教皇来日の際に統一。

ほうおう　**法皇**　仏門に入った上皇。「後白河法皇」

ほうおう　**訪欧**　「訪欧使節」

ほうおう　**鳳凰**［鳳凰］　おおとり。＊鳳=オス（訓読みは「おおとり」）、凰=メス。

ほうか

　放火　「建物に放火する」

　砲火　「砲火を交える」

ほうが　**萌芽**［萌芽］　言い換え **芽生え、兆し、始まり**

ほうかい　**崩壊**［崩潰］　「ビルが崩壊する/学級・家庭=崩壊」

ぼうがい　**妨害**［妨碍］　「妨害工作」

ぼうがい　**望外**　「望外の喜び」

ほうがちょう　**奉加帳**　「奉加帳を回す」

ほうかつ　包括　「意見を包括する/包括的」　アク　ホーカツ

ぼうかん　防寒　「防寒対策」

ぼうかん　傍観　「傍観者」

ぼうかん　暴漢　「暴漢に襲われる」

ボウガン、ボーガン［bowgun］　洋弓銃。

ほうがんびいき　判官びいき［判官贔屓］　＊「はんがん～」
　　とも。☞ はんがん・ほうがん（判官）

ほうき　放棄［拋棄］　「権利を放棄する/育児・職場=放棄」

ほうき　蜂起［蜂起］　「反乱軍が蜂起する」

ほうきてんれい　法規典例［法規典令・法規典礼］

ぼうぎょ　防御［防禦］　「防御率」

ぼうくうごう　防空壕［防空壕］

ほうげん

　　方言　「方言と共通語/大阪方言」　アク　ホーゲン

　　放言　「放言してはばからない」　アク　ホーゲン

ぼうげん

　　妄言　でまかせの言葉。「妄言で惑わす」　＊「もうげん」
　　　とも。

　　暴言　乱暴な言葉。「暴言を吐く」

ほうこ　宝庫［豊庫］　「天然資源の宝庫」

ほうこう　方向　「改革の方向を示す」

ほうこう［彷徨］→さまよう、うろつく、（あてもなく）歩き回
　　る

ほうこう　芳香　「芳香を放つ/芳香剤」

ほうこう［咆哮］→ほえる、叫び声

ほうこう　奉公　「奉公人」

ぼうこう［膀胱］

ほうこく

　　奉告　「神前に奉告」

　　報告　「近況報告」

　　報国　「報国の念」

ぼうこく　亡国　「亡国の民」

ぼうこく　某国　「某国の元首」

ほうさく　方策　「方策を立てる」

ほうさく　豊作　「豊作貧乏」

ぼうさつ　忙殺　「仕事に忙殺される」

ぼうさつ　謀殺　「謀殺の疑い」

ほうじ　邦字　「邦字紙」

ほうじ　法事　「法事の席」

ぼうし　防止　「トラブルを防止」

ぼうし
　某氏　「名を隠し、某氏と呼ぶ」
　某紙　「某紙夕刊」
　某誌　「某誌のグラビア」

ぼうし　帽子　「帽子をかぶる」

ほうしき
　方式　一定の形式。「所定の方式」
　法式　儀礼の決まり。「法式にかなう」

ほうしゃ　報謝［報捨］「巡礼にご報謝」

ぼうじゃくぶじん　傍若無人　「傍若無人な振る舞い」

ほうしゃせいぶっしつ・ほうしゃせん・ほうしゃのう　[類語]
　放射性物質　ウラン、ラジウムなど放射能を持つ元素を含
　　む物質。
　放射線　放射性元素の原子核から放出される粒子や電
　　磁波。アルファ線、ベータ線、ガンマ線、中性子線、X線
　　など
　放射能　放射性元素の原子核が自然に崩壊して放射線
　　を発する能力・性質や現象。

ぼうしゅ　芒種［芒種］◆〔二十四節気〕6月6日ごろ。芒（稲
　の穂先にあるようなトゲ）のある穀物の種まきをする頃。
　[アク]ボーシュ

ほうしゅう　報酬　「報酬を支払う/地方議員・監査委員・審
　議会の委員=の報酬」＊地方自治体一般職員、知事・副
　知事などの特別職は「給与（給料＋諸手当）」。一般職の
　国家公務員は「俸給」。国会議員は「歳費」。

ほうじゅう　放縦　「放縦な生活」＊「ほうしょう」とも。

ほうじゅん
　芳醇［芳醇］◆　香りが高く味がよい。「芳醇なワイン」
　豊潤　豊かでみずみずしい。「豊潤な=土地・音色」

ほうじょ　ほう助［幇助］[言い換え]補助、手助け

ほうしょう ☞ ほうしょうきん

　報奨 努力・勤労に報い励ます。奨励する。「完納を報
　　奨する」

　報償 損害を償う。弁償。「遺族に報償する」

　褒賞 ほめたたえる。褒美。「功労者を褒賞する」

　褒章 栄典の記章。「紅綬・緑綬・黄綬・紫綬・藍綬・紺綬＝
　　褒章」

ほうじょう

　豊穣［豊穰］ ［言い換え］**豊かな、豊作** 豊かな実り。「五穀
　　豊穣」

　豊饒［豊饒］ ［言い換え］**豊かな** 地味が肥えている。「豊
　　饒な土地」

ほうじょうえ　放生会 ほうじょうえ

ほうしょうきん

　報奨金 奨励の意味で出る金。「競技団体・地方税・JOC＝
　　の報奨金」

　報償金 弁償の意味で出る金。「会社更生法・文化財保
　　護法＝の報償金」

　褒賞金 ほめたたえて贈る金。「大相撲の褒賞金」

ほうしん　方針 「施政方針」

ほうしん　放心 「放心状態」

ほうしん　疱疹［疱疹］ 「帯状疱疹」

ほうしん　砲身 「砲身を標的に向ける」

ほうじん

　邦人 「邦人保護」

　法人 「財団法人」

ぼうすいけい　紡すい形・紡錘形［紡錘形］

ほうせい　方正 「品行方正」

ほうせい　法制 「法制改革」

ほうせい　砲声 「砲声が響く」

ほうせい　縫製 「縫製工場」

ぼうせん　防戦 「防戦一方」

ぼうせん

　傍線 「傍線を引く」

　棒線 「棒線で囲む」

ほ

605

ぼうぜん［茫然・呆然］言い換え ぼんやり

ほうそ　ホウ素［硼素］

ほうそう　包装　「丁寧に包装する/過剰包装」

ほうそう　放送　「緊急放送/放送局」

ほうそう　法曹　「法曹=界・資格」

ほうそう［疱瘡］→天然痘

ほうたい　包帯［繃帯］「包帯を巻く」

ほうだい　邦題　「映画の邦題」

〜ほうだい　放題　「荒れ・言いたい・食べ・飲み=放題」

ほうだい　砲台　「砲台を設置」

ぼうだい　膨大［厖大］「膨大な経費」

ぼうたかとび　棒高跳び

ほうち　放置　「放置自転車」　アク ホーチ、ホーチ

ほうち　法治　「法治国家」

ほうち　報知　「報知=機・器」

ほうちゃく［逢着］→出会う・出合う、出くわす、ぶつかる、直面する

ぼうちゅう　忙中　「忙中閑あり」

ぼうちゅう　防虫　「防虫剤」

ぼうちゅう　傍注　「傍注を参照」

ほうちょう　包丁［庖丁］「包丁さばき」

ぼうちょう　防諜［防牒］言い換え スパイ防止

ぼうちょう　傍聴　「裁判を傍聴/傍聴席」

ぼうちょう　膨張［膨脹］「人口が膨張する」

ほうてい　奉呈［捧呈］言い換え 献上、差し上げる

ほうてい

　法定　「法定=伝染病・得票数」

　法廷　「法廷で争う/法廷に持ち込む」

ほうてき　［抛擲］→放棄

ほうてん

　宝典　貴重な書物。役立つ知識をまとめた書物。

　法典　体系的にまとめた法令集。「ハムラビ法典」

ほうとう

　宝刀　「伝家の宝刀」

　宝塔　多宝塔。

ほ

ほうとう　放蕩［放蕩］ 言い換え 道楽、不身持ち、品行が修ま
　　らない 「放蕩息子の帰還」

ぼうとう　冒頭 「冒頭陳述」

ぼうとう

　　暴投 「相手チームの暴投で勝ち越す」

　　暴騰 「物価が暴騰する」 暴謄✕

ぼうとく［冒瀆］→侵害、（名誉・尊厳を）汚す・冒す、侮辱

ほうねん　豊年 〔↔凶年〕「豊年満作」

ほうばい［朋輩］→同僚、同輩、仲間

ぼうばく［茫漠］→漠然、広漠、漠として、とりとめがない、
　　つかみどころがない

ほうふ　抱負 「抱負を語る」

ほうふ　豊富 「豊富な経験」

ぼうふう　暴風 アク ボーフー、ボーフー

ぼうふうう　暴風雨 アク ボーフーウ

ほうふく　抱腹［捧腹］ 「抱腹絶倒」

ほうふく　法服 「法服を着る」

ほうふく　報復 「報復措置」

ほうふつ［彷彿・髣髴］ 言い換え まざまざ（と思い出す）、あ
　　りあり（と心に浮かぶ）、よく似ている 「ほうふつ（と）さ
　　せる」

ほうぶつせん　放物線［抛物線］ 「放物線を描く」

ほうまつ　泡沫［泡沫］ 言い換え あぶく、泡、はかない、問題
　　にならない 「泡沫候補」

ほうまん　放漫［放慢］ 「放漫経営」

ほうまん

　　豊満 「豊満な肉体」

　　飽満 「酒食に飽満する/飽満状態」

ぼうまん　暴慢 「暴慢無礼」

ぼうまん　膨満 「腹部膨満感」

ほうもつ　宝物 「宝物殿」 ほうぶつ✕

ほうよう

　　包容 包み入れる。受け入れる。「包容力のある人」

　　抱擁 抱きかかえる。「抱擁して喜び合う/抱擁を交わす」

ほうよう　法要 「法要を営む」

ほうらつ［放埒］　→放縦、放逸、気ままにふるまう、しまりがない、品行が修まらない

ほうりこむ　放り込む［放り込む・抛り込む］　「池に放り込む」

ほうりだす　放り出す［放り出す・抛り出す］　「仕事を放り出す」

ほうりっぱなし　放りっぱなし［放りっぱなし・抛りっ放し］　「妻子を放りっぱなしにする」

ほうりなげる　放り投げる［放り投げる・抛り投げる］　「バットを放り投げる」

ボウリング［bowling］〔球技〕　ボ×ーリング

ほうる　放る［放る・抛る］　「変化球を放る/仕事を途中で放る/放っておく」

ボウル［bowl］　深鉢。＊「ライスボウル」「スーパーボウル」などアメリカンフットボールの試合名の「ボウル」は深鉢形競技場のこと。ボ×ール

ほうるい［堡塁］　→防塁、とりで

ほうれい
　　法令　法律・命令の総称。
　　法例　法律の適用に関する通則。

ほうれつ　放列［砲列］　「カメラの放列を敷く」

ほうれんそう　ホウレンソウ・ホウレン草［菠薐草］

ほうろう［琺瑯］　「ほうろう引き」

ほえる［吠える］　「犬がほえる」

ほお　ホオ［朴］〔植物〕「ホオの木」

ほお・ほほ　頰［頰］　「頰が＝落ちる・ゆるむ/頰を＝染める・つねる・ふくらませる」　アク ホ▽ー　ホ▽ホ

ボーイスカウト［Boy Scouts］

ボーイング［The Boeing Company］　米企業（航空機）。

ポーカーフェース［poker face］（←ポーカーフェイス）　感情を表に出さない顔。

ほおかぶり　頰かぶり［頰被り］　「頰かぶりを＝決め込む・する」　＊「頰かむり」「ほっかぶり」とも。

ボーカル［vocal］　バンドの歌唱担当。声楽。アク ボ▽ーカル、ボ▽ーカル

ボーカロイド（VOCALOID）、ボカロ 商〔ヤマハ〕　→歌声合成

ソフト

ボーキサイト［bauxite］　アルミニウムの原料の鉱石。

ボージョレ・ヌーボー［仏 Beaujolais nouveau］（←ボジョレー・ヌーボー）

ほおずき　ホオズキ・ほおずき［酸漿・鬼灯］　「ホオズキの実／浅草寺のほおずき市」

ボーダーライン［border line］　境界線。

ボーダーレス［borderless］（←ボーダレス）　境界がない。国境がない。

ポータルサイト［portal（入り口）site］　〔インターネット〕

ホーチミン［Ho Chi Minh］　ベトナムの経済都市。1975 年にサイゴンから改称。共産党指導者のホー・チ・ミンにちなむ。

ほおづえ　頬づえ［頬杖］　「頬づえを突く」

ポートオブスペイン［Port of Spain］　トリニダード・トバゴの首都。

ボードセーリング［boardsailing］

ポートビラ［Port Vila］　バヌアツの首都。

ポートフォリオ［portfolio］　資産構成。資産配分。金融資産一覧表。作品集。

ポートモレスビー［Port Moresby］　パプアニューギニアの首都。

ポートルイス［Port Louis］　モーリシャスの首都。

ポートレート［portrait］　肖像写真。肖像画。

ホーバークラフト［hovercraft］（←ホバークラフト）　空気浮揚艇。

ほおばる　頬張る　「ご飯を頬張る」

ほおべに　頬紅　「頬紅を差す」

ほおぼね　頬骨

ホームアンドアウェー［home-and-away］

ホームカントリーバイアス［home country bias］　自国偏重。自国の金融商品に過剰に投資してしまう傾向。

ホームグロウンテロ［homegrown terror］　ソーシャルメディアなどを通じて過激思想に共鳴した自国育ちの若者らが祖国で起こすテロ。

ほ

ホームシアター[home theater]　家庭用大型映像システム。

ホームスチール[和製 home steal]　〔野球〕本盗。

ホームステイ[homestay]　一般家庭に寄宿すること。

ボーリング[boring]　掘削。ボウリング

ボール[ball]　球。「ボールカウント」

ホールインワン[hole in one]　〔ゴルフ〕

ホールセール[wholesale]　企業向け取引。大口取引。「ホールセールバンキング」

ホールディングス[holdings]　持ち株会社。

ボーンヘッド[bonehead]　まぬけ。凡ヘッド

ほか

　　外　範囲の外。「思いの外、手間取った／恋は思案の外／勝手な行動はもっての外だ」

　　他[他]　それ以外。「この他に用意するものは／他に方法がない／他の人にも尋ねる」

　　ポイント　使い分けで迷うときは、仮名書きにする。

ほかげ

　　火影[灯影]　「火影が揺れる」

　　帆影　「沖の帆影」

ほかけぶね　**帆掛け船**　「帆掛け船を浮かべる」

ポカリスエット商〔大塚製薬〕→**スポーツ飲料、イオン飲料**

ホカロン商〔ロッテ〕→**使い切りカイロ、携帯カイロ**

ほかん

　　補完　「不足分を補完する」

　　補間　「欠損データを補間する」

ボキャブラリー[vocabulary]　語彙。

ほきゅう

　　捕球　「外野フライを捕球する」

　　補給　「栄養補給」

ぼきん　募金

　「募金（する）」は「金を募る」、つまり、お金を寄付してもらおうと一般に呼びかけること。「募金活動をする」「募金に応じる」のように使う。「被災地に募金を送る」「募金総額」など、「募金によって集めたお金」を「募金」と呼ぶこともある。

ほ

> ×「募金を=募る・集める」→**寄付（金）を=募る・集める**
> ＊寄付する（お金を出す）行為自体を「募金」とは言わない。

ほくえつコーポレーション　北越コーポレーション　日本企業。
＊2018年に「北越紀州製紙」から社名変更。

ボクササイズ 商〔三迫正広〕→**ボクシングの動きを取り入れたエクササイズ、ボクシング・エクササイズ**

ぼくし　牧師 類語 ☞神父・牧師

ぼくたく　木鐸［木鐸］言い換え **指導者**　「社会の木鐸」

ほくとしちせい　北斗七星

ぼくとつ　朴訥［朴訥］言い換え **実直、素朴、質朴、飾り気がない、口数が少ない**

ほくほくフィナンシャルグループ　日本企業。＊北陸銀行、北海道銀行の持ち株会社。

ほくろ［黒子］

ポケベル　〔元商標〕ポケットベルの略。＊一般名称は「無線呼び出し用携帯受信機」。

ほけん

　保健　健康を保つ。「保健=衛生・体育／老人保健=施設・制度・法」

　保険　事故・災害などの際、一定の給付を受ける制度。損害を償う意の比喩にも。「保険に入る／保険を掛ける／健康保険（証）を受け取る／介護・火災・生命=保険／保険=代理店・調剤薬局・適用薬／保険料（支払い）」

ほけんい　保険医　「保険医として登録」

ほけんきん　保険金　「損害保険金をだまし取る」

ほけんし　保健師　「保健師の巡回」

ほけんじょ　保健所　「保健所に相談」

ほこ　矛［戈・鉾］　「矛を収める」 アク ホコ

ほご［反故・反古］　「ほご紙／約束をほごにする」

ぼこう　母校　「母校を訪問」

ぼこう　母港　「母港に帰還」

ほごかんさつ　保護観察　「保護観察付き執行猶予判決」
　保護監察

保護更生施設 →更生保護施設

ほ

611

ほこさき　矛先[鋒先]　「矛先が=鋭い・鈍る/矛先をかわす」

ボゴタ[Bogota]　コロンビアの首都。1991年にサンタフェデボゴタに改称したが、2000年に再変更しボゴタに戻る。

ほこら[祠]　「こけむしたほこら」

ほこり[埃]　「ほこりを=かぶる・払う/砂ぼこり」

ほこり　誇り　「郷土の誇り/誇りを持つ」

ほころびる　綻びる[綻びる]　「袖口が綻びる」＊「梅・顔・口元=がほころびる」などは表記習慣により仮名書きも。

ほさ　補佐[輔佐]　「課長を補佐する/補佐役/首相補佐官」

ほさか　姓。

　　保坂　保坂展人（東京都世田谷区長。1955〜）

　　保阪　保阪正康（ノンフィクション作家。1939〜）、保阪尚希（俳優。1967〜）

ほさつ

　　捕殺　とらえて殺す。「熊を捕殺する」

　　補殺　〔野球〕送球で走者をアウトにする。「右翼手に補殺が記録される」

ぼさつ　菩薩[菩薩]　「行基菩薩/八幡大菩薩/弥勒菩薩像」

ほさにん　〔法律〕

　　保佐人　成年後見制度における援助者。＊本人の判断能力に応じて、後見人、保佐人、補助人のいずれかを選任。

　　補佐人[輔佐人]　当事者を助けて訴訟行為ができる者。

ぼし　母指・母趾[拇指・拇趾]　言い換え 親指　「外反母趾」

ほしい

　　欲しい　得たい。必要性がある。「金が欲しい/もう少し欲しい」

　　〜ほしい　〔補助形容詞〕「もう帰ってほしい/もう来ないでほしい」

ほしいまま[擅・恣・縦・欲しいまま]　「権勢をほしいままにする/ほしいままに乱暴を働く」

ほしがき　干し柿[乾し柿]

ポジティブ[positive]　積極的。肯定的。前向き。

ほしとりひょう　星取表　「郷土力士星取表」

ほしゃく　保釈　〔法律〕「裁判所が保釈を決定/保釈保証
金」

ほしゅう

補修　補い繕う。「壁を補修する/補修工事」

補習　正規の学習の不足を補う。「夏休みに補習する/
補習授業」

ほじゅう　補充　「備品を補充する」

ほじゅうさいばんいん　補充裁判員　〔法律〕審理が長期化
する場合など、公判途中で審理に参加できなくなる裁判員
が出る可能性があると裁判所が判断した場合、交代要員と
して置くことができる裁判員。審理に立ち会い、評議も傍
聴できる。

ほしょう　歩哨［歩哨］　「歩哨に立つ」

ほしょう

保証　確かだと請け合う。万一のときは損害の責任を負う。
「命の保証/保証の限りではない/身の安全・身元・人
物・人柄=保証する/債務・信用・品質・連帯=保証」

保障　危険がないように守る。地位や権利などを保護す
る。「安全・言論の自由・老後の生活=を保障する/社会
保障/身分保障（法律用語）」

補償　損害を補い償う。「損害・損失・赤字=を補償する/
遺族・刑事・労災=補償」　＊「自動車損害賠償保障法」
「船舶油濁損害賠償保障法」など固有名詞に注意。

ほじょう［圃場］　→畑、農園

ほしょうきかん　保証期間　「商品の保証期間」

ほしょうきん　補償金　「被害の補償金」

ほしょうしょ　保証書　「保証書を添付」

ほしょうにん　保証人　「保証人を引き受ける」

ほす　干す［乾す］　「布団を干す/仕事を干される/杯を飲
み干す」

ポスコ［POSCO］　韓国企業（鉄鋼）。

ポスティングシステム［posting system］　〔野球〕

ポスト・イットⓒ〔スリーエム〕→粘着メモ、付箋

ポストハーベスト［post-harvest］　収穫後の農薬処理。

ほ

613

ホストファミリー［host family］　ホームステイの受け入れ家庭。

ホスピス［hospice］　緩和ケア病棟（施設）。

ホスピタリティー［hospitality］　もてなし。歓待。

ほせい

　　補正　補いただす。「誤差を補正する/画質補正/補正予算」

　　補整　補いととのえる。「体形を補整する/補整下着（固有名詞には『補正』を用いるものもある）」

ほそう　**舗装**［鋪装］　「舗装道路/赤外線を反射する遮熱性舗装」

ほそく

　　補足　不足を補う。「補足して説明する/補足事項」

　　捕捉［捕捉］　とらえる。「敵機をレーダーで捕捉する/意図・所得=を捕捉する/租税捕捉率」

ぼたい

　　母体　妊娠中・出産後の母親の体。分かれ出た元。「母体の安全を図る/母体保護法（旧優生保護法）/推進・選挙=母体」

　　母胎　母親の胎内。「母胎に宿る/母胎遺伝」

ぼだい　**菩提**［菩提］　「菩提を弔う」

ホチキス［Hotchkiss］（←ホッチキス）

ホッカイロ 商〔興和〕　→使い切りカイロ、携帯カイロ

ほっき　**発起**［発企］　「一念発起/発起人」

ポッキー 商〔江崎グリコ〕　→チョコレート菓子

ぼつご　**没後**［歿後］ 言い換え **死後**

ぼっこう　**勃興**［勃興］　「新しい国が勃興」

ほっこくぎんこう　**北国銀行**［北國銀行］　日本企業。

ぼっこん　**墨痕**［墨痕］　「墨痕鮮やか」

ほっしん［発疹］　☞ はっしん・ほっしん

ほっす　**法主**　「知恩寺の法主を務める」　＊「ほうしゅ」「ほっしゅ」とも。

ぼつぜん　**勃然**［勃然］ 言い換え **突然、急に**

ほっそく　**発足** 読み △はっそく

ほったてごや　**掘っ立て小屋**　「スラム街の掘っ立て小屋」

ホッチキス Ⓡ〔マックス〕→**ホチキス**

ぼっちゃん 坊ちゃん ＊夏目漱石の小説名は『坊っちゃん』。
　松山中央公園野球場の愛称は「坊っちゃんスタジアム」。

ホットドッグ［hot dog］　ホットドック

ホットマネー［hot money］　（国際金融市場を動く投機的
　な）短期資金。

ぼっぱつ　勃発［勃発］　「内戦が勃発」

北氷洋 →北極海 ＊「北氷洋」は旧称。

ほづみ　姓。

　保積　保積ぺぺ（俳優。1958〜）

　穂積　穂積重遠（法学者・最高裁判所判事。1883〜
　　1951）、穂積絵莉（テニス選手。1994〜）

ほてい　布袋［布袋］　七福神の一つ。福々しい顔と太鼓腹。
　日用品をいれた袋を背負う。

ボディーガード［bodyguard］　護衛。身辺警護。＊米映画
　『ボディガード』（ミック・ジャクソン監督、1992 年公開）など
　固有名詞はその表記に従う。

ボディーブロー［body blow］　①ボクシングで相手の腹や胸
　を打つこと。②徐々に効いてくる痛手。

ボディソニック Ⓡ〔パイオニア〕→**体感音響システム**

ホテルシップ［hotel ship］　港に停泊した大型クルーズ船な
　どを宿泊施設として活用すること。

ほてん　補塡［補塡］　「予算を補塡」

ポテンシャル［potential］　潜在能力。可能性。潜在力。潜
　在的。

ほどう

　歩道　歩行者用道路。「横断歩道／歩道橋」

　舗道［鋪道］　舗装した道路。

ほどう　補導［輔導］　「一斉・サイバー=補導」

ポドゴリツァ［Podgorica］　モンテネグロの首都。

ボトムアップ［bottom-up］　下部から上層部に情報・提案が
　流れること。↔トップダウン

ボトルネック［bottleneck（瓶の首。入り口が狭くて通りにく
　い意）］　障害。支障。難関。

ほとんど［殆ど］　「ほとんどが賛成／ほとんど終わる」

ほなみ

穂波　穂が風に吹かれ波のように見える様子。「穂波が=立つ・揺れる」

穂並み　穂が出そろった様子。「穂並みがそろう」

ホニアラ［Honiara］　ソロモン諸島の首都。

ほにゅう　哺乳［哺乳］　「哺乳=行動・瓶・類」　＊人の場合は「授乳」が一般的。

ほねおしみ　骨惜しみ　「骨惜しみせず働く」

ほねおりぞん　骨折り損　「くたびれもうけの骨折り損」

ほねぐみ　骨組み　「計画の骨組み」

ホネケーキ⊕〔資生堂〕→化粧せっけん

ほねつぎ　骨接ぎ［骨継ぎ］　「骨接ぎ手術」

ほねっぽい　骨っぽい　「彼は骨っぽいところがある」

ほねぬき　骨抜き　「骨抜きにする」

ほねみ　骨身　「骨身に染みる」

　　×「骨身をやつす」→**骨身を削る、憂き身をやつす**

ほねやすめ　骨休め　「骨休めに旅行する」

ほのお　炎［焔］　「炎に包まれる/恋・恨み=の炎」

ホバークラフト　→ホーバークラフト

ホバリング［hovering］　（ヘリコプターの）空中停止。

ほひつ［輔弼］　→補佐、助ける

ポピュリズム［populism］　大衆迎合主義。

ほふく［匍匐］　言い換え　はう　「ほふく前進」

ホペイロ［葡 roupeiro］　サッカーの用具係。

ほほ　頬　☞ほお・ほほ

ほぼ　保母［保姆］　「保育士」の旧資格名。

ほほえむ　ほほ笑む［微笑む・頬笑む］

ほめる　褒める［賞める・誉める］

ぼや［小火］　「ぼやを出す」

ボラティリティー［volatility］　変動率。変動性。予想変動率。

ポラロイド⊕〔ピーエルアール・アイピー・ホールディングス〕→インスタントカメラ

ボランチ［葡 volante］　〔サッカー〕守備的ミッドフィールダー。

ボランティア［volunteer］　自発的な奉仕。「ボランティア活

動」

ほり　堀［壕・濠］「堀を巡らす/釣り堀」＊皇居は「お濠」を使う。

ほり（ぼり）

　　彫り　〔一般〕「彫りを施す/彫りの深い顔/彫り上げる/手彫り」

　　〜彫　〔地名等を冠した工芸品〕「鎌倉・一刀=彫」

ポリープ［独 Polyp］　粘膜にできる腫れ物。「胃のポリープ」

ポリオ［polio］　小児まひ。

ほりおこす　掘り起こす「忘れられた歴史を掘り起こす」

ほりごたつ　掘りごたつ［掘り炬燵］

ほりさげる　掘り下げる「深く掘り下げた分析」

ポリシー［policy］　政策。方針。考え方。

ポリシーミックス［policy mix］　政策協調。

ほりだしもの　掘り出し物「掘り出し物を探す」

ポリタライ⑭〔積水テクノ成型〕→**プラスチック製たらい、プラスチック容器**

ポリタンク　〔元商標〕＊一般名称は「プラスチックタンク」。

ポリデント⑭〔ブロックドラッグ〕→**入れ歯（義歯）洗浄剤**

ほりのうち　地名（東京都）。

　　堀ノ内　杉並区の地名。斎場名（同区梅里）。

　　堀之内　小学校名。

ポリバケツ⑭〔積水テクノ成型〕→**プラスチックバケツ**

ポリフェノール［polyphenol］　〔有機化合物〕

ポリぶくろ　ポリ袋　ポリエチレンやポリプロピレン製の袋。レジ袋やゴミ袋などに使われる。☞ビニール

ポリプロピレン［polypropylene］　〔合成樹脂〕

ポリペール⑭〔積水テクノ成型〕→**プラスチック製容器**

ポリマー［polymer］　高分子。

ほりもの　彫り物「昇り竜の彫り物を施す」

ボリューム［volume］　量。分量。量感。音量。

ボリュームゾーン［volume zone］　普及価格帯。普及価格帯市場。

ポリライス⑭〔ハウス食品グループ〕→**栄養強化米**

ポリラップ⑭〔宇部興産〕→**ラップ**

ほりわり　掘割［堀割］「縦横に掘割が走る」

ほる

　　彫る　刻んで形を作る。「版画・仏像=を彫る」

　　掘る　穴を開ける。その穴から取り出す。「井戸・石炭・側溝=を掘る」

ボルシチ［露 borshch］〔料理〕

ボルテージ［voltage］　電圧。熱気。「ボルテージが上がる」

ポルトープランス［Port-au-Prince］　ハイチの首都。

ポルトノボ［Porto-Novo］　ベナンの首都。

ボルネオとう　ボルネオ島［Borneo Island］　東南アジアの島。＊カリマンタン島の英語名。

ほれこむ　ほれ込む［惚れ込む］「心意気にほれ込む」

ほれぼれ［惚れ惚れ］「ほれぼれするような声」

ほれる［惚れる］「聞きほれる/ほれた弱み」

ホロコースト［holocaust］　大虐殺。第2次世界大戦中のナチスによるユダヤ人大虐殺。

ほろびる・ほろぼす　滅びる・滅ぼす［亡びる・亡ぼす］「国が滅びる/酒で身を滅ぼす」

ホワイトカラー・エグゼンプション［white-collar exemption］　脱時間給制度。労働時間規制の適用除外。

ホワイトチョコレート〔元商標〕

ボン［Bonn］　ドイツの都市。1978、85 年サミット開催。＊首都はベルリン。

ほんい

　　本位　元の位置。名詞の後に付けて判断や行動の基本にする意。「人物本位で採用する/お客様・興味=本位」

　　本意　本当の気持ち。本来の意思。「本意を=ただす・遂げる」

　　翻意　「翻意を促す」

ほんけがえり　本卦帰り・本卦がえり［本卦還り］　還暦のこと。本家帰り　本家還り　＊「先祖返り」の意味ではない。

ボンゴ⚲〔マツダ〕→**ワゴン車、トラック**

ほんじょう　地名。

　　本庄　埼玉県の市。

　　本荘　秋田県の旧市名。現在は合併して、由利本荘市。

ぼんしょう［梵鐘］→釣り鐘

ほんせん

本戦 〔囲碁・将棋・スポーツなどの試合、競技〕「本戦に勝ち残る」

本選 〔選考。選挙〕「コンクールの本選に進む」

〜**本線** →〜**線** 新聞では、JR の路線名で「線」と「本線」を区別せず、「線」に統一。「信越本線」→**信越線**

ほんそう **本葬** 〔↔仮葬・密葬〕

ほんそう **奔走** 「準備に奔走する」

ほんだ 姓。社名。

本多 本多正信（戦国〜江戸時代武将、徳川家康・秀忠の側近。1538〜1616）、本多忠勝（戦国〜江戸時代武将、徳川四天王の一人。1548〜1610）

本田 本田宗一郎（ホンダ創業者。1906〜1991）、本田圭佑（サッカー選手。1986〜）

ホンダ 日本企業。＊登記名は「本田技研工業」。

ほんだし 商〔味の素〕→**複合調味料、風味調味料**

ぼんぢょうちん **盆ぢょうちん**［盆提灯］

ボンド 商〔コニシ〕→**接着剤**

ボンネル 商〔三菱ケミカル〕→**アクリル繊維**

ぼんのう **煩悩** 「煩悩を捨てる/子煩悩」

ほんぶん **本分** 「学生の本分/本分を尽くす」

ほんぶん **本文** 「本文参照」

ボンベイ［Bombay］→**ムンバイ**

ほんぽう **本邦** 「本邦初公開」

ほんぽう **本俸** 本給。「本俸を減額」 ほんぼう

ほんぽう **奔放** 「自由奔放」

ほんまつてんとう **本末転倒**［本末顛倒］

ほんもと **本元** 「本家本元」

ほんりゅう **本流** 「保守本流」

ほんりゅう **奔流** 「奔流に押し流される」

ほんろう **翻弄**［翻弄］「敵に翻弄される」

ほんわり **本割** 〔相撲〕正規の取組。

ほ

ま・マ

まあい　間合い　「間合いを取る」

マーケットデザイン［market design］　ゲーム理論に基づく制度設計論。市場や制度の設計・修正。

マーケットプレース、マーケットプレイス［marketplace］　商いの場。電子商取引。仮想商店街。

マーケットメーク［market make］　値付け（業務）。証券会社が売買価格を提示しその値段で売買に応じること。

マーケティング［marketing］　市場戦略。市場活動。市場調査。市場分析。「マーケティングリサーチ（市場調査）」

マージャン［麻雀］　＊中国語。

マージン［margin］　手数料。もうけ。利ざや。

マーチャンダイジング［merchandising］　商品政策。商品開発。

マーボーどうふ　マーボー豆腐［麻婆豆腐］　＊マーボーは中国語。

マーマレード［marmalade］（←ママレード）

まい

　舞い　〔動作を示す場合。比喩的な用法〕「きりきり舞い／二の舞い（失敗の繰り返し）」

　舞　〔名詞。舞踊名〕「優雅な舞／幸若・獅子=舞／仕舞／二の舞（舞楽）」

まいあがる　舞い上がる　「ほこりが舞い上がる」

まいおうぎ　舞扇　「舞扇を手に踊る」

まいきょ　枚挙　「枚挙にいとまがない」

マイクロウエーブ、マイクロウェーブ［microwave］　極超短波。マイクロ波。

マイクロソフト［Microsoft Corporation］　米企業（ソフトウエア）。

マイクロプラスチック［microplastics］　微小プラスチック粒子。＊1ミリ以下または5ミリ以下の大きさのものを指す。

マイクロプロセッサー［microprocessor］　超小型演算処理装置。

マイクロホン［microphone］　略マイク

まいこ　舞子・**舞妓**〔舞妓〕

まいご　<u>迷子</u>〔㈎迷子〕

まいこむ　**舞い込む**　「厄介事が舞い込む」

まいじ

　毎次　毎回。「毎次の公演」

　毎時　1時間ごと。「毎時60キロ」

まいしん　**まい進・邁進**〔邁進〕　言い換え　突き進む、まっしぐ
　　らに進む

マイスター〔独 Meister〕　熟練技能者。親方。名人。

重**毎月ごと**　→**毎月、月ごと**

マイナーチェンジ〔minor change〕　部分的手直し。

マイナス〔minus〕　「マイナス＝極・成長／配当がマイナスにな
　　る」　＊負数を表すときは、「氷点下」（気象関係）、「零下」
　　（物理・化学関係）を使う。

マイナスイオン〔和製 minus ion〕

マイナンバー〔my number〕　社会保障と税の共通番号。

マイニング〔mining〕　採掘。

マイノリティー〔minority〕　少数派。少数民族。弱者。

まいばやし　**舞囃子**〔舞囃子〕　能の略式演奏の一つ。演目
　　の主要部分を面や装束を着けず、紋服・はかまのままでシ
　　テと地謡と囃子によって演じるもの。↔居囃子

マイペット商〔花王〕→**住まいの洗剤**

まいもどる　**舞い戻る**　「故郷へ舞い戻る」

まいる

　参る〔詣る〕　参拝する。「寺社に参る／お礼・墓＝参り」

　参る　行く・来るの謙譲語Ⅱ（丁重語）。降参・閉口する。
　　「すぐに参ります／猛暑で体が参る」

　〜まいる　〔補助動詞〕「全力で取り組んでまいります」

マイル〔mile〕　長さの単位。約1609メートル。

マイルストーン〔milestone〕　①一里塚。里程標。中間目
　　標。節目。②画期的な成果。出来事。③目標達成報奨金。
　　一時金。

マイレージ〔mileage〕　総マイル数。走行マイル数。アク
　　マイレージ、マイレージ

マインド〔mind〕　アク　マインド

マウスペット ⑱〔ライオン〕→口臭防止剤

まえあし　前脚[前足]　「前脚を痛める」

まえいわい　前祝い　「開業前祝い」

まえうり　前売り　「チケットの前売り/前売り券」

まえおき　前置き　「前置きが長い」

まえがき　前書き　〔↔後書き〕

まえかけ　前掛け　「前掛けを締める」

まえがし　前貸し　「資金を前貸しする」

まえがり　前借り　「前借り分を返済する」

まえざわこうぎょう　前沢工業[前澤工業]　日本企業。

マエストロ[伊 maestro]　名匠。巨匠。

まえばらい　前払い　「家賃を前払いする」

まえぶれ　前触れ　「動乱の前触れ」

まえむき　前向き　「前向きに議論を進める」

まえわたし　前渡し　「前渡し金」

まがい　磨崖[摩崖]　「磨崖仏」

まがいもの　まがい物[紛い物]　「まがい物をつかまされる」

まがう[紛う]　「花にまがう」

まがお　真顔　「真顔で語る」

マガジン[magazine]　雑誌。

まかす　任す[委す]　「運を天に任す」　＊「任せる」とも。

まかす　負かす　「ライバルを負かす」

まかせる　任せる[委せる]　「判断を任せる/想像に任せる/
　思うに任せぬ/力・金・ひま=に任せて(『〜に飽かして』と同
　じ)」

まがたま　勾玉[勾玉・曲玉]

マカダミアナッツ[macadamia nut]

まかない　賄い　「賄い付き」

まかなう　賄う　「経費を賄う」

まがもてない　間が持てない　世論調査　することや話題がな
　くなって、時間をもて余すこと。＊2010年度 29.3%
　△「間が持たない」　＊同 61.3%

まがり　間借り　「間借り人」

まき

　巻き　巻くこと。「巻きが=甘い・緩い/新巻き(サケ)/糸・

渦・襟・腰・鉄火・手・のり・鉢・腹・春=巻き」

巻　①書物の1冊または1章。「下の巻/虎の巻/巻の一」②〔慣用で送り仮名を省く〕「竜巻/葉巻」

まき［薪］　「まき割り」　＊「たきぎ」と読めば表内訓。

まきあげ　巻き上げ　「巻き上げ機」

まきあみ　巻き網　「巻き網漁」

まきえ　蒔絵［蒔絵］　「蒔絵で描かれた草花/蒔絵手箱」

まきえ　まき餌［撒き餌］　「一本釣り用のまき餌/まき餌を投げ込む」

まきおこす　巻き起こす　「旋風を巻き起こす」

まきがい　巻き貝　「巻き貝の笛」

まきかえし　巻き返し　「巻き返しを誓う」

まきがみ　巻紙　「赤巻紙青巻紙黄巻紙」

まきじた　巻き舌　「巻き舌でまくし立てる」

マキシマム［maximum］　最大。最高。最大限。最高度。

まきじゃく　巻き尺　「巻き尺で測る」

まきずし　巻きずし［巻き寿司・巻き鮨］

まきぞえ　巻き添え　「事故の巻き添え/巻き添えを食う」

まきとり　巻き取り　「巻き取り紙」

まきなおし　まき直し［蒔き直し］　「新規まき直し」

まきば　牧場　「牧場の朝」

まきむく　地名(奈良県)。

　巻向　JR桜井線駅名。

　纒向　遺跡名、河川名、小学校名など。

まきもの　巻物　「絵巻物」

まぎゃく　真逆　「逆」を強調した俗語。正反対。＊新聞では原則として使用を避けている。

まぎらわしい　紛らわしい　「紛らわしい言い方」

まぎらわす　紛らわす　「退屈を紛らわす」　＊「紛らす」とも。

まぎれこむ　紛れ込む　「人混みに紛れ込んで逃げる/不審人物が紛れ込む」

マキロン　⓶〔第一三共ヘルスケア〕→外傷救急薬

まぎわ　間際［真際］　「発車・閉店=間際」

まく

623

巻く［捲く］「とぐろ・ねじ・包帯=を巻く／長い物には巻かれろ／人をけむに巻く／酔ってくだを巻く」

まく［蒔く・播く］「自分でまいた種／紛争の種をまく／まかぬ種は生えぬ」

まく［撒く］「餌・チラシ・尾行=をまく」

まく

幕 張ったり垂らしたりする布。「幕を開ける／幕を切って落とす／出る幕ではない／銀幕」

膜 薄い皮。細胞層。「油の膜／鼓膜」

マグ［mug］ 取っ手の付いた大きめのカップ。

まくあい 幕あい［幕間・幕合い］ まくま

まくあき 幕開き［幕明き］〔主に演劇〕「芝居の幕開きを待つ」

まくあけ 幕開け［幕明け］ 物事の始まり。「近代の幕開け」＊「幕開き」の転。

マグカップ［和製 mug cup］ →マグ

マクドナルド［McDonald's］ 米企業（ハンバーガーチェーン）。＊日本で店舗展開するのは「日本マクドナルド」で、「日本マクドナルドホールディングス」は持ち株会社。

マグニチュード［magnitude］ 地震の大きさを表す単位。M。

マグネシウム［蘭 magnesium］〔金属元素〕

まくはり 幕張 千葉市花見川区から美浜区にまたがる地域。幕張新都心などというが、幕張市という自治体はない。幕張メッセの所在地は美浜区になる。

まくら 枕［枕］「枕を=高くして寝る・並べる／夢枕」

まくらぎ 枕木［枕木］「枕木を敷く」

まくらことば 枕ことば・枕詞［枕詞］

まくらもと 枕元［枕許］「枕元に置く」

まくる［捲る］「腕・裾=をまくる」

まぐれ［紛れ］「まぐれ当たり」

マクロ［macro］ 巨視的。「マクロ経済（経済社会全体の動き）」

まけずおとらず 負けず劣らず 優劣つけがたい様子。「弟も兄に負けず劣らずよく学ぶ」

　　×負けずとも劣らない →**勝るとも劣らない** 勝ること

はあっても劣っていることはない。＊「負けず劣らず」との混同か。

マケドニア →北マケドニア

まける　負ける[敗ける]　「試合に負ける」

まげる　曲げる[枉げる]　「枝・首・事実=を曲げる」

まけんき　負けん気　「負けん気が強い」

まご　孫　「孫の世話/孫の手/孫引き」

まごう[紛う]　「まごう方なき/見まごう」

まごうた　馬子唄[馬子唄]

まごつく[間誤つく]　「突然の指名にまごつく」

まこと
　誠　真心。誠意。「誠を尽くす」
　まこと[真・実]　うそ偽りのないこと。「まことを言えば/まことの英雄」

まことしやか[実しやか・真しやか]　「まことしやかなうそ」

まことに　誠に[真に・実に・寔に]　〔副詞〕本当に。「誠にありがとうございました」

まごにもいしょう　馬子にも衣装　ちゃんとした衣装をまとえば、誰でも立派に見える。アク　マゴニモ-イショー　孫にも衣装

まさか[真逆]　「まさかと思う」

まさご[真砂]　「浜のまさご」

まさしく　「まさしく最高傑作」

まさつ　摩擦　「摩擦を生じる」

まさゆめ　正夢　〔↔逆夢〕「正夢になる」

まざりもの　混ざり物

まさる　勝る[優る]　「聞きしに勝る/勝るとも劣らない」

まざる・まじる・まぜる
　交ざる・交じる・交ぜる　〔元の素材が判別できる〕「アジに交ざってサバが釣れる/一人だけ日本人が交じっている/米に麦が交じる/髪に白いものが交じる/若手が交じる/期待と不安が入り交じる/漢字仮名交じり文/片言・小雨・冗談・ため息・鼻歌=交じり/カードをよく交ぜる」
　混ざる・混じる・混ぜる　〔元の素材が判別できない〕「酒に水が混ざる/雑音が混ざる/見分けがつかぬほど混じり合う/異臭が混じり合う/セメントに砂を混ぜる/絵の

ま

具を混ぜる/牛乳と卵を混ぜ合わせる/かき混ぜる」
まじえる・まじわる　交える・交わる　「身ぶり手ぶりを交えながら話す/私情・膝=を交える/線路が交わる/朱に交われば赤くなる/水魚の交わり」
マジック、マジックインキ ㊔〔内田洋行〕→**(油性)フェルトペン、油性サインペン**
マジックテープ ㊔〔クラレ〕→**面ファスナー、布製接着テープ**
マジックリン ㊔〔花王〕→**住まいの洗剤**
まして
まして［況して］〔副詞〕なおさら。「ましてや/まして親なら」
増して　一層。「以前にも増して」
まじない［呪い］「おまじない/まじない師」
まじめ　真面目［㊕真面目］「真面目くさった顔」＊「ありのままの姿」の意の場合、読みは「しんめんもく・しんめんぼく」。
ましゃく　間尺「間尺に合わない」まじゃく
マジュロ［Majuro］　マーシャル諸島の首都。
マジョリティー［majority］　多数。多数派。過半数。
まじりけ　混じり気「混じり気がない酒」
まじる　☞まざる・まじる・まぜる
まじわる　交わる　☞まじえる・まじわる
ましん　麻疹［麻疹］　病名。＊一般的には「はしか」と言う。
マシン［machine］　㊇「マシーン」とも。アク マシン　マシーン
ます　升［枡・桝］「升で量る」
ます　増す［益す］「速度・利益=が増す」
まず［先ず］「まずはこれだけ/まずまずの成果」
ますい　麻酔［麻睡］「局部麻酔」
まずい［下手い・不味い・拙い］「まずくて食べられない/まずい=文章・やり方/人に見られてはまずい」
マスカット［Muscat］　オマーンの首都。
マスコットシュガー ㊔〔三井物産〕→**分包シュガー**
ますせき　升席「相撲の升席」

ますだ 姓。

益田 益田喜頓（喜劇俳優。1909〜1993）、益田ミリ（イラストレーター。1969〜）

升田 升田幸三（将棋棋士。1918〜1991）

枡田 枡田慎太郎（野球選手。1987〜）

増田 増田寛也（政治家・日本郵政社長。1951〜）、増田明美（マラソン選手・解説者。1964〜）

マスタープラン［master plan］　基本計画。

マステ 商〔マークスグループ・ホールディングス、リンレイテープ〕→**マスキングテープ**

ますます［増々・益々］　「老いてますます盛ん」

ますめ 升目　「原稿用紙の升目」

まぜおり 交ぜ織り［混ぜ織り］　「交ぜ織りの服地」

まぜかえす 混ぜ返す［交ぜ返す］　「議論を混ぜ返す」

まぜがき 交ぜ書き［混ぜ書き］　「漢字と仮名の交ぜ書き」

まぜごはん 混ぜご飯［交ぜ御飯］

マセル［Maseru］　レソトの首都。

まぜる ☞まざる・まじる・まぜる

また

股［股・叉・胯］　〔主に名詞〕二つに分かれる所。「世界を股に掛ける/二股=ソケット・道/内股/大股」　＊「三つまた・四つまた」などは仮名書き。

また［又・亦・復］　〔主に副詞・接続詞・接頭語〕「一難去ってまた一難/また来ます/またとない機会/またの日」

まだ［未だ］　「まだ来ない」

　重「まだ時期尚早」→**時期尚早**　＊「尚」に「まだ」の意味がある。

またがし また貸し［又貸し］

またがみ 股上［股上］　「股上を深くする」

またぎき また聞き［又聞き］　「また聞きでしかない」

またさき 股裂き［股裂き］　「保守分裂で股裂き状態になる」

またした 股下［股下］　「股下にベルトを通す」

まだしも［未だしも］　「１回ならまだしも」

またずれ 股擦れ［股擦れ］　「股擦れを起こす」

またたく 瞬く　「星は瞬く/瞬く間に」

ま

またたび　マタタビ[木天蓼]　〔植物〕「マタタビの実」

またたび　股旅[股旅]　「股旅物」

またない[俟たない]　「言う・論=をまたない」

マタニティー[maternity]　妊婦の。妊娠期間の。「マタニティードレス」

マタニティーハラスメント[和製 maternity harassment]　妊娠や出産などを理由にした職場での解雇や退職強要などの嫌がらせ。㊂マタハラ

またもや[又もや]　「またもや不祥事を起こす」

まだら[斑]　「まだら模様」

まだらめ　姓。

　　斑目　斑目力曠（実業家。1937～）

　　斑目　斑目春樹（原子力安全委員会委員長。2011 年、東日本大震災に伴う東京電力福島第 1 原発事故時の委員長）

まち

　　町　地域。行政区画。人家が多く集まっているところ。「町と村/城下町/門前町/裏町/下町」

　　街　街路。商店などが並んでにぎやかなところ。「学生・夜=の街/街行く人々/街を吹き抜ける風/街の=声・灯」

　　ポイント「町づくり/街づくり」「町並み/街並み」「町中/街中」などは、内容によって使い分ける。

まちあい　待合　「待合=室・所・政治」

まちあわせ　待ち合わせ　「待ち合わせの場所」

まちあわせる　待ち合わせる　「公園で待ち合わせる」

まぢか　間近[真近・目近]　「危険が間近に迫る/退職間近」
　アクマヂカ、マヂカ　まぢか

まちかど　街角　「街角に立つ」

まちぐるみ　町ぐるみ　「町ぐるみの活動」

まちすじ　街筋　「街筋に灯がともる」

まちどおしい　待ち遠しい　「休日が待ち遠しい」

マチネー[仏 matinée]　昼間の興行。アクマチネー、マチネー

まちはずれ　町外れ　「町外れの一軒家」

まちびと　待ち人　「待ち人来たらず」

まちぶせ　待ち伏せ　「途中で待ち伏せする」

まちぼうけ　待ちぼうけ［待ち惚け］　「待ちぼうけを食わされる」

まちまち［区々］　「答えがまちまちになる」

まちや　町家・町屋　商家。「町家造り」　＊東京都荒川区の地名は「町屋」。

まつ　末　読み　☞すえ・まつ

まつ

　待つ　人・物・時機が来るまで時を過ごす。待機。「出方を待って対処する／バス・機会・春=を待つ／待てど暮らせど」

　まつ［俟つ］　期待する。頼る。よる。「今後の研究・本人の自覚=にまつ／言をまたない／相まって」

まつい　姓。

　松井　松井一郎（政治家・大阪府知事・大阪市長。1964〜）、松井秀喜（野球選手。1974〜）

　松居　松居一代（タレント。1957〜）、松居直美（タレント。1968〜）

まつえい　末裔［末裔］　言い換え　子孫、末孫

まっか　真っ赤［付真っ赤］　「真っ赤に焼けた鋼」

まっき・まつご　末期　読み

　まっき　「末期がん／末期的症状」

　まつご　「末期の水」

マッキンリー［McKinley］　→デナリ

まっこう　抹香　「抹香臭い」

まっこう　真っ向　「真っ向勝負」

まっこうくじら　マッコウクジラ［抹香鯨］　〔動物〕

まっさいちゅう　真っ最中　「選挙戦の真っ最中」

まっさお　真っ青［付真っ青］

まつさか・まつざか

　まつさか　松阪　松阪市（三重県）

　まつざか　松阪　松阪ゆうき（民謡歌手）

　まつさか　松坂　松阪（三重県）の歴史的表記。「松坂城」

　まつざか　松坂　松坂屋（百貨店）、松坂桃李（俳優。1988〜）

まつさかうし　松阪牛　|読み|　ブランドとしては「まつさかうし」が一般的。㉿個体の肉牛として「**まつさかうし**」、食用の切り身として「**まつさかぎゅう**」と読み分けることがある。

まっさかり　真っ盛り　「青春の真っ盛り」

まっさき　真っ先　「真っ先に取り組む」

マッシュポテト[mashed potato]

マッシュルーム[mushroom]　〔キノコ〕

まっしょう　末梢[末梢]|言い換え|末節、末端　「末梢神経」

まっしょう　抹消　「登録を抹消する」

まっすぐ　真っすぐ[真っ直ぐ]　「真っすぐな人柄」

マッスルスーツ㉿〔イノフィス〕→**パワードスーツ**

マツダ　日本企業。＊1984年に「東洋工業」から社名変更。ロゴは「MAZDA」。

マッターホルン[Matterhorn]　イタリア・スイス国境の山。

まったく　全く　「全く分からない」

まっちゃ　抹茶　「抹茶をたてる」

まっとう[真っ当]　「まったく」の転で、「真っ当」は当て字。「まっとうなやり方/まっとうに暮らす」

まっとうする　全うする[完うする]　「責任・天寿=を全うする」

まつとうやゆみ　松任谷由実　シンガー・ソングライター。旧姓・荒井。(1954〜)　松任谷由美

まつもと　姓。
　松本　松本幸四郎(歌舞伎俳優。十代目＝1973〜)
　松元　松元恵美(ミュージカル俳優。1988〜)

まつや　社名。店名。
　松屋　百貨店。＊店舗呼称は「松屋銀座」など。
　松屋フーズ　牛丼チェーン。＊店舗名は「松屋」。

まつり
　祭り　〔一般〕「祭りの夜/夏祭り」
　祭　〔固有名詞〕「葵祭/神田祭/祇園祭」

まつりあげる　祭り上げる　「会長に祭り上げる」

まつりごと　政　「国の政」

まつる　祭る・まつる[祀る]　「祖先の霊を祭る/水を祭る神社」

まつわる[纏わる]　「古い城にまつわる伝説」

まで[迄] 「来るまで待てない」 ☞以下

マティーニ[martini] 〔カクテル〕

まてんろう 摩天楼 「摩天楼がそびえる」 ×魔天楼

まと 的 「的に当てる/人気の的/的外れ」

まとい[纏] 「火消しのまとい」

まどい 惑い 「青春の惑い」

まとう[纏う] 「身にまとう」

まどう 惑う 「心が惑う」

マドラス[Madras] →チェンナイ

まどり 間取り 「間取りを考える」

マドリード[Madrid](←マドリッド) スペインの首都。

まとをいる 的を射る 物事の肝心な点を確実にとらえる。
　×「的を得た」→的を射た、当を得た

マドンナ[伊 Madonna] 聖母マリア。憧れの女性。

まないた まな板[俎] 「まな板に載せる/まな板のコイ」

manaca（マナカ）㊙〔名古屋交通開発機構、エムアイシー〕
　→交通系 IC カード

マナグア[Managua] ニカラグアの首都。

まなこ 眼 「どんぐり・寝ぼけ=眼」

まなざし[眼差し] 「熱いまなざし」

まなじり[眦] 「まなじりを決する」

まなつび 真夏日 1日の最高気温が30度以上の日。

まなでし まな弟子[愛弟子] 「先生のまな弟子」

マナマ[Manama] バーレーンの首都。

まなむすめ まな娘[愛娘] 「まな娘を慈しむ」

マニア[mania（熱狂）] 「切手マニア」

まにあわせ 間に合わせ 「間に合わせの修繕」

マニキュア[manicure] 手の爪の手入れ。

マニピュレーター[manipulator] 遠隔操作装置。人工の
　腕。

マニフェスト
　[manifest] 産廃管理票。
　[manifesto] （政権）公約。

まにまに[間に間に・随に] 「波のまにまに漂う」

マニュアル[manual] ①手引書。取扱説明書。②手動式。

ま

631

「マニュアル車」

マニュファクチャー［manufacture］　工場制手工業。

マニラ［Manila］　フィリピンの首都。

まぬかれる・まぬがれる　免れる　「刑を免れる」

まぬけ　間抜け　「間抜けな存在」

まね［真似］　「ウのまねをするカラス」

マネーサプライ［money supply］　通貨供給量。

マネーロンダリング［money laundering］　資金洗浄。㊂マ
ネロン

マネジメント［management］（←マネージメント）　経営管理。
運営管理。管理（者）。

マネジャー［manager］〔新聞表記〕　㊨マネージャー　アク
マネ͞ージャー、マネージャー

マネタイズ［monetize］　収益化。換金。

マネタリーベース［monetary base］　資金供給量。紙幣・
硬貨と日銀当座預金の残高の合計。

まのあたり　目の当たり［眼の辺り］　めのあたり

まのび　間延び　「間延びした声」

まばたき［瞬き］　「まばたきの回数」

まばら［疎ら］　「まばらに樹木が残る／人影もまばら」

まひ［麻痺］｜言い換え｜**しびれ、機能停止**

マフィア［Mafia］

まぶか　目深［眼深］　「帽子を目深にかぶる」　△めぶか

まぶしい［眩しい］　「日差しがまぶしい」

まぶす［塗す］　「砂糖をまぶす」

まぶた［目蓋・眼瞼・瞼］　「まぶたに浮かぶ／まぶたの母」

マプト［Maputo］　モザンビークの首都。

まふゆび　真冬日　1日の最高気温が0度未満の日。

マホガニー［mahogany］〔植物〕

ままはは［継母］　→**継母**（けいぼ）　＊「まま母」は使用しない。

ママレモン㊂〔ライオン〕　→**台所（用）洗剤、食器洗剤**

まみえる［見える・目見える］　「両雄相まみえる」

マミヤ・オーピー　日本企業。＊1993年に「オリムピック」か
ら社名変更。

まみれる［塗れる］　「泥にまみれる」

632

ま

まめ

　豆　「豆を煮る」

　まめ[肉刺]　「手足にまめが出来る」

まめ[忠実]　「まめに働く/足まめに通う」

まめしぼり　豆絞り　「豆絞りの手ぬぐい」　豆搾り[×]

まめたん　豆炭　「豆炭を燃やす」

まめつ　摩滅[磨滅]　「摩滅したタイヤ」

まめでっぽう　豆鉄砲　「ハトが豆鉄砲を食らったよう」

まめでんきゅう　豆電球

まめまき　豆まき[豆撒き]　「節分に豆まきをする」

まもう　摩耗[磨耗]　「摩耗したタイヤ」

まもなく　間もなく[間も無く]　「間もなく訪れる」

まもり　守り　「守りを固める/神社のお守り」

まもりがたな　守り刀　「守り刀を携える」

まもりぶくろ　守り袋　「お守り袋」

まもりふだ　守り札　「守り札を首に下げる」

まもる　守る[護る]　「沈黙・身・約束=を守る」

まゆげ　眉毛[眉毛]　「眉毛をそる」

まゆつば　眉唾[眉唾]　「眉唾物」

まゆね　眉根[眉根]　「眉根を寄せる」

まゆをひそめる　眉をひそめる[眉を顰める]　心配や不安を
　感じ、眉のあたりにしわをよせて表情に出す。眉をしかめる[×]
　目をひそめる[×]

マラケシュ[Marrakesh]　モロッコの都市。＊首都はラバト。

マラボ[Malabo]　赤道ギニアの首都。

マラリア[独 Malaria]〔伝染病〕

マリー(アンディ)[Andy Murray]　テニス選手。(英 1987～)

マリフアナ[西 marijuana](←マリファナ)

まりも　マリモ[毬藻]

マリン[marine]　「マリンスポーツ」

マリンジェット商〔ヤマハ発動機〕→水上バイク

まる　丸　「丸を付ける/二重丸/丸3年」

まるい　丸い　「丸い=玉・輪/背中を丸くする/人間・人柄=が
　丸くなる/丸く収まる/真ん丸」　アク マルイ
　ポイント「丸い」は立体的(球形)、「円い」は平面的(円形)

633

の意味があるが、慣用が定着したものを除き、一般的にはどちらも「丸い」を使う。

マルウエア、マルウェア［malware（malicious＋software）］　悪意のあるソフトウエア。悪意のあるプログラム。

まるうつし　丸写し　「答案を丸写しにする」

まるがお　丸顔　「むくんで丸顔になる」

マルキシスト［Marxist］　マルクス主義者。

まるきぶね　丸木舟［丸木船］

マルキョク［Melekeok］　パラオの首都。

まるごし　丸腰　「丸腰で危険に立ち向かう」

まるごと　丸ごと　「丸ごと平らげる」

マルコ・ポーロ［Marco Polo］　旅行家。（伊 1254〜1324）

マルシェ［仏 marché］　市場。

まるた　丸太　「丸太を載せる」

まるだし　丸出し　「記者根性丸出し」

マルチメディア［multimedia］　複合媒体。

まるで［丸で］　「まるで夢のよう/予想とまるで違う」

まるてんじょう　円天井・丸天井

まるなげ　丸投げ　「下請け業者に丸投げする」

まるはだか　丸裸　「皮をむかれて丸裸」

マルハニチロ　日本企業。＊2007 年にマルハグループ本社とニチロが経営統合。14 年に「マルハニチロホールディングス」から社名変更。

まるぼし　丸干し　「イワシの丸干し」

まるぼん　円盆　「丸みを帯びた円盆」

まるまど　円窓　「船室の円窓」

まるまる　丸々　「丸々手に入れる」

まるめる　丸める　「頭を丸める」

まるもうけ　丸もうけ［丸儲け］

まるやね　円屋根　「教会の円屋根」

まれ［稀・希］　「まれに＝起こる・見る秀才」

マレ［Male］　モルディブの首都。

マロニー　商〔マロニー〕　→**春雨**

まろやか［丸やか・円やか］　「まろやかな舌触り」

まわす　回す［廻す］　「気・こま・手・目＝を回す/連れ回す」

まわた　真綿　「真綿で首を絞める」

まわり

　回り［廻り］　巡回。回転。身辺。太さ。広がり。「火の回りが早い／身の回り／空・首・外・胴・一・水=回り／回り=くどい・込む・舞台・道・持ち」

　周り　周囲。周辺。「池の周りを回る／家・地球=の周り／周りがうるさい／周りの人」

まわりあわせ　回り合わせ［廻り合わせ］　巡り合わせ。

まわる　回る［廻る・巡る・周る］　「舌がよく回る／急がば回れ」

まん

　万［萬］　「万の単位／万が一」

　満　「満を持する／満年齢」

まんいち　万一　「万一の場合」

まんえん　蔓延［蔓延］　言い換え　**はびこる、広がる、流行、横行**

まんが　漫画・マンガ

まんがん　万巻　「万巻の書」　＊「ばんかん」とも。

まんがん　満願　「満願成就」

マンガン　満貫　〔マージャン〕　＊中国語。

まんかんしょく　満艦飾　「満艦飾の洗濯物」　満艦色˟

まんさい　満載　「荷物を満載したトラック／記念企画が満載された増刊号」

まんざい

　漫才　〔寄席演芸〕「上方漫才／漫才師」

　万歳　〔民俗芸能〕「尾張・三河=万歳」

まんざら［満更］　打ち消しの語を伴って使う。「まんざら捨てたものではない／まんざらでもない」

満州　→**中国東北部、旧満州**　＊歴史的な記述などでは使ってもよい。

まんじゅう［饅頭］

まんじょういっち　満場一致　「満場一致で可決」　万場一致˟

まんじりともせず　世論調査　「まんじりともせずその夜を過ごした」

　〇眠らないで。＊2013年度 28.7%

×じっと動かないで。＊同 51.5%

まんしん　満身　「満身の力/満身創痍」

まんしん　慢心　「慢心を戒める」

マンスリーマンション　㈿〔大東建託ほか〕→**月決め賃貸マンション**

まんせい　慢性　〔↔急性〕「慢性中毒/慢性的」　漫性

まんぜん　漫然　「漫然と日を送る」　慢然

まんだん　漫談　「歌謡漫談」

マンツーマン〔man-to-man〕　一対一。

まんてん　満天　空一面。

　㊤「満天の星空」→**満天の星**　万天

まんてん　満点　「百点満点/満点の答案」　万点

まんどうえ・まんとうえ　万灯会　まんとうかい　＊「千灯会」は、せんとうえ。

まんなか　真ん中　「真ん中に記す」

マンパワー〔manpower〕　人的資源。

まんびき　万引き　「万引き容疑」

まんぷく

　満腹　「満腹になるまで食べる」

　満幅　「満幅の信頼を置く」

まんべんなく　満遍なく〔万遍なく〕「満遍なく学ぶ」

万歩計　㈿〔山佐時計計器〕→**歩数計、歩数メーター**

万歩メーター　㈿〔山佐時計計器〕→**歩数計、歩数メーター**

まんまえ　真ん前　「真ん前に陣取る」

まんまく　まん幕・幔幕〔幔幕〕◆

まんまと　首尾よく。うまく。

　×「まんまと失敗」　＊「うまうまと」の転であり、失敗に用いるのは誤用。

まんまる　真ん丸　「真ん丸の月」

まんまん

　満々　満ちあふれる様子。「満々と水をたたえる/杯に満々と注ぐ/自信満々」

　漫々　広々としている様子。「漫々たる＝大海・湖面」

まんめん　満面　㊤「満面の笑顔」→**満面の笑み**

　㊤「満面に笑顔を浮かべる」→**満面に笑みを浮かべる**

＊「面」と「顔」は同じ。

マンモグラフィー［mammography］　乳房エックス線撮影検査。

み・ミ

み

み［味］　形容詞語幹など訓読みの語に接続して、状態、程度、場所などを示す。「赤み／明るみ（に出る）／厚み／甘み／ありがたみ／嫌み／うまみ／面白み／重み／辛み／臭み／茂み／渋み（のある芸）／高み（の見物）／苦み（走る）／深み／丸み／弱み（を握る）」　＊官能分類上の味覚を示すときは「味」を使ってもよい。「甘味／うま味／辛味／渋味／苦味」

味　音読みの語などと結合して名詞などをつくる。「円熟味／甘味（料）／けれん味／酸味／正味／真剣味／真実味／新鮮味／新味／醍醐味／珍味／人間味／人情味／風味」

み

実　「木の実／実のある話」

身　「魚の身／身になる話」

みあい　見合い　「見合い=結婚・写真／収支の見合い」

みあわせ　見合わせ　[アク]ミアワセ

みあわせる　見合わせる　[アク]ミアワセル、ミアワセル

みいだす　見いだす［見出す］　「意義・生きがい・解決策・活路・才能・方策・目標=を見いだす」　×見い出す

みいり　実入り　「実入りのいい商売」

みいる

見入る　凝視する。「テレビの画面に見入る」

魅入る　とりつく。魂を奪う。「悪魔に魅入られる」

ミールキット［meal kit］　下ごしらえした食材と調味料のセット。レシピ付き食材。

みえ　見え［見栄・見得］　「見えを切る（歌舞伎の演出）／見えを張る／見えも外聞もない」　＊「見える」の連用形から。

みえけん　三重県　同県の公式ホームページでは「中部地方、近畿地方両方に属している」。＊法令では、近畿圏整備法では「近畿圏」、中部圏開発整備法、国土形成計画

637

法では「中部圏」。

みえぼう　見え坊［見栄坊］

みおさめ　見納め［見収め］　「これで見納め」

みおろす　見下ろす［見降ろす］　「山から谷を見下ろす」

みがきにしん　身欠きニシン［身欠き鰊］　＊「みかきにしん」
　とも。

みがく

　磨く　「歯を磨く」

　磨く［研く］　「刃を磨く」

みかけ　見かけ［見掛け］　「人は見かけによらない」

みかげいし　御影石［御影石］　花こう岩の石材名。

×見かけ倒れ　→見かけ倒し　外見は立派だが、実質は劣っ
　ていること。

み

みかた　地名。

　三方　福井県の郡名。若狭町の地名。「三方五湖」

　美方　福井県立高校名。兵庫県の郡名。

みかた　見方　「地図・物゠の見方／見方が違う／見方を変え
　る」　アク ミカタ、ミカタ

みかた　味方［御方・身方］　「弱い者の味方／味方につく」
　アク ミカタ

みかづき　三日月　みかずき

みがって　身勝手　「身勝手な振る舞い」

みかわす　見交わす　「見交わす目と目」

みがわり　身代わり［身替わり］

みかわわん・あつみわん・ちたわん　地名（愛知県）。

　三河湾　渥美半島と知多半島に囲まれた湾の総称。

　渥美湾　三河湾東部、渥美半島側での名称。

　知多湾　三河湾西部、知多半島側での名称。

みかん

　未完　「未完の大作」

　未刊　「未刊の書」

みかん　ミカン［蜜柑］　〔植物〕

みき　神酒［御酒］

みき　幹　「幹が太い」

みぎ　右　「右の゠手・通り／右へ倣え／右利き／右隣」

638

ミキサー［mixer］　混合機。音量調整者。

みぎまえ　右前　[意味]　着物を着ている自分から見て右の身ごろが手前（内側）。着物の合わせは男女とも右前。＊左前は死者の装束。

みきり　見切り　「会社に見切りをつける／見切り゠発車・品」

みぎり［砌］　「新緑のみぎり」

みぎれい　身ぎれい［身奇麗］

みぎわ［汀・渚・水際］

みきわめる　見極める［見窮める］　「実体を見極める」

ミクシィ　日本企業。ミクシイ　ミクシー

みくだりはん　三下り半［三行半］　離縁状。「三下り半を突きつける」　さんぎょうはん　みさがりはん

みくにがおか　地名（大阪府）。

　三国ヶ丘　堺市堺区の地名。「三国ヶ丘御幸通／北・中・南゠三国ヶ丘町」

　三国丘　府立高校名。

みぐるみ　身ぐるみ［身包み］　「身ぐるみ剥ぐ」

ミクロ［micro］　微視的。微小。「ミクロ経済（企業や家庭経済の動き）」

ミクロン［仏 micron］　→**マイクロメートル**［micrometer］　100万分の1メートル。

みけん　眉間［眉間］　「眉間にしわを寄せる」

みこ　巫女［巫女］

みこし［御輿・神輿］　「みこしを担ぐ」

みごたえ　見応え　「見応えのあるドラマ」

みごと　見事［美事］　「見事な手並み／ものの見事にだまされる」

みことのり　詔［勅・御言宣］

みこみ　見込み　「成功の見込みがない／見込みが立たない／見込み違い」

みごろ

　見頃［見頃］　「桜の見頃」

　身ごろ［身頃・裑］　「前・後ろ゠身ごろ」

みささぎ　陵

みじかい　短い　＊「身近い」は「みぢかい」。

みじかめ　短め［短目］

みじかよ　短夜　「夏の短夜」

みじたく　身支度［身仕度］「身支度が整う」

みじめ　惨め　「惨めな暮らし／惨めに感じる」

ミシュラン［Compagnie Générale des Etablissements Michelin］
　　仏企業（タイヤ）。「ミシュランガイド」

みしょう　未生　いまだ生まれぬ。「未生の＝者・世界」

みしょう　未詳　「作者未詳」

みしょう　実生　種から成長する。「実生から育てる／実生の
　　エゾマツの苗木」

みじろぎ　身じろぎ［身動ぎ］「身じろぎもしない」

みじん［微塵］「みじんも＝感じない・見せない／木っ端・粉＝
　　みじん／みじん切り」

みず　水　「水に流す／水が合わない／水も漏らさぬ」

みずあげ　水揚げ　「サンマの水揚げ／水揚げ量」

みずいらず　水入らず　「親子水入らず」

みずかき　水かき［蹼・水掻き］

みずかけ　水掛け　「水掛け論」

みずかさ　水かさ［水嵩］　言い換え　水量
　　×「水かさが高くなる」→水かさが増す、水位が高くなる

みずがし　水菓子　意味
　　○果物。アク　ミズガシ
　　×水ようかんなどの冷菓。

みずから　自ら　「自らの力／自ら行う」　自から

みずがれ　水枯れ［水涸れ］

みずぎわ　水際　「水際＝作戦・立つ」

みずくさい　水くさい［水臭い］「水くさいね」

みずくみ　水くみ［水汲み］

みずさかずき　水杯［水盃］　酒ではなく、水を互いについで
　　飲む別れの杯。再会を予期できない時などにする。

みずさし
　　水差し［水指し］〔一般の容器〕
　　水指　〔茶道具〕

みずぜめ
　　水攻め　〔攻撃〕

水責め〔拷問〕

ミスターマックス　MrMax　日本企業・量販店名。＊登記社名は「ミスターマックス」で持ち株会社は「ミスターマックス・ホールディングス」。

みずたき　水炊き　「鶏の水炊き」

ミズノ　日本企業。スポーツ用品メーカー。＊登記名は「美津濃」で創業者の姓は「水野」。

みずのあつし　水野温氏　日銀審議委員。(1959～)　×水野温

みずひき　水引　「紅白の水引」

みずびたし　水浸し　「洪水で水浸しになる」

みずほぎんこう　みずほ銀行　日本企業。＊2002年に第一勧業銀行、富士銀行、日本興業銀行の合併などにより発足。持ち株会社は「みずほフィナンシャルグループ」。

みずまし　水増し　「予算を水増しする」

ミスマッチ[mismatch]　不釣り合い。不適合。不調和。

ミスミ　日本企業。

　Misumi　石油卸。

　ミスミグループ本社　金型用部品の通販。ロゴは「MiSUMi」。

みずみずしい[瑞々しい]　「みずみずしい=肌・感性」

みする　魅する　「万人を魅する」

みずわり　水割り　「ウイスキーの水割り」

みせいねん　未成年　「未成年者お断り」　×未青年

みせじまい　店じまい[店仕舞い・店終い]

みせもの　見せ物[見世物]

みせられる　魅せられる　「好プレーに魅せられる」
　×「華麗なプレーで魅せる」　＊文法的に間違い。能動形は「魅する」で、「魅せる」ではない。

みそ[味噌]　「みそを=する・付ける/みそ=汁・漬け/みそっかす/手前みそ」

みぞう　未曽有[未曾有]　「未曽有の大事件」　アク　ミゾウ、ミゾウ

みそか[晦日]　「大みそか」

みそぎ[禊ぎ]

みぞのくち　地名（神奈川県）。

　　溝口　川崎市高津区の地名。

　　溝の口　東急駅名。

　　溝ノ口　JR 南武線駅名。「武蔵溝ノ口」

みそひともじ　三十一文字［三十一文字］　短歌。和歌。

みそめる　見初める［見染める］　「村祭りで見初めた人」

みそら

　　身空　「若い身空での戦死」

　　み空［御空］　「晴れたみ空に靴が鳴る」

みぞれ［霙］　解けかけた雪が雨と交じったもの。

　　⚠「みぞれ交じりの=雨が降る・雪が降る」→みぞれが降る

みたす　満たす［充たす］　「空腹・需要=を満たす/満たされない思い」

みだす　乱す［紊す］　「列・世の中・風紀=を乱す」

みたて　見立て　「見立て違い」

みたてる　見立てる　「着物の柄を見立てる」

みたま　み霊［御霊］　「戦没者のみ霊」

みだら　淫ら・みだら［淫ら］　「淫らな行為」

みたらい　御手洗　姓など。「御手洗冨士夫（キヤノン社長・会長、日本経団連会長。1935〜）」　＊「みてらい」「みたらし」などとも。

みたらし　御手洗［御手洗］　手、口を清める神社の水場。

みだりに［濫りに］　むやみに。わけもなく。勝手に。

みち　道［路・途・径］　「道を=急ぐ・譲る/その道の権威」

みぢか　身近　「身近な人/身近に感じる」　みじか

みちくさ　道草　「道草を食う」

みちしるべ　道しるべ［道標］　「道しるべを探す」

みちづれ　道連れ　「旅は道連れ」

みちのく［陸奥］　奥州 5 カ国（陸前、陸中、陸奥、磐城、岩代）の古称。現在の東北地方一帯を指す場合もある。

みちのり　道のり［道程］　「長い道のり」

みちばた　道端［路傍］　「道端の草」

みちひ　満ち干　「潮の満ち干」

みちひき　満ち引き　「潮の満ち引き」

みちゆき　道行き　「恋の道行き/道行き物〔歌舞伎〕」

みつ

　密　「連絡を密にする/『３つの密』(密閉・密集・密接)を
　　　避ける」　☞コラム「３密」

　蜜［蜜］　「蜜を吸う」

みつあみ　三つ編み

みついイーアンドエスホールディングス　三井E&Sホールディ
　ングス　日本企業。＊2018年に「三井造船」から社名変
　更。

みついきんぞく　三井金属　日本企業。＊登記名は「三井金
　属鉱業」。

みついすみともトラストホールディングス　三井住友トラスト・
　ホールディングス　日本企業。＊三井住友信託銀行な
　どの持ち株会社。英語社名は「Sumitomo Mitsui Trust
　Holdings」。

みついすみともフィナンシャルグループ　三井住友フィナンシャ
　ルグループ　日本企業。＊三井住友銀行などの持ち株会
　社。英語社名は「Sumitomo Mitsui Financial Group」。

みつおり　三つ折り

みつがさね　三つ重ね

×三日とあけず　→三日に上げず　間をあけず。たびたび。

ミツカン　日本企業。＊2014年に社名を英語表記「Mizkan」
　に変更したが、紙面表記や略称などは「ミツカン」とする。
　持ち株会社は「Mizkan Holdings(ミツカンホールディング
　ス)」。ロゴは「mizkan」。

ミックス［mix］　「ミックスジュース」

みづくろい　身繕い

みつげつ　蜜月［蜜］　「両大国の蜜月時代」

みっこう

　密行　ひそかに行く。「トラックに隠れて密行」

　密航　規則を破って航行。「船内に隠れて密航/密航船」

ミッション［mission］　使命。使節団。派遣団。任務。

みっそう

　密送　「軍需品を密送」

　密葬　「葬儀は密葬で行う」

みつぞろい　三つぞろい［三つ揃い］　みつぞろえ

ミッドフィールダー［midfielder］〔サッカー〕㊂ MF

みつどもえ　三つどもえ［三つ巴］

みつば　三つ葉

ミツバ　日本企業。＊1996年に「三ツ葉電機製作所」から社名変更。

みつばち　蜜蜂・ミツバチ［蜜蜂］

みつびしガスかがく　三菱ガス化学　日本企業。＊登記名は「三菱瓦斯化学」。

みつびしケミカル　三菱ケミカル　日本企業。＊2017年に三菱化学、三菱レイヨン、三菱樹脂が統合して発足。持ち株会社は「三菱ケミカルホールディングス」。

みつびしじどうしゃ　三菱自動車　日本企業。＊登記名は「三菱自動車工業」。㊂三菱自

みつびしユーエフジェーぎんこう　三菱UFJ銀行　日本企業。＊2018年に「三菱東京UFJ銀行」から社名変更。持ち株会社は「三菱UFJフィナンシャル・グループ」。

みつまた

　三つまた［三つ又文］　「三つまたソケット」

　ミツマタ［三椏］〔植物〕和紙の原料。

みつまめ　蜜豆［蜜豆］

みつもり

　見積もり　〔一般〕「工事の見積もり／見積もりを取る」

　見積　〔経済関係複合語〕「見積-価格・書」

みつゆび　三つ指　「三つ指を突く」

みつりょう

　密漁　「ナマコの密漁」

　密猟　「マウンテンゴリラの密猟」

みてくれ　見てくれ［見て呉れ］　「見てくればかり気にする」

みとう

　未到　〔まだ誰も到達していなかった業績・記録〕「前人未到=偉業・記録」

　未踏　〔まだ誰も足を踏み入れていない土地〕「人跡未踏の=地・山／未踏峰」

みとおし　見通し［見透し］　「見通しが=甘い・立たない・つ

644

かない」

みどころ　見どころ［見所・見処］　「見どころがある」

みどし　巳年・み年［巳年］［言い換え］へび年

みとめいん　認め印

みとりず　見取り図

みとる

　見取る　見てはっきりと理解する。「状況を即座に見取る」
　みとる［看取る］　看病する。「最期・病人=をみとる」

みとれる　見とれる［見惚れる］　「美しさに見とれる」

みなす　見なす［看做す］　「欠席と見なす」　＊「みなし公
　務員」「みなし仕入れ率」「みなし法人」などは仮名書き。

みなづき　水無月［水無月］　陰暦6月。［アク］ミナヅキ

みなみアルプス　南アルプス　通称。山梨県の市名。＊標
　準地名は、赤石山脈。「飛騨山脈」（北アルプス）、「木曽山
　脈」（中央アルプス）とともに日本アルプスと呼ばれる。［略］
　南ア

みなみまき　南牧　［読み］　☞なんもく・みなみまき

みなも・みのも　水面・水面［水面］

みならい

　見習い　〔一般〕「見習いとして住み込む/行儀見習い」
　見習　〔慣用の固定した職分〕「見習=工・社員/社員見習」

みならう　見習う［見倣う］　「生活態度を見習う」

ミニチュア［miniature］　小型の。小型模型。

ミニマムアクセス［minimum access］　最低輸入量。最低
　輸入義務枠。

みね　峰［峯・嶺］　「山の峰」

みねし　美祢市　山口県の市。

みのしろきん　身代金［身の代金］　「身代金を要求する」

みのまわりひん　身の回り品［身の廻り品］

みのる　実る［稔る］　「稲・愛・苦労・努力=が実る」

みばえ　見栄え［見映え］　「見栄えのする服装」

みはからう　見計らう　「在宅時を見計らって訪問する」

みはなす　見放す［見離す］

みはらい　未払い　「代金が未払いになっている/未払い金」
　＊簿記の勘定科目の「未払込資本」は送り仮名を省く。△

みばらい

みはらし　見晴らし　「見晴らしが利く/見晴らし台」

みひつのこい　未必の故意　〔法律〕＊「〜すれば重大な結果になるかもしれないと知りながら〜した」などの説明をつけると分かりやすい。

みぶり　身ぶり[身振り]　「身ぶりで知らせる/身ぶり手ぶり」

みぶるい　身震い　「身震いするほど気味が悪い」

未亡人　→亡くなった○○氏（さん）の妻、故○○氏（さん）の妻　＊「未だ亡くならない人」の意。

みまい

　見舞い　〔一般〕「見舞いに行く/見舞いの手紙/暑中見舞い」

　見舞　〔複合語〕「見舞=客・金・状・品」

みみざわり　耳障り　本来は「耳障りな=音・言葉」のように、聞いて不愉快に、うるさく感じるときに使う。
　△「耳触りのいい言葉」→**耳に心地よい、聞き心地のよい**　＊「触り」と表記して、「聞いた感じ」の意でも使われるが、できれば避けたい。

みみもと　耳元[耳許]　「耳元でささやく」

×「耳をかしげる」→**耳を傾ける**

みめい　未明　午前０時から夜明け前までの時間帯。

みもと　身元[身許]　「身元を調べる/身元=引受人・不明」

みもの　見もの[見物]　「どうなるか見ものだ」

みもふたもない　身も蓋もない[身も蓋もない]　実も蓋も〜

みやがわ　宮川　☞神通川・宮川

みゃくはく　脈拍[脈搏]　言い換え　脈

みゃくらく　脈絡　「前後の脈絡がない文章」

みやげ　土産[付土産]　「土産物」

みやけひろみ　三宅宏実　重量挙げ選手。三宅宏美

みやこし　姓。

　宮越　宮越邦正（宮越ホールディングス会長・社長。1941〜）

　宮腰　宮腰光寛（政治家。1950〜）

みやづかえ　宮仕え

みやび[雅び]　「みやびなしぐさ」

みやまいり　宮参り［宮詣り］

みやる　見やる［見遣る］　「ふと見やると」

みやわきかりん　宮脇花綸　フェンシング選手。（1997〜）
　〜花輪　〜花倫

ミャンマー［Myanmar］　首都はネピドー。＊1989年にビルマから国名変更。

ミュージアム［museum］　博物館。美術館。

ミュンヘン［Munich］　ドイツの都市。1972年夏季五輪開催。92年サミット開催。

みよう　見よう［見様］　「見よう見まね」

みょうが　ミョウガ［茗荷］〔植物〕　アク ミョーガ

みょうが　冥加［冥加］　知らずに受ける神仏の加護。「冥加に余る」

みょうじ　名字［苗字］

みょうせき・めいせき　読み

　みょうせき　名跡　家名。「名跡を継ぐ/年寄名跡」

　めいせき　名跡［名蹟］　名所旧跡。「名跡を訪ねる」

みょうだい・なだい　名代　読み

　みょうだい　人の代わり。「父の名代として行く」

　なだい　有名。「名代の老舗」

みょうにち　明日　読み　☞あす・あした・みょうにち

みょうり

　名利　名誉と利益。「名利を求めない」　＊「めいり」とも。

　冥利［冥利］　神仏の御利益、ある立場・境遇にいることにより受ける恩恵。「役者冥利に尽きる」

みよし　地名。

　みよし　「愛知県みよし市/徳島県東みよし町」

　三好　「徳島県=三好市・三好郡」

　三次　「広島県三次市」

みより　身寄り　「身寄りのない子」

ミラノ［Milan］　イタリアの都市。2026年冬季五輪をコルティナダンペッツォと共催予定。

みりょう　未了　「審議未了」

みりょう　魅了　「聴衆を魅了する」

みりん［味醂］

みる

　見る〔看る・観る・視る〕　認識。判断。「足元・経過・調子・
　　手相・日の目・面倒・老後=を見る/見る影もない/見るに
　　忍びない」

　診る　診察。「患者・脈=を診る/医者に診てもらう」

　みる　①推測。実現。「時期尚早とみられる/難事件が
　　解決をみる」②〔補助動詞〕「とにかくやってみよう/考え
　　て・聞いて・食べて=みる」

ミルフィーユ〔仏 millefeuille（千枚の葉）〕〔菓子〕

ミレニアム〔millennium〕　千年紀。

ミレニアル〔millennial〕　千年の。千年間の。「ミレニアル
　世代（2000年以降に成人を迎えた若者を指す造語）」

民間医局 商〔メディカル・プリンシプル〕→**医師紹介業者、
　医師紹介会社**

みんじ　**民事**　「民事で争う/民事訴訟」

ミンスク〔Minsk〕　ベラルーシの首都。

みんせい

　民生　国民の生活。「民生を安定させる/民生=委員・品」

　民政　〔↔軍政〕文官による政治。「民政への復帰/民政
　　移管」

みんぞく

　民俗　民間に伝わる風俗・伝承。「民俗学（フォークロア）
　　/民俗信仰/民俗文化財（文化財保護法）/国立歴史民
　　俗博物館（歴博・千葉県佐倉市）」

　民族　人種・地域などを同じくする集団。「多民族国家/
　　民族=解放・芸術・自決・宗教・性/民族学（エスノロジー）
　　/国立民族学博物館（みんぱく。大阪府吹田市）」

　ポイント　「民俗舞踊（盆踊りなど）/民族舞踊（コサックダン
　　スなど）」のほか、衣装、音楽、楽器、芸能、料理などは、
　　内容によって使い分ける。

みんぽう　**民放**　民間放送。

みんぽう　**民法**　「民法の講義」

みんよう

　民謡　〔歌〕

　民踊　民謡に合わせた踊り。

み

むい　無位　「無位無官(『無位無冠』とも)」

むい　無為　「無為に過ごす/無為無策」

むいちもつ・むいちぶつ　無一物　「無一物で焼け出される/本来無一物(執着すべき物は何もない。仏教用語)」

むいちもん　無一文　「破産して無一文になる」

ムース㊞〔資生堂〕→泡状整髪料　＊食品の「ムース」は一般的名称。

ムーディーズ・インベスターズ・サービス［Moody's Investors Service, Inc］　米企業(格付け)。

ムード［mood］　雰囲気。気分。情緒。「重苦しいムード」

ムードメーカー［和製 mood maker］　その場を盛り上げる人。

ムームー［muumuu］〔服〕

むえん　無煙　「無煙グリル」

むえん　無鉛　「無鉛ガソリン」

むえん　無塩　「無塩バター」

むえん
　　無縁　縁(者)がない。「自分とは無縁の世界/無縁仏」
　　無援　助けがない。「孤立無援」

むがい　無害　〔↔有害〕「人畜無害」

むがい　無蓋［無蓋］　〔↔有蓋〕「無蓋貨車」

むかえうつ　迎え撃つ［邀え撃つ］　「敵を迎え撃つ」

むかえび　迎え火　「お盆の迎え火」

むかご　ムカゴ［零余子］　山芋の芽。

むかっぱら　向かっ腹　「向かっ腹を立てる」

むかで　ムカデ［百足・蜈蚣］

むがむちゅう　無我夢中　無我無中

むかん
　　無冠　「無冠の帝王(新聞記者)」
　　無官　「無官大夫敦盛」

むかん　無感　〔↔有感〕「無感地震」

むき
　　向き　「ご用の向き/向き不向き/南向き」

む

649

むき［向き］ 「むきになって怒る」

むき

　　無期 〔↔有期〕「無期延期/無期懲役」

　　無季 〔↔有季〕「無季俳句」

むき　無機 〔↔有機〕「無機質」

むきだし　むき出し［剝き出し］「感情をむき出しにする」

むきどう　無軌道 「無軌道な生活」

むきみ　むき身［剝き身］「貝のむき身」

むきゅう　無休 「年中無休」

むきゅう　無給 〔↔有給〕「無給で働く」

むきゅう　無窮 「無窮の広がり/無窮を指さす北斗の針」

むぎわら　麦わら［麦藁］「麦わら帽子」

むきん　無菌 「無菌状態」

むく

　　向く 「気が向く/右に向く」

　　むく［剝く］「牙・目=をむく」

むく　無垢［無垢］ 言い換え 清浄、純粋　アク ム̄ク

　　×「無垢の民」→無辜の民　＊「無辜」は罪のないこと。

むくいる　報いる［酬いる］「恩に報いる/一矢報いる」

むくげ　ムクゲ［木槿］〔植物〕「ムクゲの花」

むくげ　むく毛［尨毛］「むく毛の犬」

むくのき　ムクノキ［椋の木］〔植物〕

むけつ　無欠 「完全無欠」

むけつ　無血 「無血革命」

むげに［無下に］「むげに断れない」

むげん

　　無限 〔↔有限〕「無限に続く/無限大」

　　無間 「無間地獄/無間の闇」　＊本来は「むけん」。

むげん　夢幻 「夢幻の境をさまよう」

むこ　婿［聟］「婿=入り・養子」

むこ　無辜［無辜］ 言い換え 罪のない、善良な　アク ム̄コ

むごい［惨い］「むごい仕打ち」

むこう　向こう 「向こう意気が強い/向こうに回す/向こうを
　　張る」

むこうきず　向こう傷 体の前面に受けた傷。

650

むこうじょうめん　向こう正面　正面の観客席。相撲では北
　側の土俵正面の反対側（裏正面）。

むこうずね　向こうずね［向こう臑］　すねの前。

むこうみず　向こう見ず　「向こう見ずな性格」

むさくい　無作為　「無作為抽出」

むさくるしい　むさ苦しい

むさし　武蔵　旧国名（東京、埼玉、神奈川東部）。

むさぼる　貪る・むさぼる［貪る］　「巨利・惰眠=を貪る」

むざん　無残［無惨］　「見るも無残／無残にも傷つけられる」

むし　無死　「無死満塁」

むし　無私　「公平無私」

むし　無視　「警告を無視する」

むしかえす　蒸し返す　「議論を蒸し返す」

むしがし　蒸し菓子

むしき　蒸し器［蒸し機］

むしくい　虫食い　「虫食いの穴」

むしくだし　虫下し

むしず［虫酸］　「むしずが走る」

×無実を晴らす　→無実の罪を晴らす、無実を証す

むしば　虫歯［齲歯］

むしばむ［蝕む］　「健康をむしばむ」

むしぶろ　蒸し風呂［蒸し風呂］

むしぼし　虫干し

むしやき　蒸し焼き

むじゃき　無邪気　「無邪気に遊ぶ」

むしゃしゅぎょう　武者修行

むしゃぶりつく［貪り付く・武者振り付く］　「泣いてむしゃぶ
　りつく子」

むしゃぶるい　武者震い

ムシューダ　商［エステー］→衣料用防虫剤

むじゅん　矛盾　「矛盾が生じる／自己矛盾」

むじょう　無上　この上ない。「無上の=栄誉・安らぎ・喜び」

むじょう
　無常　すべてが変化してとどまらない。人の世のはかなさ
　　を言う。「諸行無常／日本的な無常観／無常感漂う秋の

景色/世の無常を悟る」

無情 思いやりの心や感情がない。人の心の冷たさを言う。「無情な仕打ち/無情にも雨が降ってきた」

むしょうに 無性に 「無性に腹が立つ」

むしよけ 虫よけ[虫除け]

むじるしりょうひん 無印良品 「良品計画」が展開する店舗・ブランド名。

むしろ[莚・蓆] 「針のむしろ/むしろを敷く」

むしろ[寧ろ] 「むしろ帰った方がいい」

むじんぞう 無尽蔵 「無尽蔵の富」
×「無尽蔵に使う」→際限なく使う

無水鍋 商〔HAL ムスイ〕→水不要鍋

むすこ 息子[付息子]

ムスコカ[Muskoka] カナダ・オンタリオ州の地方行政区。2010年サミット開催。

むすめむこ 娘婿[女婿] ＊「じょせい」と読むときは「女婿」。

ムスリム[Muslim] イスラム教徒。アク ムスリム

むせいか　無声化

　　子音と子音の間の母音を発音せず、無声音となる現象。本来、母音は声帯を振動させる音だが、前後の音によっては口構えだけを残して声帯を振動させないことがある。例：聞く（キク）、父親（チチオヤ）、国産（コクサン）など（○は無声化する音）。

　　母音の無声化は共通語・関東型の発音の特徴であり、放送では共通語のアナウンスメントとして母音の無声化は必須。なお、本書での無声化の記号表記は省く。

むせん 無銭 「無銭飲食」

むせん 無線 「航空機用救命無線機（ELT）/無線とじ」

むそう 無双 「天下無双」

むそう

　無想 何も考えない。無心。「無想の境地/無念無想」

　夢想 とりとめなく考える。空想。「夢想にふける/夢想だにしない/夢想家」

むぞうさ 無造作[無雑作] 「無造作に運ぶ」

ムソリーニ（ベニト）［Benito Mussolini］（←ムッソリーニ）　政治家。ファシズム指導者。（伊 1883〜1945）

むだ　無駄　「無駄足を踏む／無駄口をたたく／無駄遣い」

むち［笞・鞭］　「愛のむち」

むち

　　無知［無智］　「無知を恥じる／無知の知」

　　無恥　「厚顔無恥」

むちゃ［無茶］　「むちゃくちゃ／むちゃを言う」

むちゅう

　　夢中　「無我夢中」　無我無中×

　　霧中　「五里霧中」

むつ　地名。

　　陸奥　旧国名。湾名。

　　むつ　青森県の市名。

むつき　睦月［睦月］　陰暦１月。アク　ムツキ

ムック［mook（magazine と book を合成した和製語）］　雑誌形態の単行本。

むつまじい［睦まじい］　「仲むつまじい」

むてっぽう　無鉄砲

むとどけ　無届け　「無届けの集会」

むとんちゃく　無頓着［無頓着］　＊「むとんじゃく」とも。

むなぎ　棟木　むねぎ×

むなさき　胸先　みぞおちのあたり。むねさき
　　×「胸先三寸」→**胸三寸**

むなざんよう　胸算用

むなしい［空しい・虚しい］

ムニエル［仏 meunière］　〔料理〕

むね　旨　「その旨を伝える」

むね　胸　「胸が騒ぐ／胸に迫る／胸を弾ませる」

むね　棟　「棟=続き・割り」

むねあげ　棟上げ　「棟上げ式（上棟式）」　むなあげ×

むねさんずん　胸三寸　胸の中に持つ考え。「胸三寸に納める」　アク　ムネサンズン　むなさんずん×

むはい　無配　「無配に転落」

むはい　無敗　「無敗で優勝」

ムババーネ［Mbabane］　エスワティニの首都。

むぼう　**無謀**　「無謀な企て」　無暴

むほん　**謀反**［謀叛］　「謀反人」

むめい

　　無名　「無名戦士」

　　無銘　「無銘の刀」

むやみ［無暗・無闇］　「むやみに飲む/むやみやたら」

むよう　**無用**　「無用の長物」

むよく　**無欲**［無慾］　「無欲恬淡」

むらがる　**群がる**［叢がる］　「ファンが群がる」

むらさめ　**村雨**

むらまつともみ　**村松友視**［村松友視］　作家。（1940〜）

むらもと　姓。

　　村元　村元哉中（アイスダンス選手。1993〜）

　　村本　村本大輔（タレント・お笑いコンビ「ウーマンラッシュ　　アワー」。1980〜）

むり　**無理**　「無理=算段・難題・押し・強い・やり」

むりょう　**無料**　「無料配布」

むりょう　**無量**　「感慨無量」

むりん　**無リン**［無燐］　「無リン洗剤」

むろざき　**室咲き**　温室の中で花を咲かせること。しつざき

ムンバイ［Mumbai］　インドの都市。＊旧ボンベイ。1995 年　に英語から現地語に基づく名称に変更。

め・メ

め　**目**［眼］　「温かい目で見る/目を丸くする」　　×「目をしばたく」→**目をしばたたく**

め

　　め［目］　主に形容詞語幹の接尾語として、度合い・加減・　性質・傾向の意を示す。「厚め/薄め/大きめ/抑えめ/　辛め/濃いめ/少なめ/高め/近め/遠め/長め/早め/控　えめ/低め/広め/太め/細め/短め/安め」

　　目　数詞について順序を表す。また生物の「目」に関連あ　るものや、状況、境遇、体験、区別、境目などの表現に。　「編み目/合わせ目/ 1 番目/憂き目/薄目を開く/運命

の分かれ目／落ち目／折り目／織り目／折れ目／勝ち目／効き目／切れ目／焦げ目／境目／裂け目／時候の変わり目／死に目／付け目／天下分け目／遠目が利く／とんだ目に遭う／長い目で見る／２代目／引け目／ひどい目／細目（目、編み物、織物）／弱り目にたたり目／割れ目」

＊「３年目」は起算の年を含んで３年。「足かけ３年／３年越し／３年来／３年がかり」と同じ。「まるまる３年」を表すには、「満３年／３年ぶり／３周年」。

めあかし　目明かし

めあて　目当て　「目当ての店」

めい〔姪〕

めいあん　名案　「名案が浮かぶ」

めいあん　明暗　「明暗を分ける」

めいうつ　銘打つ　「一世一代と銘打つ」

めいうん　命運　「命運が尽きる」

めいおうせい　冥王星〔冥王星〕

めいか　名家　めいけ[×]

めいか　銘菓〔名菓〕

めいかい　明快　筋道がはっきりして、分かりやすい。「単純明快／明快な＝解説・判断・答弁・理論」　＊「はっきり解釈する、分かりやすい解釈」の意味で、特に「明解」と書くこともあるが、「明快」と意味は同じ。実際の用例は辞書の書名などに限られる。

めいがら　銘柄　「株式の銘柄」

めいき

　名器　「世界的名器ストラディバリウス」

　名機　「小型カメラの名機」

めいき

　明記　はっきり書く。「憲法に明記された権利／住所・氏名を明記する」

　銘記　心に刻みつけて忘れない。「銘記して忘れない／歴史に銘記された９月11日」

めいぎ　名義　「個人名義の株式／名義変更」　名儀[×]

めいげつ

　明月　澄んだ美しい月。「明月の夜／明月院（鎌倉の寺）／

明月記（藤原定家の日記）」

名月 特定の夜の月。陰暦 8 月 15 日の月（中秋の名月・芋名月）。陰暦 9 月 13 日の月（後の月・十三夜・栗名月・豆名月）。

めいげん [アク] メーゲン

名言 すぐれた言葉。「名言集／名言を吐く」

明言 はっきり言う。「明言を避ける」

めいさい **明細** 「明細書」

めいさい **迷彩** 「迷彩服」

めいさつ **名刹**［名刹］ 「鎌倉の名刹」

めいさつ **明察** 「ご明察の通り」

めいさん **名産** 「名産品」

めいさん **名算** 「ご名算」

め

めいし **名士** 「各界の名士」

めいし **名刺** 「名刺交換」

めいし **名詞** 「固有名詞」

めいじ **明示** [アク] メージ

めいじ **明治** 〔元号〕 [アク] ヌージ

梅山豚（メイシャントン）⑱〔塚原牧場〕→豚・ブタ

めいしゅ **名手** 「舞の名手」

めいしゅ **盟主** 「盟主と定める」

めいしゅ **銘酒** ＊「名酒」とも。

めいしょう **名匠** 「名匠の手になる民芸品」

めいしょう **名将** 「戦国の名将」

めいしょう **名称** 「正式名称」

めいしょう **名勝** 「名勝を訪ねる」

めいじる・めいずる

命じる・命ずる 命令。任命。「異動を命じられる／係長・退去=を命じる／心の命ずるままに行く」

銘じる・銘ずる 心にきざむ。「肝に銘じる／心に銘じて忘れない」

めいすう **名数** 数を付けて同類の優れたものをまとめる言い方。「日本三景」など。

めいすう **命数** 命の長さ。「命数が尽きる」

めいせき **名跡** [読み] ☞みょうせき・めいせき

めいせき　明晰［明晰］｜言い換え｜はっきり、明敏、筋道が通っている

めいそう　瞑想［瞑想］｜言い換え｜沈思、黙想

めいだい　大学の略称。

　名大　名古屋大学。

　明大　明治大学。

めいだい　命題　論理的判断。

めいてい　酩酊［酩酊］｜言い換え｜深酔い

めいど　冥土［冥土・冥途］　「冥土の土産」

メイド［maid］（←メード）　お手伝い。

めいとう

　名刀　すぐれた刀。有名な刀。

　銘刀　銘の入った刀。

めいとう　名湯　「源頼家ゆかり・奥飛騨=の名湯」

めいとう

　名答　ずばりと言い当てる。「ご名答」

　明答　はっきり答える。「明答を促す」

めいふく　冥福［冥福］　「冥福を祈る」　＊仏教由来の言葉。

めいぶん

　名分　守るべき本分。「大義名分／名分が立たない」

　名聞　世間の評判。「名聞にこだわる」

めいぶん

　名文　すぐれた文章。「天下の名文／名文家」

　明文　はっきりと文章に示す。「法・規則=の明文化」

　銘文　金石などに刻まれた文章。「仏像の銘文／銘文を刻む」

めいぼく

　名木　由緒ある名高い木。すぐれた木。

　銘木　床柱などに使う趣のある材木。

めいめい　明々　「明々白々」

めいめい　銘々　「銘々=皿・伝」　＊「めいめいで判断する」など仮名書きも。

めいもう　迷妄［迷盲］　「俗説の迷妄を暴く」

めいもく［瞑目］→目をつぶる、目を閉じる、安らかに死ぬ

めいよきそん　名誉毀損［名誉毀損・名誉棄損］

めいり・みょうり　名利

めいりょう　明瞭［明瞭］「明瞭に話す」

めいる［滅入る］「気がめいる」

メイン［main］（←メーン）　主な。「メイン=イベント・バンク」

メインフレーム［mainframe］　（大型）汎用コンピューター。

めうつり　目移り　「どれもすてきで目移りする」

メーカー［maker］　製造会社。働「製造メーカー」

メーキャップ、メイクアップ［make-up］　化粧。

メーク、メイク［make］　作ること。化粧。

メークイン［May queen］（←メークイーン）〔ジャガイモ〕

メーデー［May Day］

メード・イン・ジャパン、メイド・イン・ジャパン［made in Japan］
　日本製。

メール［mail］　手紙。「メールアドレス」

めおとまんざい　夫婦漫才［夫婦漫才］　ふうふまんざい

メガ［mega］　100 万。巨大。「メガバンク」

めかくし　目隠し　「手ぬぐいで目隠しする」

めがしら　目頭　「目頭が熱くなる」

メガソーラー［和製 mega solar］　大規模太陽光発電所。

めがでる

　目が出る　さいころを振ってその目になる。運やツキが回っ
　　てくる。「いい目が出る」

　芽が出る　芽を吹く。幸運・成功の兆しが現れる。「下積
　　みを経てやっと芽が出る」

メカトロニクス［和製 mechatronics］　機械電子（工学）。＊
　メカニクスとエレクトロニクスの合成語。

めがね　眼鏡［付］眼鏡］「眼鏡にかなう／眼鏡を掛ける」

メガバンク［megabank］　巨大銀行（グループ）。日本では、
　みずほフィナンシャルグループ、三菱 UFJ フィナンシャル・グ
　ループ、三井住友フィナンシャルグループを言う。

メガファーマ［mega pharma］　巨大製薬会社。

メガホン［megaphone］　拡声器。「メガホンを取る（映画を
　監督する）」

めきき　目利き　「茶器の目利きをする」

メキシコし　メキシコ市［Mexico City］　メキシコの首都。

め

1968年夏季五輪開催。㊗国名のメキシコと区別するために、「メキシコ市」「メキシコシティー」を使用。

めくばせ・めくばり 類語

目配せ［目配せ］ 目で合図すること。「そっと目配せして知らせる/かわいい目配せ」

目配り 配慮。「怠りなく目配りする/目配りが利く」

めぐりあう 巡り合う［巡り会う］ ＊「巡り巡って会う」ととらえ「巡り会う」とも書くが、「お互いに出くわす」意から「巡り合う」が一般的。

めぐろ 目黒 東京都の区名。＊目黒駅の所在地は品川区上大崎。

めさき 目先 「目先のことにとらわれる」

めざし 目刺し

めざす 目指す［目差す］

めざましい 目覚ましい 「目覚ましい活躍/目覚ましく進歩する」

めしあがる 召し上がる 「食べる」「飲む」の尊敬語。

メジャー

［major］ ①大規模。主流な。②国際石油資本。③米大リーグ。

［measure］ 巻き尺。

めしゅうど 召人［召人］ 歌会始で依頼されて歌を詠む人。＊宮内庁では「めしうど」と読む。

めじり 目尻［目尻・眦］ 「目尻を下げる」

めじるし 目印 「目印を付ける」

めす 雌［牝］

メセナ［仏 mécénat］ 企業の社会貢献。文化支援。

めせん 目線 本来は「視線」のこと。＊映画・演劇用語がテレビ業界でも使われるようになった。「カメラ目線」

メソッド［method］ 方法。手法。教授法。研究。

メゾネット［仏 maisonette（小さな家）］ 2層構造。複層住宅。「メゾネットタイプ」

メタセコイア［ラテン metasequoia］ 〔植物〕

めだつ 目立つ

メタボリックシンドローム［metabolic syndrome］ 内臓脂肪

め

症候群。㊟メタボ

メタル［metal］〔金属〕「レアメタル」

メダル［medal］　金属の記章。「金メダル」

メタンハイドレート［methane hydrate］〔天然ガス〕

めちゃ［滅茶・目茶〕「めちゃ＝くちゃ・めちゃ」

メチルアルコール［独 Methylalkohol］

メッカ［Mecca］　サウジアラビアの都市。イスラムの聖地。
　×「交通事故のメッカ」　＊悪いことに限らず比喩や、単な
　る名所の意味には使わない。

めっき　めっき・メッキ［◆鍍金・滅金〕

めつき　目付き「うっとりとした目付き／目付きがよくない」

めっきり［滅切り〕「めっきり＝涼しくなる・老け込む」

めつけ

　　目付け〔一般〕「財界のお目付け役」

　　目付〔歴史〕「大目付」

メッセ［独 Messe］　見本市。展示会。

メッセージ［message（通信）〕　声明。伝言。主張。

メッセンジャー［messenger］　使者。配達人。「メッセン
　ジャーボーイ」

めっそうもない［滅相もない〕〔やや古風な表現〕[言い換え]
　とんでもない、途方もない

めった［滅多〕「めったなことを言うな／めったに手に入らな
　い／めった＝切り・やたら」

メットイン㊞〔ホンダ〕→**ヘルメット収納スペース**

めっぽう［滅法〕「機械にめっぽう強い」

メディアリテラシー［media literacy］　メディアを読み解く
　力。

メディカルチェック［medical check］　医学的検査。健康
　診断。身体検査。

めでたい［芽出度い・目出度い〕

めでる［愛でる〕

めど［目処・目途〕「解決のめどが立たない／来月がめど」

メトロノーム［独 Metronom］　振り子の原理を応用して拍
　子を刻む装置。

めぬき

目抜き　繁華な場所。「目抜き通り」

　　目ぬき［目貫き］　刀身をつかに留めるくぎ。それを覆う金具。「黄金の目ぬき」

めばえる　芽生える　「木々・恋・失望感=が芽生える」

めばり　目張り［目貼り］　「窓に目張りする」

めびな　女びな［女雛］

めぶきフィナンシャルグループ　日本企業。＊常陽銀行と足利銀行の持ち株会社。2016年に設立。

めべり　目減り　「預金が目減りする」

めぼし　目星　「目星を付ける」

めぼしい［目星い］　「めぼしい実績はない」

めもと　目元［目許］

めもり　目盛り

メモリー［memory］
　　①思い出。[アク]メモリー
　　②〔コンピューター〕記憶媒体。「メモリーカード」　[アク]メモリー、メモリー

メモリースティック　⑲〔ソニー〕　→**メモリーカード**

メラニン［melanin］　〔色素〕

メラノーマ［melanoma］　悪性黒色腫。

メラミン［melamine］　「メラミン樹脂」

メリーゴーラウンド［merry-go-round］（←メリーゴーランド）

メリット［merit］　利点。

メルクマール［独 Merkmal］　指標。目標。目印。

メルコスル［MERCOSUR: 西 Mercosur; Mercado Común del Sur］　（南米）南部共同市場。

メルトダウン［meltdown］　炉心溶解。

メルボルン［Melbourne］　オーストラリアの都市。1956年に夏季五輪開催。＊首都はキャンベラ。

メロディアン　⑲〔メロディアン〕　→**ポーションミルク、コーヒー用ミニミルク**

メロディー［melody］　歌。旋律。

メロディオン　⑲〔鈴木楽器製作所〕　→**鍵盤ハーモニカ**

めん　麺［麺］　「カップ麺/つけ麺/麺つゆ/麺類/冷麺」　＊「そうめん（素麺）」「ラーメン（拉麺）」は仮名書き。

めんか　綿花〔棉花〕「綿花栽培」

めんくらう　面食らう〔面喰らう〕

めんざいふ　免罪符　＊歴史用語としては「贖宥状（罪の償いを免除する証書）」。

めんせき　免責　「免責事項」

めんせき

　面積　「作付面積/面積を測る」　アク メンセキ

　面責　面と向かって責める。　アク メンセキ

めんそ　免租　租税の免除。

めんそ　免訴　「免訴を言い渡す」

メンソレータム 商〔メンソレータム〕→外皮用薬、皮膚薬

メンターム 商〔近江兄弟社〕→外皮用薬、皮膚薬

メンタイこ　めんたいこ・明太子〔明太子〕

メンタリング〔mentoring〕　助言。

メンタルヘルス〔mental health〕　心の健康。精神衛生。精神保健。

メンツ〔面子〕 言い換え 面目　＊中国語。

メンテナンス〔maintenance〕　維持。保全。整備。

メントール〔独 Menthol〕（←メンソール）

めんば　面罵〔面罵〕　面と向かってののしる。

めんぼう　綿棒　「綿棒で薬をつける」

めんぼう　麺棒〔麺棒〕「麺棒で生地を伸ばす」

めんぼく・めんもく　面目

めんめん　面々　「出席の面々」

めんめん　綿々　「綿々と訴える」

めんよう　面妖〔面妖〕「面妖な事件」

めんよう　綿羊〔緬羊〕

も・モ

モイスチャー〔moisture〕　保湿成分。湿気。水分。

もうきん　猛禽〔猛禽〕「猛禽類」

もうける〔儲ける〕「株でもうける/子をもうける」

もうげん　妄言　「妄言多謝/妄言で惑わす」　＊「ぼうげん」とも。

もうしあげる　申し上げる　「言う」の謙譲語。「申す」より高

い敬意を表す。「お礼を申し上げる/お願い申し上げる」

もうしあわせ　申し合わせ　「申し合わせ事項」

もうしいで　申しいで[申し出で]

もうしご　申し子　「神・バブル時代=の申し子」

もうしこみ

　申し込み　〔一般〕「申し込み=受け付け・受付期間・受付銀行・受付日・締め切り・増」

　申込　〔経済関係複合語〕「申込=期日・金・件数・先・書」

もうしたて

　申し立て　〔一般。法律〕「異議の申し立て/申し立て方法/裁判所に地位保全を求める仮処分を申し立てた」　＊法律用語で「申し立て」は、仮処分などの訴訟以外の裁判手続きを指す。☞提訴

　申立　〔経済関係複合語〕「申立=期間・人」

もうしで　申し出

もうしひらき　申し開き　「申し開きできない」

もうしぶん　申し分　「申し分のない実績」

もうしょび　猛暑日　1日の最高気温が35度以上の日。

もうしわけ　申し訳　「申し訳程度/申し訳が立たない」

もうしん　妄信[盲信]　「カルト宗教を妄信する」

もうす　申す　「言う」の謙譲語。「先ほど申しましたが/母が申すには/申すまでもなく」　＊「申し出」「申し込み」などの複合語には謙譲の意味合いはない。

　×「先生が申されたようにさせていただきます」　＊尊敬を表す場合は「おっしゃる」「言われる」。

もうそうちく　モウソウチク[孟宗竹]　△もうそうだけ

もうちょう　盲腸

もうでる　詣でる[詣でる]　「神社・寺・墓=に詣でる/熊野・墓=詣で」　☞初詣（はつもうで）

もうてん　盲点　「盲点を突かれる」

もうとう　毛頭　「そんなつもりは毛頭ない」

もうどう　妄動　「軽挙妄動」

もうまい[蒙昧]　→無知、暗愚、道理に暗い

もうもく　盲目　＊「盲目的/盲従/盲信」など、「盲」を「物事や道理を判断できない」という意味では用いない。また、

色覚の区別が難しい状態について、「色盲」とは言わない。

もうろう［朦朧］ 言い換え **ぼんやり、はっきりしない**

もえぎ［萌黄・萌葱］ やや黄色がかった緑色。

もえる

    燃える 燃焼。「燃え残る／燃える心」

    もえる［萌える］ 芽吹く。「新緑がもえる季節」

モーゲージ［mortgage］ 担保。抵当。抵当権。住宅ローン。

モーション［motion］ 動作。意思表示。「投球モーション」

モータリゼーション［motorization］ 車社会化。車社会。車の普及・大衆化。

モーツァルト（ウォルフガング・アマデウス）［Wolfgang Amadeus Mozart］ 作曲家。（オーストリア 1756～1791）

モーテル［motel］（←モテル） 自動車旅行者用の簡易ホテル。

モーニングむすめ モーニング娘。 アイドルグループ。

モール［mall］ 遊歩道。商店街。「アウトレットモール」

モガディシオ［Mogadishu］ ソマリアの首都。

もくし

    目視 目で見る。「目視検査」

    黙視 無言で見る。「黙視するに忍びない惨状」

もくしろく 黙示録 ＊「黙示」は神の啓示。△もくじろく

もくず 藻くず［藻屑］ 「海の藻くずとなる」 アク モクズ

もくぞう

    木造 「木造建築」

    木像 「仁王の木像」

もくと 目途 「めあて」の文語的表現。

もくとう 黙とう［黙禱］ 言い換え **祈念、祈り**

もくひ 黙秘 「完全黙秘する／黙秘権」 アク モクヒ、モクヒ ×黙否

もくれい

    目礼 目で会釈する。「目礼を交わす」

    黙礼 無言でお辞儀する。「一同黙礼する」

もくろみしょ 目論見書［目論見書］ 株式・社債などの有価証券を募集したり売り出したりする際に配布される発行者の事業内容に関する説明書。

もくろむ［目論む］　企てる。（悪事を）たくらむ。

もけい　**模型**［模形］

もこ［模糊］　言い換え　**ぼんやり、曖昧、はっきりしない**

もさ　**猛者**［㈲猛者］　×もうじゃ

モザイク［mosaic］　「モザイクをかける」

もさく

　　模索［摸索］　「模索を続ける／暗中模索」

　　模作　似せて作る。「ルーベンスの模作」

もしくは［若しくは］　言い換え　**または、あるいは**

モジュール［module］　基準設備。独立機能施設。

モスクワ［Moscow］　ロシアの首都。1980年夏季五輪開催。

もぞう　**模造**［摸造］　「模造したステッカー／模造品」

モダン［modern］　近代的。現代的。「モダンダンス」

もち　**餅**［餅］　「絵に描いた餅／鏡餅／焼き餅／餅は餅屋」　|も|

　　＊嫉妬の意の「焼きもち」や「もち肌」などは仮名書きも。

もちあい

　　持ち合い　互いに保有する。「株式の持ち合い」

　　もちあい［保ち合い］　〔市場用語〕大きな動きがない。「も
　　ちあい相場／高値でもちあう」

もちあわせ　**持ち合わせ**　「持ち合わせがない」

もちいえ　**持ち家**　「注文住宅などの持ち家」

モチーフ［motif］　主題。動機。

もちかぶ　**持ち株**　「持ち株会社」

もちこす　**持ち越す**　「次回に持ち越す」

もちごま　**持ち駒**［持ち駒］　「限られる持ち駒」

もちこみ　**持ち込み**　「持ち込みの企画」

もちごめ　**もち米**［糯米］

もちだし　**持ち出し**　「域外への持ち出し」

もちつき　**餅つき**［餅搗き］

もちなおす　**持ち直す**　「病状が持ち直す」

もちにげ　**持ち逃げ**　「資金を持ち逃げする」

もちぬし　**持ち主**　「持ち主不明」

もちぶん　**持ち分**　「持ち分を取得する」

モチベーション［motivation］　動機付け。意欲。やる気。
　士気。

もちまえ　持ち前　「持ち前の技術の高さ」

もちまわり　持ち回り　「持ち回り閣議」

もちより　持ち寄り　「手料理持ち寄りのパーティー」

もちろん［勿論］

もつ　持つ［保つ］　「天気が持つ/日持ちする菓子/身が持たない」

もっかん　木管　「木管楽器」

もっかん　木簡　「木簡が出土する」

モッツァレラ［伊 mozzarella］〔チーズ〕

もって

　　持って　「持つ」の連用形＋て。「持って生まれた性格/持って回った言い方」

　　もって［以て］　～によって。～の理由で。「これをもって閉会とする/誠意をもって交渉する/毒をもって毒を制す/身をもって知る」

もってのほか　もっての外［以ての外］

もっとも

　　最も　程度が一番。「最も＝美しい・大切」

　　もっとも［尤も］　道理にかなう。ただし。「もっともな話/ごもっとも/もっともらしい顔つき/もっとも今は無理だ」

もてあそぶ　弄ぶ［弄ぶ・玩ぶ・翫ぶ］　「核を弄ぶテロ国家」

モデム［modem］　変復調装置。

モデル［model］　アク　モデル、モデル

モデレーター［moderator］　司会者。仲裁者。調停者。

もと

　　元［許］　以前の状態。近くの場所。「元からやり直す/元のさやに収まる/元のもくあみ/元も子もない/元を取る/足元を見る/親元で暮らす」

　　元［因］　原因。「過労が元で病気になる/口は災いの元/混乱の元」

　　下　影響・支配の及ぶ範囲。手段。「一撃の下に倒す/一言の下に拒否する/一定の条件の下で成立する/彼の下で働く/幸運の星の下に生まれる/白日の下にさらす/法の下の平等」

　　本　〔↔末〕物事を成り立たせているおおもと。本来。「国

666

政を本から正す/本をただせば」

基 よりどころ。土台。基礎。「データを基に証明する/基になる資料」

もと[素] 素材。原料。「元気のもと/スープのもと/だしのもと」

もとい 基 「国の基となる」

もときん 元金 [読み] ☞ がんきん・もときん

もとごえ 元肥[基肥] 種まき、移植の前に施す。＊成長の途中で与えるのは「追い肥（ごえ）」。

もとじめ 元締 「支持団体の元締/大・総=元締」

もとづく 基づく[本付く] 基ずく ×基く

もとで 元手 「事業の元手」

もとどおり 元通り

もとね 元値 「元値で買い戻す」

もとゆい 元結 「元結で結ぶ」 ＊「もっとい」とも。

もなか[最中] 〔菓子〕

モナリザ[Mona Lisa] ダビンチの肖像画に描かれた女性。

モニター[monitor]
　①監視。意見・批評（する人）。「モニターに意見を聞く」 [アク] モニ̄ター
　②監視する装置。「モニターを見つめる」 [アク] モ̄ニター、モ二タ̄ー

モニタリング[monitoring] 継続監視。監視。観測。

モニュメント[monument] 記念碑。記念建造物。遺跡。

もぬけのから もぬけの殻[蛻の殻・藻抜けの殻]

もの
　物 〔一般〕「贈り物/掘り出し物/物入り」
　もの 〔形式名詞など〕「比べものにならない/人の言うことは聞くものだ/見もの」

ものいい 物言い 「物言いがつく」

ものいみ 物忌み 「物忌みに入る/物忌みの月」

ものいり 物入り 「何かと物入りだ」

ものうり 物売り 「物売りの声」

ものおき 物置 「物置小屋」

ものおしみ 物惜しみ 「物惜しみせずに与える」

も

667

ものおぼえ　物覚え　「物覚えが悪い」

ものおもい　物思い　「物思いにふける」

ものかげ

　　物陰　物に隠れて見えないところ。「物陰に潜む」

　　物影　何かの姿、形。「物影が動く」

ものがたい　物堅い　「物堅い描写」

ものがたり　物語　「物語の主人公」

ものがたる　物語る　「事実を物語る」

ものかは　問題ともせず。「雨もものかは出発する」　ものか
×わ

ものさし　物差し［物指し］

ものしり　物知り

ものする［物する］　作る。「著作をものする」

モノタロウ　MonotaRO　日本企業。＊2006年に「住商
グレンジャー」から社名変更。会社略称と事業者向け通
販サイト名は「モノタロウ」。

ものとり　物取り　「物取りの仕業」

ものにする［物にする］　習得する。「英語をものにする」
×「(著作・作品を)ものにする」→ものする

ものほし　物干し　「物干しざお」

ものもち　物持ち　「物持ちがいい」

ものやわらか　物柔らか　「物柔らかな態度」

モノライン［monoline］　金融保証会社。金融保険会社。

モノレール［monorail］　単軌鉄道。

モノローグ［monologue］　独白。

ものわかれ　物別れ　「議論が物別れに終わる」

ものわすれ　物忘れ　「失念といえば聞きよい物忘れ」

ものわらい　物笑い　「物笑いの種になる」

モバイク　摩拝単車　中国企業（シェア自転車）。

モバイル［mobile］　移動できる。持ち運べる。「モバイル端
末」

もはや［最早］　「もはやこれまで」

モビール［仏 mobile］　動く彫刻。

モビリティー［mobility］　移動性。移動利便性。移動しや
すさ。流動性。

モヘア［mohair］ アンゴラヤギの毛。

もほう **模倣**［摸倣］ 「模倣犯」

もみじ **紅葉**［㊜紅葉］

もむ［揉む］ 「手・気=をもむ/満員電車にもまれる」

もめん **木綿**［㊜木綿］

モメンタム［momentum］ ①勢い。弾み。「物価上昇のモ
メンタム」②運動量。③株価変動の激しい勢い。

ももわれ **桃割れ** 「桃割れに結う」

もようがえ **模様替え**［模様変え］

もよおし **催し** 「催し物」

もより **最寄り**［㊜最寄り］

モラール［morale］ 士気。

もらう［貰う］ 「賞・暇・風邪=をもらう」

もらす **漏らす**［洩らす］ 「情報・本音=を漏らす」

モラトリアム［moratorium］ 猶予。債務支払い猶予。猶
予期間。

モラル［moral］ 道徳。

モラルハザード［moral hazard］ 倫理の欠如。

もり

　守り 〔一般〕「お守り/守りをする」

　守 職分。「子守/関守/灯台守」

もりあがり **盛り上がり** 「盛り上がりに欠ける」

もりあげる **盛り上げる** 「機運を盛り上げる」 ＊反対語と
して「盛り下がる」は使わない。「盛る」と「下がる」は矛盾
するため。「意気消沈する」「静まり返る」などとする。

もりあわせ **盛り合わせ** 「刺し身の盛り合わせ」

もりかえす **盛り返す** 「勢力を盛り返す」

もりがし **盛り菓子** 「仏前に盛り菓子を供える」

もりきり **盛り切り** 「升に盛り切り一杯の酒」

もりじお **盛り塩** 「玄関の隅に盛り塩をする」 もりしお[×]

もりずな **盛り砂** 「盛り砂にクワを入れる」 もりすな[×]

もりた 姓。

　森田 森田健作（千葉県知事、俳優・歌手。1949〜）

　盛田 盛田昭夫（ソニー創業者。1921〜1999）

もりたてる **もり立てる**［守り立てる］ 「野手が投手をもり立

てる/地域経済をもり立てる」 ×盛り立てる

もりつけ　盛り付け　「盛り付けを美しく見せる」

もりつち・もりど　盛り土

　　もりつち　〔一般〕「土壌汚染対策の盛り土」

　　もりど　〔土木〕

もりのみや　地名（大阪府）。

　　森之宮　大阪市城東区の地名。

　　森ノ宮　JR大阪環状線・地下鉄駅名。大阪市中央区の
　　　地名。

もりばな　盛り花　「窓を盛り花で飾る」

もりや　姓。

　　守屋　守屋茜（歌手・俳優。1997〜）

　　守谷　守谷慧（高円宮家の三女・守谷絢子さんの配偶
　　　者。1986〜）

　　森屋　森屋宏（政治家。1957〜）

もりやす　姓。

　　森安　森安なおや（漫画家。1934〜1999）、森安秀光（将
　　　棋棋士。1949〜1993）

　　森保　森保一（サッカー日本代表監督。1968〜）

もる　盛る　「飯を盛る/盛り込む」

もる　漏る［洩る］　「雨が漏る」

モルガン・スタンレー［Morgan Stanley］　米企業（証券）。

モルガン・スタンレー・ウェルス・マネジメント［Morgan Stanley
　Wealth Management］　米企業（金融）。

もれる　漏れる［洩れる］　「笑みが漏れる/ご多分に漏れ
　ず」

もろい［脆い］　「地震・情=にもろい/もろくも敗れる」

もろざし　もろ差し［双差し］　〔相撲〕

モロニ［Moroni］　コモロの首都。

もろは　もろ刃［諸刃・両刃・双刃］　言い換え　**両刃**（りょうば）

もろはのつるぎ　もろ刃の剣［諸刃の剣・両刃の剣］　×もろは
　×のけん

モロヘイヤ［エジプト mulūkhiyya］　〔野菜〕

もんきりがた　紋切り型　「紋切り型の批判」

もんし［悶死］　→もだえ死に

もんじゅ　文殊［文珠］〔菩薩〕「三人寄れば文殊の知恵」

モンスーン［monsoon］　季節風。

モンスター［monster］　怪物。「モンスターペアレント」

もんぜき　門跡　もんせき×

もんぜつ［悶絶］→気絶、気を失う

もんちゃく［悶着］→騒動、ごたごた、もめごと、もつれる

もんつき　紋付き　「紋付きはかま」

モンテビデオ［Montevideo］　ウルグアイの首都。

モントリオール［Montreal］　カナダの都市。1976年に夏
　季五輪開催。＊首都はオタワ。

もんべつ　地名（北海道）。

　　紋別　オホーツク総合振興局の郡・市名。JR室蘭線駅名
　　　（伊達紋別）。

　　門別　日高振興局日高町の地名。「日高門別駅（JR日高
　　　線駅名）／門別競馬場（ホッカイドウ競馬の開催競馬場
　　　名）」

文盲　→読み書きのできない人、非識字者

もんよう　文様［紋様］　＊「チョウの羽の紋様」「小紋の紋様」
　など表記に慣用のある分野では「紋様」を使う。

モンロビア［Monrovia］　リベリアの首都。

や・ヤ

や　矢　「矢でも鉄砲でも持ってこい／矢の催促／矢も盾もた
　まらない」
　　×「矢折れ刀尽きる」→矢尽き刀折れる、刀折れ矢尽き
　　る

や

　　屋　建物。職業。性質。「二階屋／数寄屋／建屋／長屋
　　　／母屋／総会屋」　＊「○○屋」で職業・肩書を示さない。
　　　「駅前のパン屋」など店舗を示す場合や「将来はお花
　　　屋さんになりたい」など親しみを込めた表現の場合は、こ
　　　の限りではない。

　　家　主に住居関係。「空き家／あばら家／一軒家／売り家／
　　　大家／貸家／借家」

や　野　「野にある」　☞野に下る

ヤーコン［yacon］〔野菜〕

やいば［刃］「やいばに=かかる・伏す」

ヤウンデ［Yaounde］　カメルーンの首都。

やえ　八重「八重の潮路/八重桜」

やえい

　野営「野営地」

　夜営「夜営を張る」

やえす　八重洲　東京都中央区の地名。八重州

やえだけ　八重岳　沖縄県名護市・本部町境の山名。

やえやましょとう　八重山諸島　石垣市、竹富町、与那国町
　の島。石垣島、西表島、与那国島など。

やおちょう　八百長［付八百長］「八百長試合」

やおもて　矢面［矢表］「矢面に立つ」　やめん

やおや　八百屋［付八百屋］

やおら　世論調査「やおら立ち上がった」

　○ゆっくりと。おもむろに。＊2006年度40.5%/17年度
　39.8%

　×急に。いきなり。＊2006年度43.7%/17年度30.9%

やがい　野外「野外劇場」

やかた

　館［館］　邸宅。「白亜・領主=の館」

　屋形　屋根の形の覆い。「屋形=車・船」　＊大名を呼ぶ
　尊敬語は「お館様/お屋形様」の両様がある。

やかましい［喧しい］「やかましい=音・問題/やかまし屋」

やから

　［輩］　仲間。（よくない）連中。「不逞のやから」

　［族］　一家一門。「うからやから」

やかん［薬缶］

やき

　焼き「素・野=焼き/焼き=芋・魚・塩・豆腐・鳥・肉・畑・物」

　～焼〔地名等を冠した工芸品〕「有田・九谷・七宝・常滑・
　備前・楽=焼」

八木アンテナ商〔HYSエンジニアリングサービス〕→**八木式
アンテナ**

やきいん　焼き印「焼き印を押す」

やきうち　焼き打ち［焼き討ち］「焼き打ちをかける」

やきそば　焼きそば［焼き蕎麦］

やきつけ　焼き付け　「焼き付け作業」

やきば　焼き刃　「付け焼き刃」

やきん　冶金［冶金］　冶金

やきん　夜勤　「夜勤手当」

やきん［野禽］→野鳥

やく　約　「約1時間」　㊨「およそ」に言い換える。
　　㊤「約1年ほど」→約1年、1年ほど

やく
　　焼く　「世話・手=を焼く」
　　やく［嫉く・妬く］　「他人の成功をやく」

やくえんだい　地名（千葉県）。
　　薬円台　船橋市の地名、小学校名。
　　薬園台　新京成駅名。船橋市の地名、県立高校名。

やくおとし　厄落とし

やくがえ　役替え［役代え］

やくがら　役柄

やくさつ
　　［扼殺］→絞殺
　　薬殺　毒薬を用いて殺す。

やくし
　　訳詞　歌詞の翻訳。
　　訳詩　詩歌の翻訳。

やくじ
　　薬事　薬に関する事柄。「薬事法」
　　薬餌［薬餌］　薬と食物。「薬餌療法」

やくしゅ　薬酒　薬用酒。

やくしゅ　薬種　薬の材料。

やくす　約す　「再会を約す」

やくす　訳す　「英語に訳す」

やくぜん　薬膳［薬膳］　「薬膳料理」

やくどし　厄年

やくばらい　厄払い

やくび　厄日

や

やくびょうがみ　疫病神［厄病神］

やくぶそく　役不足　世論調査「彼には役不足の感がある」

　○本人の力量に対して役目が軽すぎること。＊2002年度
　　27.6%/06年度40.3%/12年度41.6%

　×本人の力量に対して役目が重すぎること。＊「力不足」
　　との混同。2002年度62.8%/06年度50.3%/12年度
　　51.0%

やくまわり　役回り

やくよけ　厄よけ［厄除け］

やぐら［櫓］「やぐらを組む」

ヤクルト商〔ヤクルト本社〕→乳酸菌飲料

やくわり　役割「役割を決める」

やけ［自棄］「やけを起こす」

やけあと　焼け跡［焼け痕］

やけい　夜景「美しい夜景」

やけい　夜警「夜警国家」

やけいし　焼け石「焼け石に水」

やけこげ　焼け焦げ

やけつく　焼けつく［灼け付く］「焼けつくような日差し」

やけど［火傷］「やけどを‐負う・する」

やけのはら　焼け野原

やけぶとり　焼け太り

やこう　夜光「夜光塗料」

やこう　夜行「夜行‐性・列車」

やごう　屋号［家号］「歌舞伎役者の屋号」

やさがし　家捜し「家捜ししても何も見つからない」＊住
　む家を求めるのは「家（いえ）探し」。

やさき　矢先　意味

　○物事がまさに始まろうとするときに使う言葉。「外出しよ
　　うとする矢先に客が来た」

　×すぐ後。「警告した矢先の出来事」→警告したばかり
　　の出来事、警告した直後の出来事

やさしい

　易しい　〔↔難しい〕分かりやすい。「易しい説明/易しく
　　書き直す/生易しくはない事態」

優しい　思いやりがある。穏やか。「気立てが優しい/心優しい/優しい言葉をかける」

やし[香具師]　言い換え　露天商

やし　ヤシ[椰子]　〔植物〕「ヤシの実」

やじ[野次・弥次]　「やじを飛ばす/やじ馬」

やしき　屋敷[家敷・邸]

やじり　矢尻[矢尻・鏃]

やしろ　社

やすあがり　安上がり

やすい

　安い[廉い]　値段が低い。気軽。おだやか。「物価が安い/お安いご用/心安い/安請け合い/安売り/安っぽい」

　やすい[易い]　容易。「扱い・くみし・し・読み=やすい/言うはやすし」

やすかわでんき　安川電機　日本企業。＊英語表記は「YASKAWA」。

やすぎぶし　安来節　島根県安来市地域の民謡。やすきぶし

やすぶしん　安普請　やすふせい

やすまる　休まる[安まる]　「気が休まる暇もない」

やすめる　休める　「心・箸=を休める」

やすらう　休らう

やせい

　野生　動植物が山野で自然に生まれ育つ。「日本に野生する植物/野生の=猿・バラ/野生に返す/野生化する/野生動物」

　野性　自然のままの荒々しい性質。「野性に=返る・目覚める/野性味がある/野性=児・的」

やせがた　痩せ形[痩せ形・痩せ型]

やせる　痩せる[痩せる]　「げっそりと痩せる/土地が痩せる/痩せても枯れても」

やせん

　野戦　①戦地。「野戦病院」②山野での戦闘。↔市街戦

　夜戦　夜間の戦闘。

やせん　野選　〔野球〕野手選択の略。フィルダースチョイス。

やそうきょく　夜想曲　ノクターン。

やたい　屋台　「屋台を引く/屋台骨」

やちん　家賃

やつ〔奴〕

やつあたり　八つ当たり

やっか　薬価　「薬価基準」

やっか　薬科　「薬科大学」

やっか　薬禍　「薬禍訴訟」

やっかい　厄介　「厄介な事件/厄介者」

やっかい　訳解　翻訳解釈。「全文の訳解」

やっかん　約款

やっき　躍起　「躍起となる」

やつぎばや　矢継ぎ早　「矢継ぎ早に質問を浴びせる」

やっきょう　薬きょう〔薬莢〕

やつぎり　八つ切り

やっこ〔奴〕　「やっこさん/冷ややっこ」

やつざき　八つ裂き

やつしろかい・しらぬいかい　地名(熊本県)。
　やつしろかい　八代海　標準地名。
　しらぬいかい　不知火海　別称。＊八代海の中に天草不
　　知火海区がある。

やつす〔窶す〕　「憂き身をやつす」

やつれる〔窶れる〕　「やつれた体」

やとい　雇い　「雇いの作業員/臨時雇い/雇い＝入れ・人・主」

やながわ　地名(福岡県)。
　柳川　市名。私立高校名。「西鉄柳川駅(西鉄駅名)」
　柳河　市立小学校名。県立特別支援学校名。

やなぎ　柳〔柳・楊〕　「枝垂れ柳/柳に風」

やなぎた・やなぎだ　柳田　[読み]　姓。
　やなぎた　柳田国男(民俗学者。1875〜1962)、柳田悠
　　岐(野球選手。1988〜)
　やなぎだ　柳田邦男(作家。1936〜)

やなぎばぼうちょう　柳刃包丁〔柳葉包丁〕

やなみ　家並み[屋並み]　「白壁の家並み/家並みが続く」
　＊「いえなみ」とも。

やなり　家鳴り

やに[脂]　「木のやに」

やにくだる　野に下る　官職を退く。のにくだる　のにさがる　やにさがる

やにわに[矢庭に]　言い換え　急に、いきなり、即座に

やぬし・いえぬし　家主　一家の主人。貸家の持ち主。

やはば　地名（岩手県）。

　矢巾　町名。中学校名。

　矢幅　JR東北線駅名。矢巾町の地名。

やはり[矢張り]

やはん　夜半　夜中。＊気象庁では午前0時をはさむ前後30分くらいを指したが、現在は用いていない。

やひ　野卑[野鄙]　「野卑な言動」

やぶ[藪]　「やぶから棒/やぶ蛇」

やぶさかでない　世論調査　「協力を求められればやぶさかでない」
　○喜んですること。＊2013年度 33.8%
　×仕方なくすること。＊同 43.7%

やぶさめ　流鏑馬[流鏑馬]

やぶれさる　敗れ去る[破れ去る]

やぶれる
　破れる　破壊。破損。だめになる。失敗する。「障子・均衡・計画・事・秩序・平和・夢=が破れる/破れ=紙・目・かぶれ」　☞国破れて山河あり
　敗れる　敗戦。敗北。「試合・人生・選挙・戦い・敵=に敗れる」
　ポイント　「敵を破る」（相手を負かす）のように、他動詞「やぶる」は「破る」だけ。

やぼ[野暮]　「聞くだけやぼ/やぼ用」

やぼう　野望　意味
　○身のほどを越えた大きな望み。分不相応な望み。
　×単なる目標。

やまあい　山あい[山間]

や

やまい　病　「病に倒れる」

やまいこうこうにいる　病こうこうに入る［病膏肓に入る］　回復の見込みがなくなる。熱中してやめられなくなる。＊「膏」は心臓の下の部分。「肓」は横隔膜の上の部分。「盲」とは別字。やまいもうこうにはいる

やまがた　姓。

　山形　山形由美（フルート奏者。1962〜）

　山県　山県有朋（軍人・政治家・首相。1838〜1922）

やまかん　山勘　「山勘で答える」　＊「ヤマ勘」とも。

やましい［疚しい］　「何らやましいことはない」

やますそ　山裾［山裾］　「山裾に広がる町」

やまづみ　山積み　[類語]　☞さんせき・やまづみ

やまと　大和［付大和］

ヤマトうんゆ　ヤマト運輸　日本企業。＊持ち株会社は「ヤマトホールディングス」。

ヤマト糊　⦿〔ヤマト〕→**合成のり、のり**

やまなみ　山並み［山脈・山波］

やまのてせん　山手線　〔JR東日本〕　×やまてせん

ヤマハ、ヤマハはつどうき　日本企業。

　ヤマハ　〔楽器〕　＊1987年に「日本楽器製造」から社名変更。×ヤマハ楽器

　ヤマハ発動機　〔二輪車〕

やまびこ　山びこ［山彦］　「山びこが響く」

やまぶき　山吹　「山吹色」

やまぶし　山伏

やまほこ　山鉾［山鉾］　＊「やまぼこ」とも。

やまもと　姓。

　山本　山本真吾（日本語学者。1961〜）、山本彩（歌手。1993〜）

　山元　山元文明（四国銀行頭取。1954〜）、山元加津子（作家。1957〜）

やまやま

　山々　「アルプスの山々/山々を巡る」

　やまやま　「欲しいのはやまやまだが/言いたいことはやまやまある」

やみ

　闇[闇] 暗がり。見通しが付かない。世間に知られない。「一寸先は闇/闇から闇へ葬る/闇取引」

　ヤミ 正規の手続きを踏まない。「ヤミ=金融・専従・手当」

やみうち **闇討ち**[闇討ち] 「闇討ちを食う」

やみくも[闇雲] 「やみくもに歩く」

やみつき **病み付き** 「辛いものに病み付きになる」

やみね **闇値**[闇値] 「闇値で買う」

やみよ **闇夜**[闇夜] 「闇夜のカラス」

やむ

　病む 「気に病む」 アク ヤ̇ム

　やむ[止む] 「雨がやむ」 アク ヤ̇ム

ヤムスクロ[Yamoussoukro] コートジボワールの首都。

やむをえない **やむを得ない**[已むを得ない] アク ヤムヲエ̇ナイ やむおえない やもーえない やもうえない

やめる

　辞める[罷める] 職・地位などを退く。「委員長・首相・会社・学校・病院=を辞める」

　やめる[止める] ストップする。「酒・たばこ=をやめる」

　やめる[廃める] 廃業する。「会社・学校=の経営をやめる/医者をやめる」

やゆ[揶揄] →からかう、冷やかす

やよい **弥生**[付弥生] 陰暦3月。「弥生=時代・土器」 アク ヤヨ̇イ

やり[槍] 「やり投げ」

やりがたけ 山名。

　槍ヶ岳 北アルプスの主峰。略槍

　鹿島槍ヶ岳 槍ヶ岳北方、後立山連峰の一峰。略鹿島槍

　鑓ヶ岳 後立山連峰の一峰、白馬三山の一つ。白馬鑓ヶ岳。白馬鑓。

やりきれない[遣り切れない] 「暑くてやりきれない」

やりくり **やり繰り**[遣り繰り] 「やり繰り算段」

やりだま **やり玉**[槍玉] 「やり玉に=挙がる・挙げる」

やりて **やり手**[遣り手] 「やり手の社員」

やりとり　やり取り［遣り取り］「メールのやり取り」

やる［遣る］「使いにやる」

やるせない［遣る瀬無い］「やるせない思い」

ヤレン［Yaren］　ナウルの首都機能を持つ行政区。

やろうじだい　夜郎自大　「夜郎」は中国、漢代の西南で農耕集落を営んでいた民族のこと。漢が強大であることを知らず、尊大な振る舞いをしていたことから「自分の力量を知らずに仲間内で威張っている者」を指すようになった。
　野郎時代　＊男性をののしって言う「野郎」ではない。

やわらかい

　柔らかい　〔↔剛〕しなやか。穏やか。「柔らかい布地／身のこなしが柔らかい／柔らかな=手触り・考え・心・表情／物柔らかな態度／お手柔らかに」

　軟らかい　〔↔硬〕手応え・歯応えがない。堅苦しくない。「大根を軟らかく煮る／軟らかい=炭・木材・話／土質・表現・文章=が軟らかい」

やわらぐ　和らぐ［柔らぐ］「気持ち・寒さ=が和らぐ」

やわらげる　和らげる［柔らげる］「語気・表現=を和らげる」

ヤンキース［the New York Yankees］（←ヤンキーズ）　＊原語に近く発音すれば「ヤンキーズ」だが、清音で定着。

やんごとない［止ん事無い］　やむを得ない。なおざりにできない。一通りでない。権威がある。高貴である。「やんごとない=事情・人物」

ヤンゴン［Yangon］　ミャンマーの最大都市（旧首都）。旧ラングーン。＊現首都はネピドー。

ゆ・ユ

ゆあたり　湯あたり［湯中り］

ゆあみ　湯あみ［湯浴み］「入浴」の古い言い方。

ゆいがはま　アク　ユイガハマ、ユイガハマ

　由比ガ浜　鎌倉市の地名。

　由比ヶ浜　江ノ島電鉄駅名。海岸名。

ゆいごん　遺言　放法律関係の場合でも「ゆいごん」。＊法律用語では「いごん」。

ゆいのう　結納　「結納を取り交わす／結納金」

ゆ

ゆう　結う　「髪を結う」

ゆうい　アク ユーイ

　　有意　意味・意義がある。「統計学的に有意である」

　　有為　役に立つ。「有為の人」

ゆうい　優位　「優位に立つ」

ゆういん　有印　「有印文書」

ゆういん

　　誘引　誘い入れる。「観光客を誘引する/誘引剤」

　　誘因　引き起こす原因。「過労が病気の誘因となる」

ゆううつ　憂鬱［憂鬱］　気が重い。

ゆうえい　遊泳［游泳］　「遊泳禁止/政界を遊泳する」

ゆうえん

　　悠遠　はるかに遠い。「悠遠のかなた/悠遠の昔」

　　幽遠　奥深い。「幽遠な趣」

ゆうえん　優艶［優艶・優婉］　「優艶な容姿」

ゆうかい　誘拐　「誘拐犯」

ゆうかい　融解　「氷が融解する」

ゆうがい　有害　〔↔無害〕「有害物質」

ゆうがい　有蓋［有蓋］　〔↔無蓋〕「有蓋貨車」

ゆうかく　遊郭［遊廓］

ゆうがとう　誘ガ灯・誘蛾灯［誘蛾灯］

ゆうかん　有閑　「有閑階級」

ゆうかん　有感　〔↔無感〕「有感地震」

ゆうき

　　有季　〔↔無季〕俳句で季語が読み込まれていること。「有
　　　季定型」

　　有期　〔↔無期〕「有期刑」

ゆうき　有機　〔↔無機〕「有機化学/有機栽培」

ゆうき　結城　地名。「結城つむぎ」

ゆうぎ［友誼］→友好、友情

ゆうぎ

　　遊技　許可営業の娯楽。パチンコ、マージャンなど。「遊技=
　　　機器・場」

　　遊戯　一般の遊びごと。「園児の遊戯/遊園地の遊戯機
　　　械」

ゆ

681

ゆうきゅう

有休 年次有給休暇の略。「有休を取得/有休増」

有給 「年次有給休暇/有給の就業体験」

ゆうきゅう **悠久** 「悠久の大地/悠久の時が流れる」

ゆうきゅう **遊休** 「遊休地」

ゆうぎょ **遊漁** 水産物を捕獲する行為のうち、娯楽を目的として行う釣りや潮干狩り。「遊漁船」 △ゆうりょう

ゆうきょう **遊興** 「派手に遊興する/遊興費」 ゆうこう

ゆうぐれ **夕暮れ** 「夕暮れが迫る」

ゆうぐん

友軍 「友軍を支援する」

遊軍 「遊軍記者」

ゆうげ **夕げ**[夕餉] 言い換え **夕食**

ゆうげん **有言** 「有言実行(『不言実行』からの造語)」

ゆうげん **有限** 〔↔無限〕「有限会社」

ゆうげん **幽玄** 日本・中世の美的理念を表す言葉。幽幻

ゆうこう **友好**[友交] 「友好を深める/友好関係」

ゆうこう

有効 〔↔無効〕「有効=期間・成分」

有功 功績。「赤十字の有功章/バチカン有功十字勲章」

ゆうこん **幽魂** 死者の霊魂。

ゆうこん[雄渾] →**力強い、雄大、勇壮**

ユーザー[user] 利用者。使用者。

ゆうし **有志** 「有志を募る」

ゆうし **勇士** 「歴戦の勇士」

ゆうし **雄志** 「雄志を抱く」

ゆうし **雄姿**[勇姿] 「雄姿を現す」

ゆうし **融資** 「子会社に融資する」

ゆうしゅう

有終 「有終の美を=飾る・成す」

優秀 「優秀な成績」

ゆうしゅう **憂愁** 「憂愁の色」

ゆうじゅう **優柔** 「優柔不断」

ゆうしゅつ **湧出**[湧出・涌出] 「地中から湧出する/湧出量」

ゆうしょう

　優勝　第1位。「優勝=杯・旗・劣敗」

　優賞　ほうび。「二紀展同人優賞／優賞を受ける」

ゆうすい　**湧水**［湧水・涌水］

ゆうずい［雄蕊］→雄しべ

ゆうすいち

　遊水池　洪水時に河川の水を一時的に流し、水量を調節する池や沼。ゆうすいいけ

　遊水地　通常は田畑・原野だが、大雨の際に水をためる場所。「渡良瀬遊水地」

ゆうずう　**融通**　ゆうづう

ゆうせい

　優生　優良な遺伝形質の保存などを目的に提唱された思想。「優生学／優生保護法（母体保護法の旧称）」

　優性　〔↔劣性（潜性）〕遺伝する形質のうち次代に現れるもの。顕性。「優性遺伝」

　優勢　〔↔劣勢〕「試合を優勢に運ぶ」

ゆうぜい　**遊説**　「党首の遊説」　△ゆうせつ

ゆうせいおん　**有声音**　声帯の振動を伴う音。↔無声音

ゆうぜん　**友禅**　「友禅染」

ゆうぜん　**悠然**　「悠然たる態度／悠然と構える」

ゆうそう　**勇壮**［雄壮］「勇壮活発」

ゆうそくこじつ　**有職故実**［有職故実］　朝廷や武家の古来の儀式慣例。ゆうしょく〜　ゆうしき〜

ゆうだち　**夕立**

ゆうち　**誘致**　「大学を誘致する」

ユーチューバー［YouTuber］　動画投稿サイトのユーチューブで独自制作の動画を公開する人。

ユーチューブ［YouTube］㊂〔グーグル〕→動画投稿サイト

ゆうちょう　**悠長**　「悠長に構える」

ゆうづきよ　**夕月夜**　＊古語では「ゆうづくよ」。

ユーティリティー［utility］　役に立つ。多目的に使える。万能。「ユーティリティープレーヤー」

ゆうてん　**融点**　「融点が低い／融点に達する」

ゆうと

雄図　雄大な計画。「雄図を抱く/雄図むなしく帰る」

　　雄途[勇途]　雄々しい門出。「雄途に就く」

ゆうとう[遊蕩]　→道楽、ふしだら、品行が修まらない

ゆうどう　遊動　「遊動円木」

ゆうどう　誘導　「屋外に誘導する」

ユートピア[Utopia（どこにもない所）]　理想郷。理想国。
　　↔ディストピア

ゆうなぎ　夕なぎ[夕凪]　「来ぬ人をまつほの浦の夕なぎに
　　焼くや藻塩の身もこがれつつ（藤原定家）」

ゆうに　優に　「優に3億円を超す」

ゆうばえ　夕映え[夕映]　「夕映えを浴びて輝く」

ゆうひ　雄飛[勇飛]　〔↔雌伏〕

UFOキャッチャー⑱〔セガ〕→クレーンゲーム機

ゆうべ

　　夕べ　日暮れ時。夕方。「秋の夕べ/夕べの祈り」

　　ゆうべ[昨夜]　前日の夜。「ゆうべは眠れなかった」　⑲
　　ニュースや天気予報では「昨夜（さくや）」を使う。

ゆうめい

　　有名　「有名=人・無実」

　　勇名　「勇名を=はせる・とどろかせる」

ゆうめいさかいをことにする　幽明境を異にする　死別する。

ゆうもう　勇猛[雄猛]　「勇猛果敢」

ゆうやく　勇躍　「勇躍、異国に旅立つ」

ゆうやく[釉薬]　→うわぐすり

ゆうやけ　夕焼け　＊童謡の題名は「夕焼小焼」（中村雨紅
　　詞、草川信作曲）。

ゆうゆう　悠々　「悠々自適」

ゆうよ　有余　いくらか多い。「3年有余の間」

ゆうよ　猶予　「一刻の猶予も許されない/支払いを猶予す
　　る/執行猶予」　猶余

ゆうよく[遊弋]　→動き回る、航行

ゆうり

　　有利　「有利な条件」

　　有理　「造反有理（造反に理由あり。中国・文化大革命の
　　スローガン）/有理数（↔無理数）」

ゆうり　遊離　「実体から遊離する」

ゆうわ　融和[宥和]　「民族の融和を図る/融和を保つ」　＊
「宥和」は、「第2次大戦前の宥和政策」のような歴史用
語で限定的に使う。

ゆえ　故　「それ故/何故（なにゆえ）/故あって/故に」

ゆえん

　由縁　由来。ゆかり。「地名・命名＝の由縁を尋ねる」

　ゆえん[所以]　いわれ。訳。理由。「天才と呼ばれるゆ
　　えん/人の人たるゆえん」

ゆがく　湯がく[湯搔く]　「葉を湯がく」

ゆかしい[床しい]　「奥ゆかしい/古式ゆかしく」

ゆかた　浴衣[付浴衣]

ゆがみ・ひずみ[歪み]　類語

　ゆがみ　「障子にゆがみが生じる/性格のゆがみ」

　ひずみ　〔多く社会現象〕「近代化による社会のひずみ/制
　　度のひずみが露呈する」

ゆがむ[歪む]　「痛みで顔がゆがむ/ゆがんだ見方」

ゆかり商

　〔三島食品〕→**赤シソふりかけ**

　〔坂角総本舗〕→**えびせんべい**

〜ゆき・〜いき　行き　「東京行き」

ゆきあたり　行き当たり　☞いきあたり・ゆきあたり

ゆきあたりばったり　行き当たりばったり　☞いきあたりばっ
　たり・ゆきあたりばったり

ゆきかう・いきかう　行き交う　「行き交う旅人」

ゆきかえり　行き帰り　☞いきかえり・ゆきかえり

ゆきがかり　行き掛かり　☞いきがかり・ゆきがかり

ゆきがけ　行き掛け　☞いきがけ・ゆきがけ

ゆきかた・いきかた・ゆきがた　行き方　読み

　ゆきかた・いきかた　行く方法。やりかた。アク ユキカタ
　　イキカタ

　ゆきがた　ゆくえ。「行き方知れず」　アク ユキガタシレズ
　　×いきがた

ゆきき　行き来　☞いきき・ゆきき

ゆきさき　行き先　☞いきさき・ゆきさき

ゆきしな　行きしな　☞いきしな・ゆきしな

ゆきすぎ　行き過ぎ　☞いきすぎ・ゆきすぎ

ゆきすぎる　行き過ぎる　☞いきすぎる・ゆきすぎる

ゆきずり　行きずり　「行きずりの犯行」　△いきずり

ゆきだおれ　行き倒れ　☞いきだおれ・ゆきだおれ

ゆきちがい　行き違い　☞いきちがい・ゆきちがい

ゆきつく　行き着く　☞いきつく・ゆきつく

ゆきつけ　行きつけ　☞いきつけ・ゆきつけ

ゆきづまる　行き詰まる　☞いきづまる・ゆきづまる

ゆきつり・ゆきづり　［類語］

　　ゆきつり　雪釣り　〔遊び〕　△ゆきづり

　　ゆきづり　雪づり[雪吊り]　「兼六園の雪づり」　㊫ゆきつり　＊「行きずり」との混同を避けて。

ゆきどけ　雪解け[雪融け]

ゆきとどく　行き届く　☞いきとどく・ゆきとどく

ゆきどまり　行き止まり　☞いきどまり・ゆきどまり

ゆきば　行き場　☞いきば・ゆきば

ゆきまじり　雪交じり[雪混じり]

ゆきもよう　雪模様　降りそうな様子。＊模様は「そうなりそうな様子」。☞雨模様

ゆきよけ　雪よけ[雪除け]

ゆきわたる　行き渡る　☞いきわたる・ゆきわたる

ゆく　＊「いく」とも。☞いく

　　行く[往く]　「行く春を惜しむ/行く年来る年」

　　逝く　「幼い子を残して逝く」

ゆくえ　行方[㊬行方]　「行方をくらます/行方不明」　いくえ

ゆくすえ　行く末　「行く末を案じる」　いくすえ

ゆくて・いくて　行く手　「行く手を遮る」

ゆくゆく　行く行く・ゆくゆく　「行く行くは子に後を託す」　いくいく

ゆげ　湯気　「湯気が立つ」

ゆさぶる　揺さぶる　「大木・政局-を揺さぶる」

ゆざまし　湯冷まし　「湯冷ましを飲ませる」

ゆざめ　湯冷め　「湯冷めしにくい」

ゆさん　遊山　「物見遊山」

ゆし　油脂　「食用加工油脂/油脂化学」

ゆし　諭旨　「諭旨免職」

ゆず　ユズ［柚子］〔植物〕「ユズの香り」　＊「ゆず湯」は平仮名。

ゆすはら　地名。

橘原　高知県西部の町名。四万十川支流の河川名。＊町では異体字の「梼」を使用している。

柞原　「柞原八幡宮（大分県の神社）」　＊「いすはら」とも読む。

由原　「由原八幡宮縁起絵巻（柞原八幡宮の社宝。土佐光茂筆）/探幽縮図由原八幡宮縁起絵巻（狩野探幽筆）」

ゆすぶる　揺すぶる　「揺さぶる」に同じ。

ゆすり［強請］「ゆすりを働く/ゆすりたかり」

ゆずりわたし　譲り渡し　「譲り渡し=書・人」

ゆする

揺する　「枝を揺する」

ゆする［強請る］「金をゆする」

ゆずる　譲る　「席・身代=を譲る/譲り=受ける・状」

ゆせい　油井　「油井の鉄塔」　ゆい

ゆせい　油性　「油性塗料」

ゆそう

油層　「油層探査」

油槽　「油槽所/油槽船（タンカー）」

ゆそう

輸送　「物資の輸送/輸送船」

油送　「油送管」

ゆだねる　委ねる［委ねる］「身を委ねる」

ゆたんぽ　湯たんぽ［湯湯婆］

ゆでたまご　ゆで卵［茹で玉子］

ゆでる［茹でる］＊「うでる」とも。

ユニクロ　日本企業。ブランド・店舗名。＊持ち株会社は「ファーストリテイリング」。

ユニコーン［unicorn］①一角獣。②企業評価額が10億

ドル以上の未上場のベンチャー企業。＊伝説上の動物「ユニコーン」のようにまれで、巨額の利益をもたらす可能性があるということから。

ユニットケア［和製 unit care］　小規模生活単位型特別養護老人ホーム。全室個室介護。

ユニバーサル［universal］　世界的。普遍的。一般的。万人用。「ユニバーサルな街づくり」

ユニバーサルサービス［和製 universal service］　全国一律サービス。

ユニバーサルデザイン［universal design］　万人向け設計。誰にも使いやすい設計。略 UD

ユニバーサルバンキング［universal banking］　総合金融業。

ユニバーシアード［Universiade］　国際学生スポーツ大会。略 ユニバ

ユニホーム［uniform］（←ユニフォーム）

ユニラテラリズム［unilateralism］　単独行動主義。

ゆのみ　湯飲み［湯呑み］

ゆびおり　指折り　「日本でも指折りの名選手／世界でも指折りの優良企業」

ゆびさす　指さす［指指す・指差す］

ゆびぬき　指ぬき［指貫］

ゆびわ　指輪［指環］　＊寺尾聡の曲は「ルビーの指環」。

ゆふいん　地名（大分県）。

　　湯布院　由布市の地名（湯布院町○○）。中学校名。

　　由布院　JR久大線駅名。盆地名。温泉名。小学校名。

ゆぶね　湯船［湯舟・湯槽］　「湯船につかる」

ゆみとりしき　弓取り式

ゆみなり　弓なり［弓形］　「弓なりに曲がる」

弓矢を引く　→弓を引く、矢を放つ

ゆめ

　　夢　「夢を見る／夢=うつつ・心地」　アク ユメ

　　ゆめ［努］　①〔禁止の語を伴って〕「ゆめ=疑うことなかれ・思うな・忘れるな」②〔打ち消しを伴って〕少しも。「ゆめ=思わず・知らず」　アク ユメ、ユメ

ゆめにも　夢にも　〔打ち消しを伴って〕少しも。「夢にも思わなかった」

ゆめゆめ[努々]　〔禁止の語を伴って〕決して。「ゆめゆめ=忘れるな・疑うな」　＊「ゆめ」を重ねて意味を強めた語。
×「ゆめゆめ思わなかった」→夢にも思わなかった

ゆもと　温泉の湧く土地。温泉地名に使われる。

　　湯本　〔箱根・岩手・福島など〕「箱根湯本温泉」

　　湯元　〔日光など〕「日光湯元温泉」

ゆゆしい[由々しい]　「ゆゆしい=事態・問題」

ゆらい　由来　「由来を尋ねる」

ゆらぐ　揺らぐ　「大地・土台・信念=が揺らぐ/風に揺らぐ」

ゆらめく　揺らめく　「炎が風に揺らめく」

ゆらゆら[揺ら揺ら]　「ゆらゆら揺れる」

ゆり　ユリ[百合]　〔植物〕「谷間のユリ/麗しの白ユリ」

ゆりがおか　地名（神奈川県）。

　　百合丘　川崎市麻生区の地名。

　　百合ヶ丘　小田急駅名。

ゆりかご　揺り籠[揺り籠]　「揺り籠から墓場まで」

ゆるがす　揺るがす　「大地を揺るがす震動/世界を揺るがした一大事件」

ゆるがせ[忽せ]　「ゆるがせにできない」　×揺るがせ

ゆるぎない　揺るぎない　「揺るぎない地位」

ゆるぐ　揺るぐ

ゆるす

　　許す[赦す]　赦免。恩赦。「罪を許す/許しを乞う」

　　許す　許容。認める。「心を許す/自他共に許す」

ゆるむ　緩む[弛む]　「地盤・気=が緩む」

ゆわえる　結わえる　「ひもで結わえる」

ゆわかし　湯沸かし　「湯沸かし器」

ユンボ⋈〔レンタルのニッケン〕→**パワーショベル**、**油圧ショベル**

よ　夜　[読み]　「夜も日も明けず/夜を日に継いで/夜を徹する」　＊この場合は「よる」とは読まない。

よあかし　夜明かし

よい　終止形、連体形で「いい」とも（話し言葉的）。「気分がいい／いい気分」　＊特に、「いい感じ」「いい仲」「いい気味」など、俗語風な言い方の場合は、「いい」がふさわしい。

良い　〔一般〕「感じ・気分・経過・成績・手際・仲・人・人柄・品質＝が良い／良い＝機会・子・作品・習慣・友達・本」＊「お人よし」は仮名書き。

善い　道徳的に好ましい。「善い行い／善かれあしかれ」

よい〔宜い・可い〕　許可、適当などの意味で補助的に使う。「行ってもよい／ちょうどよい／どうでもよい」

よい〔宜い〕　〔接尾語〕「住みよい国／履きよい靴」

よい〔佳い〕　めでたい。「よい年を迎える／よい日を選んで式を挙げる」

ポイント　「良い／善い」の使い分けが紛らわしいときは、「よい」「いい」など仮名書きにする。

よい　宵　日が暮れて間もない頃。古くは、日没から夜中までを言った。

よい　酔い　「酔い心地」

よいごし　宵越し　「宵越しの金は持たない」

よいっぱり　宵っ張り　「宵っ張りの朝寝坊」

よいのくち　宵の口　「まだ宵の口」

よいのみょうじょう　宵の明星　〔↔明けの明星〕

よう　要　「要を得る」

ようい　用意　「用意周到」

ようい　容易　「容易ならざる」

よういん　要因　「事件の要因」

よういん　要員　「要員の確保／保安要員」

ようえん　妖艶［妖艶］　なまめかしい。妖しくあでやかな。

ようが　洋画　「洋画家」

ようが　陽画　ポジ。↔陰画

ようかい　妖怪［妖怪］　「妖怪変化」

ようかい　溶解［熔解・鎔解］　「溶解アセチレン」

ようかん［羊羹］

ようがん　溶岩［熔岩］　「溶岩流」

ようき　妖気［妖気］　「妖気漂う」

ようき　陽気　「陽気がよくなる」

ようげき［邀撃・要撃］→**迎撃**　＊防衛用語「要撃」も「迎撃」に。

ようけん

　用件　用向き。「用件を=切り出す・済ます」

　要件　必要な事柄。「要件を=備える・満たす／資格要件」

ようご

　養護　特別な保護の下に世話をする。「養護施設／特別養護老人ホーム」　☞養護教諭

　擁護　かばい守る。「被害者の権利を擁護する／人権擁護」

ようこう

　要項　大切な事柄。「入試・募集=要項」

　要綱　要約した大綱。「法案の要綱を説明」

ようこうろ　溶鉱炉［鎔鉱炉］

養護学校　→**特別支援学校**　学校教育法による。＊学校名には「神奈川県立横浜南養護学校」のように「養護学校」もある。

ようごきょうゆ　養護教諭　学校教育法で小中学校に置くことが義務付けられている。保健室にいる先生。

ようさい　洋才　「和魂洋才」

ようさい　洋裁　「洋裁学校」

ようさい　要塞［要塞］　とりで。

よし　用紙　「原稿・答案=用紙」

よし　洋紙　〔↔和紙〕

よし　要旨　「講演の要旨」

よし　容姿　「容姿端麗」

ようじ

　幼児　「幼児教育」

　幼時　「幼時の思い出」

ようじ　用字　「用字用語」

ようじ　用事　「用事を済ます」

ようしき　洋式　〔↔和式〕「洋式の生活」

ようしき　様式　「生活様式」

ようしゃ　容赦［用捨］　「容赦ない批判」

ようじゅつ　妖術［妖術］「妖術を使う」

ようしょく　洋食　〔↔和食〕

ようしょく　要職　「要職に就く」

ようしょく　養殖　「マグロの養殖」

ようしょくいけ　養殖池　ようしょくち[×]

ようじん　用心　「火の用心」

ようじん　要人　「要人警護」

ようすい　用水　「用水路」

ようすい　羊水　羊膜液。

ようすい　揚水　「揚水機」

ようすいいけ　用水池　ようすいち[×]

ようする　要する　「検討を要する/要するに間違いだ」

ようする　擁する　「巨万の富を擁する」

ようせい　妖精［妖精］「森の妖精」

ようせい　要請　「時代の要請に応える」

ようせい　養成　「技術者を養成する」

ようせつ［夭折］→早世、早死に、若死に

ようせつ　溶接［熔接］「溶接工」

ようせん　用船［傭船］ 言い換え チャーター船

ようそ　ヨウ素［沃素］

ようたい　様態　もののあり方。行動のありさま。「生活の様
　態」　ようだい[×]

ようだい　容体［容態］「病人の容体/容体急変」　△よう
　たい

ようだん
　　用談　用向きの話。
　　要談　大切な話。

ようち　幼稚　「幼稚園」

ようち
　　用地　「用地を確保」
　　要地　「交通の要地」

ようち　夜討ち　「夜討ち朝駆け」

ようてい　要諦［要諦］ 眼目。要点。＊「ようたい」とも。

ようど　☞ よふど・ようど

ようへい

用兵　兵力の使い方。「用兵を誤る」
　　［傭兵］→雇い兵
ようほう　養蜂［養蜂］「養蜂業」
ようぼう　容貌［容貌］
ようむ
　　用務　果たすべき務め。「会社の用務」
　　要務　重要な務め。「要務を帯びる」
ようやく［漸く］
ようよう
　　洋々　「前途洋々」
　　揚々　「意気揚々」
ようらんじだい［揺籃時代］→幼年時代、初期、草創期
ようりょう
　　用量　使用する分量。「服薬の用量/用量を確保する/低
　　　用量ピル」
　　容量　中に入る分量。「1箱の容量/容量が大きい/記憶
　　　容量」
ようりょう　要領　「要領を得ない」
よえん　4円　アク ヨエン　よんえん
ヨード［沃度］
ヨガ［サンスクリット yoga］
よぎない　余儀ない　「余儀ない事情/辞職を余儀なくされ
　　る」
よくうつ　抑うつ［抑鬱］
よくし　抑止　アク ヨクシ、ヨクシ
よくど　沃土［沃土］
よくや　沃野［沃野］　豊かな平野。
よけい　余計　「余計なお世話/余計に払う」
よげん
　　予言　未来を予測して言う。「大地震を予言する/予言が
　　　外れる」
　　預言　〔ユダヤ教・キリスト教・イスラム教などで〕神の言葉
　　　を預かって言う。「預言者」
よご　予後　治療後の病状の経過。「予後不良」
よこあい　横合い　「横合いから口を出す」

よ

よこあみ　横網　☞よこづな・よこあみ

よこがき　横書き　〔↔縦書き〕

よこがわでんき　横河電機　日本企業。＊1986年に「横河北辰電機」から社名変更。

よこすか海軍カレー⑯〔横須賀商工会議所〕→**カレーライス、即席カレー**　＊ほかに「ヨコスカ海軍カレー」「YOKOSUKA海軍カレー」も登録されている。

よこずき　横好き　「下手の横好き」

よこちょう　横町［横丁］　＊固有名詞としては「恋文横丁」（東京都渋谷区渋谷駅近辺にかつて存在）、「ハーモニカ横丁」（同武蔵野市吉祥寺駅前）など、全国各地に「横丁」表記がある。

よこづな・よこあみ

　　よこづな　横綱　相撲の最高位。

　　よこあみ　横網　東京都墨田区横網。両国国技館の所在地。＊横網という場所に国技館が移転してきたので、横綱とは無関係。

ヨコレイ　日本企業。＊登記名は「横浜冷凍」。

よさん　予算　[アク]ヨサン、ヨ˥サン

よしあし

　　良しあし［良し悪し］　〔品質など〕「作品・鮮度・調子=の良しあし」　＊「よしわるし」と読めば表内訓で、その読み方もあるが、一般的ではない。

　　善しあし［善し悪し］　①〔行為・性格など〕「行い・事=の善しあし」②一長一短。「真面目すぎるのも善しあしだ」

よしい　姓。

　　吉井　吉井和哉（ミュージシャン。1966〜）

　　芳井　芳井敬一（大和ハウス工業社長。1958〜）

よじじゅくご　四字熟語

よしのや　吉野家［吉野家］　日本企業・牛丼店名。＊持ち株会社は「吉野家ホールディングス」。吉野屋

よじょう　余剰　「余剰人員」

よじょう　余情　「余情あふれる」

よじょうはん　四畳半　よんじょうはん

よしん　与信　「与信業務」

よ

よしん　予審　「予審判事」
よしん

　予震　〔↔本震〕前触れの地震。前震。

　余震　大地震の後に起こる地震。＊気象庁は、2016 年の
　　　熊本地震で前震の後により大きな本震が続いたことか
　　　ら、防災上の呼びかけで「余震」という言葉は使わない
　　　ことにしている。

よじん　余じん［余燼］　言い換え　くすぶり

よす［止す］　「よしなさい」

よすてびと　世捨て人

よせ　寄席［付寄席］　×よりせき

よせあつめ　寄せ集め　「寄せ集めのメンバー」

よせい　余生［余世］　「静かに余生を送る」

よせい　余勢　「余勢を駆る」

よせがき　寄せ書き　「寄せ書きを贈る」

よせぎざいく　寄せ木細工

よせなべ　寄せ鍋［寄せ鍋］　「寄せ鍋をつつく」

よそ［余所・他所］　「よそへ行く」

よだいめ・よんだいめ　四代目　読み　「老舗の四代目」　＊
　芸能関連は、よだいめ。

よだん　予断　「予断を許さない」

よだん　余談　「余談になるが」

よち　予知　「災害の予知」

よち　余地　「弁解の余地」

よつぎ　世継ぎ　「お世継ぎ」

よつぎり　四つ切り

よつくら　地名（福島県）。

　四倉　いわき市の地名。小・中・高校名。

　四ツ倉　JR 常磐線駅名。

よつずもう　四つ相撲

ヨットパーカ［和製 yacht parka］　放ヨットパーカー

よつば　四つ葉　「四つ葉のクローバー」

よつばし　地名（大阪府）。

　四つ橋　地下鉄の線名。

　四ツ橋　四ツ橋線駅名。

よ

695

よつみ　四つ身

よつや　地名（東京都）。

　　四谷　新宿区の地名。「四谷三丁目駅（地下鉄駅名）」

　　四ツ谷　JR中央線・地下鉄駅名。

よつんばい　四つんばい［四つん這い］

よどむ［淀む・澱む］　「よどんだ＝水・空気／言いよどむ」

よなおし　世直し　「世直しに取り組む」

よなが　夜長［夜永］　「秋の夜長」

よなき　夜泣き

よなべ　夜なべ［夜鍋・夜業］

よねつ

　　予熱　事前に加熱する。「エンジンを予熱する／予熱機」

　　余熱　冷めずに残っている熱。「余熱利用／興奮の余熱」

ヨハネスブルク［Johannesburg］　南アフリカの都市。＊首
　　都はプレトリア。

よびあつめる　呼び集める　「国中から呼び集める」

よびおこす　呼び起こす　「支持者を呼び起こす」

よびかえす　呼び返す　「こだまが呼び返す」

よびかけ　呼び掛け　「呼び掛けに応える」

よびぐん　予備軍［予備群］　＊「生活習慣病の予備群」など
　　厚生労働省では「予備群」の表記を使っている。

よびこ　呼び子　人を呼ぶ合図の笛。＊「呼ぶ子」とも。

よびごえ　呼び声　「野性の呼び声」

よびすて　呼び捨て　「名前を呼び捨てにされる」

よびだし　呼び出し　「呼び出し状」

よびな　呼び名　普段、呼びならわしている名前。

よびね　呼び値　「売り・買い＝呼び値」

よびよせる　呼び寄せる　「赴任先に家族を呼び寄せる」

よびりん　呼び鈴　「呼び鈴を押す」

よふかし　夜更かし

よふど・ようど　地名（兵庫県）。

　　与布土　朝来市の地域名。＊平仮名では「よふど」と書い
　　て「ようど」と読む。

　　よふど　温泉名。

重余分なぜい肉　→ぜい肉、余分な肉　＊「贅（ぜい）」は「余

よ

分で不必要な」の意。

よほど［余程］「よほどのことでもない限り」

よまいごと　世まい言［世迷い言］「世まい言を言うな」

よまわり　夜回り

よみうりランド　地名。

　　よみうりランド　遊園地名（川崎市多摩区）。京王よみう
　　りランド駅（東京都稲城市）。

　　読売ランド前　小田急駅名（多摩区）。

よみがえる［蘇る・甦る］「感動がよみがえる」

読み手・聞き手を不快にさせない表現

　　人種・民族・地域・身分、心身の障害・病気、ジェンダー
（社会的性差）、職業などに関して、我々が見聞きする差
別的な言葉や不快な表現は、多岐にわたる。直接相手
を侮蔑する語句だけでなく、安易な比喩や、固定観念に
基づく表現にも注意しなくてはならない。こうした言葉を
「禁句集」としてまとめ、言い換えをするなどの必要もある
だろうが、それだけではこの問題は解決できない。

　　社会の状況はめまぐるしく変わる。こうした差別的な言
葉の中には、すでに死語となったものもあるし、いまだに
払拭しきれないものもある。一方で、「協力する」というご
く普通の言葉が、「子育て・家事に協力する」という使わ
れ方によって、ジェンダーに関わる新たな問題をはらむ場
合がある。以下、いくつかの視点を示してみる。

1　漢字の意味を理解する

　　「屠殺」の「屠」は「ほふる＝鳥や獣の体を切り裂く」とい
う意味だ。「と殺」のように、交ぜ書き表記にしても言葉の
意味は変わらない。職名などに「屠」や「殺」という字を
使えば、そこにある種の偏見が生まれるであろうことに思
いをはせる必要がある。同様に「障碍」の「碍」が持つ意
味についても、考えるべきなのだ。☞コラム「『しょうがい』
の表記」

2　安易な比喩表現を用いない

　　「劣っていること、特殊であること」「つらいこと、苦労し
たこと」を伝えるために、職業を例に引いて「○○までし
て」などという表現を使わない。ほめる意図であっても、

「○○」にあたる職業そのものをおとしめることになる。

また、肉体の一部を使った比喩表現にも注意が必要だ。通勤電車の遅れに対して「通勤客の足に影響が出た」などは「の足」がなくても通じる。安易な比喩は使わないようにしたい。

3　心身の障害・病気について配慮する

病気や障害について書く場合は、法律や専門用語をしっかり確認・理解する。また、これを比喩などに使わない。「社会のがん」などの表現は、闘病中の方やその親族が不快な思いをするという想像力を働かせるべきだ。

4　性をフラットにする

男女を対称的に扱う。「女史」「処女作」「女房役」「男泣き」などは対になる語がなく、フラットな表現とは言い難い。「○○ならでは」「○○のくせに」など、ことさら性を強調する表現はしない。さらに、男女の対比だけではない多様な性のあり方にも、気を配る必要がある。LGBT（Lesbian＝レズビアン、Gay＝ゲイ、Bisexual＝バイセクシュアル、Transgender＝トランスジェンダー）という言葉だけで、すべての性的指向（sexual orientation）・性自認（gender identity）を表現しえないことを理解しておく。枠を規定すればその規定から外れる概念が出てくることを意識する。

5　社会背景を見極め、表現する

かつて尊敬の意味を含めて使われていた「貴様」という言葉は、男女に使われた一般語でもあった。やがて男性の間で親しい同輩や目下に用いられるようになり、相手をののしる言葉ともなった。しかし、いまではほとんど使われることはない。言葉は社会の変化に敏感だ。インターネットの普及とともに、変化のスピードは著しい。ヘイトスピーチのように相手を傷つけるような言葉を用いることは論外だが、何げなく使った言葉が相手を傷つけることもある。言葉に関わる問題は、正解を導き出す道筋が容易には見つからない。それは長い歴史的背景を元に、知らず知らずのうちに植え付けられた我々の感覚や意識が、言葉に大きく作用するからだ。だからこそ、差別語や不快

よ

語という言葉そのものの言い換えだけでなく、常に社会背景と言葉の変化を意識しながら、言葉に対してどう向き合うべきなのかという「考え」と、言葉に対する「知識」を養うことが大切になるのだ。

よむ

　読む［訓む］〔一般〕「経・先・さば・人の心=を読む/読みが=浅い・深い/読み人知らず/訓・秒=読み」

　詠む　詩歌を作る。「歌に詠まれた名所/短歌・俳句=を詠む」

よめ　**嫁**　「嫁入り」

よもやま［四方山］　「よもやま話」

よやく　**予約**　重「あらかじめ予約する」

よゆう　**余裕**［余猶］　「余裕しゃくしゃく」

より［縒り］　「腕によりをかける/よりを戻す」

よりあい　**寄り合い**　「寄り合い所帯」

よりいと　**より糸**［撚り糸］

よりかかる　**寄り掛かる**　「壁に寄り掛かる」

よりきり　**寄り切り**　相撲の決まり手。

よりごのみ　**より好み**［選り好み］　＊「えり好み」とも。

よりすぐり［選りすぐり］　＊「えりすぐり」とも。

よりつき　**寄り付き**　「寄り付き値」

よりどころ［拠・寄り所］

よりどり　**より取り**［選り取り］　「より取り見取り」　△えりどり

よりによって［選りに選って］　「よりによってこんな物をもらってくるなんて」　△えりにえって

よりぬき　**より抜き**［選り抜き］　＊「えり抜き」とも。

重**よりベター**　→ベター

よりみ　**寄り身**　〔相撲〕

よりみち　**寄り道**

よりわける　**より分ける**［選り分ける］　＊「えり分ける」とも。

よる

　寄る［凭る・頼る］〔接近〕「右・帰り・店=に寄る/しわが寄る/寄らば大樹の陰/寄ると触ると」

　×「寄る年には勝てぬ」→**寄る年波には勝てぬ**

　よる［因る・由る・依る・拠る・縁る］〔理由〕「過労による病

699

/何事によらず」

　　よる［選る］　選別。「いい物だけよる/粒より」

　　よる［縒る・撚る］　ひねる。「糸をよる」

よるべ　寄る辺　「寄る辺ない」

よろい［鎧］　「よろい戸」

よろく

　　［余禄］→**余得**　予定外の収入。

　　余録　主要な記録以外のもの。余話。

よろこぶ　喜ぶ［歓ぶ・慶ぶ・欣ぶ］

よろしい［宜しい］

よろん　世論［輿論］　△せろん

よわい［齢］　「よわいを重ねる」

よわたり　世渡り　「世渡り上手」

よわみ　弱み［弱味］　「弱みを握られる」

よわりめ　弱り目　「弱り目にたたり目」

よんだいめ　四代目　読み　☞よだいめ・よんだいめ

よんはい　4杯　アク　ヨンハイ

よんぱい　4敗　アク　ヨンパイ　よんはい

よんひょう　4票　アク　ヨンヒョー　よんぴょう

よんぷん　4分　「本番4分前」　アク　ヨンプン　よんふん

よんりんくどう　四輪駆動　略　四駆、4WD

よんわ　4羽　アク　ヨンワ

ら・ラ

ら［等］　「これら/それら/彼ら/私ら」　＊人に付く場合、謙
　　譲や軽侮の意味合いが含まれることも。

ラーメン［拉麺］　＊中国語。

らいかん

　　来館　「図書館・博物館・美術館=の来館者」

　　来観　見物。「映画館・劇場=の来観者」

らいこう　来校　「保護者が来校する」

らいこう　来航　「黒船来航」

らいごう　来迎［来迎］　「ご来迎」　＊「らいこう」とも（その
　　場合は表内音）。

らいさん　礼賛［礼讃］　「業績を礼賛する/美味礼賛」

ライシャワー（エドウィン）[Edwin Reischauer]　歴史学者。駐日大使。（米 1910〜1990）

ライセンス[license]　免許。許可。

ライツイシュー[rights issue]　株主割当増資。

らいどう

　雷同　従う。「付和雷同」

　雷動　どよめく。「天地雷動」

ライドシェア[ride share]　相乗り。「ライドシェアサービス」

ライトノベル[和製 light novel]　軽い文体で書かれたイラスト入り小説。略ラノベ

らいにち　来日　重「日本に来日する」

らいはい　礼拝　読み　☞れいはい・らいはい

ライバル[rival]　好敵手。競争相手。

らいはん　来阪[来阪]　大阪に来る。

癩病、ハンセン氏病　→ハンセン病

らいひん　来賓　「来賓を出迎える」

ライフ[life]　生命。生活。人生。

ライブ[live]　生放送。劇場・コンサートなどでの生演奏。アクライブ

ライフサイエンス[life science]　生命科学。

ライフサイクル[life cycle]　①生涯過程。一生涯。②循環過程。製品の製造から廃棄までの過程。

ライフステージ[life stage]　成長段階。年齢段階。世代。

ライフライン[lifeline]　生活線。生命線。命綱。電気・ガス・水道などの供給路。

ライブラリー[library]　図書館。資料館。収蔵館。書庫。閲覧所。

ライフワーク[lifework]　生涯の仕事。

らいめい

　雷名　「雷名を天下にとどろかせる」

　雷鳴　「雷鳴を伴う大雨」

らいらく　磊落[磊落]　言い換え　豪放、太っ腹　＊「磊」は、小さなことにこだわらない。「豪放磊落な性格」

ライラック[lilac]　〔植物〕　＊リラ（lilas）はフランス語名。

ライン[line]　線。境界線。水準。系列。部門。生産工程。

LINE（ライン）商〔LINE〕→対話アプリ

ラインアップ［line-up］（←ラインナップ）　顔ぶれ。陣容。

ラウンジ［lounge］　談話室。休憩室。

ラウンド［round］　①ボクシングなどの競技の回。②ゴルフコースを一巡すること。③交渉。会議。

ラガービール［lager beer］

らきすた　らき☆すた　美水かがみの4コマ漫画。

ラクイラ［L'Aquila］　イタリアの都市。2009年サミット開催。

らくいん　烙印［烙印］言い換えレッテル　「父親失格の烙印を押される」

らくがき　落書き［楽書き］

らくご　落後［落伍］言い換え脱落　＊「伍」は隊列。

らくご　落語　「落語家」

らくしゅ　落手　手紙を受け取る。

らくしゅ　落首　政治・世相風刺の詩歌。

らくしょう　落掌　落手。

らくちょう　落丁　らくてい

ラクトアイス　類語☞アイスクリーム、アイスミルク……

らくば　落馬重「馬から落馬する」

らくばん　落盤［落磐］　「落盤事故」

らくやき　楽焼　「楽焼の茶わん」

ラゴス［Lagos］　ナイジェリアの最大都市。＊首都はアブジャ。

ラザニア、ラザーニャ［伊 lasagna］　イタリア料理。

ラジウム［独 Radium］　〔金属元素〕

ラジエーター［radiator］（←ラジエータ、ラジエター）

ラジカル［radical］（←ラディカル）　急進的。根本的。

ラジコン商〔増田屋コーポレーション〕→無線操縦=装置・玩具

らしゃ　羅紗［羅紗］　厚地の毛織物。

ラストベルト［rust belt］　さびついた工業地帯。米国中西部から北東部に位置する、鉄鋼や石炭、自動車などの主要産業が衰退した工業地帯。

ラストマン［last man］　最終責任者。最終決断者。

ラストリゾート［last resort］　最終手段。頼みの綱。最後

ら

の貸し手。最後のよりどころ。

ラスパイレスしすう　ラスパイレス指数 [Laspeyres index]
国家公務員の給与水準を 100 とした場合の地方公務員の
給与水準を示す指数。

らせん [螺旋]　「らせん=階段・状」

らち　拉致 [拉致]　「拉致監禁」

らち [埒]　「らちが明かない」

らちがい [埒外]　→範囲外、枠外、圏外

らっか　落下　「落下物」

らっか

　落花　「落花狼藉」

　落果　「大風で落果したリンゴ」

らっかせい　落花生

らっかん　落款　「落款を押す」

らっかん　楽観　「成り行きを楽観する／楽観的」
　⚠️「楽観視する」→**楽観する**

ラックビル 商〔ダイフク〕→**棚式自動倉庫**

ラッサねつ　ラッサ熱　〔感染症〕＊ラッサ (Lassa) は患者
の出たナイジェリアの村名。

ラッシュ [rush]　混雑。「ラッシュアワー／帰省ラッシュ」
　⚠️「ラッシュアワー時に」→**ラッシュアワーに、ラッシュ時
　に**　＊「時」は hour と同義。

ラッセルしゃ　ラッセル車　除雪車。＊ラッセル (Russell) は
発明者の名。

らつわん　辣腕 [辣腕]　言い換え すご腕、腕利き、敏腕

らでん [螺鈿]　「らでん工芸」

ラニーニャ [西 La Niña（女の子）]　南米ペルー沖の海水
温度が低くなる現象。＊ラニーニャ現象とも。☞ エルニー
ニョ

ら

らぬきことば　ら抜き言葉

　可能の意味を表すのに助動詞「られる」でなく「れる」
を用いた結果、「ら」が抜けたように見える言葉。「れる」
は五段活用動詞とサ変活用動詞に付く。上一段活用動詞・
下一段活用動詞・カ変活用動詞には本来「られる」が付く。「書
く」「読む」などの五段動詞から派生した「書ける」「読め

る」といった下一段活用の可能動詞からの影響とされる。
　最後の「る」を取ったときに、共通語の動詞の正しい命令形にならないのは、ら抜き言葉。「食べれる」「見れる」の「る」を取ると「食べれ」「見れ」。共通語の命令形は「食べろ」「見ろ」であるので、どちらもら抜き言葉。「食べられる」「見られる」が正しい。「切る」の命令形は「切れ」だが、「着る」の命令形は「着れ」とは言わないので、「着れる」「着れない」はら抜き言葉になる。

らば

裸馬　「くらのない裸馬」

ラバ［騾馬］〔動物名〕

ラバー［rubber］　ゴム。

ラパス［La Paz］　ボリビアの政府所在地。＊首都はスクレ。

ラバト［Rabat］　モロッコの首都。

ラフティング［rafting］　ボートによる急流下り。川下り。

ラブラドルレトリバー［Labrador retriever］（←ラブラドールレトリバー）〔犬種〕

ラベル［label］　＊音楽関係などではレーベル。

ラボラトリー［laboratory］　研究室。実験室。略ラボ

ラマ教　→チベット仏教

ラマダン［Ramadan］　イスラム教の断食月。アクラマダン、ラマダン

ラマルセイエーズ［La Marseillaise］（←ラ・マルセイエーズ）フランス国歌。

らんかく　乱獲［濫獲］　「魚を乱獲する」

らんぎょう　乱行　「乱行に及ぶ／乱行の限りを尽くす」　らんこう

らんこう　乱交　性行為に言う。

らんこうげ　乱高下　相場の上げ下げが激しい状態。らんこうか

ランジェリー［仏 lingerie］　下着。寝間着。

らんじゅく　らん熟・爛熟［爛熟］言い換え成熟

らんぞう　乱造［濫造］　「粗製乱造」

ランダム［random］　無作為。

ランタン［lantern］　角灯。手提げランプ。

ら

らんちき[乱痴気]「らんちき騒ぎ」

らんちょう　乱丁　「乱丁本」

らんちょう　乱調　「ショットの乱調に苦しむ」

ランデブー[仏 rendez-vous]

ランドクルーザー 商〔トヨタ自動車〕→ (オフロード)四輪駆動車

ランドサイド[landside]　空港の一般エリア。

ランドマーク[landmark]　街の象徴(になるような建造物)。

ランドローバー 商〔ジャガー・ランドローバー〕→ (オフロード)四輪駆動車

らんにゅう　乱入[濫入]　大勢が乱暴に入り込むこと。

ランニングコスト[running cost]　運転資金。維持・管理費用。

らんばつ　乱伐[濫伐]　「木々を乱伐する」

らんばつ　乱発[濫発]　「不信任案を乱発する」

らんぴ　乱費[濫費]　「公費を乱費する」

ランブイエ[Rambouillet]　フランスの都市。1975 年サミット開催。

らんまん　らんまん・爛漫[爛漫] 言い換え 咲き乱れる、(真っ)盛り　「春らんまん/天真爛漫」

らんよう　乱用[濫用]　「職権乱用」

らんりつ　乱立[濫立]　「候補が乱立する」

り・リ

リアクション[reaction]　反応。

リアシート[rear seat]　後部座席。

リアス(しき)かいがん　リアス(式)海岸　＊ rias はスペイン語。

リアリスト[realist]　現実主義者。写実主義者。

リアリズム[realism]　現実主義。写実主義。

リアリティー[reality]　現実(性)。真実(性)。

リアルタイム[real time]　即時。同時。同時進行。実時間。

リーク[leak]　漏れること。情報を漏らすこと。

リージョナル[regional]　地域の。地方の。「リージョナルバンク(地方銀行)」

リース

　　[lease] 　賃貸借。「リース取引」

　　[wreath] 　花輪。輪飾り。

リーズナブル[reasonable] 　妥当。手ごろ。

リーチサイト[leech site] 　海賊版サイトにインターネット利用者を誘導するサイト。

リーチマイケル、リーチ・マイケル[Michael Leitch] 　ラグビー選手。（1988～）　＊2013年に日本国籍取得によりマイケル・リーチから変更。

リーディングヒッター[leading hitter] 　〔野球〕首位打者。

リードオフマン[lead-off man] 　〔野球〕1番打者。先頭打者。

リードタイム[lead time] 　事前所要時間。調達期間。製造期間。

リーニエンシー[leniency] 　寛容。慈悲。「課徴金減免（リーニエンシー）制度」

リーブルビル[Libreville] 　ガボンの首都。

リーフレット[leaflet] 　チラシ。パンフレット。手引。案内。

リウマチ[蘭 rheumatisch]（←リューマチ）

りえん　梨園[梨園]　言い換え　**歌舞伎界、演劇界**　×なしえん

リオ・ティント[Rio Tinto] 　英豪企業（鉱業・資源）。

リオデジャネイロ[Rio de Janeiro] 　ブラジルの都市。2016年夏季五輪開催。＊首都はブラジリア。

りか　李下[李下] 　すももの木の下。

　　×「李下に冠を正す」→**李下に冠を正さず**　＊疑惑を招くような行為はすべきでない意。

リガ[Riga] 　ラトビアの首都。

リカー[liquor] 　蒸留酒。酒。「リカーショップ」

リカーリング[recurring] 　①循環する。②安定した顧客基盤から継続的に稼げるビジネスモデル。「リカーリングビジネス」

リカちゃん㊞〔タカラトミー〕→**ファッション人形**

リカバリー[recovery] 　回復。「リカバリーショット」

リカレント[recurrent] 　循環。回帰。学び直し。「リカレント教育（生涯にわたって教育と就労を交互に行うことを勧

める教育システム)」

りかん　罹患[罹患]　「罹患率」

リキッド[liquid]　液体。

りきむ　力む

リキュール[仏 liqueur]　蒸留酒に香味料を加えた混成酒。

リグ[rig]　油田掘削装置。海上石油掘削装置。

りくあげ　陸揚げ　「貨物を陸揚げする」

リクエスト[request]　希望。要求。求め。

りくしょ　六書[六書]　漢字の成立と用法についての6種の分類。ろくしょ

リクシルグループ　LIXIL グループ　日本企業。

りくつ　理屈[理窟]　「理屈を=こねる・つける」

リケッチア[rickettsia]　〔細菌〕

りこう　利口[悧巧・利巧]　「利口に立ち回る／利口ぶる／利口者」

りこう　履行　「約束を履行する」

リコーダー[recorder]　縦笛。

リコール[recall]　解職請求。回収・無償修理。

リコピー⸨商⸩〔リコー〕→**複写機**

りさい[罹災]→**被災**　＊災害による被害の程度を証明する書面は「罹災証明書」。

リサイクル[recycle]　廃物利用。再利用。再資源化。「リサイクルショップ」

りさいしゃ[罹災者]→**被災者、火事にあった人、災害にあった人**

りざや　利ざや[利鞘]　「利ざやを稼ぐ」

りしゅう　履修　「教職課程を履修する／履修科目」　履習

りしょく　利殖　「利殖を図る」

りしょく　離職　「離職者」

リスクオフ[risk off]　リスク資産の回避。投資家が株式や商品など値動きの大きいリスク資産を売却し、国債など比較的安全とされる資産に資金を振り替える動き。

リスクオン[risk on]　リスク選好。投資家が値動きの大きいリスク資産への投資を増やすこと。

リスクテーク、リスクテイク[risk taking]　危険を承知で行

り

うこと。

リスクマネジメント［risk management］　危機管理。

リスケジュール［reschedule］　①スケジュール変更。②債務返済繰り延べ。略リスケ

リステリン　商〔ジョンソン・エンド・ジョンソン〕→**口臭防止剤**

リストラクチャリング［restructuring］　事業の再構築。略リストラ　＊「リストラ」は人員整理の意味で使うことが多い。

リストリクテッド・ストック［restricted stock］　譲渡制限付き株式報酬。

リスペクト［respect］　尊敬。敬意。

リスボン［Lisbon］　ポルトガルの首都。

リズムボックス　商〔ディーアンドエムホールディングス〕→**電子リズム楽器**

リセッション［recession］　景気後退。

リソース［resource］　資源。経営資源。計算資源。財産。

リゾート［resort］　保養地。行楽地。

　　重「リゾート地」→リゾート

リターナブル［returnable］　回収再使用。回収できる。返却できる。再使用できる。

リターン［return］　①戻ること。復帰。②球技の返球。③収益。「ハイリスクハイリターン」

リタイア［retire］　引退。退職。退場。

りち　理知［理智］　「理知的」

リチウム［lithium］　〔金属元素〕

りちぎ　律義［律儀］　「律義者」　△りつぎ

りちゃくりく　離着陸　離陸と着陸。＊電車の運行、飛行機の運航などについては「発着」。

りっか　立夏　〔二十四節気〕５月６日ごろ。暦の上ではこの日から立秋の前日までが夏。アク リッカ

りつき

　　利付き　〔一般〕「利付きの金融商品」

　　利付　〔経済関係複合語〕「利付=金融債・国債・債券」

りっけん　立件　〔法律〕刑事事件において、検察官が公訴を提起する前提条件または要件が成立していると判断し、

当該事案に対応する措置を取ること。

りっしゅう　立秋　〔二十四節気〕8月8日ごろ。暦の上では
この日から立冬の前日までが秋。[アク] リッシュー

りっしゅん　立春　〔二十四節気〕2月4日ごろ。暦の上では
この日から立夏の前日までが春。[アク] リッシュン

りっすい　立すい・立錐［立錐］「立すいの余地もない」

りつぜん　慄然［慄然］「残虐な犯罪に慄然とする」

りつぞう・りゅうぞう　立像　「創立者の立像」＊十一面観音
立像（大阪・道明寺）、八部衆立像（奈良・興福寺）など、
固有名詞では多く「〜**りゅうぞう**」と読む。

りっとう　立冬　〔二十四節気〕11月7日ごろ。暦の上では
この日から立春の前日までが冬。[アク] リットー

りっぱ　立派　「立派な建物/立派にやり遂げる」

りっぽう　[アク] リッポー

　立方　「立方=体・メートル」

　立法　「議員立法/立法=権・府」

　律法　「律法学者（ユダヤ教ラビ）」

りづめ　理詰め　「理詰めで考える」

りつりょう　律令　「大宝律令/律令制」　りつれい

リテール［retail］　小口取引。個人向け取引。小売り。「リテー
ルバンキング」

リデュース［reduce］　ごみ発生抑制。発生抑制。ごみの
減量。

リテラシー［literacy］　読み書き能力。活用能力。読み解
き能力。情報活用能力。

リニアモーターカー［linear motor car］

リニューアル［renewal］　刷新。改装。改修。一新。

リノベーション［renovation］　刷新。改革。改善。改造。
修理。修復。

リノリウム［linoleum］　〔建材〕

リバーシブル［reversible］　表裏兼用。「リバーシブルコート」

リバースモーゲージ［reverse mortgage］　住宅担保融資。

リバイバル［revival］　復活。再上映。再上演。再評価。
再流行。

リバウンド［rebound］　揺り戻し。反動。跳ね返り。反発。

り

709

りはつ　利発［悧発］　主に子供・若者について使う。

重離発着　→離着陸、発着　＊「離」と「発」は同じ意味。

リバノール　〔元商標〕　＊一般名称は「殺菌消毒薬」。

リハビリテーション［rehabilitation］　略リハビリ

りばらい　利払い　りはらい

リバランス［rebalance］　再構成。再均衡。配分調整。

りはん　離反［離叛］　「人心が離反する/離反を促す」

リピーター［repeater］　再訪者。繰り返す人。

リビングウィル［living will］　尊厳死の宣言書。

リフィル［refill］（←レフィル）　詰め替え・補充用の物品。差し替え用紙。替え芯。

リフォーム［reform］　改装。改築。模様替え。仕立て直し。

リフトクライマー［lift climber］　移動昇降式足場。

リフレイン［refrain］　繰り返し。

リフレクソロジー［reflexology］　足裏などのツボを刺激する健康法。略リフレ

リベート［rebate］　割戻金。手数料。賄賂。

リベット［rivet］　鋲。

リベラルアーツ［liberal arts］　一般教養。

リベンジ［revenge］　復讐。雪辱。

リベンジポルノ［revenge porn］　復讐目的画像投稿。復讐目的に元交際相手らの裸の画像などをインターネット上に流出させること。

リポート［report］（←レポート）　報告。報道。「前川リポート」

リボルビング［revolving］　毎月定額払い。「リボルビング払い（略リボ払い）」

リマ［Lima］　ペルーの首都。

リマッチ［rematch］　再戦。再試合。

リミット［limit］　限度。限界。

リメーク、リメイク［remake］　作り直し。再映画化。

りめん　裏面　〔↔表面〕「裏面=工作・史」　放「葉書の裏面に詳細をお書きください」のようなコメントは、確実に音声で伝わるように「りめん」を「裏（うら）の面に」「裏側に」などと言い換えることも。

リヤカー［和製 rear car］

710

りゃくしききそ 略式起訴 「略式命令の請求」の通称。罰金100万円以下などの比較的軽い事件で、容疑者が同意している場合、検察官が簡裁に対して行う。

りゃくだつ 略奪[掠奪] 「財宝を略奪する/略奪品」

リヤド[Riyadh] サウジアラビアの首都。

りゅう 竜[龍]

りゅういん 留飲[溜飲] 言い換え **つかえ** 胃の具合が悪くて胸がつかえること。「留飲が下がる」

りゅういんをさげる 留飲を下げる[溜飲を下げる] 世論調査 胸のつかえがなくなり、気が晴れること。＊2007年度39.8％

×留飲を晴らす →留飲を下げる、うっぷんを晴らす ＊同26.1％

りゅうがさき 地名（茨城県）。

　龍ヶ崎 市名。小学校名。「龍ヶ崎市駅（JR常磐線駅名。旧名・佐貫駅。2020年3月14日改称）」

　竜ヶ崎 関東鉄道駅名。県立高校名。「竜ヶ崎（第一、第二、南）高校」

りゅうけい 流刑 ☞るけい・りゅうけい

りゅうげんひご 流言飛語[流言蜚語] 言い換え **デマ**

りゅうこ 竜虎[龍虎] 「竜虎相打つ」

流行語大賞 →新語・流行語大賞

りゅうしつ・りゅうしゅつ 類語

　流失 流されてなくなる。「家屋・線路の道床・橋・船=が流失する」

　流出 流れ出る。「汚水・ガス・石油・土砂・文化財・頭脳=が流出する」

りゅうじん 竜神[龍神] 「竜神の図」

リユース[reuse] 再使用。再利用。

りゅうせんけい 流線形[流線型]

りゅうぞう 立像 ☞りつぞう・りゅうぞう

りゅうち 留置 〔法律〕刑事手続きで、人を一定の場所に拘禁すること。「労役場留置（罰金などが払えなかった場合）/鑑定留置（精神状態を調べるために病院などに収容する）/仮留置（護送中）」

り

りゅうちじょう　留置場　〔法律〕警察に設置される留置施設。容疑者を留置するほか、「代用監獄」としても使われる。

りゅうちょう　流暢・流ちょう［流暢］|言い換え| すらすら、よどみなく、滑らか　|アク| リュ￣ーチョー

りゅうとうだび　竜頭蛇尾［龍頭蛇尾］

りゅうび　柳眉［柳眉］「柳眉を逆立てる（怒る。主に若い女性について言う）」

りゅうぼく
　立木　〔法律〕土地に生育する樹木。「立木=入札・法」
　流木　海や川に流れ出て漂う木。山で切り出し川に流して運ぶ木材。「流木が橋を壊す/流木権」

りゅうりゅう　流々　種々の方法。「細工は流々」

りゅうりゅう　粒々　ひと粒ずつ。「粒々辛苦」

りゅうりゅう　隆々　たくましい。「筋骨隆々」

りゅうれい　立礼　茶道で椅子に腰掛けて行う点前。りつれい

リュックサック［独 Rucksack］ |略| リュック

リュブリャナ［Ljubljana］　スロベニアの首都。

りよう　里謡［俚謡］

りょうえん　遼遠［遼遠］|言い換え| 程遠い、はるかに遠い「前途遼遠」

りょうが［凌駕］→しのぐ、追い越す、上回る、勝る

りょうかい　了解［諒解］「了解いたしました」

りょうがえ　両替　「両替所」

りょうき　猟奇　「猟奇=事件・的」

りょうき
　猟期［猟季］　狩猟期。
　漁期［漁季］　☞ぎょき

りょうぎゃく　陵虐［凌虐］「特別公務員暴行陵虐罪」

りょうぎり　両切り　「両切りたばこ」

りょうけい［菱形］→ひし形

りょうけん　了見［了簡・料簡・量見］「了見が狭い/了見違い」　|アク| リョ￣ーケン

りょうこく　両国　二つの国。りょうごく

りょうしゅう　領袖［領袖］「派閥の領袖」　|アク| リョーシュー

りょうしょう　了承[諒承]　「ご了承ください/了承済み」

りょうじょく　陵辱[凌辱]　言い換え　乱暴、暴行、辱め

りょうせいるい　両生類[両棲類]

りょうせん　稜線[稜線]　言い換え　尾根（筋）

りょうだて　両建て　「貯蓄と保険の両建て/両建て預金」

りょうち

　　領地　所有している土地。領土。「大名の領地/領地没収」

　　料地　特定の目的に使用する土地。「皇室の御料地」

りょうとう　両刀　「両刀遣い」

りょうとう　両頭　「両頭政治（二頭政治）」

りょうとく

　　両得　二つのものを得る。「一挙両得」

　　領得　自分のものにする。「営業秘密の領得」

りょうとする　了とする[諒とする]　了承する。

りょうどなり　両隣

りょうば　両刃　「両刃の包丁」　＊「もろは」は表外訓。

りょうひんけいかく　良品計画　日本企業。「無印良品」を店
　舗展開。

りょうめ　量目　「量目をごまかす」　△りょうもく

りょうゆう

　　猟友　「猟友会」

　　僚友　同僚。「僚友に助けられる」

りょうよう

　　両用　両方に使う。「遠近両用眼鏡/水陸両用」

　　両様　二通り。「両様の解釈/和戦両様の構え」

りょうらん　繚乱[繚乱・撩乱]　言い換え　咲き乱れる　「百花
　繚乱」

りょかく・りょきゃく　旅客

りょかくき・りょかっき　旅客機　りょきゃくき

りょくないしょう　緑内障　緑内症

旅行代理店　→旅行会社、旅行業者　旅行業には「旅行業」
　「旅行業者代理業」の区分があり、「旅行代理店」と総称
　するのは正確ではない。

リヨン[Lyon]　フランスの都市。1996年サミット開催。

リラ[仏 lilas]　〔植物〕ライラックの仏語名。

り

713

リラクセーション、リラクゼーション［relaxation］ くつろぎ。休養。息抜き。

リリース［release］ 発表。公表。発売。

りりしい［凜々しい］ 「りりしい姿」

りれき　履歴 「メールの履歴/履歴書」

リレハンメル［Lillehammer］ ノルウェーの都市。1994 年冬季五輪開催。

リロングウェ［Lilongwe］ マラウイの首都。

りんかい　臨海 海に面する。海を臨む。「臨海=学校・工業地帯・副都心」

りんかい　臨界 境界。「原子炉が臨界に達する(核分裂連鎖反応が継続する状態になる)/臨界=温度・状態」

りんかく　輪郭［輪廓］ 「顔の輪郭/輪郭がぼやける/事件の輪郭が見えてくる」

りんぎ　稟議［禀議］ 「稟議書」 ＊「ひんぎ」の慣用読み。

リンク
　［link］ 輪。連結。
　［rink］ スケート場。

リング［ring］ 輪。指輪。ボクシングなどの競技場。

リンクス［links］ (海沿いの自然の地形を生かした)ゴルフコース。

リンケージ［linkage］ 連関。連鎖。統合。

りんこ 人名。
　凜子 松原凜子(俳優・歌手。1992〜)
　凛子 菊地凛子(俳優。1981〜)、松原凛子(渡辺淳一作『失楽園』の主人公)

りんさん　リン酸［燐酸］

りんしょう　臨床 「臨床=医・試験」

りんしょう　臨昇 臨時昇給。

りんしょく［吝嗇］ →**けち、物惜しみ**

りんせき
　隣席 「隣席に座る」
　臨席 「臨席の方々」

りんね　輪廻［輪廻］ 「輪廻転生」

リンパせん［淋巴腺］ →**リンパ節** ＊「リンパ腺」は旧称。

りんぷん　**鱗粉**[鱗粉]

ルアンダ[Luanda]　アンゴラ（アフリカ南西部）の首都。＊「ルワンダ」はアフリカ東部の国名。

るい

　　累　関わり。巻き添え。積み重なり。「累が及ぶ／累を及ぼす」

　　類　同じ種類。仲間。「類を見ない出来事／類は友を呼ぶ／類例」

るい　**塁**　拠点。ベース。「孤塁を守る／本塁」

ルイ・ヴィトン[仏 Louis Vuitton]　ブランド名（かばんなど）。＊社名は「LVMH モエヘネシー・ルイヴィトン」。

るいけい　**累計**　「年間経費の累計」

るいけい　**類型**[類形]　「類型的描写」

るいじ　**累次**　「累次にわたる災害」

るいじ　**類似**　「類似品」

るいしん　**累進**　「累進課税」

るいしん　**塁審**　〔野球〕

るいせん　**涙腺**[涙腺]　「涙腺が緩む／涙腺神経」

るいはん　**累犯**　「常習累犯窃盗」

るいるい　**累々**　「累々たるしかばね」

ルー[仏 roux]（←ルウ）　「カレールー」

ルーズベルト（←ローズベルト）

　　（セオドア）[Theodore Roosevelt]　第 26 代米大統領。日露戦争の講和を斡旋。（1858〜1919）

　　（フランクリン）[Franklin Roosevelt]　第 32 代米大統領。ニューディール政策を推進。（1882〜1945）

ルーティン、ルーチン[routine]　決まりきった仕事。日課。「ルーティンワーク」

ルート[route]　経路。道筋。道路。

ルービックキューブ 商 〔メガハウス〕→**六面立体パズル**

ループタイ 商 〔アップルエンタープライズ〕→**つけネクタイ**　＊ひも状ネクタイとは別の商品名。ひも状ネクタイは「ひもタイ」「ロープタイ」。

ルームランナー 〔元商標〕 ＊一般名称は「室内ランニング器」。

ルール［rule］ 規則。規定。

ルクス［lux］ 照度の単位。lx。

ルクセンブルク［Luxembourg］ ルクセンブルク（西ヨーロッパの国）の首都。

るけい・りゅうけい 流刑 「西郷隆盛は沖永良部島に流刑に処せられた」 ＊古くは「るけい」。

ルサカ［Lusaka］ ザンビアの首都。

ルックス［looks］ 容姿。顔立ち。

るつぼ［坩堝］ 「興奮のるつぼ」

るにん 流人 りゅうにん ×××るじん

ルネサンス［仏 Renaissance］（←ルネッサンス）

ルノー［仏 Renault S.A.］ 仏企業（自動車）。

ルノワール（オーギュスト）［Auguste Renoir］ 画家。印象派の代表者の一人。（仏 1841～1919） ＊喫茶店名は「ルノアール」。

るふ 流布 「虚偽情報の流布」 ×××りゅうふ

るべしべ 地名（北海道）。

　　留辺蘂 北見市の地名。「留辺蘂町」

　　瑠辺蘂 美瑛町・芦別市・旭川市境の山名。

ルポルタージュ［仏 reportage］ 現地報告。報道。略ルポ

るり 瑠璃［瑠璃］ 「瑠璃色/瑠璃も玻璃も照らせば光る」

るる［縷々］ →こまごま、くどくど、**綿々**

ルワンダ［Rwanda］ アフリカ東部の共和国。首都はキガリ。 ＊「ルアンダ」は、アンゴラ（アフリカ南西部）の首都。

れ・レ

レア［rare］ ①生（なま）。②希少な。アクレア

レアアース［rare earth］ 希土類。

レアメタル［rare metal］ 希少金属。

れい 零・0 「零下〔物理・化学〕/3勝0敗/午前0時」 ☞ゼロ ☞れいさい（0歳） ☞れいパーセント（0％）

レイ［lei］ （首にかける）花輪。

レイアウト［layout］ 配置。割り付け。構成。

れいあんしつ　霊安室

れいあんしょ　冷暗所

レイオフ[lay off]　一時解雇。一時帰休。

零下　→氷点下、マイナス〔気象〕「零下」は物理・化学用語。気象庁では、気象情報において「氷点下〇〇度」に統一。「0度」の場合は、氷点下をつけない。
　㉟地上の気温を「氷点下10度」、上空の気温を「マイナス10度」と区別する局が多い。

例外に漏れず　→例に漏れず、例外ではなく

れいき
　冷気　冷たい空気。「冷気が和らぐ/冷気に当てる」
　霊気　神秘的な気配。「山の霊気/霊気が漂う」

れいぎ　礼儀[礼義]　「礼儀正しい/礼儀作法」

レイキャビク[Reykjavík]　アイスランドの首都。

れいきゅうしゃ　霊きゅう車・霊柩車[霊柩車]◆

れいぐう
　礼遇　手厚い待遇。「賓客を礼遇する」
　冷遇　〔↔厚遇〕不当に低い待遇。「上司から冷遇される」

れいげん
　冷厳　「冷厳な事実」
　霊験　「霊験あらたかなお社」　＊「れいけん」とも。

れいさい　0歳　＊0歳児は、ゼロさいじ。

れいさい　零細　「零細企業」

れいさん　礼参　お礼参り。らいさん

レイシャルハラスメント[racial harassment]　人種的偏見による嫌がらせ。㊂レイハラ

れいじょう　令状　命令を記した書状、書面。「召集・捜索=令状」

れいじょう　礼状　お礼の手紙。「礼状を書く」

れいせん　零戦　＊「ゼロせん」とも。

レイトショー[late show]

れいパーセント　0%　〔気象〕5％未満の降水確率。＊降水確率は10%刻み。5％以上15%未満は10%となる。

れいはい・らいはい　礼拝　[読み]
　れいはい　〔キリスト教など〕「神を礼拝する」

らいはい 〔仏教〕「仏を礼拝する/礼拝講」

れいほう 礼法 「礼法にのっとる」

れいほう 礼砲 「礼砲が鳴り響く」

れいほう 霊宝 「鞍馬山霊宝殿/高野山霊宝館」

れいほう 霊峰 「神仏が宿る霊峰/霊峰富士」

れいめい 黎明[黎明] 言い換え 夜明け、あけぼの 「黎明期」

れいれいしい 麗々しい 「麗々しい名称/麗々しく飾り立てる」

れいわ 令和 〔元号〕 アク レーワ、レ▽ワ ＊「昭和」と同様に、「令和○年」を一つの言葉として発音することが慣用されると、平板化傾向となる。

レイン[rain]（←レーン） 雨。「レインコート」

レインボー[rainbow] 虹。

レークプラシッド[Lake Placid] 米ニューヨーク州エセックス郡にある村。1932、80年冬季五輪開催。

レーザー[laser] 「レーザープリンター」

レーシック[LASIK: laser in situ keratomileusis] 視力矯正（手術）。

レート[rate] 割合。率。歩合。相場。

レーニン（ウラジーミル）[Vladimir Lenin] 革命家。（露 1870〜1924）

レーベル[label] 〔音楽〕

レームダック[lame duck] 死に体。「首相がレームダックになる」

レーヨン[rayon]（←レイヨン）

レーン[lane] 線。車線。走路。「バスレーン」

レガーズ[leg guards] （野球の捕手などの）すね当て。

レガシー[legacy] 遺産。過去の遺物。

レガッタ[regatta] ボートレース。

れきし れき死・轢死[轢死]

れきねん

　暦年 暦に定めた1月1日からの1年。「暦年ごとの統計/暦年で区切る」

　歴年 年月を経る。「歴年にわたる研究/歴年の労苦が実

を結ぶ」

レギュラー［regular］　正式。正規。通常。正選手。常連。

レギュラーガソリン［regular gasoline］　オクタン価の低い普通のガソリン。無鉛ガソリン。㊂レギュラー

レギュラトリーサンドボックス［regulatory sandbox］　規制の砂場。より自由度の高い実験場。＊革新的な新事業を育成するため、政府が規制を一時的に撤廃・緩和し実証実験を行いやすくする仕組み。子供が砂場で自由に遊ぶ姿になぞらえている。

レクイエム［ラテン requiem］　鎮魂曲。死者のためのミサ。

レクチャー［lecture］　講義。講演。講話。解説。説明。

レグテック［RegTech (regulation + technology)］　規制とテクノロジーの融合。IT（情報技術）を活用して金融機関の規制に効率的に対応しようとするサービスやシステム。

レグホン［leghorn］　〔鶏〕

レクリエーション［recreation］（←リクリエーション）

レゴ ㊂〔レゴ〕　→ **（プラスチック製）ブロック玩具、組み立て玩具**

レコーダー［recorder］　録音装置。

レコメンド［recommend］　おすすめ。推薦。

レザー
　［leather］　皮革。「レザーコート」
　［razor］　かみそり。「レザーカット」

レジーム［仏 régime］　政治体制。制度。

レジェンド［legend］　伝説（の人）。

レシオ［ratio］　比率。割合。「騰落レシオ」

レジオン・ドヌール［仏 Légion d'honneur］　フランスの最高勲章。

レジスト［resist］　半導体の基板に塗る感光材。

レシピ［recipe］　料理の作り方。

レシピエント［recipient］　移植患者。移植希望者。移植対象者。↔ドナー

レジぶくろ　レジ袋　＊主にポリエチレン製のため「ビニール袋」とはしない。

レジャー［leisure］　余暇。

レジュメ［仏 résumé］（←レジメ）　要約。概要。

レジリエンス［resilience］　回復力。復元力。

レスキュー［rescue］　人命救助。救援。「レスキュー隊」

レスポンス［response］　反応。応答。「レスポンスがいい」

レセプション［reception］　歓迎会。招待会。受付。

レセプト［独 Rezept］　診療報酬明細書。

れたすことば　れ足す言葉　可能動詞（五段活用動詞をもとにした、可能の意味を持つ下一段活用動詞）に、必要のない可能の助動詞「れる」を足した言葉。

　×「大舞台で戦えれるようになりたい」→**戦える**

　×「オリンピックに行けれるように頑張る」→**行ける**

れっか　劣化　「経年劣化」

れっか　烈火　「烈火のごとく怒る」

れっきとした［歴とした］　「れっきとした証拠」

Ⅲ**列強諸国　→（西欧）列強**　＊「列」は諸の意。

れっせい

　劣性　〔↔優性（顕性）〕遺伝する形質のうち次代には現れにくいもの。潜性。「劣性遺伝」

　劣勢　〔↔優勢〕勢力が劣る。「劣勢がはっきりする／劣勢を盛り返す／劣勢に立たされる」

レッドライン［red line］　越えてはならない一線。

レディーメード、レディーメイド［ready-made］　出来合い。既製品。

レトルト［蘭 retort］　「レトルト食品」

レノボ・グループ［Lenovo Group Limited］（←聯想集団）中国企業（パソコン）。

レバー［liver］（←レバ）　肝臓。きも。「レバーペースト」

レパートリー［repertory］　いつでもできる曲目、芸など。「豊かなレパートリー」

レバレッジ［leverage］　①借り入れ資本を利用した投機。「レバレッジ取引」②小さな努力で大きな効果を生むこと。

レバレッジド・バイアウト［leveraged buyout］　相手先企業の資産を担保にした借金による買収。㊂ LBO

レビュー　アク　レビュー

[review] 評論。批評。

[仏 revue] 演劇の公演。

レファレンス[reference] 参照。参考。資料相談。

レファレンダム[referendum] 国民投票。住民投票。

レフェリー[referee](←レフリー) 審判。主審。

レプリカ[replica] 複製品。模造品。

レベル[level] 水準。程度。水平。

れんか　廉価 安価。「廉価版」

れんが　連歌 「連歌師」 れんか

れんが[煉瓦] 「れんが造りの家」

れんかん

　連関[聯関] 関連する。「相互連関/連関性」

　連環 鎖を連ねる。「生命の連環/連環画（絵と文字説明
　　が連なる中国独自の漫画）」

れんきんじゅつ　錬金術[練金術] 「錬金術師」

れんげ[蓮華]

　レンゲ 〔植物〕ハスの花。

　れんげ 「散りれんげ（陶製のさじ）」の略。

れんけい

　連係[連繋] 切れ目なくつづく。物と物、人と人とのつな
　　がり。「連係動作/連係プレー（運動用語）」

　連携 手をつなぐ。連絡をとって物事を行う。「関係機関
　　の連携/官民の連携プレー/両者連携して推進」

れんごう　連合[聯合] ＊「聯合ニュース（韓国通信社）/
　聯合報（台湾の新聞）/聯合早報（シンガポールの華字新
　聞）」などの場合は「聯合」とする。

れんざ　連座[連坐] 「汚職事件に連座する/連座制（選
　挙に関わった陣営幹部らが買収など悪質な選挙違反で有
　罪となった場合、当選人の当選を無効とし、当該選挙区か
　らの立候補を5年間禁止する制度）」

レンジ[range] ①熱源。「ガス・電子=レンジ」②範囲。「レ
　ンジ相場（一定の変動幅の範囲内で価格が上がったり下
　がったりを何回となく繰り返す相場）」

⚠**連日暑い日が続く →連日暑い、暑い日が続く**

レンジャー[ranger](←レインジャー) 自然保護員。自然保

れ

護官。森林監視員。森林警備隊。隊員。

れんじゅ 連珠［聯珠］ 五目並べ。

れんじゅう 連中 ［読み］ ☞れんちゅう・れんじゅう

れんせい 錬成［練成］ 「若手の錬成」

れんそう 連想［聯想］ 「連想=売り・買い」

れんたい 連体 体言に続く。「連体詞」

れんたい 連帯 「連帯=責任・感」 ＊法律用語としての「連帯して」「各自」は、民事判決の主文で、複数の被告が判決が命じた支払（認容）額を合同して支払うという意味で使われる。ただし「連帯して」は、法律上連帯責任を明示する場合に用いられる。「各自」は一般的には「それぞれ」といった意味だが、法律用語では「合同して」を表すので注意する。

れんたい 連隊［聯隊］ 「水陸機動連隊/連隊長」

レンタカー［rent-a-car］ 貸し自動車。

レンタル［rental］ 賃貸し。「レンタルオフィス」

れんたん 練炭［煉炭］ 「練炭を燃やす」 ［アク］レンタン

れんちゅう・れんじゅう 連中 ［読み］

 れんちゅう 「連中の仕業だ」

 れんじゅう 音曲・演芸の一座。「清元連中」

レントゲン技師 →診療放射線技師 1983 年に「診療放射線技師及び診療エックス線技師法」が「診療放射線技師法」に改正され、公的資格の名称となった。＊この法改正前に資格を得た技師については「**診療エックス線技師**」という呼称でそのまま業務ができる。「レントゲン=検査・撮影」も「**エックス線=検査・撮影**」のほうが医療分野では一般的な表記。

れんにゅう 練乳［煉乳］ 「練乳アイス」

れんぱ

 連破 連続勝利。続けて破る。「強豪を連破する/連戦連破」

 連覇 連続制覇。続けて優勝する。「３連覇を成し遂げる/リーグ連覇を狙う」

れんびん 憐憫［憐憫・憐愍］ ［言い換え］同情、哀れみ

れんぽう 連邦［聯邦］

れんま　錬磨[練磨]　「百戦錬磨」

れんめい　連名　「連名で申請する」

れんめい　連盟[聯盟]　「連盟を脱退する」

れんめん　連綿　長く続く。「連綿と続く」

れんらく　連絡[聯絡]　「連絡員」

れんりつ　連立[聯立]　「連立内閣」

れんれん　恋々　思い切れないさま。「恋々としがみつく」

ろ・口

ロイヤルゼリー、ローヤルゼリー[royal jelly]

ロイヤル・ダッチ・シェル[Royal Dutch Shell plc]　英蘭企業
（石油）。

ロイヤルティー（←ロイヤリティー）
　[loyalty]　忠誠心。
　[royalty]　特許権・著作権などの使用料。

ロイヤルボックス[royal box]　貴賓席。特別席。

ろう　人名の一部。
　郎　麻生太郎（政治家・首相。1940〜）、稲垣吾郎（タレ
　　ント。1973〜）、河野太郎（政治家・防衛相。1963〜）
　朗　佐々木朗希（野球選手。2001〜）、鈴木一朗（イチロー
　　の本名。1973〜）、広岡達朗（野球選手・監督。1932
　　〜）、森喜朗（政治家・首相。1937〜）

ろうあ[聾啞]

ろうえい　朗詠　「詩歌を朗詠する」

ろうえい　漏えい[漏洩]　言い換え　漏らす、漏れる、漏出

ろうおく[陋屋]　→あばら家、拙宅

ろうかい[老獪]　→悪賢い、ずるい、老練

ろうきゅう　老朽　「老朽化した建物」

ろうけつぞめ　ろうけつ染め[﨟纈染め・蠟纈染め]

ろうこ[牢固]　→確固、頑として、しっかり

ろうこう　老巧[老功]　〔↔稚拙〕「老巧な解釈/老巧に語る」

ろうごく[牢獄]　→獄舎、刑務所、監獄

ろうし[牢死]　→獄死

ろうしゃ　ろう者[聾者]

ろうしゅう[陋習]　→悪習、因習、悪弊

ろうじょう　籠城[籠城]　立て籠もり。

△老人、老女、老婆、おじいさん、おばあさん　→○歳の＝男性・女性　内容により客観的に年齢での言い換えも。

ろうする

労する　骨折る。「労せずして手に入れる」

弄する[弄する]　もてあそぶ。「策を弄する」

ろうぜき[狼藉]　→乱暴、乱雑、乱行

ろうそく[蠟燭]

×老体にむち打つ　→老骨にむち打つ

ろうと　漏斗　じょうご。

ろうとう・ろうどう　郎党[郎等]　「一族郎党」

ろうにゃくなんにょ　老若男女

ろうばい　狼狽[狼狽]　|言い換え| 慌てる、慌てふためく、うろたえる、取り乱す、動揺　「周章狼狽」

ろうらく　籠絡[籠絡]　|言い換え| 丸め込む、言いくるめる、口説き落とす

ろうろう　朗々　「音吐朗々／朗々と詠じる」

ろうろう　浪々　「浪々の身（失業中）」

ローカルコンテント[local content]　現地調達率。国産化率。部品の現地調達。

ローキー[low-key]　①控えめな様子。抑制された様子。②写真・映画・テレビで、暗い部分を多くし陰影効果を狙った画面。

ロージンバッグ[rosin bag]（←ロジンバッグ）　滑り止めの粉が入った袋。

ロースクール[law school]　法科大学院。

ロースター[roaster]　魚や肉を焼く器具。「無煙ロースター」

ロータリー[rotary]　「ロータリーエンジン」

ローテーション[rotation]　順番。順序。

ロードショー[road show]　①映画の封切り。②（株式公開前の）機関投資家向け会社説明会。投資家向け説明会。

ロードプライシング[road pricing]　道路課金制度。道路課金。大都市の交通渋滞解消策で、都心部に入る車に料金を課す制度。

ロードマップ［road map］　道路地図。行程表。＊「工程表」とはしない。

ロートル［老頭児］　年をとった人。＊中国語。

ロープウエー、ロープウェー［ropeway］（←ロープウェイ）

ロープデコルテ［仏 robe décolletée］　女性の礼服。

ローマ［Rome］　イタリアの首都。1960 年夏季五輪開催。「ローマ法王」→**ローマ教皇**

ローラーブレード 商〔テクニカ・グループ〕→**インラインスケート**

ローリング［rolling］　「ローリングストック」

ロールス・ロイス［Rolls-Royce Holdings］　英企業（航空機エンジン）。

ロールプレーイング、ロールプレイング［role-playing］　役割演技。

ロールモデル［role model］　手本。

ローンチカスタマー［launch customer］　航空機の新規開発の後ろ盾となる航空会社。第 1 号顧客。

ろか　濾過［濾過］ 言い換え こす、浄化

ろかた　路肩　「路肩注意」　△ろけん

ロカボ 商〔食・楽・健康協会〕→**緩やかな糖質制限、適正糖質**　＊ローカーボハイドレート（low-carbohydrate ＝ 低炭水化物）の略から。

ろく　禄［禄］　「禄をはむ」

ろく［碌］　「ろくすっぽ／ろくでなし／ろくでもない／ろくに見もしない」

ログ［log］　①丸太。丸木。②（コンピューターの利用）履歴。通信記録。

ログイン［log in］　接続（開始）。利用（開始）。

ろくがつ　6月 アク ロクガツ ☞水無月（みなづき）

ろくじゅうのてならい　六十の手習い

ろくしょう　緑青 アク ロクショー ×りょくせい

ろくだか　禄高［禄高］

ログハウス［log house］　丸太小屋。

ろくまく［肋膜］→**胸膜**

ろくめんたい　六面体

ろくよう　六曜　先勝、友引、先負（せんぶ）、仏滅、大安、赤口（しゃっく・しゃっこう）。[アク]ロクヨー

ろくろ[轆轤]　「ろくろ細工/ろくろっ首」

ろくろく[碌々]　「忙しくてろくろく寝ていない」

ロケーション[location]　場所。立地。野外撮影（ロケ）。

ろけん　露見[露顕]　「悪事が露見する」

ロコモコ[loco moco]　ハワイのローカルフード。

ロコモティブシンドローム[locomotive syndrome]　運動器症候群。足腰の筋肉や骨が衰え、歩行など日常生活の動作が難しくなること。[略]ロコモ

ロサンゼルス[Los Angeles]　米国の都市。1932、84 年夏季五輪開催。2028 年夏季五輪開催予定。

ろし　濾紙[濾紙]

ろじ

　　路地　建物の間の狭い通り。門内・庭内にある通路。「路地裏/路地を抜ける」

　　露地　屋根のない地面。茶室の庭。「露地栽培/露地物/露地を清める」

ロジスティックス[logistics]（←ロジスティクス）　①物流。②戦場での補給。兵站。

ロジック[logic]　論理学。論理。

ロシュ[F. Hoffmann-La Roche, Ltd.]　スイス企業（医薬品）。

ロスタイム[サッカー]　→**アディショナルタイム**

ロゾー[Roseau]　ドミニカの首都。

ろっかクロム　六価クロム

ろっかせん　六歌仙　平安初期の 6 人の和歌の名人。在原業平・僧正遍昭・喜撰法師・大友黒主・文屋康秀・小野小町。△ろくかせん

ロッキード・マーチン[Lockheed Martin]　米企業（航空・宇宙）。

ロックアーン[Lough Erne]　英・北アイルランドの保養地。2013 年サミット開催。

ロックアイス[商]〔小久保製氷冷蔵〕→（**かち割り）氷**

ロックダウン[lockdown]　封鎖。都市封鎖。

ろっこつ 肋骨〔肋骨〕 |言い換え| **あばら骨**

ロット〔lot〕 単位量。

ロットリング 商〔サンフォード〕→**製図用万年筆**

ろっぽう

　六方 「六方を踏む〔歌舞伎〕」

　六法 「六法全書(憲法、民法、刑法、商法、民事訴訟法、刑事訴訟法)」

ろてん

　露天 屋根のないこと。屋外。「露天=市場・商・風呂・掘り」

　露店 屋外に設けた店。「朝市に露店が並ぶ/境内の露店」

ろとう

　路頭 「路頭に迷う」

　露頭 「断層の露頭」

ロナウド・ロナルド |読み| 名。＊「ウ」と「ル」の違いはポルトガル語の現地音の差から。

　ロナウド(ルイス)〔Ronaldo Luís〕 サッカー選手(ブラジル 1976〜)。

　ロナルド(クリスティアノ)〔Cristiano Ronaldo〕 サッカー選手(葡 1985〜)。

ろは ロハ 無料。＊漢字の只(ただ)を、片仮名のロとハに分解した隠語。

ろば ロバ〔驢馬〕〔動物〕

ろばた 炉端

ロビー〔lobby〕 広間。

ロビイスト〔lobbyist〕 議会陳情者。院外仲介人。説得工作する人。

ロビイング〔lobbying〕 ロビー活動(陳情・説得工作)。

ロベリア〔lobelia〕 〔植物〕

ろぼ〔鹵簿〕→**行列**

ロボットスーツ 商〔サイバーダイン〕→**パワーアシストスーツ、パワードスーツ、(装着型)ロボット**

ロボティクス〔robotics〕 ロボット工学。ロボット学。

ロマンスカー 商〔小田急電鉄〕→**2人掛け座席(ロマンスシート)を使用した特急列車**

ろ

ロマンチシスト、ロマンチスト［romanticist］ 放ロマンチスト

ロマンチシズム［romanticism］ 浪漫主義。ロマン主義。

ロマンチック［romantic］（←ロマンティック）

ロメ［Lomé］ トーゴ（アフリカ西部）の首都。

ロリコン ロリータコンプレックスの略。性愛の対象を少女に求める心理。＊ナボコフの小説『ロリータ』による。

ろれつ［呂律］ 「ろれつが回らない」

ろんきゃく 論客 △ろんかく

ろんきゅう

　　論及 議論が及ぶ。「細部にまで論及する」

　　論究 十分に論じる。「敗因を論究する」

ロングスパン［long span］ 長期的視野。

ろんこう

　　論考 論じ、考察する。「万葉集を論考する／論考を進める」

　　論功 功績を論じて定める。「論功行賞／論功を明らかにする」

ろんこく 論告 「論告求刑」

ろんし 論旨 「論旨明快」 ＊論旨（ゆし）は別語。

ろんせん 論戦 「論戦を＝挑む・展開する」
　　×「論戦を張る」→**論陣を張る**

ロンドン［London］ 英国の首都。1908、48、2012 年夏季五輪開催。1977、84、91 年サミット開催。

ロンパース［rompers］ 〔服〕

ろんばく［論駁］ →**反論、抗論**

ろんぽう

　　論法 「三段論法」

　　［論鋒］ →**論調、（議論の）矛先**

わ・ワ

わ 〔終助詞〕「雨も降るわ風も吹くわ／来るわ来るわ／すてきだわ」 ＊活用語終止形に付く。

わ 羽 ☞は（羽）

わ **輪**［環］ 「土星の輪／輪飾り／腕輪／混乱に輪を掛ける」

ワーカホリック［workaholic］ 働き過ぎ。仕事中毒。

わ

ワーキンググループ［working group］ 作業部会。㊂ WG

ワークシェアリング［work-sharing］ 仕事の分かち合い。
㊂ワークシェア

ワークショップ［workshop］ 研究集会。体験教室。研究会。
講習会。創作集会。

ワーグナー（リヒャルト）［Richard Wagner］ 作曲家。（独 1813
〜1883）

ワーク・ライフ・バランス［work-life balance］ 仕事と生活の
調和。

ワーケーション［workation（work + vacation）］ 仕事と休
暇の組み合わせ。

ワースト［worst］ 最低。最悪。＊「ワースト 2 位、3 位」など、
悪い方からの順番にも使う。

ワールドアスレチックス［World Athletics］ ＊ 2019 年に国
際陸上競技連盟（IAAF、国際陸連）から改称。日本語略
称は「世界陸連」。

ワールドゲームズ［World Games］ 非五輪競技の国際総合
大会。IWGA が主催し 4 年に 1 度開催される。㊂ WG

わいきょく 歪曲［歪曲］ 言い換え ゆがめる、ねじ曲げる

ワイケーケー YKK 日本企業。＊ 1994 年に「吉田工業」
から社名変更。

ワイシャツ 「ホワイトシャツ（white shirt）」の変化。Ｙシャツ

わいしょう 矮小［矮小］ 「矮小銀河/事件を矮小化する」

ワイズスペンディング［wise spending］ 賢い支出。将来的
に利益・利便性を生み出す事業に対して行う支出。

わいせつ［猥褻］ 「公然わいせつ/わいせつ物頒布」

ワイナリー［winery］ ワインの醸造所。

ワイファイ ☞ Wi-Fi

ワイヤ［wire］（←ワイヤー） 針金。電線。ワイヤロープの略。
「トリップワイヤ（仕掛け線）/ワイヤが切れる」

ワイヤレス［wireless］ 無線。「ワイヤレスマイク」

ワイヤロープ［wire rope］ 鋼索。「ワイヤロープでつり上げ
る」

わいろ 賄賂［賄賂］ 「賄賂を受け取る」

ワウワウ WOWOW 日本企業。

WAON（ワオン）商〔イオン〕 → **(プリペイド型)電子マネー**

わが 我が・わが［吾が］ 「我が意を得る／我が世の春」

わかい 和解 「対立していた与野党が和解する／和解=金・調書」

わかお・わこう 姓。

わかお 若尾 若尾文子（俳優。1933〜）

わこう 若生 若生智男（野球選手。1937〜）、若生裕俊（宮城県富谷市長。1964〜） ＊「わかお」と読む姓も。

わがくに 我が国・わが国［吾が国］

わかげ 若気 「若気の=過ち・至り」

わかさぎ ワカサギ［公魚］〔魚〕

わかじに 若死に 「若死にした画家／病で若死にする」

わかす ☞わく

　　沸かす 「沸かし湯」

　　湧かす［湧かす］ 「気持ちを湧かす」

わかぞう 若造［若僧・若蔵］ ＊軽んじて言う。

わかちがき 分かち書き 「詩を5行に分かち書きにする」

わかつ 分かつ［別つ］ 「黒白を分かつ（判断する）／たもとを分かつ（仲間と縁を切る）」

ワガドゥグ［Ouagadougou］ ブルキナファソ（西アフリカの国）の首都。

わかどしより

　　若年寄り 言動が年寄りじみた若者。

　　若年寄 江戸時代の職名。老中を補佐し、旗本・御家人を統括。

わがはい 我が輩・わが輩［吾が輩］ ＊夏目漱石の小説は『吾輩は猫である』。

わかばマーク 若葉マーク 免許取得後1年未満の者が示す。初心者マーク。

わがまま［我が儘］ 「わがままな行い／わがままを言う」

わかめ

　　ワカメ［若布・和布］〔海藻〕 アク ワカメ、ワ<u>カ</u>メ

　　若芽 アク ワ<u>カ</u>メ、ワカメ

わがものがお 我が物顔・わが物顔 「我が物顔に振る舞う」

わがや　我が家・わが家［吾が家］

わかる　分かる［解る・判る］　「意味が分かる/分かりやすい表現」

わかれぎわ　別れ際　「別れ際に耳打ちする」

わかればなし　別れ話　「別れ話が持ち上がる」

わかれみち　分かれ道［別れ道］　「生死の分かれ道」　＊「別れ路」は、**わかれじ**。

わかれめ　分かれ目　「勝負の分かれ目」

わかれる

　分かれる　分岐。分離。「道・意見＝が分かれる/紅白に分かれる/本流から分かれる」

　別れる　別離。離縁。「恋人と別れる/家族と別れて住む/仲間と別れ別れになる/永の別れ/生き・けんか・子・夫婦・物＝別れ」

わき

　脇［腋］　「話が脇にそれる/脇が甘い/脇を＝固める・締める」　🈠「脇で傍観する」→**傍観する**

　わき［腋］　「わきの下/わき毛」

わきあいあい　和気あいあい［和気藹々］　言い換え　和やか　「和気あいあいとした雰囲気」

わきおこる　☞ **わく**

　沸き起こる　「怒り・歓声＝が沸き起こる」

　湧き起こる［湧き起る］　「雲・拍手＝が湧き起こる」

わきかえる　沸き返る［湧き返る］　「歓声で沸き返る」

わきざし　脇差し［脇差］　「殿中で脇差しを抜く」

わきたつ　沸き立つ［湧き立つ］　「市場が沸き立つ」

わきでる　湧き出る［湧き出る・沸き出る］　「温泉が湧き出る/湧き出る涙」

わきばら　脇腹［脇腹］　「脇腹が痛む」

わきまえる［弁える］　「公私の別をわきまえる」

わきみ　脇見［脇見］　「脇見運転」

わきみず　湧き水［湧き水］　「湧き水を活用する」

わきみち　脇道［脇道］　「脇道にそれる」

わきめ　脇目［脇目］　「脇目も振らず仕事をする」

わきやく　脇役［脇役・傍役］　「脇役に徹する」

わぎり　輪切り　「薄く輪切りにする」

わく　枠　「枠にはめる/枠にはまった式辞」

わく　☞わかす　☞わきおこる

　沸く　沸騰。興奮。熱狂。「お湯・風呂・議論・場内・人気゠が沸く」

　湧く［湧く］　湧出。(感情・考えなどが)生じる。「温泉・雲・石油・生きる力・歓声・希望・実感・拍手・勇気゠が湧く/血湧き肉躍る/降って湧いた災難」

わくい　姓。

　和久井　和久井映見(俳優。1970〜)

　涌井　涌井秀章(野球選手。1986〜)　＊「湧井」の姓も。

わくぐみ　枠組み　「国際的な枠組みを構築する」

わくせい　惑星　太陽系では水星・金星・地球・火星・木星・土星・天王星・海王星。＊太陽は恒星、月は衛星、冥王星は準惑星。2006年8月、国際天文学連合(IAU)総会で惑星の定義が新たに定められ、冥王星は惑星から外された。

わけ

　訳　〔実質的な意味〕事情・理由・道理など。「言い訳/深い訳/訳が分からない」

　わけ［訳］　〔形式名詞〕「けんかしているわけではない/承知するわけにはいかない/〜というわけだ」

わけても［別けても・分けても］

わけへだて　分け隔て［別け隔て］　「分け隔てをしない/分け隔てなく付き合う」

わけまえ　分け前　「分け前をもらう」

わけめ　分け目　「天下分け目」

わける　分ける　「利益を分ける」

わこう　若生　☞わかお・わこう

わこうど　若人［付若人］

わごと　和事　歌舞伎の演技・演出。↔荒事・実事　「和事師」　わじ

わごん　和琴［和琴］　＊「大和琴」「東琴」とも。わきん　わごと

わざ

わ

技　一定の型に従ったやり方。技術。「大技小技/固め技〔柔道など〕/技あり」

業　一定の目的を持った行い、動き。「神業/軽業/至難の業/人間業とは思えない/早業」

わざし　業師　「政界の業師」

わざと[態と]　「わざと間違う」

わさび　ワサビ[山葵]　〔植物〕「ワサビを利かせる」

わざもの　業物　「名工の鍛えた業物」

わざわい　災い[禍]　「口は災いの元/災い転じて福となす」

わしづかみ[鷲掴み]　「札束をわしづかみにする」

ワシントン[Washington]　①米国の首都。コロンビア特別区。②米国の州（太平洋岸北部）。

わずか　わずか・僅か[僅か]　「わずかに及ばない」

わずらう

患う　病気にかかる。「大病を患う/恋・長=患い」

煩う　〔動詞連用形に続けて〕～して苦しむ。なかなか～できない。「思い・行き=煩う」

わずらわしい　煩わしい　「煩わしい手続き」

わずらわせる　煩わせる　文語「煩わす」の口語形。「家族を煩わせる」

わすれがたみ　忘れ形見

わすれもの　忘れ物

わすれる　忘れる　「寝食を忘れる」

わせ[早生・早稲]　植物で成長が早い品種。↔おくて（晩生・晩稲・晩熟）「わせの田」　アク　ワセ

わた　綿　「綿のように疲れる（ひどく疲れる）/綿菓子」

わたいれ　綿入れ　「綿入れはんてん」

わたうち　綿打ち　「綿打ち工場」

わだかまる[蟠る]　「不満がわだかまる」

わたくし　私　「公と私」　☞わたし

わたくしする　私する　公のものを自分のものにする。勝手な振る舞いをする。「公金を私する/数にものを言わせた強行採決は、国会を私するものだ」

わたぐも　綿雲　積雲の俗称。＊発達したものが積乱雲（入道雲）。

わ

わたし　私[私]〔代名詞〕「あなたと私/私のお気に入り」
　　＊「わたくし」は改まった言い方。

わたしこみ　渡し込み　相撲の決まり手。

わたしば　渡し場　「利根川の渡し場」

わたしぶね　渡し舟・渡し船　「渡し船が着く」

わだち[轍]　車輪の跡。「わだちに雨水がたまる」
　　⚠「わだちの跡」→**車輪の跡、わだち**
　　×「わだちの音」→**車輪の音**

わだつみ　海の神。「きけ わだつみのこえ（日本戦没学生の
　　手記）」　＊「わた」は海、「つ」は「の」に当たる文語の格助
　　詞、「み」は神の意味。本来は、「わたつみ」。「わだづみ」
　　とも。

わたなべ・わたべ　姓。
　　わたなべ　渡辺[渡邊・渡邉]　渡辺美智雄（政治家・副
　　　　総理兼外相。1923〜1995）、渡辺謙（俳優。1959〜）
　　わたなべ　渡部　渡部恒三（政治家・衆院副議長。1932
　　　　〜）、渡部絵美（フィギュアスケート選手。1959〜）
　　わたべ　渡部　渡部篤郎（俳優。1968〜）、渡部建（タレ
　　　　ント。1972〜）

わたらせがわ　渡良瀬川　利根川の支流。

わたりあう　渡り合う　「互角に渡り合う」

わたりにふね　渡りに船[渡りに舟]　ちょうど都合がよいこと。
　　「渡りに船の申し出」

わたる
　　渡る　①移動。生活。「川・橋＝を渡る/アメリカ・人手＝に
　　　　渡る/渡る世間/渡り＝歩く・初め・鳥・廊下/不渡り手形/
　　　　世渡り」②〔動詞連用形に続けて〕広がっていく。「さえ・
　　　　知れ・鳴り・晴れ＝渡る」
　　わたる[亘る・亙る]　ある範囲・期間に及ぶ。「公私にわ
　　　　たり世話になる/私事・数日・全て＝にわたる」

ワックス[wax]　「ワックスを塗る」

ワッフル[waffle]　〔菓子〕

わななく[戦慄く]　「恐怖にわななく」

わび
　　[侘び]　「わび住まい/わびとさび（寂）」　アク ワビ

[詫び]　「わびを入れる/おわびをする/わび状」　アク　ワ
　　ビ
わびしい［侘びしい］　「わびしい思いをする/わびしい暮ら
　　し」
わびる
　　［侘びる］　〔動詞連用形に続けて〕～しかねて困惑する。
　　　～する気力を失う。「思い・待ち=わびる」
　　［詫びる］　謝る。「失礼・無礼=をわびる」
わへい　和平　「和平交渉」　アク　ワヘー
わぼく　和睦［和睦］　アク　ワボク
わよう
　　和洋　「和洋を織り交ぜる/和洋折衷」　アク　ワヨー、ワ
　　ヨー
　　和様　「和様=化・建築」　アク　ワヨー
わら［藁］　「わらぶき屋根/わら=くず・人形/稲わら/麦わら
　　（帽子）」
　　×「わらをもすがる」→わらにもすがる、わらをもつかむ
わらい　笑い　「お笑いぐさ/苦・物=笑い」
　　×「笑いをかみしめる」→笑いをかみ殺す
わらいばなし　笑い話　「今思えば笑い話だ」
わらいもの　笑いもの［笑い物・笑い者］　「世間の笑いもの
　　になる」
わらじ［草鞋］　「金・二足=のわらじ」
わらばんし　わら半紙［藁半紙］　＊現在は多く木材パルプ
　　が原料。
ワラントさい　ワラント債［warrant］　新株予約権付社債。
わり
　　割り　〔動詞連用形〕「頭・紙面・部屋・水=割り」
　　割　①〔慣用で送り仮名を省略〕「均等・時間=割/所得割
　　〔法律〕/本割〔相撲〕」②比率。比較。「３割引き/２
　　割５分/４割台/有名な割に/割に合わない」
わりあい　割合　「かなりの割合/安い割合に品質がよい」
わりあて
　　割り当て　〔一般〕「割り当て=作付け・作付面積・返上・申
　　し込み・申込数量」

割当 〔経済関係複合語〕「割当=株・金・数量・増資・比率」

わりいん 割り印 「割り印を押す」

⊕**割り勘で割る** → (飲み代を)割り勘にする

わりきる 割り切る 「仕方ないと割り切る」

わりこみ 割り込み 「悪質な割り込み」

わりざん 割り算 「かけ算と割り算」

わりした 割り下 「すき焼きの割り下」

わりだか 割高 「割高な価格」

わりだし 割り出し 「容疑者の割り出し」

わりちゅう 割り注 2行にして割り入れた注釈。

わりつけ 割り付け 「文字の均等割り付け機能」

わりない〔理無い〕 理性でどうにもならない。「わりない仲（理屈では説明できないほど深い関係）」 ＊理（ことわり）無しの意。

わりばし 割り箸〔割り箸〕

わりびき

　割引 〔名詞。慣用〕「割引をする/割引=価格・券・セール・率/学生・手形=割引」

　割引き 〔上に数字が付く場合〕「3割引きセール/2割引きで売る」

　割り引き 〔動詞連用形〕「消費税分の割り引き」

わりびく 割り引く 「話を割り引いて聞く」

わりふ 割り符 「割り符が合わさる」

わりふり 割り振り 「仕事の割り振り」

わりまえ 割り前 「割り前が少ない」

わりまし

　割り増し 〔一般〕「賃金の割り増し/割り増し償却」

　割増 〔経済関係複合語〕「割増=金・制度・率・料金」

わりむぎ 割り麦 ひき割り麦。

わりもどし

　割り戻し 〔一般〕「割り戻し=開始・請求・方法」

　割戻 〔経済関係複合語〕「割戻=額・金・高・率・料金」

わりやす 割安 「割安料金プラン」

わる 悪 「悪=あがき・知恵・乗り・酔い」

わる　割る　「コップを割る/水で割る/株価が2万円を割る」

「割る」と「切る」　類語

　「2時間を割る好記録」と「2時間を切る好記録」。

　「割る」と「切る」のどちらを使えばいいのか判断に迷う場合がある。大まかな目安として**割る**は「数量がある基準を保てない場合」、**切る**は「数値がある目安や限界より小さくなる場合」とするとわかりやすい。冒頭の例は記録＝数値なので「2時間を切る」。「上昇率が20％を切る」なども同様だ。一方、「過半数を割る」「ドルは一時100円を割った」「株価が2万円を割る」などは数量を言っているので「割る」を使う。

ワルシャワ［Warsaw］　ポーランドの首都。

わるびれる　悪びれる［悪怯れる］　「悪びれた風もない/悪びれずに主張する」

われ　我［吾］　「我先に/我知らず/我関せず」

われなべにとじぶた　われ鍋にとじ蓋［破れ鍋に綴じ蓋・割れ鍋に綴じ蓋］　誰にでもふさわしい配偶者があるという例え。褒め言葉ではない。

　われ鍋に閉じ蓋　＊とじ蓋＝修理した蓋。

われめ　割れ目　「氷河の割れ目」

われもの　割れ物　「割れ物注意」

われる　割れる　「割れんばかりの拍手」

ワンカップ㊾〔大関〕→**カップ酒**

わんきょく　湾曲［彎曲］　「柱が湾曲する/湾曲した地形」

ワンサイドゲーム［one-sided game］　一方的試合。

ワンストップ［one-stop］　1カ所。1カ所での。1カ所集中。

ワンダーフォーゲル［独 Wandervogel］

ワンタン［雲呑］　＊中国語。

ワンツーパンチ［one-two punch］　〔ボクシング〕

わんにゅう　湾入［彎入］　「湾入した入り江/深く湾入した港」

わんぱく［腕白］　「わんぱく坊や」

ワンルームマンション［和製 one-room mansion］

わ

ゑ・ヱ

エビスビール 商〔サッポロホールディングス〕→ビール ＊
ローマ字表記は「YEBISU」。

A・a

AA会議〔Asian-African Conference〕 アジア・アフリカ会議

AAAS〔American Association for the Advancement of
Science〕 全米科学振興協会

A2AD〔Anti Access Area Denial〕 接近阻止・領域拒否

AAI〔Alliance for Automotive Innovation〕 自動車イノベー
ション協会〔米〕

AAM〔air-to-air missile〕 空対空ミサイル

ABC〔Audit Bureau of Circulations〕 発行部数監査機関

ABC兵器〔atomic, biological, chemical weapons〕 核・生
物・化学兵器。原子・生物・化学兵器

ABCC〔Atomic Bomb Casualty Commission〕 原爆傷害調
査委員会〔米〕

ABM〔antiballistic missile〕 弾道弾迎撃ミサイル

ABS〔anti-lock brake system〕 アンチロック・ブレーキ・シス
テム

ABS〔asset-backed securities〕 資産担保証券

ABU〔Asia-Pacific Broadcasting Union〕 アジア太平洋放
送連合

ABWR〔advanced boiling water reactor〕 新型（改良型）
沸騰水型軽水炉

ACジャパン〔Advertising Council Japan〕 ＊公益社団法人。
2009 年に「公共広告機構」から改称。

ACC〔All Japan Confederation of Creativity〕 ＊一般社団
法人。2018 年に「全日本シーエム放送連盟」から改称。

ACD〔Asia Cooperation Dialogue〕 アジア協力対話

ACEA〔仏 Association des Constructeurs Européens d'Auto-
mobiles〕 欧州自動車工業会

ACRS〔Advisory Committee on Reactor Safeguards〕 原
子炉安全諮問委員会〔米〕

ACSA［Acquisition and Cross-Servicing Agreement］　物品役務相互提供協定

ADB［Asian Development Bank］　アジア開発銀行

ADC［Antibody-Drug Conjugate］　抗体薬物複合体

ADF［Asian Development Fund］　アジア開発基金

ADF［auto document feeder］　自動給紙装置。自動給紙機構

ADHD［attention-deficit hyperactivity disorder］　注意欠陥・多動性障害

ADIZ［air defense identification zone］　防空識別圏

ADR［alternative dispute resolution］　裁判外紛争解決手続き。裁判以外の紛争解決

ADR［American Depositary Receipt］　米預託証券

ADSL［asymmetric digital subscriber line］　非対称デジタル加入者線

AE［automatic exposure］　自動露出

AEC［ASEAN Economic Community］　ASEAN 経済共同体

AED［automated external defibrillator］　自動体外式除細動器

AET［assistant English teacher］　（外国人の）英語指導助手

AF［autofocus］　自動焦点

AFC［Asian Football Confederation］　アジア・サッカー連盟

AfD［独 Alternative für Deutschland］　ドイツのための選択肢　＊ドイツ政党。

AFDB、AfDB［African Development Bank］　アフリカ開発銀行

AFL-CIO［American Federation of Labor and Congress of Industrial Organizations］　米労働総同盟産別会議

AFM［atomic force microscope］　原子間力顕微鏡

AFN［American Forces Network］　米軍放送網

AFTA［ASEAN Free Trade Area］　ASEAN 自由貿易地域

AGM［air-to-ground missile］　空対地ミサイル

AGV［automated guided vehicle］　自動搬送車。自動搬送

台車。無人搬送車

AI［artificial intelligence］ 人工知能

AIBA［仏 Association Internationale de Boxe］ 国際ボクシング協会

AICPA［American Institute of Certified Public Accountants］ 米公認会計士協会

AID［artificial insemination by donor］ 非配偶者間人工授精

AIDS ☞エイズ

AIH［artificial insemination by husband］ 配偶者間人工授精

AIIB［Asian Infrastructure Investment Bank］ アジアインフラ投資銀行

AKP［トルコ Adalet ve Kalkınma Partisi］ 公正発展党〔トルコ〕

ALBA［西 Alianza Bolivariana para los Pueblos de Nuestra América］ 米州ボリバル同盟

ALCM［air-launched cruise missile］ 空中発射巡航ミサイル

ALM［asset liability management］ 資産・負債の総合管理

ALS［amyotrophic lateral sclerosis］ 筋萎縮性側索硬化症

ALT［assistant language teacher］ 外国語指導助手

AMED［Japan Agency for Medical Research and Development］ 日本医療研究開発機構

AMeDAS（アメダス）［Automated Meteorological Data Acquisition System］ 地域気象観測システム

ANA［All Nippon Airways］ 全日本空輸

ANC［African National Congress］ アフリカ民族会議 ＊南アフリカ共和国の政党。

ANOC［Association of National Olympic Committees］ 各国（国内）オリンピック委員会連合

ANZUS（アンザス）［Australia, New Zealand and the United States］ オーストラリア、ニュージーランド、米 ＊3国の相互安全保障条約・機構の意でも使う。

AO［admissions office］ アドミッション・オフィス（入試事務局）。「AO 入試（事務局が中心に自己推薦・書類審査・面接などに基づき受験生を総合的に評価する入試方式）」

AOR［adult oriented rock］ 大人向けロック

APEC（エーペック）［Asia-Pacific Economic Cooperation］ アジア太平洋経済協力会議

API［American Petroleum Institute］ 米石油協会

APO［Asian Productivity Organization］ アジア生産性機構

APPA［American Pet Products Association］ 米ペット製品協会

APWR［advanced pressurized water reactor］ 改良型加圧水型軽水炉

AQAP［Al-Qaida (Al-Qaeda) in the Arabian Peninsula］ アラビア半島のアル・カーイダ。アラビア半島のアルカイダ

AQIM［Al-Qaida (Al-Qaeda) in the Islamic Maghreb］ イスラム・マグレブ諸国のアル・カーイダ組織。イスラム・マグレブ諸国のアルカイダ組織

AR［augmented reality］ 拡張現実

ARF［ASEAN Regional Forum］ ASEAN 地域フォーラム

AS［artistic swimming］ ☞アーティスティックスイミング

ASAT［anti-satellite weapon］ 衛星攻撃兵器

ASBJ［Accounting Standards Board of Japan］ 企業会計基準委員会

ASC［Aquaculture Stewardship Council］ 水産養殖管理協議会

ASEAN（アセアン）［Association of South-East Asian Nations］ 東南アジア諸国連合

ASEM（アセム）［Asia-Europe Meeting］ アジア欧州会議

ASF［African swine fever］ アフリカ豚熱 ☞豚熱（ぶたねつ）

ASMR［Autonomous Sensory Meridian Response］ 聴覚や視覚の刺激による心地よい感覚や状態

ASP［application service provider］ インターネット経由で提供するソフトの期間貸し

ASV［advanced safety vehicle］ 先進安全自動車

AT［automatic transmission］ 自動変速機

ATC［automatic train control］ 自動列車制御装置

ATF［Bureau of Alcohol, Tobacco, Firearms and Explosives］ アルコール・たばこ・銃火器取締局〔米〕

ATI［antitrust immunity］ 独占禁止法の適用除外

ATL［adult T-cell leukemia］ 成人 T 細胞白血病

ATM［automated teller machine］ 現金自動預け払い機

ATO［automatic train operation］ 自動列車運転装置

ATP［adenosine triphosphate］ アデノシン三リン酸

ATP［Association of Tennis Professionals］ （男子）プロテニス選手協会

ATR［advanced thermal reactor］ 新型転換炉

ATS［automatic train stop］ 自動列車停止装置

AU［African Union］ アフリカ連合

AUS［Australia］ オーストラリア

AV［audio-visual］ オーディオ・ビジュアル。音響・映像

AWACS［airborne warning and control system］ 空中警戒管制システム。空中警戒管制機

AYA世代（アヤ世代）［adolescents and young adults］ ＊15 歳から 39 歳前後の思春期・若年成人のがん患者。

AZT［azidothymidine］ アジドチミジン ＊エイズの治療薬。

B・b

BBC［British Broadcasting Corporation］ 英国放送協会

BBS［bulletin board system］ 電子掲示板

BC兵器［biological and chemical weapons］ 生物化学兵器

BCP［business continuity plan］ 事業継続計画。業務継続計画

BD［Blu-ray Disc］ ブルーレイディスク

BDF［biodiesel fuel］ バイオディーゼル燃料

BDI［独 Bundesverband der Deutschen Industrie］ ドイツ産業連盟

BIAC［Business and Industry Advisory Committee］　経済産業諮問委員会　＊OECDの民間諮問機関。

BIE［仏 Bureau International des Expositions］　博覧会国際事務局

BIMSTEC［Bay of Bengal Initiative for Multi-Sectoral Technical and Economic Cooperation］　ベンガル湾多面的技術経済協力イニシアチブ

BIS［Bank for International Settlements］　国際決済銀行

BJP［Bharatiya Janata Party］　インド人民党

BLS［Basic Life Support］　一次救命処置

BMD［ballistic missile defense］　弾道ミサイル防衛

BMI［body mass index］　体格指数。肥満度

BOD［biochemical oxygen demand］　生物化学的酸素要求量

BOE［Bank of England］　イングランド銀行

BOJ［Bank of Japan］　日本銀行

BOT方式［build, operate and transfer］　建設・運営・譲渡方式　＊プラントの輸出企業が建設・経営をして利潤をあげた後、所有権を譲渡する方式。

BPO［Broadcasting Ethics & Program Improvement Organization］　放送倫理・番組向上機構

BRICS（ブリックス）［Brazil, Russia, India, China, South Africa］　＊ブラジル、ロシア、インド、中国、南アフリカ共和国の頭文字をとった新興5カ国。

BRICs（ブリックス）［Brazil, Russia, India, China］　＊ブラジル、ロシア、インド、中国の頭文字をとった新興4カ国。2010年、南アフリカ共和国が加わることになり「BRICS」に改称。

BRT［bus rapid transit］　バス高速輸送システム

BS［balance sheet］　☞バランスシート

BS［broadcasting satellite］　放送衛星

BSE［bovine spongiform encephalopathy］　牛海綿状脳症

B to B［business to business］　企業向け。企業間取引　＊「B2B」とも表記。

B to C［business to consumer］　消費者向け（取引）　＊

「B2C」とも表記。

BTU［British thermal unit］ 英国式熱量単位。英国熱量単位

BWR［boiling water reactor］ 沸騰水型軽水炉

C・c

CAD［computer-aided design］ コンピューター利用設計

CAE［computer-aided engineering］ コンピューターによるエンジニアリング

CalPERS（カルパース）［The California Public Employees' Retirement System］ カリフォルニア州職員退職年金基金

CalSTRS（カルスターズ）［California State Teachers' Retirement System］ カリフォルニア州教職員退職年金基金

CAM［computer-aided manufacturing］ コンピューターによる製造

CAN［Canada］ カナダ

CAP［Common Agricultural Policy］ 共通農業政策［EU］

CAS［Court of Arbitration for Sport］ スポーツ仲裁裁判所

CATV［cable television; community antenna television］ ケーブル（有線）テレビ。共同アンテナテレビ

CB［convertible bonds］ 転換社債型新株予約権付社債

CBI［Confederation of British Industry］ 英産業連盟

CBO［Congressional Budget Office］ 議会予算局［米］

CBOE［Chicago Board Options Exchange］ シカゴ・オプション取引所

CBOT［Chicago Board of Trade］ シカゴ商品取引所

CBP［Customs and Border Protection］ 税関・国境取締局。税関・国境警備局［米］

CBT［computer based testing］ コンピューターを活用した試験

CCD［charge-coupled device］ 電荷結合素子

CCS［carbon dioxide capture and storage］ 二酸化炭素回収貯留

CCW［Convention on Certain Conventional Weapons］　特定通常兵器使用禁止制限条約

CD［cash dispenser］　現金支払機。現金自動支払機

CD［certificate of deposit］　譲渡性預金　＊NCD とも。

CD［compact disc］　コンパクトディスク

CDC［Centers for Disease Control and Prevention］　疾病対策センター〔米〕

CDM［clean development mechanism］　クリーン開発メカニズム

CDO［collateralized debt obligation］　債務担保証券

CDR［Chinese Depository Receipt］　中国預託証券

CD-R［compact disc recordable］　書き込み可能 CD。追記型 CD

CD-ROM［compact disc read only memory］　コンパクトディスクを使った読み出し専用メモリー（記憶装置）

CDS［credit default swap］　クレジット・デフォルト・スワップ　＊企業などの債務不履行（デフォルト）リスクを対象にした金融派生商品。

CDU［独 Christlich Demokratische Union］　キリスト教民主同盟〔独〕

CEA［Council of Economic Advisers］　大統領経済諮問委員会〔米〕

CEA［仏 Commissariat à l'énergie atomique et aux énergies alternatives］　原子力・代替エネルギー庁〔仏〕

CEFR（セファール）［Common European Framework of Reference for Languages］　欧州言語共通参照枠　＊異なる外国語試験の成績を比較可能にするガイドライン。

CEO［chief executive officer］　最高経営責任者

CEPI［Coalition for Epidemic Preparedness Innovations］　感染症流行対策イノベーション連合

CEPT［Common Effective Preferential Tariff］　共通効果特恵関税

CERN［仏 Organisation Européenne pour la Recherche Nucléaire］　欧州合同原子核研究機関。欧州合同原子核研究所

C

CF［cash flow statement］ キャッシュフロー計算書

CFC［chlorofluorocarbon］ クロロフルオロカーボン

CFE条約［Treaty on Conventional Armed Forces in Europe］ 欧州通常戦力条約

CFIUS（シフィウス）［Committee on Foreign Investment in the United States］ 対米外国投資委員会

CFO［chief financial officer］ 最高財務責任者

CFPB［Consumer Financial Protection Bureau］ 消費者金融保護局〔米〕

CFR［Council on Foreign Relations］ 外交問題評議会　＊米シンクタンク。

CFRP［carbon fiber reinforced plastic］ 炭素繊維強化プラスチック

CFS［chronic fatigue syndrome］ 慢性疲労症候群

CFTC［Commodity Futures Trading Commission］ 商品先物取引委員会〔米〕

CG［computer graphics］ コンピューターグラフィックス

CGT［仏 Confédération Générale du Travail］ 労働総同盟〔仏〕

CI［composite index］ 景気動向指数

CI［corporate identity］ コーポレートアイデンティティー。企業イメージ確立戦略。企業イメージの統一

CIA［Central Intelligence Agency］ 中央情報局〔米〕

CIF［cost, insurance and freight］ 保険料運賃込み値段

CIO［chief information officer］ 最高情報責任者

CIPA［Camera & Imaging Products Association］ カメラ映像機器工業会

CIS［Commonwealth of Independent States］ 独立国家共同体

CJD［Creutzfeldt-Jakob disease］ クロイツフェルト・ヤコブ病

CMBS［commercial mortgage backed securities］ 商業用不動産ローン担保証券

CME［Chicago Mercantile Exchange］ シカゴ・マーカンタイル取引所

CMOS(シーモス)[complementary metal-oxide semiconductor] 相補型金属酸化膜半導体

CMS[cash management system] キャッシュ・マネジメント・システム。総合預金情報サービス

CNC[computer numerical control] コンピューター数値制御

CNOOC[China National Offshore Oil Corporation] 中国海洋石油 ＊中国国有企業。

CNPC[China National Petroleum Corporation] 中国石油天然気集団 ＊中国国有企業。

COCOM(ココム)[Coordinating Committee for Export Control to Communist Area] 対共産圏輸出統制委員会

COD[chemical oxygen demand] 化学的酸素要求量

COMEX[Commodity Exchange] ニューヨーク商品取引所

COO[chief operating officer] 最高執行責任者

COP[Conference of the Parties to the Convention on Biological Diversity] 生物多様性条約締約国会議

COP(コップ)[Conference of the Parties to the UNFCCC (United Nations Framework Convention on Climate Change)] （国連)気候変動枠組み条約締約国会議

COVID-19(コビッドナインティーン)[Coronavirus disease 2019] 新型コロナウイルス感染症 ＊世界保健機関(WHO)が命名した病名。COVID は「コロナウイルス病」を意味する英語の略語で、19 は最初に感染報告があった 2019 年にちなむ。

CP[commercial paper] コマーシャルペーパー

CPI[consumer price index] 消費者物価指数

CPJ[Committee to Protect Journalists] ジャーナリスト保護委員会

CPU[central processing unit] 中央演算処理装置

CRM[customer relationship management] 顧客情報管理

CRO[Contract Research Organization] 医薬品開発業務受託機関

CRS［congenital rubella syndrome］　先天性風疹症候群

CRS［Congressional Research Service］　議会調査局〔米〕

CS［climax series］　クライマックスシリーズ〔プロ野球〕

CS［communications satellite］　通信衛星

CS［convenience store］　☞コンビニエンスストア

CSCAP［Council for Security Cooperation in the Asia Pacific］　アジア太平洋安全保障協力会議

CSF［classical swine fever］　豚熱　☞豚熱（ぶたねつ）

CSIRT（シーサート）［computer security incident response team］　サイバー事故対応専門チーム

CSIS［Center for Strategic and International Studies］　戦略国際問題研究所〔米〕

CSR［corporate social responsibility］　企業の社会的責任

CSRC［China Securities Regulatory Commission］　中国証券監督管理委員会

CSTO［Collective Security Treaty Organization］　集団安全保障条約機構　＊旧ソ連構成諸国から成る多国間安全保障枠組み。

CSU［独 Christlich-Soziale Union］　キリスト教社会同盟〔独〕

CT［computed tomography］　コンピューター断層撮影（法・装置）

CTA［Commodity Trading Advisor］　商品投資顧問

CTBT［Comprehensive Nuclear Test Ban Treaty］　核実験全面禁止条約。包括的核実験禁止条約

CTC［centralized traffic control］　列車集中制御装置

C to C［consumer to consumer］　個人間取引　＊「C2C」とも表記。

CVC［corporate venture capital］　コーポレートベンチャーキャピタル　＊事業会社が自己資金を使って投資を行う組織。

CVD［chemical vapor deposition］　化学的気相成長（法）

CVID［complete, verifiable and irreversible dismantlement］　完全かつ検証可能で不可逆的な非核化　＊米国が提示した北朝鮮の核問題解決の原則。

CVT［continuously variable transmission］　無段変速機

CWC［Chemical Weapons Convention］　化学兵器禁止条約

D・d

DAC［Development Assistance Committee］　開発援助委員会　＊OECD の下部機構。

DC［defined contribution plan］　確定拠出年金

D2C［direct to consumer］　消費者直販型　＊実店舗を持たずインターネット限定で商品を販売するビジネス形態。

DCF方式［discounted cash flow］　ディスカウント・キャッシュ・フロー方式　＊企業の将来キャッシュフロー予測から現在の企業価値を導く方式。割引現在価値法。

DD原油［direct deal crude oil］　直接取引原油

DDoS攻撃（ディードスこうげき）［distributed denial of service attack］　大量のデータを送り付けるサイバー攻撃

DDS［drug delivery system］　ドラッグ・デリバリー・システム。薬物送達システム

DDT［dichlorodiphenyltrichloroethane］　ジクロロジフェニルトリクロロエタン　＊有機塩素系の殺虫剤。日本では 1971 年に使用禁止。

DEA［Drug Enforcement Administration］　麻薬取締局〔米〕

DEP［diesel exhaust particles］　ディーゼル排気微粒子

DFFT［data free flow with trust］　信頼ある自由なデータ流通

DFLP［Democratic Front for the Liberation of Palestine］　パレスチナ解放民主戦線

DGB［独 Deutscher Gewerkschaftsbund］　ドイツ労働総同盟

DHA［docosahexaenoic acid］　ドコサヘキサエン酸

DI［diffusion index］　業況判断指数

DIA［Defense Intelligence Agency］　国防情報局〔米〕

DINKS（ディンクス）［double income, no kids］　共働きで子供のいない夫婦。子供のいない共働き世帯

DIY［do-it-yourself］　日曜大工　＊自分で家具づくりや家の修繕などをすること。

DL［disabled list］　故障者リスト〔米大リーグ〕

DM［direct mail］　☞ダイレクトメール

DMAT（ディーマット）［disaster medical assistance team］　災害医療支援チーム。災害派遣医療チーム

DMZ［demilitarized zone］　非武装地帯

DNA［deoxyribonucleic acid］　デオキシリボ核酸

DOE［dividend on equity ratio］　株主資本配当率。自己資本配当率

DPE［development, printing, enlargement］　写真の現像・焼き付け・引き伸ばし

DPF［diesel particulate filter］　ディーゼル排気微粒子除去装置。粒子状物質低減装置

DRAM（ディーラム）［dynamic random access memory］　記憶保持動作が必要な随時書き込み読み出しメモリー

DSL［digital subscriber line］　デジタル加入者線

DTP［desktop publishing］　デスクトップパブリッシング。机上編集・出力

DV［domestic violence］　ドメスティックバイオレンス。配偶者間暴力。配偶者や恋人からの暴力

DVD［digital versatile disc］　デジタル多用途ディスク

DX［digital transformation］　デジタルトランスフォーメーション　＊デジタル技術と膨大なデータを組み合わせ、ビジネスモデルを変革すること。デジタル変革。

E・e

EAC［East African Community］　東アフリカ共同体

EAEC［East Asia Economic Caucus］　東アジア経済協議体

EAP［employee assistance program］　（医療上の）従業員援助プログラム。従業員支援プログラム

EAS［East Asia Summit］　東アジア首脳会議

EASA［European Aviation Safety Agency］　欧州航空安全機関。欧州航空安全庁

EB［exchangeable bond］　他社株転換債

EBA［European Banking Authority］　欧州銀行監督機構

EBIT［earnings before interest and taxes］　利払い・税引き前利益

EBITDA［earnings before interest, taxes, depreciation and amortization］　利払い・税引き・償却前利益

EBRD［European Bank for Reconstruction and Development］欧州復興開発銀行

EBU［European Broadcasting Union］　欧州放送連合

EC［electronic commerce］　電子商取引

EC［European Communities］　欧州共同体　＊EUの前身。

ECA［Economic Commission for Africa］　アフリカ経済委員会〔国連〕

ECB［European Central Bank］　欧州中央銀行

ECCS［emergency core cooling system］　緊急炉心冷却装置

ECE［Economic Commission for Europe］　欧州経済委員会〔国連〕

ECFA［Economic Cooperation Framework Agreement］中台経済協力枠組み協定

ECLAC［Economic Commission for Latin America and the Caribbean］　ラテンアメリカ・カリブ経済委員会〔国連〕

ECMO（エクモ）［extracorporeal membrane oxygenation］体外式膜型人工肺

ECOSOC［Economic and Social Council］　経済社会理事会〔国連〕

ECOWAS［Economic Community of West African States］西アフリカ諸国経済共同体

ECSC［European Coal and Steel Community］　欧州石炭鉄鋼共同体

EDF［仏 Électricité de France］　フランス電力　＊2004年に民営化。

EDLP［everyday low price］　毎日が安売り。いつでも安売り　＊小売業の定常的な低価格販売戦略。

EDR［event data recorder］　イベント・データ・レコーダー

E

＊車の走行速度やブレーキ操作などを記録する車載型の事故記録装置。

EEA［European Economic Area］ 欧州経済地域

EEC［Eastern Economic Corridor］ 東部経済回廊 ＊タイのバンコク東部の経済特区。

EEZ［exclusive economic zone］ 排他的経済水域

EFTA（エフタ）［European Free Trade Association］ 欧州自由貿易連合

EIA［Energy Information Administration］ エネルギー情報局〔米〕

EIB［European Investment Bank］ 欧州投資銀行

EL［electroluminescence］ エレクトロ・ルミネッセンス

EMF［European Monetary fund］ 欧州通貨基金

EMP［electromagnetic pulse］ 電磁パルス 「EMP 攻撃」

EMS［electronics manufacturing service］ 電子機器の受託製造サービス

EMS［express mail service］ 国際スピード郵便

EMU［Economic and Monetary Union］ 欧州経済通貨同盟

ENA［仏 École nationale d'administration］ 国立行政学院〔仏〕

ENI［伊 Ente Nazionale Idrocarburi］ イタリア炭化水素公社

EPA［Economic Partnership Agreement］ 経済連携協定

EPA［eicosapentaenoic acid］ エイコサペンタエン酸

EPA［Environmental Protection Agency］ 環境保護局〔米〕

EPZ［emergency planning zone］ 防災対策重点地域

ER［emergency room］ 救急治療室

ERP［enterprise resource planning］ 統合基幹業務システム

ERSS［emergency response support system］ 緊急時対策支援システム

ES細胞［embryonic stem cell］ 胚性幹細胞

ESA［European Space Agency］ 欧州宇宙機関

ESCAP（エスキャップ）［Economic and Social Commission

for Asia and the Pacific〕 アジア太平洋経済社会委員会〔国連〕

ESG〔environment, social and governance〕 環境・社会・企業統治 ＊ESG投資（環境、社会、企業統治を重視した投資）。

ESM〔European Stability Mechanism〕 欧州安定メカニズム

ESTA（エスタ）〔electronic system for travel authorization〕 電子渡航認証システム〔米〕

ETC〔electronic toll collection system〕 自動料金収受システム

ETF〔exchange traded fund〕 上場投資信託

ETN〔exchange traded note〕 上場投資証券。指数連動証券

EU〔European Union〕 欧州連合

EURATOM（ユーラトム）〔European Atomic Energy Community〕 欧州原子力共同体

EV〔electric vehicle〕 電気自動車 Ⓡ EV車

eVTOL〔electric vertical take-off and landing〕 電動垂直離着陸機

EZLN〔西 Ejército Zapatista de Liberación Nacional〕 サパティスタ民族解放軍〔メキシコ〕

F・f

FA〔factory automation〕 ファクトリーオートメーション

FA〔free agent〕 フリーエージェント

FAA〔Federal Aviation Administration〕 連邦航空局〔米〕

FAANG〔Facebook, Apple, Amazon, Netflix, Google〕 ＊米IT企業の大手5社（フェイスブック、アップル、アマゾン・ドット・コム、ネットフリックス、グーグル）の総称。

FAI〔仏 Fédération Aéronautique Internationale〕 国際航空連盟

FANG〔Facebook, Amazon, Netflix, Google〕 ＊米IT企業の大手4社（フェイスブック、アマゾン・ドット・コム、ネットフリックス、グーグル）の総称。

F

FAO〔Food and Agriculture Organization of the United Nations〕 食糧農業機関〔国連〕

FARC〔西 Fuerzas Armadas Revolucionarias de Colombia〕 コロンビア革命軍〔コロンビア〕

FAS〔Federation of American Scientists〕 米科学者連盟

FAS〔free alongside ship〕 船側渡し

FASB〔Financial Accounting Standards Board〕 財務会計基準審議会〔米〕

FATF〔Financial Action Task Force (on Money Laundering)〕 (資金洗浄に関する)金融活動作業部会

FBI〔Federal Bureau of Investigation〕 連邦捜査局〔米〕

FBR〔fast breeder reactor〕 高速増殖炉

FC〔franchise chain〕 フランチャイズチェーン

FCC〔Federal Communications Commission〕 連邦通信委員会〔米〕

FCPA〔Foreign Corrupt Practices Act〕 海外腐敗行為防止法〔米〕

FCV〔fuel cell vehicle〕 燃料電池車

FDA〔Food and Drug Administration〕 食品医薬品局〔米〕

FDIC〔Federal Deposit Insurance Corporation〕 連邦預金保険公社〔米〕

FDP〔独 Freie Demokratische Partei〕 自由民主党〔独〕

FEC〔Federal Election Commission〕 連邦選挙委員会〔米〕

FEMA(フィーマ)〔Federal Emergency Management Agency〕 連邦緊急事態管理庁。連邦緊急事態管理局〔米〕

FET〔field-effect transistor〕 電界効果トランジスタ

FF金利〔federal funds rate〕 フェデラルファンド金利

FF車〔front engine front drive〕 (前部エンジン)前輪駆動車

FIA〔仏 Fédération Internationale de l'Automobile〕 国際自動車連盟

FIA〔Futures Industry Association〕 米国先物取引業協会

FIFA(フィファ)〔仏 Fédération Internationale de Football Association〕 国際サッカー連盟

FIG［仏 Fédération Internationale de Gymnastique］ 国際体操連盟

FINA［仏 Fédération Internationale de Natation］ 国際水泳連盟

FIRRMA［Foreign Investment Risk Review Modernization Act］ 外国投資リスク審査近代化法〔米〕

FIS［仏 Fédération Internationale de Ski］ 国際スキー連盟

FIS［仏 Front Islamique du Salut］ イスラム救国戦線〔アルジェリア〕

FISA［仏 Fédération Internationale des Sociétés d'Aviron］ 国際ボート連盟

FISU［仏 Fédération Internationale du Sport Universitaire］ 国際大学スポーツ連盟

FIT［feed-in tariff］ 固定価格買い取り制度 ＊再生可能エネルギーで発電された電気を、国が定める固定価格で一定の期間電気事業者に調達を義務づけた制度。

FIVB［仏 Fédération Internationale de Volleyball］ 国際バレーボール連盟

FLN［仏 Front de Libération Nationale］ 民族解放戦線〔アルジェリア〕

FM［frequency modulation］ 周波数変調（方式）

FMLN［西 Frente Farabundo Martí para la Liberación Nacional］ ファラブンド・マルティ民族解放戦線〔エルサルバドル〕

FMS［flexible manufacturing system］ フレキシブル生産システム

FMS［Foreign Military Sales］ （対外）有償軍事援助〔米〕

FN［仏 Front National］ 国民戦線〔仏極右政党〕 ＊2018年、国民連合（Rassemblement National）に改称。

FOB［free on board］ 本船渡し

FOMC［Federal Open Market Committee］ 連邦公開市場委員会〔米〕

FPSO［floating production, storage and offloading］ 洋上石油天然ガスプラント。浮体式海洋石油・ガス生産貯蔵

積出設備

FR車［front engine rear drive］　（前部エンジン）後輪駆動車

FRB［Federal Reserve Board］　連邦準備理事会。連邦準備制度理事会〔米〕

FRP［fiber reinforced plastics］　繊維強化プラスチック

FRS［Federal Reserve System］　連邦準備制度〔米〕

FSB［露 Federal'naya Sluzhba Bezopasnosti］　連邦保安局〔露〕

FSB［Financial Stability Board］　金融安定（化）理事会＊各国・地域の金融機関を監督する当局で構成。

FSLN［西 Frente Sandinista de Liberación Nacional］　サンディニスタ民族解放戦線〔ニカラグア〕

FSX［fighter support experimental］　次期支援戦闘機〔航空自衛隊〕

FT［Financial Times］　フィナンシャル・タイムズ　＊英経済紙。

FTA［free trade agreement］　自由貿易協定

FTAA［Free Trade Area of the Americas］　米州自由貿易圏。米州自由貿易地域

FTAAP［Free Trade Area of the Asia-Pacific］　アジア太平洋自由貿易圏

FTC［Federal Trade Commission］　連邦取引委員会〔米〕

FTM［female to male］　身体的な性は女性だが心は男性の人

FX［fighter experimental］　次期（主力）戦闘機〔航空自衛隊〕

FX（取引）［foreign exchange on margin］　外国為替証拠金取引

G・g

G7（ジーセブン）［group of seven］　主要7カ国　＊日、米、英、仏、独、伊、カナダ。「主要7カ国首脳会議（G7サミット）」「主要7カ国（G7）財務相・中央銀行総裁会議」

G8（ジーエイト）［group of eight］　主要8カ国（G7＋露）

G20 (ジートゥエンティー)［group of twenty］ 主要 20 カ国・地域 ＊G8 ＋アルゼンチン、オーストラリア、ブラジル、中国、インド、インドネシア、韓国、メキシコ、サウジアラビア、南アフリカ、トルコ、EU。「20 カ国・地域首脳会議（G20 サミット）」「20 カ国・地域（G20）財務相・中央銀行総裁会議」

GAFA (ガーファ)［Google, Apple, Facebook, Amazon］ ＊米 IT 企業の大手 4 社（グーグル、アップル、フェイスブック、アマゾン・ドット・コム）の総称。

GAO［Government Accountability Office］ （米議会の）政府監査院

GAP［good agricultural practice］ 農業生産工程管理

GATT (ガット)［General Agreement on Tariffs and Trade］ 関税および貿易に関する一般協定。関税貿易一般協定 ＊WTO の前身。

GCC［Gulf Cooperation Council］ 湾岸協力会議

GCHQ［Government Communications Headquarters］ 政府通信本部〔英〕

GCP［good clinical practice］ 医薬品の臨床試験の実施に関する基準。治験の実施基準

GDP［gross domestic product］ 国内総生産

GDPR［General Data Protection Regulation］ 一般データ保護規則〔EU〕

GEF［Global Environment Facility］ 地球環境基金。地球環境ファシリティー

GFRP［glass fiber reinforced plastics］ ガラス繊維強化プラスチック

GHQ［General Headquarters］ 連合国軍総司令部

GI［geographical indications］ 地理的表示

GIF (ジフ、ギフ)［graphics interchange format］ グラフィックス・インターチェンジ・フォーマット ＊画像ファイルを保存するための圧縮フォーマット。

GIS［geographic information system］ 地理情報システム

GM［general manager］ ☞ゼネラルマネジャー

GM［genetically modified］ 遺伝子組み換え

GMS［general merchandise store］ 大型総合スーパースト

G

ア。総合スーパー

GMT［Greenwich Mean Time］　グリニッジ標準時

GNH［gross national happiness］　国民総幸福（量）

GNI［gross national income］　国民総所得

GNP［gross national product］　国民総生産

GPIF［Government Pension Investment Fund］　年金積立
　金管理運用独立行政法人

GPS［global positioning system］　全地球測位システム

GPU［graphics processing unit］　画像処理半導体

GRP［gross regional product］　域内総生産

GSOMIA（ジーソミア）［General Security of Military
　Information Agreement］　軍事情報包括保護協定

GST［goods and services tax］　物品サービス税

GVHD［graft-versus-host disease］　移植片対宿主病　＊
　臓器移植や輸血に伴う合併症。

GWEC［Global Wind Energy Council］　世界風力会議

H·h

HABITAT（ハビタット）［United Nations Human Settlements
　Programme］　国連人間居住計画　＊habitation（居住）
　から。

HACCP（ハサップ）［hazard analysis and critical control
　point］　危険度分析に基づく重点衛生管理。危険度分
　析による衛生管理

HBV［hepatitis B virus］　B型肝炎ウイルス

HCFC［hydrochlorofluorocarbon］　ハイドロクロロフルオロ
　カーボン

HCV［hepatitis C virus］　C型肝炎ウイルス

HD［hard disk］　ハードディスク　＊ハードディスクとハード
　ディスクドライブは構造が一体化しているため、同義語とし
　て用いられることがある。

HD［holdings］　ホールディングス（持ち株会社）

HDD［hard disk drive］　ハードディスクドライブ。ハードディ
　スク駆動装置

HDTV［high-definition television］　高精細度テレビ。ハイ

H

ビジョンテレビ

HEMT〔high electron mobility transistor〕 高電子移動度トランジスタ

HFC〔hydrofluorocarbon〕 ハイドロフルオロカーボン

HFT〔high frequency trading〕 高速取引。高頻度取引

hGH〔human growth hormone〕 ヒト成長ホルモン

HIV〔human immunodeficiency virus〕 エイズウイルス。ヒト免疫不全ウイルス

HLA〔human leukocyte antigen〕 ヒト白血球抗原（白血球の型）

HP〔home page〕 ホームページ

HRT〔hormone replacement therapy〕 ホルモン補充療法

HTGR〔high temperature gas-cooled reactor〕 高温ガス炉

HTLV〔human T-cell leukemia virus〕 ヒトT細胞白血病ウイルス

HTML〔hyper text markup language〕 ハイパーテキスト記述言語 ＊インターネット・ホームページを作成するための言語。

HV〔hybrid vehicle〕 ハイブリッド車 🈟 HV車

I・i

IAEA〔International Atomic Energy Agency〕 国際原子力機関〔国連〕

IASB〔International Accounting Standards Board〕 国際会計基準審議会

IATA〔International Air Transport Association〕 国際航空運送協会

IAU〔International Astronomical Union〕 国際天文学連合

IB〔International Baccalaureate〕 国際バカロレア

IBAF〔International Baseball Federation〕 国際野球連盟

IBD〔inflammatory bowel disease〕 炎症性腸疾患

IBF〔International Boxing Federation〕 国際ボクシング連盟〔プロ〕

IBRD〔International Bank for Reconstruction and Development〕 世界銀行（世銀）。国際復興開発銀行

IC〔integrated circuit〕 集積回路

IC〔interchange〕 ☞インターチェンジ

ICA〔International Coffee Agreement〕 国際コーヒー協定

ICAN（アイキャン、アイカン）〔International Campaign to Abolish Nuclear Weapons〕 核兵器廃絶国際キャンペーン ＊2017年、ノーベル平和賞受賞。

ICAO〔International Civil Aviation Organization〕 国際民間航空機関〔国連〕

ICBL〔International Campaign to Ban Landmines〕 地雷禁止国際キャンペーン ＊1997年、ノーベル平和賞受賞。

ICBM〔intercontinental ballistic missile〕 大陸間弾道弾。大陸間弾道ミサイル

ICC〔International Chamber of Commerce〕 国際商業会議所

ICC〔International Criminal Court〕 国際刑事裁判所

ICCAT〔International Commission for the Conservation of Atlantic Tunas〕 大西洋まぐろ類保存国際委員会

ICD〔International Classification of Diseases〕 国際疾病分類

ICIJ〔International Consortium of Investigative Journalists〕 国際調査報道ジャーナリスト連合

ICJ〔International Court of Justice〕 国際司法裁判所〔国連〕

ICMA〔International Capital Market Association〕 国際資本市場協会

ICO〔Information Commissioner's Office〕 情報コミッショナー事務局〔英〕

ICO〔Initial coin offering〕 イニシャル・コイン・オファリング。暗号資産（仮想通貨）技術を使った資金調達

ICO〔International Coffee Organization〕 国際コーヒー機関

ICOMOS（イコモス）〔International Council on Monuments and Sites〕 国際記念物遺跡会議

ICPO〔International Criminal Police Organization〕 国際

刑事警察機構。インターポール

ICRC［International Committee of the Red Cross］　赤十字国際委員会

ICRP［International Commission on Radiological Protection］　国際放射線防護委員会

ICSID［International Centre for Settlement of Investment Disputes］　投資紛争解決国際センター

ICSU［International Council for Science］　国際科学会議

ICT［information and communication technology］　情報通信技術

ICU［intensive care unit］　集中治療室

ID カード［identification card］　身分証明書（証）

IDA［International Development Association］　国際開発協会。第二世銀

IDB［Inter-American Development Bank］　米州開発銀行

iDeCo（イデコ）［individual-type Defined Contribution pension plan］　＊個人型確定拠出年金の愛称。

IEA［International Energy Agency］　国際エネルギー機関

IEC［International Egg Commission］　国際鶏卵協議会。国際鶏卵委員会

IF［International（Sports）Federation］　国際競技連盟

IFA［independent financial advisor］　独立系金融アドバイザー。金融商品仲介業者

IFAD［International Fund for Agricultural Development］　国際農業開発基金〔国連〕

IFC［International Finance Corporation］　国際金融公社

IFJ［International Federation of Journalists］　国際ジャーナリスト連盟

IFRC［International Federation of Red Cross and Red Crescent Societies］　国際赤十字・赤新月社連盟

IFRS［International Financial Reporting Standards］　国際会計基準

Ig［immunoglobulin］　免疫グロブリン

IGCC［integrated coal gasification combined cycle］　石炭ガス化複合発電

I

IGF［International Golf Federation］　国際ゴルフ連盟

IH［induction heating］　電磁誘導加熱

IIA［The Institute of Internal Auditors］　内部監査人協会〔米〕

IIF［Institute of International Finance］　国際金融協会

IISS［International Institute for Strategic Studies］　国際戦略研究所　＊英シンクタンク。

IJF［International Judo Federation］　国際柔道連盟

ILC［International Linear Collider］　国際リニアコライダー＊次世代加速器。

ILO［International Labor Organization］　国際労働機関〔国連〕

ILS［instrument landing system］　計器着陸装置

IMB［International Maritime Bureau］　国際海事局

IMF［International Monetary Fund］　国際通貨基金〔国連〕

IMFC［International Monetary and Financial Committee］　国際通貨金融委員会

IMO［International Maritime Organization］　国際海事機関〔国連〕

IMRT［intensity modulated radiation therapy］　強度変調放射線治療

INF［intermediate-range nuclear forces］　中距離核戦力

INPE［葡 Instituto Nacional de Pesquisas Espaciais］　ブラジル国立宇宙研究所

INS［inertial navigation system］　慣性航法装置

IOC［International Olympic Committee］　国際オリンピック委員会

IODP［Integrated Ocean Drilling Program］　統合国際深海掘削計画　＊2003〜13年に行われた多国間国際協力プロジェクト。

IODP［International Ocean Discovery Program］　国際深海科学掘削計画　＊2013年以降の多国間国際協力プロジェクト。

IOM［International Organization for Migration］　国際移住機関

IORA［Indian Ocean Rim Association］ 環インド洋連合

IOSCO［International Organization of Securities Commissions］ 証券監督者国際機構

IoT（アイオーティー）［Internet of Things］ モノのインターネット化 ＊「あらゆるモノがネットにつながる IoT」などとも表記する。

IP［intellectual property］ 知的財産

IP アドレス［internet protocol address］ インターネット上の住所。識別番号

IP 電話［internet protocol phone］ インターネット・プロトコル電話

IPA［Information-technology Promotion Agency］ 情報処理推進機構

IPC［International Paralympic Committee］ 国際パラリンピック委員会

IPCC［Intergovernmental Panel on Climate Change］ 気候変動に関する政府間パネル ＊2007 年、ノーベル平和賞受賞。

IPI［International Press Institute］ 国際新聞編集者協会

IPO［initial public offering］ （企業の）新規株式公開。新規公開株

IPP［independent power producer］ 電力卸売事業者

IPPC［International Plant Protection Convention］ 国際植物防疫条約

IPPF［International Planned Parenthood Federation］ 国際家族計画連盟

IPPNW［International Physicians for the Prevention of Nuclear War］ 核戦争防止国際医師会議

iPS細胞［induced pluripotent stem cell］ 人工多能性幹細胞 ＩPS 細胞 ＊i が小文字なのは、携帯音楽プレーヤー iPod を意識したため。

IPU［Inter-Parliamentary Union］ 列国議会同盟

IQ［intelligence quotient］ 知能指数

IR［integrated resort］ 統合型リゾート

IR［investor relations］ 投資家向け広報。投資家向け情

I

763

報提供

IRA［Irish Republican Army］　アイルランド共和軍

IRBM［intermediate-range ballistic missile］　中距離弾道弾。中距離弾道ミサイル

IRC［International Red Cross］　国際赤十字

IRENA［International Renewable Energy Agency］　国際再生可能エネルギー機関

ISAF［International Security Assistance Force］　国際治安支援部隊〔アフガニスタン〕

ISBN［International Standard Book Number］　国際標準図書番号

ISDN［integrated services digital network］　総合デジタル通信網

ISDS 条項［investor state dispute settlement］　投資家と国家間の紛争解決条項

ISL［Iceland］　アイスランド

ISM［Institute for Supply Management］　サプライマネジメント協会

ISO［International Organization for Standardization］　国際標準化機構

ISS［International Space Station］　国際宇宙ステーション

ISU［International Skating Union］　国際スケート連合。国際スケート連盟

IT［information technology］　情報技術　㋹ IT 技術

ITC［International Trade Commission］　国際貿易委員会〔米〕

ITER［International Thermonuclear Experimental Reactor］　国際熱核融合実験炉

ITF［International Tennis Federation］　国際テニス連盟

ITS［intelligent transport systems］　高度道路交通システム

ITTF［International Table Tennis Federation］　国際卓球連盟

ITU［International Telecommunication Union］　国際電気通信連合〔国連〕

ITUC［International Trade Union Confederation］　国際労働組合総連合

IUCN［International Union for Conservation of Nature and Natural Resources］　国際自然保護連合

IUD［intrauterine device］　子宮内避妊器具（リング）

IVH［intravenous hyperalimentation］　中心静脈栄養法

IWC［International Whaling Commission］　国際捕鯨委員会

IWGA［International World Games Association］　国際ワールドゲームズ協会

J・j

Jアラート［J-ALERT］　全国瞬時警報システム

JADA（ジャダ）［Japan Anti-Doping Agency］　日本アンチ・ドーピング機構

JAF［Japan Automobile Federation］　日本自動車連盟

JAPIC［Japan Project-Industry Council］　日本プロジェクト産業協議会

JARO（ジャロ）［Japan Advertising Review Organization］　日本広告審査機構

JAS（ジャス）［Japanese Agricultural Standard］　日本農林規格

JASRAC（ジャスラック）［Japanese Society for Rights of Authors, Composers and Publishers］　日本音楽著作権協会

JATA［Japan Association of Travel Agents］　日本旅行業協会

JAXA（ジャクサ）［Japan Aerospace Exploration Agency］　宇宙航空研究開発機構

JBC［Japan Boxing Commission］　日本ボクシングコミッション

JBIC［Japan Bank for International Cooperation］　国際協力銀行

JC［Japan Junior Chamber］　（日本）青年会議所

JCI［Junior Chamber International］　国際青年会議所

JCM［Japan Council of Metalworkers' Unions］　全日本金属産業労働組合協議会。金属労協

JCT［junction］　ジャンクション

JDR［Japanese Depositary Receipt］　日本預託証券　＊海外企業の株式を担保として日本国内で発行される預託証券。

JEITA［Japan Electronics and Information Technology Industries Association］　電子情報技術産業協会

JeSU［Japan esports Union］　日本 e スポーツ連合

JETRO（ジェトロ）［Japan External Trade Organization］　日本貿易振興機構

JFA［Japan Football Association］　日本サッカー協会

JFL［Japan Football League］　日本フットボールリーグ

JGA［Japan Golf Association］　日本ゴルフ協会

JGTO［Japan Golf Tour Organization］　日本ゴルフツアー機構

JI［インドネシア Jemaah Islamiyah］　ジェマア・イスラミア　＊東南アジアのテロ組織。

JIAA［Japan Interactive Advertising Association］　日本インタラクティブ広告協会

JIC［Japan Investment Corporation］　産業革新投資機構　＊2018 年に産業革新機構（INCJ）が改組。

JICA（ジャイカ）［Japan International Cooperation Agency］　国際協力機構

JIS（ジス）［Japanese Industrial Standards］　日本産業規格　＊2019 年に日本工業規格から改称。

JISS［Japan Institute of Sports Sciences］　国立スポーツ科学センター

JLPGA［Japan Ladies Professional Golfers' Association］　日本女子プロゴルフ協会

JOC［Japanese Olympic Committee］　日本オリンピック委員会

JOCV［Japan Overseas Cooperation Volunteers］　青年海外協力隊

JOGMEC（ジョグメック）［Japan Oil, Gas and Metals National

J

Corporation〕 石油天然ガス・金属鉱物資源機構

JOLTS〔Job Openings and Labor Turnover Survey〕 雇用
動態調査〔米〕

JPC〔Japanese Paralympic Committee〕 日本パラリンピック
委員会

JPN〔Japan〕 日本

JPX〔Japan Exchange Group, Inc.〕 日本取引所グループ

JRA〔Japan Racing Association〕 日本中央競馬会

JRC〔Japanese Red Cross Society〕 日本赤十字社

JSAA〔Japan Sports Arbitration Agency〕 日本スポーツ仲
裁機構

JSCCC〔Japan Society for Cultural studies of Chinese
Characters〕 日本漢字学会

JSPO〔Japan Sport Association〕 日本スポーツ協会

JST〔Japan Science and Technology Agency〕 科学技術振
興機構

JST〔Japan Standard Time〕 日本標準時

JTA〔Japan Tennis Association〕 日本テニス協会

JV〔joint venture〕 共同企業体。ジョイントベンチャー

JVA〔Japan Volleyball Association〕 日本バレーボール協会

JVC〔Japan International Volunteer Center〕 日本国際ボ
ランティアセンター

K・k

KD〔knockdown〕 ノックダウン。現地組み立て

KEDO（ケド、ケドー）〔Korean Peninsula Energy Develop-
ment Organization〕 朝鮮半島エネルギー開発機構

KFOR〔Kosovo Force〕 コソボ平和維持部隊

KGB〔露 Komitet Gosudarstvennoi Bezopasnosti〕 国家保
安委員会〔旧ソ連〕

KKK〔Ku Klux Klan〕 クー・クラックス・クラン ＊米白人優
越主義秘密結社。

KNU〔Karen National Union〕 カレン民族同盟〔ミャンマー〕

KOSPI〔Korea Composite Stock Price Index〕 韓国総合
株価指数

KPI [key performance indicator]　重要業績評価指標。重要業績指標

L・l

LAN [local area network]　企業内情報通信網。構内情報通信網

LANDSAT (ランドサット) [land satellite]　地球資源調査衛星。資源探査衛星 〔米〕

LBO [leveraged buyout]　☞レバレッジド・バイアウト

LC [letter of credit]　信用状

LCC [low-cost carrier]　格安航空会社

LCD [liquid crystal display]　液晶表示装置

LD [laser diode]　レーザーダイオード

LD [learning disability]　学習障害（児）

LDC [least developed countries]　後発発展途上国。後発開発途上国

LDL [low density lipoprotein]　低比重リポたんぱく質。悪玉コレステロール

LED [light emitting diode]　発光ダイオード

LGBT [lesbian, gay, bisexual, transgender]　性的少数者
＊レズビアン（女性同性愛者）、ゲイ（男性同性愛者）、バイセクシュアル（両性愛者）、トランスジェンダー（心と体の性の不一致）の頭文字をとった総称。他の性的指向や性自認を持つ少数者は含まないとされる。

LHC [large hadron collider]　大型ハドロン衝突型加速器。巨大粒子加速器

LIBOR [London Interbank Offered Rate]　ロンドン銀行間取引金利

LLC [limited liability company]　有限責任会社 〔米〕

LLP [limited liability partnership]　有限責任事業組合

LME [London Metal Exchange]　ロンドン金属取引所

LNG [liquefied natural gas]　液化天然ガス

LPG [liquefied petroleum gas]　液化石油ガス

LPGA [Ladies Professional Golf Association]　女子プロゴルフ協会 〔米〕

LPSA［The Ladies Professional Shogi-players' Association of Japan］　日本女子プロ将棋協会

LRT［light rail transit］　次世代型路面電車

LSE［London Stock Exchange］　ロンドン証券取引所

LSI［large scale integration］　大規模集積回路

LTE［long term evolution］　高速通信

LTTE［Liberation Tigers of Tamil Eelam］　タミル・イーラム解放のトラ　＊スリランカの反政府武装組織。

M·m

M&A（エムアンドエー）［merger and acquisition］　（企業の）合併・買収

MaaS（マース）［mobility as a service］　サービスとしての移動手段　＊自動車や電車など複数の移動手段を組み合わせるサービス。

MAS［Monetary Authority of Singapore］　シンガポール金融通貨庁

MBA［master of business administration］　経営学修士（号）

MBO［management buyout］　マネジメント・バイアウト。経営陣による企業買収。経営陣が参加する買収

MBS［mortgage-backed securities］　住宅ローン担保証券

MC［machining center］　マシニングセンター

MCI［mild cognitive impairment］　軽度認知障害

MD［mini disc］　ミニディスク

MD［missile defense］　ミサイル防衛

MDMA［3, 4-methylenedioxymethamphetamine］　＊合成麻薬の一種。

ME［microelectronics］　マイクロエレクトロニクス。極微小電子技術

MERS（マーズ）［Middle East respiratory syndrome］　中東呼吸器症候群

MeToo　セクハラ被害の告発　＊「私も」の意。「#MeToo」と表記することが多い。

MFN［most-favored-nation treatment］　最恵国待遇

MI5〔Military Intelligence Section 5〕 情報局保安部〔英〕

MIA〔missing in action〕 戦闘中の行方不明兵。行方不明米兵

MIDI〔musical instrument digital interface〕 ＊コンピューターで扱う音楽のための国際規格。

MiFID2（ミフィッドツー）〔Markets in Financial Instruments Directive 2〕 第2次金融商品市場指令 ＊投資家保護を強化した EU の金融規制。

MIGA〔Multilateral Investment Guarantee Agency〕 多国間投資保証機関

MILF〔Moro Islamic Liberation Front〕 モロ・イスラム解放戦線〔フィリピン〕

MIRV〔multiple independently targetable reentry vehicle〕 各個誘導多核弾頭。複数目標弾頭

MIS〔management information system〕 経営情報システム

MIT〔Massachusetts Institute of Technology〕 マサチューセッツ工科大学〔米〕

MLB〔Major League Baseball〕 メジャーリーグ・ベースボール。米大リーグ。米大リーグ機構

MLCC〔multi-layer ceramic capacitor〕 積層セラミックコンデンサー

MMF〔money management fund〕 短期公社債投資信託。マネー・マネジメント・ファンド〔日本〕

MMF〔money market fund〕 短期金融資産投資信託。マネー・マーケット・ファンド〔外貨建て〕

MNLF〔Moro National Liberation Front〕 モロ民族解放戦線〔フィリピン〕

MNP〔mobile number portability〕 モバイル番号ポータビリティー。（携帯電話の）番号持ち運び制度

MO〔magneto-optical disk〕 光磁気ディスク

MONUSCO〔仏 Mission de l'Organisation des Nations Unies pour la stabilisation en République démocratique du Congo〕 国連コンゴ安定化派遣団

MOOCs（ムークス）〔Massive Open Online Courses〕 大規

M

模公開オンライン講座

MOS［metal-oxide-semiconductor］　金属酸化膜半導体

MOX燃料（モックスねんりょう）［mixed oxide fuel］　（ウラン・プルトニウム）混合酸化物燃料

MPU［microprocessor unit］　超小型演算処理装置

MR［medical representative］　医薬情報担当者

MRBM［medium-range ballistic missile］　準中距離弾道ミサイル

MRF［money reserve fund］　マネー・リザーブ・ファンド

MRI［magnetic resonance imaging］　磁気共鳴画像。磁気共鳴画像装置

MRSA［methicillin resistant Staphylococcus aureus］　メチシリン耐性黄色ブドウ球菌

MRTA［西 Movimiento Revolucionario Túpac Amaru］　トゥパク・アマル革命運動〔ペルー〕

MS［mission specialist］　搭乗運用技術者。ミッション・スペシャリスト

MSC［Marine Stewardship Council］　海洋管理協議会

MSF［仏 Médecins Sans Frontières］　国境なき医師団

MTCR［missile technology control regime］　ミサイル関連技術輸出規制

MTF［male to female］　身体的な性は男性だが心は女性の人

MVNO［mobile virtual network operator］　仮想移動体通信事業者

MVP［most valuable player］　最優秀選手。最高殊勲選手

N・n

NAACP［National Association for the Advancement of Colored People］　全米黒人地位向上協会。全米有色人地位向上協会

NAFTA（ナフタ）［North American Free Trade Agreement］　北米自由貿易協定

NAS［National Academy of Sciences］　米科学アカデミー

NASA（ナサ）[National Aeronautics and Space Administration] 米航空宇宙局

NATO（ナトー）[North Atlantic Treaty Organization] 北大西洋条約機構

NBA[National Basketball Association] 米プロバスケットボール協会

NBC兵器[nuclear, biological and chemical weapons] 核・生物・化学兵器

NC[numerical control] 数値制御

NCAA[National Collegiate Athletic Association] 全米大学体育協会

NCD[negotiable certificate of deposit] 譲渡性預金 ＊CD とも。

NCI[National Cancer Institute] 米国立がん研究所

NEA[Nuclear Energy Agency] （OECD の）原子力機関

NEC[National Economic Council] 国家経済会議〔米〕

NEDO（ネド）[New Energy and Industrial Technology Development Organization] 新エネルギー・産業技術総合開発機構

NEET ☞ニート

NEXI[Nippon Export and Investment Insurance] 日本貿易保険 ＊日本政府が 100%出資する公的輸出信用機関。

NFL[National Football League] 米ナショナル・フットボールリーグ

NGFS[Network for Greening the Financial System] 気候変動リスク等に係る金融当局ネットワーク

NGO[nongovernmental organization] 非政府組織。民間活動団体

NHC[National Hurricane Center] 国立ハリケーンセンター〔米〕

NHL[National Hockey League] 北米アイスホッケーリーグ

NHTSA[National Highway Traffic Safety Administration] 高速道路交通安全局〔米運輸省〕

NICT[National Institute of Information and Communications Technology〕 情報通信研究機構

NICU〔neonatal intensive care unit〕 新生児集中治療室

NIE〔newspaper in education〕 新聞活用学習。新聞を教材にして授業を展開する運動。教育に新聞を

NIES〔newly industrializing economies〕 新興工業経済地域。新興工業経済群。新興工業国・地域群

NIH〔National Institutes of Health〕 国立衛生研究所〔米〕

NIOC〔National Iranian Oil Company〕 イラン国営石油会社

NISA(ニーサ)〔Nippon Individual Savings Account〕 少額投資非課税制度 ＊積み立て型の少額投資非課税制度（つみたて NISA）。

NISC〔National center of Incident readiness and Strategy for Cybersecurity〕 内閣サイバーセキュリティセンター

NITE〔National Institute of Technology and Evaluation〕 製品評価技術基盤機構

NLD〔National League for Democracy〕 国民民主連盟〔ミャンマー〕

NLL〔northern limit line〕 （海上の南北朝鮮境界線である）北方限界線

NLP〔night landing practice〕 夜間離着陸訓練

NOAA〔National Oceanic and Atmospheric Administration〕 海洋大気局〔米〕

NOC〔National Olympic Committee〕 国内オリンピック委員会

NORAD〔North American Aerospace Defense Command〕 北米航空宇宙防衛司令部

NOW〔National Organization for Women〕 全米女性機構

NOx(ノックス)〔nitrogen oxides〕 窒素酸化物

NPA〔New People's Army〕 新人民軍〔フィリピン〕

NPB〔Nippon Professional Baseball〕 日本野球機構〔社団法人〕。（その内部組織である）日本プロ野球組織〔任意団体〕

NPD〔独 Nationaldemokratische Partei Deutschlands〕 国家民主党〔独ネオナチ党〕

NPDI［Non-Proliferation and Disarmament Initiative］　軍縮・不拡散イニシアチブ

NPFC［North Pacific Fisheries Commission］　北太平洋漁業委員会

NPM［new public management］　ニュー・パブリック・マネジメント。新公的管理。新公共管理

NPO［non-profit organization］　非営利組織。民間非営利団体　＊商業的利益を目的とせず、公益活動に取り組むボランティア団体。

NPO法人［non-profit organization］　特定非営利活動法人

NPR［nuclear posture review］　核（戦力）体制見直し〔米〕

NPT［Nuclear Non-Proliferation Treaty］　核拡散防止条約。核不拡散条約

NRA［National Rifle Association］　全米ライフル協会

NRC［Nuclear Regulatory Commission］　原子力規制委員会〔米〕

NSA［National Security Agency］　国家安全保障局〔米〕

NSC［National Security Council］　国家安全保障会議

NSF［National Science Foundation］　全米科学財団

NSG［Nuclear Suppliers Group］　原子力供給国グループ

NTB［non-tariff barrier］　非関税障壁

NTSB［National Transportation Safety Board］　（国家）運輸安全委員会〔米〕

NYMEX［New York Mercantile Exchange］　ニューヨーク・マーカンタイル取引所。ニューヨーク商業取引所

NYSE［New York Stock Exchange］　ニューヨーク証券取引所

O・o

OA［office automation］　オフィスオートメーション

OAPEC（オアペック）［Organization of Arab Petroleum Exporting Countries］　アラブ石油輸出国機構

OAS［Organization of American States］　米州機構

OCA［Olympic Council of Asia］　アジア・オリンピック評議会

OCC［Office of the Comptroller of the Currency］ 通貨監督庁〔米〕

OCHA［Office for the Coordination of Humanitarian Affairs］ 国連人道問題調整事務所

OCR［optical character reader］ 光学式文字読み取り装置

ODA［official development assistance］ 政府開発援助

OECD［Organisation for Economic Co-operation and Development］ 経済協力開発機構

OEM［original equipment manufacturing］ 相手先ブランドによる生産

OHCHR［Office of the United Nations High Commissioner for Human Rights］ 国連人権高等弁務官事務所

OIC［Organisation of Islamic Cooperation］ イスラム協力機構

OIE［仏 Office International des Épizooties］ 国際獣疫事務局

OIS［overnight index swap］ 翌日物金利スワップ

OJT［on-the-job training］ 職場内訓練

OMB［Office of Management and Budget］ 行政管理予算局〔米〕

OPCW［Organisation for the Prohibition of Chemical Weapons］ 化学兵器禁止機関

OPEC（オペック）［Organization of the Petroleum Exporting Countries］ 石油輸出国機構

OS［operating system］ 基本ソフト。基本ソフトウエア

OSCE［Organization for Security and Co-operation in Europe］ 全欧安保協力機構。欧州安保協力機構

OT［operational technology］ 運用技術

OTC医薬品［over-the-counter drug］ 一般医薬品 ＊カウンター越しに薬を販売することが由来。

P・p

P波（ピーは）［primary wave］ （地震の）縦波。第一波。初期微動

PA［parking area］ パーキングエリア

PAC［political action committee］ 政治活動委員会 ＊米の企業・個人献金窓口機関。

PAC3（パックスリー）［PATRIOT Advanced Capability-3］ 地対空誘導弾。地上配備型誘導弾（パトリオット・ミサイル3）

PAD［People's Alliance for Democracy］ 民主市民連合〔タイ〕 ＊反タクシン派。

PAN［西 Partido Accion Nacional］ 国民行動党〔メキシコ〕

PAZ［precautionary action zone］ 予防的防護措置準備区域。原発から5キロメートル圏内の即時避難区域

PB［private brand］ プライベートブランド。自主企画商品

PBR［price book-value ratio］ 株価純資産倍率

PCB［polychlorinated biphenyl］ ポリ塩化ビフェニール

PCE［personal consumption expenditure］ 個人消費支出〔米〕 ＊経済指標。

PCR［polymerase chain reaction］ ポリメラーゼ連鎖反応。合成酵素連鎖反応。遺伝子増幅技術

PCT［Patent Cooperation Treaty］ 特許協力条約

PDA［personal digital assistant］ 携帯情報端末

PDF［portable document format］ ポータブル・ドキュメント・フォーマット ＊電子書類のファイル形式名。

PED［Porcine Epidemic Diarrhea］ 豚流行性下痢

PEN（ペン）［International Association of Poets, Playwrights, Editors, Essayists and Novelists］ 国際ペンクラブ

PER［price earnings ratio］ 株価収益率

PET（ペット）［polyethylene terephthalate］ ポリエチレンテレフタレート（樹脂）

PET［positron emission tomography］ 陽電子放射断層撮影（装置）

PFI［private finance initiative］ 民間資金を活用した社会資本整備。公的資本の民間所有。プライベート・ファイナンス・イニシアチブ

PFLP［Popular Front for the Liberation of Palestine］ パレスチナ解放人民戦線

PFP［Partnership for Peace］ 平和のためのパートナーシップ（協調協定）

PGA［Professional Golfers' Association］ 日本プロゴルフ協会。米プロゴルフ協会

pH［potential of hydrogen］ 水素イオン指数。水素イオン濃度 ☞ ピーエイチ

PHS［personal handyphone system］ 簡易型携帯電話

PHV［plug-in hybrid vehicle］ プラグインハイブリッド車

PIF［Pacific Islands Forum］ 太平洋諸島フォーラム

PIF［Public Investment Fund］ 公共投資基金 ＊サウジアラビアの政府系ファンド。

PISA（ピザ）［Programme for International Student Assessment］ （OECD の）国際学習到達度調査

PKF［peacekeeping forces］ 国連平和維持軍 ＊日本が参加する場合の政府呼称は「平和維持隊」。

PKK［クルド Partiya Karkerên Kurdistan］ クルド労働者党

PKO［peacekeeping operations］ 国連平和維持活動

PKO［price keeping operation］ 株価維持策

PL［profit and loss statement］ 損益計算書

PL法［product liability］ 製造物責任法

PLO［Palestine Liberation Organization］ パレスチナ解放機構

PM［particulate matter］ 粒子状物質

PMDA［Pharmaceuticals and Medical Devices Agency］ 医薬品医療機器総合機構

PMI［Purchasing Managers' Index］ 購買担当者景気指数

PNC［Palestine National Council］ パレスチナ民族評議会

POL［Poland］ ポーランド

POP広告（ポップこうこく）［point of purchase advertising］ 店頭販促広告

POS［point of sales］ 販売時点情報管理

P2P［peer to peer］ ピア・ツー・ピア ＊複数のコンピューター間で直接情報を交換する技術。

ppb［parts per billion］ 10億分率。10億分の1

pphm［parts per hundred million］ 1億分率。1億分の1

P

ppm［parts per million］ 100万分率。100万分の1

PPP［polluter pays principle］ 汚染者負担（原則）

PPP［public private partnership］ 官民パートナーシップ
＊官と民が連携して行う公共性の高い事業。

PPP［purchasing power parity］ 購買力平価（説）

PPS［power producer and supplier］ 特定規模電気事業
者

PRI［西 Partido Revolucionario Institucional］ 制度的革
命党〔メキシコ〕

PRI［Principles for Responsible Investment］ 責任投資原
則 ＊国連が機関投資家にESGを投資の意思決定に組
み込むよう提唱。

PSEi［Philippine Stock Exchange Composite Index］ フィリ
ピン証券取引所総合指数

PSI［Proliferation Security Initiative］ 大量破壊兵器拡散
阻止構想。拡散防止構想

PSOE［西 Partido Socialista Obrero Español］ 社会労働党
〔西〕

PTFE［polytetrafluoroethylene］ ポリテトラフルオロエチレ
ン

PTSD［post-traumatic stress disorder］ 心的外傷後ストレ
ス障害

PWR［pressurized water reactor］ 加圧水型軽水炉

Q・q

QC［quality control］ 品質管理

QDR［Quadrennial Defense Review］ 4年ごとの国防計
画見直し〔米〕

QE［quantitative easing］ 量的緩和（策）

QOL［quality of life］ 生命の質。生活の質。生命・生活
の質

R・r

RAM［random access memory］ 随時書き込み読み出しメ
モリー

RAPCON（ラプコン）[radar approach control]　航空交通管制

RCC[renal cell carcinoma]　腎細胞がん

RCC[The Resolution and Collection Corporation]　整理回収機構

RCEP（アールセップ）[Regional Comprehensive Economic Partnership]　東アジア（地域）包括的経済連携

R&D（アールアンドディー）[research and development]　研究開発

RDF[Rapid Deployment Force]　緊急展開部隊。緊急展開軍

RDF[refuse derived fuel]　ごみ固形（化）燃料

REIT（リート）[real estate investment trust]　不動産投資信託

REVIC[Regional Economy Vitalization Corporation of Japan]　地域経済活性化支援機構

RFID[radio frequency identification]　無線自動識別

RI[radioisotope]　放射性同位元素

R&I（アールアンドアイ）[Rating and Investment Information, Inc.]　格付投資情報センター

RIMPAC（リムパック）[Rim of the Pacific Exercise]　環太平洋合同演習

RNA[ribonucleic acid]　リボ核酸

ROA[return on asset]　総資産利益率

ROE[return on equity]　株主資本利益率。自己資本利益率

ROI[return on investment]　投資利益率

ROIC[return on invested capital]　投下資本利益率

ROM（ロム）[read only memory]　読み出し専用メモリー

RPA[robotic process automation]　ロボティック・プロセス・オートメーション。ロボットによる業務自動化

RPG[role-playing game]　ロールプレイング・ゲーム

RSF[仏 Reporters Sans Frontières]　国境なき記者団

RV[recreational vehicle]　多目的レジャー車。レジャー用多目的車　⚫ RV車

S波（エスは）[secondary wave]　（地震の）横波。大きな揺れ。

SA[service area]　サービスエリア

SAARC[South Asian Association for Regional Cooperation]　南アジア地域協力連合

SACO[Special Action Committee on facilities and areas in Okinawa]　沖縄施設・区域特別行動委員会。日米特別行動委員会

SADC[Southern African Development Community]　南部アフリカ開発共同体

SAE[Society of Automotive Engineers]　米自動車技術者協会

SAIS[Paul H. Nitze School of Advanced International Studies]　ジョンズ・ホプキンス大高等国際問題研究所［米］

SAJ[Ski Association of Japan]　全日本スキー連盟

SALT[Strategic Arms Limitation Talks/Treaty]　戦略兵器制限交渉（条約）

SAM[surface-to-air missile]　地対空ミサイル

SAP[superabsorbent polymer]　高吸水性樹脂

SARS（サーズ）[severe acute respiratory syndrome]　重症急性呼吸器症候群。新型肺炎

SAS[sleep apnea syndrome]　睡眠時無呼吸症候群

SAT（サット）[Special Assault Team]　特殊急襲部隊［警察庁］

SBA[Small Business Administration]　中小企業局。中小企業庁［米］

SC[shopping center]　ショッピングセンター

SCM[supply chain management]　サプライチェーン・マネジメント

SCO[Shanghai Cooperation Organization]　上海協力機構

SDGs（エスディージーズ）[Sustainable Development Goals]

持続可能な開発目標

SDI［Strategic Defense Initiative］　戦略防衛構想〔米〕

SDR［special drawing rights］　(IMFの)特別引き出し権

SE［systems engineer］　システムエンジニア

SEAJ［Semiconductor Equipment Association of Japan］
日本半導体製造装置協会

SEC［Securities and Exchange Commission］　証券取引委
員会〔米〕

SEMI［Semiconductor Equipment and Materials International］　国際半導体製造装置材料協会

SEO［search engine optimization］　検索エンジン最適化
＊検索結果の表示順の上位に自らのウェブサイトが表示さ
れるようにする工夫。

SFTS［severe fever with thrombocytopenia syndrome］
重症熱性血小板減少症候群

SFX［special effects］　特殊撮影。特殊効果。特撮技術。
特殊視覚効果技術

SG［steam generator］　蒸気発生器

SGマーク［safety goods mark］　安全商品マーク

SGX［Singapore Exchange］　シンガポール取引所

SHAPE［Supreme Headquarters Allied Powers Europe］
欧州連合軍最高総司令部〔NATO〕

SIA［Semiconductor Industry Association］　米半導体工業
会

SIDS［sudden infant death syndrome］　乳幼児突然死症
候群

SIFMA［Securities Industry and Financial Markets Association］　証券業金融市場協会〔米〕

SIMカード（シムカード）［subscriber identity module card］
契約者特定記録媒体。携帯端末個別認証カード

SIPRI［Stockholm International Peace Research Institute］
ストックホルム国際平和研究所

S&L（エスアンドエル）［Savings and Loan Association］　貯
蓄貸付組合。貯蓄金融機関〔米〕

SLBM［submarine-launched ballistic missile］　潜水艦発

射弾道ミサイル

SLCM［sea-launched cruise missile］ 海洋発射巡航ミサイル

SM3［standard missile 3］ スタンダード・ミサイル3 ＊弾道弾迎撃ミサイル。

SMO［site management organization］ 治験施設支援機関

SMR［small modular reactor］ 小型モジュール炉

SNG［substitute natural gas］ 合成天然ガス。代替天然ガス

SNP［single nucleotide polymorphism］ 一塩基多型

SNS［social networking service］ ☞ソーシャル・ネットワーキング・サービス

SOFC［solid oxide fuel cell］ 固体酸化物形燃料電池

SOHO（ソーホー）［small office home office］ スモールオフィス・ホームオフィス。コンピュータ利用の小規模事業所

SONAR（ソナー）［sound navigation and ranging］ 水中音波探知機

SOx（ソックス）［sulfur oxides］ 硫黄酸化物

SPA［specialty store retailer of private label apparel］ 製造小売り ＊企画から製造、小売りまでを一貫して行うアパレルのビジネスモデル。

SPC［special purpose company］ 特定目的会社。特別目的会社

SPD［独 Sozialdemokratische Partei Deutschlands］ 社会民主党〔独〕

SPDC［State Peace and Development Council］ 国家平和発展評議会〔ミャンマー〕 ＊旧軍事政権の最高機関。

SPEEDI（スピーディ）［system for prediction of environmental emergency dose information］ 緊急時迅速放射能影響予測ネットワークシステム。放射性物質拡散予測システム

SPF値［sun protection factor］ ＊日焼け防止用化粧品の効果指数。

S

SPM［suspended particulate matter］　浮遊粒子状物質

SQ［special quotation］　特別清算指数

SQUID［superconducting quantum interference device］　超伝導量子干渉素子。超電導量子干渉素子

SRAM［static random access memory］　記憶保持動作が不要な随時書き込み読み出しメモリー

SRBM［short-range ballistic missile］　短距離弾道ミサイル

SRI［socially responsible investment］　社会的責任投資

SS［suspended solids］　浮遊物質

SSC［Security Subcommittee］　日米安全保障高級事務レベル協議

SSD［solid state drive］　ソリッド・ステート・ドライブ　＊パソコンなどの記憶装置。

SST［supersonic transport］　超音速旅客機

STマーク［safety toy mark］　＊おもちゃの安全基準合格マーク。

STAP細胞（スタップさいぼう）［stimulus-triggered acquisition of pluripotency cell］　刺激惹起性多能性獲得細胞

START（スタート）［Strategic Arms Reduction Treaty］　戦略兵器削減条約

STD［sexually transmitted disease］　性（行為）感染症

STEM 教育［science, technology, engineering and mathematics］　科学・技術・工学・数学に重点を置いた人材育成教育

SUV［sport utility vehicle］　スポーツ用多目的車。多目的スポーツ車

SWAPO［South-West African People's Organization］　南西アフリカ人民機構〔ナミビア〕

SWF［sovereign wealth fund］　政府系投資ファンド

T・t

TAC［total allowable catch］　漁獲可能量

TAC［Treaty of Amity and Cooperation in Southeast Asia］　東南アジア友好協力条約

TAG［Trade Agreement on goods］　物品貿易協定

TC［type certificate］　型式証明

TCAS［traffic alert and collision avoidance system］　（航空機搭載の）衝突防止（警報）装置

TCFD［Task Force on Climate-related Financial Disclosures］　気候関連財務情報開示タスクフォース

TDL［Tokyo Disneyland］　東京ディズニーランド

TDM［transportation demand management］　交通需要マネジメント

TDR［Tokyo Disney Resort］　東京ディズニーリゾート

TDS［Tokyo DisneySea］　東京ディズニーシー

TFT［thin film transistor］　薄膜トランジスタ

TGV［仏 Train à Grande Vitesse］　高速鉄道。超高速新幹線〔仏〕

THAAD［terminal high altitude area defense］　最終段階高高度地域防衛。最終段階高高度迎撃ミサイル。地上配備型ミサイル迎撃システム

TIBOR［Tokyo Interbank Offered Rate］　東京銀行間取引金利

TICAD［Tokyo International Conference on African Development］　アフリカ開発会議

TLO［technology licensing organization］　技術移転機関

TMD［theater missile defense］　戦域ミサイル防衛

TNF［tumor necrosis factor］　腫瘍壊死因子

TOB［take-over bid］　株式公開買い付け

TOCOM［Tokyo Commodity Exchange, Inc.］　東京商品取引所

TOPIX（トピックス）［Tokyo Stock Price Index］　東証株価指数

TPP［Trans-Pacific Partnership; Trans-Pacific Strategic Economic Partnership Agreement］　環太平洋パートナーシップ協定。環太平洋経済連携協定

TQC［total quality control］　総合的品質管理。全社的品質管理

TSR［total shareholder return］　株主総利回り

TTIP［Transatlantic Trade and Investment Partnership］

環大西洋貿易投資協定

TTP〔ウルドゥー Tehrik-e-Taliban Pakistan〕 パキスタン・タリバン運動

TUC〔Trades Union Congress〕 労働組合会議〔英〕

U・u

UAE〔United Arab Emirates〕 アラブ首長国連邦

UAW〔United Automobile Workers〕 全米自動車労働組合

UCI〔仏 Union Cycliste Internationale〕 国際自転車競技連合

UDD〔United Front for Democracy Against Dictatorship〕 反独裁民主戦線〔タイ〕 ＊タクシン派。

UEFA（ウエファ）〔Union of European Football Associations〕 欧州サッカー連盟

UFO（ユーフォー、ユーエフオー）〔unidentified flying object〕 未確認飛行物体

UHF〔ultrahigh frequency〕 極超短波

UMA（ユーマ）〔和製 unidentified mysterious animal〕 未確認動物

UMP〔仏 Union pour un Mouvement Populaire〕 国民運動連合。民衆運動連合〔仏〕 ＊2015年、共和党（Les Républicans）に改称。

UN〔United Nations〕 国際連合。国連

UNAIDS〔Joint United Nations Programme on HIV/AIDS〕 国連合同エイズ計画

UNAMA〔United Nations Assistance Mission in Afghanistan〕 国連アフガニスタン支援団

UNCTAD（アンクタッド）〔United Nations Conference on Trade and Development〕 国連貿易開発会議

UNDOF〔United Nations Disengagement Observer Force〕 国連兵力引き離し監視軍

UNDP〔United Nations Development Programme〕 国連開発計画

UNEP〔United Nations Environment Programme〕 国連

U

環境計画

UNESCO（ユネスコ）［United Nations Educational, Scientific and Cultural Organization］　国連教育科学文化機関

UNFPA［United Nations Population Fund］　国連人口基金　＊略称は旧称 United Nations Fund for Population Activities から。

UNHCR［Office of the United Nations High Commissioner for Refugees］　国連難民高等弁務官事務所

UNICEF（ユニセフ）［United Nations Children's Fund］　国連児童基金　＊略称は旧称 United Nations International Children's Emergency から。

UNIDO（ユニド）［United Nations Industrial Development Organization］　国連工業開発機関

UNIFIL［United Nations Interim Force in Lebanon］　国連レバノン暫定軍

UNIVAS（ユニバス）［Japan Association for University Athletics and Sport］　大学スポーツ協会　＊日本版 NCAA。

UNMISS［United Nations Mission in the Republic of South Sudan］　国連南スーダン派遣団

UNMOVIC［United Nations Monitoring, Verification and Inspection Commission］　国連監視検証査察委員会

UNODC［United Nations Office on Drugs and Crime］　国連薬物犯罪事務所

UNOPS（ユノップス）［United Nations Office for Project Services］　国連プロジェクトサービス機関

UNRWA［United Nations Relief and Works Agency for Palestine Refugees in the Near East］　国連パレスチナ難民救済事業機関

UNTAC（アンタック）［United Nations Transitional Authority in Cambodia］　国連カンボジア暫定統治機構　＊1993年解散。

UNU［United Nations University］　国連大学

UNV［United Nations Volunteers］　国連ボランティア計画

UNWTO［World Tourism Organization］　（国連）世界観

U

光機関　＊略称に UN を付けるのは世界貿易機関(WTO)との混同を避けるため。

UPU［Universal Postal Union］　万国郵便連合〔国連〕

UPZ［urgent protective action planning zone］　緊急(時)防護措置準備区域

UR［Urban Renaissance Agency］　都市再生機構

URL［uniform resource locator］　＊インターネット・ホームページのある場所(アドレス)。

USA［United States of America］　アメリカ合衆国

USAID［United States Agency for International Development］　米国際開発庁。米国際開発局

USB［universal serial bus］　＊パソコンと周辺機器を接続するためのインターフェース規格の一つ。

USC［ultra super critical］　超々臨界圧発電

USDA［United States Department of Agriculture］　米農務省

USDP［Union Solidarity and Development Party］　連邦団結発展党〔ミャンマー〕

USGA［United States Golf Association］　米国ゴルフ協会

USGS［United States Geological Survey］　米地質調査所

USMCA［United States-Mexico-Canada Agreement］　米国・メキシコ・カナダ協定　＊北米自由貿易協定(NAFTA)に代わる新協定。

USPS［United States Postal Service］　米郵政公社

USTR［United States Trade Representative］　米通商代表部

USW［United Steelworkers (of America)］　全米鉄鋼労働組合

UV［ultraviolet rays］　紫外線

V・v

VAR［video assistant referees］　ビデオ・アシスタント・レフェリー

VAT［value-added tax］　付加価値税

VB［venture business］　ベンチャービジネス

VC［venture capital］　ベンチャーキャピタル

VDT［visual（video）display terminal］　コンピューターなどの画像表示装置

VFX［visual effects］　視覚効果

VHF［very high frequency］　超短波

VICS［vehicle information and communication system］　道路交通情報通信システム

VIP［very important person］　最重要人物

VLCC［very large crude oil carrier］　大型オイルタンカー。大型タンカー

VLSI［very large scale integration］　超大規模集積回路

VOA［Voice of America］　米政府海外向け放送

VOD［video on demand］　ビデオ・オン・デマンド

VPP［virtual power plant］　仮想発電所

VR［virtual reality］　バーチャルリアリティー。仮想現実

VRE［vancomycin resistant enterococci］　バンコマイシン耐性腸球菌

VTOL［vertical takeoff and landing］　垂直離着陸（機）

VTR［video tape recorder］　ビデオテープレコーダー

W・w

W杯［world cup］　ワールドカップ　＊新聞やテレビ画面で、文字数を少なくするための表記。㉫読みは「ワールドカップ」。

WADA（ワダ）［World Anti-Doping Agency］　世界反ドーピング機構

WAM［Welfare and Medical Service Agency］　福祉医療機構

WAN［wide area network］　広域ネットワーク。広域通信網

WAN-IFRA［World Association News Publishers］　世界新聞・ニュース発行者協会

WBA［World Boxing Association］　世界ボクシング協会

WBC［World Boxing Council］　世界ボクシング評議会

WBGT［wet bulb globe temperature］　暑さ指数

WBO［World Boxing Organization］　世界ボクシング機構

WBSC［World Baseball Softball Confederation］　世界野球ソフトボール連盟

WCO［World Customs Organization］　世界税関機構

WCPFC［Western and Central Pacific Fisheries Commission］中西部太平洋まぐろ類委員会

WCRP［World Conference of Religion for Peace］　世界宗教者平和会議

WDM［wavelength division multiplexing］　波長分割多重

WEC［World Endurance Championship］　世界耐久選手権＊国際自動車連盟が運営する耐久レースの世界選手権。

WEC［World Energy Council］　世界エネルギー会議

WECPNL［weighted equivalent continuous perceived noise level］　加重等価平均騒音レベル。うるさい指数

WEF［World Economic Forum］　世界経済フォーラム

WEO［World Economic Outlook］　IMF の世界経済見通し

WFP［World Food Programme］　世界食糧計画〔国連〕

WFTU［World Federation of Trade Unions］　世界労働組合連盟

WG［working group］　☞ワーキンググループ

WG［World Games］　☞ワールドゲームズ

WGC［World Gold Council］　ワールド・ゴールド・カウンシル　＊金の国際調査機関。

WHO［World Health Organization］　世界保健機関〔国連〕

Wi-Fi（ワイファイ）［Wireless Fidelity］　＊無線 LAN の規格で商標。

WIPO［World Intellectual Property Organization］　世界知的所有権機関〔国連〕

WLTP［worldwide harmonized light vehicles test procedure］乗用車等の国際調和燃費・排ガス試験方法

WMO［World Meteorological Organization］　世界気象機関〔国連〕

WPI［wholesale price index］　卸売物価指数

WR［World Rugby］　ワールドラグビー　＊ラグビーの国際統括団体。

WRC［World Radiocommunication Conference］　世界無

789

線通信会議　＊ITU が主催する 3 〜 4 年に 1 度の国際会議。

WRC［World Rally Championship］　世界ラリー選手権　＊国際自動車連盟が主催するラリーの世界選手権。

WS［work station］　ワークステーション

WTA［Women's Tennis Association］　女子テニス協会

WTI［West Texas Intermediate］　ウエスト・テキサス・インターミディエート。テキサス産軽質油

WTO［World Trade Organization］　世界貿易機関

WWF［World Wide Fund for Nature］　世界自然保護基金

WWW［World Wide Web］　ワールド・ワイド・ウェブ

Y・y

YMCA［Young Men's Christian Association］　キリスト教青年会

YWCA［Young Women's Christian Association］　キリスト教女子青年会

Z・z

ZEB［net zero energy building］　ネット・ゼロ・エネルギー・ビル。ゼロ・エネルギービル

ZEH（ゼッチ）［net zero energy house］　ネット・ゼロ・エネルギー・ハウス。ゼロエネルギー住宅

ZEV［zero emission vehicle］　排ガスゼロ車

記号

3D（スリーディー）［three dimensions］　3 次元

3R（スリーアール）［reduce, reuse, recycle］　循環型社会を目指す標語

4WD［four-wheel drive］　四輪駆動（車）

5G（ファイブジー）［5th Generation］　第 5 世代移動体通信

5W1H（ごダブリューいちエイチ）［when, where, who, what, why, how］

「いつ・どこで・誰が・何を・なぜ・どのように」。文章を書くときの六つの基本要素。特に報道関係で言われる。

英国の児童文学者ラドヤード・キプリング（1865〜1936）が書いた『なぜなぜ物語（Just So Stories for Little Children）』（1902）の「象のこども（The Elephant's Child）」のなかに、知りたいことは何でも教えてくれる6人のしっかりものの召使が登場する詩がある。

Their names are What and Why and When

And How and Where and Who.

ジャーナリストで評論家の扇谷正造は『現代ジャーナリズム入門』（1972）のなかで、これが「5W1Hの出典」だとしている。

ヶ・ケ　☞コラム「箇（か）」

々（同の字点、ノマ点）

代々木という地名や佐々木という人名に使われるため、これを漢字だと思っている人もいるかもしれない。しかし、これは同じ漢字の繰り返し符号で漢字ではない。「同の字点」「ノマ点」などと呼ばれる「踊り字」の一種だ。「ノマ」は「々」が片仮名の「ノ＋マ」に読めるところから言われるもの。「複々線」「堂々と」などのように、同じ漢字が重なる場合は基本的に「々」を使って表記する。しかし、地上から約7千〜1万メートル前後までの高さを表す「高高度」などのように、「高度」の度合いを示す場合などは「高々度」とはしない。また「老老介護」のように、対象を明確にしたい場合は「老老」という具合に、漢字を重ねて表記する場合もある。

繰り返し符号には、平仮名用として「ゝ」「ゞ」（濁音）、片仮名用として「ヽ」「ヾ」（濁音）などがあり、「一の字点」などと呼ばれている。

・（中点、中黒）

新聞の取り決めでは、外来語の場合「コンビニエンスストア」「プラスアルファ」など2語からなる複合語には、原則として語間に「・」を付けない。ただし字数が長かったり、判読が難しかったりした場合はこの限りではない。「ケース・バイ・ケース」「ワーク・ライフ・バランス」など、3語以上からなる複合語には語間に「・」を付ける。それぞれの語にさほど独立性がない場合や判読が難しくない場合に

は、「・」を省いてもよい。

「アテネ・パラリンピック」「ノーモア・ヒロシマ」など、片仮名の人名・地名などの固有名詞と外来語が結びつく場合は、その間に「・」を入れる。

他にも、ラジオ・テレビ、食材（ネギ・ショウガ・トマト・卵）などのように同格の単語を並記する場合、「東京・新宿」「大阪・道頓堀」など区名を省いて使用する有名な地名の場合、「9・11テロ」「2・26事件」など月、日を省略する場合、縦書きで小数点を表す場合などにも使用する。

\# ☞ ハッシュタグ

#MeToo ☞ MeToo

\# ☞ シャープ

付録

漢字の部

マスコミ 常用漢字表

凡例

1 見出し字

・マスコミ（新聞社・通信社・放送局）では常用漢字をもとに使用する漢字を決めている。その2166字を次の形で掲げた。

【 】常用漢字（通用字体。2010年内閣告示）。2136字。

☆＝2010年に追加された常用漢字表の字種。196字。

★＝2010年に追加された常用漢字表の音訓。29音訓。

×＝日本新聞協会新聞用語懇談会が使用しないことを決めた字種。7字。当用漢字表補正資料（1954年国語審議会報告）での削除字（28字）の一部。

△＝一部の社が字種・音訓を不使用（仮名書き、ないし読み仮名付きで使用）。

△＝常用漢字表にはないが、一部の社が独自に使用する音訓。

〔 〕常用漢字表の表外字だが、新聞では読み仮名なしで使用する漢字（特定の熟語についてのみ使用を認めた漢字も含む）。

○＝新聞用語懇談会が使用を決めた字種、音訓、熟語。

△＝一部の社が独自に使用する字種、音訓。

人 ＝人名用漢字。戸籍法施行規則別表に記載された漢字。同表前文に「常用漢字に準じて扱うことが妥当」と明記されている字体。

1951、 1981＝表外漢字字体表（2000年国語審議会答申）の「人名用漢字の字体一覧」に掲載された人名用漢字の制定年。同表前文に「常用漢字に準じて扱うことが妥当」と明記されている字体。

2004＝2004年に新たに追加された人名用漢字（常用漢字表の旧字体のうち人名用漢字として認められた字体なども含まれる）。なお、2004年以降の人名用漢字は法務省が字体の標準を示すものではないと表明している。

2010＝2010年の常用漢字表改定で削除され、人名用漢字となった漢字。

標＝表外漢字字体表に掲げられた印刷標準字体。

・見出し字の下に異体字を（ ）及び［ ］で示した。

（ ）＝常用漢字表に「いわゆる康熙字典体」として掲げてあ

ア

る旧字体。３６４字体。

［ ］＝その他の旧字体、異体字。

〓＝常用漢字表、表外漢字字体表で３部首（しんにゅう／しめすへん／しょくへん）の略体「辶／ネ／⻟」の使用を許容された字体。

〓＝常用漢字表、表外漢字字体表で「デザインの違い」とされた字形。

2　見出し字の配列

・最初に掲げた音訓の五十音順。同音の場合は常用漢字→表外漢字の順、それぞれの中では画数順とする。ただし、同じ構成要素を持つ漢字は比較できるよう同じ箇所にまとめた。

3　音訓

・音は片仮名、訓は平仮名で示した。音→訓の順を原則とするが、音よりも訓が代表的である表外漢字の場合、訓→音の順で掲げたものもある。

・常用音訓、及び新聞用語懇談会（一部の社を含む）が使用を決めた音訓、熟語を**太字**（送り仮名は細字）で示した。

【ア・あ】

亜（亞）区2004　ア

哀　△☆　アイ・あわれ・あわれ(む)

挨　△☆　アイ

愛　△☆　アイ

曖　む　アイ

悪（惡）区2004　アク・オ・わるい

握　アク・にぎる

圧（壓）　アツ

扱　あつかう

宛　☆　あてる

嵐　☆　あらし

安　アン・やすい

案　アン

暗　アン・くらい　＊「闇」の書きかえ字。

【イ・い】

以　イ

衣　イ・ころも

畏 △☆ イ・おそれる

為(爲) △☆ 囚2004 イ

威 イ

萎 ☆ イ・△なえる

委 ☆ イ・★ゆだねる

医(醫) イ

囲(圍) イ・かこむ・かこう

位 イ・くらい

依 イ・エ

椅 ☆ イ

緯 イ

違 イ・ちがう・ちがえる

偉 イ・えらい

移 イ・うつる・うつす

異 イ・こと

慰 イ・なぐさめる・なぐさむ

尉 イ

胃 イ

一 イチ・イツ・ひと・ひとつ

炒 ○標 いためる

磯 ○ 囚1951 いそ

育 イク・そだつ・そだてる・★はぐくむ

域 イキ

遺 イ・ユイ

維 イ

意 イ

彙 △☆ イ

姻 イン

咽 △☆ イン

因 イン・△よる

印 イン・しるし

引 イン・ひく・ひける

芋 いも

茨 ☆ [茨]デ [茨]デ いばら 「茨城県」

逸(逸) 囚2004 イツ

壱(壹) イチ

ウ

韻	隱	飲	陰	淫	院	員
韵〔別体・簡体字〕 イン	（隱）イン・かくす・かくれる	イン・のむ	イン・かげ・かげる	☆[淫] イン・△みだら	イン	イン

ウ・う

右　ウ・ユウ・みぎ

浦	畝	鬱	唄	嘘	鵜	雨	羽	宇
うら	△ うね	[鬱] ウツ	☆ うた	☆[嘘] うそ・キョ	△[標]2004 う 「鵜飼い」	ウ・あめ・あま	[羽] ウ・は・はね	[宇] ウ

エ・え

映	英	詠	泳	永	雲	運	噂
エイ・うつる・うつす・はえる	エイ	エイ・よむ	エイ・およぐ	エイ・ながい	ウン・くも	ウン・はこぶ	△[入]2004 [噂] うわさ

液	益	疫	易	衛	鋭	影	営	栄
エキ	エキ・ヤク	エキ・ヤク	エキ・イ・やさしい	（衞）[入]2004 エイ	エイ・するどい	エイ・かげ	（營）[入]2004 エイ・いとなむ	（榮）[入]2004 エイ・さか える・は える

駅（驛） エキ

悦 エツ

閲 エツ

越 エツ・こす・こえる

謁（謁） △2004 エツ

円（圓） エン・まるい

延 エン・のびる・のべる・のばす

沿 エン・そう

炎 エン・ほのお
＊「焰」の書きかえ字。

怨 ☆ △エン・オン

宴 エン

媛 ☆ エン

援 エン

園〔薗〕 △2004 エン・その

煙 エン・けむる・けむり・けむい

猿 エン・さる

遠 エン・オン・とおい

鉛 エン・なまり

塩（鹽） エン・しお

演 エン

縁（緣） △2004 エン・ふち

艶（艷） △☆ エン・つや

オ・お

汚 オ・けがす・けがれる・けがらわしい・よごす・よごれる・きたない

王 オウ

旺 ☆ オウ

凹 オウ

央 オウ

応（應） △2004 オウ・★こたえる

往 オウ

押 オウ・おす・おさえる

欧（歐） オウ

殴（毆） △2004 オウ・なぐる

桜（櫻） △2004 オウ・さくら

翁 オウ

奥（奧） △2004 オウ・おく

横(橫) 〔人〕2004 オウ・よこ

岡 ☆ おか

屋 オク・や

億 オク

憶 オク

臆 ☆ オク

虞 × おそれ

乙 オツ

俺 ☆ おれ

卸 おろす・おろし

音 オン・イン・おと・ね

恩 オン

温(溫) 〔人〕2004 オン・あた たかい・あたたまる・あたため たか・あた る

穏(穩) オン・おだやか

カ・か

下 カ・ゲ・した・しも・もと・さげる・さがる・くだる・くだす・くださる・おろす・おりる

化 カ・ケ・ばける・ばかす

花 カ・はな

靴 カ・くつ

火 カ・ひ・ほ

加 カ・くわえる・くわわる

架 カ・かける・かかる

可 カ

何 カ・なに・なん

河 カ・△かわ

苛 △☆ カ

荷 カ・に

歌 カ・うた・うたう

仮(假) カ・ケ・かり

暇 カ・ひま

佳 カ

価(價) 〔人〕2004 カ・あたい

果 カ・はたす・はてる・はて

菓 カ

課 カ

科 カ

夏 カ・ゲ・なつ

家 カ・ケ・いえ・や

稼 カ・かせぐ

嫁 カ・よめ・とつぐ

華 カ・ケ・はな

貨 カ

渦 カ・うず

過 カ・すぎる・すごす・あやまつ・あやまち

禍(禍) 人2004 カ

寡 カ

箇 か

蚊 か

牙 ☆[牙]デ [牙]デ △ガ・ゲ・きば

芽 ガ・め

雅 ガ

瓦 ☆ △ガ・かわら

我 ガ・われ・わ

画(畫) ガ・カク *「劃」の書きかえ字。畫（昼の旧字体）は別字。

餓 ガ

賀 ガ

介 カイ

回 カイ・エ・まわる・まわす *「廻」の書きかえ字。

灰 カイ・はい

会(會) カイ・エ・あう

絵(繪) カイ・エ

快 カイ・こころよい

戒 カイ・いましめる

改 カイ・あらためる・あらたまる *「誡」の書きかえ字。

怪 カイ・あやしい・あやしむ

拐 カイ

悔(悔) 人2004 カイ・くいる・くやむ・くやしい

海(海) 人2004 カイ・うみ

界 カイ

皆　カイ・みな

階　カイ

楷　☆　カイ

諧　☆　カイ

械　カイ

開　カイ・ひらく・ひらける・あく・あける

塊　カイ・かたまり

解　カイ・ゲ・とく・とける・とかす

潰　☆　△カイ・つぶす・つぶれる

害　ガイ

骸　☆ガイ

該　☆ガイ

劾　△ガイ

外　ガイ・ゲ・そと・ほか・はずす・はずれる

貝　かい

懐（懷）　人2004　カイ・ふところ・なつかしい・なつかしむ・なつく・なつける・△なつこい

壊（壞）　人2004　カイ・こわす・こわれる

各　カク・△おのおの

柿　☆　かき　*柿（こけら。8画）は別字。

垣　かき

蓋　△☆　ガイ・ふた

概（槪）　△☆　ガイ

慨（慨）　☆ガイ

街　ガイ・カイ・まち

涯　ガイ

崖　☆　ガイ・がけ

較　カク

覚（覺）　カク・おぼえる・さます・さめる

郭　カク　*「廓」の書きかえ字。

殻（殼）　カク・から

核　カク

革　カク・かわ

拡（擴）　カク

角　カク・かど・つの

格　カク・コウ

隔　カク・へだてる・へだたる・へだ

閣　カク

確　カク・たしか・たしか・める

穫　カク

獲　カク・える

嚇　カク

学（學）　ガク・まなぶ

岳（嶽）　ガク・たけ
＊固有名詞「御嶽山」では旧字体も使用。「嶽温泉〈青森県弘前市〉」

楽（樂）　[人]2004　ガク・ラク・たのしい・たのしむ

額　ガク・ひたい

顎　△☆　ガク・あご

掛　かける・かかる・かか（り）

笠　△[人]2004[標]　かさ「夜目遠目笠の内」

潟　かた

括　カツ

活　カツ

喝（喝）　カツ

渇（渇）　[人]2004　カツ・かわく

葛　☆[葛]　カツ・くず

褐（褐）　△☆　カツ

割　カツ・わる・わり・われる・さく

轄　カツ

滑　カツ・★コツ・すべる・なめらか

且　×かつ

株　かぶ

釜　☆　かま

鎌　☆　かま

刈　[苅]　かる　＊固有名詞「苅田町〈福岡県〉・苅萱道心〈浄瑠璃〉」では異体字も使用。

干　カン・ほす・ひる

刊　カン

汗　カン・あせ

肝　カン・きも

幹　カン・みき

甘　カン・あまい・あまえ・あまやかす・あまえる

缶（罐） カン

完 カン

官 カン

管 カン・くだ

棺 カン

館［舘］［舘］ カン・やかた

冠 カン・かんむり

巻（卷）△2004 カン・まく・まき

看 カン

陥（陷）△2004 カン・おちいる・おとしいれる

乾 カン・かわく・かわかす

勘 カン

患 カン・わずらう

貫 カン・つらぬく

慣 カン・なれる・ならす

寒 カン・さむい

喚 カン

換 カン・かえる・かわる

堪 カン・たえる

敢 カン

款 カン

間 カン・ケン・あいだ・ま

簡 カン

閑 カン

勧（勸）カン・すすめる

歓（歡）カン

観（觀）カン

寛（寬）△2004 カン

感 カン

憾 カン

漢（漢）△2004 カン

関（關）カン・せき・★かかわる

監 カン

艦 カン

鑑［鑒］カン・△かんがみる・★かがみ

緩 カン・ゆるい・ゆるやか・ゆるむ・ゆるめる

【還】カン・△かえす・△か

【環】カン

【韓】☆ [韓]デ [韓]デ
カン

【丸】ガン・まる・まるい・まるめる

【含】ガン・ふくむ・ふくめる

【岸】ガン・きし

【岩】ガン・いわ

【玩】☆ ガン

【頑】ガン

【眼】ガン・ゲン・まなこ

【顔】[顔] ガン・かお

〈キ・き〉

【企】キ・くわだてる

【伎】キ

【危】☆ キ・あぶない・あやうい・あやぶむ

【机】キ・つくえ
*「機」の簡体字。

【気】(氣) 囗2004 キ・ケ

【岐】キ

【希】キ
*「稀」の書きかえ字。

【忌】キ・いむ・いまわしい

【紀】キ

【記】キ・しるす

【起】キ・おきる・おこる・おこす

【汽】キ

【奇】キ
*「畸」の書きかえ字。

【寄】キ・よる・よせる

【騎】キ

【祈】(祈) 囗2004 キ・いのる

【季】キ

【軌】キ

【既】(既) キ・すでに

【飢】キ・うえる

【鬼】キ・おに

【帰】(歸)[皈] キ・かえる・かえす

【基】キ・もと・もとい

キ

規 キ

亀 ☆ （龜） キ・かめ

喜 キ・よろこぶ

幾 キ・いく

機 キ・はた

揮 キ

期 キ・ゴ

棋 キ

貴 キ・たっとい・とうとい・たっとぶ・とうとぶ

棄 キ

毀 △☆ キ

旗 キ・はた

器 （器） [人]2004 キ・うつわ

畿 ☆ キ

輝 キ・かがやく

技 ギ・わざ

宜 ［宜］ ギ

偽 （僞） [人]2004 ギ・いつわる・にせ

欺 ギ・あざむく

義 ギ

儀 ギ

犠 （犧） ギ

議 ギ

疑 ギ・うたがう

擬 ギ

戯 （戲） [人]2004 ギ・たわむれる

菊 キク

絆 ○ [人]2004 嘌 ［絆］ きずな

吉 ［吉］ キチ・キツ ＊吉と吉は、一般には同じ漢字として用いることができるが、戸籍等では、使い分ける場合がある。マスコミでは通用字体使用が原則。（吉野家など）

喫 キツ

詰 キツ・つめる・つまる・つむ

却 キャク・カク

客 キャク・カク

脚 キャク・キャ・あし

常用漢字　表外漢字　簡体字

丘 キュウ・おか	弓 キュウ・ゆみ	級 キュウ	吸 キュウ・すう	及 キュウ・およぶ・および・およぼす	久 キュウ・ク・ひさしい	九 キュウ・ク・ここの・こ	虐 ギャク・しいたげる	逆 ギャク・さか・さからう

泣 キュウ・なく	究 キュウ・きわめる	球 キュウ・たま	救 キュウ・すくう	求 キュウ・もとめる	臼 ☆ キュウ・うす	朽 キュウ・くちる	休 キュウ・やすむ・やすまる・やすめる	旧（舊）キュウ

去 キョ・コ・さる	牛 ギュウ・うし	窮 キュウ・きわめる・きわまる	嗅 ☆ △キュウ・かぐ	給 キュウ	宮 キュウ・グウ・ク・みや	糾 キュウ ＊「糺」の書きかえ字。糺は異体字でもあり、固有名詞では使用。「糺の森（京都市下鴨神社境内にある森）」	急 キュウ・いそぐ

魚 ギョ・うお・さかな	許 キョ・ゆるす	虚（虚）人2004 キョ・コ	挙（擧）キョ・あげる・あがる	拠（據）キョ・コ	居 キョ・いる	距 キョ	拒 キョ・こばむ	巨 キョ

漁 ギョ・リョウ

御 ギョ・ゴ・おん ＊「馭」の書きかえ字。

凶 キョウ ＊「兇」の書きかえ字。

共 キョウ・とも

供 キョウ・ク・そなえる・とも

叫 キョウ・さけぶ

狂 キョウ・くるう・くるおしい

京 キョウ・ケイ

享 キョウ ＊亭(コウ・とおる)は別字。

協 キョウ

況 キョウ

峡(峽) 〔人〕2004 キョウ

挟(挾) 〔人〕2004 キョウ・はさむ・はさまる

狭(狹) 〔人〕2004 キョウ・せまい・せばめる・せばまる

恐 キョウ・おそれる・おそろしい

恭 キョウ・うやうやしい

胸 キョウ・むね・むな

脅 キョウ・おびやかす・おどす・おどかす

強 キョウ・ゴウ・つよい・つよまる・つよめる・しいる

教 キョウ・おしえる・おそわる

郷(鄕) 〔人〕2004 キョウ・ゴウ

響(響) 〔人〕2004 キョウ・ひびく

卿 [卿] △〔標〕2004 [卿] デ キョウ・ケイ ○枢機卿 「公卿(くぎょう)」

境 キョウ・ケイ・さかい

鏡 キョウ・かがみ

橋 キョウ・はし

矯 キョウ・ためる

競[競] 〔人〕2004 キョウ・ケイ・きそう・せる ＊兢(キョウ。「戦々兢々」)は別字。

驚 キョウ・おどろく・おどろかす

仰 ギョウ・コウ・あおぐ・おおせ

暁(曉) 〔人〕2004 ギョウ・あかつき

業 ギョウ・ゴウ・わざ

凝 ギョウ・こる・こらす

曲 キョク・まがる・まげる

【局】キョク

【極】キョク・ゴク・きわめる・きわまる・きわみ

【玉】ギョク・たま

【巾】キン

【斤】☆キン

【近】キン・ちかい・△ちかしい

【均】キン

【金】キン・コン・かね・かな

【菌】キン

【勤】(勤)〔人〕2004 キン・ゴン・つとめる・つとまる

【琴】キン・こと

【筋】キン・すじ

【僅】△☆[僅]〔人〕2004 キン・わずか

【謹】(謹)キン・つつしむ

【禁】キン

【襟】キン・えり

【緊】キン

【錦】☆△キン・にしき

ク・く

【銀】ギン

【吟】ギン

【区】(區)ク

【駆】(驅)[駈]〔人〕2004 ク・かける・かる

【句】ク

【苦】ク・くるしい・くるしむ・くるしめる・にがい・にがる

【具】グ

【惧】☆[懼]〔テ〕グ ＊本来、懼の異体字だが、別字扱い。「危惧／恐懼」などと書き分ける。

【愚】グ・おろか

【杭】△〔人〕[標] 国・浙江省 くい・コウ 「杭州市(中こうしゅう

【空】クウ・そら・あく・あける・から・△むなしい

【偶】グウ

【遇】グウ

【隅】グウ・すみ

【釘】△[人]2004 標 くぎ・テイ

【串】[人]2004 くし

【窟】☆ クツ

【掘】☆ クツ・ほる

【屈】クツ

【熊】☆ くま

【栗】○[人]1981 くり・リツ

【繰】☆ くる

【君】クン・きみ

【訓】クン

【勲】(勳)[人]2004 クン

【薫】(薰)[人]2004 クン・かおる

【軍】グン

【郡】グン

【群】グン・むれる・むれ・むら

ケ・け

【兄】ケイ・キョウ・あに

【刑】ケイ

【型】ケイ・かた

【形】ケイ・ギョウ・かた・かたち

【系】ケイ

【係】ケイ・かかる・かかり

【径】(徑)ケイ

【茎】(莖)ケイ・くき

【経】(經)ケイ・キョウ・へる・

【軽】(輕)△たつ ケイ・かるい・かろやか

【契】ケイ・ちぎる

【計】ケイ・はかる・はからう

【恵】(惠)[人]2004 ケイ・エ・めぐむ

【啓】ケイ

【掲】(揭)[人]2004 ケイ・かかげる

【渓】(溪)ケイ

【鶏】(鷄)[人]2004[雞]ケイ・にわとり・○とり

【蛍】(螢)ケイ・ほたる

【敬】ケイ・うやまう

【警】ケイ

常用漢字　表外漢字　簡体字

16

【景】ケイ

【憬】△☆ ケイ

【慶】ケイ

【詣】☆ △ケイ・もうでる

【継（繼）】ケイ・つぐ

【携】ケイ・たずさえる・たずさわる

【傾】ケイ・かたむく・かたむける

【稽】☆［稽］〒 ケイ

【憩】ケイ・いこい・いこう

【芸（藝）】人2004 ゲイ ＊「藝」の簡体字。芸（ウン）と藝（ゲイ）は本来別字だが、藝の新字体に芸が採用された。

【迎】ゲイ・むかえる

【鯨】ゲイ・くじら

【隙】☆［隙］△ゲイ・ すき

【劇】ゲキ

【撃（擊）】人2004 ゲキ・うつ

【激】ゲキ・はげしい

【桁】☆ けた

【欠（缺）［欽］】かけ る・かく ＊欠（ケン）と缺（ケツ）は本来別字だが、缺の新字体に欠が採用された。ただし法律用語の「欠缺」では区別して使われる。

【穴】ケツ・あな

【血】ケツ・ち

【決】ケツ・きめる・きまる

【結】ケツ・むすぶ・ゆう・ゆわえる

【傑】ケツ 杰（別体字・簡体字）

【潔】ケツ・いさぎよい

【月】ゲツ・ガツ・つき

【犬】ケン・いぬ

【件】ケン

【見】ケン・みる・みえる・みせる

【券】ケン

【拳】☆ ケン・こぶし

【肩】ケン・かた

【建】ケン・コン・たてる・たつ

【健】ケン・すこやか

ケ

鍵 ☆ ケン・かぎ

研（研） ケン・とぐ

県（縣）囚2004 ケン

懸 ケン・ケ・かける・かかる

倹（儉）囚2004 ケン

剣（劍）囚2004 ［劔］ ケン・つるぎ

検（檢）囚2004 ケン

険（險）囚2004 ケン・けわしい

験（驗）囚2004 ケン・ゲン

絹 ケン・きぬ

献（獻）囚2004 ケン・コン

賢 ケン・かしこい

堅 ケン・かたい

圏（圈）囚2004 ケン

軒 ケン・のき

謙 ケン

嫌 ケン・ゲン・きらう・いや

兼 ケン・かねる

弦 ゲン・つる ＊「絃」の書きかえ字。

玄 ゲン

幻 ゲン・まぼろし

元 ゲン・ガン・もと

顕（顯）囚2004 ケン

繭 △ケン・まゆ

憲 ケン

権（權） ケン・ゴン

遣 ケン・つかう・つかわす

厳（嚴）囚2004 ゲン・ゴン・おごそか・きびしい

減 ゲン・へる・へらす

現 ゲン・あらわれる・あらわす

源 ゲン・みなもと

原 ゲン・はら

限 ゲン・かぎる

言 ゲン・ゴン・いう・こと

舷 ☆ ゲン

コ

コ・こ

己	コ・キ・おのれ
戸	コ・と
古	コ・ふるい・ふるす
固	コ・かためる・かたまる・かたい
枯	コ・かれる・からす
故	コ・ゆえ
個	コ
錮 ☆	コ

呼	コ・よぶ
股 ☆	コ・また
虎 ☆	コ・とら
孤	コ
弧	コ
庫	コ・ク
湖	コ・みずうみ
雇	コ・やとう
顧	コ・かえりみる

誇	コ・ほこる
鼓	コ・つづみ
五	ゴ・いつ・いつつ
悟	ゴ・さとる
語	ゴ・かたる・かたらう
互	ゴ・たがい
午	ゴ・△うま「午年[うまどし]」
呉	ゴ
娯	ゴ

誤	ゴ・あやまる
後	ゴ・コウ・のち・うしろ・あと・おくれる
碁	ゴ
護	ゴ
口	コウ・ク・くち
工	コウ・ク
巧	コウ・たくみ・△たくむ
功 [切]	コウ・ク
江	コウ・え

常用漢字　表外漢字　簡体字

19

攻 コウ・せめる

紅 コウ・ク・べに・くれない

貢 コウ・ク・みつぐ

【肛】△標 コウ ○肛門

公 コウ・おおやけ

勾 ☆ コウ

孔 コウ

広(廣)囚2004 コウ・ひろい・ひろまる・ひろめる・ひろがる・ひろげる　＊「宏」の書きかえ字。

鉱(鑛) コウ　＊「礦」の書きかえ字。

甲 コウ・カン

交 コウ・まじわる・まじえる・まじる・まざる・まぜる・かう・かわす

光 コウ・ひかる・ひかり

絞 コウ・しぼる・しめる・しまる

向 コウ・むく・むける・むかう・むこう

后 コウ

好 コウ・このむ・すく

考 コウ・かんがえる

行 コウ・ギョウ・アン・いく・ゆく・おこなう

坑 コウ

抗 コウ

孝 コウ

酵 コウ

更 コウ・さら・ふける・ふかす

梗 △☆ コウ

硬 コウ・かたい

効(效) コウ・きく　＊「俲」の書きかえ字。

幸 コウ・さいわい・さち・しあわせ

拘 コウ

肯 コウ

侯 コウ

候 コウ・そうろう

喉 △☆ コウ・のど

厚 コウ・あつい

恒(恆)囚2004 コウ

常用漢字

表外漢字

簡体字

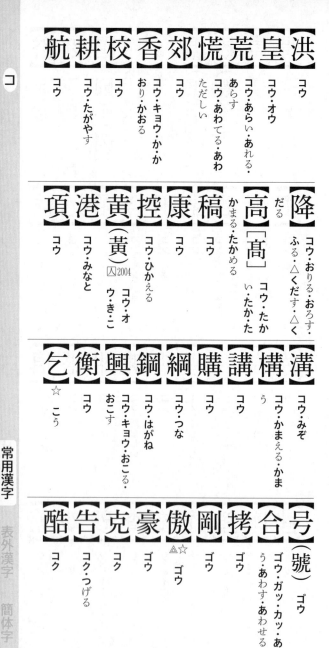

洪　コウ

皇　コウ・オウ

荒　コウ・あらい・あれる・あらす

慌　コウ・あわてる・あわ　ただしい

郊　コウ

香　コウ・キョウ・か・かおり・かおる

校　コウ

耕　コウ・たがやす

航　コウ

降　コウ・おりる・おろす・ふる・△くだす・△く　だる

高［高］　コウ・たか・たかい・たかまる・たかめる

稿　コウ

康　コウ

控　コウ・ひかえる

黄（黃）　コウ・オウ・き・こ　凡2004

港　コウ・みなと

項　コウ

溝　コウ・みぞ

構　コウ・かまえる・かま　う

講　コウ

購　コウ

綱　コウ・つな

鋼　コウ・はがね

興　コウ・キョウ・おこる・おこす

衡　コウ

乞　☆　こう

号（號）　ゴウ

合　ゴウ・ガッ・カッ・あう・あわす・あわせる

拷　ゴウ

剛　ゴウ

傲　△☆　ゴウ

豪　ゴウ

克　コク

告　コク・つげる

酷　コク

谷　コク・たに

刻　コク・きざむ

国（國）[圀]　コク・くに　＊「圀」は則天武后が「國」が「或（＝惑）」を含むのを嫌い作った字。固有名詞では使用。「水戸光圀（みつくに）」

黒（黑）［外］2004　コク・くろ・くろい

穀（穀）［外］2004　コク

獄　ゴク

骨　コツ・ほね

駒　☆　こま

込　☆　こむ・こめる

頃　☆　ころ

今　コン・キン・いま

困　コン・こまる

昆　コン

混　コン・まじる・まざる・まぜる・★こむ

恨　コン・うらむ・うらめしい

根　コン・ね

サ・さ

左　サ・ひだり

佐　サ

懇　コン・ねんごろ

墾　コン

魂　コン・たましい

紺　コン

婚　コン

痕　☆　コン・あと

差　サ・さす

沙　☆　サ

砂　サ・シャ・すな

査　サ

唆　サ・そそのかす

詐　サ

鎖　サ・くさり

座　ザ・すわる　＊「坐」の書きかえ字。

挫　☆　ザ

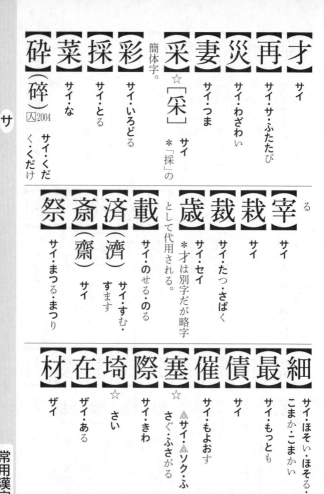

【才】サイ

【再】サイ・サ・ふたたび

【災】サイ・わざわい

【妻】サイ・つま

【采】☆［采］サイ
*「採」の
簡体字。

【彩】サイ・いろどる

【採】サイ・とる

【菜】サイ・な

【砕】（碎）⚠2004
サイ・くだ
く・くだけ
る

【宰】サイ

【栽】サイ

【裁】サイ・たつ・さばく

【歳】サイ・セイ
*才は別字だが略字
として代用される。

【載】サイ・のせる・のる

【済】（濟）サイ・すむ・
すます

【斎】（齋）サイ

【祭】サイ・まつる・まつり

【細】サイ・ほそい・ほそる・
こまか・こまかい

【最】サイ・もっとも

【債】サイ

【催】サイ・もよおす

【塞】☆
⚠サイ・△ソク・ふ
さぐ・ふさがる

【際】サイ・きわ

【埼】☆
さい

【在】ザイ・ある

【材】ザイ

【財】ザイ・サイ

【剤】（劑）ザイ

【罪】ザイ・つみ

【崎】［﨑］［嵜］
サク・サ・つくる さき

【作】サク・サ・つくる

【昨】サク

【酢】サク・す

【搾】サク・しぼる

【削】サク・けずる

サ

常用漢字　表外漢字　簡体字

柵
[柵]
☆
サク

索
サク

策
サク

錯
さく

咲
さく

【捧】
△入2004標
ささげる・
ホウ

冊
【册】
サツ・サク

札
サツ・ふだ

刷
サツ・する

刹
△☆
サツ・セツ

拶
△☆
サツ

殺（殺）
△☆
サツ・サイ・
セツ・ころす

察
サツ

擦
サツ・する・すれる

撮
サツ・とる

雑（雜）
入2004
ザツ・ゾウ

皿
さら

三
サン・み・みつ・みっつ

山
サン・やま

参（參）
サン・まいる

惨（慘）
サン・ザン・
みじめ

桟（棧）
サン

蚕（蠶）
サン・かいこ

産（產）
サン・うむ・うまれる・
うぶ

傘
サン・かさ

散
サン・ちる・ちらす・
ちらかす・ちらかる

算
サン

酸
サン・すい

賛（贊）
サン
＊「讃」の書
きかえ字。讃

残（殘）
☆
ザン・のこ
る・のこす

斬
☆
ザン・きる

暫
ザン

シ・し

土
シ

仕
シ・ジ・つかえる

志
シ・こころざす・ここ
ろざし

誌	子	支	枝	止	祉（祉）囚2004	氏	紙	史
シ	シ・ス・こ・△ね 「子ね年ど」	シ・ささえる	シ・えだ	シ・とまる・とめる	シ	シ・うじ	シ・かみ	シ

司	伺	詞	飼	嗣	四	市	姉	肢
シ	シ・うかがう	シ	シ・かう	シ	シ・よ・よっ・よっつ・よん	シ・いち	シ・あね	シ

矢	旨	指	脂	死	糸（絲）	至	私	使
シ・や	シ・むね	シ・ゆび・さす	シ・あぶら	シ・しぬ	シ・いと	シ・いたる	シ・わたくし・★わたし	シ・つかう

刺	始	姿	恣 △☆	資	諮	思	施	師
シ・さす・ささる	シ・はじめる・はじまる	シ・すがた	シ	シ	シ・はかる	シ・おもう	シ・セ・ほどこす	シ

【獅】 △人2004 標 シ 「獅子」(しし)

視（視） 人2004 シ

紫 シ・むらさき

雌 シ・め・めす

歯（齒） シ・は

試 シ・こころみる・ためす

詩 シ

摯 △☆ シ

賜 △シ・たまわる

示 ジ・シ・しめす

字 ジ・あざ

寺 ジ・てら

侍 ジ・さむらい

持 ジ・もつ

時 ジ・とき

次 ジ・シ・つぐ・つぎ

耳 ジ・みみ

餌 ☆ ［餌］部 △ジ・え・えさ

自 ジ・シ・みずから

似 ジ・にる

児（兒） 人2004 ジ・ニ

事 ジ・こと

治 ジ・チ・おさめる・おさまる・なおる・なおす

滋 ジ

慈 ジ・いつくしむ

磁 ジ

辞（辭） ジ・やめる

璽 △ジ

鹿 ☆ しか・か

式 シキ

識 シキ

軸 ジク

七 シチ・なな・ななつ・なの

叱 ☆ ［叱］デ △シツ・しかる

＊叱（シツ）と叱（カ）は本来別字とされるが、使用実態から、常用漢字表では「異体の関係にある同字」と認めている。楷書の書き方としては、

横棒が左に出ない形も含め、掲載。

失 シツ・うしなう・△う せる	室 シツ・むろ	疾 シツ	嫉 ☆ シツ	執 シツ・シュウ・とる	湿（濕）〔人〕2004 シツ・しめる・しめす	漆 シツ・うるし	質 シツ・シチ・チ

実（實）〔人〕2004 ジツ・み・みのる	芝 しば	写（寫） シャ・うつす・うつる	社（社）〔人〕2004 シャ・やしろ	車 シャ・くるま	舎［舍］ シャ	者（者）〔人〕2004 シャ・もの	煮（煮）〔人〕2004 シャ・にる・にえる・に	射 やす シャ・いる

捨 シャ・すてる	赦 シャ	斜 シャ・ななめ	遮 シャ・さえぎる	謝 シャ・あやまる	邪 ジャ	蛇 ジャ・ダ・へび	尺 シャク	釈（釋） シャク

借 シャク・かりる	酌 シャク・くむ	爵 シャク	若 ジャク・ニャク・わかい・△もしくは	弱 ジャク・セキ・さび・さびしい・さびれる	寂 る ジャク・セキ・さび・さびしい・さびれる	手 シュ・て	主 シュ・ス・ぬし・おも	守 シュ・ス・まもる・もり

常用漢字

表外漢字

簡体字

狩　シュ・かる・かり

朱　シュ

取　シュ・とる

首　シュ・くび

殊　シュ・こと

珠　シュ

酒　シュ・さけ・さか

腫　☆　シュ・はれる・はらす

種　シュ・たね

趣　シュ・おもむき

寿（壽）　[人]2004　ジュ・ことぶき

受　ジュ・うける・うかる

授　ジュ・さずける・さずかる

呪　☆　ジュ・のろう

需　ジュ

儒　ジュ

樹　ジュ

収（收）　[人]2004　シュウ・おさめる・さめる・おさまる

囚　シュウ

州　シュウ・す　＊「洲」の書きかえ字。

酬　シュウ

舟　シュウ・ふね・ふな

秀　シュウ・ひいでる

周　シュウ・まわり

宗　シュウ・ソウ

拾　シュウ・ジュウ・ひろう

秋　［穐］＊固有名詞では異体字も使用。　シュウ・あき

愁　シュウ・うれえる・うれい

臭（臭）　[人]2004　シュウ・くさい・★におう

修　おう　シュウ・シュ・おさめる・おさまる

袖　☆　シュウ・そで

終　△☆　シュウ・おわる・おえる

羞　△☆　シュウ

習　シュウ・ならう

週　シュウ

就　シュウ・ジュ・つく・つける

蹴 ☆ シュウ・ける

衆 シュウ・シュ

集 シュウ・あつまる・あつめる・つどう

醜 シュウ・みにくい

襲 シュウ・おそう

十 ジュウ・ジッ・とお・と

汁 ジュウ・しる

充 ジュウ・あてる

銃 ジュウ

*「輯」の書きかえ字。

住 ジュウ・すむ・すまう

柔 ジュウ・ニュウ・やわらか・やわらかい

重 ジュウ・チョウ・え・おもい・かさねる・かさなる

従（從） ジュウ・ショウ・ジュ・したがう・したがえる 从（本字／簡体字） 〔人〕2004

縦（縱） ジュウ・たて 〔人〕2004

渋（澁） ジュウ・しぶ・しぶい・しぶる 〔人〕2004

獣（獸） ジュウ・けもの 〔人〕2004

叔 シュク

淑 シュク

祝（祝） シュク・シュウ・いわう 〔人〕2004

宿 シュク・やど・やどる・やどす

縮 シュク・ちぢむ・ちぢまる・ちぢめる・ちぢれる・ちぢらす

粛（肅） シュク

塾 ジュク

熟 ジュク・うれる

出 シュツ・スイ・でる・だす

述 ジュツ・のべる

術 ジュツ

俊 シュン

春 シュン・はる

瞬 シュン・またたく

旬 ジュン・★シュン

殉 ジュン

巡 ジュン・めぐる

盾 ジュン・たて

循 ジュン

准 ジュン

準 ジュン

純 ジュン

順 ジュン

潤 ジュン・うるおう・う るおす・うるむ

遵 ×ジュン

処（處）ショ

初 ショ・はじめ・はじめ て・はつ・うい・そめる

所 ショ・ところ

書 ショ・かく

庶 ショ

暑（暑）囚2004 ショ・ あつい

署（署）囚2004 ショ

緒（緒）囚2004 ショ・ チョ・お

諸（諸）囚2004 ショ

女 ジョ・ニョ・ニョウ・お んな・め

如 ジョ・ニョ

助 ジョ・たすける・たす かる・すけ

序 ジョ

叙（敍）囚2004 ジョ

徐 ジョ

除 ジョ・ジ・のぞく

小 ショウ・ちいさい・ こ・お

少 ショウ・すくない・ すこし

抄 ショウ

渉（渉）囚2004 ショウ

升 ショウ・ます

召 ショウ・めす

招 ショウ・まねく

紹 ショウ

匠 ショウ

床 ショウ・とこ・ゆか

肖 ショウ

宵 △ショウ・よい

シ

常用漢字　表外漢字　簡体字

【消】ショウ・きえる・けす
＊「鎖」の書きかえ字。

【硝】ショウ

【哨】〇 人2004 標
［哨］ショウ

【尚】ショウ

【承】ショウ・うけたまわる

【昇】ショウ・のぼる
＊「陞」の書きかえ字。

【松】ショウ・まつ

【沼】ショウ・ぬま

【昭】ショウ

【詔】ショウ・△みことのり

【照】ショウ・てる・てらす・てれる

【将】（將）人2004 ショウ

【奨】（奨）人2004 ショウ

【症】ショウ

【証】（證）ショウ・〇あかす

【祥】（祥）人2004 ショウ

【称】（稱）ショウ

【笑】ショウ・わらう・えむ

【唱】ショウ・となえる

【晶】ショウ

【商】ショウ・あきなう

【章】ショウ

【彰】ショウ

【障】ショウ・さわる

【訟】ショウ

【勝】ショウ・かつ・まさる

【掌】ショウ、

【焼】（燒）人2004 ショウ・やく・やける

【焦】ショウ・こげる・こがす・こがれる・あせる

【礁】ショウ

【粧】ショウ

【象】ショウ・ゾウ

【傷】ショウ・きず・いたむ・いためる

【詳】ショウ・くわしい

【憧】☆ △ショウ・あこがれる

【鐘】ショウ・かね

31

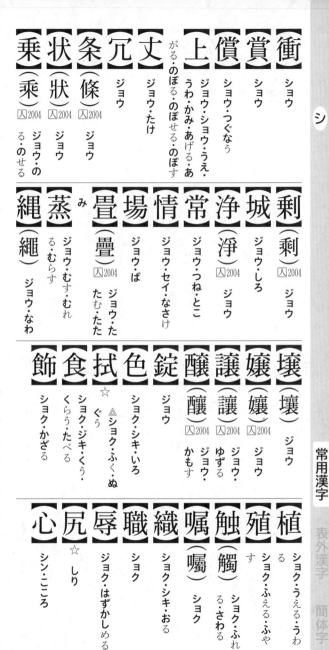

乗（乘）⼈2004　ジョウ・のる・のせる

状（狀）⼈2004　ジョウ

条（條）⼈2004　ジョウ

冗　ジョウ

丈　ジョウ・たけ

上　ジョウ・ショウ・うえ・うわ・かみ・のぼせる・あげる・あ・のぼる・のぼす

償　ショウ・つぐなう

賞　ショウ

衝　ショウ

縄（繩）　ジョウ・なわ

蒸　ジョウ・むす・むれる・むらす

畳（疊）⼈2004　ジョウ・たたむ・たたみ　み

場　ジョウ・ば

情　ジョウ・セイ・なさけ

常　ジョウ・つね・とこ

浄（淨）⼈2004　ジョウ

城　ジョウ・しろ

剰（剰）⼈2004　ジョウ

飾　ショク・かざる

食　⚠ショク・ジキ・くう・くらう・たべる　☆ぐう

拭　☆ショク・シキ・ぬぐう・ふく

色　ショク・シキ・いろ

錠　ジョウ

醸（釀）⼈2004　ジョウ・かもす

譲（讓）⼈2004　ジョウ・ゆずる

嬢（嬢）⼈2004　ジョウ

壌（壌）⼈2004　ジョウ

心　シン・こころ

尻　☆しり

辱　ジョク・はずかしめる

職　ショク

織　ショク・シキ・おる

嘱（囑）　ショク

触（觸）　ショク・ふれる・さわる

殖　ショク・ふえる・ふやす

植　ショク・うえる・うわる・す

常用漢字　表外漢字　簡体字

32

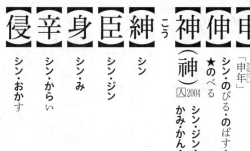

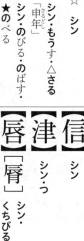

シ

芯 ☆ シン

申 シン・もうす △さる「申年」さるどし

伸 シン・のびる・のばす・★のべる

神（神）[人]2004 シン・ジン・かみ・かん・こう

紳 シン・ジン

臣 シン

身 シン・み

辛 シン・からい

侵 シン・おかす

信 シン

津 シン・つ

唇 [脣] シン・くちびる

娠 シン

振 シン・ふる・ふるう・★ふれる

浸 シン・ひたす・ひたる

寝（寝）[人]2004 シン・ねる・ねかす

震 シン・ふるう・ふるえる

診 シン・みる

［疹］○標 シン

真（眞）[人]2004 シン・ま

慎（愼）[人]2004 シン・つつしむ

針 シン・はり

深 シン・ふかい・ふかまる・ふかめる

進 シン・すすむ・すすめる

森 シン・もり

新 シン・あたらしい・あらた・にい

薪 シン・たきぎ

親 シン・おや・したしい・したしむ

審 シン

人 ジン・ニン・ひと

刃 ジン・は

仁 ジン・二

尽（盡）[人]2004 ジン・つくす・つきる・つかす

迅 ジン

甚 ジン・はなはだ・はなはだしい

陣 ジン

常用漢字

表外漢字

簡体字

33

尋　ジン・たずねる

腎　☆　ジン

須　☆　ス

図（圖）　ズ・ト・はかる

水　スイ・みず

吹　スイ・ふく

炊　スイ・たく

垂　スイ・たれる・たらす

睡　スイ

帥　スイ

粋（粹）人2004　スイ・★いき

酔（醉）人2004　スイ・よう

衰　スイ・おとろえる

推　スイ・おす

遂　スイ・とげる

穂（穗）　スイ・ほ

随（隨）　ズイ

髄（髓）　ズイ

枢（樞）　スウ

崇　スウ　＊崇（スイ・たたり）は別字。

数（數）　スウ・ス・かず・かぞえる

据　すえる・すわる

杉　すぎ

裾　☆　すそ

寸　スン

瀬（瀨）人2004　せ

是　ゼ

井　セイ・ショウ・い

世　セイ・セ・よ

正　セイ・ショウ・ただしい・ただす・まさ

征　セイ

政　セイ・ショウ・まつりごと

整　セイ・ととのえる・ととのう

常用漢字　表外漢字　簡体字

セ

[生] セイ・ショウ・いきる・いかす・いける・うまれる・うむ・おう・はえる・はや・す・き・なま

[西] セイ・サイ・にし

[誠] セイ・まこと

[盛] セイ・ジョウ・もる・さかる・さかん

[成] セイ・ジョウ・なる・なす

[牲] セイ

[性] セイ・ショウ

[姓] セイ・ショウ

[声](聲) セイ・ショウ・こえ・こわ

[制] セイ

[製] セイ

[青] セイ・ショウ・あお・あおい

[清] セイ・ショウ・きよい・きよまる・きよめる

[晴]〔晴〕 セイ・はれる・はれ・はらす

[精] セイ・ショウ

[静](靜) [人]2004 セイ・ジョウ・しず・しずか・しずまる・しずめる

[請] セイ・シン・こう・うける

[斉](齊) [人]2004 セイ

[星] セイ・ショウ・ほし

[醒] ☆ セイ

[省] セイ・ショウ・かえりみる・はぶく

[凄] △☆ セイ

[逝] △☆ セイ・ゆく・★いく

[婿]〔壻〕 セイ・むこ　*「壻島(小笠原諸島)」は異体字を使用。

[勢] セイ・いきおい

[聖] セイ

[誓] セイ・ちかう

[税] ゼイ

[夕] セキ・ゆう

[斥] セキ

[石] セキ・シャク・コク・いし

[赤] セキ・シャク・あか・あかい・あからむ・あからめる

[昔] セキ・シャク・むかし

[惜] セキ・おしい・おしむ

[籍] セキ

跡	績	積	責	戚	隻	脊	席	析
セキ・あと ＊「蹟」の書きかえ字。	セキ	セキ・つむ・つもる	セキ・せめる	☆ セキ	セキ	△☆ セキ	セキ	セキ

節（節）人2004 セツ・セチ・ふし	摂（攝）人2004 セツ	雪 セツ・ゆき	設 セツ・もうける	接 セツ・つぐ	拙 セツ・△★つたない	折 セツ・おる・おり・おれる	窃（竊）セツ	切 セツ・サイ・きる・きれる

洗 セン・あらう	先 セン・さき	占 セン・しめる・うらなう	仙 セン	川 セン・かわ	千 セン・ち	絶 ゼツ・たえる・たやす・たつ	舌 ゼツ・した	説 セツ・ゼイ・とく

銭（錢）セン・ぜに	箋 △☆ セン	浅（淺）セン・あさい	線 セン	腺 ☆ セン	泉 セン・いずみ	専（專）人2004 セン・もっぱら	宣 セン	銑 人2010 ○銑鉄 セン

常用漢字　表外漢字　簡体字

36

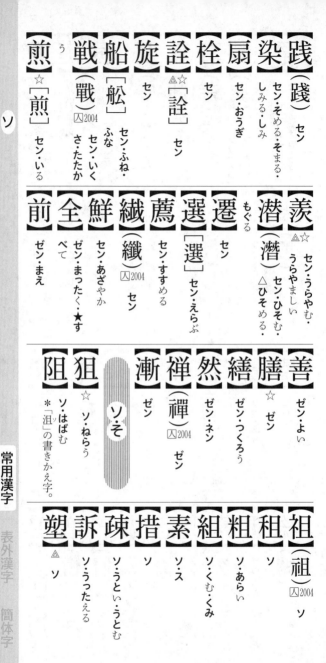

ソ

常用漢字　表外漢字　簡体字

践（踐） セン

染 セン・そめる・そまる・しみる・しみ

扇 セン・おうぎ

栓 セン

詮 ［詮］ セン

旋 セン

船 ［舩］ セン・ふね・ふな

戦（戰）[凡2004] セン・いくさ・たたかう

煎 ［煎］ セン・いる

羨 [凡]☆ セン・うらやむ・うらやましい

潜（潜）[凡] セン・ひそむ・△ひそめる・

遷 セン

選 ［選］ セン・えらぶ

薦 セン・すすめる

繊（纖）[凡2004] セン

鮮 セン・あざやか

全 ゼン・まったく・★すべて

前 ゼン・まえ

善 ゼン・よい

膳 ☆ ゼン

繕 ゼン・つくろう

然 ゼン・ネン

禅（禪）[凡2004] ゼン

漸 ゼン

ソ・そ

狙 ☆ ソ・ねらう

阻 ソ・はばむ ＊「沮」の書きかえ字。

祖（祖）[凡2004] ソ

租 ソ

粗 ソ・あらい

組 ソ・くむ・くみ

素 ソ・ス

措 ソ

疎 ソ・うとい・うとむ

訴 ソ・うったえる

塑 △ ソ

37

ソ

常用漢字

表外漢字

簡体字

〔遡〕部 ソ・さかのぼる
[遡]

礎 ソ・いしずえ

〔蘇〕△人2004 標 ソ ○蘇生 「紫蘇(しそ)・屠蘇(とそ)・阿蘇(あそ)」
[蘇]

双(雙) ソウ・ふた

壮(壯) 人2004 ソウ

荘(莊) 人2004 ソウ

装(裝) 人2004 ソウ・ショウ・よそお

早 う ソウ・サッ・はやい・はやまる・はやめる

争(爭) 人2004 ソウ・あらそう

走 ソウ・はしる

奏 ソウ・かなでる

相 ソウ・ショウ・あい

草 ソウ・くさ

送 ソウ・おくる

倉 ソウ・くら

創 ソウ・★つくる

捜(捜) 人2004 ソウ・さがす

痩(瘦) 人2004 標 △ソ やせる ☆ウ・

挿(挿) ソウ・さす

桑 ソウ・くわ

巣(巢) 人2004 ソウ・す

掃 ソウ・はく

曹[曺] ソウ *曺は朝鮮姓に使用。

遭 ソウ・あう

槽 ソウ

曽(曾) 人2004 標 ソウ・ゾ ☆

僧(僧) 人2004 ソウ

層(層) 人2004 ソウ

爽 ソウ・さわやか ☆

窓[窗] ソウ・まど

喪 ソウ・も

葬 ソウ・ほうむる

想 ソウ・ソ

総(總) ソウ *「惣」の書きかえ字。

踪 ☆ ソウ

操 ソウ・みさお・あやつる

燥 ソウ

藻 ソウ・も

霜 ソウ・しも

騒(騷) 人2004 ソウ・さわぐ

造 ソウ・つくる

像 ゾウ

増(增) 人2004 やす ゾウ・ます・ふえる・ふやす

憎(憎) 人2004 ゾウ・にくむ・にくい・にくらしい・にくしみ

贈(贈) 人2004 ゾウ・ソウ・おくる

蔵(藏) 人2004 ゾウ・くら

臓(臟) 人2004 ゾウ

即(卽) 人2004 ソク

束 ソク・たば

足 ソク・あし・たりる・たる・たす

促 ソク・うながす

捉 ☆ ソク・とらえる

則 ソク

側 ソク・がわ　*2010年改定の常用漢字表で「かわ」の訓が「がわ」に変更。

測 ソク・はかる

息 ソク・いき

速 ソク・はやい・はやめる・はやまる・すみやか ★はやまる・すみやか

俗 ゾク

族 ゾク

属(屬) ゾク

賊 ゾク

続(續) ゾク・つづく・つづける

卒 ソツ

率 ソツ・リツ・ひきいる

存 ソン・ゾン

村 ソン・むら

孫 ソン・まご

遜[遜] 部 ☆ ソン

尊 とぶ ソン・たっとい・とうとい・たっとぶ・とうとぶ

常用漢字　表外漢字　簡体字

【損】ソン・そこなう・そこ ねる

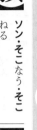
タ・た

【他】タ・★ほか

【多】タ・おおい

【汰】☆ タ

【打】ダ・うつ

【妥】ダ

【唾】△☆ ダ・つば

【堕】（墮） ダ

【惰】ダ

【駄】ダ

【太】タイ・タ・ふとい・ふ とる

【対】（對） タイ・ツイ

【体】（體）［躰］ タイ・テイ・からだ

【耐】タイ・たえる

【待】タイ・まつ

【怠】タイ・おこたる・なま ける

【胎】タイ

【退】タイ・しりぞく・しり ぞける

【帯】（帶）［人］2004 タイ・おび

【滞】（滯）［人］2004 タイ・と どこおる・る

【泰】タイ

【堆】△☆ タイ

【袋】タイ・ふくろ

【逮】タイ

【替】タイ・かえる・かわる

【貸】タイ・かす

【隊】タイ

【態】タイ

【戴】△☆ タイ

【大】ダイ・タイ・おお・お おきい・おおいに

【代】ダイ・タイ・かわる・ かえる・よ・しろ

【台】（臺） ダイ・タイ

【第】ダイ

【題】ダイ

【滝】（瀧）［人］2004 たき

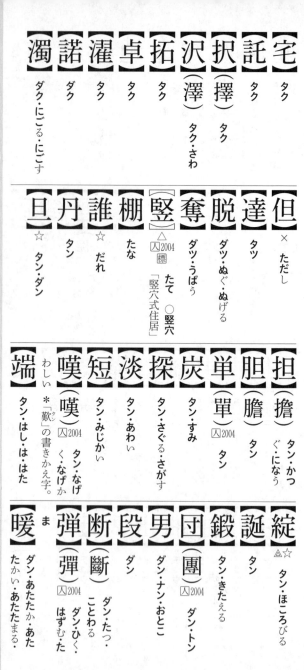

タ

漢字	読み
宅	タク
託	タク
択（擇）	タク
沢（澤）	タク・さわ
拓	タク
卓	タク
濯	タク
諾	ダク
濁	ダク・にごる・にごす

漢字	読み
但	× ただし
達	タツ
脱	ダツ・ぬぐ・ぬげる
奪	ダツ・うばう
竪	△人2004 標 たて ○竪穴 「竪穴式住居」
棚	たな
誰	☆ だれ
丹	タン
旦	☆ タン・ダン

漢字	読み
担（擔）	タン・かつ ぐ・になう
胆（膽）	タン
単（單）人2004	タン
炭	タン・すみ
探	タン・さぐる・さがす
淡	タン・あわい
短	タン・みじかい
嘆（嘆）人2004	タン・なげ く・なげか わしい ＊「歎」の書きかえ字。
端	タン・はし・は・はた

漢字	読み
綻	△☆ タン・ほころびる
誕	タン
鍛	タン・きたえる
団（團）人2004	ダン・トン
男	ダン・ナン・おとこ
段	ダン
断（斷）人2004	ダン・たつ・ことわる
弾（彈）人2004	ダン・ひく・はずむ・た ま
暖	ダン・あたたか・あた たかい・あたたまる・ あたためる

常用漢字

表外漢字

簡体字

【談】ダン
あたためる

【壇】ダン・タン

チ・ち

【地】チ・ジ

【池】チ・いけ

【知】チ・しる
＊「智」の書きかえ字。

【痴（癡）】チ

【値】チ・ね・あたい

【恥】チ・はじる・はじ・は
じらう・はずかしい

【致】チ・いたす

【緻】チ △☆

【遅（遲）】チ・おくれる・
おくらす・お

【稚】チ
そい

【置】チ・おく

【竹】チク・たけ

【畜】チク

【蓄】チク・たくわえる

【逐】チク

【築】チク・きずく

【秩】チツ

【窒】チツ

【茶】チャ・サ

【着】チャク・ジャク・きる・
きせる・つく・つける

【嫡】△ チャク

【中】チュウ・★ジュウ・な
か

【仲】チュウ・なか

【虫（蟲）】チュウ・むし

常用漢字　表外字　簡体字

【沖】［沖］チュウ・おき
＊「沖」は別
字との説もある。「伊藤若
冲」など固有名詞で使用。

【忠】チュウ

【衷】チュウ

【宙】チュウ

【抽】チュウ

【注】チュウ・そそぐ
＊「註」の書きかえ字。

【柱】チュウ・はしら

【駐】チュウ

チ

【昼】（晝）囚2004 チュウ・ひる
*晝（画の旧字体）は別字。

【酎】☆ チュウ

【鋳】（鑄）囚2004 チュウ・いる

【著】（著）囚2004 チョ・あらわす・いちじるしい

【貯】 チョ

【丁】 チョウ・テイ

【庁】（廳）囚2004 チョウ

【聴】（聽）囚2004 チョウ・きく

【弔】 チョウ・とむらう

【兆】 チョウ・きざす・きざし

【挑】 チョウ・いどむ

【眺】 チョウ・ながめる

【跳】 チョウ・はねる・とぶ

【町】 チョウ・まち

【長】 チョウ・ながい

【帳】 チョウ

【張】 チョウ・はる

【腸】 チョウ

【彫】 チョウ・ほる

【釣】 チョウ・つる

【頂】 チョウ・いただく・いただき

【鳥】 チョウ・とり

【朝】 チョウ・あさ

【嘲】☆［嘲］ チョウ・△あざける

【潮】 チョウ・しお

【貼】☆ △チョウ・はる

【超】 チョウ・こえる・こす

【徴】（徵）囚2004 チョウ

【懲】（懲）囚2004 チョウ・こりる・こらす・こらしめる

【澄】 チョウ・すむ・すます

【調】 チョウ・しらべる・ととのう・ととのえる

【諜】△［諜］ チョウ「諜報」ちょうほう

【直】 チョク・ジキ・ただちに・なおす・なおる

【勅】（敕） チョク

【捗】△☆［捗］ チョク

常用漢字　表外漢字　簡体字

43

[沈] チン・しずむ・しずめる

[珍] [珎] チン・めずらしい

[朕] × チン

[陳] チン

[賃] チン

[鎮] (鎭) 囚2004 チン・しず・める・しず・まる

[追] ツイ・おう

ツ・う

＊「和同開珎」は異体字を使用。

[椎] △☆ ツイ

[墜] ツイ

[通] ツウ・ツ・とおる・とおす・かよう

[痛] ツウ・いたい・いたむ・いためる

[杖] △囚2004 つえ・ジョウ 「錫杖・虎杖」しゃくじょう・いたどり

[塚] (塚) △囚標 つか

[漬] つける・つかる

[辻] △囚2004標 [辻] 部 つじ 「辻占・辻説法」つじうら・つじせっぽう

[坪] つぼ

[爪] ☆ つめ・つま

[鶴] ☆ [靏] [鶮] テイ・ひくい・ひくめる・ひくまる

[靎] [鶴] つる

テ・て

[低] テイ・ひくい・ひくめる・ひくまる

[底] テイ・そこ

[抵] テイ

[邸] テイ

[呈] テイ

[程] テイ・ほど

[廷] テイ

[庭] テイ・にわ

[艇] テイ

[弟] テイ・ダイ・デ・おとうと

[定] テイ・ジョウ・さだめる・さだまる・さだか

[亭] テイ

[貞] テイ

[偵] テイ

帝　テイ

締　テイ・しまる・しめる

諦　☆　△テイ・あきらめる

訂　テイ

遞（遞）　テイ

停　テイ

堤　テイ・つつみ

提　テイ・さげる

泥　デイ・どろ

的　テキ・まと

笛　テキ・ふえ

摘　テキ・つむ

滴　テキ・しずく・したたる

適　テキ

敵　テキ・かたき

溺　☆　［溺］　△デキ・おぼれる

迭　テツ

鉄（鐵）　テツ　＊鉄（シ・やじり）は別字だが、鉄の異体字としても用いられる。

哲　［喆］　テツ

徹　テツ

撤　テツ

天　テン・あめ・あま

典　テン

店　テン・みせ

点（點）　テン

展　テン

添　テン・そえる・そう

転（轉）　〈入2004〉　テン・ころがる・ころげる・ころがす・ころぶ

塡　△☆［填］　〈入2004〉　テン

田　デン・た

伝（傳）　〈入2004〉　デン・つたわる・つたえる・つたう　＊傳（フ）は別字。

殿　デン・テン・との・どの

電　デン

斗　ト

ト・と

45

吐 ト・はく

妬 ☆ ト・△ねたむ

徒 ト

途 ト

塗 ト・ぬる

都 （都）⚠2004 ト・ツ・みやこ

渡 ト・わたる・わたす

賭 ☆［賭］ ト・かける

土 つち ［圡］［𡈽］ ト・ド

奴 ド

努 ド・つとめる

怒 ド・いかる・おこる

度 ド・ト・タク・たび

刀 トウ・かたな

冬 トウ・ふゆ

灯 （燈）⚠2004 トウ・ひ ＊当用漢字体表では燈だったが、1981年の常用漢字表で灯に変更。

当 （當） トウ・あたる・あてる

投 トウ・なげる

豆 トウ・ズ・まめ

痘 トウ

東 トウ・ひがし

凍 トウ・こおる・こごえる

棟 トウ・むね・むな

到 トウ

倒 トウ・たおれる・たおす

逃 トウ・にげる・にがす・のがす・のがれる

桃 トウ・もも

唐 トウ・から

糖 トウ

島 トウ・しま ［嶋］⚠2004［嶌］

討 トウ・うつ

透 トウ・すく・すかす・すける

党 （黨） トウ

悼 トウ・いたむ

盗 （盜）⚠2004 トウ・ぬすむ

常用漢字

表外漢字

簡体字

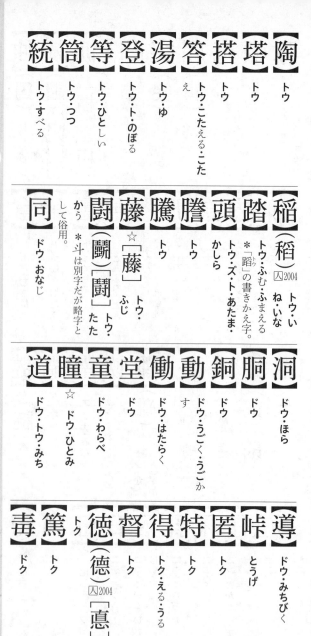

統 トウ・すべる	筒 トウ・つつ	等 トウ・ひとしい	登 トウ・ト・のぼる	湯 トウ・ゆ	答 トウ・こたえる・こたえ	搭 トウ	塔 トウ	陶 トウ

同 ドウ・おなじ	闘(鬪)[鬭][鬦] トウ・たたかう *斗は別字だが略字として俗用。	藤 ☆[藤] トウ・ふじ	騰 トウ	謄 トウ	頭 トウ・ズ・ト・あたま・かしら	踏 トウ・ふむ・ふまえる *「蹈」の書きかえ字。	稲(稻)囚2004 トウ・い・いね・いな

道 ドウ・トウ・みち	瞳 ☆ ドウ・ひとみ	童 ドウ・わらべ	堂 ドウ	働 ドウ・はたらく	動 ドウ・うごく・うごかす	銅 ドウ	胴 ドウ	洞 ドウ・ほら

毒 ドク	篤 トク	徳(德)囚2004[悳] トク	督 トク	得 トク・える・うる	特 トク	匿 トク	峠 とうげ	導 ドウ・みちびく

【豚】トン・ぶた

【頓】☆ トン

【屯】トン

【届】（屆）とどける・とどく

【突】（突）［突］人2004 ☆ トツ・つく

【凸】トツ

とち
【栃】☆ ［栃］デ［杤］

【読】（讀）ドク・トク・トウ・よむ

【独】（獨）ドク・ひとり

ナ・な

【梨】☆ なし

【内】ナイ・ダイ・うち

【奈】☆ ナ

【那】☆ ［那］ナ

【丼】☆ どんぶり・どん

【曇】ドン・くもる

【鈍】△☆ ドン・にぶい・にぶる

【貪】☆ ドン・むさぼる

二・に

【尼】ニ・あま

【弐】（貳）［貳］ニ

【二】ニ・ふた・ふたつ

しい
【難】（難）人2004 ナン・かたい・むずか

らかい
【軟】☆ ナン・やわらか・やわ

【南】ナン・ナ・みなみ

【鍋】☆ なべ

【謎】☆ ［謎］遡 なぞ

【妊】ニン

【任】ニン・まかせる・まか（す）

【尿】ニョウ

【乳】ニュウ・ちち・ち

【入】ニュウ・いる・いれる・はいる

【日】ニチ・ジツ・ひ・か

【虹】☆ にじ・〇コウ

【肉】ニク

【匂】☆ におう

常用漢字

表外漢字

簡体字

48

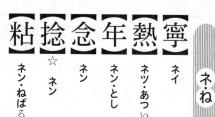

【忍】ニン・しのぶ・しのばせる

【認】ニン・みとめる

【ネ・ね】

【寧】ネイ

【熱】ネツ・あつい

【年】ネン・とし

【念】ネン

【捻】☆ ネン

【粘】ネン・ねばる

【燃】ネン・もえる・もやす・もす

【ノ・の】

【悩(惱)】ノウ・なやむ・なやます

【脳(腦)】ノウ

【納】ノウ・ナッ・ナ・ナン・トウ・おさめる・おさ

【能】ノウ まる

【農】ノウ

【濃】ノウ・こい

【把】ハ

【八・は】

【波】ハ・なみ

【破】ハ・やぶる・やぶれる

【派】ハ

【覇(霸)】ハ

【馬】バ・うま・ま

【罵】☆ バ・△ののしる

【婆】バ

【拝(拜)】ハイ・おがむ [人]2004

【杯】[盃] ハイ・さかずき [人]2004

【胚】○[標] ハイ

【背】ハイ・せ・せい・そむく・そむける

【肺】ハイ

【俳】ハイ

【排】ハイ

【配】ハイ・くばる

【敗】ハイ・やぶれる

第一段

廃(廢) ハイ・すたれる・すたる

輩 ハイ

売(賣) 八2004 バイ・うる・うれる

賠 バイ

陪 バイ

培 バイ・つちかう

倍 バイ

梅(梅) 八2004 [楳] バイ・うめ

媒 バイ

第二段

買 バイ・かう

白 ハク・ビャク・しろ・しろい

伯 ハク

拍 ハク・ヒョウ

泊 ハク・とまる・とめる

迫 ハク・せまる

舶 ハク

〔箔〕 △八2004 標 ハク 「金箔（きんぱく）・箔が付く」 ▲ハクは

剥 ☆[剥] ハク がす・は ぐ・はがれる・はげる

第三段

博 ハク・バク

薄 ハク・うすい・うすめる・うすまる・うすら・うすれる

麦(麥) バク・むぎ

漠 バク

縛 バク・しばる

爆 バク

箱 はこ

箸 ☆[箸] はし

畑 はた・はたけ

第四段

肌 はだ

八 ハチ・や・やつ・やっつ・よう

鉢 ハチ・ハツ

発(發) ハツ・ホツ・△たつ

髪(髪) 八2004 ハツ・かみ

伐 バツ

抜(拔) 八2004 バツ・ぬく・ぬける・ぬかす・ぬかる

罰 バツ・バチ

閥 バツ

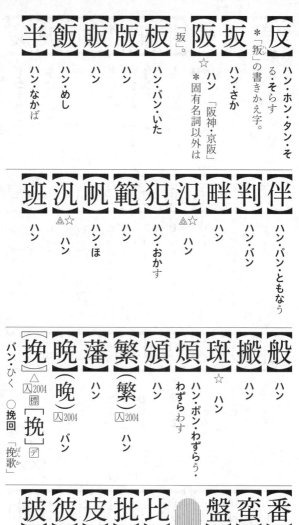

【反】ハン・ホン・タン・そ　る・そらす　*「叛」の書きかえ字。

【坂】ハン・さか

【阪】ハン　「阪神・京阪」　「坂」。　☆*固有名詞以外は

【板】ハン・バン・いた

【版】ハン

【販】ハン

【飯】ハン・めし

【半】ハン・なかば

【伴】ハン・バン・ともなう

【判】ハン・バン

【畔】ハン

【氾】△☆　ハン

【犯】ハン・おかす

【範】ハン

【帆】ハン・ほ

【汎】△☆　ハン

【班】ハン

【般】ハン

【搬】ハン

【斑】☆　ハン

【頒】ハン

【煩】ハン・ボン・わずらう・わずらわす

【繁】（繁）囚2004　ハン

【藩】ハン

【晩】（晩）囚2004　バン

【挽】△囚2004　標　「挽」テ　○挽回　「挽歌」　バン・ひく

【番】バン

【蛮】（蠻）バン

【盤】バン

【比】ヒ・くらべる

【批】ヒ

【皮】ヒ・かわ

【彼】ヒ・かれ・かの

【披】ヒ

疲　ヒ・つかれる

被　ヒ・こうむる

妃　ヒ

否　ヒ・いな

肥　ヒ・こえる・こえ・こ　やす・こやし

非　ヒ

悲　ヒ・かなしい・かなしむ

扉　ヒ・とびら

卑（卑）人2004　ヒ・いやしい・い・いやし

む・いやしめる

碑（碑）人2004　ヒ

飛　ヒ・とぶ・とばす

秘（祕）人2004　ヒ・ひめる

費　ヒ・ついやす・ついえる

罷　△ヒ

避　ヒ・さける

尾　ビ・お

眉　☆　△ビ・△ミ・まゆ

美　ビ・うつくしい

備　ビ・そなえる・そなわる

微　ビ

鼻　ビ・はな

膝　△☆　ひざ

肘　△☆　ひじ

匹　ヒツ・ひき

必　ヒツ・かならず

泌　ヒツ・ヒ

筆　ヒツ・ふで

姫　[姫]　ひめ

百　ヒャク

氷　ヒョウ・こおり・ひ　冰（本字・簡体字）

表　ヒョウ・おもて・あらわす・あらわれる

俵　ヒョウ・たわら

票　ヒョウ

漂　ヒョウ・ただよう

標　ヒョウ

評　ヒョウ

苗　ビョウ・なえ・なわ

描　ビョウ・えがく・★か く

猫　ビョウ・ねこ

秒　ビョウ

病　ビョウ・ヘイ・やむ・ やまい

品　ヒン・しな

浜（濱）　ヒン・はま

貧　ヒン・ビン・まずしい

賓（賓）　人2004　ヒン

頻（頻）　ヒン

敏（敏）　人2004　ビン

瓶（瓶）　人2004　ビン

フ・ふ

不　フ・ブ

夫　フ・フウ・おっと

扶　フ

父　フ・ちち

付　フ・つける・つく

附　×　フ

府　フ

符　フ

腐　フ・くさる・くされ る・くさらす

布　フ・ぬの

怖　フ・こわい

阜　☆　フ

訃　△☆　フ

赴　フ・おもむく

負　フ・まける・まかす・ おう

浮　フ・うく・うかれる・ うかぶ・うかべる

婦　フ

富［冨］　人2004　フ・フウ・ とむ・とみ

普　フ

譜　フ

敷　フ・しく

膚　フ

賦　フ

常用漢字

表外漢字

簡体字

【侮（侮）】入2004 ブ・あなどる
【武】ブ・ム
【部】ブ
【舞】ブ・まう・まい
【封】フウ・ホウ
【風】［凬］フウ・フ・かぜ・かざ
【伏】フク・ふせる・ふす
【服】フク
【副】フク

【幅】フク・はば
【福（福）】入2004 フク
【復】フク
【腹】フク・はら
【複】フク
【覆】フク・おおう・くつがえす・くつがえる
【淵】○入2004 標 ［渕］ふち・エン
【払（拂）】入2004 フツ・はらう
【沸】フツ・わく・わかす

【仏（佛）】入2004 ブツ・ほとけ
【物】ブツ・モツ・もの
【粉】フン・こ・こな
【紛】フン・まぎれる・まぎらす・まぎらわす・まぎらわしい
【雰】フン
【扮】△標 フン 「扮装（ふんそう）」
【噴】フン・ふく
【墳】フン
【憤】フン・いきどおる

【奮】フン・ふるう
【分】ブン・フン・ブ・わける・わかれる・わかる・わか
【文】ブン・モン・ふみ
【聞】ブン・モン・きく・きこえる

［へ・ヘ］

【丙】ヘイ
【柄】ヘイ・がら・え
【平】ヘイ・ビョウ・たいら・ひら
【兵】ヘイ・ヒョウ

並(竝) ヘイ・なみ・ならぶ・ならびに・ならべる

併(倂) ヘイ・あわせる

塀(塀) ヘイ

餅[餅]部(餅) △☆ヘイ・もち

陛 ヘイ

閉 ヘイ・とじる・とざす・しめる・しまる

幣 ヘイ

弊 ヘイ

蔽[蔽] ヘイ

米 ベイ・マイ・こめ

壁 ☆ヘキ・かべ

璧 ☆ヘキ

癖 ☆ヘキ・くせ

別 ベツ・わかれる

蔑[蔑] デ △ベツ・△さげすむ

片 ヘン・かた

辺(邊)[邉] ヘン・あたり

り・べ

返 ヘン・かえす・かえる

変(變) ヘン・かわる・かえる

偏 ヘン・かたよる

遍 ヘン

編 ヘン・あむ ＊「篇」の書きかえ字。

弁(辨)(瓣)(辯) ベン 辨(判別する)。「弁償・弁別」瓣(はなびら)。「花弁・安全弁」辯(論争する)。「言葉遣い」「弁護士・関西弁」＊辨(処理する)。「弁公室」、辯(編む)。「弁髪」も弁を使うことがある。

便 ベン・ビン・たより

勉(勉) 八2004 ベン

ホ・ほ

歩(歩) 八2004 ホ・ブ・フ・あるく・あゆむ

保 ホ・たもつ

哺 ☆ホ

捕 ホ・とらえる・とらわれる・とる・つかまえる・つかまる

補 ホ・おぎなう ＊「輔」の書きかえ字。

舗　[舗][舗]　ホ

母　ボ・はは

募　ボ・つのる

墓　ボ・はか

慕　ボ・したう

暮　ボ・くれる・くらす

簿　ボ

方　ホウ・かた

芳　ホウ・かんばしい

放　ホウ・はなす・はなつ・はなれる・★ほうる

倣　ホウ・ならう

訪　ホウ・おとずれる・たずねる

包　[包]　ホウ・つつむ

抱　ホウ・だく・いだく・かかえる

泡　ホウ・あわ

胞　ホウ

砲　ホウ

飽　ホウ・あきる・あかす

褒　(褒)　ホウ・ほめる

呆　△[標]　ホウ

邦　ホウ

奉　ホウ・ブ・たてまつる

俸　ホウ

宝　(寶)[寶][寶]　ホウ・たか

法　ホウ・ハッ・ホッ　ら

峰　[峯]　[人]2004　ホウ・みね

蜂　☆　ホウ・はち

縫　ホウ・ぬう

崩　ホウ・くずれる・くず　す

報　ホウ・むくいる

豊　(豐)　ホウ・ゆたか

亡　ボウ・モウ・ない

忙　ボウ・いそがしい

忘　ボウ・わすれる

乏　ボウ・とぼしい

坊　ボウ・ボッ

妨 ボウ・さまたげる

防 ボウ・ふせぐ

房 ボウ・ふさ

肪 ボウ

紡 ボウ・つむぐ

傍 ボウ・かたわら

某 ボウ

冒 ボウ・おかす

帽 ボウ

剖 ボウ

望 ボウ・モウ・のぞむ

棒 ボウ

貿 ボウ

貌 ボウ △☆

暴 ボウ・バク・あばく・あばれる

膨 ボウ・ふくらむ・ふくれる

謀 ボウ・ム・はかる

頬 [頰] ほお ☆

北 ホク・きた

木 ボク・モク・き・こ

朴 ボク

牧 ボク・まき

睦 ボク ☆

僕 ボク

撲 ボク

墨 (墨) ボク・すみ 入2004

没 [沒] ボツ *「歿」の書きかえ字。

勃 ☆ ボツ

堀 ほり

本 ホン・もと

奔 ホン

翻 (飜) ホン・ひるがえる・ひるがえす 入2004

凡 ボン・ハン

盆 ボン

マ・ま

麻 マ・あさ

常用漢字　表外漢字　簡体字

摩　マ

磨　マ・みがく

魔　マ

毎（毎）凵2004　マイ・いもうと

妹　マイ・いもうと

昧　△☆　マイ

枚　マイ

埋　マイ・うめる・うまる・うもれる

幕　マク・バク

膜　マク

枕　☆　まくら

又　×　また

末　マツ・バツ・すえ

抹　マツ

万（萬）凵2004　マン・バン

満（満）　マン・みちる・みたす

慢　マン

漫　マン

【ミ・み】

未　ミ・△ひつじ　「未年」

味　ミ・あじ・あじわう

魅　ミ

岬　みさき

密　ミツ

蜜　☆　ミツ

脈　ミャク

妙　ミョウ

【ム・む】

民　ミン・たみ

眠　ミン・ねむる・ねむい

矛　ム・ほこ

務　ム・つとめる・★つとまる

霧　ム・きり

無　ム・ブ・ない

夢　ム・ゆめ

娘　むすめ

常用漢字　表外漢字　簡体字

〔メ・め〕

名 メイ・ミョウ・な

銘 メイ

命 メイ・ミョウ・いのち

明 メイ・ミョウ・あかり・あかるい・あかるむ・あからむ・あきらか・あける・あく・あくる・あかす

盟 メイ

迷 メイ・まよう

冥 ☆ メイ・△ミョウ

鳴 メイ・なく・なる・ならす

滅 メツ・ほろびる・ほろぼす

免(免) メン・まぬかれる

面 ☆ メン・おも・おもて・つら

麺(麺) 標 メン

綿 メン・わた

〔モ・も〕

茂 モ・しげる

模 モ・ボ ＊「摸」の書きかえ字。

毛 モウ・け

耗 モウ・コウ

妄 モウ・ボウ

盲 モウ

猛 モウ

網 モウ・あみ

目 モク・ボク・め・ま

黙(默) 人2004 モク・だまる

門 モン・かど

問 モン・とう・とい・とん

紋 モン

〔ヤ・や〕

冶 △☆ ヤ

夜 ヤ・よ・よる

野 [埜]人2004 ヤ・の ＊固有名詞では異体字も使用。

弥(彌)人2004 ☆ 「阿弥陀」 ヤ・△ミ

厄 ヤク

常用漢字　表外漢字　簡体字

59

ユ・ゆ

役　ヤク・エキ

約　ヤク

訳（譯）　ヤク・わけ

薬（藥）　〆2004　ヤク・くすり

躍　ヤク・おどる

闇　☆　やみ　*「闇」は「暗」に書きかえる。

由　ユ・ユウ・ユイ・よし

油　ユ・あぶら

喩　☆　ユ　*手書きする場合には、喩のように書いてもかまわない。

愉　ユ

諭　ユ・さとす

輸　ユ

癒　ユ・★いえる・★いやす

唯　ユイ・イ

友　ユウ・とも

有　ユウ・ウ・ある

勇　ユウ・いさむ

湧　☆　△ユウ・わく

幽　ユウ

悠　ユウ

郵　ユウ

猶［猶］　ユウ

裕　ユウ

遊　ユウ・ユ・あそぶ

雄　ユウ・お・おす

誘　ユウ・さそう

憂　ユウ・うれえる・うれい・うい

優　ユウ・やさしい・すぐれる

融　ユウ

ヨ・よ

与（與）　〆2004　ヨ・あたえる　*興（ヨ・こし）は別字。

予（豫）　ヨ

預　ヨ・あずける・あずかる

余（餘）　ヨ・あまる・あます

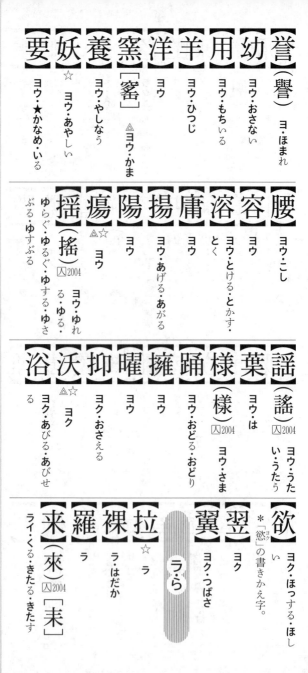

誉〔譽〕ヨ・ほまれ

幼　ヨウ・おさない

用　ヨウ・もちいる

羊　ヨウ・ひつじ

洋　ヨウ

窯［窰］▲ヨウ・かま

養　ヨウ・やしなう

妖☆　ヨウ・あやしい

要　ヨウ・★かなめ・いる

腰　ヨウ・こし

容　ヨウ

溶　ヨウ・とける・とかす・とく

庸　ヨウ

揚　ヨウ・あげる・あがる

陽　ヨウ

瘍▲☆　ヨウ

揺〔搖〕入2004　ヨウ・ゆれる・ゆらぐ・ゆるぐ・ゆする・ゆさぶる・ゆすぶる・ゆる

謡〔謠〕入2004　ヨウ・うたい・うたう

葉　ヨウ・は

様〔樣〕　ヨウ・さま

踊　ヨウ・おどる・おどり

擁　ヨウ

曜　ヨウ

抑　ヨク・おさえる

沃△☆　ヨク

浴　ヨク・あびる・あびせる

欲　ヨク・ほっする・ほしい　＊「慾」の書きかえ字。

翌　ヨク

翼　ヨク・つばさ

ラ・ら

拉☆　ラ

裸　ラ・はだか

羅　ラ

来〔來〕［耒］入2004　ライ・くる・きたる・きたす

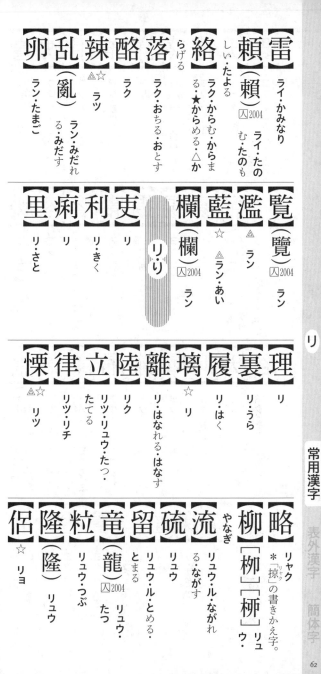

雷 ライ・かみなり

頼（賴）[人]2004 ライ・たのむ・たのもしい・たよる

絡 ラク・からむ・からまる・★からめる・△からげる

酪 ラク

落 ラク・おちる・おとす

辣 ラツ △☆

乱（亂）ラン・みだれる・みだす

卵 ラン・たまご

覧（覽）[人]2004 ラン

濫 ☆ △ ラン

藍 ☆ △ラン・あい

欄（欄）[人]2004 ラン

更 リ・さと

痢 リ

利 リ・きく

吏 リ

リ・り

理 リ

裏 リ・うら

履 リ・はく

璃 ☆ リ

離 リ・はなれる・はなす

陸 リク

立 リツ・リュウ・たつ・たてる

律 リツ・リチ

慄 △☆ リツ

略 リャク ＊「掠」の書きかえ字。

柳［栁］［桺］リュウ・やなぎ

流 リュウ・ル・ながれる・ながす

硫 リュウ

留 リュウ・ル・とめる・とまる

竜（龍）[人]2004 リュウ・たつ

粒 リュウ・つぶ

隆（隆）リュウ

侶 ☆ リョ

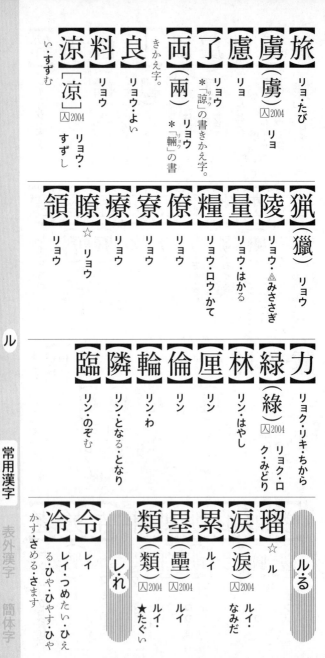

旅　リョ・たび

虜（虜）［人］2004　リョ

慮　リョ

了　リョウ　＊「諒」の書きかえ字。

両（兩）　リョウ　＊「輛」の書きかえ字。

良　リョウ・よい

料　リョウ

涼［涼］［人］2004　リョウ・すずしい・すずむ

猟（獵）　リョウ

陵　リョウ・△みささぎ

量　リョウ・はかる

糧　リョウ・ロウ・かて

僚　リョウ

寮　リョウ

療　リョウ

瞭　☆リョウ

領　リョウ

力　リョク・リキ・ちから

緑（綠）［人］2004　リョク・ロク・みどり

林　リン・はやし

厘　リン

倫　リン

輪　リン・わ

隣　リン・となる・となり

臨　リン・のぞむ

ル・る

瑠　☆ル

涙（淚）［人］2004　ルイ・なみだ

累　ルイ

塁（壘）［人］2004　ルイ・★たぐい

類（類）［人］2004　ルイ・たぐい

レ・れ

令　レイ

冷　レイ・つめたい・ひえる・ひや・ひやす・ひやかす・さめる・さます

常用漢字

表外漢字　簡体字

63

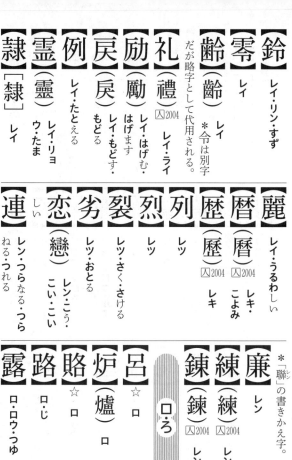

鈴
レイ・リン・すず

零
レイ

齢（齡）
⋏2004
レイ

戻（戾）
レイ・もどす・もどる

励（勵）
レイ・はげむ・はげます

礼（禮）
レイ・ライ

＊令は別字だが略字として代用される。

例
レイ・たとえる

霊（靈）
レイ・リョウ・たま

隷［隸］
レイ

連
レン・つらなる・つらねる・つれる

恋（戀）
レン・こう・こい・こいしい

劣
レツ・おとる

裂
レツ・さく・さける

烈
レツ

列
レツ

歴（歷）
⋏2004
レキ

暦（曆）
⋏2004
レキ・こよみ

麗
レイ・うるわしい

露
ロ・ロウ・つゆ

路
ロ・じ

賂
☆
ロ

炉（爐）
ロ

呂
☆
ロ

口・ろ

錬（鍊）
⋏2004
レン

練（練）
⋏2004
レン・ねる

廉
レン

＊「聯」の書きかえ字。

楼（樓）
ロウ

廊（廊）
⋏2004
ロウ

浪
ロウ

朗（朗）
⋏2004
ロウ

郎（郎）
⋏2004
ロウ

牢
△標
ロウ
「堅牢」

弄
△☆
ロウ・もてあそぶ

労（勞）
ロウ

老
ロウ・おいる・ふける

口

常用漢字　表外漢字　簡体字

64

【漏】ロウ・もる・もれる・もらす

【籠】☆[篭]　△ロウ・かご・△こも・る

【禄】☆[禄]△入2004　ロク

【録】（録）△入1951　[禄]△入2004　ロク

【六】ロク・む・むつ・むっ・つ・むい

【麓】○貫禄　△☆　ロク・ふもと

【論】ロン

ワ・わ

【和】☆　ワ・オ・やわらぐ・やわらげる・なごむ・なごやか

【話】ワ・はなす・はなし

【賄】☆　ワイ・まかなう

【脇】☆　わき

【惑】ワク・まどう

【枠】わく

【湾】（灣）ワン　＊「彎」の書きかえ字。

【腕】ワン・うで

ワ　常用漢字　表外漢字　簡体字

字体が問題になる表外漢字表

凡例

1 見出し字

・マスコミ常用漢字表（1〜65ページ）の見出し字以外で、字体が問題になる310字を次の形で見出しに掲げた。

【 】表外漢字字体表（2000年国語審議会答申）に示された表外漢字は印刷標準字体、人名用漢字は同表の「人名用漢字の字体一覧」に掲げる字体、それら以外の漢字は標準的と考えられる字体で示した。

（人）＝人名用漢字。戸籍法施行規則別表に記載された漢字。

1951、1976、1981、1990＝表外漢字字体表の「人名用漢字の字体一覧」に掲載された人名用漢字の制定年。同表前文に「常用漢字に準じて扱うことが妥当」と明記されている字体。

2004、2009＝その年に新たに追加された人名用漢字（常用漢字表の

旧字体のうち人名用漢字として認められた字体なども含まれる）。なお、2004年以降の人名用漢字は法務省が字体の標準を示すものではないと表明している。

2010＝2010年の常用漢字表改定で常用漢字となった漢字。

標＝表外漢字字体表に掲げられた印刷標準字体。

簡＝表外漢字字体表に掲げられた簡易慣用字体（2010年の常用漢字表改定で常用漢字になった字を除く）。

部＝表外漢字字体表で3部首（しんにゅう／しめすへん／しょくへん）の略体「辶／ネ／飠」の使用を許容された字体。

デ＝表外漢字字体表で「デザインの違い」とされた字形。

・見出し字の下に異体字を［　］で示した。

2 見出し字の配列

・最初に掲げた音訓の五十音順。同音の場合は画数順とする。ただし、同じ構成要素を持つ漢字は比較できるよう同じ箇所にまとめた。

3 音訓・使用例

・音は片仮名、訓は平仮名で示した。音→訓の順を原則とするが、音よりも訓が代表的である表外漢字の場合、訓→音の順で掲げたものもある。

・表外漢字字体表は代表音訓しか掲げていないため、参考までにその他の音訓も示した。字義を知る手がかりとして、意味を表す訓や、使用例を示したものもある。

・使用例には読み仮名を付けたが、実際の表記では仮名書きにしたり、書き換え、言い換えを行ったりしている場合もある。

◎＝同音の漢字による書きかえ（1956年国語審議会報告）による代用漢字。

［ア・あ］

啞［標］啞［簡］　ア　「啞然」あぜん

鴉［標］鴉［デ］　ア　からす

鰺［標］鰺［デ］　アジ・ソウ　「鰺ケ沢町」あじがさわまち（青森県）

飴［標］飴［部］　あめ・イ

［イ・い］

韋［標］韋［デ］韋［デ］　イ　「韋駄天・韋編三絶」いだてん・いへんさんぜつ

葦［デ］　イ・あし・よし　「葦原の国（日本の異称）」あしはら

溢［標］［人2004］溢［デ］　イツ・あふれる　「横溢」おういつ

戌［標］戌［デ］　いぬ・ジュツ　「戌年」　＊戊（ボ・つちのえ）、戍（ジュ・まもる）は別字。

鰯［人2004］［標］鰯［デ］　いわし　「鰯雲」いわしぐも

堙［人2004］［標］堙［デ］　イン　「堙滅」いんめつ

湮［標］湮［デ］　イン　「湮滅」いんめつ

葦［人2004］［標］葦［デ］　「葦駄天・韋編三絶」

ウ・う

【迂】[入][標]2004 [迂] 部 ウ 「迂回・迂闊」かいうかつ

エ・え

【穎】[標] [頴] 篇 エイ 「穎明館」えいめいかん（東京都私立中高） ＊「頴娃」えのかん（鹿児島県旧町名、現南九州市）は異体字を使用。

【翳】[標] [翳] エイ・かげ・かざす 「陰翳礼讃」いんえいらいさん《谷崎潤一郎著》

【冤】[標] [冤] [デ] [冤] エン 「冤罪」えんざい

オ・お

【焔】[入][標]2004 [焔] エン・ほのお ＊「焔」は「炎」に書きかえる。

【鴎】[入]2004 [標] [鷗] [鴎] 篇 オウ・かもめ 「武野紹鷗」たけのじょうおう（室町時代の茶人）・森鷗外もりおうがい（小説家）・白鷗大学はくおう（栃木県小山市）

【襖】[入]2004 [標] [襖] オウ・ふすま 「素襖」すおう（武士の衣服）

【鶯】[入]2004 [標] [鶯] [鶯] オウ・うぐいす 「鶯宿梅おうしゅくばい（梅の一品種）・鶯谷うぐいすだに」（東京都台東区）

カ・か

【訛】[標] [訛] [デ] カ・なまり 「訛伝・転訛」かでんてんか

【迦】[入]2004 [標] [迦] 部 カ 「釈迦しゃか・迦葉かしょう（釈迦の弟子）・迦陵頻伽かりょうびんが（想像上の鳥）」

【嘩】[入]2004 [標] [嘩] [デ] カ・かまびすしい 「喧嘩・咲嘩さっか」（狂言演目）けんか

【訝】[入][標]2004 [訝] [デ] [訝] ガ・ゲン・いぶかる 「怪訝」けげん

【恢】[入][標]2004 [恢] [デ] [恢] カイ・ひろい 「恢復かいふく（→回復）・天網恢々疎にしててんもうかいかい漏らさず」

【檜】[入]2004 [標] [檜] [桧][入]2004 カイ・ひのき 「檜扇ひおうぎ・檜山振興局かんりょく（北海道）」

【晦】[入]2004 [標] [晦] [デ] カイ・みそか・くらい 「晦渋・晦日つごもり・晦日みそか」

【櫂】[入]2004 [標] [櫂] トウ 「艪櫂船ろかいせん・櫂未知子かいみちこ（俳人）」

【咳】[標] [咳] [デ] ガイ・せき 「咳嗽がいそう・咳唾珠がいだたまを成す」

【漑】[標] [漑] [デ] [漑] ガイ・そそぐ 「灌漑かんがい」

【攪】[標] [攪] [簡] カク・みだす

常用漢字　表外漢字　簡体字

【攪】[入]2004 [標] ［掴］ カク・つかむ 「攪拌(かくはん)」

【絣】[標] ［絣］ かすり 「久留米絣(くるめがすり)」「絣」

【澗】[標] ［澗］ カン・ケン・たにみず 「澗水(かんすい)(中国・河川名)・穴澗(あなかん)(色)」「丹島」

【灌】[標] ［潅］ カン・そそぐ 「灌漑(かんがい)」

【翰】[標] ［翰］ カン・書翰(→)書簡・翰林院(かんりんいん)(中国・唐代などの役所名)・宸翰(しんかん)(天皇の書)

【諫】[標] ［諫］ カン・いさめる

【甎】[標] ［甎］［甎］ ガン・もてあそぶ 「甎(姓)/芝甎(しがん)・甎右衛門(がんえもん)(歌舞伎役者の名)」

【巖】[入]1951 ［巖］ ガン・いわお 「巖谷小波(いわやさざなみ)(童話作家)・中谷巖(なかたにいわお)(経済学者)」

【卉】[標] ［卉］ キ・「花卉(かき)」「草花」

【祁】[入]2004 [部] ［祁］ キ・ケ・「祁山(中国・山名)・祁答院(けどういん)(鹿児島県旧町名、現薩摩川内市)」

キ・き

【熙】[入]1990 ［熙］［熙］ キ・「康熙字典(こうきじてん)・細川護熙(ほそかわもりひろ)(元首相)・朴正熙(パクチョンヒ)(韓国元大統領)」

【徽】[入]2004 [標] ［徽］ キ・しるし 「徽章(きしょう)・記章・安徽省(あんきしょう)(中国)・徽宗(きそう)(北宋皇帝)」

【諱】[標] ［諱］［諱］ キ・いみな 「忌諱(きき)に触れる」

【祇】[入]2004 [標] [部] ［祇］ ギ・シ 「祇園精舎(ぎおんしょうじゃ)・地祇(くにつかみ)」*祇(シ・つつしむ・うやまう)は別字。

【麴】[標] [簡] ［麹］ キク・こうじ 「麴町(こうじまち)(東京都千代田区)」

【汲】[入]2004 [標] ［汲］デ キュウ・くむ 「汲汲・汐汲(しおくみ)(歌舞伎舞踊の演目)」

【笈】[入]2004 [標] ［笈］デ キュウ・おい 「笈を負う・笈の小文(おいのこぶみ)(松尾芭蕉著)」

【厩】[入]2004 [標] ［厩］デ キュウ・うまや 「厩舎・厩務員(きゅうむいん)・厩橋(うまやばし)(前橋の古称)」

【廏】［廏］デ キュウ・うまや 「廏(うまや)」

【炬】[標] ［炬］デ キョ・コ 「炬火(きょか)・炬燵(こたつ)」

ク

【渠】[デ] キョ 「暗渠・開渠」

【遽】[標]【遽】 キョ・にわか 「急遽」

【欅】[標]【欅】 キョ・けやき

【墟】[標]【墟】 キョ・あと 「廃墟（→廃虚）」

【俠】[人]2004【俠】 キョウ・きゃん 「俠客・俠気・仁俠・お俠」

【鋏】[標]【鋏】 キョウ・はさみ

【饗】[デ]【饗】 キョウ・あえ 「饗宴（→供宴）」
饗庭篁村〔小説家・劇評家〕

【竟】[標]【竟】[デ] キョウ 「畢竟」

【彊】[標] キョウ・さかい 「新疆ウイグル自治区（中国）」 *彊（キョウ・ゴウ・つよい。「自彊術」）は別字。

【尭】[人]1981【堯】[人]2004 ギョウ・たかい 「尭舜（中国伝説上の二大帝王）」

ク・く

【饉】[標]【饉】[部] キン 「飢饉」

【軀】[標]【躯】 ク・からだ 「体躯・瘦躯」 躯

ケ・け

【倶】[人][標]【倶】 グ・ク・ともに 「不倶戴天・倶楽部・倶知安町（北海道）」

【喰】[人]2004【喰】[デ] くう

【櫛】[人]2004【櫛】[デ] くし・シツ 「櫛比」

【笄】[標]【笄】 ケイ・こうがい 「笄町（港区麻布の旧名）」

【荊】[標]【荊】[デ] ケイ・いばら 「荊妻・荊棘・荊」

【脛】[標]【胫】 ケイ・すね

【頸】[標]【頸】 ケイ・くび 「頸骨・頸巾」「頸動脈・子宮頸がん」

【禊】[標]【禊】[部] ケイ・みそぎ

【蹊】[標]【蹊】 ケイ・こみち 「成蹊大学（東京都武蔵野市）」

【慧】[人]1981【慧】 ケイ・エ・さとい 「慧眼・慧遠（東晋僧侶）」

【繋】[人]2004【繋】 ケイ・つなぐ

【倦】[人]2004【倦】 ケン・うむ 「倦怠」

【捲】[標]【捲】 ケン・まく

コ・こ

「捲土重来」(けんどちょうらい)

【妍】[標]〈妍〉　ケン・う　つくしい　「妍を競う」

【鹼】[標]〈鹸〉[簡]　ケン・カン　「石鹼」

【瞼】[標]〈瞼〉〈険〉　ケン・まぶた　「眼瞼」(がんけん)

【彦】[入]2004〈彦〉[入]1951　ゲン・ひこ

【諺】[入][標]〈諺〉　ゲン・こ　とわざ　「俚諺」(りげん)

【壼】[標]〈壷〉〈壺〉　コ・つぼ　*壼(コン)は別字。

曠・亘ほか

【曠】[標]〈眈〉　コウ・あきらか・むなしい　「曠野（広野・曠古）」

【亘】[入]1951〈亙〉[入]2004　コウ・セン　わたる　*亙理町（宮城県）　*もともと亘(セン)と亙(コウ)は別字。

【晃】[入]1951〈晄〉[入]2004　コウ・あきらか

【腔】[入][標]〈腔〉[デ]　コウ・クウ　「満腔・腔腸動物」

【巷】[入]2004[標]〈巷〉　コウ・ちまた　「巷説・巷間」

【篝】[標]〈篝〉[デ]　コウ・かがり　「篝火」(かがりび)

昂・紘ほか

【昂】[入]1981〈昂〉　コウ・あがる・たかぶる　「昂進（高進）」*昂(ボ…市)

【紘】[入]1976〈絋〉　コウ・ひろい　「八紘」(はっこう)

【浩】[入]1981〈浩〉　コウ・ひろい

【皓】[入]1951〈皓〉　コウ・しろい　「明眸皓歯」(めいぼうこうし)

【庚】[入]2004〈庚〉　コウ・かのえ　「庚申塚」(こうしんづか)

【膠】[標]〈膠〉　コウ・にかわ　「膠着」(こうちゃく)

【嚙】[標]〈噛〉[簡]　ゴウ・かむ

鵠ほか

【鵠】[標]〈鵠〉[デ]　コク・コウ　「鵠沼（神奈川県藤沢市）」

【忽】[入]2004〈忽〉　コツ・ゆるがせ・たちまち　「粗忽」*忽(ソウ)は別字。

【惚】[入]2004〈惚〉　コツ・ほれる　「恍惚」(こうこつ)

サ・さ

【冴】[入]1976〈冴〉　コ・ゴ　さえる

【榊】[入]2004〈榊〉[部]　さかき

【薩】[入]2004[標]〈薩〉[入]2004〈薩〉　サツ　「菩薩・薩摩」

【簒】[簒] サン 「簒奪（さんだつ）」

【讃】[讚] 人2004 標 ＊「讃」は「賛」に書きかえる。固有名詞では使用。 サン・たたえる 「讃岐（さぬき）」

【攢】[攢] 標 サン・あつめる 「攢眉（さんび）（憂える様子）」

【珊】[珊] 人2004 標 デ サン 「珊瑚（さんご）」

【餐】[餐] 人2004 標 デ サン 「晩餐（ばんさん）」

シ・し

【翅】[翅] 標 シ・つばさ・はね 「鱗翅目（りんしもく）」

【祠】[祠] 標 シ・ほこら 「祠堂（しどう）」

【祀】[祀] 標 部 シ・まつる 「祭祀（さいし）」

【幟】[幟] 標 デ シ・のぼり 「旗幟鮮明（きしせんめい）」

【熾】[熾] 人2004 標 デ シ 「熾烈（しれつ）」

【這】[這] 人2004 標 部 シャ・はう 「這般（しゃはん）」

【勺】[勺] 標 シャク

【杓】[杓] 人2010 標 デ シャク・ヒョウ 「柄杓（ひしゃく）・杓子定規（しゃくしじょうぎ）」

【灼】[灼] 人2004 標 デ シャク・ヤク 「灼熱（しゃくねつ）」

【繡】[繡] 人2004 標 簡 シュウ 「刺繡（ししゅう）」

【酋】[酋] 標 デ シュウ 「酋長（しゅうちょう）」

【閏】[閏] 人2004 標 デ ジュン・うるう 「閏年（うるうどし）」

【渚】[渚] 人1976 標 ショ・なぎさ

【曙】[曙] 人1990 標 ショ・あけぼの 「曙光（しょこう）」

【薯】[薯] 標 ショ・いも 「馬鈴薯（ばれいしょ）」

【藷】[藷] 標 ショ・いも 「甘藷（かんしょ）」

【梢】[梢] 標 ショウ・こずえ 「末梢神経（まっしょうしんけい）」

【蛸】[蛸] 標 ショウ・たこ

【逍】[逍] 人2004 標 部 ショウ 「逍遥（しょうよう）」

【鞘】[鞘] 人2004 標 ショウ・さや

【廠】[廠] 人2004 標 簡 ショウ 「工廠（こうしょう）」

【蔣】[蔣] 人2004 標 簡 ショウ 「蔣介石（しょうかいせき）（中国の政治家・軍人）」

【漿】[漿] 標 ショウ 「脳漿（のうしょう）・酸漿（ほおずき）」

【醬】[醬]入2004標　[醬]簡　ショウ・ジョウ　「醬油（しょうゆ）」

【蕭】[蕭]標　ショウ　「蕭々（しょうしょう）」（ものさびしい様子）

【翔】[翔]入1981標　ショウ　かける　「飛翔（ひしょう）」

【秤】[秤]入2004標　ショウ・ビン　はかり　「天秤（てんびん）」

【摺】[摺]　ショウ・する　ロウ・す　「足摺岬（あしずりみさき）」

【襄】[襄]　ジョウ　「宋襄の仁（そうじょうのじん）」　新島襄（キリスト教伝道者、同志社創立者）」

【穣】[穣]入1951　[穰]入2004　ジョウ・ゆたか　「五穀豊穣（ごこくほうじょう）」

【攘】[攘]標　ジョウ　「攘夷（じょうい）」

【饒】[饒]標　[饒]部　ジョウ　「饒舌（じょうぜつ）（→冗舌）」

【蝕】[蝕]標　[蝕]部　ショク　「日蝕（にっしょく）」（→日食）

【晋】[晉]入1951　シン

【槙】[槙]入1981　[槇]入2004　シン・まき

【滲】[滲]標　シン・しみる　「滲出液・滲出性中耳炎（しんしゅつえき）」

【靭】[靭]標　[靭]デ　[靱]デ　ジン・ニン・つよい　「強靭・靭帯（きょうじん）」　*靫（サイ・サ・ゆぎ・うつぼ）は別字。

【儘】[儘]標　[侭]　（ミ）　ジン・まま　「我が儘（わがまま）」

【翠】[翠]入1976　[翠]　スイ・みどり　「翡翠（カワセミ）（ひすい）」

【隧】[隧]標　[隧]部　スイ・ズイ・ツイ　「隧道（ずいどう）」

【靖】[靖]入1951　セイ・ジョウ・やすい　「靖国（やすくに）」

【錆】[錆]標　[錆]　セイ・ショウ・さび　「錆」

【蜻】[蜻]標　[蜻]　セイ　「蜻蛉（せいれい）」

【瀞】[瀞]入2004　[瀞]標　セイ・ジョウ・とろ　「長瀞町（埼玉県）（ながとろまち）」

【鯖】[鯖]標　[鯖]　セイ・さば

【脆】[脆]標　[脆]デ　ゼイ・セイ・もろい　「脆弱（ぜいじゃく）」

常用漢字　　表外漢字　　簡体字

73

ソ

【晰】[標][皙] セキ・あきらか 「明晰」 *皙(セキ・しろい)は別字。「白皙」は別字。

【屑】入2004 [屑] セツ・くず

【賤】[標][賎] セン・ゼン・いやしい 「貴賤・卑賤」

【煽】[標][煽][デ] セン・あおる 「煽動(→扇動)」

【揃】入2004 [揃][デ] セン・そろう

【箭】[標][箭][デ] セン・や 「弓箭」きゅうせん

【撰】入2004[標][撰] セン・えらぶ 「勅撰和歌集」

【陝】[標][陝][国] セン 「陝西省(中国)」 陝(簡体字) 陝(セキ)は別字。

【蟬】入2004[標][蝉] セン・せみ

【穿】入2004[標][穿][デ] セン・うがつ 「胃穿孔・穿鑿」せんこう せんさく

(詮索)

ソ・そ

【俎】[標][俎] ソ・ショ まないた 「俎上の魚」そじょう

【疽】[標][疽] ソ 「炭疽菌」たんそきん *疽(タン。「黄疸」おうだん)は別字。

【叟】[標][叟][デ] ソウ・シュウ

【艘】[標][艘][デ] ソウ *小型 舟艇を数える助数詞(新聞では仮名書き)。

【噌】入2004 [噌][デ] ソウ 「味噌」みそ

【甑】[標][甑] ソウ・こしき 「甑島」こしきじま

【搔】[標][掻][簡] ソウ・かく 「隔靴搔痒」かっかそうよう

【箏】[標][箏] ソウ・ショウ・こと 「箏曲」そうきょく

【聡】入1951 [聡] ソウ・さとい

タ・た

【藪】[標][薮] ソウ・やぶ

【竈】[標][竈][竈] ソウ・かまど 「黄泉竈食い」よもつへぐい

【樽】入2004[標][樽] ソン・たる

【鱒】入2004[標][鱒] ソン・ます

【侘】[標][侘][助] タ・わびる 「侘助」わびすけ

【楕】入2004[標][楕] ダ 「楕円」だえん

【驒】[標][驒] ダ 「飛騨市」ひだ (岐阜県)

【腿】[腿] 部　タイ・もも　「大腿骨」(だいたいこつ)

【黛】[黛] 人1990　タイ・まゆずみ　「粉黛」(ふんたい)

【頹】[頹] 標　タイ　「頹廃」(たいはい)（→退廃）

【琢】[琢] 人1951／[琢] 人2004　タク・みがく　「切磋琢磨」(せっさたくま)・「団琢磨(実業家)」(だんたくま)　*1951年に入った字体は琢。1981年の改正で字体は琢に変わり、琢は許容字体に。2004年に琢も人名用漢字になった。

【啄】[啄] 人1990／[啄] 人2004　タク・ついばむ　「啄木鳥」(きつつき)・「石川啄木(歌人・詩人)」(いしかわたくぼく)

【祟】[祟] 標　たたり・スイ　*祟(スウ)は別字。

【巽】[巽] 人1990　たつみ・ソン　「巽聖歌(詩人)」(たつみせいか)

【辿】[辿] 人2004 標　部　タン・たどる

【憚】[憚] 人2004 標　タン・はばかる　「忌憚」(きたん)

【箪】[箪] 人2004 標　タン　「箪笥」(たんす)

【歎】[歎] 人2004 標　タン・なげく　*「歎」は「嘆」に書きかえる。

【灘】[灘] 人2004 標　タン・なだ　「播磨灘」(はりまなだ)

チ・ち

【譚】[譚] 標／[譚] テ　タン　「奇譚」(きたん)

【筑】[筑] 人2004 標／[筑] テ　チク・チュ　「筑紫・筑波」(つくし・つくば)

【冑】[冑] 標　チュウ・かぶと　*胄(チュウ・よつぎ)は別字。　「甲冑」(かっちゅう)

【註】[註] 人2004 標／[註] テ　チュウ　*「註」は「注」に書きかえる。

【厨】[厨] 人標／[厨] チュウ・くりや　「厨房・厨子」(ちゅうぼう・ずし)

【猪】[猪] 人1951／[猪] 人2004　チョ・い・しし

【潴】[潴] 標／[潴] チョ　「三潴町(福岡県久留米市)」(みづまちょう)

【儲】[儲] 人2004 標／[儲] テ　チョ・もうける　「儲ける」

【寵】[寵] 人2004 標／[寵] テ　チョウ　「寵愛」(ちょうあい)

ツ・つ

【槌】[槌] 人2004 標／[槌] 部　ツイ・つち　「復興の槌音・大槌町(岩手県)」(つちおと・おおつちまち)

【鎚】[鎚] 人2004 標／[鎚] 部　ツイ・つち　「石鎚山脈・鉄鎚を下す」(いしづちさんみゃく・てっついをくだす)

常用漢字　表外漢字　簡体字

75

【逞】[標][逞]部 テイ・たくましい

【挺】[入2004][標][挺]デ テイ・チョウ「挺身・空挺部隊」

【禎】[入2004][標]1951[禎]入2004 テイ・さいわい「王士禎(清代の詩人)」

【啼】[標][啼]デ テイ・なく「啼泣」

【蹄】[入2004][標][蹄]デ テイ・ひづめ「口蹄疫・羊蹄山(北海道)」

【鄭】[入2004][標] テイ「鄭重」ていちょう

【迪】[標][迪]入1981 テキ・いたる・すすむ「迪宮(昭和天皇の幼名)みちのみや」

【擢】[入2004][標][擢]デ テキ・ぬきんでる「抜擢」ばってき

【囀】[入2004][囀]デ テン・さえずる「春鶯囀(雅楽)しゅんのうでん」

【顚】[入2004][標][顛]入2004 テン・いただき「顚倒(→転倒)・顚末」てんとう てんまつ

【纏】[入2004][標][纏]入2004 テン・まとう「情緒纏綿・半纏」じょうちょてんめん はんてん

【堵】[入2004][標][堵]入2004 ト・かき「安堵」あんど

【屠】[入2004][屠]入2004 ト・ほふる

【兎】[標][兎]デ ト・うさぎ

【菟】[入2004][標][菟]入2004 ト・うさぎ

【疼】[標][疼]デ トウ・うずく「疼痛」とうつう

【逗】[入2004][標][逗]部 トウ「逗留・逗子」とうりゅう ずし

【樋】[入2004][標][樋]部 トウ・ひ・と「樋口一葉(小説家・歌人)ひぐちいちよう」

【禱】[入2004][標][禱]部 トウ・いのる「祈禱」きとう [祷]入2009[簡]

【濤】[入2004][標][濤]入2004 トウ・なみ「波濤」はとう

【檮】(高知県)[檮]入2004「檮原町ゆすはらちょう」

【撞】[入2004][撞]デ ドウ・シュ・つく「撞着・撞木」どうちゃく しゅもく

【瀆】[標][瀆]入2004 トク・けがす「冒瀆」ぼうとく

【遁】標 2004 部

[遁] のがれる
トン・のがれる
「遁走・隠遁」

【呑】人2004 標

[呑] デ ドン・のむ
「併呑」
ナ・な

【梛】人2004

[梛] ナ
ナ・な

【邇】標 部

[邇]［迩］
ニ・ちかい
「東久邇稔彦(元首相)」
ニ・に

【禰】人2004 標

[禰]［祢］
ネ「禰宜(ねぎ)」
*「美禰市(山口県)」は異体字を使用。
ネ・ね

【嚢】標 部

[嚢] ノウ「土嚢・胆嚢」
ノ・の

【牌】標

[牌] デ ハイ・ふだ
「位牌・金牌」
ハ・は

【稗】標

[稗] デ ハイ・ひえ
「稗史・稗田阿礼(古事記作成に関与した人物)」

【蠅】標

[蠅] デ「蠅」
はえ・ヨウ
に関与した人物」

【醗】標

[醗]［醱］
ハツ「醗酵(→発酵)」

【潑】標

[潑]［溌］
ハツ「潑剌」

【撥】標

[撥]［撥］
ハツ「撥音」

【叛】標

[叛]
ハン・そむく
「叛乱(→反乱)」

【脾】標

[脾] デ ヒ
「脾臓」
ヒ・ひ

【痺】標

[痺] デ ヒ・しびれる
「麻痺」

【薇】標

[薇] デ ビ
「薔薇(ショウビ・ソウビとも)」

【畢】人2004 標 部

[畢] デ ヒツ・おえる・おわる
「畢竟」

【逼】標 部

[逼]
ヒツ・せまる
「逼迫・逼塞」

【謬】標

[謬]
ビュウ・あやまる
「誤謬・謬見」

【豹】人2004 標

[豹] デ ヒョウ
「君子豹変・海豹」

【屏】標

[屏]［屏］簡
ビョウ・ヘイ

フ・ふ

「屏風」びょうぶ
【廟】[標][入2004] 【廟】[デ]
ビョウ

「瀕死」ひんし
【瀕】[入2004][標] 【瀕】[デ]
ヒン・みぎわ

「大祓」おおはらい
【祓】[標] 【祓】[部]
フツ・はらう

【フ・ふ】

【幷】[標][入2004] 【并】[簡]
ヘイ・あわせる

「一瞥」いちべつ
【瞥】[標][入2004] 【瞥】[簡]
ヘイ・ベツ・みる

炎・扁形動物（へんけい）
「扁桃」へんとう
【扁】[標] 【扁】[デ]
ヘン

*「篇」は「編」に書きかえる。
【篇】[入2004][標] 【篇】[デ]
ヘン

「騙取」へんしゅ
【騙】[入2004][標] 【騙】[デ]
ヘン・かたる

「胼胝」べんち
【胼】[標] 【胼】[部]
ヘン・ベン・たこ

「四六駢儷体」しろくべんれいたい
【駢】[入2004][標] 【駢】[部]
ヘン・ベン・ならぶ

「分娩」ぶんべん
【娩】[入2004][標] 【娩】[デ]
ベン

ホ・ほ

「庖丁（←包丁）」ほうちょう
【庖】[標] 【庖】[デ]
ホウ・くりや

【鞄】[入2004][標] 【鞄】[部]
ホウ・かばん

「逢着・逢瀬」ほうちゃく・おうせ
【逢】[入2004][標] 【逢】[部]
ホウ・あう

「蓬屋・蓬莱」ほうおく・ほうらい
【蓬】[入2004][標] 【蓬】[部]
ホウ・よもぎ

「朋友・山県有朋」ほうゆう・やまがたありとも（明治・大正期の政治家）
【朋】[入1951][標] 【朋】[デ]
ホウ・とも

「五芒星」ごぼうせい
【芒】[標] 【芒】[デ]
ボウ・すすき・のぎ

「茫漠」ぼうばく
【茫】[標] 【茫】[デ]
ボウ

【虻】[標] 【虻】[デ]
ボウ・あぶ

「標榜」ひょうぼう
【榜】[標] 【榜】[デ]
ボウ・ホウ

「膀胱」ぼうこう
【膀】[標] 【膀】[デ]
ボウ

「誹謗」ひぼう
【謗】[標] 【謗】[デ]
ボウ・ホウ・そしる

「萌芽」ほうが
「萌える」もえる
【萌】[入1981] 【萠】[入2004]
ボウ・ホウ・もえる

「梵天・梵字」ぼんてん・ぼんじ
【梵】[標] 【梵】[デ]
ボン

マ・ま

【邁】 [標]［邁］[部]
マイ・まい
「英邁・邁進(まいしん)」

【枡】 [標]［桝］[簡]［桝］[デ]
ます
＊固有名詞では異体字も使用。「桝田屋(ますだや)(島崎藤村作『夜明け前』に登場する旧家)・桝太一(ますたいち)(アナウンサー)」
升枡・枡形城門(ますがたじょうもん)

【迄】 [入2004]［迄］[部]
まで

【瞞】 [標]［瞞］
マン・だます
「欺瞞(ぎまん)」

【饅】 [標]［饅］[部]
マン
「饅頭」

モ・も

【勿】 [標]
モチ・なかれ
「勿論(もちろん)・勿来の関(なこそのせき)」

【籾】 [入2004][標]［籾］
もみ
＊籾(ソウ)は別字。

ヤ・や

【鑓】 [標]［鑓］[部]
やり

ユ・ゆ

【愈】 [標]［愈］
ユ・いよいよ

【楢】 [入2004][標]［楢］
ユウ・なら

【猷】 [標]［猷］
ユウ・はかる
「覚猷(かくゆう)(鳥羽僧正)」

ヨ・よ

【祐】 [入1951]［祐］[入2004]
ユウ・たすける
「祐天寺(ゆうてんじ)(東京都目黒区)」

【飫】 [標]［飫］[部]
ヨ・オ
「飫肥(おび)」
(宮崎県日南市(にちなんし))

【遥】 [入1981]［遙］[入2004]
ヨウ・はるか
「遥拝(ようはい)」

【瑶】 [入1981]［瑶］
ヨウ・たま

【燿】 [入1990]［燿］
ヨウ・かがやく

【耀】 [入1990]［耀］
ヨウ・かがやく
「胡耀邦(こようほう)(中国・政治家)」

ラ・ら

【徠】 [入2004]［徠］
ライ
徠(らい)(江戸中期の儒者)「荻生徂徠(おぎゅうそらい)」

【萊】 [入2004][標]［莱］
ライ
「蓬萊(ほうらい)」

【蘭】 [入2004]［蘭］
ラン

リ・り

【裡】 [標]
リ・うら ＊本来は裏の俗字。来は裏の俗字。

【遼】 [入1981]［遼］
リョウ・はるか
「遼寧省(りょうねいしょう)(中国)・遼東半島(りょうとうはんとう)」

【燐】 [標]［燐］[デ]［燐］[デ]
リン
「燐酸(りんさん)・燐寸(マッチ)」

【鱗】[鱗] 人2004 デ標
リン・うろこ
「逆鱗げきりんに触れる」

【凜】[凛] 人1990 人2004
リン
「凜烈りんれつ・凜々しい」

ル・る

【屢】[屢] 標
ル・しばしば
「屢次るじ」

【蠣】[蛎] 標
レイ・かき
*固有名詞では異体字も使用。「日本橋蛎殻町かきがらちょう（東京都中央区）」

レ・れ

【礪】[砺]
レイ
*固有名詞では異体字も使用。「砺波市となみ（富山県）」

【櫟】[櫟] 人2004 標
レキ・くぬぎ

【蓮】[蓮] 人1990 標
レン・はす

【漣】[漣] 人2004 標
レン・さざなみ

【簾】[簾] 人2004 標
レン・すだれ

【煉】[煉] 人2004 標
レン
「煉瓦れんが」

【憐】[憐] 人2004 デ標
レン・あわれむ
「憐憫れんびん・可憐」

ロ・ろ

【濾】[沪][沪] 標簡 デ
ロ・「濾過ろか」

【蘆】[芦] 標
ロ・あし

【芦】[芦] 人2004 簡 デ
ロ・あし
*芦はもともと別字だが、蘆の略字として用いられる。固有名詞では使用。「芦ノ湖あしのこ（神奈川県）」

【榔】[榔] 標 デ
ロウ・「檳榔樹びんろうじゅ」

【朧】[朧] 標 デ
ロウ・おぼろ
「朦朧もうろう」

【聾】[聾] 標 デ
ロウ

【臈】[臈] 標 デ
ロウ・「上臈じょうろう」（身分の高い女官）・臈長ける（優美である）」
*本来、臈（膡）は臈の俗字だが、表外漢字字体表では別字の扱い。

【蠟】[蝋] 人2004 標
ロウ

ワ・わ

【彎】[弯] 標簡
ワン
*「彎」は「弯」に書きかえる。「側彎症そくわんしょう」は例外。

中国簡体字表

凡例

1 見出し字

・主な中国簡体字530字を見出し字とした。中国が定めた略字体のほか、略字ではないが日本の字体との差が大きいものも便宜上「簡体字」として掲げた。

[　]簡体字。→の下が対応する日本の字体。

・讠（言）、纟（糸）、饣（食）、钅（鐘）、车（車）、贝（貝）、见（見）などの偏・つくりを省略した字形を持つ文字や、使用頻度の高くない簡体字は省略した。

2 見出し字の配列

・見出し字の画数順。

3 置き換えの注意

・簡体字は、人名・地名など固有名詞を含め日本の字体に置き換えることを原則とする。

・一つの簡体字に複数の日本の字体が掲げられている場合は、意味や用法により書き分ける必要がある。

[例]［干］（干、乾、幹）＝干渉（干渉）、干杯（乾杯）、干部（幹部）

［云］（云、雲）＝云（言う意味）、云南省（雲南省）

［沈］（沈、瀋）＝沈（姓で使う）、沈阳市（瀋陽市）

［昆］（昆、崑）＝昆明（昆明）、昆山（崑山、昆山とも）、昆仑（崑崙）

・日本の字体と同形でも原字が異なる場合は、本来の字（を基本にした日本の漢字）に置き換える。

[例]厂（廠）　儿（児）　几（幾）　个（個、箇）　广（広）　丰（豊）

无（無）　从（従）　尔（爾）　册（冊）　网（網）　价（価）　众（衆）

冰（氷）　弃（棄）　杰（傑）　梦（夢）　韵（韻）

【厂】→廠

【卜】→蔔

【儿】→兒

【几】→幾

【了】→瞭

〔3画〕

【干】→干（姓。干渉＝干渉）→乾（干杯＝乾杯）→幹（干部＝幹部）

〔杯〕→幹

【于】→于（姓）→於

【才】→纔

【千】→千 鞦韆（秋千＝ブランコ）

【亿】→億

【个】→個 箇

【么】→麼

【广】→広（广州＝広州）

【门】→門

【义】→義

【卫】→衛

【飞】→飛

【习】→習（姓。习近平＝習近平）

【马】→馬

【乡】→鄉

〔4画〕

【丰】→豊

【无】→無

【开】→開

【韦】→韋

【见】→見

【贝】→貝

【冈】→岡

【车】→車

【历】→歷 曆

【厅】→庁

【艺】→芸

【专】→專

【云】→云（言う意味）→雲（云南省＝雲南省）

常用漢字　表外漢字　**簡体字**

仓	仑	从	仅	币	仆	长	升	气
↓	↓	↓	↓	↓	↓	↓	↓	↓
倉	侖 崙	從	僅	幣	僕	長	昇 級	気
	↓				↓		↓	
	崙〔昆仑 ↓〕				僕		昇〔升級 ↓〕	

办	丑	认	忆	斗	为	乌	凤	风
↓	↓	↓	↓	↓	↓	↓	↓	↓
辦	丑	認	憶	鬥争〕	為	烏	鳳	風
は「弁公室」に。	↓			↓				
*「办公室」	醜			鬭〔斗争〕				

节	扑	击	戋		书	队	劝	邓
↓	↓	↓	↓	**5画**	↓	↓	↓	↓
節	撲	擊	戔		書	隊	勸	鄧〔姓。邓小平 ↓〕

归	帅	业	卢	东	灭	厉	龙	术
↓	↓	↓	↓	↓	↓	↓	↓	↓
帰	帥	業	盧	東	滅	厲	竜	朮 芸術〕
								↓
								術〔艺术〕

5

常用漢字 表外漢字

簡体字

83

尔 丛 仪 们 叹 台 只 电 叶

尔 → 爾
丛 → 叢
仪 → 儀
们 → 們
叹 → 嘆
台 → 台 → 颱 → 檯
只 → 只 → 祇 → 隻
电 → 電
叶 → 葉（姓）

闪 冯 饥 刍 务 鸟 处 册 乐

闪 → 閃
冯 → 馮
饥 → 飢 → 饑
刍 → 芻
务 → 務
鸟 → 鳥
处 → 処
册 → 冊
乐 → 楽

边 辽 议 让 宁 汉 头 汇 兰

边 → 辺
辽 → 遼（辽宁省 → 遼寧）〔省〕
议 → 議
让 → 讓
宁 → 寧（宁波 → 寧波）〔市〕
汉 → 漢（武汉市 → 武漢）
头 → 頭
报·文匯報
彙
汇 → 匯（中央匯金投资、文汇〔中央汇金投资、文汇〕）
兰 → 蘭

扫 执 托 动 〔6画〕 丝 对 圣 发

扫 → 掃
执 → 執
托 → 托 → 託
动 → 動 → 働
丝 → 糸
对 → 対
圣 → 聖
发 → 発 → 髪

常用漢字　表外漢字

簡体字

厌	压	协	过	权	机	亚	场	扬
↓	↓	↓	↓	↓	↓（機）	↓	↓	↓
厭	壓	協	過	權	機	亜	場	揚
					（計算机↓計算			

毕	划	尧	轨	夹	达	夺	夸	页
↓	↓	↓	↓	↓	↓	↓	↓	↓
畢	劃	堯	軌	夾	達	奪	誇	頁

岁	吃	吊	吕	团	曲	尘	师	贞
↓	↓	↓	↓	↓	↓	↓	↓	↓
歲	吃	吊	呂（姓）	団	曲	塵	師	貞
	↓喫	↓弔			↓麵			

价	伤	优	传	伟	乔	迁	网	刚
↓	↓	↓	↓	↓	↓	↓	↓	↓
価	傷	優	伝	偉	喬	遷	網	剛

简体字	→ 繁体字
伦	倫
华	華（姓。华春莹→華春瑩）
伪	偽
后	后（前後）／後（前后）
杀	殺
众	衆
爷	爺
伞	傘
创	創

简体字	→ 繁体字
朵	朵
杂	雜
冲	沖／衝（要冲→要衝）
妆	妝／粧
冰	氷
庄	莊（姓。庄子→莊子、石家庄→石家莊）
庆	慶
刘	劉（姓。刘诗雯→劉詩雯）
齐	齊

简体字	→ 繁体字
产	産
决	決
并	并／併／並
关	関
污	汚
汤	湯
兴	興
讲	講
军	軍

简体字	→ 繁体字
论	論
农	農
寻	尋
导	導
异	異
阵	陣
阳	陽（洛阳市→洛陽市）
阴	陰
阶	階

常用漢字　表外漢字

簡体字

进	纤	买	欢	观	戏	妇	孙
↓	↓	↓	↓	↓	↓	↓	↓
進	繊（纤维↔繊維）	買	歓	観	戯	婦	孫（姓。孫春蘭 孫春兰↓）

7画

7

壳	护	坟	折	坏	坛	运	违	远
↓	↓	↓	↓	↓	↓	↓	↓	↓
殻	護	墳	折↓摺	壊	壇↓壜↓罎	運	違	遠

严	苍	芸	苇	芜	拟	报	块	志
↓	↓	↓	↓	↓	↓	↓	↓	↓
厳	蒼	蕓	葦	蕪	擬	報	塊	志↓誌

连	还	丽	两	杨	极	苏	劳	芦
↓	↓	↓	↓	↓	↓	↓	↓	↓
連	還	麗	両	楊（姓。楊潔篪 杨洁篪↓）	極	蘇	労	蘆

常用漢字　表外漢字

簡体字

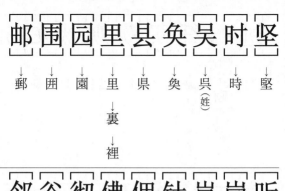

邮	围	园	里	县	兇	吴	时	坚
↓	↓	↓	↓	↓	↓	↓	↓	↓
郵	圍	園	裏	県	兇	吳(姓)	時	堅
			↓					
			裡					

邻	谷	彻	佛	佣	针	岚	岗	听
↓	↓	↓	↓	↓	↓	↓	↓	↓
隣	谷(姓)	徹	仏	佣	針	嵐	崗	聴
	↓			↓	↓			
	穀			傭	鍼			

况	亩	冻	邹	系	岛	犹	龟	肠
↓	↓	↓	↓	↓	↓	↓	↓	↓
况	畝	凍	鄒(姓。邹敬园↓鄒敬園)	系	島	猶	亀	腸
				↓				
				係				
				↓				
				繫				

沈	沟	沪	弃	灿	庐	应	疗	库
↓	↓	↓	↓	↓	↓	↓	↓	↓
沈(姓)↓瀋(沈阳市↓瀋陽市)	溝	滬(京沪高速铁路↓京滬高速鉄路)	棄	燦	廬	応	療	庫

译	识	补	启	灾	穷	忧	怀	沉
↓	↓	↓	↓	↓	↓	↓	↓	↓
訳	識	補	啓	災	窮	憂	懐	沈

姊	坠	陈	际	陆	张	迟	层	灵
↓	↓	↓	↓	↓	↓	↓	↓	↓
姉	墜	陳（姓）	際	陸	張（姓。张纪南↓） 张纪南↓	遅	層	霊

势	拥	环	8画	驴	纵	纲	纬	鸡
↓	↓	↓		↓	↓	↓	↓	↓
勢	擁	環		驢	縦	綱	緯	鶏

丧	杰	构	枪	松	柜	范	择	拂
↓	↓	↓	↓	↓	↓	↓	↓	↓
喪	傑	構	槍	松 鬆	櫃	范（姓） 範	択	払

簡体字

轮	转	轰	态	奋	矿	郁	卖	枣
↓	↓	↓	↓	↓	↓	↓	↓	↓
輪	転	轟	態	奮	礦	郁	売	棗
						↓		
						鬱		

购	岭	罗	岩	咏	昆	果	贤	虏
↓	↓	↓	↓	↓		↓	↓	↓
購	嶺	羅	岩	詠	崑	果	賢	虜
			↓			↓		
			巖			菓		

昆（昆明→崑明）〈昆山→崑山〈昆山とも〉、昆仑→崑崙

舍	征	质	侨	凭	氛	制	图	贮
↓	↓	↓	↓	↓	↓	↓	↓	↓
舍	征	質	僑	憑	雾	制	図	貯
↓	↓					↓		
捨	徴					製		

变	饯	备	鱼	迩	周	胁	肤	采
↓	↓	↓	↓	↓	週（周刊）↓	↓	↓	↓
変	餞	備	魚	邇	周	脇	膚	採
					↓	↓		
					週（周刊）	脅		

常用漢字　表外漢字

簡体字

怜 → 怜 → 憐

泽 → 沢

单 → 単

卷 → 巻 → 捲

郑 → 鄭（姓。郑义 → 鄭義）

净 → 浄

废 → 廃

剂 → 剤

庙 → 廟

艰 → 艱

驾 → 駕

隶 → 隷

录 → 録

肃 → 粛

实 → 実

审 → 審

宠 → 寵

帘 → 簾

荐 → 薦

赵 → 趙（姓。赵紫阳 → 趙紫陽）

帮 → 幇

挂 → 掛

9画

驿 → 駅

织 → 織

练 → 練

线 → 綫 → 線

栋 → 棟

栉 → 櫛

标 → 標

药 → 薬（制药 → 製薬）

荫 → 蔭

胡 → 胡（姓。胡锦涛 → 胡錦濤）／髯（ひげ）

荣 → 栄

荞 → 蕎

茧 → 繭

常用漢字　表外漢字

簡体字

尝	竖	临	战	轻	牵	面	树	栏
↓	↓	↓	↓	↓	↓	↓	↓	↓
嘗	竪	臨	戰	輕	牽	面	樹	欄
						↓		
						麺		

钢		钟	贱	哄	响	虽	蚁	虾	显
↓	体字は、人名の場合は锺も。	↓	↓	↓	↓	↓	↓	↓	↓
鋼		鐘	賤	鬨	響	雖	蟻	蝦	顯
		山→鍾山）＊鍾の簡							
		↓鍾（姓。钟							

胜	剑	须	俭	复	秋	种	适	选
↓	↓	↓	↓	複（复杂→複雑）	秋	↓	↓	↓
勝	劍	須	儉	↓復（复习→復習、复	↓鞦（秋千→鞦韆〈ブランコ〉	種	適	選
		↓		日大学→復旦大学）				
		鬚						

总	类	姜	养	亲	迹	奖	狱	脉
↓	↓	↓姜（姓。姜瑜→姜	↓	↓	↓	↓	↓	↓
總	類	瑜）＊薑（ショウガ）	養	親	跡	奬	獄	脈
					↓			
					蹟			

常用漢字　表外漢字

簡体字

92

举	恼	浓	济	浊	洁	洼	炮	炼
↓	↓	↓	↓	↓	↓	↓	↓	↓
舉	惱	濃	濟	濁	潔	窪	炮	煉
							↓	↓
							砲	鍊

盐	艳	10画	陕	垒	垦	袄	误	宪
↓	↓		省)↓	↓	↓	↓	↓	↓
塩	艶		陝(陝西省↓陝西	壘	墾	襖	誤	憲

样	桥	莹	恶	获	耻	热	赘	换
↓	↓	↓	↓	↓	↓	↓	↓	↓
樣	橋	瑩	惡	獲	恥	熱	贅	換
				↓				
				穫				

圆	罢	晓	紧	虑	致	顾	钻	础
↓	↓	↓	↓	↓	緻密)↓	↓	↓	↓
円	罷	暁	緊	慮	致	顧	鑽	礎
					↓			
					緻(致密↓			

聋	舰	借	笔	积	敌	乘	牺	缺
↓	↓	↓	↓	↓	↓	↓	↓	↓
聾	艦	借	筆	積	敵	乘	犧	欠
		↓						
		藉						

离	效	斋	准	玺	脑	胶	脏	爱
↓	↓	↓	↓	↓	↓	↓	↓	↓
離	効	斎	准	璽	脳	膠	臓	愛
			↓				↓	
			準				髒	

宾	涌	涂	烟	烛	烧	递	竞	凉
↓	↓	↓	↓	↓	↓	↓	↓	↓
賓	湧	涂（姓）	煙	燭	焼	逓	競	涼
		料・塗料						
		↓						
		塗（涂						

职	据		绣	验	难	剧	恳	读
↓	↓	**11画**	↓	↓	↓	↓	↓	↓
職	拠		繍	験	難	劇	懇	読

跃	悬	辆	敕	检	梦	萧	营	萤
↓	↓	↓	↓	↓	↓	↓	↓	↓
躍	懸	輛	勑	檢	夢	蕭	營	蛍

渊	兽	盖	减	猎	盘	假	偿	笼
↓	↓	↓	↓	↓	↓	↓	↓	↓
淵	獣	蓋	減	猟	盤	仮	償	籠

绳	续	颈	隐	弹	祸	窑	惊	淀
↓	↓	↓	↓	↓	↓	↓	↓	↓
繩	続	頸	隠	弾	禍	窯	驚	淀（地名）

淀（地名）↓ 澱

常用漢字　表外漢字

辈	确	硷	韩	联	壹	趋	琼
↓	↓	↓	↓	↓	↓	↓	↓
輩	確	鹼	韓	聯	壱	趨	瓊

12画

簡体字

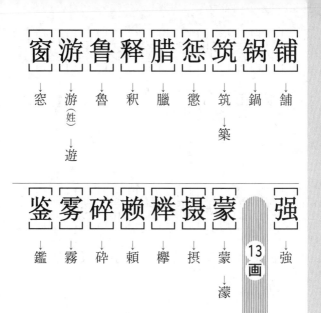

窗 → 窓
游 → 游（姓） → 遊
鲁 → 魯
释 → 釈
腊 → 臘
惩 → 懲
筑 → 筑 → 築
锅 → 鍋
铺 → 舗

鉴 → 鑑
雾 → 霧
碎 → 砕
赖 → 頼
榉 → 欅
摄 → 摂
蒙 → 蒙 → 濛

13画

强 → 強

缠 → 纏
辟 → 辟 → 闢
滨 → 浜
粮 → 糧
誉 → 膽
韵 → 韻
愈 → 愈 → 癒
签 → 簽 → 籤

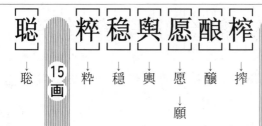

聪 → 聡

15画

粹 → 粋
稳 → 穏
與 → 興
愿 → 愿 → 願
酿 → 醸
榨 → 搾

14画

常用漢字　表外漢字

簡体字

96

16

常用漢字　表外漢字

簡体字

編著者紹介

前田安正（まえだ・やすまさ）

未来交創代表取締役／著述家／朝日新聞社元用語幹事・元校閲センター長

1955年生まれ。早稲田大学演劇専攻卒業、事業構想大学院大学修了。82年朝日新聞社入社、漢字や日本語に関するコラム「漢字んな話」「ことばのたまゆら」、エッセー「あのとき」などを執筆。「文章の書き方・直し方」など企業・自治体の広報研修に多数出講。テレビ・ラジオ・雑誌などのメディアにも登場している。著書に、9万部を超えた『マジ文章書けないんだけど』（大和書房）を始め、『きっちり！恥ずかしくない！文章が書ける』（朝日文庫）、『漢字んな話』（三省堂）、『ほめ本』（ぱる出版）など。

関根健一（せきね・けんいち）

日本新聞協会用語専門委員／読売新聞社元用語幹事

1957年生まれ。同志社大学法学部、立教大学文学部卒業。81年読売新聞社入社、用語幹事、紙面審査委員会委員、編集委員などを歴任、日本語に関するコラム「日本語 日めくり」「なぜなに日本語」を執筆した。著書に『満点ゲットシリーズ ちびまる子ちゃんの敬語教室』『満点ゲットシリーズ ちびまる子ちゃんの似たもの漢字使い分け教室』（集英社）、『なぜなに日本語』『なぜなに日本語 もっと』（三省堂）、共著に『外来語研究の新展開』（おうふう）、『現代の語彙』（朝倉書店）など。文化審議会国語分科会委員。

時田　昌（ときた・まさし）

校正・校閲業／産経新聞社元校閲部部長

1962年生まれ。専修大学法学部卒業。86年産経東京校閲センター入社、産経新聞社編集局校閲部次長、用語委員、専門委員、東京編集センター校閲部部長などを歴任。日本語に関するコラムを担当。日本新聞協会新聞用語懇談会委員として20年余にわたり、報道で使われる用字・用語のルールづくりに参画。現在は、フリーランスとして単行本の校閲や自治体での「校正作業」「分かりやすい文章の書き方」の講座・研修、日本語関連の執筆に取り組む。著書に『文法のおさらいでお悩み解消！スッキリ文章術』（ぱる出版）。

小林　肇（こばやし・はじめ）

日本経済新聞社用語幹事

1966年生まれ。日本大学経済学部卒業。金融機関勤務を経て90年日本経済新聞社入社、記事審査部次長、人材教育事業局研修・解説委員などを歴任。日経電子版コラム「ことばオンライン」、日経ビジネススクールオンライン講座「ビジネス文章力養成講座」を担当。共著に『謎だらけの日本語』『日本語ふしぎ探検』（日経プレミアシリーズ）、『文章と文体』（朝倉書店）、『大辞林第四版』（三省堂、編集協力）など。ウェブサイトで「新聞漢字あれこれ」（日本漢字能力検定協会）、「ニュースを読む新四字熟語辞典」（三省堂）を連載中。

豊田順子（とよだ・じゅんこ）

日本テレビ放送網編成局アナウンス部専門次長

1966年生まれ。立教大学文学部卒業。90年に日本テレビに入社して以来、30年間アナウンサー一筋。考査部・用語WG会議委員。日本新聞協会新聞用語懇談会（関東地区幹事会・放送分科会）委員。早朝情報番組のMCや、スポーツ番組・実況中継を担当し、報道ニュース番組のフィールドキャスターに。現在は、プレーイングマネジャーとして、週末の「NNNストレイトニュース」をはじめ、様々なアナウンスメント業務を担当しながら、後進の指導にも力を入れる。

2020 年 8 月 10 日　　初版発行

マスコミ用語担当者がつくった　**使える！用字用語辞典**

2020 年 8 月 10 日　　第 1 刷発行

編著者　　**前田安正**（まえだ・やすまさ）

　　　　　関根健一（せきね・けんいち）

　　　　　時田　昌（ときた・まさし）

　　　　　小林　肇（こばやし・はじめ）

　　　　　豊田順子（とよだ・じゅんこ）

発行者　　**株式会社三省堂**　　代表者 北口克彦

印刷者　　**三省堂印刷株式会社**

発行所　　**株式会社三省堂**
　　　　　〒 101-8371
　　　　　東京都千代田区神田三崎町二丁目 22 番 14 号
　　　　　　　　　　電話　編集　（03）3230-9411
　　　　　　　　　　　　　　営業　（03）3230-9412
　　　　　　　　　　https://www.sanseido.co.jp/

落丁本・乱丁本はお取り替えいたします。

ISBN978-4-385-13656-1

〈使える用字用語・896pp.〉

㊟ 常用漢字表付表の語。例：**ひとり** ［㊟一人］

放 放送で使う読みなど。例：**マネジャー** 放マネージャー

略 略語。例：**パワーハラスメント** 略パワハラ

類 類語。類句。例：**一挙一動** 類一挙手一投足

◆ 常用漢字表にない漢字。例：**かいざん** ［改竄］

◇ 常用漢字だが同表にない音訓。例：**みとる** ［看取る］

☆ 2010年の常用漢字表改定で、新たに追加された漢字、付表の語。例：**あざける**［嘲る］ **まじめ**［㊟真面目］

★ 2010年の常用漢字表改定で、従来字種に追加された音訓、変更された付表の語。

    例：**かんがみる**［鑑みる］ **かあさん**［㊟母さん］

◎ 『同音の漢字による書きかえ』(1956年国語審議会報告)により書き換えた漢字。例：**きはく** 希薄［稀薄］

＿＿ 表内字の熟字訓など、読み仮名無しで使う慣用表記。

    例：**いなり** 稲荷

× ①誤字。誤った語形・読み。規定に反する形。

    例：肝に命じる ×赤子をひねるよう アガリスク

    いすず自動車 いなづま

    ②誤用。誤解を生じる使い方。違和感を覚える人が多い語義。

    例：**あわや** ×「あわや世界新記録を達成」

    一姫二太郎 ×娘1人、息子2人。

△ ①その読みもあるが、放送では使わない。

    例：**すうききょう** 枢機卿 △すうきけい

    ②新語義。新用法。新聞・放送では避けている表現。

    例：**帯同** △同行する。一緒に赴く。

    △爆弾低気圧 →急速に発達する低気圧

↔ 対義語。対義字。例：**最小** 〔↔最大〕 **暑い** 〔↔寒〕

= 用例などの合併。例：「合口が=いい・悪い」

    ※「合口がいい」および「合口が悪い」を表す。

* 注記。関連情報。

〔 〕 補注。分野。商標権者。

☞ 空見出し。以下の項目を参考に見よ。